D1747336

Anette Schröder
Vom Nationalismus
zum Nationalsozialismus

VERÖFFENTLICHUNGEN
DER HISTORISCHEN KOMMISSION FÜR NIEDERSACHSEN
UND BREMEN

213

Vom Nationalismus zum Nationalsozialismus

von

Anette Schröder

VERLAG HAHNSCHE BUCHHANDLUNG HANNOVER

Vom Nationalismus zum Nationalsozialismus

Die Studenten
der Technischen Hochschule Hannover
von 1925 bis 1938

von

Anette Schröder

2003

VERLAG HAHNSCHE BUCHHANDLUNG HANNOVER

Gefördert mit Hilfe von
Forschungsmitteln des Landes Niedersachsen

Bibliographische Information Der Deutschen Bibliothek

Die Deutsche Bibliothek verzeichnet diese Publikation in der Deutschen Nationalbibliografie; detaillierte bibliografische Daten sind im Internet über http://dnb.ddb.de abrufbar.

Abbildung auf dem Einband:

Kundgebung anlässlich der am 13. 1. 1935 erfolgten Saar-Bestimmung vor der Technischen Hochschule Hannover, 15. 2. 1935,
Foto: Wilhelm Hauschild, Universitätsarchiv Hannover.

ISBN 3-7752-6013-7

© 2003 Verlag Hahnsche Buchhandlung Hannover

Gesamtherstellung: poppdruck, Langenhagen

Vorwort

Die Abfassung der vorliegenden Dissertation wurde durch den Zentralen Forschungsfonds der Universität Hannover finanziert. Initiiert hat das Projekt Professorin Adelheid von Saldern vom Historischen Seminar der Universität Hannover in Zusammenarbeit mit Professor Herbert Obenaus und Professor Horst Callies. Begleitet wurde die Arbeit durch einen Projektbeirat, der sich aus oben genannten Personen sowie Professor Joachim Perels vom Institut für Politische Wissenschaft und Dr. Rita Seidel vom Universitätsarchiv zusammensetzte. Die regelmäßigen Projektbeiratssitzungen erwiesen sich als sehr hilfreich für den Fortgang der Arbeit. Für die rege Anteilnahme, Unterstützung und die Anregungen, die ich dort erhalten habe, möchte ich mich bedanken. Adelheid von Saldern, die das Projekt federführend leitete, hat sich während der Entstehung der Arbeit außerordentlich engagiert. Sie führte zusammen mit Joachim Perels das Promotionsverfahren in der Fakultät für Geistes- und Sozialwissenschaften durch. Beiden gilt mein besonderer Dank. Der Historischen Kommission für Niedersachsen und Bremen bin ich für die Aufnahme dieser Studie in ihre Reihe und für fördernde Hinweise verpflichtet. Für Ermutigung, Diskussion und Kritik danke ich außerdem den Mitgliedern des Doktorandencolloquiums, vor allem Joachim Drews, Anke Sawahn, Thomas Siemon, Frank Zadach-Buchmeier und Christian Heppner sowie meiner Freundin Christine Schwarz. Das meiste aber schulde ich meinem Freund Jörn Jachalsky für seine Ermunterung, Unterstützung und Hilfe in jeglicher Hinsicht.

Hannover, im Herbst 2002   Anette Schröder

Inhaltsverzeichnis

Einleitung		9
1. Gemeinsam gegen Verfassung und Demokratie: Die Studenten in der Weimarer Republik		33
1.1	Vom „Fall Lessing" bis zum Becker-Konflikt	34
1.2	Die Entstehung des NS-Studentenbunds	51
1.3	Bruderkampf in der Studentenschaft	64
1.4	Präsenz in der Öffentlichkeit: Die Reichsgründungsfeiern	73
Zusammenfassung		84
2. Männer der Technik im Dienst von Nation und Krieg		87
2.1	Die *Hannoverschen Hochschulblätter* als Diskussionsforum	89
2.2	Das Wunschbild: Der technische Akademiker als Führer aus der Krise	95
2.3	Reformpläne für die Technischen Hochschulen: Von der Bildungsexpansion zur „Auslese"	103
2.4	Die studentische Rezeption des Ersten Weltkrieges	113
Zusammenfassung		121
3. Lokale Inszenierungen und Manifestationen von Macht		123
3.1	Distinktion und Kooperation der Studenten nach der „Machtergreifung"	124
3.2	Etappen der „Selbstgleichschaltung"	135
3.3	Konzepte zur Vergemeinschaftung: „Der Arbeiter der Stirn und der Arbeiter der Faust"	148
3.4	Ein Abgesandter des Führers: Studentenpfarrer Weiß	158
Zusammenfassung		166
4. Herrschaft und Gemeinschaft: Studentisches Leben im Nationalsozialismus		169
4.1	Studentischer Alltag in Hannover in den 1920er Jahren	170
4.2	Das Kameradschaftshaus als Lebensform	188
4.3	Aufstand im Lichthof	198
4.4	„…es setzt sich allmählich aber ein brauchbarer Typ durch": Die Kameradschaften ab 1935	206
Zusammenfassung		228

5. Technik, Politik und Nationalsozialismus 229
    5.1 Die Technischen Hochschulen im Nationalsozialismus:
          Ein Problemaufriss 231
    5.2 Ingenieure der Politik:
          Der Staat im Kontext technisch-zweckrationalen Denkens 244
    5.3 Politik und Praxis in der Hochschule: Fachschaftsarbeit 253
    5.4 Der schöpferisch schaffende Ingenieur 264
    Zusammenfassung 272
Schlussbetrachtungen 275

Anhang 281

Tabellenverzeichnis 283

Tabellen im Anhang 284

Quellen- und Literatur 293

Fotoverzeichnis 311

Fotografien im Anhang 313

Einleitung

Gegenstand und Fragestellung

An der Technischen Hochschule Hannover gaben im Jahr 1932 lediglich 19 Prozent der Studenten ihre Stimme dem NS-Studentenbund (NSDStB). Im Vergleich mit den AStA-Wahlen, die zu diesem Zeitpunkt noch an fast allen anderen Universitäten und Technischen Hochschulen stattfanden, bekamen die nationalsozialistischen Studenten in Hannover den mit Abstand geringsten Stimmenanteil. Die Technische Hochschule Hannover wird daher in der Forschungsliteratur immer wieder als *die* Hochschule hervorgehoben, die keine Hochburg des Nationalsozialismus war, weil die nationalsozialistischen Studenten die Vormachtstellung der Korporationen *nicht* brechen konnten.[1]

Der Blick auf den Anfang der Weimarer Republik zeigt eine Hochschullandschaft, die auch in Hannover zunächst durch die Studenten der Kriegsgeneration geprägt war, die vielfach Schwierigkeiten hatten, sich wieder an das zivile Leben zu gewöhnen. Ein großer Teil von ihnen engagierte sich während der politischen Auseinandersetzungen 1919 innerhalb der zahlreichen freiwilligen militärischen Verbände. Der sozialdemokratische Reichswehrminister Noske hoffte, durch die Bewaffnung der Studenten das Land vor Terror und Anarchie zu schützen. Der Einsatz in den Freikorps im Baltikum gegen „Bolschewisten" sowie in Schlesien und Westpreußen gegen die Polen band die Studenten jedoch nicht enger an den Staat, sondern entfremdete sie der Republik. Vor allem im Verlauf der Besetzung des Rheinlandes durch die Westalliierten und durch die Friedensbedingungen von Versailles wurden die Studenten verstärkt politisiert und radikalisiert, so dass sich die Konflikte zwischen den jungen Akademikern und den Vertretern des Staats verschärften. Die zunehmende Distanz zur neuen Republik und ihren Regierungen zeigte sich nicht zuletzt an der Beteiligung vieler Studenten am Kapp-Putsch. Als sich 1920 insgesamt rund 50 000 Studenten in die Zeitfreiwilligenverbände eingegliedert hatten, verbot der preußische Kultusminister Haenisch am 14. April 1920 den Dienst in den Verbänden.[2]

---

1 Grüttner, Michael: Studenten im Dritten Reich, Paderborn 1995, S. 60, sowie Niemann, Hans Werner: Die TH im Spannungsfeld von Hochschulreform und Politisierung (1918–1945), in: Seidel, Rita (Hrsg): Universität Hannover 1831–1981, Festschrift Bd. 1, Hannover/Stuttgart (1981), S. 74–93, hier S. 83 und Brügge, Ottfried/Vallon, Joachim: Studenten und Politik am Beispiel der Technischen Hochschule Hannover, in: Saldern, Adelheid von (Hrsg.), Stadt und Moderne – Hannover in der Weimarer Republik, Hamburg 1989, S. 225–252, hier S. 248.

2 Vgl. Titze, Hartmut: Hochschulen, in: Langewiesche, Dieter/Tenorth, Heinz-Elmar: Handbuch der deutschen Bildungsgeschichte, Bd. V: 1918–1945. Die Weimarer Republik und die nationalsozialistische Diktatur, München 1989, S. 209–240, hier S. 213.

Ab 1921 verließen die Angehörigen der Kriegsgeneration nach und nach die Universitäten und Hochschulen. Dominierend waren nun die Studenten der Kriegsjugendgeneration der zwischen 1900 und 1910 Geborenen, die nicht im Ersten Weltkrieg gekämpft hatten. Ihre Kindheit und Jugend war dennoch stark durch die Auswirkungen des Kriegs geprägt. Diese Studentengeneration betrieb an den Universitäten in verschiedenen Zusammenschlüssen, insbesondere dem „Deutschen Hochschulring" (DHR), eine völkische und antisemitische Politik. Als beispielhaft gilt vor allem die Person des ehemaligen studentischen Aktivisten, späteren Justitiars und Stellvertreters Heydrichs im Geheimen Staatspolizeiamt Berlin, Werner Best. In der Biographie Bests charakterisiert der Historiker Herbert diese Generation von Studenten als eine so genannte Generation der Sachlichkeit[3]:

> „Der ‚radikal völkische Standpunkt', die damit verbundene fundamentale Absage an Republik und Demokratie und vor allem der rassenbiologisch motivierte Antisemitismus erschienen auf diese Weise nicht als eine politische Meinung unter anderen, sondern wurden zugleich als Elemente eines Lebensgefühls, eines generationellen Stils empfunden, der den einzelnen die Gewißheit vermittelt, sich von der liberalen oder demokratischen Umwelt durch ‚Weltanschauung', von den älteren ‚national' oder konservativ Denkenden, aber durch Radikalität, Härte und ‚Sachlichkeit' zu unterscheiden."[4]

Auch in Hannover galten die Studenten der frühen zwanziger Jahre als extrem völkisch[5] und erlangten nicht zuletzt durch die von ihnen initiierte Vertreibung Professor Theodor Lessings aus der Technischen Hochschule im Jahre 1926 weithin Beachtung. Da die Kriegsjugendgeneration ab Mitte der zwanziger Jahre die Hochschulen verließ, stellt sich die Frage, ob die ihnen folgende Nachkriegsgeneration ebenso radikal völkisch war und ob auch an ihnen ein spezifisches Lebensgefühl, ein

---

3 Siehe Herbert, Ulrich: Best. Biographische Studien über Radikalismus, Weltanschauung und Vernunft 1903–1989, Bonn 1996, S. 42 ff. (Das Unterkapitel „Generation der Sachlichkeit"). Der Autor geht an der Stelle darauf ein, dass der Generationenbegriff für die historische Analyse problematisch sei. Es könne weder exakt definiert werden, was eine Generation ausmache und definiere, noch die Auswirkungen einer kollektiven Generationserfahrung einigermaßen präzise herausgestellt und von anderen Einflüssen präzise getrennt werden. Sinnvoll sei dies nur, wenn „Generation" auf evidente Weise als historisch wirkungsmächtiger Faktor hervortrete. Für die Zeit nach dem Ersten Weltkrieg sei das der Fall, wie auch Detlev Peukert in einem Text zu den verschiedenen Generationen der Zwischenkriegszeit herausstellt. Peukert setzte sich in einem Text kritisch mit dem Begriff der „Generation" auseinander und kommt ebenfalls zu dem Schluss, dass gerade für die Zwischenkriegszeit generationsspezifische Konturen in den Jugenderfahrungen erkennbar seien. Ein idealtypisches Konstrukt „Generation" für diese jungen Leute könne so zum historischen Verstehen beitragen. Peukert, Detlev: Alltagsleben und Generationserfahrungen von Jugendlichen in der Zwischenkriegszeit, in: Dowe, Dieter (Hrsg.): Jugendprotest und Generationenkonflikt in Europa im 20. Jahrhundert. Deutschland, England, Frankreich und Italien im Vergleich, Bonn 1986, S. 139–150. Beide Ansätze gehen zurück auf den Text Mannheims zur Generationenproblematik. Mannheim, Karl: Das Problem der Generation (1929), in: Wolff, Kurt H.: Karl Mannheim. Wissenssoziologie, Neuwied/Berlin 1964, S. 509–565.
4 Herbert (1996), S. 69.
5 Heiber, Helmut: Universität unterm Hakenkreuz, 3 Bände, München 1991–1994, Teil I, S. 58. sowie Brügge/Vallon (1989).

generationeller Stil zu erkennen ist. Was bedeutete der Nachkriegsgeneration „die Nation" und das „Nationale"?

Die in dieser Studie im Mittelpunkt stehende soziale Gruppe von Studenten setzte sich in erster Linie durch ihre Zugehörigkeit zur Technischen Hochschule Hannover zusammen, die 1831 als *Höhere Gewerbeschule* im Hause des Essigfabrikanten Bornemann in der Marktstraße mit 64 eingeschriebenen Schülern eröffnet worden war. Sechzehn Jahre später erhielt die *Höhere Gewerbeschule* den Namen *Polytechnische Schule*. Aus Platzgründen zogen Schüler und Lehrer 1879 in das für sie umgebaute ehemalige Welfenschloss, gleichzeitig erhielt die Schule die amtliche Benennung „Königliche Technische Hochschule". Schließlich erlangten die Technischen Hochschulen im Oktober 1899 durch die persönliche Intervention Kaiser Wilhelms II. gegen den heftigen Widerstand der Universitäten das Promotionsrecht, so dass Hochschulen und Universitäten zumindest formal gleichgestellt waren.

Wenn in dieser Arbeit von „den" Studenten gesprochen wird, so sind damit die Studierenden der Fakultät für Bauwesen mit den Fachrichtungen Architektur, Bauingenieurs- und Vermessungswesen sowie der Fakultät für Maschinenwesen mit den Fachrichtungen Maschineningenieurswesen und Elektrotechnik gemeint. Im Zeitraum von 1925 bis 1938 waren 88 Prozent der Studierenden für die Fächer dieser Fakultäten immatrikuliert, die übrigen 12 Prozent waren für die Allgemeinen Wissenschaften oder Chemie eingeschrieben.[6] Wegen der geringen Anzahl an Frauen unter den Studierenden der Technischen Hochschule Hannover lässt sich diese soziale Gruppe als Männergesellschaft charakterisieren[7], die sich darüber hinaus zu fast 85 Prozent aus Protestanten zusammensetzte. Katholische Studenten waren zu dreizehn Prozent, jüdische Studierende zu 0,4 Prozent an der Hochschule vertreten.[8]

Der Alltag vieler Studenten wurde nicht nur durch das Studium und die gemeinsame Ausbildungssituation in dem durch institutionelle Regeln organisierten Hochschulbetrieb bestimmt, sondern auch durch die starken korporativen Strukturen. Zwar war die Hochschule keine abgeschlossene Einrichtung oder „totale Institu-

---

6 Vorlesungsverzeichnisse für die Studienjahre 1925 bis 1938, Universitätsarchiv Hannover, eigene Berechnungen.
7 Der prozentuale Anteil von Frauen unter den Studierenden lag insgesamt bei 2,1 Prozent. In noch geringerer Anzahl waren sie für die so genannten Ingenieurswissenschaften immatrikuliert. So waren im Sommersemester 1932 lediglich für das Studium der Architektur acht Frauen eingeschrieben, für die Fächer Bauingenieurswesen, Vermessungslehre, Maschineningenieurswesen und Elektrotechnik waren keine Frauen immatrikuliert. Die übrigen im Sommersemester 1932 studierenden 38 Frauen waren für Allgemeine Wissenschaften (30) und Chemie (8) eingeschrieben. Vorlesungsverzeichnis Programm für das Studienjahr 1933/34 der Technischen Hochschule Hannover, S. 45, Universitätsarchiv Hannover.
8 Angaben für das Sommersemester 1930. Von den Technischen Hochschulen waren in Hannover mit Abstand die geringste Anzahl Juden immatrikuliert. Weniger jüdische Studenten gab es lediglich noch an der Universität Greifswald mit 0,3 Prozent. An allen Technischen Hochschulen waren insgesamt 2,4 Prozent jüdische Studenten immatrikuliert, 20,7 Prozent katholische und 72,5 Prozent protestantische. Grüttner, Michael: Studenten im Dritten Reich, Paderborn 1995, S. 495. Die Deutsche Hochschulstatistik für das Sommerhalbjahr 1928 weist für die TH Hannover nur geringe Abweichungen auf, vgl. Deutsche Hochschulstatistik, Berlin 1928, S. 192.

tion" (Goffman), aber gerade die Studenten, die sich einer Verbindung angeschlossen hatten, lebten zumindest im Semester in einem durch die korpsstudentischen Regeln militärisch geprägten Kontext. Allein an der Technischen Hannover gab es im Untersuchungszeitraum 36 studentische Verbindungen: Achtzehn von ihnen waren „farbentragend" und verfolgten das Prinzip der „unbedingten Waffengenugtuung", sieben trugen keine Farben (sie nannten sich daher „schwarz"), gaben aber ebenfalls „unbedingte Waffengenugtuung". Von den übrigen elf Korporationen gehörte die Mehrzahl zu den christlichen Verbänden, davon trugen sieben Verbindungen zwar Farben, lehnten die Waffengenugtuung jedoch ab und vier weitere trugen weder Farben, noch fochten sie Mensuren.[9]

Die Studenten, die zwischen 1925 und 1938 an der Technischen Hochschule Hannover studierten, gehörten nur zu einem geringen Anteil der Kriegsjugend- und zum weitaus größeren Teil der Nachkriegsgeneration an. Geboren zwischen 1907 und 1918, verbrachten sie ihre Kindheit und Jugend in der Weimarer Republik. Die Studierenden waren daher nicht aktiv am Ersten Weltkrieg beteiligt und konnten durch die Abschaffung der Wehrpflicht gemäß Versailler Vertrag auch zu Republikzeiten keine militärischen Erfahrungen sammeln, ein Umstand, den sie durchgehend als Manko empfanden. Der Erste Weltkrieg und die deutsche Niederlage waren daher in mehrfacher Hinsicht *der* tiefgreifende und Gemeinsamkeit stiftende Faktor in der Sozialisation der Studenten der Technischen Hochschule Hannover.

Zu den grundlegenden und einschneidenden Erfahrungen, die sie in ihrer Jugendzeit machten, gehörten die Unsicherheiten des Nachkriegsalltags, die Inflation mit ihren gravierenden Folgen sowie die Wirtschaftskrisen. Für die nach 1910 Geborenen zählten zudem die relative Stabilisierungsphase nach 1924 mit den damals neu entstehenden Freizeit- und Konsummöglichkeiten sowie die wieder alles in Frage stellende große Weltwirtschaftskrise zu ihren mittel- und unmittelbaren Erfahrungen.[10] Nach einer Phase der Hochkonjunktur und der Vollbeschäftigung in den Jahren 1920/21 kam es 1922 und 1923 in Folge des Ruhrkampfes und der Hyperinflation zur Verelendung breiter Schichten. Die Inflation, deren Hauptursache die Kriegskosten waren und nicht, wie von großen Teilen der Bevölkerung angenommen, die zu zahlenden Reparationen, löste tiefgreifende komplexe wirtschaftliche und soziale Umschichtungsprozesse aus.[11] Betroffen waren vor allem die Angehörigen des mittelständischen Milieus, dem im Jahr 1928 fast 70 Prozent der hannoverschen Studenten entstammten.[12] Die größte Gruppe innerhalb dieser Mehrheit

---

9 Zu den Korporationen siehe Tabelle 8: Verbindungen an der Technischen Hochschule Hannover im Anhang.
10 Siehe Peukert (1986), S. 145 ff sowie Peukert, Detlev: Die Weimarer Republik. Die Krisenjahre der klassischen Moderne, Frankfurt am Main 1987, S. 94 ff.
11 Peukert spricht daher auch von einem Inflationsjahrzehnt ab 1914. Zum Folgenden vgl. Peukert (1987), S. 73 ff. sowie Longerich, Peter: Deutschland 1918–1933. Die Weimarer Republik, Hannover 1995, S. 115 ff.
12 Gemeint sind damit Handel- und Gewerbetreibende, mittlere Beamte, Angestellte, untere Beamte und freie Berufe ohne Hochschulbildung. Siehe Tabelle 11: Soziale Schichtung der männlichen Studierenden der Technischen Hochschule Hannover nach dem Beruf des Vaters sowie Tabelle 12: Soziale Schichtung der deutschen Studierenden der Technischen Wissenschaf-

stellten die Kinder von mittleren und gehobenen Beamten („neuer" Mittelstand) mit gut 30 Prozent sowie von Handel- und Gewerbetreibenden („alter" Mittelstand) mit etwa 25 Prozent. Die übrigen fünfzehn Prozent verteilten sich auf Studenten, deren Väter als Freiberufler ohne Hochschulbildung, untere Beamte oder Angestellte in nichtleitender Position tätig waren.[13] Dieses heterogene Milieu bestand nicht aus organisierten, festen (parteipolitischen) Strukturen, sondern gestaltete sich eher als ein soziales Netzwerk aus Vereinen, Berufsverbänden und Interessengemeinschaften, die durch zwei Haupttendenzen gekennzeichnet waren. Zum einen durch eine entschiedene Abwehrhaltung gegenüber der Sozialdemokratie sowie der Arbeiterbewegung und zum anderen durch einen radikalen Nationalismus. Das „alte" und „neue" mittelständische Milieu war zudem durch ein jeweils spezifisches Sonderbewusstsein geprägt. So verstanden sich Handwerk und Kleinhandel als ausgleichende Faktoren innerhalb der wirtschaftlichen Interessenverbände: Das Handwerk sah sich durch Industriekapitalismus und Arbeiterbewegung bedroht und betonte daher sein ausgeprägtes Arbeits- und Berufsethos als einen gesellschaftlichen Ordnungsfaktor. Der Kleinhandel hingegen sah sich als Puffer zwischen den Interessen des Großkapitals und der Arbeitnehmerschaft. Für die Beamten war die staatliche Autorität und Macht der zentrale Bezugspunkt ihres Selbstbewusstseins. Ihre privilegierte Stellung sollte die Gegenleistung für ihre besondere Loyalität gegenüber dem Staat sein. Bei vielen Beamten galt diese Loyalität jedoch nicht der republikanischen Staatsform, sondern einem abstrakten Staatsideal.[14]

Die unterschiedlich wirkenden sozioökonomischen Krisenlagen lassen sich für alle Angehörigen der Mittelschichten nur schwer auf einen Nenner bringen. Die entscheidenden psychischen Folgen der Inflation waren eine Unsicherheit in der sozialen Positionsbestimmung sowie vielschichtige, individuelle Problemlagen. Die Unzufriedenheit und Radikalisierung der Mittelschichten ist jedoch nicht nur auf die Inflation, sondern auch auf die Politik zurückzuführen. Letztlich erwiesen sich die gewählten Volksvertreter der Parteien als unfähig, in der Stabilisierungsphase der Weimarer Republik den Schaden zu begrenzen und ausreichend Lastenausgleich zu

---

ten insgesamt nach dem Beruf des Vaters und Tabelle 13: Soziale Schichtung der Studierenden nach dem Beruf des Vaters in der Hannoverschen Burschenschaft Cimbria 1904–1935 im Anhang.

13 Etwa 21 Prozent gehörten zum Bildungs- und Besitzbürgertum und waren Söhne höherer Beamte und leitender Angestellte. Den geringste Anteil bildeten die Studenten aus dem Arbeitermilieu mit weniger als einem halben Prozent. Vgl. die oben genannten Tabellen. Damit unterscheiden sich die Technischen Hochschulen vom Gesamtergebnis aller wissenschaftlichen Hochschulen (also inklusive der Universitäten), da dort die Studenten aus dem Bürgertum etwa fünfzehn Prozent stärker vertreten waren, während die Studenten des Mittelstands rund fünfzehn Prozent weniger ausmachten. Vgl. Grüttner (1995), S. 492.

14 Das mittelständische Milieu kann hier nur grob skizziert werden. Peukert stellt in seinem Buch zur Weimarer Republik fest, dass „Aussagen über ‚das' politische Verhalten der Mittelschichten vor allem deshalb problematisch sind, weil diese in sich vielfach und gegensätzlich gegliedert waren." Peukert (1986), S. 160. Das gilt erst recht für die Frage, ob und in welchem Umfang beispielsweise die Beamtenkinder unter den Studenten die Ordnungsbilder ihrer Väter übernommen haben. Hier müssen die politischen Einstellungen der Studenten im Einzelnen untersucht werden.

betreiben. Das politische und sozialpsychologische Ergebnis war ein Vertrauensverlust in die gesellschaftliche und staatliche Ordnung und für weite Teile eine Bestätigung ihrer Vorbehalte der demokratischen Verfassung gegenüber. Die Erfahrungen der Wirtschaftskrise und die soziale Not, durch die viele mittelständische Familien in ihrer Existenz bedroht waren, bedeuteten zudem einen Zusammenbruch der bis zum Ersten Weltkrieg fest verankerten Vorstellungen von Sicherheit sowie der tradierten Werte und Normen.[15]

Darüber hinaus gehörte die Altersgruppe der zwischen 1900 und 1914 Geborenen demographisch gesehen zu dem geburtenstärksten Jahrgang, den es in der deutschen Geschichte jemals gegeben hat. Die Jahrgänge der Kriegsjugend- und Nachkriegsgeneration stießen nach ihrer Schulzeit auf einen stagnierenden und überfüllten Arbeitsmarkt oder im Falle der Abiturienten und Schulabgänger mit Hochschulreife auf Universitäten und Hochschulen, an denen sich immer mehr Studenten immatrikulierten. An der Technischen Hochschule Hannover erhöhten sich die Studentenzahlen in der Zeit von 1914 bis 1922 beispielsweise um das Dreifache.[16] In den zwanziger Jahren weitete sich diese Akademikerschwemme immer mehr aus, vor allem der Arbeitsmarkt für Ingenieure bot sehr begrenzte Aussichten. „Das demographische und sozioökonomische Signum dieser Generationserfahrung ist die Überflüssigkeit und Unbrauchbarkeit des Einzelnen, gemessen an der Kluft zwischen der geringeren Arbeitskräftenachfrage und dem dramatisch angeschwollenen Arbeitskräfteangebot."[17] Die Angehörigen dieser Jahrgänge wurden während dieser zeitspezifischen Einbrüche und gesellschaftlichen Veränderungen sozialisiert und gelten als die „überflüssige Jugend-Generation".[18]

Ungeachtet ihrer jeweiligen unterschiedlich schlechten sozialen Lage, ihrer finanziellen Situation und der ungewissen Aussichten für Ingenieure auf dem Arbeitsmarkt, genossen die Studenten durch ihre Zugehörigkeit zur Hochschule und zum akademischen Milieu einen hohen Status. Studieren war damals ein Privileg, der Anteil an Arbeiterkindern unter den Studenten war insgesamt niedrig und in Hannover mit sechs Immatrikulierten (d. h. 0,4 Prozent) im Jahr 1928 noch niedriger als in anderen Städten. Die Technische Hochschule repräsentierte daher das akademische Bürgertum der Stadt. Professoren und Studenten verkörperten eine Hochschulgemeinschaft, die durch ihr äußeres Erscheinungsbild und ihre symbolbesetzten Feiern eine feste Konstante im Stadtbild waren. Die Georgstraße vor der Oper war beispielsweise die Flanierstraße für die korporierten Studenten sowie das gehobene Bürgertum und bildete zur direkt angrenzenden Altstadt mit ihrer „quasi natürlich" gewachsenen Armut einen krassen Gegensatz. Hannover, an Leine und Ihme gelegen, die Hauptstadt der preußischen Provinz in der norddeutschen Tiefebene, hatte Ende der zwanziger Jahre 400 000 Einwohner. Die als „provinziell" geltende Stadt war jedoch ebenso geprägt von den neuen Entwicklungen in Gesellschaft und Politik wie andere Städte, allerdings mit einer ganz spezifischen Ausprä-

---

15 Vgl. Longerich (1995), S. 115 ff.
16 Vgl. Tabelle 7: Studierendenzahlen an den Technischen Hochschulen u. Hannover.
17 Peukert (1986), S. 146.
18 Ebenda, S. 140.

gung: „So war Hannover eine große Stadt, ohne Großstadt zu werden; so hatte Hannover auch ihre Industrie, ohne jedoch eine Industriestadt zu werden; so nahm Hannover auch an der modernen Kulturproduktion teil, ohne jedoch Kulturmetropole der Moderne zu werden."[19] Gleiches galt für die Technische Hochschule, die zwar eine akademische Institution war, aber dennoch nicht den gleichen Status wie die traditionellen Universitäten Deutschlands hatte.

Bedeutsam für die Angehörigen der Technischen Hochschule waren die technischen Innovationen in dieser Zeit. Die Studenten der technischen Wissenschaften waren selbstverständlich interessiert an und fasziniert von der Technik und den Maschinen. Sie gehörten zu der Gruppe von Menschen, die in den neuen technischen Entwicklungen wie Fotografie, Film, Radio, Grammophon und Motor den Fortschritt verkörpert sahen, der den Menschen zu einer besseren Lebensqualität verhelfen würde. Der Begriff „Technik" war eng verbunden mit dem „Amerikanismus" und stand für die Moderne oder Modernität, die zentrale Schlagwörter und Anlass für zahlreiche Auseinandersetzungen über die wünschenswerte Gegenwart und Zukunft innerhalb der Gesellschaft waren. Die öffentlichen Debatten in der Weimarer Republik über „Amerika" waren stets Auseinandersetzungen mit der eigenen Kultur und den Herausforderungen der Traditionen durch Rationalisierung der verschiedensten Lebensbereiche.[20] Rationalisierung bezog sich damals nicht primär auf die Arbeitsplätze, die durch den Einsatz von Technik abgebaut werden konnten, sondern drang als ein „vernünftiges Gestalten" in die Alltagswelten der Menschen ein.[21]

Die Frage nach den Studenten einer Technischen Hochschule am Ende der Weimarer Republik und während der NS-Zeit ist eine Frage nach der Konfiguration von technischen Eliten. Gerade die Männer, die vor und nach 1933 die technischen Fächer studierten, waren als Ingenieure oder Architekten nicht nur in den dreißiger Jahren, sondern auch im Zweiten Weltkrieg und in der Bundesrepublik beruflich tätig.[22] Mit dem Blick auf die Zeit zwischen 1933 und 1945 wird damit die Frage nach

---

19 Von Saldern, Adelheid: „Hannover zwischen Hindenburg und Haarmann", in: Geschichtswerkstatt Hannover: Alltag zwischen Hindenburg und Haarmann. Ein anderer Stadtführer durch das Hannover der 20er Jahre, Hamburg 1987, S. 5–11, hier S. 5.

20 „Die Amerikanisierungsschübe, die in den zwanziger Jahren ihren ersten Höhepunkt erreichten, standen mehr als jemals zuvor und danach in Spannung zu einem technologischen Nationalismus. [...] Nie war soviel von ‚deutscher Technik' die Rede wie in der Zeit der Kriege und der nationalsozialistischen Autarkiewirtschaft." Radkau, Joachim: Technik in Deutschland vom 18. Jahrhundert bis zur Gegenwart, Frankfurt am Main, 1989, S. 229 f. Auf die Amerikanisierung der deutschen Gesellschaft kann hier nicht näher eingegangen werden. Siehe Lüdtke, Alf/Marßolek, Inge/von Saldern, Adelheid: Amerikanisierung: Traum und Alptraum in Deutschland des 20. Jahrhunderts, Stuttgart 1996.

21 Zum Beispiel im Bergbau und Bauwesen, in der Landwirtschaft, der Nahrungsmittelverarbeitung, sowie im Haushalt (rationale Küchenarbeit durch technische Geräte und moderne Einrichtung, Abschied von der „unhygienischen" Wohnküche, im Büro und in der Kultur. Auch die flächendeckenden Elektrifizierung des Landes fand (erst) Ende der zwanziger Jahre statt.

22 Neben den bekannten Größen des NS-Staates wie Albert Speer oder Fritz Todt, wären zum Beispiel die Ingenieure von Interesse, die in den Industrieunternehmen und bei der Deutschen Reichsbahn nicht unwesentlich in die Ereignisse im östlichen Europa während des Krieges ver-

den Denk- und Handlungsweisen der Funktionseliten im Nationalsozialismus aufgeworfen. Im Fall der Studenten der Technischen Hochschule Hannover handelt es sich um die Berufsgruppe der technischen Intelligenz: Erst ihr „Mitmachen ermöglichte die Produktion und Reproduktion gesellschaftlicher Ordnung ‚im Alltag' – machte Herrschaft der Wenigen und der Machteliten möglich."[23]

Die beruflichen Tätigkeiten dieser professionsgebundenen Eliten der Lehrer, Richter, Verwaltungsbeamte, Ärzte, Architekten und Ingenieure verlangten in ihren verschiedenen Feldern mehr als ein passives Gehorchen. Ihre professionellen Fähigkeiten konnten nur dann effektiv zum Einsatz kommen, wenn sie sich „einsetzten" und sich bemühten, ihren Beruf in eigener Weise und der jeweiligen Situation angemessen auszuüben: „Aktives Mittun gehörte auch dazu, wo Organisationsroutine und bürokratische Formen den Schein von Regelhaftigkeit erzeugten oder bestärkten."[24]

So lässt sich speziell an dem Verhältnis der Studenten untereinander vor und nach 1933 die Formierung der zukünftigen technischen Elite nachzeichnen. Die Mikrostudie der relativ überschaubaren Gruppe von Studenten der Technischen Hochschule Hannover bietet damit einen Einblick in die Mitte der Gesellschaft.

Forschungsstand

In der Geschichtswissenschaft sind in den letzten dreißig Jahren einige Publikationen über die Studenten in der Kaiserzeit[25], in der Weimarer Republik und im Dritten Reich erschienen. Während zur ersten und letzten Periode verhältnismäßig wenig Studien veröffentlicht worden sind, ist die Zeit zwischen 1918 und 1933 deutlich besser erforscht. Die Literatur über Studenten in der Weimarer Republik besteht zu einem großen Teil aus Lokalstudien der einzelnen Universitäten. Es handelt sich um

---

wickelt waren, wie die neuere Forschung gezeigt hat. Vgl. zum Beispiel Allen, Michael: The Homogenity of Technical Managerial Communities, in: Füßl, Wilhelm/Ittner, Stefan (Hrsg.): Biographie und Technikgeschichte (Sonderheft 1998 BIOS – Zeitschrift für Biographieforschung und Oral History), Bonn 1995, S. 219–233.

23 Lüdtke, Alf: Funktionseliten: Täter, Mit-Täter, Opfer, in: Ders. (Hrsg.), Herrschaft als soziale Praxis, Göttingen 1991, S. 559–590, hier S. 561. Schon Konrad H. Jarausch veröffentlichte eine Studie mit dem Titel „The unfree professions. German Lawyers, Teachers and Engineers, 1900–1950", New York/Oxford 1990, die sich im zweiten Teil „Professionals as accomplices" genau diesem Sachverhalt zuwendet. Das Resümee der Arbeit lautet: „The experience of the German professions in the first half of this century shows that highly competent expertise alone has been found wanting. Its desastrous deformation in the Third Reich suggests that professionals are terribly vulnerable to socioeconomic crises and political instrumentalization." Jarausch (1990), S. 227.

24 Lüdtke, Alf: Die Praxis von Herrschaft: Zur Analyse von Hinnehmen und Mitmachen im deutschen Faschismus, in: Berlekamp, Brigitte/Röhr, Werner: Terror, Herrschaft und Alltag im Nationalsozialismus. Probleme einer Sozialgeschichte des deutschen Faschismus, Münster 1995, S. 226–245, hier S. 234.

25 Kampe, Norbert: Studenten und „Judenfrage" im Deutschen Kaiserreich. Die Entstehung einer akademischen Trägerschaft des Antisemitismus, Göttingen 1988; Jarausch, Konrad: Students, Society and Politics in Imperial Germany. The Rise of Academic Illiberalism, Princeton 1982.

die Universitäten Freiburg im Breisgau (1972)[26], Jena (1959)[27] und Würzburg (1974)[28]. Kürzere Texte wurden zur Universität Gießen (1982)[29] und zur Universität Köln (1980)[30] publiziert. Hinzu kommen die Gesamtdarstellungen von Bleuel und Kinnert[31] sowie von Michael Kater[32] und die detaillierte Studie Anselm Fausts zum Nationalsozialistischen Deutschen Studentenbund (NSDStB)[33]. Des Weiteren existieren noch zwei Texte zu den Anfangsjahren der Weimarer Republik.[34] Einzelstudien, die die Zeit von 1933 bis 1945 abdecken oder einen Zeitabschnitt analysieren, der bis in den NS-Staat hineinreicht, sind jedoch immer noch rar.[35] Bisher sind Arbeiten zu fünf Universitäten in Deutschland erschienen: über die Universität Erlangen (1972)[36], Heidelberg (1990)[37], Hamburg (1991)[38], Kiel (1994)[39]

---

26 Kreutzberger, Wolfgang: Studenten und Politik 1918–1933. Der Fall Freiburg im Breisgau, Göttingen 1972.
27 Fließ, Gerhard: Die politische Entwicklung der Jenaer Studentenschaft von November 1918 bis zum Januar 1933, Jena, phil. Diss. (MS), 1959.
28 Spitznagel, Peter: Studentenschaft und Nationalsozialismus in Würzburg 1927–1933, Würzburg, phil. Diss., 1974.
29 Fieberg, Ralf: Die Durchsetzung des Nationalsozialismus in der Gießener Studentenschaft vor 1933, in: Frontabschnitt Hochschule. Die Gießener Universität im Nationalsozialismus, Gießen 1982, S. 38–67.
30 Wortmann, Michael: Der Nationalsozialistische Deutsche Studentenbund an der Universität Köln (1927–1933), in: Geschichte in Köln, H.8, 1980, S. 101–118.
31 Bleuel, Hans Peter/Kinnert, Ernst: Deutsche Studenten auf dem Weg ins Dritte Reich. Ideologien – Programme – Aktionen 1918–1935, Gütersloh 1967.
32 Kater, Michael: Studentenschaft und Rechtsradikalismus in Deutschland 1918–1933, Hamburg 1975.
33 Faust, Anselm: Der Nationalsozialistische Deutsche Studentenbund. Studenten und Nationalsozialismus in der Weimarer Republik, Düsseldorf 1973.
34 Schwarz, Jürgen: Studenten in der Weimarer Republik. Die deutsche Studentenschaft in der Zeit von 1918–1923 und ihre Stellung zur Politik, Berlin 1970 und ein kürzerer Text: Herbert, Ulrich: Generation der Sachlichkeit. Die völkische Studentenbewegung der frühen zwanziger Jahre in Deutschland, in: Bajohr, Frank/Johe, Werner/Lohalm, Uwe (Hrsg.): Zivilisation und Barbarei. Die widersprüchlichen Potentiale der Moderne, Hamburg 1991, S. 115–144.
35 Einzelne Hochschulen haben zum Teil sehr kurze Texte von wenigen Seiten veröffentlicht, die die Studierenden nur kursorisch oder gar nicht behandeln. Eine detaillierte Übersicht findet sich bei Ruck, Michael: Bibliographie des Nationalsozialismus, 2000 unter der Rubrik „Studenten", A.3.19.4.2 Regional- und Lokalstudien, S. 5948–5959. Übergreifende Texte mit unterschiedlichen Schwerpunkten (Frauenstudium, Studentenpresse u.ä.) finden sich unter „Studenten", A.3.19.4.1 Allgemeines, S. 5940–5947.
36 Franze, Manfred: Die Erlanger Studentenschaft 1918–1945, Würzburg 1972.
37 Giovannini, Norbert: Zwischen Republik und Faschismus. Heidelberger Studentinnen und Studenten 1918–1945, Weinheim 1990.
38 Giles, Geoffrey G.: Students and National Socialism in Germany, Princeton 1985 sowie Grüttner, Michael: „Ein stetes Sorgenkind für Partei und Staat". Die Studentenschaft 1930 bis 1945, in: (Hrsg.) Krause, Eckart u.a: Hochschulalltag im „Dritten Reich". Die Hamburger Universität 1933–1945, Teil I, Berlin 1991, S. 201–236.
39 Wieben, Matthias: Studenten an der Christian-Albrechts-Universität [Kiel] im Dritten Reich. Zum Verhaltensmuster der Studenten in den ersten Herrschaftsjahren des Nationalsozialismus, Frankfurt u.a. 1994.

und Münster (1994)[40] sowie aus Österreich für die Universität Innsbruck (1990)[41] und ein kürzerer Text zu Freiburg (1991)[42]. Bei den übrigen Publikationen handelt es sich entweder um Abhandlungen zu speziellen Themen[43] oder sie beziehen sich auf Korporationen.[44] Eine der Ursache für die vergleichsweise geringe Anzahl an Arbeiten über Studenten im Nationalsozialismus ist darin zu sehen, dass nur an wenigen Universitäten und Hochschulen die Akten des NSDStB sowie der Studentenschaft in ausreichendem Maße erhalten geblieben sind. Der Historiker Grüttner kritisiert daher, dass manche neuere Arbeit sich darauf beschränke, „die offizielle Politik der Studentenführer aus den veröffentlichten Quellen zu rekonstruieren und ihre Darstellung mit Spekulationen über die Reaktion der Studenten anzureichern."[45] Auch ein kürzlich erschienener Literaturbeitrag kommt zu dem Schluss, dass es sich bei den Publikationen zu den Studierenden um „mehr Masse als Klasse – mehr Dokumentation denn Analyse" handele.[46] Ein weiteres Quellenproblem in der Erforschung von Studenten stellt die Frage nach den nicht-korporierten und nicht im NS-Studentenbund organisierten Studenten dar. Die relativ große Gruppe von 20 bis 30 Prozent aller Studenten, die ohne jegliche organisatorische Bindungen an der Hochschule studiert haben, bildet einen „blinden Fleck" in der Historiographie. In dieser Arbeit konnte diese Lücke zumindest im Ansatz geschlossen werden, da einige nicht organisierte Studierende etwa anderthalb Jahre die Studentenzeitung der Hochschule herausbrachten.[47]

Die Literatur über die Korporationen in der Weimarer Republik und zur Zeit des Nationalsozialismus besteht einerseits aus Arbeiten, die von Historikern einzelner

---

40 Pöppinghege, Rainer: Absage an die Republik. Das politische Verhalten der Studentenschaft der Westfälischen Wilhelms-Universität Münster 1918–1935, Münster 1994.
41 Gehler, Michael: Studenten und Politik. Der Kampf um die Vorherrschaft an der Universität Innsbruck 1919–1938, Innsbruck 1990.
42 Giles, Geoffrey: „Die Fahnen hoch, die Reihen dicht geschlossen." Studenten als Verfechter einer völkischen Universität?, in: John, Eckard (Hrsg.), Die Freiburger Universität in der Zeit des Nationalsozialismus, Freiburg 1991, S. 43–56.
43 Giles, Geoffrey: Die Verbändepolitik des Nationalsozialistischen Deutschen Studentenbundes, in: Darstellungen und Quellen zur Geschichte der deutschen Einheitsbewegung im 19ten und 20ten Jahrhunderts, Band 11, S. 97–157, Heidelberg 1981.
44 Weber, R.G.S.: The German Student Corps in the Third Reich, London 1986; Steinberg, Michael Stephen: Sabers and Brown Shirts. The German Students' Path to National Socialism, 1918–1935, Chicago/London 1977.
45 Grüttner (1995), S. 12. Er bezieht sich konkret auf die Arbeit Giovanninis, der zudem darauf verzichtet hat, die in Würzburg vorliegenden Akten der Reichsstudentenführung einzusehen. Die Zeit des Nationalsozialismus wird in seiner Arbeit darüber hinaus nur kursorisch behandelt, die detaillierte Zitierweise macht die Arbeit wenig lesbar.
46 Jansen, Christian: Mehr Masse als Klasse – mehr Dokumentation denn Analyse. Neuere Literatur zur Lage der Studierenden in Deutschland und Österreich in der ersten Hälfte des 20. Jahrhunderts, in: NPL Jg. 43 (1998) S. 398–440. Dort heißt es: „Von einer theoretischen Fragestellung ausgehende, systematisch konzipierte Untersuchungen befinden sich in einer Minderzahl gegenüber assoziativ-impressionistisch vorgehenden Arbeiten, die oft in der Dokumentation des gefundenen Materials stecken bleiben; vergleichend angelegte oder einen spezifischen Aspekt längsschnittartig untersuchende Studien fehlen unter den Neuerscheinungen fast völlig." Ebenda, S. 398.
47 Siehe ausführlich Kapitel 2.1.

Verbindungen publiziert worden sind, und andererseits von Historikern, die außerhalb der einzelnen Verbände stehen. Die Schwierigkeiten, die sich zum Teil in methodischer und historiographischer Hinsicht aus diesen unterschiedlichen Zugängen ergeben, spiegeln sich in den Diskussionsabschnitten des Tagungsbands „Der Burschen Herrlichkeit".[48] Während es einige Publikationen zu den Burschenschaften und zu den christlichen Verbänden sowie übergreifende Arbeiten gibt, liegen spezifische Studien zu den Corpsstudenten, Turner-, Sänger- oder Landsmannschaften nur vereinzelt vor.[49] Die vorliegende Arbeit hat, so weit Quellen oder Literatur zugänglich waren, Publikationen zu einzelnen Verbindungen in Hannover berücksichtigt und in Zusammenhang mit den allgemeinen Veröffentlichungen zur Korporationsgeschichte in Beziehung gesetzt.[50]

Seit 1995 gibt es die Gesamtdarstellung über die „Studenten im Dritten Reich" von Michael Grüttner, der übergreifend und kenntnisreich die Wirkungsgeschichte der Hochschulpolitik des NS-Regimes und das politische Verhalten der Studenten miteinander verknüpft und analysiert.[51] Grüttner hat in seiner Studie Zahlenmaterial sowohl zu den Universitäten als auch den Technischen Hochschulen ermittelt. Um mögliche Differenzen auszumachen, hat er sowohl die AStA-Wahlen als auch die Mitgliederzahlen im NS-Studentenbund von Universitäten und Technischen Hochschulen miteinander verglichen. Mit Blick auf die Ergebnisse der AStA-Wahlen zwischen 1926 und 1933 kommt er zu dem Schluss, dass der NS-Studentenbund „im jährlichen Durchschnitt an den Technischen Hochschulen stets mehr Studenten

---

48 Brandt, Harm-Hinrich/Stickler, Matthias: „Der Burschen Herrlichkeit" – Geschichte und Gegenwart des studentischen Korporationswesens, Historia Academica Bd. 36 (Schriftenreihe der Studentengeschichtlichen Vereinigung des Coburger Convents), Würzburg 1998.

49 Brunck, Helma: Die Deutsche Burschenschaft in der Weimarer Republik und im Nationalsozialismus, München 1999; Heither, Dietrich/Gehler, Michael/Kurth, Alexandra/Schäfer, Gerhard (Hrsg.): Blut und Paukboden – eine Geschichte der Burschenschaften, Frankfurt am Main, 1997; Heither, Dietrich: Verbündete Männer. Die Deutsche Burschenschaft – Weltanschauung, Politik und Brauchtum, Marburg 2000; Ströle-Bühler, Heike: Studentischer Antisemitismus in der Weimarer Republik. Eine Analyse der Burschenschaftlichen Blätter 1918 bis 1933, Frankfurt am Main 1991; Stitz, Peter: Der CV 1919–1938. Der hochschulpolitische Weg des Cartellverbandes der katholischen deutschen Studentenverbindungen (CV) vom Ende des 1. Weltkrieges bis zur Vernichtung durch den Nationalsozialismus, München 1970; Gerhard: Studentische Korporationen im Übergang von der Weimarer Republik zum deutschen Faschismus, in: 1999 Heft 1 (1988), S. 104–129. Elm, Ludwig/Heither, Dietrich/Schäfer, Gerd (Hrsg.): Füxe, Burschen, Alte Herren. Studentische Korporationen vom Wartburgfest bis heute, Köln 1992.

50 Es wurden u.a. berücksichtigt: Vereinigung Alter Herren des Corps Hannovera zu Hannover (Hrsg.): Corps Hannovera an der Technischen Hochschule Hannover 1866–1966, Hannover 1966 sowie Eckelmann, W. (Hrsg.): Corps Hannovera an der Universität Hannover, Hannover 1991. Das unveröffentlichte Material wird zusammen mit den übrigen genutzten Quellen aufgeführt.

51 Grüttner (1995). Es existiert noch eine weitere Gesamtdarstellung, die jedoch einen wesentlich größeren Zeitraum umfasst: Jarausch, Konrad H.: Deutsche Studenten 1800–1970, Frankfurt am Main 1984, und zwei kürzere Texte: Stuchlik, Gerda: Funktionäre, Mitläufer, Außenseiter und Ausgestoßene. Studentenschaft im Nationalsozialismus, in: dies./Siegele-Wenschkewitz, Lionore (Hrsg.); Hochschule und Nationalsozialismus. Wissenschaftsgeschichte und Wissenschaftsbetrieb als Thema der Zeitgeschichte, Frankfurt am Main 1990, S. 49–89.

für seine Ziele mobilisieren [konnte] als an den Universitäten."[52] Betrachtet man aber die Ergebnisse der insgesamt zehn Technischen Hochschulen, zeigen sich große Unterschiede unter den einzelnen Institutionen. Auch der Vergleich mit den Universitäten ergibt kein klares Bild. Beispielsweise konnte der NS-Studentenbund im Jahre 1932 an den Technischen Hochschulen fast acht Prozentpunkte *weniger* Stimmen gewinnen als an den Universitäten. Ein Jahr später lässt sich der Unterschied zwischen den Technischen Hochschulen und den Universitäten jedoch mit genau umgekehrten Vorzeichen ausmachen.[53] Die Ergebnisse sind weder eindeutig noch ohne weiteres zu verallgemeinern, was auch Grüttner an einer Stelle einräumt.[54] Zudem ist die Datenbasis gerade für die Berechnungen der Technischen Hochschulen dünn. Ein ähnliches Bild bietet die Analyse der Mitgliederstruktur des NS-Studentenbunds. Auch diesbezüglich kommt Grüttner zu dem Ergebnis, dass „der Studentenbund an den Technischen Hochschulen über wesentlich mehr Anhänger als an den Universitäten [verfügte]."[55] Die Mitgliederwerbung sei an den Technischen Hochschulen viel erfolgreicher verlaufen als an den Universitäten. Auch hier muss angezweifelt werden, ob die Ergebnisse in ihrer Signifikanz bestehen bleiben können, da Grüttner von lediglich vier der zehn Technischen Hochschulen die Mitgliederzahlen vorlagen. Die Unterschiede zwischen Universitäten und Technischen Hochschulen variieren stark, so dass eine Generalaussage auf der Basis von statistischen Daten schwierig zu treffen ist. Es bleibt festzuhalten, dass Wahlergebnisse und Mitgliederzahlen auch im Vergleich nicht unbedingt aussagekräftig sein müssen.

In der Literatur bestand jahrelang Unklarheit darüber, ob die Studenten als Hitlers Gegner oder Anhänger zu gelten hätten; Grüttner hat in seiner Studie diese bis dato vorherrschende Dichotomie kritisiert, die nach seiner Ansicht bestenfalls noch durch die Kategorie des „Mitläufers" ergänzt worden sei. Er orientierte sich daher an den alltagsgeschichtlichen Arbeiten von Niethammer[56] und Broszat[57], die für einen überwiegenden Teil der Bevölkerung eine Mischung aus Konsens und Dissens,

---

52 Grüttner (1995), S. 60.
53 Der Blick auf die AStA-Wahlen vor 1932 zeigt insgesamt folgendes Ergebnis: 1928 und 1929 erreichte der NS-Studentenbund an den Universitäten und Technischen Hochschulen fast gleich hohe Prozentzahlen (11,8 bzw. 12 Prozent und 19,3 bzw. 20,2 Prozent). Im Jahr 1930 ist der Unterschied relativ groß: an den Universitäten bekommt der NSDStB 32,4 Prozent und an den Technischen Hochschulen 44,7 Prozent; im Jahr 1931 sind die Ergebnisse wieder sehr ähnlich (Universitäten 44,6 Prozent, TH's 43,2 Prozent). Vgl. Ebenda, S. 496.
54 Ebenda, S. 60, Fußnote 203. Er untermauert seine These, in dem er die Stimmenanteile des NS-Studentenbunds jeweils mit den gesamten Studierenden einer Hochschule in Beziehung setzt und nicht mit den abgegebenen Stimmen. Da an den Technischen Hochschulen durchgängig mehr Studenten zur Wahl gegangen sind als an den Universitäten, ergibt sich so ein „eindeutigeres" Bild.
55 Ebenda, S. 59.
56 Niethammer, Lutz: „Die Jahre weiß man nicht, wo man die heute hinsetzen soll". Faschismuserfahrungen im Ruhrgebiet, Berlin/Bonn 1983.
57 Gemeint ist das Bayern-Projekt des Instituts für Zeitgeschichte in München. Broszat, Martin (Hrsg.): Bayern in der NS-Zeit, München/Wien 1981.

ein „Neben- und Miteinander von Nonkonformität und Konformität"[58] konstatiert haben. Obwohl Grüttner die Befunde seiner Studie sehr differenziert auswertet, bleibt er in seiner Schlussüberlegung dennoch einer allzu generalisierenden Formel verhaftet und kommt zu dem Schluss: „Der unpolitische Studententypus der 1950er Jahre kündigte sich schon während der NS-Zeit an."[59] Zwar ist der Wunsch verständlich, die Analyse eines derartig komplexen Themas mit einer Kernaussage abzuschließen. Es ist jedoch fraglich, ob diese These nicht allzu vereinfachend ist und den Blick auf neue Erkenntnisse nicht gerade verstellt.

Die Ergebnisse einzelner Arbeiten zu den Studenten der verschiedenen Universitäten werden mit den neuen Befunden über die Studenten der Technischen Hochschule Hannover verglichen. Vor allem in Bezug auf die Immatrikulationszahlen, die studentischen Wahlen, die Mitgliedschaften im NS-Studentenbund sowie die Entwicklung der Kameradschaftshäuser konnte auf statistische Daten und Vergleichsmaterial zurückgegriffen werden. Hinsichtlich der Struktur und der Organisationsformen der Studentenschaften unterscheiden sich die einzelnen Universitäten deutlich. So waren beispielsweise die Studenten der Universität Würzburg sowie die Studierenden der Universität Münster zu einem großen Teil katholisch und gehörten katholischen Verbindungen an.[60] Pöppinghege kommt in seiner Publikation zu dem Schluss, dass an der Universität Münster sowohl die soziale, aber insbesondere die konfessionelle Bindung der Studierenden die politischen Gedanken geprägt hat.[61] Da an der Technischen Hochschule Hannover der überwiegende Teil der Studenten protestantisch war, waren ihre Vorstellungen nicht nur durch ein differierendes christliches Wertesystem geprägt, es ergaben sich auch andere Konflikte mit den nationalsozialistischen Studentenfunktionären. Ein weiterer wesentlicher

---

58 Broszat, Martin: Resistenz und Widerstand, in: ebenda, S. 699.
59 Grüttner (1995), S. 480. Wenige Zeilen zuvor resümierte er, dass die Studenten ihre Abneigung gegen den NS-Studentenbund durchaus mit einer grundsätzlichen Zustimmung zum Nationalsozialismus vereinbaren konnten. Auch meint er, dass die moralische Berechtigung Hitlers und seiner Gefolgsleute, den Zweiten Weltkrieg zu führen, von der großen Mehrheit der Studenten nicht in Frage gestellt worden sei. Hier ist anzumerken, dass die Zustimmung der Studierenden zu einem Krieg, zu dem der „Führer" aus ihrer Sicht moralisch berechtigt gewesen sei, kaum als eine „unpolitische Haltung" gewertet werden kann.
60 In Münster waren während der Weimarer Republik zwischen 66 und 69 Prozent der Studierenden katholisch. Sie wies damit den mit Abstand höchsten Anteil an Katholiken unter allen Volluniversitäten auf. Pöppinghege (1994), S. 30 f.
61 Eine an der Universität existierende katholische Vereinslandschaft machte es den rechtsextremistischen Gruppierungen zunächst schwer, Mitglieder aus diesen Vereinigungen zu rekrutieren. „Es gab daher eine vergleichsweise große Gruppe von Studierenden, die den Staat von Weimar zumindest nicht aktiv bekämpfte, obwohl sie ihm wenig Sympathie entgegen brachte." Ebenda, S. 238. Übereinstimmung mit dem Nationalsozialismus ergaben sich aus der „Empfänglichkeit für antiparlamentarische Ideen" auch bei einem Teil der katholischen Studenten. Letztlich kommt Pöppinghege zu der Vermutung, dass die Studentenschaft „sich stillschweigend oder sogar freudig den nationalsozialistischen Wünschen fügte und zum Aufbau eines ‚Dritten Reiches' beitragen wollte." Ebenda, S. 237. Zu einem ähnlichen Schluss kommt auch Peter Spitznagel und schreibt, dass „Würzburg von der extrem nationalistischen Bewegung nicht verschont blieb, doch das katholische Element trotz der nationalsozialistischen Radikalisierungsperiode ein stärkeres Emporkommen der Nationalsozialisten verhinderte." Spitznagel (1974), S. 2.

Unterschied zur TH Hannover ist zudem darin zu sehen, dass es in Münster republiktreue Hochschulgruppen der demokratischen Parteien sowie der katholischen Jugendbewegung gab.

Alle bisher veröffentlichten Lokalstudien untersuchen die Studenten einer Universität, es existiert bisher keine Studie, die die Studenten einer Technischen Hochschule in der NS-Zeit darstellt und analysiert. Des Weiteren werden die Studierenden in der Literatur durchgehend durch ihre Zugehörigkeit zu einer Universität als Gruppe klassifiziert und nicht anhand der unterschiedlichen Disziplinen. Gerade die fachliche Sozialisation kann jedoch Aufschluss darüber geben, wie sich die Studenten in der Gesellschaft positioniert haben. Die vorliegende Arbeit analysiert die Studenten in Hannover als Akteure daher sowohl mit dem Fokus auf ihr politisches Handeln und Denken als auch vor dem Hintergrund ihres Selbstverständnisses als Studierende der ingenieurwissenschaftlichen Fächer.[62]

Quellen

Die für diese Arbeit maßgeblichen Quellen sind ein im Niedersächsischen Hauptstaatsarchiv Hannover liegender Bestand (NHStA Hann 320 IV), der zwei verschiedene Provenienzen in sich vereinigt: die Registratur der Deutschen Studentenschaft (DSt) sowie das Schriftgut des Nationalsozialistischen Deutschen Studentenbunds (NSDStB) an der Technischen Hochschule Hannover. Die Überlieferung der Studentenschaft setzt bereits 1880 ein und endet 1939, während die Akten des NSDStB erst 1929 beginnen und mit dem Jahr 1939 aufhören. Es handelt sich daher um einen Mischbestand, in dem Korrespondenzen, Protokolle von Kammersitzungen, Anordnungen, Monatsberichte des NS-Studentenbunds sowie hektographierte Rundschreiben zu finden sind. Des Weiteren wurden die ebenfalls im Niedersächsischen Hauptstaatsarchiv Hannover lagernden Verwaltungsakten der Technischen Hochschule Hannover hinzugezogen (NHStA Hann 146 A).

Im Universitätsarchiv der Universität Hannover sind die Vorlesungsverzeichnisse der Technischen Hochschule Hannover eingesehen worden, in denen sich Informationen zu den Studentenzahlen, zum Lehrbetrieb sowie Verbänden, Ausschüssen und NS-Organisationen finden. Dort konnten ebenfalls die *Hannoverschen Hochschulblätter* ausgewertet werden, die von 1926 bis 1935 von den Studenten der Technischen Hochschule Hannover herausgegeben wurden und die sowohl für die Zeit der Weimarer Republik als auch für die Übergangszeit und die Situation nach der „Machtergreifung" eine sehr wichtige Quelle darstellten.[63]

---

62 Auf einen Literaturbericht zum Themenkomplex Technik, Wissenschaft und Nationalsozialismus wird an dieser Stelle verzichtet. Zu finden ist dieser im fünften Kapitel unter dem Titel „Technische Hochschulen im Nationalsozialismus – ein Problemaufriss". Mit Bezug auf die im zweiten Kapitel erarbeiteten Ergebnisse werden dort neue Fragen erarbeitet, in der Forschungsliteratur verortet und in ihrer Relevanz für die vorliegende Studie diskutiert.
63 Ausführlich zu den *Hannoverschen Hochschulblättern* siehe Kapitel 2.1, in denen die studentische Zeitung als Quelle ausführlich dargestellt und analysiert wird.

Auf Anfrage haben einige wenige Verbindungen Hannovers Material zur Verfügung gestellt. Zu nennen ist hier die unveröffentlichte Chronik der Turnerschaft Tuisko „100 Jahre Turnerschaft Tuisko! 1892–1992", die Corpsgeschichte des Corps Slesvico-Holsatia „Corps Slesvico-Holsatia Corpsgeschichte Band 4 und 5, Sommersemester 1926 bis Wintersemester 1944/45 sowie Auszüge aus der Chronik der Turnerschaft Hansea.[64]

Im Bundesarchiv Berlin wurde der Bestand NS 38 – Reichsstudentenführung/Nationalsozialistischer Deutscher Studentenbund für den Zeitraum 1933 bis 1942 mit dem Fokus Technische Hochschule Hannover eingesehen. Zudem konnten einige Personalakten aus dem ehemaligen Berlin Document Center zu den führenden NS-Funktionären an der Technischen Hochschule Hannover recherchiert und ausgewertet werden.

Die Akten der ehemaligen Reichsstudentenführung (RSF I und II), die im Staatsarchiv Würzburg lagern, wurden einer eingehenden Prüfung unterzogen. Sie enthalten wichtige Quellen, in der Hauptsache Schriftwechsel der nationalsozialistischen Studentenführer an der Technischen Hochschule Hannover, und ergänzen die im Niedersächsischen Hauptstaatsarchiv lagernden Bestände. Allerdings beziehen sich diese Archivalien nur auf den Zeitraum bis 1938, so dass trotz dieser Akten die Bearbeitung des Themas Studenten nicht auf den Kriegszeitraum ausgedehnt werden konnte.

Weiterhin finden sich im Institut für Hochschulkunde in Würzburg sowohl eine umfassende Sammlung an Publikationen zur Hochschulgeschichte und Studenten allgemein als auch Unterlagen zur Technischen Hochschule Hannover sowie Semesterberichte einzelner Korporationen. Zudem lagern dort einzelne wenige Publikationen von Kameradschaften in Hannover aus der Kriegszeit, die jedoch nur als Ausblick miteinbezogen werden konnten. Da sämtliche zur Verfügung stehenden Quellen über die Studenten der Technischen Hochschule Hannover nur bis 1938 verfügbar waren, musste die Kriegszeit unberücksichtigt bleiben.

Ergänzend wurden Interviews mit Zeitzeugen geführt. Von den insgesamt sieben Männern der Jahrgänge 1908 bis 1920 gehörten fünf einer schlagenden Verbindung an, einer der Akademischen Fliegervereinigung (AKA-Flieg) und einer der Kameradschaft Paul von Hindenburg. Im Verlauf der Arbeit an dem Projekt rückte neben den spezifischen Problemen der Oral History[65] eine weitere zentrale Überlegung in den Mittelpunkt. Die Schwierigkeit, über die Zeit zwischen 1933 und 1945 mit

---

64 Erwähnt werden muss hier zudem die unermüdliche Hilfsbereitschaft von Hans Hildebrandt, Alter Herr der Burschenschaft Germania, der ebenfalls zahlreiche Materialien zur ehemaligen Burschenschaft Cimbria zur Verfügung stellte.

65 Zum Beispiel die asymetrische Relation in einem Interviewgespräch, die sich durch die Informationen und das (Vor-)Wissen der beiden Protagonisten ergibt. Weiterhin darf der Einfluss einer Generationenproblematik und in den hier diskutierten Fällen zusätzlich einer Geschlechterproblematik nicht unterschätzt werden. Zudem ist biographische Kommunikation generell gesellschaftlich vorstrukturiert, d. h. durch die Art und Weise wie man gewöhnlich eine Biographie erzählt, zum Beispiel weitestgehend chronologisch und mit Sinn versehen. Vgl. zum Beispiel Vorländer, Herwart: Oral History: Mündlich erfragte Geschichte, Göttingen 1990.

Zeitzeugen zu sprechen, liegt darin begründet, dass die Sprache bzw. die Begrifflichkeiten des alltäglichen Lebens wie zum Beispiel die verschiedenen Gedenkveranstaltungen oder symbolischen Zuweisungen nicht mehr kommunizierbar sind. Begriffe wie „Langemarck", „Albert Leo Schlageter" oder andere patriotische Redeweisen sind emotional hochbesetzte Symbole und Diskurse, die jedoch heute niemandem mehr – auch dem Befragten oft nicht (mehr) – bekannt und/oder desavouiert sind. Im Gespräch mit dem Zeitzeugen tauchen sie demgemäß kaum auf, und wenn danach gefragt wird, zeigt sich gerade dann die Wirksamkeit zeitgebundener Tradierung und der für diesen Zeitabschnitt wirkenden Tabuisierungen.[66] Das heißt natürlich nicht, dass eine Kommunikation über diese Gegenstände keinerlei Erkenntnisgewinn mit sich brächte. Es ist nur fraglich, ob sich die im Gespräch ergebenden Interpretationen überhaupt direkt auf die Zeit zwischen 1933 und 1945 beziehen lassen oder ob nicht vielmehr die Zeit zwischen 1945 und 1999 die Erinnerungen strukturiert und auch maßgeblich verändert hat. Das erhobene Interview kann nicht ohne weiteres mit den übrigen zur Verfügung stehenden Quellen als zeitlich gleichwertig betrachtet, bzw. unmittelbar mit einer aus dem Untersuchungszeitraum stammenden Quelle in Beziehung gesetzt und interpretiert werden.[67] Die Gespräche wurden daher nur punktuell berücksichtigt.

Methodisch-theoretische Überlegungen und Aufbau der Studie

Die vorliegende Studie über die Studenten an der Technischen Hochschule Hannover zwischen 1925 und 1938 untersucht eine relativ kleine Gruppe historischer Akteure in ihrer Ausbildungssituation an einer akademischen Institution sowie ihrem gesellschaftlichen und sozioökonomischen Kontext. Die gruppenspezifischen Rezeptionen von soziokulturellen und politischen Kontexten werden „vor Ort" genau in den Blick genommen und mit den zeitspezifischen Umbrüchen und Kontinuitäten in Beziehung gesetzt. Viele Fragen führen so über die lokalen Gegebenheiten und das soziale Mikromilieu hinaus.

Mit diesem Zugriff versucht die vorliegende Arbeit einen Beitrag zur Neuen Kulturgeschichte sowie zur Geschichte der politischen Kultur zu leisten. Damit ist ein Ansatz verbunden, in dem zwar der Blick auf die historischen Akteure gerichtet, aber dennoch nicht auf Individuelles reduziert wird. Es geht darum, die konkreten Wechselwirkungen zwischen Gesellschaft und Individuum zu untersuchen, was nur

---

66 Es scheint fast so als ob diese Begriffe und Symbole auf der Zeitachse unterschiedlich proportional wären: Während in den Quellen die Bezüge unübersehbar und vielfach sind, ist die Erinnerung daran nicht „vorhanden" – wobei allerdings darauf hinzuweisen ist, dass „positive" nationalsozialistische Klischees immer wieder in die Diskussion eingeführt werden. So beispielsweise das immer noch beliebte Exempel der Autobahnen, die immer noch und wieder für die ungeheuren Produktivität und Kompetenz des NS-Staates bzw. Adolf Hitlers ins Feld geführt werden.

67 So schreibt Ulrike Jureit: „Wer von erzählten Erinnerungen unmittelbar auf eine soziale Wirklichkeit schließt, der begibt sich historiographisch auf äußerst glattes Parkett." Jureit, Ulrike: Erinnerungsmuster. Zur Methodik lebensgeschichtlicher Interviews mit Überlebenden der Konzentrations- und Vernichtungslager, Hamburg 1999, S. 10.

durch eine Abkehr vom apriorischen Primat des Gesellschaftlichen möglich wird.[68] Angelehnt an Ute Daniel zeigt die Studie, dass Kultur ein System kollektiver Sinnkonstruktionen ist, mit denen die Menschen die Wirklichkeit definieren. Es handele sich um jenen Komplex von allgemeinen Vorstellungen, mit denen sie zwischen wichtig und unwichtig, wahr und falsch, gut und böse sowie schön und hässlich unterscheiden würden. „Kultur" sei daher bedeutungsorientiert. So steht die Kulturgeschichte für die Integration bisher vernachlässigter Themen und für eine methodische Neuorientierung, die ihren Schwerpunkt auf die einzelnen Menschen und ihr aktives Hervorbringen der sozialen Wirklichkeit verlegt. Dabei steht ein Kulturbegriff im Mittelpunkt, der prozesshaft und akteursbetont mehr am Weg als am Ergebnis orientiert ist und sich auf die Produktion von Bedeutung konzentriert.[69] Durch die politischen und gruppenbezogenen Ansprüche und Interessen der historischen Akteure ergeben sich spezifische Problemkonstellationen. Ordnungsprobleme sowie politische und gesellschaftliche Ordnungskonzepte und -entwürfe gehören zur politischen Kulturforschung. Unter politischer Kultur wird nach Karl Rohe ein mit Sinnbezügen gefüllter politischer Denk-, Handlungs- und Diskursrahmen verstanden, innerhalb dessen sich das Denken, Handeln und öffentliche Reden politischer Akteure vollzieht. Es handelt sich sozusagen um einen politischen Code, um eine politische Programmsprache, die das Handeln und Fühlen politischer Akteure steuert und konditioniert, jedoch nicht determiniert. Oder anders ausgedrückt: Politische Kultur ist ein „kollektiv geteiltes Muster zur alltäglichen Konstruktion von politischer Realität, sei es in Form von Denkweisen, von emotionalen Dispositionen oder aber in Form der *habits* eines gemeinsamen *way of life*."[70]

Als politische Kultur gelten die für eine soziale Gruppe maßgebenden Grundannahmen über die politische Welt. Diese Grundannahmen, die als „Weltbild" existieren und das politische Denken bestimmen, sind den jeweiligen sozialen Trägern jedoch nicht bewusst, sondern werden als „natürlich" und „selbstverständlich" empfunden. Damit verknüpft sind operative Ideen, die als „ungeschriebene Verfassungen" das öffentliche Reden und Handeln der Gruppenmitglieder konditionieren. Sie sind ein zu Denk- und Handlungskonventionen geronnenes Wissen, wie Probleme angegangen werden, welche „Antworten" sich in der Vergangenheit bewährt haben und welche nicht:

> „Grundannahmen über die politische Welt in Verbindung mit den ihnen zugeordneten operativen Ideen, die die politische Kultur eines sozialen Verbandes ausmachen, lassen sich am besten als politische und gesellschaftliche Ordnungsentwürfe begreifen, die man im Prinzip in ähnlicher Weise studieren kann, wie jene Ordnungsent-

---

68 Daniel, Ute: „Kultur" und „Gesellschaft". Überlegungen zum Gegenstandsbereich der Sozialgeschichte, in: Geschichte und Gesellschaft 19 (1993), S. 69–99.
69 Vgl. unter anderem: Conrad, Christoph, Kessel, Martina: Moderne, Kultur, Geschichte, in: Conrad, Christoph, Kessel, Martina (Hrsg.): Kultur & Geschichte. Neue Einblicke in eine alte Beziehung, Stuttgart 1998, S. 9–42. Hardtwig, Wolfgang (Hrsg.): Kulturgeschichte Heute, Geschichte und Gesellschaft, Sonderheft 16, Göttingen 1996 und Mergel, Thomas/Welskopp, Thomas: Geschichte zwischen Kultur und Gesellschaft. Beiträge zur Theoriedebatte, München 1997.
70 Dörner, Andreas: Politischer Mythos und symbolische Politik. Sinnstiftungen durch symbolische Formen am Beispiel des Hermannmythos, Opladen 1995, S. 60.

würfe, die in der politischen Ideengeschichte oder in geschriebenen Verfassungen gespeichert sind."[71]

Der Unterschied zur klassischen Ideengeschichte liegt in der Sichtweise auf das zu analysierende Material oder die vorhandenen Quellen. Die „politischen Alltagstheorien" einer politischen Kultur werden rekonstruiert, indem politisches Verhalten beobachtet und politische Sprache analysiert wird sowie politische Symbole auf Gehalt und Form hin untersucht werden. Dieses Konzept der politischen Kultur ist eng mit dem der Mentalitätsgeschichte verbunden.[72] Aus der Mentalitätsgeschichte ergeben sich ebenfalls Fragen nach den Vorstellungen, Einstellungen und Wahrnehmungsweisen und affektiven Orientierungen. Mentalitäten umschreiben kognitive, affektive und ethische Dispositionen kollektiven Charakters und langer Dauer. Mentalität ist Haltung oder Lebensrichtung, die als geistig-seelische Disposition (Theodor Geiger) immer nur retrospektiv in symbolischen Praktiken kognitiver, affektiver und ethischer Art wahrgenommen und analysiert bzw. retrospektiv konstruiert werden kann. Wenn sich also Mentalität im Denken, Fühlen und Handeln materialisiert.[73]

Im ersten Kapitel *Gemeinsam gegen Verfassung und Demokratie: Die Studenten in der Weimarer Republik* werden entlang eines Konflikts der hannoverschen Studentenschaft mit dem preußischen Kultusminister die institutionellen Strukturen rekonstruiert, innerhalb derer an der Technischen Hochschule Politik betrieben wurde. Anhand eines organisationsgeschichtlichen Zugangs werden die Mikroprozesse politischen Handelns in den hochschulpolitischen Gremien untersucht. Von großer Wichtigkeit erwies sich dabei die Frage nach den kognitiven Grundannahmen über Politik, ihre Prämissen, Utopien und Visionen.[74] Was war aus der Sicht der Studenten „Politik"? Wie wurde sie definiert? Was sollte aus der Perspektive dieser politischen Kultur „Politik" sein?

Besonders relevant erscheinen diese Fragen dadurch, dass eine neue politische Gruppierung, nämlich der NS-Studentenbund, innerhalb der hochschulpolitischen Strukturen Fuß zu fassen versuchte. Die dadurch entstehenden Positions- und Machtkämpfe, die von den unterschiedlichen Gruppierungen aus verschiedenen Motiven geführt wurden, zeigen politische Kultur als Praxis und Prozess. Damit ist gemeint, dass politische Kultur essentiell darauf angewiesen ist, immer wieder aktualisiert und symbolisch erneuert zu werden, „und zwar auch dann, wenn es nicht um ihre Veränderung, sondern um ihre Bewahrung geht."[75] Die politische Kultur an

---

71 Rohe, Karl: Poltische Kultur: Zum Verständnis eines theoretischen Konzepts, in: Niedermayer, Oskar/von Beyme, Klaus: Politische Kultur in Ost- und Westdeutschland, Berlin 1994, S. 1–22, hier S. 2.
72 Vgl. ebenda.
73 Vgl. Raulff, Ulrich (Hrsg.): Mentalitäten-Geschichte. Zur historischen Rekonstruktion geistiger Prozesse, Berlin 1989, besonders das Vorwort des Herausgebers, S. 7–15.
74 Siehe auch: Eley, Geoff: Wie denken wir über Politik? Alltagsgeschichte und die Kategorie des Politischen, in: Berliner Geschichtswerkstatt (Hrsg.): Alltagskultur, Subjektivität und Geschichte. Zur Theorie und Praxis von Alltagsgeschichte, Münster 1994, S. 17–36.
75 Rohe, Karl: Politische Kultur und ihre Analyse. Probleme und Perspektiven der politischen Kulturforschung, in: Historische Zeitschrift Bd. 250 (1990), S. 321–346, hier S. 338.

der Hochschule zu analysieren heißt also, die politisch-kulturelle Praxis der historischen Akteure innerhalb der vorgegebenen Strukturen zu untersuchen.

Damit wird das sozialtheoretische Grundproblem der Relation von Handeln und Struktur sowie der Vermittlungsebenen zwischen diesen Kategorien berührt. Soziale Strukturen sind ein relativ stabiles Geflecht von Über- sowie Unterordnungsprozessen und Regeln, die innerhalb von Gruppen, Schichten und sozialen Beziehungen wirksam werden. Anhand der politischen Strukturen kann nachvollzogen werden, wie in einer Gesellschaft die politische Macht verteilt ist und wie sie ausgeübt wird. Ein Kritikpunkt an der Historischen Sozialwissenschaft besteht darin, dass Struktur als Vorstellung von beobachtbaren Regelmäßigkeiten im Handeln von Individuen und Kollektiven verdinglicht wurde, in dem die kategorisierbaren und quantifizierbaren Merkmale dieser Regelmäßigkeiten als die soziale Substanz von „Struktur" angenommen wurde. Vielmehr sollten, so die Kritiker, die Mechanismen gesellschaftlicher Zusammenhänge allein durch die Rekonstruktion der Transformationsformen und -prozesse von Handeln in Struktur und umgekehrt erklärt werden.[76] Das Handeln einzelner Akteure sollte daher nicht subjektivistisch von „den" Strukturen abgekoppelt werden, da Handeln gerade in einer Institution wie der Hochschule nur innerhalb bestimmter Strukturen funktioniert und diese gegebenenfalls auch modifiziert.[77]

Konkret bedeutet das, dass durch das Handeln der Akteure bei den studentischen Wahlen sowie in den Auseinandersetzungen zwischen zur Wahl zugelassenen und nicht zugelassenen Listen nicht nur die Regeln und Strukturen der Institution und Hochschulpolitik aufgezeigt werden können, sondern auch das Politikverständnis und die Weltbilder, die hinter möglichen Veränderungswünschen und -potenzialen innerhalb der politischen Kultur standen. Handeln und Struktur sind also relational zu betrachten.[78]

---

76 Vgl. Welskopp, Thomas: Der Mensch und die Verhältnisse. „Handeln" und „Struktur" bei Max Weber und Anthony Giddens, in: Mergel/Welskopp (1997), S. 39–70.

77 „Nur im Handeln der Zeitgenossen manifestieren Strukturen ihre Existenz, in dem sie dieses regelhaft ordnen. Es reicht aber nicht hin, Struktur als regelhaftes Verhalten klassifizierend zu bestimmen. Es kommt darauf an, die beobachtete Regelhaftigkeit des Handelns darauf zurückzuführen, daß und wie die Akteure tatsächlich auf die angegebenen Regeln rekurrieren." Welskopp, Thomas: Die Sozialgeschichte der Väter. Grenzen und Perspektiven der Historischen Sozialwissenschaft, in: Geschichte und Gesellschaft 24 (1998), S. 173–198, hier S. 179. In dem Text nimmt Welskopp eine Revision der Historischen Sozialwissenschaften vor und attestiert ihr mehrere Konstruktionsfehler, die die Erweiterbarkeit erheblich begrenzen würden. Er rekapituliert die theoretischen Grundprobleme und setzt sich in diesem Zusammenhang auch mit den Kritiken der Alltags- und Kulturgeschichte auseinander.

78 Theoretisch und empirisch hat Pierre Bourdieu die Verbindung von mentalen und praktischen Aspekten systematisch mit dem Begriff des Habitus verbunden. Der Habitus ist ein System verinnerlichter Muster, „die es erlauben, alle typischen Gedanken, Wahrnehmungen und Handlungen einer Kultur zu erzeugen – und nur diese." Bourdieu, Pierre: Zur Soziologie der symbolischen Formen, Frankfurt am Main 1970, S. 143. Siehe auch Reichhardt, Sven: Bourdieu für Historiker? Ein kultursoziologisches Angebot an die Sozialgeschichte, in: Mergel/Welskopp (1997), S. 71–94.

Der letzte Punkt des ersten Kapitels widmet sich mit Bezug auf die herausgearbeiteten politischen Standpunkte und Vorstellung der Studenten der „Ausdrucksseite" von politischer Kultur. Anhand der Reichsgründungsfeiern an der Technischen Hochschule Hannover wird das „wie" eines politischen Weltbildes in seinen symbolischen und rituellen Ausprägungen untersucht bzw. die unterschiedlichen Deutungsmuster desselben herausgearbeitet. Politische Deutungskultur ist nach Rohe die Metakultur oder die Metaebene der politischen Kultur, auf der sozialkulturelle Muster thematisiert werden. Sie hat die Funktion, die auf der Ebene der politischen Soziokultur gespeicherten mehr oder weniger unbewussten Denk-, Rede- und Handlungsgewohnheiten zu thematisieren.[79] Das heißt, politische Kulturen bilden „jeweils einen Kern von Vorstellungen und Normen aus, die diskursfähig sind bzw. den legitimen Bereich der politisch-kulturellen Öffentlichkeit markieren."[80] Die Problematik der Weimarer Republik lag darin begründet, dass die republikbezogene politisch-kulturelle Öffentlichkeit mehr und mehr zerstört wurde, bzw. eine Vielzahl von politisch differierenden Teilöffentlichkeiten entstanden, die für die jeweilige Klientel legitim erschien. Auf der Mikroebene der Hochschule wird eine dieser Teilöffentlichkeiten ausgemacht und als spezifische Deutungskultur analysiert. Die Auseinandersetzungen und Streitigkeiten unter den Studenten bzw. den verschiedenen studentischen Gruppierungen sind Kämpfe um die Deutungsmacht, die sich nicht zuletzt an bestimmten Riten und Symbolen entzündeten.

Das zweite Kapitel *Männer der Technik im Dienst von Nation und Krieg* wechselt die Blickrichtung von der handlungs- und strukturorientierten Analyse von Ereignissen, Wahlen und Feiern zu den diskursiven Formen eines studentischen Mediums. Im ersten Unterkapitel werden die *Hannoverschen Hochschulblätter*, die von 1926 bis 1935 erschienen sind, einer empirischen Analyse mit dem Schwerpunkt „Technik" unterzogen. Zunächst wird die Frequenz der in der studentischen Zeitung abgedruckten technischen Artikel bestimmt und mit den jeweiligen Herausgebern in Beziehung gesetzt. Im Mittelpunkt der folgenden zwei Unterkapitel stehen Fragen nach den Bildern, Begriffen und Vorstellungen, mit denen die Studenten die Technik im Allgemeinen, aber auch die technischen Wissenschaften und den Beruf des Ingenieurs Ende der zwanziger Jahre verbunden haben. In welchem gesellschaftlichen Kontext stehen die einzelnen Artikel? Sind in diesem Textkorpus spezifisch studentische Perspektiven auszumachen, die Hinweise auf ihre Positionierung innerhalb der Gesellschaft am Ende der zwanziger Jahre darstellen? Und korrespondieren ihre Deutungen mit den gesellschaftlichen Vorstellungen von den technischen Wissenschaften und/oder den Ingenieuren? Das dritte Unterkapitel

---

79 Die politische Soziokultur stellt „eine Resultante von überlieferter Tradition, bereits teilweise symbolisch verarbeiteter eigener Realitätserfahrung und von außen einströmenden Sinn- und Deutungsangeboten" dar. Rohe, Karl: Politische Kultur und der kulturelle Aspekt von politischer Wirklichkeit – Konzeptionelle und typologische Überlegungen zu Gegenstand und Fragestellung Politischer Kultur-Forschung, in: Berg-Schlosser, Dirk/Schissler, Jacob: Politische Kultur in Deutschland, Opladen 1987, S. 39–48, hier S. 43. Oder anders formuliert: die unhinterfragten Selbstverständlichkeiten der politischen Alltagswelt, die Dispositionen, die den Modus von politisch-kultureller Normalität markieren.
80 Dörner (1995), S. 65.

widmet sich schließlich der studentischen Rezeption des Ersten Weltkriegs und fragt nach der Bedeutung von Technik und Krieg für die Identitätsbildung der angehenden Ingenieure.

Die Texte werden in der Analyse nicht auf einen unmittelbaren Sinn geprüft, sondern als Ausdruck sprachlicher Sinnkonstruktion durch die Studenten interpretiert. Vor diesem Hintergrund wird ein Diskursbegriff genutzt, der an den alltäglichen Sprachgebrauch rückgebunden ist. Die Begriffe, Zeichen und Symbole des vorgefundenen „Technikdiskurses" werden von den Akteuren in einem sich stetig verändernden sozialen und/oder politischen Prozess jeweils situationsabhängig umgedeutet und interpretiert. Dabei wird vor allem die historische Gebundenheit des studentischen Sprechens über „Technik" sichtbar. So werden die Texte zunächst auf ihren jeweiligen Bedeutungszusammenhang untersucht, zum Beispiel mit der Frage, welche Probleme der Autor in den Blick nimmt und welche Lösungsstrategien er entwickelt. Weiterhin werden intertextuelle Bezüge hergestellt, das heißt, es wird nach semantischen Traditionen gefragt, einzelne Begriffe werden auf ihren politischen Hintergrund und ihre spezifischen Deutungstraditionen geprüft. Das Ziel ist, die die „Technikdiskurse" prägenden zeitgenössischen Redeweisen und Begriffe mit Blick auf Bedeutungsverschiebungen und Variationen hin zu analysieren. Die Fragen an den „Technikdiskurs" sind mithin die nach den Ideen und ihrer „potenziellen Kultur- und Gruppenbezogenheit". Von wem wird für wen in welcher Weise die politische Welt ausgelegt? Rohe trennt die Ideen von unmittelbaren Handlungsantrieben wie den materiellen und ideellen Interessen, räumt aber dennoch ein, dass der materielle und soziale Kontext den kulturellen Rahmen, innerhalb dessen politisches Handeln, Denken und Reden stattfindet, beeinflusst.[81]

Das dritte Kapitel *Lokale Inszenierungen und Manifestationen von Macht* konzentriert sich in den ersten zwei Unterkapiteln auf die Geschehnisse zwischen den Monaten Februar und Juni 1933. Die machtpolitischen Veränderungen auf der Makroebene wirkten sich auch auf den Mikrokosmos der Technischen Hochschule Hannover aus. Wie funktionierten die Mechanismen des Machtwechsels auf hochschulpolitischer Ebene? Anhand von Aktivitäten einzelner nationalsozialistischer Funktionäre sowie den Reaktionen und Verhaltensweisen von Gruppen werden Stationen des Machtwechsels herausgefiltert. Die Feier zur Reichstagseröffnung zeigt im Vergleich zu den Feiern, die noch während der Weimarer Republik stattfanden, wie sich Wandel und Machttransfer „im Kleinen" ausdrückten. Besonderes Interesse galt dabei den differierenden studentischen Wahrnehmungen von nationalsozialistischer Regierung einerseits und dem NS-Studentenbund an der Hochschule andererseits. Hier stellt sich die Frage, ob und gegebenenfalls inwieweit die Kämpfe auf der Ebene der Soziokultur etwas mit dem Wechsel des politischen Regimes und infolgedessen auch der Veränderung der politischen Deutungskultur zu tun hatten. Durch die staatspolitischen Veränderungen politisch legitimiert, verfolgte der NS-Studentenbund die Absicht, die Deutungsmacht an der Hochschule zu übernehmen und stieß dabei auf vielfältige Schwierigkeiten. Gezielte Inszenierungen wie die

---

81 Rohe (1994), S. 9.

Feier zum 1. Mai 1933, die Bücherverbrennung vom 10. Mai 1933 sowie eine politische Aktion in einem Kino der Stadt Hannover beleuchten die politische Dynamik und Mobilisierungsfunktion, die diese Ereignisse schließlich für die Masse der Studenten hatten.

Das dritte Unterkapitel wechselt die Perspektive zur „semiotischen Dimension" des Politischen. Politische Semiotik ist eine Zeichenanalyse, die „beschreibt, wie sich im politischen Prozess Zeichen konstituieren, mit Bedeutungen verbinden und eine bestimmte Funktion innerhalb eine sozialen Verbandes ausüben."[82] Anhand eines zentralen Ideologems der nationalsozialistischen Weltanschauung wird gefragt, wie dieses durch Zeichen- und Kommunikationsprozesse nicht nur vermittelt, sondern konstruiert und gesteuert wurde. Wie wurde das Bild einer Gemeinschaft vom „Arbeiter der Stirn mit dem Arbeiter der Faust" inszeniert, an welche Traditionen knüpfte es an und wie wurde es von den jeweiligen studentischen Gruppen interpretiert? Die Organisation von Macht zeigt sich in dem sozialen Interaktionsprozess der Studierenden in Bezug auf das angebotene Konzept. Der letzte Teil des Kapitels widmet sich der Attraktivität nationalsozialistischer Ideen für einen evangelischen Studentenpfarrer. Es wird einerseits deutlich, wie die nationalsozialistische Weltanschauung vom Pfarrer rezipiert und interpretiert wurde und andererseits, wie Teile des nationalsozialistischen Weltbildes tradierte Werte und Normen, in diesem Fall christliche, zerstörte und sie durch neue ersetzte.

Im vierten Kapitel *Herrschaft und Gemeinschaft: Studentisches Leben im Nationalsozialismus* geht es zunächst um die alltagspraktische Dimension von Kultur, also um die Form von Lebensweisen der Studenten im sozialen Verband. In den Traditionen und den studentischen Lebensformen, in denen die sozial-kulturellen Zeichen und Regeln erscheinen, konstituiert sich das soziale Miteinander. Die Lebens- und Kulturformen dieses studentischen Milieus erweisen sich gerade in der Differenz von korporierten gegenüber den nicht korporierten Studenten als prägend für die jeweiligen Denk-, Wahrnehmungs- und Handlungsmuster. Die Analyse von politisch-kultureller Praxis konzentriert sich darauf, die Alltagsebene der Studierenden in den Blick zu nehmen und die spezifischen Umbrüche, die durch die nationalsozialistische Herrschaft entstanden, herauszuarbeiten. Wie reagierten die Studierenden auf die Versuche der nationalsozialistischen Studentenfunktionäre, ihren studentischen Alltag neu zu konzeptionieren?

Neben Anpassungsleistungen, Innovationen und Identitätsvergewisserungen vor allem in der Anfangsphase der nationalsozialistischen Herrschaft geht es auch darum, die Sinn- und Deutungsangebote der Funktionäre zu beschreiben. Herrschaft als soziale Praxis zu analysieren, bedeutet, einen Zugang zur politischen Kultur zu eröffnen und so eine polare Differenz zwischen Herrschenden und Beherrschten und damit eine Täter-Opfer-Dichotomie zu vermeiden. Gerade in dem Mikrokosmos der Studierenden ist die Definition von Herrschaft als Übermächtigungen (Weber), die an formale Autorität geknüpft ist, zweitrangig. Zwar werden beispielsweise der Rektor der Hochschule oder Hitler als Autorität zweifelsfrei anerkannt, aber in der

---

[82] Dörner (1995), S. 51.

konkreten Situation des Alltags sind es eher Aushandlungsprozesse zwischen Einzelnen und Gruppierungen, die das soziale Kräftefeld bestimmen. Die Unterscheidung zwischen Befehlsgebern und -empfängern erfasst nicht das gesamte vieldeutige Feld der ungleichen Beziehungen und Wechselwirkungen. In diesem „Kräftefeld", in dem Herrschaft als soziale Praxis gefasst wird, geht es vielmehr um die Beziehungen der historischen Akteure: Wie sie miteinander umgehen, auch wenn sie einander ausweichen oder sich zu ignorieren suchen, wie Macht durchgesetzt wird, Herrschaft begründet oder bezweifelt wird.

„Den Herrschenden stehen zwar Beherrschte gegenüber – Herrschende konstituieren sich in der Definition und der Verfügung über Beherrschte. Dennoch mögen sich die Herrschenden ihrerseits in Abhängigkeiten finden. Und auch die Beherrschten sind mehr als passive Adressaten der Regungen der Herrschenden. Vor allem zeigen sich Ungleichheiten und Widersprüche auch zwischen Herrschenden, ebenso wie zwischen Beherrschten."[83]

Diese Ungleichheiten und Widersprüche können sich in Auseinandersetzungen äußern, wie im dritten Unterkapitel dargestellt und analysiert wird. Vor dem Hintergrund, dass „jeder soziale Konflikt [...] mindestens ebensoviel über den gesellschaftlichen Kontext aus[sagt] wie über den Konflikt und seinen Verlauf selbst"[84], wird dem „Aufstand im Lichthof" der Hochschule nachgegangen. Der letzte Abschnitt führt die Chronologie des zweiten fort und analysiert die sozialen Praktiken des studentischen Lebens in der Diktatur ab 1935. Unter Rückbezug auf die tradierten studentischen Organisationsformen vor 1933 werden auf der Alltagsebene die Differenzen, Überschneidungen und „Mischungsverhältnisse" herausgearbeitet.

Im fünften Kapitel *Technik, Politik und Nationalsozialismus* wird ein Literatur- und Forschungsüberblick zur Technik im NS-Staat mit Bezug auf die konkrete Situation der Technischen Hochschule Hannover nach 1933 geboten. Als eine zentrale Fragestellung erwies sich diejenige nach der Relation von Technik und Politik bzw. Fragen zur Konstruktion des „unpolitischen Technikers". So führt dieses Kapitel das zweite Kapitel insofern fort, als es auch hier um die Bedeutungszuweisungen von Technik geht. Die technische Intelligenz oder technische Elite war daran interessiert, technische Entwicklungen und Innovationen als gesellschaftliche Lösungsstrategie zu positionieren. Besonders deutlich wird das an einer Buchpublikation eines Professors der Technischen Hochschule Hannover, die im Mittelpunkt des zweiten Unterkapitels steht. Mit einem ideengeschichtlichen Ansatz werden der Inhalt und die Botschaft des Buches beschrieben, aber auch dessen Verzahnung mit allgemeinen gesellschaftlichen und spezifisch technikhistorischen Diskursen. Als Teil eines deutungskulturellen Diskurses produziert das Werk eine („Technik"-)Ideologie, das heißt, ein systematisch ausformuliertes Sinn- und Deutungsangebot zur Bewältigung der Realität. „Diese elaborierten Semantiken sickern über öffentliche Kom-

---

[83] Lüdtke, Alf: Einleitung: Herrschaft als soziale Praxis, in: Ders. (Hrsg.): Herrschaft als soziale Praxis, Göttingen 1991, S. 9–63, hier S. 12 ff.

[84] Schulze, Winfried: Mikrohistorie versus Makrohistorie? Anmerkungen zu einem aktuellen Thema, in: Meier, Christian/Rüsen, Jörn: Historische Methode, Beiträge zur Historik Band 5, München 1988, S. 319–341, hier S. 338.

munikationsprozesse in sozialkulturelle Bereiche ein, um sich dort in Form von oft bruchstückhaften und widerspruchstoleranten Alltagstheorien zu sedimentieren."[85]
Mit einem Perspektivenwechsel zur alltäglichen Praxis werden diese Alltagstheorien in ihrer Ausprägung analysiert. Die Fachschaftsarbeit rund um die „Reichsfachgruppen Technik" zeigen die Konzepte, die von nationalsozialistischen Studentenfunktionären entwickelt wurden und in denen sich Spuren der deutungskulturellen Diskurse finden lassen. Wie sahen diese Konzepte aus? Lassen sich Bezüge zum Technikdiskurs der Weimarer Republik finden? Welche Akzeptanz fanden diese Ideen unter den Studierenden? Das dritte Unterkapitel wechselt wiederum die Ebene und zeigt an den letzten Ausgaben der *Hannoverschen Hochschulblätter* sowie einer Technik-Sonder-Nummer der *Niedersächsischen Hochschulzeitung* die spezifischen Deutungen der Technik und des Ingenieursberufes durch die nationalsozialistischen Studenten. Gezeigt wird, wie die alltagspraktischen Konzeptionen mit den diskursiv produzierten Vorstellungen, Deutungen und Interpretationen zusammenhängen.
Jedes Kapitel wird mit einer Zusammenfassung abgeschlossen. In den Schlussbetrachtungen werden daher nicht erneut alle Ergebnisse präsentiert, sondern die zentralen Gedanken dieser Arbeit diskutiert.

---

[85] Dörner (1995), S. 65.

1. Gemeinsam gegen Verfassung und Demokratie: Die Studenten in der Weimarer Republik

> „... daß die bekannte Einstellung der überwiegenden Mehrheit der Studentenschaft zum heutigen Staat nicht bedingt ist durch einen Mangel an Verständnis oder guten Willen, sondern durch die ehrliche Ueberzeugung, daß dieser Staat nicht das Ideal einer großdeutsch denkenden Studentenschaft sein kann."
> Dipl. Ing. Berghahn, Hannover, 1931 anläßlich der Hundertjahrfeier der Technischen Hochschule Hannover.[1]

„Hannover liegt in Bereitschaft" notierte Kurt Tucholsky im Jahre 1919 in einem Text über die preußischen Studenten, die sich in Freikorpsverbänden zusammenschließen wollten, um den Staat gegen „den Bolschewismus" zu verteidigen. Er bezeichnete die Studenten als reaktionär und monarchistisch, weil sie den Staat nicht als den ihren, sondern als etwas Fremdes und Ungewolltes betrachteten. Tucholsky schrieb: „Wir leben in keiner Republik. Wir leben in einem verhinderten Kaiserreich, in einem Kaisertum, dessen Oberhaupt gerade einmal hinausgegangen ist. Die volle Sympathie der sogenannten gebildeten Stände ist auf der Seite des verjagten und geflohenen Monarchen. Käme er heute wieder, sie steckten all ihre Flaggen zum Fenster hinaus."[2] Seine pessimistische Analyse der politischen Zustände an den Hochschulen erwies sich als realistisch, auch die hannoverschen Studenten gründeten die Zeitfreiwilligenverbände I und II der Technischen und der Tierärztlichen Hochschule und stellten sich der Reichswehr zur Verfügung. Sie kämpften im April 1919 gegen die KPD, im August 1919 gegen die Spartakisten sowie 1920 im Ruhrgebiet. Studentische Angehörige der Technischen Nothilfe beteiligten sich im Januar 1922 als Streikbrecher bei der Reichsgewerkschaft der Eisenbahner, „1924 schließlich kamen hannoversche Studenten in Oberschlesien zum Einsatz."[3]

Sie unterschieden sich damit jedoch nicht wesentlich von den übrigen Studierenden in Deutschland, deren überwiegend antidemokratische Gesinnung in den Weimarer Jahren bestimmend blieb. In diesem Klima gründeten der Jurastudent Wilhelm Tempel und sein Kommilitone Helmut Podlich bereits 1926 in München eine Hochschulgruppe des Nationalsozialistischen Deutschen Studentenbunds (NSDStB), die im Sommersemester 25 Mitglieder zählte. Mitte Dezember gab es im Reich bereits 20 nationalsozialistische Hochschulgruppen mit insgesamt 300 Mitgliedern. In Frankfurt konnte die Studentenbundsgruppe bereits im Juni 1926 an den studenti-

---

[1] Dipl. Ing. Berghahn, A. (Hansea): Unsere Studentenschaft, in: *Hannoversche Hochschulblätter* 13. Semesterfolge (Juni 1931) Nr. 9, S. 121–126, hier S. 122 f.
[2] Tucholsky, Kurt: Preussische Studenten, in: (Hrsg.) Gerold-Tucholsky, Mary/Raddatz Fritz J.: Kurt Tucholsky – Gesammelte Werke, Bd. 2, 1919–1920, S. 87–91, hier S. 88.
[3] Niemeyer (1981), S. 79 f.

schen Kammerwahlen teilnehmen und etwa anderthalb Jahre später saßen in München erstmals zwei nationalsozialistische Studenten im AStA.[4]

An der Technischen Hochschule Hannover gründete sich 1928 ein NS-Studentenbund, dessen Entwicklung innerhalb der hochschulpolitischen Strukturen im Mittelpunkt dieses Kapitels steht. Vor dem Hintergrund der etablierten Traditionen des Verbindungswesens wird im ersten Unterkapitel der hochschulpolitischen Verfasstheit der Studenten, ihrer Einstellung sowie der Art und Weise nachgegangen, wie sie innerhalb der studentischen Gremien in der Hochschule Politik betreiben. Gefragt wird nach ihren Organisationsformen, nach ihren Vorstellungen von Politik sowie nach antisemitischen und antidemokratischen Ausprägungen. Das zweite Unterkapitel zeigt, unter welchen Bedingungen sich die nationalsozialistische Studentengruppe an der Technischen Hochschule Hannover gründete und mit welchen Mitteln sie sich den spezifischen Verhältnissen anzupassen versuchte. Warum es der NS-Studentenbund zunächst schwer hatte, sich an der Technischen Hochschule zu etablieren und Anhänger zu gewinnen, zeigt das dritte Unterkapitel. Der letzte Teil wechselt die Perspektive zu einer der zentralen akademischen Feiern, die traditionell von Professoren und Studentenschaft zusammen begangen worden ist. Wie definiert sich das Selbstverständnis der „akademischen Gemeinschaft" im Zusammenspiel mit Politik und Öffentlichkeit, sowie mit Blick auf den NS-Studentenbund?

1.1 Vom „Fall Lessing" bis zum Becker-Konflikt

Eine kontinuierliche Vertretung der Studierenden der Technischen Hochschule Hannover entstand erst nach dem Ersten Weltkrieg als „Allgemeiner Studentenausschuss" (AStA). Bis dahin hatte es zwar verschiedene Formen studentischer Zusammenschlüsse gegeben – so seit 1867 den „Polytechnischen Ausschuss" und seit 1897 den „Ausschuss der Studierenden der Technischen Hochschule zu Hannover", sie waren jedoch geprägt durch zahlreiche Streitigkeiten der Korporationen untereinander sowie mit den nicht korporierten Studenten, was sich auch auf die Versuche, studentische Gremien zu bilden, auswirkte. Betrugsversuche, Anfechtungen von Wahlen u.ä. waren an der Tagesordnung.[5] Grundlegend war bereits zu jener Zeit der starke korporative Charakter der Studentenschaft. Die hochschulpolitischen Belange der Studenten wurden überwiegend durch die Korporationen vertreten, die seit den frühen zwanziger Jahren immer mehr Mitglieder gewannen und etwa 60 Prozent der Gesamtstudentenschaft ausmachten. Unter den Korporationen hatten vor allem die farbentragenden und schlagenden Verbindungen die meisten Mitglieder und bekamen dementsprechend die meisten Stimmen bei den Kammer-

---

4 Kater, Michael H.: Der NS-Studentenbund von 1926 bis 1928: Randgruppe zwischen Hitler und Strasser, in: VfZ 22 (1974) S. 148–190, hier S. 149.
5 Der Ausschuss setzte sich aus elf Mitgliedern zusammen, die aus zwei Wahlbündnissen hervorgingen. Das eine Bündnis bildeten die Korporationen, das zweite die Corps, einschließlich des Reitclubs und der nicht korporierten Studenten.

wahlen. Es handelte sich dabei um den Verband der Corps, den Weinheimer Senioren-Convent (WSC), den Verband der Deutschen Burschenschaft (DB), den Verband der Turnerschaften (VC) sowie den Verband der Landsmannschaften (LC).[6] Die nicht korporierten Studenten, die auch als „Wilde", „Wildenschaftler" oder „Freistudenten" bezeichnet wurden, setzten den gut organisierten Verbindungen bereits im Jahre 1905 die Gründung der „Freien Studentenschaft" entgegen, die bis 1914 existierte. Sie riefen eigene Einrichtungen wie ein Studienamt, ein Bücher- und ein Wohnungsamt ins Leben und brachten eine eigene Zeitung mit dem Namen „Hannoversche Freistudentische Rundschau" heraus.[7] Nach dem Krieg gab es zunächst keinen Zusammenschluss der nicht korporierten Studenten, erst 1930 bildeten die „wilden" Studenten wieder eine Interessenvertretung.[8]

Reichsweit entstanden 1919 an den Universitäten Allgemeine Studentenausschüsse, die sich durch drei entscheidende Neuerungen von den bis dahin tonangebenden Vertretungen der Korporationen unterschieden: durch die Zwangsmitgliedschaft, Zwangsbeiträge und durch das allgemeine, direkte Wahlrecht.[9] In Hannover entstand der erste aus gleicher, geheimer und direkter Wahl hervorgegangene AStA im Februar 1920, dessen Vertreter an Stelle der Studentenvollversammlungen ein Studentenparlament schufen. Diese „Kammer", die den Willen der Studentenschaft verkörpern sollte, bestand aus mindestens 40 Vertretern, die im Semester monatlich zu einer Sitzung zusammenkamen. In der ersten Sitzung der jährlich gewählten Kammer erfolgte die Neuwahl des Vorstands der Studentenschaft, der die rechtliche Vertretung der Studenten darstellte. Beschlüsse des Vorstandes mussten durch die Kammer genehmigt werden, soweit sie von „weittragender Bedeutung" waren. Die Mitglieder des Vorstands waren, abgesehen vom Vorsitzenden, gleichzeitig die Leiter vom AStA geschaffenen Einrichtungen: des Presseamts, des Vortrags- und Vergünstigungsamts, des Arbeitsamts, des Fachamts, der Kassenverwaltung sowie des Ausschusses für Leibesübungen. Als außerordentliche Mitglieder galten der Leiter des Kriegsteilnehmeramts, der studentische Vorsitzende der Studentenhilfe und der 1. Worthalter der Kammer.

Durch eine Verordnung des preußischen Ministeriums aus dem Jahr 1920 konnte die „Deutsche Studentenschaft der Technischen Hochschule Hannover" (DStH) gebildet werden, die ein anerkanntes, rechtliches Glied der Hochschule sowie die rechtliche Vertretung der Studierenden wurde. Die Studentenschaft der Technischen Hochschule war Mitglied des 1919 in Würzburg gegründeten Dachverbands der Deutschen Studentenschaft (DSt) und gehörte zu dessen Kreis III (Niedersachsen). Das Amt für Leibesübungen, die Fachämter und die Wirtschaftshilfe bildeten die Schwerpunkte der praktischen Tätigkeiten der DSt. Das Amt für Leibesübungen war als Ersatz für die durch den Versailler Vertrag abgeschaffte Wehrpflicht ge-

---

6 Siehe Tabelle 8: Verbindungen an der Technischen Hochschule Hannover im Anhang.
7 Vgl. Prof. Dr. Ssymank, Paul: Die Studentenschaft der Technischen Hochschule Hannovers im Wandel der Zeit, in: *Hannoversche Hochschulblätter* 14. Semesterfolge (Oktober 1931), Nr. 1, S. 2–6, hier S. 4.
8 Siehe ausführlich Kapitel 4.1.
9 Vgl. Jarausch (1984), S. 120.

gründet worden, um den Studenten die Möglichkeiten zu geben, durch paramilitärische Übungen „wehrhaft" zu bleiben.[10] Das Amt für Wirtschaftshilfe hatten studentische Kriegsteilnehmer nach dem Ersten Weltkrieg gegründet, um die wirtschaftliche Notlage der heimgekehrten und der neuen Studenten zu lindern. Das Amt entwickelte sich zum Wirtschaftsressort der DSt und wandelte sich im Jahr 1921 mit Hilfe von Behörden, Rotem Kreuz und Hochschule zum Verein Studentenhilfe. Die wichtigste Aufgabe der Studentenhilfe war die Versorgung der Studenten mit Nahrungsmitteln. Eine mit Unterstützung des Frauenvereins bereits 1921 gegründete Studentenküche reichte sehr schnell nicht mehr aus, so dass im Jahr 1922 die „neue mensa" eröffnet werden musste, deren Leistungsfähigkeit damals 1100 Portionen mittags und abends betrug. Gleichzeitig wurde das Wirtschaftsamt aufgelöst und dessen Aufgabe der Studentenhilfe zugewiesen, während Wohnungs-, Arbeits- und Vergünstigungsamt in den Händen der DSt blieben.

Die Deutsche Studentenschaft (DSt) bekannte sich weder zur Republik noch zur Demokratie, sondern verfolgte völkisch-großdeutsche Ansprüche und Prinzipien. Die in die DSt integrierten nicht-reichsdeutschen Studentenschaften Österreichs, Danzigs und des Sudetenlands hatten antisemitische Verfassungen, die neben „Juden" auch „Sozialisten" von der Mitgliedschaft ausschlossen. Obwohl die reichsdeutschen Studentenschaften diese Regelung ebenfalls favorisierten, konnten sie diese zunächst nicht in die „Würzburger Verfassung" aufnehmen, da die DSt sonst die staatliche Anerkennung verloren hätte. Die Bedingungen für eine Mitgliedschaft wurden schließlich uneindeutig formuliert, so dass die Verfassung auch antisemitisch ausgelegt und dementsprechend umgesetzt werden konnte.[11]

Auch an der Technischen Hochschule Hannover hatte die Studierenden ein großes Interesse, ihre völkischen Überzeugungen durchzusetzen und ihre jüdischen Kommilitonen aus der Studentenschaft auszuschließen. Im Jahr 1919 stimmten die hannoverschen Studenten mit 515 gegen 280 Stimmen für einen Ausschluss der jüdischen Studenten, 1920 in einer neuen Versammlung mit 587 gegen 319 Stimmen und in einer weiteren schriftlichen Abstimmung im Juni 1920 mit 1235 zu 609 Stimmen. Um die staatliche Anerkennung und damit auch die finanziellen Zuwendungen sowie rechtlichen Vorteile nicht zu verlieren, ließen die Kammervertreter die Ergebnisse unberücksichtigt und klärten die Mitgliederfrage intern. Die Korporationen jedoch, die nicht um die Zuschüsse ihrer Alten Herren bangen mussten oder juristische Konsequenzen zu fürchten hatten, ließen ihren antijüdischen Ressentiments bald Taten folgen: Der Verein Deutscher Studenten (VDSt), der sich bereits 1881 mit antisemitischer Präambel gründete, schloss ab 1919 nach und nach Juden von der Mitgliedschaft aus seinem Verband aus. Ebenso handelten der Allgemeine

---

10 Sport sollte an der Hochschule nicht nur betrieben werden, um die Studenten fit und gesund zu machen, sondern wurde als (männlich-) militärisches Erziehungsmittel eingesetzt. Auch in der Arbeiterbewegung wurde der Sport als Erziehungsmittel gesehen, allerdings mit dem Unterschied, dass die körperliche Ertüchtigung in den Arbeitersportvereinen als wichtig für den Sozialismus und die Gemeinschaft unter den Arbeitern galt und gerade keine militärische Konnotation hatte.

11 Vgl. Bleuel/Klinnert (1967), S. 135–141.

Deutsche Burschenbund (ADB) sowie der Weinheimer Senioren Convent (WSC) im Jahr 1919 und die Deutsche Burschenschaft (DB) 1920.[12]

Um ihre völkischen Interessen auch in die studentischen Vertretungen an den Universitäten und Hochschulen einbringen zu können, gründeten die Korporationen 1919 in Berlin den Deutschen Hochschulring (DHR), der in den einzelnen Städten als Hochschulring Deutscher Art (HDA) auftrat.[13] Die Bedeutung des Deutschen Hochschulrings und seiner lokalen Ableger nahm zwar ab Mitte der 20er Jahre wieder ab, die völkischen und antisemitischen Strömungen unter den Studenten blieben jedoch bestehen und bündelten sich ab 1926/27 in dem immer stärker werdenden Nationalsozialistischen Studentenbund (NSDStB). In Hannover gründete sich im Mai 1921 ein HDA Hannover, dem sehr bald alle Korporationen angehörten und der die Funktion hatte „die vor dem Krieg untereinander und mit der Wildenschaft (Freistudentenschaft) zerstrittenen Korporationen zu einen und an den Tisch gemeinsamer völkischer Arbeit zu bringen."[14]

Dass dieses Vorhaben erfolgreich und dauerhaft umgesetzt werden konnte, zeigen die hannoverschen Kammerwahlen der Jahre 1925 bis 1932. So bekam die „Völkische Einheitsliste" im Juli 1925 mehr als 87 Prozent der abgegebenen Stimmen, die Einheits-Wildenschaftsliste 9,7 Prozent und die Republikanische Liste 2,6 Prozent. Anhand der Stimmenverteilung lässt sich ermitteln, dass von den Freistudenten im Juli 1925 etwa 26 Prozent, also gut ein Viertel, nachweislich völkisch eingestellt waren. Zusammen mit den korporierten Studierenden ergibt sich so ein erhebliches Potenzial Studenten, die sich dieser politischen Richtung zuordnen lassen.[15] Es ist daher nur folgerichtig, dass sich bei den Wahlen ein Jahr später die Studierenden in einer Einheitsliste zusammenfanden und diese Entwicklung als Erfolg begrüßten. Ein „heftiger Wahlkampf" sei damit im Gegensatz zu früheren Zeiten vermieden worden, schrieben die *Hannoverschen Hochschulblätter*. Der Schriftleiter Müller deutete dies als gutes Omen für „die gemeinsame Arbeit im Dienste der Studentenschaft für kommende Semester."[16] In den Jahren 1927 und 1928 fanden deshalb keine Wahlen mehr statt. Erst mit dem Auftreten der Liste „Nationalistischer Stu-

---

12 Bleuel/Kinnert (1967), S. 144 ff.
13 Vgl. das Kapitel „Völkische Studenten" in Herbert (1996) S. 51–68. Nicht zu vernachlässigen für die ideologische Ausrichtung dieser Studenten sind auch die Kontakte zu den rechten Intellektuellen um Martin Spahn und sein politisches Kolleg sowie zum Juni-Club um Moeller van den Bruck. Wie später gezeigt wird, finden sich auch in den Publikationen der hannoverschen Studenten immer wieder Bezüge zu den Autoren der sogenannten „Konservativen Revolution".
14 Brügge/Vallon (1989), S. 245 f.
15 Die 26 Prozent völkisch eingestellter Freistudenten errechnen sich aus deren bei der Wahl 1925 abgegebenen Stimmen: Gewählt haben 393 von etwa 900 nicht organisierten Studierenden. Da insgesamt 167 Stimmen für die republikanische und die Einheitswildenschaftsliste abgegeben wurden, bleiben 226 Studenten über, die der Völkischen Einheitsliste ihre Stimme gaben. Das sind etwa 26 Prozent der „Wilden Studenten". Da jedoch nur 60 Prozent aller Studierenden gewählt haben, kann die Zahl völkisch eingestellter Studenten auch höher sein. Nur vom Wahlergebnis ausgehend, sind 53 Prozent der Gesamtstudentenschaft dieser Richtung zuzuordnen. Vgl. Tabelle 9: Wahlen an der Technischen Hochschule Hannover 1925 bis 1932.
16 Müller, Heinrich: Ergebnis der Kammerwahlen, in: *Hannoversche Hochschulblätter*, 3. Semesterfolge (Juli 1926) Titelblatt (ohne Seitenzählung).

denten" 1929 musste die hochschulpolitische „Demokratie" reinstalliert werden. Es waren also die nationalistischen (i.e. nationalsozialistischen) Studenten, die dafür sorgten, dass die Studierenden wieder „die Wahl" zwischen verschiedenen Gruppierungen hatten.[17]

Von einer pluralistischen politischen Ausrichtung der hannoverschen Studentenschaft kann somit keine Rede sein. Sie unterschieden sich damit jedoch nicht vom Gesamtbild der Studentenschaft der Weimarer Republik, da „liberale Demokraten, Sozialisten und Kommunisten insgesamt unter den deutschen Studenten nur eine Quantité négligeable bildeten. Schon vor 1933 konnten Sozialdemokraten und Kommunisten an einer Reihe von Universitäten kaum noch öffentlich auftreten, weil sie, etwa bei der Verteilung von Flugblättern, stets mit gewalttätigen Übergriffen von rechts rechnen mußten."[18] Auch an der TH Hannover lässt sich diese Entwicklung verfolgen: So ist der Republikanische Studentenbund ab Mitte der zwanziger Jahre nicht mehr zu den studentischen Wahlen angetreten. Es ist wahrscheinlich, dass dieser sich aus der Hochschulpolitik zurückzog, weil die korporierten Studenten immer völkisch-radikaler agierten und vor allem ab 1925 ihre politischen Vorstellungen gewalttätig durchsetzen konnten.[19]

In diesem gesellschaftspolitischen Klima wurde die Technische Hochschule Hannover weit über die Stadtgrenzen hinaus für ihre antisemitische Studentenschaft bekannt. In der Literatur zur Weimarer Republik wird die hannoversche Studentenschaft als „eine der am extrem völkischsten"[20] bezeichnet, eine Wertung, die sich vor allem auf den „Fall Lessing" gründet.[21] Theodor Lessing hatte sich 1907 an der Technischen Hochschule habilitiert, war seit 1908 mit einer Unterbrechung während des Kriegs Privatdozent für Philosophie, ab 1922 nicht beamteter außerordentlicher Professor und nahm ab 1923 einen Lehrauftrag für Philosophie der Na-

---

17 Eine Übersicht über die Wahlen siehe Tabelle 9: Wahlen an der Technischen Hochschule Hannover 1925 bis 1932 im Anhang. Die Kammerwahlen der Jahre 1928 bis 1932 werden innerhalb der einzelnen Unterkapitel analysiert.
18 Grüttner (1995), S. 41.
19 Im gesamten Quellenmaterial ist lediglich ein Flugblatt der republikanischen Studenten vorhanden, in dem diese die Ermordung von Wilhelm Heese und Willi Großkopf am 21. 2. 1933 verurteilten. NHStA VVP 17, Nr. 2419. Weitere Informationen über diese Minderheit an der Technischen Hochschule Hannover konnten nicht ermittelt werden.
20 Heiber (1991–1994), S. 58. Vgl. auch Brügge/Vallon (1989) sowie Niemann (1981), S. 80.
21 Vgl. Marwedel, Rainer: Theodor Lessing 1872–1933 – Eine Biographie, Hannover 1987, zu den Vorfällen an der TH Hannover S. 253–308; Niemann (1981), S. 80ff.; Rogge, Friedrich Wilhelm: Antisemitismus 1918–1945, in: Historisches Museum Hannover: „Reichskristallnacht" in Hannover, Hannover 1978, S. 26–55; Faust (1973), Bd. 1, S. 50; Wollenberg, Jörg: „Juden raus! Lessing raus!" – Der Fall Lessing in den Akten des Preußischen Ministeriums für Wissenschaft, Kunst und Volksbildung, in: Lessing, Theodor: „Wir machen nicht mit!" Schriften gegen den Nationalismus und zur Judenfrage, Bremen 1997, S. 247–274 (eine gekürzte Fassung mit ähnlichem Titel findet sich in: Mittelweg 36, 6. Jg. (Februar/März 1997), S. 22–39); Zuletzt wurde der „Fall Lessing" unter dem Titel „Störfälle. Eine Provinzmetropole als Bühne öffentlichen Protestes" von Andreas Urban aufgegriffen. Vgl. Historisches Museum Hannover: Hannover 1900–1999. Provinz und Metropole, Hannover 2000, S. 91–110, vgl. der Abschnitt zu Lessing mit der Überschrift „‚Katzenmusik' und Drohgebärden. Ein Fall antirepublikanischen und antisemitischen Protests", ebenda S. 97–100.

turwissenschaften wahr. Der 1872 als Sohn des jüdischen Arztes Sigmund Lessing und dessen Frau Adele geborene Lessing war ein streitbarer Zeitgenosse und unbequemer Geist, ein „ungeliebter Außenseiter" (Julius H. Schoeps). Die Begeisterung seiner Mitmenschen für den Ersten Weltkrieg konnte Lessing nicht verstehen, ihn beflügelte nicht „die Vaterlandsliebe, nicht die Menschheitsliebe und überhaupt keine rühmenswerte Triebfeder", sondern er „hatte den Wunsch, nach Möglichkeit vor Vaterland und Menschheit zu flüchten." Er fühlte sich fremd: „Denn ich sah die Welt um mich für verrückt an. Ich verstand ihre Aufschwünge nicht. Nicht die der Nationalen, nicht die der Sozialen."[22] Er empfand die Gesellschaft als zerstörerisch und zutiefst reformbedürftig. Als Dozent, Mediziner, Publizist, Kritiker und Volksbildner versuchte er immer wieder, die Gesellschaft auf fatale Entwicklungen aufmerksam zu machen. In seinen Reden, Zeitungs- und Buchpublikationen zeigte der Gesellschaftskritiker, Sozialist und Kriegsgegner Lessing die Gefahren des Nationalismus und der wachsenden Intoleranz auf. Bereits seine Berichterstattung über den Massenmörder Haarmann, der in den Jahren 1918 bis 1924 in Hannover etwa 20 bis 40 Jungen und junge Männer ermordet hat, stieß in der Bevölkerung auf Kritik. In einem Zeitungsartikel mit dem Titel „Haarmann und die Polizei" hatte Lessing die Meinung vertreten, dass Haarmann nicht vor den Richter, sondern vor einen Psychologen gehöre. Er konnte nachweisen, dass Haarmann von der Polizei schwer misshandelt worden war und sprach im Zusammenhang mit dem Gerichtsverfahren von einem „Justizmord". In seinem Buch „Haarmann. Die Geschichte eines Werwolfs" aus dem Jahre 1925, das Lessing nach Beendigung des Prozesses, aber vor der Hinrichtung Haarmanns veröffentlichte, zeigte er auf, dass die spezifische Nachkriegssituation Hannovers mit seiner meist kleinbürgerlichen Bevölkerung, dem nationalkonservativen Milieu der traditionellen Eliten und der spezifischen Lebenssituationen in der Altstadt Haarmanns Wirken erst möglich gemacht hatte.

Mit der Berichterstattung über den Massenmörder Haarmann hatte Lessing nicht nur eine sozialpsychologische Studie erstellt, sondern auch die Polizei, die Justiz und die Medien mitverantwortlich für die Geschehnisse gemacht. Mit seiner Kritik zog er sich nicht nur den Zorn der ermittelnden Behörden zu. Auch der Dekan der Fakultät für Allgemeine Wissenschaften der Technischen Hochschule Hannover forderte in einem Schreiben an den Minister für Wissenschaft, Kunst und Volksbildung, dass zu prüfen sei, ob Lessing durch seine Berichterstattung die akademische Standesehre verletzt habe.[23] Als Lessing im April 1925 einen Artikel über die Nominierung Paul von Hindenburgs zum Reichspräsidenten veröffentlichte, hatte das weitreichende Konsequenzen für ihn. Lessing machte sich in dem Artikel Gedanken, was passieren würde, wenn Hindenburg, „dieser unpolitischste aller Menschen, zu einer politischen Rolle missbraucht" würde. Dieser ist für Lessing nur „repräsentatives Symbol, ein Fragezeichen, ein Zero" und er befürchtete, dass „hinter einem Zero immer ein künftiger Nero verborgen"[24] stehe. In dieser weitsichtigen Analyse

---

22 Lessing, Theodor: Das Lazarett (1929), in: Wollenberg, Jörg (Hrsg.): Theodor Lessing (1997), S. 46–56, hier S. 46.
23 Vgl. Wollenberg (1997), S. 250.
24 Lessing, Theodor: Hindenburg (1925), in: Wollenberg (Hrsg.) (1997), S. 87–91, hier S. 91.

der Person Hindenburgs entdeckten die Studenten und das nationalkonservative Bürgertum Hannovers eine Ehrverletzung ihres Idols und Ehrenbürgers. Die Studenten der Technischen Hochschule nahmen die Publikation als Anlass, eine antisemitische Hetzkampagne gegen Lessing zu starten.

Eine Woche, nachdem Hindenburg zum neuen Staatsoberhaupt der Weimarer Republik geworden war, gründeten die Studenten der Technischen Hochschule Hannover am 10. Mai 1925 im Konzerthaus am Hohen Ufer einen „Kampfausschuss gegen Lessing". Die Versammlung formulierte eine Resolution und Eingabe an das preußische Kultusministerium, in der die korporierten Studenten gemeinsam mit einigen Professoren forderten, dass die Behörden Theodor Lessing unverzüglich den Lehrauftrag entziehen und ihm die *venia legendi* auf Dauer aberkennen müssten. In der Biografie Lessings wird die Begründung des Ausschusses wiedergegeben:

> „Seit langem schon sei Lessing eine starke Belastung für das Ansehen der Hochschule, und zumal seine Berichterstattung über den Haarmann-Prozeß gezeigt habe, daß er die Unwahrheit und Lügen verbreite; außerdem habe er die deutsche Justiz und den Richterstand in den Kot gezogen: Grund genug, ihn nicht länger an der Hochschule dulden zu können. Sein Artikel über Hindenburg im deutschfeindlichen Prager Tageblatt aber setze allem anderen die Krone auf. Er habe darin seine unbestrittenen Fähigkeiten schamlos genutzt, um einen Mann zu schmähen, dem das gesamte deutsche Volk zu Dank verpflichtet sei und zu dem die Studentenschaft in unbegrenzter Ehrfurcht aufblicke. Einig wisse sich die versammelte Studentenschaft mit den Professoren ihrer Hochschule in der Verurteilung Lessings. Es sei der erklärte Wille, ihn ‚aus unseren Reihen auszuschließen, um damit den Schandfleck auf dem Schilde der Technischen Hochschule zu tilgen.'"[25]

Die Studenten des Kampfausschusses verbreiteten ihre Forderungen nach einem Vorlesungsverbot für Lessing auf Flugblättern, die sie an hannoversche und überregionale Zeitungen schickten. Am 18. Mai organisierten sie schließlich eine Protestaktion und blockierten mit Bierseideln bewaffnet den Hörsaal, so dass Lessing seine Vorlesung nicht abhalten konnte.[26] An Lessings nächstem Vorlesungstag, dem 8. Juni, organisierte der Kampfausschuss eine so genannte „Schwerpunktaktion"[27]. Einige hundert Studenten fanden sich vor dem Eingang der Technischen Hochschule ein, sie belagerten den Lichthof und die Gänge und versperrten Lessing den Zugang zu seinem Raum. Waren Lessings Vorlesungen normalerweise von fast hundert Studierenden besucht, so fanden sich an diesem Tag angesichts des angekündigten Protestes lediglich zwei junge Hörer ein. Vor dem zugeschlossenen Vorlesungsraum versammelten sich die zum Teil bewaffneten Studenten und randalierten. Sie versuchten, die Tür einzutreten und „unter der vereinten Kraft der mit schweren Stöcken schlagenden Studenten"[28] zerbrach die Türklinke. Lessing musste begleitet von dem Rektor der Hochschule, Ernst Vetterlein, durch die Hintertür aus der Hochschule fliehen.

---

25 Marwedel (1987), S. 258.
26 Ebenda, S. 260.
27 Wollenberg (1997), S. 253.
28 Marwedel (1987), S. 270.

Rektor und Senat leiteten ein Disziplinarverfahren ein, allerdings nicht gegen die randalierenden Studenten, sondern gegen Theodor Lessing. Sie stellen am 13. Juni einen entsprechenden Antrag und begründeten ihn mit den beiden Publikationen Lessings über Hindenburg.[29] Lessings protestierte in einem Schreiben an Preußens Kultusminister Carl Heinrich Becker und bat ihn um Unterstützung. Becker bestimmte dreizehn Tage später in einem Erlass, dass man die Äußerungen Lessings über Hindenburg zwar missbilligen müsse, dass damit aber kein zureichender Grund zu erkennen sei, um Lessing disziplinarrechtlich zu belangen und ihm die Lehrberechtigung zu entziehen. Der Minister kritisierte, dass der Lehrkörper der Technischen Hochschule Hannover nicht mäßigend auf die Studierenden eingewirkt habe und „es statt dessen zu beanstandenswerten Ausfällen zweier Mitglieder der gelehrten Körperschaft gegen einen ihrer Kollegen gekommen sei."[30] Minister Becker bestimmte zwar die sofortige Auflösung des „Kampfausschusses", versäumte jedoch, die Studenten, die den Terror angeführt hatten, offiziell und disziplinarisch zu bestrafen. Um die allgemeine Lage zu entspannen, gab der Kultusminister Lessing den Rat, zunächst auf weitere Vorlesungen zu verzichten und sich für den Rest des Wintersemesters 1925/26 beurlauben zu lassen.[31]

Als Lessing im Sommersemester 1926 seine Vorlesungen wieder aufnehmen wollte, reagierten die radikal-völkischen Studenten wiederum mit lautstarken Protesten und der Belagerung des Vorlesungsraums. Lessing beschloss im Einvernehmen mit dem Rektor, seine Vorlesung ausfallen zu lassen. Beim Verlassen der Hochschule folgten ihm die Studenten bis in den Georgengarten, riefen Drohungen und Beschimpfungen hinter ihm her und bewarfen ihn mit Erdklumpen. Auch als er sich mit seinen Begleitern in das Café Georgengarten flüchtete, folgte ihm der aufgebrachte, tobende und mit Knüppeln bewaffnete studentische Mob: „An die hundert Studenten haben sich eingefunden und schlagen, ein Bier nach dem anderen kippend, Krach, beschimpfen Lessing als dreckigen Juden."[32] Lessing floh zurück in die Hochschule und wurde von einem durch Rektor Friedrich Oesterlen bestellten Wagen nach Hause gebracht. Eine Woche später wiederholte sich das Szenario, wieder wurde Lessing beschimpft, wieder verließ er fluchtartig die Hochschule und wurde anschließend über eine Stunde durch die hannoversche Innenstadt getrieben.

Der Höhepunkt der Protestaktionen war jedoch der 31. Mai 1926. Etwa 700 „mit eichenen Bergstöcken bewaffnete" Studenten besetzten den Eingangsbereich der Hochschule und skandierten antisemitische Parolen wie „Juden raus! Lessing raus!" und „Juden raus! Verhaut ihn, schlagt ihn nieder!".[33] Als der Rektor daraufhin die Studentenausweise einsammeln und das Gebäude durch die Schutzpolizei räumen

---

29 Ebenda, S. 271.
30 Ebenda, S. 276 f.
31 Ebenda, S. 277 sowie Wollenberg (1997), S. 253 f.
32 Marwedel (1987), S. 290. Die Szene im Georgengarten ist fotografisch festgehalten worden. Siehe Landeshauptstadt Hannover/Der Stadtdirektor/Stadtarchiv Hannover/Volkshochschule Hannover (Hrsg.): „Wissen ist Macht… Bildung ist Schönheit" – Ada und Theodor Lessing und die Volkshochschule Hannover, Hannover 1995, S. 41.
33 Wollenberg (1997), S. 265.

ließ und im Anschluss daran gegen elf Studenten Relegationsverfahren einleitete, reagierten diese mit einem Streik. In einer spektakulären Aktion organisierten sie ihre kollektive Abwanderung nach Braunschweig, die am 8. Mai von 1500 Studenten mit einem eigens angemieteten Sonderzug öffentlichkeitswirksam inszeniert wurde. Die hannoverschen Studenten wurden dabei nicht nur von ihren korporierten Kommilitonen und dem Rektor der TH Braunschweig unterstützt und am Bahnhof feierlich empfangen, auch andere nationalistische und republikfeindliche Gruppierungen sowie die Medien zeigten sich solidarisch.[34] Der Haus- und Grundbesitzerverein in Hannover, die Industrie- und Handelskammer und der Deutsche Handlungsgehilfenverband intervenierten und betonten die „schweren wirtschaftlichen und kulturellen Schäden", die durch die abwandernden Studenten entstehen würden. Daraufhin verlangte auch das Stadtparlament die Einstellung von Lessings Lehrauftrag.[35] Kultusminister Becker bezeichnete die Vorgänge in Hannover mittlerweile als „Terror", versäumte es jedoch abermals, an der Hochschule durchzugreifen und die Grundsätze der Republik durchzusetzen.

Der „Fall Lessing" war mittlerweile zu einem „Fall Hannover" geworden, in den sich im Juni 1926 auch republikfreundliche Kräfte einmischten. Von sozialdemokratischen Studenten wurde in Berlin eine Kundgebung veranstaltet, die eine Solidaritätswelle zugunsten Lessings hervorrief. Drei Tage nach dieser Veranstaltung kam durch die Vermittlung mehrerer Berliner Professoren ein Kompromiss zwischen Kultusminister Becker, der hannoverschen Hochschule und Lessing zustande. Lessing gab den Kampf gegen die reaktionären Studenten und ihre Professoren auf und verzichtete darauf, seine Vorlesungen abzuhalten. Er behielt jedoch seine *venia legendi* und sein Lehrauftrag wurde in einen Forschungsauftrag umgewandelt.

Die Studenten konnten das Ende des „Falls Lessing" als einen Sieg verbuchen: „Auf einer Versammlung der korporierten Studenten stimmte eine Mehrheit schließlich für den Berliner Kompromiß. Man feierte das erreichte Ziel: die ‚Beseitigung' Theodor Lessings."[36] Keiner der Studenten wurde von der Hochschule verwiesen, lediglich einigen der Anführer erteilte der Rektor einen Verweis. Theodor Lessing war ab 1926 gezwungen als Wanderlehrer, Vortragsredner, Kritiker, Publizist, Rezitator durch Deutschland und die Welt zu reisen, bis er nach dem Januar 1933 Deutschland endgültig verlassen musste. Am 30. August 1933 wurde Theodor Lessing im tschechischen Marienbad im Exil von Nationalsozialisten erschossen.

Der Rektor der Hochschule, Ludwig Klein, der bis zum 19. Juli 1933 im Amt war, erreichte im April 1933 mit einem Antrag an das Ministerium für Wissenschaft, Kunst und Volksbildung, dass Lessing die Lehrbefugnis an der Technischen Hoch-

---

34 Siehe auch das Foto vom Auszug der hannoverschen Korpsstudenten am Braunschweiger Bahnhof in: Landeshauptstadt Hannover (1995) S. 41. Der Hannoversche Kurier veröffentlichte am 9. Juni 1926 folgenden Aufruf: „Bürgertum, wach auf und wehre dich! Das ist die Forderung des Tages. Heran zu einer geschlossenen Front! Dann sind es nicht mehr nur 1500 Studenten, die gegen das Ministerium protestieren, dann sind es Hunderttausende." Zitiert nach Marwedel (1987), S. 297 f.
35 Landeshauptstadt Hannover (1995), S. 46 f.
36 Marwedel (1987), S. 307.

schule endgültig entzogen wurde; in der Amtszeit von Rektor Otto Franzius verlor Lessing am 29. Juli 1933 zudem seinen Forschungsauftrag und damit seine Einnahmen. Franzius war zudem bestrebt, die Vertreibung Lessings als von der Professorenschaft initiiert darzustellen. In einem Briefwechsel mit dem Bundesführer des NS-Studentenbundes, Stäbel, bemerkte Franzius, dass an der Technischen Hochschule Hannover im Jahre 1934 noch die gleichen Professoren im Amt gewesen seien wie 1925/26. Er betonte, dass an der Hochschule

> „nie ein Jude ordentlicher Professor gewesen ist, daß in der Lessing-Sache nicht die Studentenschaft, sondern die Professorenschaft führend gewesen ist. Erst als das Ministerium gegen die Eingabe der Professorenschaft Lessing schützte, kam es zu dem Aufstand der Studenten, der von den Professoren unterstützt wurde. Wenn irgendwo ein Unrecht geschieht, so ist es die offizielle Stellungnahme im Lessingskandal."[37]

Gut ein Jahr nachdem Lessing seinen Lehrauftrag aufgegeben hatte, kam es im November 1927 zwischen der Deutschen Studentenschaft und Preußens Kultusminister Becker erneut zu einem Konflikt, der sich an der antisemitischen und antirepublikanischen Ausrichtung der Studenten entzündete.[38] Ausgangspunkt der Auseinandersetzungen war der großdeutsche Aufbau der DSt, der damit auch die Einzelstudentenschaften Österreichs, Danzigs und des Sudetengebiets mit einschloss. Die österreichische Studentenschaft vertrat den „Volksbürgergrundsatz" und nahm aus diesem Grund nur nicht-marxistische und „arisch-deutsche" Studenten auf. In den *Hannoverschen Hochschulblättern*, in denen die Auseinandersetzung mit Minister Becker ausführlich diskutiert wurde, blieb der eigentliche Anlass, also der Ausschluss der jüdischen Studenten von einer Mitgliedschaft in der DSt, unerwähnt. In zahlreichen Texten wird der Konflikt als „Kampf um die Selbstbestimmung der Studenten" oder als das Recht auf die Freiheit der Lehrenden und Lernenden umschrieben, jedoch nie konkret benannt. Lediglich ein Artikel lässt einen Einblick in die Argumentationsstruktur der Studenten zu. Dort heißt es im Februar 1927 zu den auslandsdeutschen Studentenschaften, dass sie die Mitgliedschaft in der DSt keinesfalls einseitig nach Rasse und Konfession bestimmt hätten. Weder Konfession noch Parteizugehörigkeit wären Kriterien gewesen, sogar die „politisch links gerichteten Kreise" seien wiederholt aufgefordert worden, in der DSt mitzuarbeiten, aber ihre Forderungen wären stets unannehmbar gewesen. Weiter heißt es dort:

> „Abgelehnt werden allerdings diejenigen Mitglieder der obengenannten Gruppen, die nicht dem deutschen Volke angehören, d. h. die nicht die Merkmale deutscher

---

37 Rektor Otto Franzius in einem Schreiben vom 6. 3. 1934 an Bundesführer des NS-Studentenbunds Oskar Stäbel, StA WÜ RSF I 03 p 253-III. Das von ihm konstatierte „Unrecht" bezieht sich auf die Vorwürfe der Nationalsozialisten, die deutschen Professoren hätten die Studenten in der „Kampfzeit" der Weimarer Republik im Stich gelassen und seien weder Hilfe noch Vorbild gewesen. Diese Kritik fand bei den nationalsozialistischen Studenten in der Rede von den „vergreisten Hochschullehrern" ihren Ausdruck.
38 Zum sogenannten Becker-Konflikt siehe auch Grüttner (1995), S. 26 ff.; Faust (1973), Bd. 1, S. 30 ff. und S. 52 ff., sowie Niemann (1981), S. 80 und Jarausch (1984), S. 141 ff.

Abstammung und Muttersprache vorzeigen können. (Juden, deutscher Abstammung und Muttersprache, gibt es für uns nicht) [sic!].

Und auch mit einem gewissen Recht. Wer die auslandsdeutschen Rechte kennengelernt hat, wer die Schwere des Kampfes für das Deutschtum zu werten weiß, wer die ausgesprochene österreichische Politik – unter Umständen antideutsche – des heutigen österreichischen Staates verfolgt hat, und wer den Einfluß der unzähligen, während der Inflationszeit vom Osten eingewanderten Fremdstämmigen in Betracht zieht, wird den Grund der Satzungsbestimmung einsehen."[39]

Der Ausschluss der jüdischen Studenten aus der DSt, aber auch der Juden insgesamt aus der deutschen Gesellschaft erscheint am Ende des ersten Absatzes als eine Selbstverständlichkeit, die nur noch in Klammern hinzugefügt werden muss. Ohne die falsche Interpunktion des Satzes in der Interpretation überstrapazieren zu wollen, erscheint die Formulierung „Juden [...] gibt es für uns nicht" sowohl in der Beiläufigkeit als auch der Entschiedenheit von besonderer Bedeutung zu sein: Sie bezeichnete Programm und „Wunschdenken" zugleich. Die nachfolgende Begründung rechtfertigt den generellen Ausschluss der Juden von der Mitgliedschaft in der DSt mit dem damals viel diskutierten „Ostjudenproblem". Die Ostjuden waren traditionell das bevorzugte Ziel antisemitischer Agitation, nicht zuletzt deshalb, weil sie vermeintlich leichter zu identifizieren und durch fremde Sprache und Äußeres deutlich als „fremd" und „nicht deutsch" zu klassifizieren waren. In der bürgerlichen und rechtsradikalen Presse, aber auch in den Verbänden und staatlichen Stellen wurden die zugewanderten Ostjuden als soziales Problem deklariert, wobei in der Regel unerwähnt blieb, dass die Oberste Heeresleitung für die Einwanderung verantwortlich war. Ein Problem hatten daher eher die unmittelbar betroffenen Immigranten, die sich in einer neuen Situation zurechtfinden mussten.[40] Die Deutschnationalen konzentrierten sich seit 1919/20 darauf, die „Ostjudenfrage" als „gemäßigte", „rational" argumentierende ideologische Alternative zum sogenannten Radau- bzw. Pogromantisemitismus zu etablieren, um ihre Hegemonie im rechten Politikspektrum zu sichern. Sie forderten den Einwanderungsstop sowie die Ausweisung der bereits im Deutschen Reich lebenden Ostjuden.[41]

Bereits seit Beginn des Jahrhunderts hatten deutsche Konservative den Ausschluss der Juden von Regierungsposten sowie aus Positionen der Kultur- und Bildungsinstitutionen gefordert. Auch nachdem die antisemitischen Parteien im letzten Viertel des 19. Jahrhunderts verschwunden waren, blieben antijüdische Ressentiments

---

39 F.: Die Lage der Deutschen Studentenschaft, in: *Hannoversche Hochschulblätter* 4. Semesterfolge (Februar 1927) Nr. 7, ohne Seitenzahlen (auf der vierten Seite der Ausgabe).

40 Im Jahr 1925, dem Jahr der stärksten Einwanderung, gab es in Deutschland 108 000 Ostjuden, etwa 30 000 mehr als im Jahr 1910 auf dem gleichen Gebiet. Bis zur Mitte des Jahres 1933 sank die Zahl auf 98 000. Vgl. Winkler, Heinrich August: Die deutsche Gesellschaft der Weimarer Republik und der Antisemitismus – Juden als „Blitzableiter", in: Benz, Wolfgang/Bergmann, Werner: Vorurteil und Völkermord. Entwicklungslinien des Antisemitismus, Bonn 1997, S. 341–362, hier S. 345 ff.

41 Vgl. Walter, Dirk: Antisemitische Kriminalität und Gewalt – Judenfeindschaft in der Weimarer Republik, Bonn 1999, S. 246. Ausführlich am Beispiel Bayern, siehe das Kapitel „Die Entdeckung der Ostjudenfrage in Bayern", in: Ebenda, S. 53–79.

bestehen und setzten sich in zahlreichen verschiedenen Gruppen, Organisationen und Verbänden fest. Diese „institutionalisierte Verbreitung antijüdischer Einstellungen" in das Innere der deutschen Gesellschaft lässt sich gerade für die akademischen Eliten bestätigen[42] und am Beispiel der Technischen Hochschule Hannover bis in die Mikrostrukturen nachvollziehen. Nicht nur die Professoren waren „traditionell antisemitisch" und wirkten entsprechend auf ihre Studenten ein,[43] auch die Korporationen trugen durch die Erziehung ihrer Mitglieder zur Verbreitung des Antisemitismus bei. Ein neu immatrikulierter Student wurde in einer Verbindung in den ersten zwei Semestern durch einen älteren Studenten, den sogenannten „Fuxmajor" betreut, der ihm nicht nur standesgemäßes Benehmen beibrachte und ihn mit den Regeln der jeweiligen Korporation vertraut machte, sondern auch mit deren Geschichte und Entwicklung. Dazu gehörten dann unter anderem die Aktivitäten früherer Studenten, beispielsweise in den Zeitfreiwilligenbataillonen oder in ihrem Kampf gegen Professor Theodor Lessing. Innerhalb der Institution Hochschule fungierten die Hochschullehrer und die Korporationen als Medien einer demokratiefeindlichen und antisemitischen Weltanschauung, die über die Jahre nicht nur tradiert wurde, sondern sich in Organisationsformen wie der DSt, die sich als „Erziehungs- und Gesinnungsgemeinschaft" verstand, konstituierte und verfestigte.

Der preußische Kultusminister Becker konnte im September 1927 die der Weimarer Verfassung und dem Staatsbürgerschaftsprinzip widersprechende Konstitution der DSt nicht zulassen. Er ordnete an, alle auslandsdeutschen Studenten, die jüdischen und marxistischen eingeschlossen, in die DSt aufzunehmen. Anderenfalls wollte er die bestehende Koalition der preußischen mit den auslandsdeutschen Studentenvertretungen verbieten. In der „Verordnung über die Bildung von Studentenschaften an den preußischen Hochschulen" legte das Kultusministerium diese Entscheidung Beckers rechtlich fest und ließ die einzelnen Studentenschaften über Annahme oder Ablehnung derselben abstimmen. Die Studenten an den preußischen Hochschulen entschieden sich deutlich gegen die Verordnung des Ministers. An der Technischen Hochschule Hannover votierten 88,9 Prozent gegen und nur 8,9 Prozent für Beckers Forderung[44], womit das negative Abstimmungsergebnis der hannoverschen Studierenden noch deutlich über dem Gesamtergebnis lag.[45] Somit verlor die DSt in Preußen im Herbst 1927 die staatliche Anerkennung und mit ihr das seit 1920 bestehende Selbstverwaltungsrecht.

---

42 Friedländer, Saul: Das Dritte Reich und die Juden – Die Jahre der Verfolgung 1933–1939, München 1998, S. 101.
43 Sontheimer, Kurt: Professoren in der Weimarer Republik in: Schwabe, Klaus: Deutsche Hochschullehrer als Elite 1815–1945, Boppard 1988, S. 215–224.
44 Angaben nach Niemann (1981), S. 80.
45 Von den insgesamt 27 preußischen Hochschulen, die an der Abstimmung teilnahmen, stimmten 77,6 Prozent gegen Beckers Verordnung, 22,4 Prozent sprachen sich dafür aus. Vgl. Grüttner (1995), S. 27.

Zwischen 1928 und 1930 konstituierten sich die preußischen Deutschen Studentenschaften an den meisten Hochschulen daraufhin als „freie", also nicht staatlich anerkannte Studentenschaften neu.[46] Auch in Hannover schlossen sich zu Anfang des Jahres 1928 eine Anzahl von 1068 korporierten Studenten[47] und 258 Wissenschaftlern zur „Deutschen Studentenschaft der Technischen Hochschule", der DSt Hannover, zusammen. Sie wurden durch Senatsbeschluss vom 6. März 1928 als Vereinigung anerkannt. Auch das Inventar der ehemaligen staatlich anerkannten DSt wurde der alt-neuen Studentenschaft vom Rektor „in seiner Eigenschaft als Liquidator zum Gebrauch überwiesen".[48] Die nicht mehr staatlich anerkannte „Studentenschaft der Technischen Hochschule" setzte unter gleichem Namen indessen die Arbeit der alten DSt fort und stellte somit eine der demokratischen Verfassung der Weimarer Republik entgegengesetzte Organisation innerhalb einer staatlichen Institution, eben der Hochschule, dar. Gleichzeitig war sie ein Instrument, Studenten, die nicht dem völkischen Lager angehörten, aus der Hochschulpolitik auszuschließen. Mit Billigung von Rektor und Senat änderten die Studenten der DSt die bis dahin geltende Zwangsmitgliedschaft für alle Studierenden in eine Exklusivmitgliedschaft. Wer sich also nicht in eine Reihe mit den völkischen Studenten stellen wollte, konnte sich nicht an den studentischen Wahlen beteiligen. Die Korporationen verpflichteten ihre Angehörigen zu einem Beitritt in die DSt, da an der TH Hannover nur diejenigen Studenten über eine Wahlberechtigung verfügten, die als Mitglieder der DSt registriert waren.[49] Da im Vergleich zu den korporierten Studenten nur ein geringer Teil der sogenannten „Wildenschaft" in der DSt organisiert war, erhielten immer die Verbindungen den Großteil der Stimmen. Das demokratische Prinzip der gleichen Rechte aller Studierenden war damit an der Technischen Hochschule Hannover bereits 1927 abgeschafft. In der hannoverschen Studentenschaft hatten damit die völkischen Studenten an den politisch wirksamen Einrichtungen der Hochschule, vom Kontakt zu Rektor und Senat bis hin zu den von ihnen verwalteten Ämtern, das Sagen und konnten ihre Vorstellungen durchsetzen.

In der Forschungsliteratur gilt der Beckerkonflikt als Beispiel und Ausdruck des zur der Zeit eskalierenden Generationenkonflikts.[50] Diesen mag es für Teile der Studenten in der Weimarer Republik gegeben haben, bezüglich der Studenten der TH Hannover lassen sich für diese Interpretation keine plausiblen Anhaltspunkte fin-

---

46 Diesen „freien Studentenschaften" traten jedoch nicht alle studentischen Gruppierungen bei, da zum Beispiel die sozialdemokratischen und kommunistischen Studenten Beckers Anweisungen unterstützt hatten. In Hannover waren solche Gruppierungen nicht vorhanden und spielten keine Rolle innerhalb der Hochschulpolitik.
47 In der Geschichte des Corps Slesvico-Holsatia ist folgendes festgehalten: „Sämtliche Korporationen traten geschlossen bei, ebenso ein großer Teil der Wildenschaft.", Corps Slesvico-Holsatia, Corpsgeschichte, Band 4 und 5, Semesterberichte, S. 107.
48 Protokoll der Kammersitzung vom 12. 3. 1928, NHStA Hann 320 IV/9.
49 Satzungen, Geschäfts- und Wahlordnung der Deutschen Studentenschaft der Technischen Hochschule Hannover, Mitglied der Deutschen Studentenschaft, C. Wahlordnung, I. Wahl der Kammer, §2, NHStA Hann 320 IV/29.
50 Vgl. Jarausch (1974) in seinem Kapitel „Verelendung und Verfassungsstreit als Generationenkonflikt", S. 141–151.

den. Im Gegenteil, das Verhältnis zwischen Dozenten und Studenten gestaltete sich harmonisch und politisch konform. Es lässt sich eher nachweisen, dass der Konflikt mit Minister Becker als ein Kampf gegen „die Linken", die an der Regierung beteiligt waren, zu verstehen ist. Die Politiker gehörten zwar auch der Vätergeneration an, sie verkörperten aber eher die (sozialdemokratische) Parteipolitik und den als „Judenrepublik" bezeichneten Staat.[51] So lässt sich in den *Hannoverschen Hochschulblättern* vom April 1928 nachlesen, dass die Auswahl von Beamten nach parteipolitischen Gesichtspunkten für den Autor letzten Endes nichts anderes als eine Unterhöhlung des Staates bedeute, der damit in immer stärkerem Maße einzelnen Parteien ausgeliefert wäre. Mit solchen Methoden würde „ein Beamtentum herangezüchtet, welches niemals die moralischen Qualitäten besitzen kann, die erforderlich sind, um überparteilich und selbstlos dem Volksganzen dienen zu können." Bislang sei die „vornehmste Eigenschaft des Beamten" gewesen, sich als Diener des Staates zu fühlen und danach zu handeln. Die jüngsten Bestrebungen förderten jedoch ein Beamtentum, welches sich lediglich als Diener einer Partei fühle. So würden gerade die aufrechten und ehrlichen Persönlichkeiten von den verantwortlichen Stellen des Staatsdienstes verdrängt und „Kriechernaturen" an ihre Stelle gesetzt, die aus persönlichen Gründen zu jedem Gesinnungswechsel bereit seien.[52]

Solche Diskreditierung parteipolisch engagierter Menschen in der Weimarer Republik durch Nationalisten war keine Seltenheit. Auch das Argument, durch Wahlen und politische Partizipation sei eine staatstreue und unabhängige Tätigkeit im Staatsdienst nicht möglich oder gefährdet, war bekannt.[53] Die Studenten der Technischen Hochschule Hannover lehnten ein politisches Engagement kategorisch ab, da „politisch" immer als „parteipolitisch" definiert wurde. Damit übernahmen sie eine zentrale Einstellung aus dem mittelständischen Milieu, in dem es als Tugend galt, sich „unpolitisch" zu geben und der Parteipolitik ablehnend gegenüber zu stehen.[54] Diese Haltung findet sich auch innerhalb der studentischen Korporationen wieder und ist anschlussfähig an die Tradition der deutschen Hochschulen und Uni-

---

51 Auch Elisabeth Domanski kommt zu dem Schluss, dass sich „hinter dem vermeintlichen Generationenkonflikt der Weimarer Republik [...] in Wahrheit der Konkurrenzkampf unterschiedlicher gesellschaftlicher Ordnungsmodelle" verbirgt. Domanski, Elisabeth: Politische Dimensionen von Jugendprotest und Generationenkonflikt, in Dowe (1986), S. 113–138, hier S. 135.
52 *Hannoversche Hochschulblätter*, 7. Semesterfolge (April 1928), Nr. 7, S. 97.
53 So wurde zum Beispiel durch Einführung des allgemeinen und gleichen Kommunalwahlrechts im Jahre 1919 Stadtpolitik öffentlich verhandelt, was „Konservative und Liberale als (schädliche) Politisierung städtischer Angelegenheiten [deuteten], wobei sie der vermeintlich unpolitischen Stadtverwaltung des 19. Jahrhunderts nachtrauerten." Von Saldern, Adelheid: Stadt und Öffentlichkeit in urbanisierten Gesellschaften. Neue Zugänge zu einem alten Thema, in: IMS – Informationen zur modernen Stadtgeschichte 2/2000, S. 3–15, hier S. 5.
54 Die Studierenden der TH Hannover stammten 1928 zu 70 Prozent aus dem mittelständischen Milieu, 30 Prozent von ihnen waren sogar Kinder von mittleren oder gehobenen Beamten. Vgl. Tabelle 11: Soziale Schichtung der männlichen Studierenden der Technischen Hochschule Hannover nach dem Beruf des Vaters. Vgl. auch Longerich (1995), S. 199. Eine Erziehung der Jugend in der Weimarer Republik zur politischen Partizipation war auch aus dem Grund nicht gelungen, da die Parteien sämtlicher Richtungen sich geweigert hatten, die Jugend politisch mitwirken zu lassen. Vgl. Domanski (1986), S. 128 ff.

versitäten, die sich als unpolitische Stätte der Lehre und Forschung definierten.[55] Innerhalb dieses Deutungsmusters erschienen den Studierenden parteipolitische Ambitionen als unbrauchbar für die studentische Selbstverwaltung. Der Parlamentarismus war nicht erstrebenswert, da er die Einheit der Studierenden gefährdete, für ineffektiv gehalten und allgemein mit „Chaos" assoziiert wurde. So waren die Kammervertreter der TH kontinuierlich bemüht, studentische politische Gruppierungen von den Wahlen fernzuhalten oder ihre Gründung zu verhindern. An einigen Universitäten und Hochschulen war den Studierenden sogar verboten, politische Hochschulgruppen zu bilden. Nationalistische Interessen galten hingegen nicht als „politisch" und wurden gerade als Argument gegen die parteipolitische Bindung von Angestellten des Staates genutzt: Wer einer Partei zugetan sei, könne der Nation nur vermittelt dienen, bzw. stelle die (deutsche) Nation nicht „über alles" (wie es in der Nationalhymne gesungen wurde), sondern verbinde diese mit parteipolitischen Prinzipien sowie der Verfassung und dem Gesetz. Das betrachteten die Studenten mit großer Skepsis:

> „Der Staat ist heute eine Parteiangelegenheit geworden, und der entstandene Konflikt mit den Mächten, die heute den Staat beherrschen, war die Folge eines Kampfes um die Freiheit und das Recht der Jugend, nach eigenen Idealen Volk und Staat zu dienen, und am Neubau des deutschen Reiches mitzuschaffen. Man kann von einer Jugend, die ihren Blick in die Zukunft richtet, nicht verlangen, daß sie ein Bekenntnis zu vorhandenen Zuständen ablegt, die den Weg zur Gesundung verbauen."[56]

Der erste Satz zeigt deutlich, dass der Begriff „Staat" hier eine abstrakte Größe darstellt, die von parteipolitischen „Mächten" beherrscht wird. Staat definiert sich somit nicht durch die Staatsform, sondern ist eng an die Kategorien „Volk" und „Nation" gebunden, die eine Entität darstellen. Verknüpft ist diese Auffassung vom Staat mit organischen Begriffen wie „Gesundung" und der Vorstellung, bei der deutschen Nation handele es sich um eine Art Wesenheit – das „Deutschtum", wie es in den zeitgenössischen Texten immer heißt[57] – die einem Wachstumsprozess unterworfen sei, der bei geeigneter Lenkung eine immer „höhere" Qualität erreichen

---

55 Vgl. Ellwein, Thomas: Die deutsche Universität vom Mittelalter bis zur Gegenwart, Frankfurt am Main, 1992, S. 228. Der Autor bezeichnet diese Selbstwahrnehmung der Institutionen und ihrer Angehörigen als „Lebenslüge der deutschen Universität". Siehe auch Kreutzberger (1974), S. 97.
56 Adamheit, Theodor: Studentische Selbstverwaltung, in: *Hannoversche Hochschulblätter*, 6. Semesterfolge (März 1928) Nr. 6, S. 82.
57 In den *Hannoverschen Hochschulblättern* ist zum Beispiel zu lesen: „Diesem auf geheimnisvollem Gleichklange des Blutes und der Seele beruhenden geistigen Erwachen des deutschen Volkstums tritt nun ein mechanistisches, materialistisches Denken, entgegen, das nur Staaten und Staatsbürger sehen will." Und in Bezug zur DSt: „Gibt die deutsche Studentenschaft diese geistige Errungenschaft von nicht auszudenkenden Maßen auf, so hat sie nicht einen Machtkampf verloren, sondern in erster Linie die neue, erwachende Seele des deutschen Volkes verleugnet. Die Vernunftherrschaft des europäischen Westens, der Siegeszug einer unfruchtbaren materialistischen Zivilisation scheint unaufhaltsam und auch für das Deutschtum bedrohlich." Jung, Edgar J.: Die geistige Wende (Auszug aus einem Vortrag, gehalten auf dem Deutschen Studententag am 16. Juli 1927), in: *Hannoversche Hochschulblätter* 5. Semesterfolge (September 1927) Nr. 9, S. 1–5, hier S. 3.

würde. Das „deutsche Volk" existiert so als biologisches Faktum und der daraus folgende Nationalismus wird unbegründbar. „Diese Unbegründbarkeit zieht die Willkür der Ausgrenzung nach sich."[58] Gesellschaft erscheint so als eine organische Gemeinschaft, die das Potenzial zu einer „höheren Qualität" durch „positive Eugenik" vermeintlich in sich trägt.

Die Vorstellung von einem „deutschen Charakter" geht auf die Rassentheorie Gobineaus und die Lehre Darwins, zurück, die im 19. und frühen 20. Jahrhundert publizistisch vielfach miteinander kombiniert wurden. Die Selektionstheorie, die „natürliche Auslese" Darwins verband sich mit der Rassenideologie Gobineaus zur rassenantisemitischen Argumentation, die antijüdische Ressentiments mit der Annahme verband, dass die Juden wegen angeborener und damit als unveränderlich angesehener Eigenschaften eine fremde Gruppe bildeten.[59] Die Gestaltung der Bevölkerung, des „Volkskörpers" war durch die Juden, die als Fremdkörper identifiziert wurden, bedroht: „Jüdisches Streben und jüdischer Erfolg, ob real oder eingebildet, wurden als das Verhalten einer ausländischen und feindseligen Minderheitsgruppe wahrgenommen, welche kollektiv agiere, um die Mehrheit auszubeuten und zu beherrschen."[60]

Der Nationalismus, der in den studentischen Publikationen zum Ausdruck kam, war jedoch nicht nur unbegründbar, sondern er stellte einen „Ewigkeitswert dar[...] in einer Welt, die sich verflüchtigte".[61] So heißt es in den *Hannoverschen Hochschulblättern*:

> „Es kommt darauf an, diesen Geist des heißen Gefühls für Volk und Vaterland, der die heranwachsende Jugend beseelt, bei dem großen und heiligen Kerngedanken der Volksgemeinschaft, bei der gemeinsamen Liebe und Treue für das große Ganze festzuhalten und zu entflammen, und nicht zuzulassen, daß er sich verirrt und verliert in dem Kampf der Parteien und Meinungen um Dinge und Personen, der verwirrend

---

58 Claussen, Detlev: Vom Judenhaß zum Antisemitismus – Materialien einer verleugneten Geschichte, Darmstadt 1987. Das Buch ist eine aufschlussreiche Sammlung an historischen Texten, die Detlev Claussen einleitet und jeweils durch Kommentare erklärt. Das Zitat ist einem Kommentar zu dem bekannten Text „Wenn ich der Kaiser wär'..." von Daniel Frymann entnommen, der eigentlich Heinrich Class hieß, Rechtsanwalt und Vorsitzender des Alldeutschen Verbandes war.
59 Siehe ausführlich Losemann, Volker: Rassenideologien und antisemitische Publizistik in Deutschland im 19. und 20. Jahrhundert, in: Benz/Bergmann (1997), S. 304–337.
60 Friedländer (1998), S. 96. Die positiven Seiten der Moderne, zum Beispiel der Fortschritt sollten der „Nation" zu Gute kommen und Deutschlands Wiederaufstieg zur Weltmacht garantieren, die negativen Seiten der Moderne, die der Nation schadeten, wie der (beängstigende) ökonomische Fortschritt mit der in allen gesellschaftlichen Bereichen um sich greifenden Rationalisierung und Mechanisierung wurde den Juden zugeschrieben. Die gesellschaftlichen Probleme und Widersprüche der Zeit wurden in ihrer Komplexität auf eine einfache Lösung reduziert, indem eine gesellschaftliche Gruppe als Urheber und Feind bestimmt wurde.
61 Mosse, George L.: Juden im Zeitalter des modernen Nationalismus, in: Alter/Bärsch/Berghoff (1999), S. 15–25, hier S. 19.

und schließlich ernüchternd wirkt, und dem ins Leben getretenen Mann oft endgültig die innere Freudigkeit in der Verfechtung der größten Ideale geraubt hat."[62]

In der Verbindung des Nationalismus mit dem Rassismus „kodifizierte [der Rassismus] sozusagen den Nationalismus als eine umfassende, seligmachende Religion und gab dem Nationalismus eine dezidierte Utopie mit auf den Weg."[63] Die Utopie einer unabhängigen, starken, geeinten, einzigartigen und der Volksgemeinschaft verpflichteten Nation, die sich gegen äußere und innere Feinde zur Wehr setzen muss, um ihr „Wesen" zu erhalten.

Der Hass der Studenten gegen die Sozialdemokratie und gegen die Juden verband sich so zu folgender „Logik": Genauso wie es keinen demokratischen Staat geben konnte, der das Wort Staat verdient hätte oder die „Nation" würdig repräsentieren konnte, gab es eben auch keine Juden, die die Bezeichnung „deutsch" beanspruchen durften. Beides hing unmittelbar miteinander zusammen. In den studentischen Publikationen wurden, wie schon angedeutet, Juden selten direkt zum Thema gemacht, in den Diskussionen zur „Nation" und zum „Staat" spielten Juden als Objekte von Ausgrenzung stets eine Rolle. Der Antisemitismus ist Teil des restaurativen Begriffs der „Nation" – eine Beziehung, die in der historischen Wissenschaft erst neuerdings Beachtung gefunden hat.[64] Es greift daher zu kurz, die antisemitischen Ausprägungen unter den Studierenden der Weimarer Republik monokausal auf ihre sozioökonomische Notlage und erhöhten Konkurrenzdruck zurückzuführen,[65] oder sie als „schlicht jugendlich-aufmüpfige Stimmung" zu banalisieren.[66] Vielmehr muss der moderne Antisemitismus in seinen historischen und gesellschaftlichen komplexen Zusammenhängen betrachtet werden.

---

62 Cremer, Carl (MdR): Student und Volksgemeinschaft, in: *Hannoversche Hochschulblätter* 6. Semesterfolge (Februar 1928) Nr. 5, S. 65–69, hier S. 69. Dr. jur. Carl Cremer war von Juni 1920 bis Juli 1932 Mitglied des Reichstags für die DVP (Deutsche Volkspartei). Vgl. Schwarz, Max: MdR. Biographisches Handbuch der Reichstage, Hannover 1965, S. 631.
63 Mosse (1999), S. 20.
64 So in dem von Alter/Bärsch/Berghoff herausgegebenen Band „Die Konstruktion der Nation gegen die Juden", in dem einige aufschlussreiche Texte zu finden sind. Dort behandelt Shulamit Volkov das Problem, dass die Thematik Antisemitismus/Nationalismus in der Forschung oft getrennt und nicht in ihren komplementären Verflechtungen betrachtet worden sei. Volkov, Shulamit: Nationalismus, Antisemitismus und die deutsche Geschichtsschreibung, in: Alter/Bärsch/Berghoff (1999), S. 261–272.
65 Siehe Michael Kater, der eines seiner Kapitel dieser These widmet: „Der Antisemitismus der Studenten: Das Ergebnis sozialökonomischer Verunsicherung", in: Kater (1975), S. 145–162.
66 Hammerstein, Notker: Professoren in Kaiserreich und Weimarer Republik und der Antisemitismus, in: Alter, Peter/Bärsch, Claus-Ekkehard/Berghoff, Peter (Hrsg.): Die Konstruktion der Nation gegen die Juden, München 1999, S. 119–91, hier S. 85. Aus den Studenten der Weimarer Zeit sind schließlich die Führungseliten des NS-Staates wie zum Beispiel der Stellvertreter Heydrichs im Reichssicherheitshauptamt Werner Best hervorgegangen, der seine Karriere als völkischer Studentenführer begann. Vgl. den Lebensweg Bests in Herbert (1996).

1.2 Die Entstehung des NS-Studentenbunds in Hannover

Eines der zentralen Anliegen der hannoverschen Kammervertreter war, die Gründung parteipolitischer Hochschulgruppen zu verhindern. So wird vom Kammerschriftführer in einem Protokoll vom Dezember 1928 festgehalten, dass die DSt beim Rektor vorstellig werden wolle, um zu erwirken, dass die Gründung parteipolitischer Gruppen an der Hochschule unmöglich gemacht würde.[67] Das zeigt nicht nur, dass die korporierten, die studentische Kammer dominierenden Studenten wenig Interesse an parteipolitischen Organisationen an der Hochschule hatten[68], sondern es deutet auch darauf hin, dass sie nicht gewillt waren, ihre hochschulpolitische Macht zu teilen. Damit waren die Möglichkeiten für die Studenten allgemein, aber auch für die wenigen nationalsozialistischen Studenten, sehr gering, ihre Belange in die Hochschule einzubringen und sich außerhalb des Verbindungswesens zusammenzuschließen. Daher bildete sich der „Nationalsozialistische Deutsche Studentenbund" (NSDStB) an der Technischen Hochschule Hannover zunächst als *nationalpolitische Arbeitsgemeinschaft*, die sich aus „bewußt nationalistischen Studenten"[69] zusammensetzte und die so ihre tatsächliche Gebundenheit an den überregionalen NSDStB verschleierte. Diese *nationalpolitische Arbeitsgemeinschaft* hatte im Januar 1929 vier Mitglieder und unterstand dem Diplom-Ingenieur Karl Böhmert, der in einem Schreiben vom Januar 1929 an den Geschäftsführer des NSDStB in München Heinz Schulze die Verhältnisse an der Technischen Hochschule als besonders schwierig beschrieb:

„Das Vorwärtskommen ist hier besonders schwer, weil eine noch größere Interesselosigkeit herrscht als wir sie von anderen Hochschulen gewohnt sind. Es existiert außer dem Jungdo,[70] dessen Qualitäten hier ich nicht kenne, keine politische Gruppe. Eine sozialistische nur auf dem Papier, eine volksparteiliche und eine republikanische ebenfalls nur in Ansätzen. Die volksparteiliche hat allerdings insofern Bedeu-

---

67 Protokoll der Kammersitzung vom 12. 12. 1928, NHStA Hann 320 IV/9.
68 Vgl. auch Giles, Geoffrey: Die Verbändepolitik des Nationalsozialistischen Deutschen Studentenbundes, in: Probst, Christian (Hrsg.), Darstellungen und Quellen zur Geschichte der deutschen Einheitsbewegung im neunzehnten und zwanzigsten Jahrhundert, Bd. 11, Heidelberg 1981, S. 97–157, hier S. 99.
69 So der Hochschulgruppenführer des NSDStB Friedrich Ern im Jahre 1931 in einer Rückschau, Protokoll der Kammersitzung vom 27. 4. 1931, NHStA Hann 320 IV/9.
70 Der Jungdeutsche Orden (Jungdo) verstand sich als nationaler Kampfbund und wurde nach dem Vorbild des Deutschen Ordens 1920 von dem Wandervogel und politischen Schriftsteller Artur Mahraun gegründet. Der Jungdo war national-völkisch orientiert, bekannte sich aber zur Weimarer Verfassung. Das Fronterlebnis, der Gemeinschaftsgedanke, eine Erneuerung der deutschen Politik – daher die Bezeichnung »jungdeutsch« – und die Orientierung an mittelalterlichen Ordensregeln mit Bruderschaft und Kameradschaft waren grundlegend. Vgl. Benz, Wolfgang/Graml, Hermann/Weiß, Hermann: Enzyklopädie des Nationalsozialismus, Berlin 1999 (Digitale Bibliothek Band 25), S. 1703. In Hannover entstand der Jungdo offenbar als eine Einheit von Zeitfreiwilligen, so dass davon ausgegangen werden kann, dass die zwei Zeitfreiwilligenverbände der Technischen Hochschule Hannover dort engagiert waren. Vgl. Obenaus, Herbert: Die Märzwahlen 1933 in Hannover: Terror und Gegenwehr, Jubel und Resignation, in: Historisches Museum: Hannover 1933 – Eine Großstadt wird nationalsozialistisch, Hannover 1981, S. 38–64, hier S. 45.

tung als es ihr gelungen ist, die Hochschulblätter, ein etwa monatlich erscheinendes Blatt, das umsonst verteilt wird, in die Hände zu bekommen."[71]

Die *nationalpolitische Arbeitsgemeinschaft* versuchte innerhalb dieser Konstellation, die durch wenige, kaum aktive parteipolitische studentische Gruppierungen, aber um so stärkere, tradierte korporative Strukturen gekennzeichnet war, an Einfluss zu gewinnen. Zum einen passte sie sich durch „Tarnung" den hochschulpolitischen Verhältnissen an, zum anderen versuchte sie immer wieder das Verbot parteipolitischer Gruppen zu umgehen und aufzubrechen, um Vertreter in die Kammer entsenden zu können, ihre Interessen zu verbreiten und Anhänger zu finden. So organisierte die *nationalpolitische Arbeitsgemeinschaft* Vorträge[72] zu politischen bzw. nationalen Themen, um die Studenten zu mobilisieren und für die nationalsozialistische Weltanschauung zu gewinnen. Letztlich hatte die Hochschulgruppe auch in Hannover das zunächst noch weit entfernte Ziel die Vormachtstellung der korporierten und nicht-korporierten Studenten innerhalb der DSt zu brechen.

Die Aktivitäten der *nationalpolitischen Arbeitsgemeinschaft* wurden von der DSt bzw. der Kammer genau beobachtet und kontrolliert. Letztere wollte damit verhindern, dass die Arbeitsgemeinschaft Vorträge oder Versammlungen unter dem Namen der DSt veranstaltete und ihre parteipolitischen Ambitionen auf diese Art innerhalb der Studentenschaft publik machen konnte. So fragte einer der anwesenden Vertreter in einer Kammersitzung, warum in einem Schreiben des Vortragsamtes ausdrücklich darauf hingewiesen worden sei, dass der Vortrag von Oberleutnant Heinz über „Schwarze Reichswehr und Fememorde"[73] nicht von der DSt veranstaltet würde. In dem Protokoll ist als Erklärung festgehalten, dass durch das erste Einladungsschreiben, das außer von der veranstaltenden *nationalpolitischen Arbeitsgemeinschaft* auch von einem Mitglied des Vorstandes der DSt unterzeichnet war, der Eindruck hätte entstehen können, die DSt stehe mit dem Vortrag in Zusammenhang. Durch das zweite Schreiben wollte der Vorstand die Studenten über die Initiatoren informieren, weil das Thema parteipolitische Ausführungen vermuten lasse, von denen sich die DSt fernhalten müsse.[74]

---

71 Karl Böhmert in einem Schreiben vom 30. 1. 1929 an den Leiter der Organisationsstelle und Geschäftsführer des NSDStB in München Heinz Schulze, StA WÜ RSF II/5. In den Quellen sind keine Informationen über den Jungdo oder die sozialistische Gruppe zu finden. Es ist anzunehmen, dass sie sich genau wie der Republikanische Studentenbund in der von Anfang an durch die korporierten Studenten bestimmte Hochschulpolitik nicht einbringen konnten. Wie bereits erwähnt, gehörte es zur Ideologie der Hochschule, sich den Charakter der parteipolitischen Neutralität zu geben. Es ist daher nicht unwahrscheinlich, dass die Kammer auch mit Hilfe von Rektoren und Senat bemüht war, die Institution als „unpolitische Stätte" der Lehre und Forschung zu erhalten und die Aktivitäten parteipolitischer studentischer Gruppierungen einzuschränken.
72 Die Themen lauteten: „Nationalismus und Liberalismus", „Vom Kriegserlebnis der Nichtsoldaten", „Jugendbewegung und Nationalismus", „Die Krise des Parlamentarismus", „Der faschistische Ideenkreis und wir". NHStA Hann 320 IV/23.
73 Der Vortrag von Oberleutnant. F. W. Heinz, einem Freund von Böhmert, wurde im „Haus der Väter" veranstaltet und war mit 180 bis 200 Studenten gut besucht. NHStA Hann 320 IV/23.
74 Protokoll der Kammersitzung vom 1. 5. 1929, NHStA Hann 320 IV/9.

Die immer wiederkehrenden Hinweise in den Protokollen, dass die DSt sich von parteipolitischen Äußerungen distanzieren wolle, machen deutlich, wie wichtig es den Kammervertretern der DSt war, sich von den nicht-korporierten Studenten mit parteipolitischem Engagement abzugrenzen. Bei allen Differenzen zwischen den Vertretern der Kammer und den Mitgliedern des NS-Studentenbundes darf jedoch nicht übersehen werden, dass es gerade die Übereinstimmung beider Lager in zentralen Bereichen war, die vermutlich der Anlass zur Sorge war: Die DSt-Studenten wollten das Primat behalten, die nationalen Themen an der Hochschule zu vertreten. Das galt um so mehr, als sich der NS-Studentenbund in seiner Gründungsphase als „nationale Sammlungsbewegung" sah, die nur durch das „Weimarer System" gezwungen wurde, sich als Partei zu formieren. Die Parteipolitik konnte somit als notwendiges Übel deklariert werden und verhalf dem NS-Studentenbund reichsweit zu Anhängern unter den traditionell parteifeindlich eingestellten Studenten.

Die antidemokratische Ausrichtung der Studenten stellte eine gute Basis für die Aktivitäten der nationalsozialistischen Studenten innerhalb der DSt dar. Ende der zwanziger Jahre gab es in ganz Deutschland kaum noch eine Hochschule, an der der NSDStB nicht präsent war. In Hannover konnte die *nationalpolitische Arbeitsgemeinschaft* an der Technischen Hochschule bis Juni 1929 ihre Mitgliederzahl auf vierzehn erhöhen. Der Zusammenhalt sei „sehr locker", so der Führer des NS-Studentenbunds Böhmert, aber eine „Gruppe in dem Sinne aufzuziehen wie sie an anderen Hochschulen besteht, also mit etwas Aktivismus der großen Klappe (Verzeihung!) wäre hier gegenwärtig sehr unzweckmäßig. Später, wenn wir noch etwas mehr Resonanz haben, geht das vielleicht eher."[75]

Böhmert war sich im Klaren darüber, dass die Verhältnisse an der Technischen Hochschule Hannover nicht ganz so günstig waren wie an anderen Technischen Hochschulen und Universitäten. Die Verbände waren sich ihrer Stärke bewusst und nicht gewillt, auch nur einen Teil ihrer Macht an eine andere Organisation abzugeben. Für die nationalsozialistischen Studenten war es daher zweckmäßiger, weiter im Verborgenen zu agieren, zumal die Kammervertreter in der Regel den Senat und Rektor an ihrer Seite wussten. Das wird besonders deutlich in dem Versuch der *nationalpolitischen Arbeitsgemeinschaft*, die *Hannoverschen Hochschulblätter* zu übernehmen.[76] Da sich laut Böhmert auch „andere Kreise, die teilweise aus weltanschaulichen Gründen gegen uns arbeiten, um die Zeitung" bemühten, sollte nicht offiziell bekannt werden, dass die *nationalpolitische Arbeitsgemeinschaft* in Wirklichkeit eine Hochschulgruppe des NSDStB war.[77] Die nationalsozialistischen Studenten waren jedoch trotz ihrer Verschleierungstaktik nicht erfolgreich. Obwohl es kurz zuvor Unstimmigkeiten zwischen den Kammervertretern und dem Rektor gegeben hatte,[78] ging die Verantwortung der Hochschulzeitung wieder von den nicht

---

75 Böhmert an Schulze, 2. 6. 1929, NHStA Hann 320 IV/23.
76 Ebenda.
77 Böhmert an Schulze, 10. 6. 1929, NHStA Hann 320 IV/23.
78 Die DSt wollte zum Beispiel eine Schulungswoche zum Thema „Student, Volk und Staat" veranstalten, Rektor Quincke wollte jedoch keinen Saal zur Verfügung stellen, was die Kammervertreter „scharf kritisierten". Protokoll der Kammersitzung vom 1. 5. 1929, NHStA Hann 320 IV/9.

in der DSt organisierten und damit potenziell demokratisch(er) eingestellten Studenten wieder auf die Kammervertreter über.[79] Vermutlich konnten sich die Kammervertreter zum einen den im Juni erfolgten Rektorenwechsel zu Nutze machen.[80] Zum anderen spricht einiges dafür, dass sie ebenso taktisch agierten wie die Studenten der *nationalpolitischen Arbeitsgruppe*. So hatten die Kammervertreter auf eine explizit von der hannoverschen Studentenschaft organisierte Kundgebung gegen den Youngplan zunächst verzichtet und damit erreicht, dass sie in wesentlichen Fragen der Hochschulpolitik durch die maßgeblichen Instanzen der Hochschule weiterhin unterstützt wurden.

Der NS-Studentenbund war sowohl reichsweit als auch in Hannover auf die DSt angewiesen, um seine Interessen durchzusetzen und publik machen zu können.[81] Die zunehmende Radikalisierung der Studierenden innerhalb der DSt kam den Nationalsozialisten schließlich entgegen, was diese auch für sich zu nutzen wussten. Das zeigte sich auf dem 12. Deutschen Studententag in Hannover im Juli 1929: Die DSt beschloss offiziell, nicht mehr an den Verfassungsfeiern teilzunehmen.[82] Weitere Proteste richteten sich gegen die „Kriegsschuldlüge" und die Annahme des Young-Planes. Der vom NSDStB eingebrachte Antrag, einen Numerus Clausus für „fremdstämmige Studierende" einzurichten, um die jüdischen Studenten nicht nur von den studentischen Organisationen, sondern von den Hochschulen generell auszuschließen, wurde aus formalen und nicht aus inhaltlichen Gründen abgelehnt. Auch die vom NS-Studentenbund initiierte Eingabe, die „Wehrhaftigkeit" des Deutschen Reiches zu verstärken, war keine originär nationalsozialistische Idee, sondern artikulierte lediglich die seit langem von den Korporationen vertretenen Vorstellungen. Dementsprechend wurde auf dem Studententag beschlossen, dass sich die DSt künftig für eine Verbesserung der militärischen Stärke Deutschlands

---

79 In dem entsprechenden Kammerprotokoll heißt es: „Die Hannoverschen Hochschulblätter sind wieder in der Hand der Studentenschaft." Protokoll der Kammersitzung vom 15. 7. 1929, NHStA Hann 320 IV/9. Auch inhaltlich lässt sich der Wandel ausmachen. Vgl. ausführlich Kapitel 2.1.
80 So äußerte der 1. Vorsitzende der DSt Theodor Schade anlässlich der Rektoratsübergabe in Hinblick auf die vergangene Amtszeit, dass „eine so ganz harmonische Zusammenarbeit zwischen Rektor und Studentenschaft, so wie sie wohl auf beiden Seiten gewünscht wurde, leider nicht möglich gewesen ist." Dass es jedoch „hier in Hannover nie zu großen Auseinandersetzungen gekommen ist, ist nicht zuletzt auch Ihrer so überaus sachlichen Art zu verdanken, sehr verehrter Prorektor." *Hannoversche Hochschulblätter* 9. Semesterfolge (Juli 1929) Nr. 11, S. 121.
81 So der Reichsführer des NSDStB Baldur von Schirach in einem Rundschreiben zum 12. Studententag in Hannover an alle Führer und Vertreter des NSDStB in Hannover: „Unter uns: Der NSDStB ist daran interessiert, daß die DSt nicht zusammenbricht, da wir uns keinen besseren Rahmen für unsere Propaganda denken können als den der DSt mit ihren AstA-Wahlen, Studentenzeitungen usw. Zudem sind wir heute noch nicht in der Lage mit unseren Bund außerhalb der DSt viel zu erreichen." NHStA Hann 320 IV/23.
82 Bereits vorher hieß es in einer Kammersitzung: „Falls die Verfassungsfeier an Hochschulen befohlen wird, wird erwogen, die Teilnahme der Studentenschaft mit der gleichen Begründung abzulehnen, die das Ministerium zum Verbot der Versailles-Kundgebung anführte.", Protokoll der Kammersitzung 15. 7. 1929, NHStA Hann 320 IV/9. Minister Becker verbot die Feiern, „um im Ausland Aufsehen zu vermeiden", Jarausch (1984), S. 149. Vgl. auch Bleuel/Klinnert (1967) S. 113.

einsetzen solle, was an den einzelnen Hochschulen in Form von Wehrsportlagern verwirklicht wurde.[83]

In den *Hannoverschen Hochschulblättern* findet sich ein Artikel zum Ergebnis des Studententags, in dem die Ablehnung der Numerus-clausus-Anträge bejaht wurde. Die Anträge hätten eine Zielsetzung, die „außerhalb des eigentlichen Wesens der Deutschen Studentenschaft" lägen. Dieses Wesen sah der (ungenannte) Autor darin, dass „alle Kreise der Studierenden" in der DSt mitarbeiten sollten, um die Volksgemeinschaft zu verwirklichen. Nicht weltanschauliche, politische oder religiöse Gegensätze sollten das Verhältnis der Mitglieder bestimmen, sondern die Gemeinschaft als Kameraden. Die DSt müsse sich auf „alte Aufgaben" besinnen, parteipolitische Einflüsse[84] zurückdrängen und in Zukunft in alter Stärke der Erfüllung ihrer Zielsetzung „im Geiste der Gründer" nachstreben. Diese läge in einer Rückkehr zu dem Grundgedanken, „die Hochschule selbst zu einem gestaltenden Faktor im nationalen Leben Deutschlands zu machen".[85]

In dem Artikel der *Hochschulblätter* werden zwei Sachverhalte sichtbar. Zum einen interpretierte der Autor den Studententag als Erfolg für die korporierten Studenten der DSt, obwohl sich immer deutlicher abzeichnete, dass die nationalsozialistischen Studenten an Einfluss gewonnen hatten.[86] Zum anderen zeigt sich an der an „alten Zielen" orientierten Argumentation, dass die DSt dem hochschulpolitischen Wandel (der vielleicht in Hannover nicht so gravierend war, der den Verbänden aber reichsweit nicht entgehen konnte) nur ihre traditionellen „Werte" entgegenzusetzen hatte. So bezog sich das geforderte „Bewusstsein akademischer Zusammengehörigkeit" und die „Gemeinschaft als Kameraden" lediglich auf die Mitglieder der DSt und das waren nach dem „Geist der Gründer"[87] nur „arisch-deutsche" Studenten. Die Vorstellungen der korporierten Studenten von einem „zukünftigen großdeutschen Reich" – wie der DSt-Vorsitzende in einer Ankündigung des Studententags formulierte – blieben jedoch vage. Die Rückkehr zur Monarchie war zehn Jahre nach der Republikgründung unwahrscheinlicher denn je, auch werden die Studienanfänger aus dem Jahr 1929 kaum Erinnerungen an das Kaiserreich gehabt haben. Ihnen schwebte daher etwas „diffus Neues" vor, gekoppelt an deutsche Weltmacht-

---

83 Vgl. auch Faust (1973), Bd. 1, S. 89–105.
84 Für den Schreiber des Artikels war das Vorgehen der preußischen Instanzen gegen die DSt im Becker-Konflikt „aus parteipolitischer Einstellung geboren" und hatte dadurch erst die Gefahr hervorgerufen, dass die studentische Opposition in ein „parteipolitisches Fahrwasser" geriete. Schriftleitung: Das Ergebnis des 12. Deutschen Studententages, in: Hannoversche Hochschulblätter, 9. Semesterfolge (August 1929) Nr. 11, S. 129–130, hier S. 129.
85 Ebenda, S. 129.
86 Faust bemerkt dazu: „Zu mehr als einem laschen Protest gegen die nationalsozialistischen Umtriebe konnte man sich allerdings nicht aufraffen, und auch der blieb im Allgemeinen stecken, der Gegner wurde nicht genannt." Ebenda (1973), Bd. 1, S. 105. Das lässt sich auch für den Artikel in den *Hannoverschen Hochschulblättern* feststellen, in dem der NS-Studentenbund unerwähnt bleibt und lediglich wiederholt auf die Gefahr des Einflusses parteipolitischer Gruppierungen aller Art hingewiesen wurde.
87 Der „Geist der Gründer" der DSt spielt auf die Würzburger Verfassung an.

träume sowie die Hoffnung, durch ihre akademische Ausbildung einen elitären Status in der Gesellschaft zu erlangen.

Bei den Kammerwahlen der DSt an der Technischen Hochschule Hannover für das Amtsjahr 1929/30, die nach zwei Jahren „Pause" erstmals wieder stattfanden, gaben 1054 Studenten ihre Stimme ab. Damit lag die Wahlbeteiligung bei 75 Prozent und war zehn Prozent höher als bei der letzten Wahl 1926. Es ist nicht unwahrscheinlich, dass es ausgerechnet die nationalsozialistischen Studenten waren, die dafür gesorgt hatten, dass an der TH Hannover wieder demokratische Wahlen stattfanden und sich auch die Wahlbeteiligung erhöhte. Es standen drei Listen zur Wahl: Die Korporationsliste, die mit 88,9 Prozent (937 Stimmen) die Mehrheit erreichte; die Liste der Wildenschaft, die 5,4 Prozent (57 Stimmen) für sich gewinnen konnte, und die Liste der Nationalistischer Studenten, die auf Anhieb 5,8 Prozent (60 Stimmen) erreichte. Hinter dem Namen „Nationalistische Studenten" stand die nationalsozialistische studentische Gruppe der *nationalpolitischen Arbeitsgemeinschaft*, die erstmals zur Wahl antrat und bei nur etwa 20 Mitgliedern zwei von insgesamt 40 Sitzen in der Kammer erlangte.[88] Die Korporationen bekamen 36 und die Wildenschaft 2 Sitze.[89]

Hochschulgruppenführer Friedrich Arning[90], der das Amt von Böhmert übernommen hatte, war sich bewusst, dass dies nur einen Anfang darstellte, der mehr denn je verpflichtete, „eine straffe und zielbewußte Organisation der hiesigen Hochschulgruppe durchzuführen. Die augenblicklich nur lose Bindung zwischen den einzelnen Mitgliedern" ließe befürchten, so Arning, dass die nationalsozialistischen Studenten als Gruppe demnächst wieder „sang- und klanglos verschwinden, ohne die Kraft zu wirklich positiver Arbeit gefunden zu haben."[91] Reichsführer Baldur von Schirach antwortete im Dezember 1929 persönlich auf das Schreiben Arnings. Er kritisierte die Arbeit des nationalsozialistischen Studentenbunds und wertete das Kammerergebnis insgesamt als Misserfolg. Anlass für das schlechte Ergebnis war seiner Meinung nach, dass der NSDStB nicht unter seinem eigenen Namen kandidiert hatte und dementsprechend keine Massenveranstaltungen und Kundgebungen einschließlich des Verteilens von Flugblättern initiiert habe. Die Benennung in „Liste nationalistischer Studenten" hielt er für einen Fehler und er bezweifelte, dass die DSt zu einem Verbot parteipolitischer Listen in Hannover ermächtigt war.[92]

---

88 Der Vorstand der DSt setzte sich wie folgt zusammen: 1. Vorsitzer, W. Kasten, stud. el., Macaro-Visurgia; 2. Vorsitzer, F. Koch, stud. mach., Hansea; Pressewart, M. E. Hammer, cand.ing., Cimbria; Vortragsamt, H. J. Bette, cand.el., A. V. Frisia; Arbeits- und Vergünstigungsamt, H. Wegner, cand.chem., Wildenschaft; Fachamt, H. Weitling, cand. el., H. B. Germania; Amt f. Leibesübungen, W. Maschmeyer, stud. phil, Tuisko; Kammerwart, W. Schröder, cand. ing., L. C. Frisia.
89 Siehe Tabelle 9: Wahlen an der Technischen Hochschule Hannover 1925 bis 1932 im Anhang.
90 Arning wurde am 1. 12. 1929 durch Baldur von Schirach zum Hochschulgruppenführer ernannt. NHStA Hann 320 IV/23.
91 Arning in einem Schreiben an den Leiter des Presseamts der Reichsleitung des NSDStB in München vom 23. 11. 1929, NHStA Hann 320 IV/23.
92 So von Schirach in einem Schreiben an die Hochschulgruppe Hannover vom 1. 12. 1929, NHStA Hann 320 IV/23. Das Antwortschreiben Arnings vom 9. 12. 1929 enthält eine wortreiche Rechtfertigung und schildert detailliert die Verhältnisse an der Technischen Hochschule Hannover.

Der NSDStB befand sich 1930/31 insgesamt in Deutschland in einer Krise und die Beziehungen zwischen Baldur von Schirach und den einzelnen Hochschulgruppenführern waren durch Missverständnisse und Auseinandersetzungen bis hin zur Rebellion gegen seine Person geprägt.[93] Resultierten die meisten Schwierigkeiten anderer nationalsozialistischer Hochschulgruppen daraus, dass die Hochschulgruppenführer zunächst mit der Organisation ihrer an Mitgliederzahl und Wählerstimmen stark angewachsenen Gruppen fertig werden mussten, so entzündete sich die Kritik der Reichsleitung am hannoverschen NS-Studentenbund an dessen mangelndem Erfolg. Baldur von Schirach war zwar in seiner kurzen Studienzeit selbst Corps-Student[94] gewesen und verfolgte in bezug auf die DSt und die korporierte Studentenschaft insgesamt einen friedfertigeren Kurs als sein Vorgänger Tempel, er war jedoch nicht bereit, die hochschulpolitischen Spielregeln der Korporationen in Hannover zu akzeptieren.

Eine Ursache für diesen Konflikt ist darin zu sehen, dass Hochschulgruppenführer Arning der Landsmannschaft Niedersachsen angehörte, sich dieser verpflichtet fühlte[95] und demgemäss andere Vorstellungen als von Schirach davon hatte, wie die Studenten der Technischen Hochschule angesprochen werden müssten, um sie langfristig für die Weltanschauung der Nationalsozialisten zu gewinnen:

„Was die Art und Weise unserer Veranstaltungen angeht, so sehen wir die Aufgabe des Studentenbundes von einer anderen Seite an. Es steigen in Hannover genug Massenveranstaltungen, zu denen wir die Studentenschaft heranzuziehen suchen. Ganz abgesehen also davon, dass uns jegliche finanzielle Mittel fehlen, halten wir uns aus diesem Grunde größere Veranstaltungen unsererseits für überflüssig und sehr riskant. Selbstverständlich sind unsere Vortragsabende[96] öffentlich; der Kreis bleibt aber beschränkt (etwa 50), da wir es nur so erreichen können, fruchtbringende Aussprachen einzuleiten, in denen jeder Stellung nehmen kann und soll. Nur auf diese Weise können wir uns eingehend mit den wissenschaftlichen Fragen unserer Bewegung befassen, nur so können dem Nationalsozialismus die notwendigen Kapazitäten herangebildet werden. Wenn die Partei heute noch gezwungen ist, die große Masse

---

NHStA Hann 320 IV/23. Dass diese Bemerkungen von der Reichsleitung ignoriert wurde, zeigt ein weiteres Schreiben Arnings gut ein halbes Jahr später (30. 5. 1930) an das Presseamt der Reichsleitung, in dem er sich wiederum über die negative Beurteilung seines Semesterberichts bzw. der Fortschritte des Studentenbunds beschwert. StA WÜ RSF II/5.

93 Siehe Faust (1973), Bd. 1, S. 153.
94 Vgl. Heither (1997), S. 95, sowie Kater (1975), S. 132.
95 So Arning in seinem Schreiben an Schirach vom 9. 12. 1929: „Ich selbst bin Landsmannschafter und habe es nur der toleranten Einstellung meiner Landsmannschaft zu verdanken, dass ich mein Mandat als einziger Korporationsstudent behalten durfte." StA WÜ RSF II/5.
96 Von Februar bis März 1930 wurden Vortragsabende mit folgenden Themen veranstaltet: „Günther'sche Rassenlehre", „Student und Wehrprobleme", „Rasse und Politik", „Das Judentum in seiner Geschichte", „Pflichten und Aufgaben der SA. Student und SA". StA WÜ RSF II/5. Zu dem Vorfall um den „Rasseforscher" Hans F. K. Günther, der im Mai 1930 von Volksbildungsminister Dr. Wilhelm Frick in Jena auf einen eigens für ihn gegründeten Lehrstuhl für soziale Anthropologie berufen wurde, siehe Faust (1973), Bd. 2, S. 13. Auf dem 13. Studententag 1930 in Breslau, auf dem die Nationalsozialisten noch nicht übermäßig stark vertreten waren, wurde die Schaffung von „Rasselehrstühlen" begrüßt. Ebenda.

heranzuziehen, die Masse, über die sie selbst ein vernichtendes Urteil fällt, so ist das eben ein Zwang, dem wir im heutigen Staatssystem unterworfen sind. Dem Studentenbund ist die Möglichkeit gegeben, eine Auslese zu halten, womit nicht ausgeschlossen ist, dass dieser Kern einer Nat. Soz. Studentenschaft auch äußerlich an Mitgliederzahl ständig zunimmt."[97]

Hier zeigt sich, dass Arnings Vorstellungen an zwei wesentlichen Punkten von denen Schirachs abwichen. Der Reichsstudentenführer hatte 1929 die wissenschaftlichen, erzieherischen und propagandistischen Aufgaben als konstitutiv für den Studentenbund bezeichnet. Bis zum Jahr 1930 lag das Schwergewicht jedoch darauf, so viele Studenten wie möglich für den NSDStB zu gewinnen. Sowohl die erzieherischen als auch die „wissenschaftlichen" Aufgaben waren bis dahin vernachlässigt worden, wobei sich die Versatzstücke der NS-Weltanschauung allerdings wenig für eine wissenschaftliche Bearbeitung eigneten und bei den Studenten zudem kein großes Interesse an dieser Art von Schulungen bestand. Das primäre Ziel des Reichsstudentenführers im Jahre 1930 war, zahlreiche mitgliedsstarke und schlagkräftige nationalsozialistische „Kampftruppen" an den Hochschulen zu etablieren. Arning hingegen versuchte zum einen, mit dem Hinweis auf das „vernichtende Urteil über die Massen" durch die NSDAP zu rechtfertigen, dass seine Hochschulgruppe, wenn auch eher unfreiwillig, als Elitezirkel konzipiert war. Er passte sich damit den Gegebenheiten in Hannover an und bewies dadurch eine Eigeninitiative, die bei von Schirach auf wenig Verständnis stieß. Zum anderen betonte der Hochschulgruppenführer ergänzend die Wichtigkeit der wissenschaftlichen und erzieherischen Faktoren in seiner Arbeit für den NS-Studentenbund in Hannover und formulierte wiederholt seinen Wunsch nach deutlichen Anweisungen und Hilfestellungen durch den Reichsstudentenführer.

Im Oktober 1930 schuf von Schirach zwischen der Reichsleitung in München und den einzelnen Hochschulgruppen eine Zwischeninstanz in Form von Kreisleitern, die sowohl die vertikale als auch die horizontale Organisation des Bundes optimieren sollten. Durch die Angleichung an die Struktur der DSt sollte deren Übernahme rascher erfolgen können (was später auch gelang); gleichzeitig sollte der Kontakt zu den einzelnen Hochschulgruppen und deren Führer ausgebaut sowie die Kontrolle ihrer Tätigkeiten verstärkt werden.[98]

Schirach hatte für die Positionen der einzelnen Kreisleiter absolut loyale, ihm ergebene Leute ausgesucht. Der Kreisleiter des Kreises III, zu dem die Technische Hochschule Hannover gehörte, war SA-Obersturmbannführer Heinrich Lüer, ein Maschinenbaustudent, der von Braunschweig aus die Führung übernahm, bis im Mai 1933 Kreis III aufgelöst und er als „Vortragender Adjutant" in die Reichsjugendführung berufen wurde. In seinen Verantwortungsbereich gehörte unter anderem, die Hochschulgruppenführer („Hogruf") zu ernennen, Ausschlussverfahren durchzuführen und Veranstaltungen zu koordinieren. Gleichzeitig versuchte er, die

---

97 Arning an die Abteilung des Presseamts der Reichsleitung des NSDStB vom 30. 5. 1930, NHStA Hann 320 IV/23.
98 Vgl. Faust (1973), Bd. 1, S. 167 f.

Kreisleitungen des NSDStB und der DSt zu vereinigen, „um mehr Einfluss im Hauptausschuss der DSt zu gewinnen"[99], wie er vertraulich in einem Rundschreiben an die einzelnen Hochschulgruppenführer verlauten ließ. Sein Ziel, den einzelnen Hochschulgruppen zu größeren Erfolgen zu verhelfen, verfolgte er mit großer Entschlossenheit. So kümmerte er sich darum, dass die Hochschulgruppenführer ihre Monatsberichte und Mitgliedsbeiträge regelmäßig ablieferten. Er ließ ihnen außerdem zahlreiche Rundschreiben mit Anweisungen und Anregungen zukommen, in denen er unter anderem aufzeigte, wie diese mehr Mitglieder für den Studentenbund gewinnen könnten. Zum Beispiel durch das Verteilen von Flugblättern und durch Werbeversammlungen, in denen Erstsemester zum Eintritt in den NSDStB bewegt werden sollten. Als Sprachrohr von Schirachs war Lüer auch dafür zuständig, den Hochschulgruppenführern die Linie des NSDStB näher zu bringen, um zu verhindern, dass einzelne von ihnen, wie oben am Beispiel Arnings gezeigt, eigene Vorstellungen von den politischen Zielen des Studentenbundes entwickelten. So ermahnte er:

> „Liebe Kameraden! Mit außerordentlichem Befremden muss ich feststellen, dass meine Anordnungen nur mangelhaft befolgt werden. Dazu muss ich ganz allgemein sagen, dass der NSDStB kein Debattierklub, kein Verein zur wissenschaftlichen Erforschung des Nationalsozialismus, keine intellektuelle Vereinigung sein soll. Seine historische Aufgabe ist es, eine Kampforganisation zu sein, die im erschlafften Leben der heutigen Hochschule Tradition und Sinn der Regimenter von Langemarck verkörpert. Gerade das Jahr 1931 wird sehr große Anforderungen an die Schlagfertigkeit des NSDStB stellen, die nur erreicht werden kann, wenn innerhalb der Organisation eine vorbildliche Disciplin herrscht. Wir Studenten haben in erster Linie nur ‚Soldaten' unserer Bewegung zu sein."[100]

Am Ende des Jahres 1930 konnte der NS-Studentenbund in Hannover tatsächlich eine relativ erfolgreiche Bilanz ziehen. Noch im November 1930 berichtete der Schriftführer des NSDStB Hannover Wilucki der Reichsleitung, „dass unser Bund hier in Hannover weder an der Technischen Hochschule noch an der Tierärztlichen vom Rektorat anerkannt ist, und dass es gegenwärtig auch ganz aussichtslos ist, einen Antrag auf Genehmigung eines Anschlagbrettes geschweige denn auf Anerkennung einzureichen." Doch die Hoffnungen der Nationalsozialisten, bei der Kammerwahl am 18. November 1930 „diesmal schon beträchtlich besser abzuschneiden als im vorigen Jahr"[101] erfüllten sich trotz der schwierigen Situation. Der wiederum unter dem Namen „Nationalisten" kandidierende NS-Studentenbund konnte seine Stimmenanzahl von 60 auf 125 mehr als verdoppeln und erreichte damit 11,8 Prozent der Stimmen und fünf Sitze in der studentischen Kammer, drei

---

99 Rundschreiben Nr. 2 vom Kreisleiter des Kreises III Niedersachsen, Sitz Braunschweig, Heinrich Lüer, vom 26. 11. 1930, NHStA Hann 320 IV/24.
100 Rundschreiben Nr. 5 vom Kreisleiter des Kreises III Niedersachsen, Sitz Braunschweig, Heinrich Lüer, vom 16. 1. 1931, NHStA Hann 320 IV/24.
101 Der Schriftführer des NSDStB Hannover J. v. Wilucki am 12. 11. 1930 an die Reichsleitung in München, StA WÜ RSF II/5.

mehr als im Vorjahr.[102] Die Liste der Vereinigten Korporationen erreichte mit 75,6 Prozent zwar immer noch deutlich die Mehrheit, sie verlor im Vergleich zum Vorjahr jedoch immerhin über 13 Prozent an Stimmen. Das lag zum einen daran, dass der Verein Deutscher Studenten (VDSt) sich von den „Vereinigten Korporationen" getrennt und mit eigener Liste kandidiert hatte und mit 58 Stimmen immerhin 5,5 Prozent erreichte. Zum anderen war es dem NS-Studentenbund offenbar durch seinen offensiven Wahlkampf gelungen, die Stimmen einiger korporierter Studenten für sich zu gewinnen. Dass sich die Lage zu Ungunsten der Korporationen langsam, aber dennoch sichtbar wandelte und politisch radikalisierte, zeigt nicht zuletzt die Kandidatur des VDSt, der traditionell antisemitischen Verbindung. Im Herbst 1930 fühlten sich zwar viele Studenten, die mit dem NS-Studentenbund sympathisierten und gleichzeitig korporiert waren, noch primär an ihre Verbindungen gebunden, die ihre Mitglieder zudem verpflichteten, den eigenen Verband zu wählen. Es zeichnete sich jedoch ab, dass der nationalsozialistische Studentenbund mit seiner Werbung und dem Appell an aktive und „kämpfende" Studenten doch Resonanz erzielte.

Im Februar 1931 übernahm Friedrich Ern die Führung der Hochschulgruppe Hannover[103] und bemühte sich einen Monat später, wie schon sein Vorgänger, um die Anerkennung des NS-Studentenbunds durch die Kammer der TH Hannover. Die Kammer sah sich zunächst nicht in der Lage, über den Antrag abzustimmen, da nach wie vor keine politischen Gruppen zu den Wahlen zugelassen werden sollten, so dass sie die Angelegenheit bis auf das nächste Semester vertagte. Der Antrag der Nationalsozialisten wurde in der Kammersitzung vom 27. April 1931 schließlich bei nur einer Stimmenthaltung angenommen. Das war ein Zeichen dafür, dass sich die Einstellung der korporierten Kammervertreter hinsichtlich dieser politischen Gruppe geändert hatte. Der Wandel könnte auf der Tagung des DSt-Vorstandes mit den Verbänden der Korporationen in Berlin am 25. April 1931, also zwei Tage vor der Kammersitzung in Hannover, herbeigeführt worden sein. Das Ergebnis des Treffens war eine Solidaritätserklärung der Verbände mit der Arbeit und den Zielvorstellungen der DSt, einschließlich des großdeutschen Aufbaus, womit die Studenten demonstrativ auf die staatliche Anerkennung verzichteten. Damit bekräftigte die DSt erneut ihre Ablehnung des Weimarer Staates und kam dem NSDStB einen weiteren Schritt entgegen.[104]

Trotzdem verfolgten die nationalsozialistischen Studenten in Hannover weiterhin einen Kurs, der ihre wahren Ambitionen verschleierte und dabei scheinbar die Hegemonie der hiesigen Korporationen akzeptierte. So gab der NS-Studentenbund in einer schriftlichen Erklärung an, in keiner Weise durch die Reichsleitung der NSDAP beeinflusst zu werden. Um diese Verlautbarung glaubhaft zu machen, stellte Hochschulgruppenführer Ern gegenüber den Kammervertretern die Gründung des NSDStB als einen Zusammenschluss der *nationalpolitischen Arbeitsge-*

---
102 Siehe Tabelle 9: Wahlen an der Technischen Hochschule Hannover 1925 bis 1932 im Anhang.
103 Rundschreiben Nr. 6 vom 9. 2. 1931, NHStA Hann 320 IV/24. Ob die Ernennung Erns etwas mit der oben geschilderten Einstellung Arnings zu den Zielen des NSDStB zu tun hatte, konnte in den Akten nicht ermittelt werden, es ist jedoch anzunehmen.
104 Vgl. Faust (1973), Bd. 2, S. 18.

meinschaft mit den nationalsozialistischen Studenten dar. Wie oben gezeigt, war die nationalpolitische Arbeitsgruppe jedoch von Anfang an eine NSDStB Hochschulgruppe. Um hier Überzeugungsarbeit zu leisten – man kann sicher davon ausgehen, dass den Kammervertretern bewusst war, welche politische Richtung die *nationalpolitischen Arbeitsgemeinschaft* vertrat – räumte Ern ein, dass die Arbeitsgemeinschaft schon 1929 nach einer Weltanschauung gesucht habe, die eine Grundlage für ihren Kampf innerhalb der DSt sein sollte und dass sie diese schließlich im „Wesensgefüge des Nationalsozialismus" gefunden habe. Die tatsächlichen Zusammenhänge wurden hier aber ebenso verschwiegen wie die Absichten, die die Nationalsozialisten reichsweit verfolgten: die Macht an den Hochschulen und in der DSt zu übernehmen. Das gelang ihnen schließlich im Juli 1931 auf dem Studententag in Graz, als zum ersten Mal ein Nationalsozialist zum Vorsitzenden der DSt gewählt wurde und der NSDStB damit die Führung der DSt übernahm.[105]

Der Erfolg für den NS-Studentenbund innerhalb der DSt blieb in Hannover in der nachfolgenden Kammersitzung, die erst im November 1931 stattfand, unerwähnt. Der Vorsitzende der DSt und Mitglied der Deutschen Burschenschaft (DB) Helmut Wilkens, der gleichzeitig Mitglied der NSDAP war, hob hingegen hervor, dass die Bedeutung des Studententags in der Stärkung des großdeutschen Gedankens läge.[106] Wiederholt lässt sich beobachten, wie die Studenten im Vorstand der DSt Hannover die sich verändernden hochschulpolitischen Verhältnisse für sich positiv umdeuteten. Der Nationalsozialismus wurde als richtunggebende Weltanschauung akzeptiert und bejaht – Wilkens verkörpert durch seine Mitgliedschaft in der NSDAP und der Deutschen Burschenschaft diesen Studententyp – die entsprechende parteipolitische Formation, der NS-Studentenbund, wurde von dem größten Teil der korporierten Studenten innerhalb der hochschulpolitischen Strukturen nach wie vor abgelehnt. Die Differenzen zwischen den korporierten und den hochschulpolitisch nationalsozialistisch organisierten Studenten bestanden in erster Linie in der schon erwähnten unterschiedlichen Auffassung politischen Handelns. Für viele Studenten war „Parteipolitik" ungeachtet der jeweiligen Richtung an das verhasste Weimarer „System" gebunden und damit abzulehnen. Zudem gehörte zu den Lebensformen der Korporationen eine „unpolitische Haltung", die als tugend- und ehrenhaft galt und die an den Hochschulen und Universitäten eine lange Tradition besaß.

---

105 Baldur von Schirach hatte damit eines seiner Ziele erreicht, aber gleichzeitig das Interesse an der Hochschulpolitik verloren. Auf seinen Wunsch wurde er im Oktober 1931 Reichsjugendführer der neu eingerichteten Dienststelle im Rahmen der Obersten SA-Führung. Er blieb jedoch Reichsführer des Studentenbundes, war aber nicht mehr Hitler direkt unterstellt, sondern Stabs-Chef Ernst Röhm und erhielt „mit dem Rang eines Gruppenführers immerhin die höchste Charge [...], die in der SA-Hierarchie nach dem Stabs-Chef überhaupt zu vergeben war." Der NSDStB war damit eine Gliederung der SA geworden. Vgl. Faust (1973), Bd. 1, S. 170f. Dieses Verhältnis wurde jedoch schon im April 1932 wieder gelöst. Zu den Gründen siehe Faust, Bd. 2, S. 88ff.
106 Protokoll der Kammersitzung vom 20. 11. 1931, NHStA Hann 320 IV/9.

Abb. 1: Der Vorstand der hannoverschen Studentenschaft (von links: Dörrenberg, Goos, Wilckens, Backe, Tiemann, Schmidt, Sievert, Hofmann, Bigge, Seeboth) Sommersemester 1931

Der Kreisleiter des NSDStB, Heinrich Lüer, zeigte sich dementsprechend unzufrieden mit dem Auftreten der Kammervertreter der TH Hannover auf dem Studententag, da deren Meinung von vornherein festgestanden hätte:

„Was von den Nazis kommt, muß abgelehnt werden. Die Hannoversche Studentenschaft ist die reaktionärste, die es überhaupt noch gibt. Solchen Vertretern wie Willecke, Backe und Schubode müßte man Weiberröcke anziehen und der SA zu Scharfschießübungen als Zielscheiben übergeben."[107]

Aus diesen, recht polemisch formulierten Gründen – die in ihrer Diktion jedoch ganz typisch für die Art der NSDStB-Funktionäre war, sich über die korporierten Studentenschaft auszulassen – wollte Lüer den erwähnten Vertretern keine politischen Entscheidungen bezüglich der DSt-Kreisleitung überlassen. Deshalb versuchte er „mit allen Mitteln" die Kreisleitung der DSt selbst zu übernehmen, was er im Dezember 1930 schon einmal getan hatte. Damals musste er nach zwei Tagen wieder abtreten und das Amt an seinen Vorgänger und Mitglied des Vertreter-Con-

---

107 Heinrich Lüer in einem Schreiben vom 6. 8. 1931 an Zöllner, Hochschulgruppe des NSDStB Hannover, NHStA Hann 320 IV/23. Einer der erwähnten studentischen Vertreter, Hans Backe, gehörte dem studentischen Vorstand an und ist auf Abbildung 1 zu finden.

vents der Turnerschaften (VC) Theodor Schade abgeben.[108] Auch diesmal hatte sein Versuch, eine Personalunion zwischen den Ämtern des DSt- und des NSDStB-Kreisleiters herbeizuführen keinen Erfolg, was ihn aber nicht davon abhielt, die Wahl im Sinne der Nationalsozialisten zu beeinflussen. Drei Monate nach dem oben zitierten Schreiben, im November 1931, gab er in einem streng vertraulichen Rundschreiben an die einzelnen Hochschulgruppen seines Kreises die Anweisung, dass der bisherige Kreisleiter Schade auf keinen Fall wiedergewählt werden dürfe. Für die Neuwahl sei „unser Kamerad", also NSDStB-Mitglied, Axel Schaffeld, Mitglied des Weinheimer Senioren-Convents (WSC),[109] vorzuschlagen, der dann auch tatsächlich die Wahl gewann.[110]

Im Dezember 1931 richtete Lüer seine Aufmerksamkeit auf die in Hannover dominierenden Korporationen. In einem Rundschreiben gab er die Anweisung, dass die Hochschulgruppenführer ihr Augenmerk auf die „schwierigen Auseinandersetzungen mit den studentischen Verbänden" richten sollten. Es sei ihre Pflicht, allen am Hochschulort korporierten Kameraden besondere Aufmerksamkeit zu widmen. So sollte versucht werden, alle Parteigenossen, die Mitglieder einer Korporation waren, auch für den NSDStB zu gewinnen: „Hierbei ist auch unser Grundsatz zu betonen, dass sich unser Kampf nicht gegen die Korporationen oder Verbände richtet, sondern nur gegen ihre Führer, die ihre vornehmste Aufgabe im Kampf gegen den NSDStB sehen."[111]

Um diesen Kampf voranzutreiben und möglicherweise den einen oder anderen „Parteigenossen" schneller zu einem Eintritt in den NSDStB zu bewegen, versuchte Lüer aktiv in die Studentenpolitik einzugreifen, indem er, ganz nach den Anordnungen Baldur von Schirachs[112], einen studentischen Vertreter der Verbände attackierte und damit dessen Position zu schwächen versuchte. So schrieb er an den Hochschulgruppenführer der TH Hannover Schwarting detaillierte Anweisungen, wie der Vorsitzende der DSt Hannover Dörrenberg (WSC) „mit allen zur Verfügung stehenden Mitteln" angegriffen und wenn möglich demontiert werden sollte. Dörrenberg, so hieß es, habe Verrat an der eigenen Organisation begangen, was als Argument dafür dienen sollte, möglichst viele Kammermitglieder auf die Seite des NSDStB zu ziehen. Der verbale Angriff sollte genau abgesprochen und eingeübt werden, damit die Kammer der hannoverschen Studentenschaft die Überzeugung

---

108 Vgl. Faust (1973), Bd. 2, S. 43.
109 DSt-Kreisleiter III und SA-Sturmbannführer Axel Schaffeld wurde in der Wahlnacht des 1. 8. 1932 von Kommunisten erschossen. „Nun wurde der ehemalige Hogruf [von Braunschweig, d.V.] Edgar Gille, der augenblicklich als Lüers Stellvertreter in der NSDStB-Kreisleitung III tätig war, wieder aktiv; er trat die Nachfolge Schaffelds an." Zur Person Gilles siehe Faust (1973), Bd. 2, S. 53 ff.
110 Rundschreiben Nr. 14 vom 14. 11. 1931 und Rundschreiben Nr. 25 vom 11. 12. 1931 vom Kreisleiter des Kreises III Niedersachsen, Sitz Braunschweig, Heinrich Lüer, NHStA Hann 320 IV/24.
111 Rundschreiben Nr. 26 vom 17. 12. 1931 vom Kreisleiter des Kreises III Niedersachsen, Sitz Braunschweig, Heinrich Lüer, NHStA Hann 320 IV/24.
112 Vgl. Grüttner (1995), S. 35 f.

bekomme, dass die NSDStB-Studenten „nicht wie die übrigen nur Stimmvieh sind, sondern jeder einzelne ein Kämpfer."[113]

Georg Schwarting, der neue Hochschulgruppenführer des NSDStB Hannover, führte die Anweisungen Lüers jedoch nicht aus und versuchte, dies in einem Brief vom Februar 1932 an den Referenten für Hochschulpolitik des NSDStB Gerhard Krüger in Berlin zu begründen. Er nahm Dörrenberg insofern in Schutz, als er Krüger zum einen die Vorgänge aus seiner Sicht[114] schilderte und ihm zum anderen mitteilte, dass Dörrenberg sich alle Mühe gebe, jeden Konflikt zu vermeiden. Dörrenberg wird als „konziliant" dem NSDStB gegenüber beschrieben[115], so dass davon ausgegangen werden kann, dass Lüer hier lediglich einen Vorwand gesucht hatte, um willentlich einen Korporationsangehörigen und Kammervertreter zu diskreditieren und ein Exempel zu statuieren.

1.3 Bruderkampf in der Studentenschaft

An den deutschen Hochschulen zeigten die Aktionen des NSDStB im Wintersemester 1931/32 keine einheitliche Linie. Der NS-Studentenbund verfolgte einen Zickzackkurs. Teils beleidigte er die Korporationen, teils beteuerte er, dass er sie doch „als wertvoll betrachtete."[116] Die Gründe für diese schwer kalkulierbare Vorgehensweise lagen darin, dass der NS-Studentenbund zum einen immer noch auf die Verbindungen angewiesen war und sie aus diesem Grunde nicht verärgern wollte, zum anderen aber nach wie vor die unangefochtene Vormachtstellung zu erreichen suchte und der Parole „Kampf den Korporationen", die von Schirach im Herbst 1931 verkündet hatte, folgte.[117] Hinzu kam, dass nicht nur zwischen dem NSDStB und einigen Verbändevertretern der DSt verschiedene Interessen gegeneinander ausgespielt wurden, sondern dass auch unterschiedliche Einstellungen innerhalb des NSDStB und innerhalb der Verbände vorhanden waren. So kämpften

---

113 Kreisleiter Heinrich Lüer in einem Brief vom 28. 12. 1931 an den Hochschulgruppenführer der TH Hannover Georg Schwarting, NHStA Hann 320 IV/23.
114 In dem Schreiben vom 8. 2. 1932 heißt es: „In einer Vorstandssitzung wurde ihm [Dörrenberg, d.V.] die Verweigerung der Beiträge an den H.V. im Dezember vorgeworfen. Er betonte, dass es ihm fern gelegen habe, die DSt zu untergraben, er habe die Beiträge lediglich **aus Vorsicht zurückbehalten**, da er nicht wissen konnte, wie sich die Gegensätze zwischen NSDStB und Herrn Gierlichs, Schulz u.a. auswirken würden. Er hat dies auch in einem 2. Briefe dem H.V. mitgeteilt." (Hervorhebung i.O.) NHStA Hann 320 IV/31 und StA WÜ RSF II/128. Zu den Auseinandersetzungen des NSDStB mit dem Vorsitzenden der DSt Gierlich und dem Leiter des Wirtschaftsamtes Schulz siehe Faust (1973), Bd. 2, S. 26 f und S. 30 f.
115 Vgl. Faust (1973), Bd. 2, S. 111.
116 Giles (1981), S. 109.
117 Faust spricht von einem Hin-und-Her, welches daraus resultierte, dass die NSDStB-Reichsleitung vor einem Dilemma stand: „Wollte sie einerseits mit den Verbänden so wenig wie möglich zu tun haben, so blieb sie, so lange die nationalsozialistische Mehrheit in den Studentenschaften nicht hieb- und stichfest war, doch auf diese angewiesen, sollte nicht die DSt ihren Anspruch auf Repräsentation wenigstens des überwiegenden Teils der deutschen Studierenden verlieren – oder der NSDStB seine Vorstandsposten gefährden." Faust (1973), Bd. 2, S. 33.

Teile der Verbände darum, ihre Hegemonie in der Hochschulpolitik gegenüber dem NSDStB zu behalten, wobei sie deren politische Ziele durchaus teilten, sich zumeist aber an dem Vorgehen des NSDStB stießen. Andere Korporationen wie beispielsweise der VC der Turnerschaften bezeichneten den NSDStB hingegen als nicht radikal genug.[118] Als sich jedoch abzeichnete, dass der NSDStB seine Position halten und ausbauen konnte, indem er einige Verbände auf seine Seite zog und die NS-Funktionäre somit nicht mehr nach einer breiteren Koalition innerhalb der Korporationen zu suchen brauchten[119], verschärften sich in der Jahreswende 1931/32 die Konflikte zwischen NSDStB und der DSt bis es im März 1932 schließlich zum Bruch kam. Vier Vertreter der Verbände traten aus der DSt-Spitze aus und gründeten einen studentischen Verbändedienst unter der Führung des Burschenschaftlers Fritz Hilgenstock[120], der daraufhin versuchte, die Opposition gegen die Führung der DSt zu koordinieren. Er konnte jedoch keine breite Mehrheit für seine Belange gewinnen, da einige Verbände seinen Ausstieg aus der DSt kritisierten und weiter mit dem NS-Studentenbund zusammenarbeiten wollten. Im Jahr 1932 schlossen sich die mit dem NSDStB sympathisierenden Korporationen zu einer eigenen Organisation zusammen, der „Mittelstelle studentischer Verbände".[121] Allerdings konzentrierte sich Hilgenstocks Opposition darauf, den Korporationen das Handlungsprimat in der Hochschulpolitik zurückzuerobern. Er war der Ansicht, diese könnten den Nationalsozialismus auch ohne den NS-Studentenbund vertreten und durchsetzen. Demgemäß betrachtete er die Auseinandersetzungen zwischen dem NSDStB und den Verbindungen auch als Bruderkampf, der vermeidbar sei.[122]

Die hochschulpolitischen Entwicklung in Deutschland hatte auch ihre Auswirkungen auf die Technische Hochschule Hannover. Wie oben schon gezeigt, versuchte der NSDStB-Kreisleiter Lüer zwischen den Studentengruppen eindeutige „Frontlinien" zu ziehen, ungeachtet der Tatsache, dass das Ergebnis einer solchen Lagerbildung eher negative Folgen für den NS-Studentenbund nach sich ziehen könnte. Die

---

118 Vgl. Faust (1973), Bd. 2, S. 29.
119 Ebenda, Bd. 2, S. 33.
120 Ausführlich zur Person Hilgenstocks (Arminia-Hannover) siehe Faust (1973), Bd. 2, S. 28–35, S. 41 ff. Der „Studentische Verbändedienst" wurde im September 1932 zur „Hochschulpolitischen Arbeitsgemeinschaft studentischer Verbände" (Hopoag). Grüttner (1995), S. 36.
121 Grüttner (1995), S. 36. Die „Mittelstelle studentischer Verbände" setzte sich aus dem VC der Turnerschaften, dem Akademischen Turnbund (ATB), dem Rothenburger Verband (RVSV), der Sonderhäuser Sänger (SV), der Deutschen Wehrschaft und weiteren kleineren Verbänden zusammen, die die nationalsozialistisch geführte DSt stützten. Trotzdem wurde dieser Zusammenschluss vom NSDStB skeptisch betrachtet, da ihm auf diese Weise auch Wählerstimmen verloren gingen; der NS-Studentenbund hätte es lieber gesehen, wenn die Korporationen sich dem NSDStB einfach ohne eigene Liste angeschlossen und für ihn Propaganda betrieben hätten. Vgl. Faust (1973), Bd. 2, S. 110.
122 Vgl. Grüttner (1995), S. 37. Anselm Faust kommentiert den Vorgänge wie folgt: „Wäre man zynisch, so könnte man sagen, daß es für den NSDStB gewiß nicht leicht war, die kooperationswilligen und in den meisten Fällen auch ns-freundlichen Verbände endlich los zu werden. Es sollte ja nicht übersehen werden, daß es bei ihnen – von wenigen Ausnahmen abgesehen – keineswegs um eine Feindschaft gegen den Nationalsozialismus ging, daß sie vielmehr im NSDStB einen miserablen Repräsentanten einer ihnen so sympathischen Bewegung erblickten." Faust (1973), Bd. 2, S. 32.

allgemeine hochschulpolitische Lage gestaltete sich im Februar 1932 in Hannover jedoch zunächst relativ ruhig. Seit den Kammerwahlen im Herbst 1931, bei denen die Nationalsozialisten erstmals unter ihrem Namen angetreten waren und mit 19,9 Prozent drei Sitze zu ihren fünf hinzu gewannen und damit acht von vierzig Vertretern in der Kammer stellten, konnten sie ihre Politik leichter durchsetzen. Vergleicht man nun die Prozentzahlen, die der NSDStB in Hannover erreichte, mit denen aus anderen Technischen Hochschulen, fällt sofort die große Diskrepanz auf. An allen anderen Hochschulen erreichte der NS-Studentenbund durchschnittlich über 40 Prozent: In Braunschweig erlangten die nationalsozialistischen Studenten 46,8 Prozent, in Darmstadt 45,9, in Karlsruhe 49 und München 45,4 Prozent. An den verbleibenden vier Technischen Hochschulen fanden entweder keine Wahlen statt oder es kandidierten keine Nationalsozialisten. Auch im Vergleich mit den Universitäten ist die TH Hannover die Hochschule, an der die Studenten des NS-Studentenbunds den mit Abstand geringsten Stimmenanteil erreichten.[123] Hier liegt der Schluss nahe, dass die große Mehrzahl der Studenten in Hannover den NSDStB aus politischen Gründen ablehnte. An den hochschulpolitischen Interna der Studenten ließ sich jedoch zeigen, dass es keineswegs die Inhalte waren, die den Korporierten missfielen. Die diversen Themen, die in den Kammersitzungen von den Studenten diskutiert wurden, belegen, dass ihr national-konservatives Denken an vielen Punkten mit dem der Nationalsozialisten übereinstimmte. Reibungspunkte entstanden hier dennoch, da die Korporationen ihre traditionelle studentische Hegemonie an der Hochschule bewahren wollten. Die Auseinandersetzungen, die sie in den zwanziger Jahren mit dem preußischen Staat geführt hatten und die sie jedes Mal mit Hilfe von Rektor und Senat für sich entscheiden konnten, hatten dazu geführt, dass sie sich als eine antidemokratische und die „wahren Werte" der Nation verteidigende akademische „Vorhut" definieren konnten. Sie sahen sich „selbstbewusst in der Rolle der völkischen Avantgarde" und wollten zudem ihre „eigenen Organisations- und Kulturformen nicht so einfach aufgeben und sich dem Führungsanspruch des NSDStB unterwerfen."[124]

Dass sich der NS-Studentenbund trotz des relativ schwachen Wahlergebnisses bereits erfolgreich in den hochschulpolitischen Gremien verankert hatte, lässt sich daran zeigen, dass die nationalsozialistischen Studenten im Herbst 1931 im Vorstand der DSt Hannover, also innerhalb der Kammer, eine knappe Mehrheit hatten. So berichtete Hochschulgruppenführer Schwarting in dem erwähnten Brief an Krüger, dass die nationalsozialistischen Studenten im Vorstand „fast das Feld beherrschen [...]. Von 9 ordentlichen Vorstandsmitgliedern sind 3 NSDStB-er und 1 Pg.[Parteigenosse, also NSDAP-Mitglied], außerdem steht uns von den anderen einer sehr nahe."[125] Offenbar waren durch diese Mehrheitsverhältnisse keinerlei Schwierigkeiten, sondern im Gegenteil eine Annäherung eingetreten, da Schwar-

---

123 Grüttner (1995), S. 496.
124 Brügge/Vallon (1989), S. 248.
125 Hochschulgruppenführer Georg Schwarting der Technischen Hochschule Hannover an den Referenten für Hochschulpolitik der NSDStB-Reichsleitung Gerhard Krüger in München in einem Schreiben vom 8. 2. 1932, NHStA Hann 320 IV/31 und StA WÜ RSF II/128.

ting berichten konnte, dass der NSDStB mit den Korporationen gut zusammenarbeite und es keine Zwischenfälle gegeben habe.

Diese gute Zusammenarbeit zeigte sich auch in der Vorbereitung einer wehrpolitischen Schulungstagung, die die DSt Hannover anlässlich der durch den Völkerbund in Lausane initiierten internationalen Abrüstungskonferenz im Februar 1932 veranstaltete. So fanden Ende Januar 1932 Vorträge zu verschiedenen Aspekten rund um die „Wehrhaftigkeit" Deutschlands statt.[126] Die Studenten artikulierten damit wiederholt ihre Kritik am Versailler Vertrag, den sie in ihren Publikationen durchgehend als „Schandfrieden" bezeichneten, und forderten, anknüpfend an die Dolchstoßlegende, eine Rehabilitierung Deutschlands:

> „In ernster Sorge um die Ehre und Zukunft ihres Volkes gibt die Deutsche Studentenschaft der Technischen Hochschule zu Hannover der bestimmten Erwartung Ausdruck, dass auf der bevorstehenden allgemeinen Abrüstungskonferenz die Gleichberechtigung des deutschen Volkes in der Wehrfrage praktisch anerkannt wird und dass ihm durch die Beschlüsse der Konferenz gleiches Reich und gleiche Sicherheit verbürgt wird. Wir verlangen deshalb gleichberechtigte Eingliederung Deutschlands in das geplante allgemeine Abrüstungsabkommen. Wir lehnen den ungerechten und unehrlichen Konventionsentwurf der vorbereitenden Abrüstungskommission mit seinem deutsches Recht und deutsche Ehre verletzenden Artikel 53 einmütig ab. Die deutschen Hochschulen empfinden es als eine nationale Erniedrigung, dass der deutschen Jugend das verboten ist, was bei anderen Völkern als höchst nationale Pflicht und Ehre gilt, nämlich die Vorbereitung auf den Schutz der Heimat für den Fall einer Bedrohung von außen."[127]

Nun entsprach diese Verlautbarung im Prinzip den Plänen der Reichsregierung, die die Lausanner Reparationskonferenz dazu nutzten wollte, die Zahlungen mit bestimmten politischen Gegenleistungen vor allem im militärischen Bereich zu verknüpfen. Die Regierung von Papen forderte von den übrigen Mächten seit der Genfer Abrüstungskonferenz im Februar, dass diese ihre Rüstung dem deutschen Niveau angleichen und die militärischen Bestimmungen des Versailler Vertrags in eine zeitlich begrenzte Abrüstungskonvention überleiten sollten. Nachdem am 9. Juli das Lausanner Abkommen[128] zustande gekommen war, verließ die deutsche Verhandlungsdelegation die Konferenz Ende Juli 1932 mit der Begründung, sie würde nicht eher an den Verhandlungstisch zurückzukehren bis die militärische Gleichberechtigung Deutschland anerkannt wäre. Die von vornherein von deutscher Seite geplante Strategie eines kontrollierten Scheiterns der Konferenz diente dann dem

---

126 Oberst a.D. Dr. phil. Schwertfeger: Die geschichtliche Entwicklung der Abrüstungsfrage von Wilson bis zur Abrüstungskonferenz; Freiherr von Ledebur: Die deutsche Wehrmacht in ihrem Aufbau und ihr Vergleich mit den ausländischen Streitkräften; Dr. Groß: Die psychologische und ethische Seite des Wehrgedankens; Ernst Biermann: Rüstung und Wirtschaft; Oberstleutnant a.D. von Feldmann: Wehrmacht und Außenpolitik; Gerhard Krüger: Der Wehrgedanke des Deutschen Studententags. Protokoll der Kammersitzung vom 22. 1. 1932, NHStA Hann 320 IV/9.
127 Protokoll der Kammersitzung vom 19. 1. 1932, NHStA Hann 320 IV/9.
128 Das Abkommen beinhaltete, dass Deutschland drei Milliarden Reichsmark frühestens innerhalb einer dreijährigen Frist zu zahlen hatte. Sie wurden jedoch nie gezahlt.

Ziel, einseitig, ohne internationale Bindungen, die Reichswehr aufzurüsten.[129] Die Konferenz muss im Zusammenhang mit der „Desintegration des politischen Systems in der Ära der Präsidialkabinette" gesehen werden, in deren Verlauf eine radikalisierte Innenpolitik und die Diktaturgewalt des Reichspräsidenten auch ihre Auswirkungen auf die Gesellschaft zeigten.[130] Die Politik der autoritären Wende zwischen 1930 und 1932 wurde von den alten staats- und gesellschaftstragenden Eliten unterstützt und entsprach „bei allen taktischen Unterschieden einem breiten Elitenkonsens, die Republik in ihren 1918 geschlossenen Grundkompromissen aus den Angeln zu heben."[131]

Gerade an der Technischen Hochschule Hannover bestand seit Jahren übergreifend Übereinstimmung in der Kritik am Versailler Vertrag und den Reparationen, so dass es für die nationalsozialistischen Studenten gerade in diesen Punkten unmöglich war, eine „eigene" Position zu entwickeln, die sich deutlich von denen der Korporationen unterschied. Generell war es für den NS-Studentenbund schwer, in den ausgeprägten konservativen Strukturen der Korporationen ein eigenes Profil zu entwickeln und Anhänger zu gewinnen. Dafür spricht auch, dass nach Hilgenstocks Auffassung, die NS-Politik ebenso gut von den Korporationen vertreten werden könne.

Doch zunächst wurde im Sommer 1932 offenbar, dass sich der NSDStB reichsweit in der Defensive befand. Die Gründe dafür lassen sich an zwei Punkten aufzeigen. Zum einen war im Frühjahr 1932 der von der NSDStB-Reichsleitung verfolgte Kurs, die Unterwanderung der einzelnen Verbindungen zu verschärfen, um deren internen Entscheidungsprozesse zu manipulieren, für die Verbände ein Affront. Der Vorsitzende der DSt, Gerhard Krüger[132], hatte in seiner Funktion als Referent der NSDStB Reichsleitung angeordnet, dass so genannte Vertrauensleute eingesetzt werden sollten, die dem Studentenbund über die Interna der jeweiligen Korporation und deren Verband zu berichten hatten. Auch der NSDStB Hannover konnte im Mai 1932 eine Liste von elf Vertrauensleuten[133] an die Reichsleitung in Berlin schicken. Zum anderen zeigten sich die institutionellen Schwächen der NS-Organisationen. So kommt in einem Brief von Sturmbannführer und Vertrauensmann für Hochschulpolitik der Korporationen, Fritz Westerkamp, an Gerhard Krüger zum Ausdruck, dass den Funktionären des NS-Studentenbunds vor Ort nicht klar war,

---

129 Vgl. Longerich (1995), S. 334 f.
130 Die Zusammenhänge können hier nicht weiter ausgeführt werden. Siehe ausführlich Kolb, Eberhard: Die Weimarer Republik, München 1998, S. 124 ff. Dort findet sich auch eine ausführliche Diskussion des Forschungsstands samt Bibliographie. Vgl. auch Longerich (1995), S. 254 ff. sowie Peukert (1987), S. 243 ff.
131 Peukert (1987), S. 255.
132 Gerhard Krüger war seit 1927 Mitglied des NSDStB und seit 1928 Mitglied der NSDAP. Im Sommer 1931 war er Hochschulpolitischer Referent in der NSDStB-Reichsleitung und Politischer Referent der DSt. Im Dezember 1931 wurde er zum 1. Vorsitzenden der DSt gewählt und hatte dieses Amt bis September 1933 inne. Vgl. Grüttner (1995), S. 509 und Faust (1973), Bd. 2, S. 159.
133 Diese waren Mitglieder in folgenden Verbindungen: Slesvico-Holsatia, Germania, Tuisko, Brunsviga, Frankonia, Niedersachsen, Nordmark, VDSt, Billung, Frisia, Grotenburg. NHStA Hann 320 IV/29.

wie der organisatorische Umbau der DSt, die nun vom NSDStB dominiert wurde, praktisch vorzunehmen sei. Westerkamp fragte nach Richtlinien und bemerkte, dass ihnen die Vorstellungen vom Umbau der DSt zwar ideologisch klar wären, es aber an praktischen Anweisungen und Vorschlägen fehlen würden.[134]

Hinzu kam, dass die Reichsregierung wenig später den „Freiwilligen Arbeitsdienst" und das akademische Werkjahr einführte, was großen Anklang bei den Studenten fand und dem die NSDAP nichts ähnlich Ansprechendes entgegenzusetzen hatte. Hier zeigte sich ein konzeptioneller Mangel, der auch den Verbindungsstudenten nicht verborgen geblieben war.

> „Solange der Nationalsozialismus seinen Radikalismus hauptsächlich rhetorisch an den Mann brachte, glaubten weite Teile der Studentenschaft, mit ihm einig gehen zu können. Sobald aber der NSDStB daran ging, das Angekündigte auch auszuführen, erkannte viele, daß die Gemeinsamkeit in erster Linie durch die Verschwommenheit und also Integrationsfähigkeit der gebräuchlichen und gemeinsamen Schlagworte herbeigeführt wurde, was zwar auch schon früher hätte bemerkt werden können, nun aber angesichts des der eigenen Person und den Korporationen drohenden Machtschwunds nicht mehr zu übersehen waren."[135]

Dieser Machtschwund machte sich besonders augenfällig auf dem Studententag im Juli 1932 in Königsberg bemerkbar, der organisatorisch und optisch eher einer soldatischen Übung entsprach und der den Verbänden hätte deutlich vor Augen führen können, dass ihre Vormachtstellung endgültig verloren war. Der DSt-Vorsitzende Krüger konnte seine Pläne zur Umstrukturierung der DSt, so die Einführung des Führerprinzips, durchsetzen. Das bedeutete, dass die korporierten Studenten, die innerhalb der DSt immer noch die Mehrheit stellten, per demokratischer Abstimmung das Wahlprinzip abschafften, sich selbst entmachteten und gleichschalteten. Offenbar wurde von den korporierten Studenten jedoch nach wie vor zwischen der DSt und dem NS-Studentenbund dahingehend unterschieden, dass letzterer als zunehmend unattraktiv empfunden und auch immer noch als parteipolitische Organisation (misstrauisch) betrachtet wurde. Der Nationalsozialismus als solcher war unter den DSt-Studenten nach wie vor beliebt, was sich sowohl inhaltlich als auch strukturell, eben durch die Umstellung auf das Führerprinzip, zeigte. In den internen Auseinandersetzungen ging es daher nicht um differierende Anschauungen, sondern um Posten.

In einem Artikel der *Hannoverschen Hochschulblätter* vom April 1932 beschrieb der Fraktionsführer des NSDStB genau diesen Sachverhalt, wenngleich er zunächst versuchte, eine korporationsfeindliche Einstellung seines Bundes zu leugnen. Die Behauptung, dass der Studentenbund den Korporationen ablehnend gegenüberstehe und die nationalsozialistischen Korporationsstudenten dadurch in Gewissenskonflikte bringen würde, wenn sie sich dem Studentenbund anschlössen, sei falsch. Es sei ein für allemal festzustellen, dass der Studentenbund sowohl der Studenten-

---

134 Fritz Westerkamp an Gerhard Krüger in München in einem Schreiben vom 25. 2. 1932, StA WÜ RSF II/128.
135 Faust (1973), Bd. 2, S. 111 f.

schaft als auch den Korporationen absolut positiv gegenüberstehe. Einen Gegensatz, ein Problem „Nationalsozialismus und Korporationen" gäbe es nicht, so Westerkamp. „Was sich in letzter Zeit abspielte, war in Wahrheit keine Auseinandersetzung zwischen Nationalsozialismus und Verbänden, sondern ein Konflikt zwischen abtretenden und auftretenden studentischen Führern."[136]

Aber auch dieser Text Westerkamps konnte die Zweifel unter den Studenten der TH Hannover nicht ausräumen, da sowohl das korporationsfeindliche Vorgehen als auch die organisatorischen Mängel des NS-Studentenbunds nicht zu übersehen waren. Der NS-Studentenbund musste den Posten des Kreisleiters der DSt, den bis dahin Edgar Gille innehatte, im Herbst an den hannoveraner Corpsstudenten Dörrenberg abgeben. Es hatte sich im Rahmen eines Konfliktes an der TH Braunschweig herausgestellt, dass Gille wegen Betrugs vorbestraft war. Das widersprach nicht nur dem Ehrenkodex der korporierten Studentenschaft, sondern bot darüber hinaus einen Anlass, die grundsätzliche Kritik am Studentenbund durch den Wechsel des Kreisleiters zu unterstreichen. Für den NSDStB kam die Aufdeckung dieser Machenschaften offensichtlich völlig überraschend.

Die anschließenden Wahlen am 15. November 1932 an der TH Hannover waren ein Rückschlag für den NSDStB, der zwar die acht Sitze in der Kammer auf Grund der Listenverbindung mit dem Akademischen Turnbund (ATB, dem in Hannover die Verbindungen Brunonia und Nordmark angehörten) halten konnte, aber einen deutlichen Stimmenverlust zu verzeichnen hatte. Der NSDStB erreichte 19 Prozent, was zwar nur einen Rückgang um knapp einen Prozentpunkt darstellte, aber von dem neuen Hochschulgruppenführer Erich zu Klampen trotzdem als Misserfolg betrachtet wurde. Er schrieb in seinem ersten Bericht vom Dezember 1932 an die Kreisleitung: „Die Stimmenzahl des NSDStB ging von 190 auf 150 zurück. [...] Trotzdem wurde unsere Stellung im Vorstand der DSt nicht geschwächt. Es gelang, die Aemter eines Aeltesten, der sozial-studentischen Arbeit und der Presse zu besetzen."[137] Auch konnten die Mitgliederzahlen des NS-Studentenbunds, die im Februar 1932 mit 85 nach wie vor niedrig waren, nicht wesentlich gesteigert werden. Sie beliefen sich im Juli 1932 lediglich auf 96 Studenten und sanken im Laufe des Wintersemesters 1932/33 sogar auf nur noch 70 Mitglieder.[138]

Der Blick auf die anderen Technischen Hochschulen und Universitäten verdeutlicht, dass der Organisationsgrad der Studierenden im NSDStB mit 4,3 Prozent in Hannover relativ niedrig war. Wie gezeigt, kommt Grüttner in seiner Studie zu dem

---

136 Westerkamp, Fritz: Zur hochschulpolitischen Lage, in: *Hannoversche Hochschulblätter* 15. Semesterfolge (April 1932) Nr. 7, S. 82 f, hier S. 83.
137 Bericht Nr. 1 vom 5.11.–3.12.1932, NHStA Hann 320 IV/31. Vgl. auch die Tabelle 9: Wahlen an der Technischen Hochschule Hannover 1925 bis 1932 im Anhang.
138 Siehe Tabelle 10: NSDStB Mitgliedschaften bis 1933 an der Technischen Hochschule Hannover im Anhang. Hier zeigen sich Parallelen zur Entwicklung der NSDAP, die bei den Reichstagswahlen Anfang November 1932 einen Stimmenverlust von rund 4,2 Prozent hinnehmen musste. Der nationalsozialistische Vormarsch konnte daher als vorerst beendet gedeutet werden. Dass sich das Ergebnis der Reichstagswahlen sich auf die Studentenwahlen auswirkte, kann nur als Vermutung angenommen werden.

Ergebnis, dass „der Studentenbund an den Technischen Hochschulen über wesentlich mehr Anhänger als an den Universitäten [verfügte]."[139] Die Mitgliederwerbung sei an den Technischen Hochschulen viel erfolgreicher verlaufen als an den Universitäten. Von den Studierenden der Universitäten hätten lediglich 3,2 Prozent dem NS-Studentenbund angehört, während sich an den Technischen Hochschulen bis zum Wintersemester 1932/33 mehr als ein Zehntel dem NSDStB angeschlossen hätten.[140] Es ist allerdings zu bezweifeln, ob die Ergebnisse in ihrer Signifikanz bestehen können. So lagen Grüttner lediglich von vier der zehn Technischen Hochschulen die Mitgliederzahlen vor. Rechnet man beispielsweise die in dieser Arbeit ermittelten Zahlen der Technischen Hochschule Hannover hinzu, reduziert sich die Prozentzahl von 11 auf 9,4, wobei damit immer noch nur die Hälfte der Technischen Hochschulen erfasst sind.[141]

In Hannover ergab sich für den NS-Studentenbund eine weitere Schwierigkeit durch dessen Neuorganisation, die als Reaktion auf die Einführung des Wehrsports durch eine Verfügung des Obersten SA Führers Röhm und des Reichsorganisationsleiters Gregor Strasser vom 12. September 1932 durchgeführt werden sollte. In einer Art Probezeit sollte jedes neue NSDStB-Mitglied ein Semester Dienst in der SA ableisten, dieser zur Verfügung stehen und erst nach sechs Monaten ganz dem Studentenbund zugehörig sein. Innerhalb des NS-Studentenbunds sei der Student dann aber weiterhin zu Wehrsportübungen heranzuziehen, die von einer neuen Gliederung, der StB-Organisation,[142] durchgeführt werden sollte. Ab November hätten die Studenten zunächst ein Semester SA-Dienst zu absolvieren, dann vier Semester StB-O.-Dienst zu leisten, um dann wieder in die SA oder SS zurück überwiesen zu werden.

An der TH Hannover wollte Hochschulgruppenführer zu Klampen die bestehende NSDStB-Organisation auflösen und ganz neu aufbauen, da seiner Meinung nach kein „gesunder Kern" vorhanden gewesen sei. Er beklagte sich in einem Schreiben, dass „die ‚Herren Pgs' trotz Parteibefehls (der örtlichen Kreisleitung) es nicht für nötig hielten, dem Rufe der Hochschule – trotz guten Redners – zu folgen." Die Studenten, die Mitglied der NSDAP waren und die sich nun laut Verfügung vom November 1932 dem NSDStB und den dazugehörigen SA- bzw. StB-O.-Stürmen anschließen sollten, kamen diesem Befehl offensichtlich nicht nach. Aus diesem Grund konnte zu Klampen zunächst nur eine „straff organisierte Gruppe von 30 Mann" angeben.[143]

---

139 Grüttner (1995), S. 59.
140 Ebenda, S. 52 und seine Tabelle auf S. 500.
141 Eigene Berechnungen.
142 Die StB-Organisation unterstand der SA und war auch wie diese aufgebaut. Der Hochschulgruppenführer des NSDStB war gleichzeitig Sturmführer oder Sturmbannführer (je nach Stärke des Trupps) und unterstand dem StB-Kreisführer, der gleichzeitig NSDStB-Kreisführer war. Dieser wiederum unterstand dem StB-Inspekteur (ehemals Wehrreferent) in der Bundesleitung und der wiederum seinem Bundesführer (seit Juli 1932 Gerd Rühle). Vgl. Faust (1973), Bd. 2, S. 101.
143 Bericht Nr. 1 vom 5.11.–3. 12. 1932, NHStA Hann 320 IV/31.

Insgesamt lässt sich feststellen, dass der NS-Studentenbund an der Technischen Hochschule Hannover seit den Kammerwahlen im November 1932 weiterhin an Attraktivität verlor. So fanden die neuen Anordnungen innerhalb des Studentenbundes wenig Zustimmung, da die Studenten entweder keine Lust verspürten, SA-Dienst abzuleisten oder, wenn sie innerhalb eines Sturmes in der Stadt organisiert waren, sie diesen nicht verlassen wollten. Auch innerhalb der SA-Stürme, die wiederum ihre studentischen Mitglieder nicht verlieren wollten, stieß die Anordnung auf Missfallen. Vielen NSDAP-Mitgliedern war nicht klar, wieso eine Studentenbundsorganisation überhaupt vonnöten war.[144] Für die korporierten nationalsozialistischen Studenten stellte sich zudem das Problem, dass sie für ihre Verbindung kaum noch Zeit hatten, was den Gegnern des NS-Studentenbunds innerhalb der Korporationen eine Bestätigung ihrer grundsätzlichen Kritik war.

Mit Erich zu Klampen hatte ein Student das Amt des Hochschulgruppenführers übernommen, der den kompromisslosen und kämpferischen Typ des nationalsozialistischen Funktionärs verkörperte, der sich nur der „Idee Hitlers" verpflichtet sah. Das zeigte sich in seiner Einstellung zu den Verbindungsstudenten bis hin zu der Wortwahl in seinen Rundschreiben und Anordnungen: „Dem Führer haben wir Treue geschworen, der Führer hat uns den Befehl erteilt. Wir sind SA-Männer, wir folgen." So bestimmte er in seinem Text mit dem Titel „Sinn und Gestaltung des NSDStB" den „Gegner" als „die muffige Reaktion", die sich „in den Hochschulen breitgemacht" habe und der er androhte: „Jetzt hüte dich, Reaktion der Hochschule, wir haben dich erkannt, wir greifen an."[145] Das Auftreten zu Klampens in der Hochschule stand damit in einem krassen Gegensatz zu dem elitären Anstrich, den sich viele korporierter Studenten gaben. Einer Zusammenarbeit, auch mit denen, die mit dem Nationalsozialismus sympathisierten, war das nicht sehr zuträglich, wie sich in den folgenden Monaten zeigen sollte.

Im Januar 1933 gestaltete sich die hochschulpolitische Lage des NSDStB sowohl reichsweit als auch an der Technischen Hochschule Hannover „alles andere als glänzend."[146] Am 8. Dezember 1932 trat Reichsorganisationsleiter Gregor Strasser von all seinen Parteiämtern in der NSDAP zurück. Das hatte Konsequenzen für den NS-Studentenbund, da der Reichsorganisationsleiter innerhalb der Studentenschaft zum Teil sehr großes Ansehen genoss. Des Weiteren erwies sich die geplante Studentenbunds-Organisation als nicht durchführbar und wurde im Februar aufgelöst. In diesem Zusammenhang entband Baldur von Schirach den Bundesführer des

---

144 Zur Problematik des Verhältnisses von NSDStB, SA, SS und der eingeführten StB-Organisation siehe Kater (1975), S. 194 ff.
145 Sein Kommentar zu den neuen Anordnungen blieb jedoch vage und lediglich durch kämpferische Parolen ausgeschmückt: „Es ist bedauerlich, dass der Student herausgerissen wird aus den Reihen der SA und der Parteigenossenschaft. Mancher Nationalsozialist stand abseits und schüttelte den Kopf und glaubte, der Sinn des Kampfes würde verfälscht, der Gedanke der Volksgemeinschaft durchbrochen. **Kameraden, Parteigenossen, der Sinn des Kampfes ist der, den Feind zu schlagen, wo er auch immer stehen mag – schnell und vernichtend."** (Hervorhebung i.O.) Hochschulgruppenführer des NSDStB Erich zu Klampen, Gestaltung und Sinn des NSDStB, NHStA Hann 320 IV/31.
146 Faust (1973), Bd. 2, 115.

NSDStB Gerd Rühle von seinem Amt und setzte den SA-Obersturmbannführer Oskar Stäbel als neuen Bundesführer ein. Die desolate Organisation des NS-Studentenbunds blieb auch den führenden Studenten auf Kreisebene nicht verborgen, wie aus einem Brief Lüers hervorgeht:

> „Inzwischen bin ich in Berlin mit allen Kreisleitern zusammen gewesen und musste feststellen, dass der übrige NSDStB ein noch grösserer Misthaufen ist, als der Kreis III. Ich bitte aber diese Feststellung vertraulich zu behandeln. Die bürokratische Vorschrift für die StBO war auch der eigentliche Grund für die Abberufung Rühles. Wie der Studentenbund nun endgültig aufgezogen werden soll, ist noch nicht ganz klar. Ich nehme an, dass die Endform so ähnlich sein wird, wie die Ihrer Gruppe in Hannover. Es ist daher unmöglich, dass Sie Ihren Auftrag ausführen können. Wenn Sie etwas unternehmen wollen, dann achten Sie darauf, dass die StBO der SA vernünftig unterstellt wird."[147]

1.4 Präsenz in der Öffentlichkeit: Die Reichsgründungsfeiern

Die Reichsgründungsfeiern, die die Gründung des Deutschen Reiches von 1871 und die Proklamation König Wilhelms I. von Preußen zum Kaiser im Spiegelsaal von Versailles zum Anlass hatten, wurde durch Beschlüsse des 2. und 3. Deutschen Hochschultags 1921 und 1922 für alle deutschen Hochschulen zum „dies academicus", dem „Tag vaterländischen Gedenkens und geistiger Erhebung", erklärt.[148] Diese Feiern wurden an der Technischen Hochschule Hannover seit 1921 mit den Angehörigen der Tierärztlichen Hochschule am 18. Januar jeden Jahres zusammen begangen. Die traditionelle Ausrichtung dieser Zeremonie, die im Kuppelsaal der Stadt Hannover stattfand und der neben den Hochschulangehörigen zahlreiche Vertreter der Behörden, und nicht selten auch Vertreter der Reichswehr beiwohnten, war durch die corpsstudentischen Rituale wie das Chargieren, das Durchführen von Kommersen sowie Fackelzügen geprägt.[149]

---

147 Der Kreisführer Lüer des NSDStB in einem Schreiben an Erich zu Klampen vom 14. 2. 1933, NHStA Hann 320 IV/31. Das galt nicht nur für den NSDStB. Auch in der NSDAP war ein Absinken der Mitgliedszahlen zu bemerken, „die als Indiz dafür interpretiert werden [können], daß die Dynamik der Partei 1932 dramatisch nachließ und somit die Einschätzung vieler Zeitgenossen vielleicht gar nicht so unrealistisch war, die nach den Novemberwahlen und der Gregor-Strasser-Krise ein baldiges Ende des nationalsozialistischen Spuks erwarteten." Falter, Jürgen W., Die „Märzgefallenen" von 1933 – Neue Forschungsergebnisse zum sozialen Wandel innerhalb der NSDAP-Mitgliedschaft während der Machtergreifungsphase, in: Geschichte und Gesellschaft, 24 Jg. (1998) Heft 4, S. 595–616, hier S. 604.
148 Vgl. Kreutzberger (1972), S. 40.
149 Chargierte sind durch die Mitglieder gewählte Vorsitzende einer Verbindung. Es gibt drei dieser Ehrenämter: der Erstchargierte (Sprecher oder Senior), der Zweitchargierte (Consenior oder Fechtwart) und der Drittchargierte (Sekretär oder Schriftführer). Vgl. Elm, Ludwig u.a. (Hrsg.), Füxe, Burschen, Alte Herren. Studentische Korporationen vom Wartburgfest bis heute, Köln 1992, S. 357. Chargieren bei akademischen Feiern bedeutete, dass die Mitglieder der Verbindungen dort in „korporationsstudentischem Wichs" auftreten und ihre Verbundenheit mit der hierarchisch-feudalen Tradition der Hochschule dokumentierten.

Es mag zunächst erstaunen, dass in der Weimarer Republik eine staatliche Institution wie die Hochschule öffentlich und rituell die Reichsgründung von 1871 anstatt einer Verfassungsfeier ausrichten konnte, zeigt aber, wie wenig sich die bürgerliche Elite mit der Republik identifizierte und wie selbstverständlich zu der Zeit antidemokratische Einstellungen waren. Nach der Stabilisierung der Republik 1923/24 und dem Ende der bürgerkriegsähnlichen Zustände kehrte eine ruhigere Phase ein, in der die Kämpfe zwischen den unterschiedlichen politischen Lagern auf diskursivem Wege ausgetragen wurden. Allerdings waren auch diese Auseinandersetzungen durch den Gebrauch von Kriegsmetaphern gekennzeichnet und entzivilisiert, so dass von einem „symbolischen Bürgerkrieg" und „enthegten Diskursgefechten" gesprochen werden kann.[150] In diesen deutungskulturellen Diskursen dominierte antidemokratisches Denken. Besonders deutlich wird das am Beispiel der Hochschullehrer, die für die Ausbildung sämtlicher Funktionseliten verantwortlich waren und dementsprechend ihren Einfluss ausüben konnten.

Dass die Republik nicht nur über eine „rationalistische Schwäche" (Ernst Bloch) verfügte, sondern dass die Regierungen es auch versäumt hatten, Zeichen übergeordneter und rechtlich geschützter Souveränität zu installieren, zeigt die Grundsteinlegung der Bauten der Technischen Hochschule Hannover im Jahre 1927. Zwar waren die hannoverschen Behördenvertreter, der Oberbürgermeister und der preußische Minister Becker anwesend, der sozialdemokratische „Volkswille" beklagte jedoch, dass man unter den vielen Flaggenbändern, die an dem Ehrengerüst flatterten, die Farben der Republik vermisst habe. In der Festschrift ist weiter festgehalten, dass „auch die Verdienste der SPD-Landtagsfraktion [...] um das Zustandekommen des Bauprogramms in der offiziellen Rede nicht erwähnt wurden."[151] Die schwarz-rot-goldene Fahne war zwar die offizielle Fahne der Weimarer Republik, die schwarz-weiß-rote Fahne des wilhelminischen Kaiserreichs blieb jedoch als Handelsflagge bestehen. Die unterschiedlichen politischen Lager hissten demgemäss unterschiedliche Fahnen und dokumentierten so die Fragmentierung der deutschen Bevölkerung und im Fall der hannoverschen Grundsteinlegung, die Dominanz des rechtskonservativen Lagers innerhalb der akademischen Elite.

Ähnlich wie bei der uneindeutigen Regelung der Flaggenfrage versäumte es die preußische Regierung, die Verfassung der Weimarer Republik durch einen gesetzlichen Feiertag begehen zu lassen und dadurch Zeichen zu setzen. Die offiziellen, behördlichen Verfassungsfeiern am 11. August in Hannover waren ein Misserfolg, „da die äußere Gestaltung der Feiern nicht der inneren Sinngebung entsprach."[152] Die Jahr um Jahr gehaltenen nüchternen Festreden in einer wenig feierlichen Atmosphäre waren wenig geeignet, den Teilnehmern die Idee der Demokratie auf emotionaler Ebene zu vermitteln und sie dazu zu bringen, sich mit der Republik zu identifizieren. Die Symbole und Mythen der Reichsgründungsfeiern dagegen berührten die Gemüter und stellten eine große Verbundenheit unter den Menschen

---

150 Vgl. Dörner (1995), S. 295 ff.
151 Niemann (1981), S. 78 f.
152 Bloch, Marlene: Die Verfassungsfeiern in Hannover 1922–1932, in: Schmid, Hans-Dieter (Hrsg.): Feste und Feiern in Hannover, Hannover 1995, S. 211–230, hier S. 230.

her. An der Hochschule konstituierte sich so eine intakte, homogene akademische Gemeinschaft mit dem zentralen Bezugspunkt der Nation, die sich gleichsam als Gegenpol zu den republikanischen Kräften im Staat inszenierte. In die Öffentlichkeit wurde so das Bild einer technisch-akademischen Elite transportiert, die den alten Idealen und Werten verpflichtet war und die Traditionen auch in „unsicheren" demokratischen Zeiten zu wahren wusste.

Der preußische Ministerpräsident wollte daher anlässlich des zehnjährigen Jubiläums der Weimarer Verfassung sowie der Unterzeichnung des Vertrages von Versailles die Reichsgründungsfeiern der Hochschule verbieten. Die Rektoren konnten ein solches Verbot verhindern, indem sie dem Minister zusagten, eine Verfassungsfeier auszurichten. Indem Minister Becker sich überhaupt auf Verhandlungen mit den Professoren, die ja Beamte des Staates waren, einließ und ihnen Zugeständnisse machte, untergrub er die Autorität der preußischen sozialdemokratischen Regierung. Es zeigt aber auch, dass die bürgerlichen Eliten an den Hochschulen die deutungskulturelle Hegemonie und damit die Macht besaßen, Forderungen zu stellen und durchzusetzen. Republik- und Demokratiefeindlichkeit war in einem großen Teil der Bevölkerung eine selbstverständliche Haltung, die nicht nur in den Medien und von den Intellektuellen kommuniziert und mit Sinn versehen wurde, sondern so konsensfähig war, dass sie in staatlichen Institutionen wirksam werden konnte.

Die studentische Kammer der TH Hannover erwog eine Abschaffung der Reichsgründungsfeiern, um nicht zur Teilnahme an der Verfassungsfeier gezwungen werden zu können. Kurz vor der Verfassungsfeier im August 1929 fand der Studententag der DSt in Hannover statt, auf dem, wie erwähnt, die DSt beschloss, nicht mehr an Verfassungsfeiern teilzunehmen. Gleichzeitig hatte Minister Becker in einem Erlass bekannt gegeben, dass Protestfeiern und Kundgebungen anlässlich des zehnjährigen „Versailler Diktats" verboten seien, um im Ausland Aufsehen zu vermeiden.[153] Den Erlass lehnte die Vollversammlung der Studentenschaften der Technischen und Tierärztlichen Hochschule „ohne jede Diskussion" ab. Sie ließen in einer Entschließung verlautbaren, dass es sich um einen Eingriff in das Selbstbestimmungsrecht des lehrenden und lernenden Teils der Hochschulen handele, gegen den sie sich „auf das Entschiedenste" verwahren müssten. Die Studentenschaften „wissen sich dabei einig mit der Dozentenschaft. Sie betrachten es als Recht und heilige Pflicht der deutschen akademischen Jugend, den Kampf gegen die Lüge von Deutschlands Schuld am Weltkriege fortzuführen und werden dementsprechend handeln."[154]

Und tatsächlich waren sich Rektor und Studentenschaft in ihren nationalistischen Ambitionen so einig, dass den Studenten die Gelegenheit gegeben wurde, die bedeutendste akademische Feier, die Rektoratsübergabe am 1. Juli 1929, als Protestkundgebung gegen den Frieden von Versailles zu gestalten. Zunächst organisierten die Studenten am Abend einen Fackelzug zu Ehren des neuen und alten Rektors:

---

153 Vgl. Jarausch (1984), S. 149.
154 Rundschau: Hannovers Studentenschaften gegen den Erlaß des Kultusministers, in: *Hannoversche Hochschulblätter*, 9. Semesterfolge (Juli 1929) Nr. 10, S. 123.

> „Es war ein glänzender Gedanke des Herrn Prorektors, den Fackelzug vor der Technischen Hochschule zu begrüßen. Den Herren Professoren und Vertretern der Korporationen, die auf der Freitreppe Aufstellung genommen hatten, bot sich das glänzende Bild um so schöner, als man von dort den Fackelzug bis fast zum Königswort-her Platz übersehen konnte."[155]

Die Professoren in ihren Talaren und Mützen, seine Magnifizenz in Amtskette und neben ihnen die Vertreter der Korporationen in vollem Wichs auf der Treppe vor dem ehemaligen Welfenschloss; davor eine Formation zahlreicher Studenten in ihren bunten Mützen und Bändern, die mit Fackeln und Fahnen in den Händen die baumbewachsene Allee hinuntermarschieren: Das war das ritualisierte, symbolträchtige und tradierte Bild der „alma mater", das der Öffentlichkeit präsentiert wurde und durch dass sich die Angehörigen der Hochschule als Gemeinschaft, als „communitas", inszenierten.

Der Fackelzug endete an der 1906 von den studentischen Verbänden errichteten Bismarcksäule mit einer Rede des ersten Vorsitzenden der DSt Theodor Schade:

> „Am 28. Juni 1919 wurde das deutsche Volk, das in ehrlichem Vertrauen auf die Friedensvorschläge Amerikas die Waffen niedergelegt hatte, zur Unterschrift unter das Diktat von Versailles gezwungen. Wachsende Verelendung und Versklavung und die Gefahr völliger Vernichtung der Deutschen Zukunft verpflichten mit dem deutschen Volke die deutsche akademische Jugend um der Gerechtigkeit, Menschlichkeit und nationalen Selbstbehauptung willen anläßlich der 10. Wiederkehr diese Schicksalstages zu dem feierlichen Bekenntnis, daß sie die Grundlagen des Friedensdiktates nie anerkannt hat und niemals anerkennen wird."[156]

Die wiederholte Anklage, dass Deutschland ein Schuldbekenntnis abgepresst worden sei und dass wissenschaftliche Untersuchungen unparteiischer Persönlichkeiten des In- und Auslands die Unhaltbarkeit der These von Deutschlands Kriegsschuld ergeben hätten, deutet auf ein zentrales Motiv und Anliegen hin: Die „Wiederherstellung der deutschen Ehre für die Freiheit des deutschen Volkes und Landes und die Schaffung eines einigen großdeutschen Reiches."[157] Der Kampf der Studenten gegen den Paragraphen 231 des Versailler Friedensvertrages, der Deutschland für alle Verluste und Schäden verantwortlich machte,[158] war in dieser Logik ein Kampf gegen den Verlust der nationalen Ehre. Die nationale Ehre war für die Studenten unmittelbar mit ihrer Ehre als Männer und Nachfolger der Kriegsgeneration verbunden. Des Weiteren war das Leben eines korporierten Studenten militärisch und durch einen detailliert festgeschriebenen Ehrenkodex geprägt. Die Nation, das Vaterland, Deutschland hatte in ihren Köpfen mit der Weimarer Republik wenig gemeinsam und existierte sozusagen abgekoppelt von der tatsächlichen staatlichen Verfassung. In den Reden und Aufrufen der Studenten wird deutlich, dass die Na-

---

155 Die Rektoratsübergabe an der Technischen Hochschule Hannover, in: *Hannoversche Hochschulblätter*, 9. Semesterfolge (Juli 1929) Nr. 10, S. 120–122, hier S. 120.
156 Ebenda, S. 120.
157 Ebenda, S. 121.
158 Vgl. Der Vertrag von Versailles. Mit Beiträgen von Sebastian Haffner, Gregory Bateson, J. M. Keynes, Harold Nicolson, Arnold Brecht u.a., München 1978, S. 238.

tion oder „Deutschland" eine übergeordnete Größe war, die seit dem letzten Drittel des 19. Jahrhunderts als sicht- und fühlbare, gewaltsame autoritäre Herrschaft durch Kaiser und Militär wahrgenommen wurde. Die Reichsgründung, die 1871 aus dem Krieg gegen Frankreich hervorging, war in den bürgerlich-konservativen Kreisen ein Orientierungspunkt mit sinnstiftender Funktion.

Hatten die Studenten der DSt 1930 durch ein Zugeständnis gegenüber Rektor und Senat an der offiziellen Reichsgründungsfeier teilnehmen dürfen, beschlossen die Kammervertreter schließlich, sich 1931 auf keinen Kompromiss mehr einzulassen. Da die DSt nicht staatlich anerkannt war, drangen Rektor und Senat wie schon im Jahr zuvor darauf, dass die DSt auf ihr „althergebrachtes Recht, bei akademischen Feiern den studentischen Redner zu stellen" verzichtete, was die Kammer diesmal einstimmig ablehnte.[159] Die Anfrage des Rektors, ob die Studentenschaft grundsätzlich bereit sei, bei Verzicht auf ihr Rederecht an jeder akademischen Feier durch Chargen teilzunehmen, um die traditionelle akademische Form zu wahren, wurde durch die Kammer ebenfalls abschlägig beschieden.

Die Absage an den Rektor war motiviert durch einen weiteren Disput mit dem preußischen Minister Becker anlässlich der Verfassungsfeier vom Juli 1930, der sich an derselben Problematik entzündete. Interessant ist dabei die Art der Argumentation auf Seiten der Studentenschaft, die in den *Hannoverschen Hochschulblättern* in einem offenen Brief an Becker zum Ausdruck kommt. Danach wollten die Studenten der DSt durchaus an der Verfassungsfeier teilnehmen – allerdings nur unter der Voraussetzung, eine Rede halten zu dürfen. In dem Schreiben führten die Vertreter der DSt Hannover aus, dass ihnen rund 80 Prozent der Studierenden angehörten, sie eine von Rektor und Senat anerkannte Gruppe seien und dass sie es daher als selbstverständlich erachteten, dass die traditionelle Rede des Vertreters der Studierenden vom Vorsitzenden der DSt gehalten werde. Weiter wiesen die studentischen Autoren Kasten und Koch darauf hin, dass die Arbeit der DSt „von den Behörden, wie Rektor und Senat sowie der Reichszentrale für Heimatdienst anerkannt und unterstützt wurde". Die durch das Kultusministerium erfolgte Absage ziehe den Schluss nach sich, dass

> „die Zugehörigkeit zum Vorstande der Studentenschaft von den Behörden als ein Beweis staatsbürgerlicher Minderwertigkeit angesehen wird. Es erscheint unverständlich, daß die Deutsche Studentenschaft, die sich als gleichberechtigter Teil des Volksganzen fühlen soll und fühlt, einerseits mißachtet wird, daß aber andererseits ihre Teilnahme an der Verfassungsfeier als selbstverständlich angesehen wird. Wäre es im Interesse des Staates nicht wünschenswert, daß gerade ein Vertreter der in der

---

159 „Die Deutsche Studentenschaft lehnt es ab, unter den vom Rektor und Senat angeführten Voraussetzungen an der Reichsgründungsfeier am 18. 1. 31 teilzunehmen. Die DSt würde es aufrichtig bereuen, wenn diese Stellungnahme als Unfreundlichkeit dem Lehrkörper gegenüber ausgelegt würde." Protokoll der Kammersitzung vom 12. 12. 1930, NHStA Hann 320 IV/9. Der im Jahr zuvor gefundene Kompromiss stieß bei vielen Kammervertretern auf Kritik. Als Folge boykottierten die Studenten die Verfassungs- und Befreiungsfeier wegen des durch den preußischen Ministerpräsidenten verhängten Redeverbots. Im Gegenzug veranstalteten sie einen Fackelzug zur Befreiung ohne Bekenntnis zur Verfassung.

Oeffentlichkeit vielfach als reaktionär bezeichneten Deutschen Studentenschaft bei einer Verfassungsfeier und Befreiungsfeier spricht?"[160]

Aus der Perspektive der in der Weimarer Verfassung niedergelegten rechtlichen Gleichheit erscheint es recht anmaßend, auf der einen Seite staatsbürgerliche Rechte zu fordern und sich als Mitglied der DSt diskriminiert zu fühlen, auf der anderen Seite genau diese staatsbürgerlichen Rechte jüdischen und marxistischen Studenten abzusprechen und ihnen die Aufnahme zu verweigern. Aber die Studenten fühlten sich im Recht und bekamen schließlich auch von verschiedenen staatlichen Institutionen Unterstützung. Die Wirkung, die die jeweiligen Rektoren und der jeweilige Senat der Technischen Hochschule Hannover erzielten, in dem sie die DSt 1927 anerkannten und die Studenten immer wieder in ihrer demokratiefeindlichen Politik unterstützten, ist nicht zu unterschätzen. Seit Beginn der Weimarer Republik wurden die Studenten durch ihre Professoren und durch die Sozialisation innerhalb der Korporationen regelrecht zur Staats- und Demokratiefeindlichkeit angeleitet und erzogen. Zum Zeitpunkt der Präsidialkabinette waren die Fronten zwischen der Studentenschaft und dem Ministerium bereits seit Jahren so verhärtet, dass eine Umkehr der Studierenden so gut wie ausgeschlossen war.

Besonders offensichtlich dokumentiert sich dieser Zustand im Jahr 1931, als sich die Reichsgründung zum sechzigsten Mal jährte und damit einen besonderen Stellenwert bekam. Die Studenten der DSt partizipierten weder an der offiziellen Reichsgründungsfeier noch an der Verfassungs- und Befreiungsfeier. Statt dessen veranstalteten sie zusammen mit den Studierenden der Tierärztlichen Hochschule (TiHo) eine eigene Feier, an der jedoch die Professoren als Gäste teilnahmen, wie in den *Hannoverschen Hochschulblättern* berichtet wurde:

„Abends vereinte ein Festkommers in der Ausstellungshalle die Alt-Akademiker und die Studentenschaften, zu dem die Rektoren beider Hochschulen, zahlreiche Professoren und Vertreter der Behörden erschienen waren. Nach einer kurzen Begrüßungsrede von cand.ing. Wilckens, dem 1. Vorsitzenden der DSt der TH, hielt im Laufe des Abends Herr Syndikus Dr. Bretzler die Festrede, in der er einen Vergleich zwischen Versailles 1870 und Versailles 1919 zog. Nach Dankesreden seitens der Behörden sprach Magnifizenz Dankworth, Rektor der TiHoH, sowie ein Vertreter der Wehrmacht. Auch hier bildete der Auszug der Chargen den würdigen Abschluß."[161]

Die geschilderten Vorgänge demonstrieren, wie groß das Interesse der Dozenten, des Rektors, der Behörden und der Wehrmacht war, diese Feierstunden miteinander zu begehen, um dem akademischen Nachwuchs ihre Solidarität zu versichern.

---

160 Aus dem studentischen Leben – Erziehung der Studentenschaft zur Verfassungstreue, in: *Hannoversche Hochschulblätter* 11. Semesterfolge (August 1930) Nr. 11, S. 121–122, hier S. 121.

161 DSt der Te.Ho.Ha., Reichsgründungsfeier der Deutschen Studentenschaften der Technischen und Tierärztlichen Hochschule, in: *Hannoversche Hochschulblätter*, 12. Semesterfolge (Februar 1931) Nr. 5, S. 79. Michael Schimanski kommentiert in seiner Dissertation „Die Tierärztliche Hochschule Hannover im Nationalsozialismus", Hannover 1997, das Vorgehen wie folgt: „Bei vertauschten Veranstalterrollen und gleichen Teilnehmern wurde so das Redeverbot für den DSt-Vertreter geschickt umgangen." Schimanski (1997), S. 38.

Die studentisch organisierte Feier bekam durch ihre Teilnahme einen offiziellen Status und bestätigte die Studierenden in der Richtigkeit ihrer Standpunkte und Handlungen. Sie bekamen allerdings zusätzlich von vom höchsten Repräsentanten die erwünschten Zeichen der Anerkennung. Reichspräsident von Hindenburg antwortete auf das Telegramm, dass das Reichsgründungs-Kommers der Hochschule an ihn gesandt hatte, mit folgenden Worten:

> „Sehr geehrte Herren! Für das Begrüßungstelegramm der Deutschen Studentenschaft der hannoverschen Hochschulen und des Bundes alter Akademiker, Hannover, von der 60-jährigen Gedenkfeier des Tages der Reichsgründung sowie für das darin zum Ausdruck gebrachte Treuegelöbnis spreche ich meinen herzlichen Dank aus. Ich erwidere den Gruß in aufrichtiger Gesinnung. Von Hindenburg, Ehrendoktor beider Hochschulen."[162]

Hindenburg, der seit 1925 das Amt des Reichspräsidenten inne hatte, wurde in Hannover wie in keiner anderen Stadt verehrt.[163] Mit seinem Namen konnten sich konservativ-nationale Bürger identifizieren, er verkörperte das vergangene Kaiserreich mit seinem militärisch-kriegerischen Habitus und den Anspruch Deutschlands, in der Welt zu dominieren.[164] Er schien ein Garant dafür zu sein, dass Werte wie „Ehre", die besonders durch das Offizierkorps als Symbol der Nation repräsentiert wurden, weiter in der von den Studenten ungeliebten Republik bestehen blieben.[165] Schließlich hatte sich Hindenburg bereits 1925 gegen einen Parlamentsbeschluss durchgesetzt, der das gesetzliche Duellverbot in die Praxis umsetzen und Offiziere, die wegen eines Zweikampfes verurteilt worden waren, aus dem Dienst zu entlassen sollte. Hindenburg lehnte es ab, das Gesetz zu unterzeichnen und drohte mit Rücktritt bis sich die Regierungsparteien entschlossen, die Vorschrift der Dienstentlassung zu entfernen. Einzig der preußische Ministerpräsident Otto Braun

---

162 Der Reichspräsident in einem Dankschreiben an die Deutsche Studentenschaft der hannoverschen Hochschulen, in: *Hannoversche Hochschulblätter* 12. Semesterfolge (Februar 1931) Nr. 5, S. 69.
163 Zum Hindenburgkult siehe Guckel, Sabine/Seitz, Volker: „Vergnügliche Vaterlandspflicht" – Hindenburgkult am Zoo, in: Geschichtswerkstatt Hannover: Alltag zwischen Hindenburg und Haarmann. Ein anderer Stadtführer durch das Hannover der 20er Jahre, Hamburg 1987, S. 12–17. Dort ist auf Seite 12 ein Foto abgedruckt, das die Garde der hannoverschen Studentenschaft Spalier stehend zeigt. Auch auf einer weiteren Abbildung (S. 15), auf dem ein „großer Bahnhof" für den heimkehrenden Ehrenbürger abgehalten wurde, lassen sich die korporierten Studenten durch ihrer Kleidung (in „vollem Wichs", wie es damals hieß) identifizieren.
164 Vgl. auch den Text von Adelheid von Saldern, in dem sie die Streitigkeiten rund um die Namensgebung der 1916 zunächst als „Hindenburgstadion" getauften Sportbahn diskursiv analysiert. Von Saldern, Adelheid: Sport und Öffentlichkeit. Die Einweihungsfeier des hannoverschen Stadions im Jahre 1922, in: Schmid, Hans-Dieter (Hrsg.): Feste und Feiern in Hannover, Bielefeld 1995, S. 173–211.
165 Dass in diesem Punkt keine Meinungsfreiheit geduldet wurde, zeigt nicht zuletzt die Vertreibung Lessings, der es gewagt hatte, dieses Symbol zu kritisieren und in Frage zu stellen. Die hellsichtige Analyse Hindenburgs ist nachzulesen in: Lessing, Theodor: Hindenburg, in: Lessing (1997), S. 87. Dort findet sich auch ein Text, den Lessing 1925 direkt an die Studenten der TH Hannover richtete (S. 63).

kritisierte, dass die Reichsregierung sich nicht gegen Hindenburg durchgesetzt hatte.[166]

Die Studenten konnten sich also sicher sein, ihre Professoren, die Behörden sowie die Wehrmacht auf ihrer Seite zu haben. Derart gestärkt waren sie in der Lage, auch die Hundertjahrfeier der Technischen Hochschule Hannover nach ihren Regeln zu gestalten. Zunächst fanden die Studenten einen neuen Ausweg aus dem Dilemma rund um die ministerielle Anordnung Beckers. Auch bei dem Jubiläum der Hochschule durfte der Rektor keinen offiziellen Redner der DSt zur Kuppelsaalfeier zulassen, da diese nicht staatlich anerkannt war; bei der Gefallenenehrung, zum Kommers und zur Feier im Stadion billigte er der DSt das Rederecht jedoch zu. Um dennoch auch aktiv und Akzente setzend an der Feier teilnehmen zu können, fasste die Kammer den Beschluss, den Anweisungen des Rektors zwar nachzukommen und den Vorsitzenden der DSt nicht sprechen zu lassen, aber andererseits als Redner einen Studenten auszuwählen, der voll und ganz hinter der Politik der DSt stand und sich auch zu ihr bekennen sollte.[167] So konnte die DSt die Anweisungen von Rektor und Senat umgehen, die ihrerseits dieses Manöver zuließen.

Des Weiteren war im Festausschuss ein chinesischer Student aktiv, was von einem Kammervertreter in einer Kammersitzung beanstandet wurde. Im Protokoll ist festgehalten: „Darauf teilte der Vorstand mit, daß er sich schon bemüht hat, dafür einen Auslandsdeutschen in den Festausschuß zu bekommen. Seine Magnifizenz hat abgelehnt."[168] Die Kammer stellte daraufhin erneut einen Antrag, dass der Festausschuss auf die Mitarbeit eines „solchen Ausländers" verzichten solle. Einen Monat später konnte in der Kammersitzung die „Erfolgsmeldung" bekanntgegeben werden, dass es dem Vorstand gelungen sei, den Chinesen aus dem Festausschuss „zu entfernen". Die Kammer wählte daraufhin einen deutsch-baltischen Studenten als neues Mitglied in den Ausschuss.[169]

Die Reichsgründungsfeier im Januar 1933, die knapp zwei Wochen vor der Ernennung Hitlers zum Kanzler stattfand, war dadurch geprägt, dass die NSDStB-Mitglieder versuchten, im Vorstand der DSt ihre Position zu stärken und sich die öffentliche Aufmerksamkeit zu verschaffen, die ihnen ihrer Meinung nach zustand. Dieser Konflikt, in dem der neue Hochschulgruppenführer zu Klampen federführend war, deutet auf eine neue Qualität der Auseinandersetzungen von NS-Studen-

---

166 Vgl. Fevert, Ute: Ehrenmänner – Das Duell in der bürgerlichen Gesellschaft, München 1991, S. 244 ff.
167 „Andererseits verlangt die DSt, dass bei allen übrigen Festlichkeiten anlässlich der Hundertjahrfeier der erste Vorsitzer oder dessen Vertreter im Namen der DSt spricht. Dieser Beschluss hat keinesfalls grundsätzliche Bedeutung, es sei ausdrücklich festgestellt, dass er nur für die Hundertjahrfeier der THH gilt und ein besonderes Entgegenkommen der Deutschen Studentenschaft Rektor und Senat gegenüber bedeutet im Interesse einer reibungslosen Durchführung der Festlichkeit." Protokoll der Kammersitzung vom 19. 2. 1931, NHStA Hann 320 IV/9.
168 Hier zeigt sich schon deutlich in der Sprache die abwertende Haltung der Studenten, die den Chinesen als Sache (dafür – für etwas) zu betrachten scheinen. Protokoll der Kammersitzung vom 29. 1. 1931, NHStA Hann 320 IV/9.
169 Protokoll der Kammersitzung vom 19. 2. 1931, NHStA Hann 320 IV/9.

ten mit den korporierten Studenten des DSt-Vorstandes hin, die in den Anfangsjahren des nationalsozialistischen Staates bestimmend werden sollte.

Die Diskussionen der Studentenschaftsvertreter, die in den Kammersitzungen im Dezember 1932 und Januar 1933 der DSt ausgetragen wurden, drehten sich um die Frage, wer bei der anstehenden Reichsgründungsfeier wie chargieren dürfe. In der Kammersitzung im Dezember berichtete der DSt-Vorsitzende Dörrenberg, dass der Vorstand an Rektor Ludwig Klein die Forderung gestellt habe, dass bei der Feier im Kuppelsaal der NSDStB und der Stahlhelm mitchargieren und der Vorsitzende der DSt eine Rede halten dürfe. Die Verhandlungen mit dem Rektor waren zu dem Zeitpunkt noch zu keinem Abschluss gekommen, da dieser sich vor allem mit dem ersten Punkt nicht einverstanden erklären wollte. Daraufhin stellte der NS-Studentenbund in der nächsten Kammersitzung den Antrag, dass der Stahlhelm und der NSDStB an jeder Veranstaltung der DSt Hannover in ihren Uniformen teilnehmen könnten. Günther Thode, Mitglied des NSDStB und Leiter des Amtes für sozialstudentische Arbeit der DSt, begründete die Forderung damit, dass der Stahlhelm und der NS-Studentenbund von der DSt anerkannt seien und es ihnen daher überlassen sein müsse, in der ihr eigenen Form an den Feiern der DSt Hannover teilzunehmen. Er warf dem Vorstand der DSt vor, sich in bezug auf die bevorstehende Reichsgründungsfeier nicht genug eingesetzt zu haben, um die notwendige Genehmigung vom Rektor zu bekommen.[170]

Der Vorsitzende der DSt Dörrenberg wies diese Vorwürfe zurück und berichtete über den Gang der Verhandlungen, die er mit dem Rektor über die Abhaltung einer Reichsgründungsfeier geführt habe. Er wies darauf hin, dass der Vorstand sich die größte Mühe gegeben habe, die Wünsche der politischen Gruppen beim Rektor durchzusetzen. Der Rektor habe jedoch seine Zustimmung nicht geben können, da er durch einen Senatsbeschluss gebunden gewesen sei. Daraufhin erst habe er von seiner Forderung Abstand genommen, da sonst eine Reichsgründungsfeier mit Rektor und Senat nicht zustande gekommen wäre.[171]

Die in der Kammersitzung geführte Diskussion zwischen den Vorstandsmitgliedern und Erich zu Klampen verdeutlicht, dass dem neuen Hochschulgruppenführer die offizielle Anerkennung des NSDStB noch nicht weit genug ging. Im Gegenteil, die demonstrierte Einheit von korporierter Studentenschaft, Rektor und Senat lehnte er bereits vor der Machtübergabe entschieden ab und kritisierte damit implizit die überkommenen akademischer Strukturen allgemein und die als „reaktonär" verdächtigten Professoren im Besonderen.[172] So äußerte er in der Debatte die Vermutung, dass die korporierten Studenten der DSt prinzipiell Einwände dagegen hätten, dass die NSDStB-Studenten auf offiziellen Feiern in ihren Uniformen anwe-

---

170 Protokoll der Kammersitzung vom 16. 12. 1932, NHStA Hann 320 IV/9.
171 Protokoll der Kammersitzung vom 16. 2. 1933, NHStA Hann 320 IV/9.
172 Vgl. auch Grüttner (1995), S. 63 f. Das zeigt sich nur zwei Monate später in einem Schreiben vom 27. 3. 1933 zu Klampens an Prof. Dr.-Ing. Mäkelt, dem Gruppenführer der nationalsozialistischen Hochschullehrer der Preußischen Hochschulen in Berlin, in dem er angibt, daß ihm „im nationalsozialistischen Sinne zuverlässige Professoren [...] nicht bekannt" seien. NHStA Hann 320 IV/27.

send wären. Zu Klampen spielte damit auf eine Äußerung des Vorstandes an, die im Dezember 1932 in den Kammersitzungsprotokollen zu finden ist, und in der es heißt, es widerspräche dem studentischen Gepräge, wenn die politischen Gruppen in Uniform an Feiern der DSt teilnähmen. In einem internen Text zur Hochschulpolitik schilderte er die Auseinandersetzungen und kommentierte: „Hätte man Gepränge gesagt, dann könnten wir allenfalls noch einverstanden sein, denn wir sind allerdings schlicht und einfach, dafür aber offen und gerade."[173] Hier zeigen sich die Aversionen der nationalsozialistischen Studenten gegen das bürgerliche Element innerhalb der Verbindungen, welches durch die äußere Erscheinung der Studenten, die in „vollem Wichs" (siehe Abbildung 1) chargierten, augenscheinlich wurde. Die visuelle Darstellung des elitären Status der Akademiker in einem abgeschlossenen Kreis stand der Volksgemeinschaftsideologie diametral gegenüber. Dem „Pomp" der Korporierten setzten die Nationalsozialisten die Einfachheit und Schlichtheit ihrer Uniformen entgegen, die es den Studenten möglich machen sollte, Seite an Seite mit dem „Arbeiter der Faust" für das „neue Deutschland" zu kämpfen.

Hochschulgruppenführer zu Klampen bemerkte in der Sitzung weiter, dass die Mitglieder des NS-Studentenbunds den Antrag daher nur gestellt hätten, um zu überprüfen, ob die Kammervertreter sich ebenfalls auf den Standpunkt des Vorstandes stellen würden. Nach längerer und heftiger Debatte stellte ein Student des Vorstandes folgenden Antrag: „Die DSt ist bereit, den NSDStB und den Stahlhelm Studenten Bund bei ihren eigenen Veranstaltungen im Falle des Chargierens in den diesen Gruppen eigenen Formen auftreten zu lassen."[174] Das hieß für die Studenten des NS-Studentenbunds jedoch, dass nur die chargierenden Studenten in Uniform auftreten durften, die übrigen bei der Feier anwesenden Studenten jedoch nicht, womit sie sich in gewöhnlicher Straßenkleidung nicht von „ganz normalen" Studenten unterschieden hätten. Der Antrag wurde bei acht Stimmen Enthaltung angenommen, wobei es bei den Enthaltungen mit Sicherheit um die Stimmen der NS-Studenten handelte.

Die drei NSDStB-Studenten, die im Vorstand vertreten waren und die Ämter für sozial-studentische Arbeit, für die Presse und der Posten des Ältesten innehatten, legten daraufhin ihre Ämter nieder. Hochschulgruppenführer zu Klampen „verließ – angewidert von einem solch würdelosen Verhalten – den Saal und sogar diese folgerichtige Handlungsweise begleiteten sie [die übrigen Kammervertreter] noch mit einem höhnischen Beifallstrampeln."[175] Die Reichsgründungsfeier des Jahres 1933 konnte dann in „althergebrachter Form [...] als große Feier von Hochschule und

---

173 Hochschulgruppenführer Erich zu Klampen in einem Text zur Reichsgründungsfeier im Januar 1933, NHStA Hann 320 IV/31.
174 Protokoll der Kammersitzung vom 16. 1. 1933 NHStA Hann 320 IV/9.
175 NHStA Hann 320 IV/31.

Studentenschaft"[176] stattfinden, wie der Vorsitzende der DSt Dörrenberg in den *Hannoverschen Hochschulblättern* lobte.[177]

Zu Klampens Vorgehen fand sowohl bei Kreisleiter Heinrich Lüer als auch beim Kreishochschulinspektor Herbert Lindenberg nur verhaltenen Beifall. Die Verhältnisse an der Hochschule hätten durch das forcierte Vorgehen zu Klampens eine unnötige Schärfe bekommen. Dass der Senat zur Reichsgründungsfeier eine Fahnenabordnung des NS-Studentenbunds zugelassen habe, sei gemessen an den Verhältnissen an allen anderen Hochschulen immerhin ein Erfolg, wenn auch das an und für sich berechtigte Ansinnen, darüber hinaus Uniform zu tragen, nicht durchzusetzen gewesen sei.[178] Weiterhin warnte Lindenberg Hochschulgruppenführer zu Klampen davor, den Konflikt zu überspitzen und damit das gute Einvernehmen und die Einheit der Studentenschaft zu gefährden. Kreisleiter Heinrich Lüer, bei dem sich zu Klampen über die mangelnde Kooperation beschwerte, versuchte beschwichtigend auf diesen einzuwirken und ihm zu versichern, dass sowohl der Hochschulinspektor als auch er selber hinter ihm stünden.[179]

Die Streitigkeiten zwischen dem Hochschulgruppenführer zu Klampen und dem Kreisleiter der DSt Dörrenberg, der, wie an anderer Stelle gezeigt, keineswegs ein Gegner des Nationalsozialismus war, verdeutlichen, dass der NS-Studentenbund Anfang des Jahres 1933 in eine Sackgasse geraten war. Durch die Umorganisation weitgehend geschwächt, durch mangelnde Anweisungen verunsichert und durch die feststehende Front von Rektor, Senat und DSt in die Defensive getrieben, versuchte zu Klampen, durch aggressive Forderungen die Stellung seines Bundes zu festigen. Die erwähnte Angst des Hochschulgruppenführers vor dem Kreisleiter der DSt war nicht zuletzt darin begründet, dass es immer schwieriger wurde, innerhalb der hannoverschen Studentenschaft eigene Standpunkte zu etablieren und als Alternative

---

176 DSt der Te.Ho.Ha.: Mitteilungen des Vorstandes der DSt, in: *Hannoversche Hochschulblätter*, 16. Semesterfolge (Februar 1933) Nr. 5, S. 62.

177 Dort berichtete Dörrenberg über den Kompromiss, den er mit Rektor und Senat ausgehandelt hatte. Die DSt hätte vehement den Wunsch geäußert, „dass die ihr angehörenden und in ihr mitarbeitenden Gruppen – als Teil der Studentenschaft – berechtigt sein sollten, wie andere Gruppen und Verbindungen zu chargieren. Auf Grund dieses nachdrücklichen Eintretens des Vorstandes und weiterhin des Rektors, der unseren Standpunkt nachher ebenfalls vertrat, lief eine Senatssitzung, die sich mit der Zulassung der politischen Gruppen bei der Feier befaßte, günstig aus. Es wurde gestattet, dass Stahlhelm und NSDStB in ihren Uniformen chargieren könnten, dass dann allerdings sonst keine Uniformen im Saal vertreten sein sollten." Dörrenberg bewertete diesen Kompromiss in dem Artikel als äußerst günstig und annehmbar, da es nicht selbstverständlich sei, dass eine nicht staatliche anerkannte DSt mit dem Rektor einer Hochschule gemeinsam die Reichsgründungsfeier beginge. Außerdem hätte sich der Senat mit der Entscheidung, die politischen Gruppen chargieren zu lassen, „in Gegensatz zu Rektorenkonferenz und zur Entscheidung fast aller anderen Hochschulen gestellt". Die DSt der Te.Ho.Ha., Mitteilungen des Vorstandes, in: *Hannoversche Hochschulblätter*, 16. Semesterfolge (Februar 1933) Nr. 5, S. 62.

178 Kreishochschulinspektor Herbert Lindenberg in einem Schreiben vom 17. 1. 1933 an den Hochschulgruppenführer Erich zu Klampen, NHStA Hann 320 IV/32.

179 Heinrich Lüer in einem Schreiben vom 27. 1. 1933 an Erich zu Klampen, NHStA Hann 320 IV/32.

darzustellen. Es bestand auch angesichts der reichsweiten politischen Entwicklung die Gefahr, an der Hochschule wieder zu einem unbedeutenden Faktor zu werden.

Die Verhältnisse sollten sich allerdings bald ändern: Drei Wochen später, rund zwei Wochen nach der Machtübergabe an Hitler, schrieb Kreisleiter Lüer im Februar 1933 erneut an den Hochschulgruppenführer zu Klampen und gab eine Aussicht auf die nun folgende Studentenpolitik:

„Ich habe Kamerad Krüger gebeten, Ihnen nochmals zu schreiben. Vor dem Kreisleiter DSt, Herrn Dörrenberg, brauchen Sie wirklich keine Angst mehr zu haben; denn wenn er Ihnen nicht gehorchen will, so wird er einfach abgebaut. Es ist nur noch eine Frage von Wochen, bis das neue preussischen Studentenrecht erscheint, das auf Führerprinzip aufgebaut ist. Es wird dann möglich sein, Herrn Dörrenberg durch den Hauptvorstand der DSt einfach abzusetzen. Es scheint mir, als ob dann überhaupt die Stunde für Herrn Dörrenberg geschlagen hat."[180]

Zusammenfassung

Die Studenten der Technischen Hochschule Hannover gehörten seit Beginn der Weimarer Republik zum rechtskonservativen und nationalistischen Spektrum. Der „Fall Lessing" und der Konflikt der Studenten mit Kultusminister Becker im Jahr 1927 markierten den endgültigen Bruch der Studenten mit der Weimarer Republik. Da diese sich jedoch der Solidarität ihrer Professoren, der Behörden, der Wehrmacht und nicht zuletzt des Reichspräsidenten von Hindenburg gewiss sein konnten, bestand aus Sicht der Studenten wenig Anlass, sich den Gesetzen der preußischen Regierung zu beugen. Die Angehörigen der gesellschaftlich bedeutsamen und einflussreichen staatlichen Einrichtungen der Technischen Hochschule, der Behörden und der Wehrmacht verhielten sich gegenüber den demokratisch legitimierten Vertretern Preußens in höchstem Maße illoyal und haben das Scheitern der Weimarer Republik mit zu verantworten.[181]

Der NS-Studentenbund versuchte sich ab 1928 in die tradierten Strukturen sowie die dominierenden Diskurse der studentischen Verbindungen der Hochschule „einzuklinken" und konnte sich die zahlreichen politischen Übereinstimmungen mit den korporierten Studenten zu Nutze machen. Der NS-Studentenbund verfolgte eine Strategie, die die Nationalsozialisten im Zuge ihrer Entwicklung zu einer Massenpartei auch in anderen gesellschaftspolitischen Bereichen, wie zum Beispiel den landwirtschaftlichen Verbänden und den Arbeitnehmerorganisationen, anwandten. Zum einen handelte es sich um eine Form der Anpassung der NSDAP an die jeweiligen regionalen und sozialen Zusammenschlüsse, die darauf abzielte, Interessenten abzuwerben. Zum anderen gliederten sich Nationalsozialisten in die ver-

---

180 Heinrich Lüer in einem Schreiben vom 17. 2. 1933 an Erich zu Klampen, NHStA Hann 320 IV/32.
181 So auch Broszat: „Die konservativen Kräfte, namentlich in Reichswehr und Bürokratie, die hinter der Fassade unpolitischen Staatsdienertums gleichwohl die Tendenz zum autoritären Staat verkörperten, hatten beträchtlichen Anteil an der ‚Machtergreifung'." Broszat (1969[14]), S. 245.

schiedenen Organisationen ein, um sie schließlich zu unterwandern. Diese Doppelstrategie von Infiltration und (vermeintlicher) Assimilation verfolgten die Studenten des NSDStB auch in Hannover. Zwar fielen an der TH Hannover die Stimmengewinne und Mitgliedschaften für die nationalsozialistischen Studenten am Ende der Weimarer Republik nicht so hoch aus wie an anderen Universitäten und Hochschulen. Dies ist jedoch nicht auf eine grundsätzliche politische Gegnerschaft zum Nationalsozialismus zurückzuführen, sondern auf den Willen der korporierten Studenten, ihre hochschulpolitische Macht zu erhalten. Ihr Selbstverständnis als antidemokratische akademische Elite hatte sich in den zwanziger Jahren unter Mithilfe der Professoren verfestigt, so dass die Korporierten den NS-Studentenbund, dem aus ihrer Sicht auch das standesgemäße Aussehen und Auftreten fehlte, nicht nur nicht brauchten, sondern ihre eigenen traditionellen Organisationsformen als besser erachteten. Insofern war die Doppelstrategie der NS-Studenten in Hannover vergleichsweise weniger erfolgreich als an anderen Hochschulen. Die ständigen Auseinandersetzungen um die Deutungskompetenz schien der NSDStB Ende 1932, Anfang 1933 verloren zu haben. Dennoch, die Schlussfolgerung Grüttners, dass die Hochschulen im Januar 1933 als Hitler zum Reichskanzler ernannt wurde, „keine Hochburgen des Nationalsozialismus mehr"[182] waren, muss für die TH Hannover modifiziert werden: Die Technische Hochschule war keine Hochburg des NS-Studentenbunds, nationalsozialistische Einstellungen und Deutungen waren bei den meisten Studenten jedoch längst etabliert.

---

182 Grüttner (1995), S. 54.

2. Männer der Technik im Dienst von Nation und Krieg

> „Die Sprache der Technik ist die Zeichnung, ihre Denkweise ist Berechnung, und ihre Beweisführung ist der Erfolg." Oberingenieur Max Wind, Hannover, 1928.[1]
>
> „Ah, Ingenieur!" Und Dr. Krokowski's Lächeln zog sich gleichsam zurück, büßte an Kraft und Herzlichkeit für den Augenblick etwas ein. „Das ist wacker."[2]

Die Studenten waren mit der Immatrikulation an der Technischen Hochschule Hannover Teil eines institutionellen Ordnungsgefüges und nahmen automatisch einen bestimmten Status innerhalb der Gesellschaft ein. Die Stellung der Technischen Intelligenz[3] in den zwanziger und dreißiger Jahren war durch mehrere Faktoren geprägt, deren Hintergründe bis in das 19. Jahrhundert zurückreichen. Obwohl die Technischen Hochschulen 1899 das Promotionsrecht und damit formal die Gleichstellung mit den Universitäten erhalten hatten, kämpften die Ingenieure in Gesellschaft und Öffentlichkeit sowohl im Kaiserreich als auch in der Weimarer Republik weiterhin um ihre Integration in sozioökonomische Entscheidungsprozesse und um die Anerkennung ihrer beruflichen Leistungen.[4] Wegen der fortschreitenden technischen Entwicklung und Technisierung des Lebens forderten die Ingenieure ihre Integration in gesellschaftliche und politische Positionen, aber auch die Wertschätzung der Technik als Kulturgut. Die Technikeuphorie um die Jahrhundertwende war alles andere als ungebrochen. Nach wie vor wurde die industrielle Entwicklung auch von Unbehagen und Pessimismus begleitet, was allerdings kaum eine wirksame Gegen- oder Bremskraft zur technischen Entwicklung darstellte. Bereits im Kaiserreich hatten die negativen Begleiterscheinungen der Industrialisierung dazu geführt, dass die Debatte um den „Kulturwert der Technik" einen Höhepunkt erreichte. Die Ingenieure schalteten sich im Zuge ihrer Professionalisierung und Stan-

---

1 Wind, Max, Organisatorische und wirtschaftliche Grundsätze des modernen Vorrichtungsbaues, in: *Hannoversche Hochschulblätter*, 6. Semesterfolge (März 1928) Nr. 6, S. 82–86, hier S. 86.
2 Mann, Thomas: Der Zauberberg, Berlin 1924, S. 27.
3 Mit „Technischer Intelligenz" bezeichnen sowohl Ludwig als auch Hortleder einen Sammelbegriff, der Aussagen über Ingenieure, die auch für verwandte Berufe insbesondere für Chemiker und Physiker gelten, bündelt. „Technische Intelligenz" meint daher alle „Ausübenden einer technisch-qualifizierten Tätigkeit, und zwar nicht nur im unmittelbaren Produktionsprozess, sondern auch in staatlichen Forschungs- und Lehrinstituten sowie in der Verwaltung." Ludwig (1974), S. 30, Hortleder (1970), S. 13.
4 Siehe auch Ludwig (1974), S. 24, der die gesellschaftlichen Ambitionen der organisierten und weithin maßgeblichen Ingenieure als „im industriellen Interessenbereich neutralisiert und entökonomisiert, im Verhältnis zum Staat aber auf Anerkennung und steigenden Einfluß bedacht" charakterisiert.

despolitik in die Diskussionen ein, die bis dahin vor allem durch Philosophen, Theologen und Pädagogen dominiert wurde und dementsprechend eine geisteswissenschaftliche verengte Perspektive darstellte. Die Technik wurde nun mit dem Hinweis auf ihre kulturbringenden Leistungen als „Kulturfaktor" aufgewertet und publizierende Ingenieure entwickelten die These von der „Technik als Kulturleistung", die sie in der Ausübung ihres Berufs zum Kulturträger stilisierte. Der Kulturwert der Technik wurde so zum „Argument der Technischen Intelligenz für sozialen Aufstieg und Anerkennung."[5] Die traditionellen Eliten aus Adel, Militär, Beamtenschaft und Bildungsbürgertum, die die Schlüsselstellungen in Staat und Gesellschaft besetzten, sahen in der Technischen Intelligenz jedoch den Gegensatz zu „Geist" und „Kultur" verkörpert. Darüber hinaus waren sie bestrebt, ihre politische und gesellschaftliche Vormachtstellung zu erhalten und entwickelten in den verschiedenen gesellschaftlichen und politischen Systemen Strategien, um die Emanzipationsbestrebungen der Technischen Intelligenz abzuwehren.

Auch die mit dem Studium der Ingenieurswissenschaften verbundenen Berufsaussichten, die in den 20er und 30er Jahren nicht sehr gut waren, hängen eng mit der Frage nach dem Status des Ingenieursberufes in der Gesellschaft zusammen. Die spezifische Berufsgeschichte der Ingenieure und ihre Professionalisierung spielen dabei ebenso eine Rolle wie die fortschreitende Technisierung der Gesellschaft und die ambivalente Wahrnehmung dieser Veränderungen. Für die Studenten der Technischen Hochschule Hannover sind diese Implikationen des Ingenieurberufes zumindest mittelbar relevant und für die Deutung ihres zukünftigen Berufs und der Technik von erheblicher Wichtigkeit. Die Frage nach dem Selbstverständnis dieser spezifischen Gruppe ist somit Bestandteil der Reflexion über den Zusammenhang von gesellschaftlicher und technischer Entwicklung.

Im ersten Unterkapitel werden die *Hannoverschen Hochschulblätter* als Quelle und Diskussionsforum der Studenten dargestellt und analysiert, da sie zu einem großen Teil die Grundlage der nachfolgenden Ausführungen bilden. Anhand der studentischen Zeitung wird der „Technikdiskurs" der Zeit mit den spezifischen Wahrnehmungen der Studenten als angehende Ingenieure in Bezug gesetzt. Wie sprachen die Studenten über „Technik", ihr wissenschaftlich-technisches Studium, die Situation an der Hochschule, ihre Berufsaussichten und welche Deutungsmuster lassen sich erkennen? Die folgenden zwei Unterkapitel behandeln Artikel zu technischen Themen in den Jahren 1927 bis 1931, anhand derer die Schlüsselbegriffe und Traditionslinien der Ingenieursberufsgruppe nachgezeichnet und in ihrer Bedeutung für die Studenten der Technischen Hochschule bestimmt werden. Das letzte Unterkapitel fragt nach der Verbindung von Technik und Krieg im studentischen Diskurs

---

5 So der Titel der Einleitung des Bandes „Technische Intelligenz und ‚Kulturfaktor Technik'", deren Autoren feststellen, dass die Einschätzungen der Technischen Intelligenz um den Stellenwert der Technik kaum erforscht worden sind. Sie kommen zu der These, dass der öffentliche Diskurs um den kulturellen Stellenwert der Technik vom Kaiserreich bis zur frühen Bundesrepublik von einer „bemerkenswerten Kontinuität" geprägt sei. Vgl. Dietz, Burkhard/Fessner, Michael/Maier, Helmut: Vorwort, in: Dies.: Technische Intelligenz und „Kulturfaktor Technik", Münster 1996, S. VIII.

sowie nach den spezifischen Positionierung der Studenten in diesem Themenkomplex.
Studenten und Technik oder anders ausgedrückt, die Relation von technischem Studium und Technikverständnis auf der einen Seite und (un-)politischem Verhalten der Studenten am Ende der Weimarer Republik auf der anderen Seite stehen also im Mittelpunkt dieses Kapitels.

2.1 Die Hannoverschen Hochschulblätter als Diskussionsforum

Die von Studenten für Studenten publizierten *Hochschulblätter* waren ein von 1926 an zunächst zweiwöchig und ab Oktober 1927 bis 1935 monatlich erscheinendes Medium. Die Bandbreite der Artikel erstreckte sich über fachspezifische und hochschulpolitische Themen bis hin zu Informationen rund um das Studium, die von verschiedenen Autoren – Studenten, Professoren, Vertretern von Berufsverbänden, Studentenpfarrern und auch Politikern – verfasst oder nachgedruckt wurden.
Der Beginn des Wintersemesters 1927 stellte in mehrfacher Hinsicht eine Zäsur für die *Hannoverschen Hochschulblätter* dar. War im Titelblatt vom Publikationsstart 1926 an noch die Bezeichnung „amtliches Nachrichtenblatt der Rektorate und Studentenschaften der Hannoverschen Hochschulen und der Bergakademie Clausthal" zu lesen, so lautete der Untertitel ab Oktober 1927 „Akademische Zeitschrift für die Studierenden an den Technischen Hochschulen und Bergakademien". Diese Änderung hing damit zusammen, dass der DSt im September 1927 die staatliche Anerkennung entzogen worden war und die Rektorate offiziell der „harten" Linie Minister Beckers folgen mussten. Rektor und Senat stellten die finanzielle und sachliche Hilfe für die Studentenschaft ein, auch wenn sie inoffiziell die politische Einstellung der Studentenschaft in weiten Bereichen teilten.[6] So wurden die *Hochschulblätter* von diesem Zeitpunkt an bis zum Juli 1929 von Studenten produziert und herausgegeben, die *nicht* der DSt angehörten. Über diese Gruppe Studenten findet sich in den Quellen lediglich an einer Stelle eine politische Zuordnung. So heißt es in einem Schreiben, das der Führer des NS-Studentenbund, Böhmert, im Januar 1929 verfasste, dass eine an der Hochschule existierende „volksparteiliche Gruppe" insofern Bedeutung habe, „als es ihr gelungen ist, die Hochschulblätter, ein etwa monatlich erscheinendes Blatt, das umsonst verteilt wird, in die Hände zu bekommen."[7] Der Zeitraum dieser zwei Jahre ist daher in zweifacher Hinsicht von großer Bedeutung: Zum einen, weil die studentische Zeitung einen Einblick in die Interessen und Einstellungen der nicht organisierten und nicht korporierten Studenten bietet, die sonst in keiner anderen Quelle explizit und als eine handelnde soziale Gruppe identifiziert werden können. Zum anderen können vor dem Hinter-

---

6 Siehe Kapitel 1.
7 Karl Böhmert in einem Schreiben vom 30. 1. 1929 an den Leiter der Organisationsstelle und Geschäftsführer des NSDStB in München, Heinz Schulze, StA WÜ RSF II/5.

grund einer möglichen Bindung der Studenten an die Deutsche Volkspartei (DVP)[8] Differenzen zu den Studenten der DSt deutlich werden. Dabei geht es weniger darum, die einzelnen Schriftleiter biographisch zu verorten als vielmehr um die unterschiedlichen Deutungen von Technik, die sich in den Artikeln der *Hannoverschen Hochschulblätter* in dieser Phase finden lassen.

Hatten die *Hannoverschen Hochschulblätter* bis Oktober 1927 eher einen Informationscharakter, bei dem zum Beispiel Sportergebnisse einen großen Stellenwert einnahmen, so machten sie danach an einen engagierteren und auch professionelleren Eindruck. Das äußerte sich dadurch, dass verstärkt Artikel zu technischen Fragen sowie entsprechende Fotos und politische Texte veröffentlicht wurden. Nach einigen Berichten über die Technische Nothilfe aus dem Jahr 1926 findet sich mit dem Wechsel der Schriftleitung im Oktober 1927 erstmals eine Apparatur auf dem Titelbild, der im Inneren ein Artikel zu einer technischen Thematik entspricht (siehe Abbildung 2).

Vierspindel-Automat
(A. H. Schütte, Köln-Deutz)

Abb. 2: Vierspindel-Automat auf dem Titelblatt vom Oktober 1927

---

8 Die im Dezember 1918 unter Führung von Gustav Stresemann gegründete DVP beteiligte sich trotz grundsätzlicher Vorbehalte gegen die Weimarer Republik und ihre Verfassung an verschiedenen Koalitionsregierungen. Nach ihrer Zustimmung zum Ermächtigungsgesetz löste sich die DVP am 30. 6. 1933 auf. In ihrem Scheitern dokumentiert sich der Niedergang des Liberalismus sowie das Versagen weiter Teile des Bürgertums in der Endphase der ersten deutschen Demokratie. Benz/Graml/Weiß (1999), S. 1189.

Von den 27 Ausgaben, die der neue Schriftleiter W.J. Kapune bis zum Dezember 1929 zu verantworten hatte, tragen 23 auf dem Titelbild Fotos oder Zeichnungen von Werkzeugmaschinen, Fahrzeugen sowie Bauten wie zum Beispiel die Schwebefähre über dem Hafen von Rio de Janeiro. Inhaltlich sind technische Themen in 16 Heften vertreten, wobei hier nicht nur rein technische Abhandlungen, sondern auch das technische Studium, technisch-berufliche Organisationen oder die Technikgeschichte betreffende Artikel zu zählen sind. Neben der fächerspezifischen Ausrichtung der Blätter wurden zudem Texte abgedruckt, die sich mit dem Verhältnis der Studenten zur Politik, zum Staat und zur Hochschule beschäftigen. Neben diesen Texten, in denen in allen Fällen nationalistische Fragen berührt werden, sind bis Juli 1929 jedoch auch zwei ausgewogenere Ausführungen vertreten. Für den gesamten Zeitraum ist festzustellen, dass Fragen rund um den deutschen Nationalismus eine Art Paralleltext zu den technischen Abhandlungen abgeben und einen breiten Raum einnehmen.

Ab Juli 1929 sind keine technischen Fotos oder Zeichnungen mehr im Inneren der *Hannoverschen Hochschulblätter* zu finden, sondern Karikaturen oder beispielsweise Fotos der akademischen Reitabteilung. An Stelle der Maschinen wurden lediglich noch in drei Ausgaben Fotos vom Inneren des Dampfers „Bremen" des Norddeutschen Lloyd abgelichtet. Die Titelbilder zeigen ebenfalls den Dampfer und im Dezember eine Junkers-Maschine und sind somit noch im weitesten Sinn „der Technik" zuzurechnen. Dadurch, dass in den Ausgaben keine entsprechenden Artikel mehr zu finden sind, lässt sich jedoch erkennen, dass der Schwerpunkt „Technik" langsam abgebaut wurde. Die bereits seit 1927 als „Paralleltexte" ausgemachten nationalistischen und militaristischen Inhalte der *Hannoverschen Hochschulblätter* wurden mit dem Wechsel in der Schriftleitung im Januar und Februar 1930 dann deutlicher sichtbar.

Diesem Wechsel vorangegangen war eine hochschulpolitisch bedeutsame Entscheidung von Senat und Rektor, die darin bestand, der staatlich nicht anerkannten DSt die Verantwortung für die *Hannoverschen Hochschulblätter* zurückzugeben. Bekannt ist zudem, dass auch die *nationalpolitische Arbeitsgemeinschaft*, hinter der sich, wie gezeigt, dem NSDStB zugehörige Studenten verbargen, Interesse an den *Hochschulblättern* hatte und sich um deren Übernahme bemühte. Wer nun tatsächlich den Wechsel anordnete oder genehmigte und in welcher Instanz dieser entschieden worden ist, konnte nicht ermittelt werden. Fest steht nur, dass ab Juli 1929 im Impressum der Zeitschrift wieder das Presseamt der DSt auftaucht und auch in einem Kammersitzungsprotokoll vermerkt wurde: „Die Hannoverschen Hochschulblätter sind wieder in der Hand der Studentenschaft."[9] Dass die DSt ihren Einfluss umgehend hat wirksam werden lassen, lässt sich an Aufmachung und Inhalt der studentischen Zeitung gut nachvollziehen. Zwar verblieb der Schriftleiterposten zunächst bei dem Studenten W.J. Kapune, aber die politischen Diskussionen rund um den „Grenzlandkampf", die Abrüstungskonferenz, die Langemarckfeiern und

---

9 Protokoll der Kammersitzung vom 15. 7. 1929, NHStA Hann 320 IV/9.

andere nationale Themen traten mehr und mehr in den Vordergrund der *Hochschulblätter*.

Vom Februar 1930 an übernahm der angehende Ingenieur Hans Backe, der keiner Verbindung angehörte, sondern als „Wildenschaftler" im Vorstand der DSt tätig war, das Amt als Pressewart. Er kündigte an, dass die *Hannoverschen Hochschulblätter* sich sowohl äußerlich als auch vom Inhalt her verändern würden:

> „Neben allgemein-wissenschaftlichen Aufsätzen sollen Referate über Probleme des studentischen Lebens gebracht werden – insbesondere in bezug auf die hiesigen Hochschulen. Der Charakter der Hochschulblätter als offizielles Blatt der Hannoverschen Studentenschaft wird dadurch betont werden, daß in Zukunft Verordnungen der akademischen Behörden und der einzelnen Dozenten, sowie Bekanntmachungen der studentischen Ausschüsse veröffentlicht werden."[10]

Das angestrebte Ziel sei es, die *Hochschulblätter* als diejenige Instanz zu etablieren, die alle während des Semesters auftauchenden Fragen der Studenten beantworte. Zudem begann Backe mit dem ersten von ihm herausgegebenen Heft in loser Reihenfolge die studentischen Ehrendenkmäler der Verbände abzudrucken. Diese Denkmäler sind von den einzelnen Verbindungen an unterschiedlichen Orten im Reich errichtet worden. Alte Herren und Studenten wollten auf diese Weise „ihren [im Ersten Weltkrieg] gefallenen Kommilitonen" ein Zeichen der Ehre setzen. Gekoppelt war dieser Schwerpunkt an die „Langemarckspende der Deutschen Studentenschaft."[11]

Von den 24 Ausgaben, die unter Hans Backe von Januar 1930 bis Oktober 1931 erschienen sind, tragen acht die Fotos von Ehrendenkmälern der Verbände von Korporationen oder Langemarck-Gedenkstätten auf dem Titel. Auf sieben Heften finden sich technische Bilder, ebenfalls sieben zeigen die Technische Hochschule Hannover und zwei Ausgaben beschäftigen sich (Titel-)bildlich und textuell mit der „Grenzproblematik" Deutschlands. Artikel mit technischen Inhalten sind in zehn Ausgaben zu finden, was einem Anteil von 42 Prozent entspricht. Gegenüber dem Zeitraum von Oktober 1927 bis Juni 1929 bedeutet das einen Rückgang um 39 Prozentpunkte. Auch Technikfotos auf dem Titel sind in dem Zeitraum wesentlich seltener auszumachen: Sie reduzierten sich von 90 auf 29 Prozent.

Betrachtet man die Phase, in der die DSt die *Hochschulblätter* herausgab, als Ganzes (also inklusive der restlichen sechs Monate, in denen Schriftleiter Kapune die Zeitung herausgab von Juli 1929 bis Dezember 1931) verschwanden die Technikfotos im Inneren vollständig, reduzierten sich die Technikartikel von 81 auf 36 Prozent und die Technikfotos auf dem Titel von 90 auf ebenfalls 36 Prozent (siehe die folgende Tabelle 1). Mit dem erneuten Wechsel des Schriftleiters im Januar 1932, verantwortlich war nun der Maschinenbaustudent Hans Sievert, herrschten schließlich nur noch nationalistische und hochschulpolitische Themen vor, höchstens flan-

---

10 Backe, Hans: Aus der Redaktionsstube, in: *Hannoversche Hochschulblätter* 10. Semesterfolge (Februar 1930) Nr. 5, S. 49.
11 Backe, Hans: Studentische Ehrenmäler, ebenda.

kiert durch Titelfotos der Technischen Hochschule, des Georgengartens oder des Studentenwohnheims.

Tab. 1: Die Hannoverschen Hochschulblätter Oktober 1927 – September 1931

	Oktober 1927 bis Juni 1929	Juli 1929 bis Dezember 1929	Januar 1930 bis Dezember 1931
Ausgaben	21	6	24
Technikartikel	17 (81%)	1	10 (42%)
Technikfotos Titel	19 (90%)	4	7 (29%)
Technikfotos Innen	Durchgehend	Keine	
Verantwortlich für Publikation	„Freistudenten"	Presseamt der DSt	
Schriftleitung	Cand. rer. electr. W. J. Kapune		Cand. ing. H. Backe[*]

[*] Lediglich im Januar 1930 bekleidete cand. ing. Max Eduart Hammer den Schriftleiterposten der *Hannoverschen Hochschulblätter*, er war Mitglied der DSt und im Vorstand der Studentenschaft sowie Mitglied der Burschenschaft Cimbria.

Quelle: Eigene Auswertung der *Hannoverschen Hochschulblätter* 1927 bis 1935

Die hochschulpolitische Machtverschiebung wurde demnach in den *Hannoverschen Hochschulblättern* sofort visuell umgesetzt, in dem die DSt verstärkt Ehrendenkmäler der verschiedenen Verbände auf die Titel- und Innenseiten der Blätter rückte. Das Zusammenspiel der verschiedenen Agitationsformen der DSt, die sich wiederholt öffentlich gegen den Weimarer Staat richtete, sind in ihrer Relevanz nicht zu unterschätzen. Die Studenten der DSt waren durch die *Hannoverschen Hochschulblätter* (wieder) in der Lage, ihre Deutung der politischen Verhältnisse innerhalb der akademischen Welt zu verbreiten und so den hochschulinternen Diskurs zu dominieren. Die nationalistischen, revanchistischen, rechtskonservativen und republikfeindlichen Ideologien, Symbolen und Mythen der Verbindungsstudenten erstreckten sich damit nicht nur auf die Feste, Feiern und Gedenktage, sondern auch auf die offizielle studentische Zeitung.

Die *Hannoverschen Hochschulblätter* sind dennoch auch nach 1933 als gute und vielseitige Quelle nutzbar, da sie nicht so „gleichgeschaltet" waren wie beispielsweise die Freiburger Studentenpresse, die nach Geoffrey J. Giles nur „ein selbstherrliches Bild des braunen Engagements der Gesamtstudentenschaft"[12] widerspiegelte. Die *Hannoversche Hochschulblätter* sind erst Ende 1935 vom Hauptstellenleiter für Presse und Propaganda „liquidiert" worden, da sie nach seiner Auffassung nicht im Sinne eines nationalsozialistischen Kampfblattes agiert hätten.[13]

Der im folgenden betrachtete Zeitraum der *Hannoverschen Hochschulblätter* von Oktober 1927 bis Oktober 1931 widmet sich den in dieser Zeit abgedruckten Artikeln, die sich mit technischen Belangen, technischem Studium sowie der Stellung und der Aufgabe des Ingenieurs in der Gesellschaft beschäftigen: An welche Be-

---

12 Giles (1991), S. 44.
13 Siehe dazu ausführlich Kapitel 5.4.

griffe und Bilder ist das Verständnis von Technik gebunden? In welchem Kontext gesellschaftlicher und wirtschaftspolitischer Art können die Artikel gesehen werden? Sind spezifisch studentische Perspektiven auszumachen, die Hinweise auf eine eigene Positionierung der Studenten innerhalb der Gesellschaft am Ende der zwanziger Jahre geben? Gefragt wird weiterhin nach den nationalistischen Ausprägungen der *Hochschulblätter*: Stehen diese Artikel autonom neben den technischen Texten oder lassen sich Anknüpfungspunkte herausarbeiten? Gibt es Erklärungen gesellschaftlicher oder politischer Art dafür, dass zunächst die technischen Bilder im Inneren der studentischen Zeitung verschwanden, dann nach und nach die Titelbilder nationalistische Motive trugen und schließlich die Artikel, die direkt etwas mit Technischer Hochschule, dem Studium der Ingenieurswissenschaften oder der Technik im allgemeinen zu tun haben, weniger wurden und ganz verschwanden?

Abb. 3: Die Pumpmaschinen der Wasserkunst in Herrenhausen Februar 1928

Die Analyse konzentriert sich in diesem Rahmen auf Textstellen, die einen Bezug zur Technik haben, aber nicht rein fachlicher Natur sind. Konstruktionszeichnungen und Artikel, die technische Details wie Funktionsabläufe von Maschinen und Fahrzeugen erläutern, wurden daher nicht berücksichtigt. Ein Artikel zu Geschichte und Aufbau der „Wasserkunst" in Herrenhausen samt Konstruktionszeichnung vermittelt zwar in den rein fachlichen Sequenzen nur den Aufbau der Anlage und die Funktionsweise der Pumpmaschinen – einer der Gründe, warum Ingenieure von der Neutralität der Technik sprechen, die dann während des Nationalsozialismus „missbraucht" worden sei. Die das technische Bauwerk einführenden Worte weisen jedoch auf den Interpretationsrahmen hin, in dem die konstruierenden Ingenieure ihre Arbeit bewertet sehen wollten. So wird die Pumpmaschine in Herrenhausen (siehe Abbildung 3), die „Wasserkunst", als „interessantes und bedeutendstes technisches Kulturdenkmal"[14] eingeführt und damit in den Rang von Kunst und Kultur gestellt. Das als Denkmal bezeichnete technische Artefakt spiegelt so das Selbstverständnis der Ingenieure, die das Image der von ihnen produzierten und gemeinhin mit „rauchend" und „staubig" assoziierten Maschinen zu ästhetisieren suchten, um so den Status ihrer Arbeit und geschaffenen Werke zu erhöhen und zu verbessern. Mit der Losung „Technik ist Kunst" „erhoben sich die Ingenieure selbst in den Rang von kulturhistorisch zweifelsfrei anzuerkennenden Künstlern."[15]

2.2 Das Wunschbild: Der technische Akademiker als Führer aus der Krise

Im Oktober 1927 erschien erstmals eine Ausgabe der *Hannoverschen Hochschulblätter*, die sowohl durch Text als auch durch Bilder einen technischen Schwerpunkt aufwies. Das Heft ist mit neun Fotos von Werkzeugmaschinen bebildert, die in zwei Fällen auch detaillierte Angaben zu den Einzelteilen beinhalten. Gezeigt werden ein Gewindeschneidkopf SL und ein selbstöffnender Gewindeschneidkopf SH, auf dem Titelblatt ist der in Abbildung 1 gezeigte Vierspindel- Automat zu sehen. Der Text mit dem Titel „Werkstoffprobleme" rückt ein fachtechnisches Problem in den Mittelpunkt. Der Artikel bezieht sich auf die erste große Werkstofftagung des VDI (Verein Deutscher Ingenieure), die vom 22. Oktober bis 13. November 1927 in Berlin stattfand und die, wie der Verfasser angab, das Interesse weitester Kreise auf ein Gebiet gelenkt habe, das trotz seiner ungeheuren Bedeutung für die Fortentwicklung der Technik bisher nicht die ihm zukommende Beachtung erfahren hätte. Es handelte sich um die besondere Bedeutung von Roh- und Werkstoffen bei der Erzeugung technischer Maschinen, Apparate und Bauten. Je schneller die technische Entwicklung fortschreite, je höher die Anforderungen seien, die in mechanischer, chemischer und physikalischer Hinsicht an die technischen Vorrichtungen gestellt würden, um so mehr sei es notwendig, die Qualität der Bau- und Werkstoffe den gesteigerten Anforderungen anzupassen, denn:

> „Jeder Stillstand ist Rückgang. Gerade die deutsche Industrie hat in den Kriegs- und den ersten Nachkriegsjahren einerseits zu weitgehenden Einschränkungen in materialtechnischer Hinsicht, andererseits aber infolge militärischer und wirtschaftlicher Forderungen zu stärkster Anspannung und Leistungssteigerung gezwungen, erfahren müssen, mit welchen Opfern technische Fortschritte nur erreicht werden können, wenn das Wichtigste, der Rohstoff, fehlt oder nur in geringer Qualität vorhanden war."[16]

---

14 Jäger, Ernst (Dipl. Ing.): Die Wasserkunst in Herrenhausen bei Hannover, in: *Hannoversche Hochschulblätter*, 6. Semesterfolge (Februar 1928) Nr. 5, S. 69–73, hier S. 69.

15 Dietz/Fessner/Maier (1996), S. 14. Die Losung zählte zu den „erfolgreichsten in der Emanzipationsliteratur der Technischen Intelligenz bis nach 1945" und schlug sich auch praktisch nieder, in dem z. B. technische Maschinen mit gotischen Bögen u.ä. verziert wurden. Ebenda, S. 13.

16 Unbekannter Autor: Werkstoffprobleme, in: *Hannoversche Hochschulblätter*, 6. Semesterfolge, (Oktober 1927) Nr. 1, S. 3–5, hier S. 3 f.

In diesem Absatz tauchen mehrere Topoi des Technikdiskurses dieser Zeit auf. So impliziert der Satz zwei Botschaften: Zum einen die, dass der Fortgang technischer Entwicklungen an sich nicht aufzuhalten sei, also eine „natürliche" Begebenheit darstelle, die nur durch äußere Zwänge zum Stillstand genötigt werden könne. Zum anderen bedeute ein wie auch immer hervorgerufener Stillstand einen Rückgang in der industriellen Erzeugung und damit auch ein Hintertreffen in der Konkurrenz zum Ausland.

Mit dem Hinweis darauf, dass es ganz natürlich sei, dass sowohl die Fachwelt als auch die „nicht in technischen Berufen stehenden Menschen" zunächst eher die sichtbaren technischen Errungenschaften wahrnähmen, insistierte der Autor letztlich darauf, die Werkstoffforschung zu verstärken, voranzutreiben und in der Industrie einzusetzen. Das Jahr 1900 hatte eine Zäsur in der technischen und gesellschaftlichen Entwicklung markierte. In technisch-industrieller Hinsicht wurde die Vorherrschaft von Kohle und Stahl, Dampfmaschinen und Dampflokomotiven durch die Innovationen Benzin und Öl, Leichtmetalle und Kunststoffe, durch elektrischen Kraftantrieb und Benzinmotor erschüttert. So wurde das seit 1900 beschleunigte Produktionstempo von Werkzeugmaschinen durch die von deutschen Ingenieuren entwickelten Hartmetalle erreicht, die gegenüber dem Schnellstahl eine wesentlich höhere Schnittgeschwindigkeit und Genauigkeit erzielen konnten.[17] Waren Eisen und Stahl noch durch handwerkliche Techniken zu bearbeiten gewesen, traf das auf die neuen Hart- und Leichtmetalle nicht mehr zu. In der Industrie wurden angeschaffte Maschinen so lange wie möglich genutzt, um zum Beispiel die erreichte Stabilität in der Betriebsorganisation zu erhalten. Die Einführung technischer Innovationen und neuer Maschinen wurde dadurch gehemmt und in der Verbreitung gebremst. Daher bestand noch immer kein „dringender Bedarf nach wissenschaftlich ausgebildeten Ingenieuren, obwohl die ‚Verwissenschaftlichung' in den zwanziger Jahren eine Mode war, die sich in zahlreichen Institutsgründungen manifestierte."[18]

Die Entwicklung und Erforschung neuer Technologien hing entscheidend von den Werkstoffen ab, da „die technische Ausnutzung von vielleicht längst bekannten Naturgesetzen und Vorgängen [erst] möglich wurde, als ein Werkstoff zur Verfügung stand, der bei den in Frage kommenden Beanspruchungen verwendet werden konnte."[19] Der durch die Kriegs- und Nachkriegsjahre sowie durch die Forderungen der Alliierten in militärischen und wirtschaftlichen Bereichen nach 1918 verursachte Rohstoffmangel trüge ebenfalls zur Einschränkung des industriellen Fortschritts bei. Vom deutschen Ingenieur sei damit trotz begrenzter Möglichkeiten „stärkste Anspannung und Leistungssteigerung"[20] sowie Opfer gefordert, wie der Autor ausführte. Der Hinweis auf die Opferrolle der technischen Wissenschaften kann als In-

---

17 Vgl. Radkau (1989), S. 225.
18 Ebenda, S. 237.
19 So zum Beispiel in der Luftschiffahrt, deren Problem gelöst wurde, als man ein Gas fand, das leichter als Luft war und den „schweren Teilen genügend Auftrieb gab, und eine Hülle, die dünn, elastisch und widerstandsfähig war gegen alle durch Witterungsänderungen usw. auftretenden Beanspruchungen." Unbekannter Autor: Werkstoffprobleme, (Oktober 1927) S. 4.
20 Ebenda.

diz gedeutet werden, dass den Ingenieuren noch immer der Vorwurf der Gesellschaft präsent war, für den verlorenen Krieg, der auch als „engineers war"[21] bezeichnet wurde, teilweise verantwortlich gewesen zu sein. Die Klage der Generäle über die unzulängliche technische Ausrüstung wiesen die Ingenieure jedoch in der Retrospektive mit dem Hinweis zurück, dass sowohl Militär als auch Wirtschaft und Bürokratie durch Dilettantismus und falsche Entscheidungen versagt hätten. Die Technische Intelligenz reklamierte bereits 1917

> „eigenes Unverschulden, und noch in der Endphase der Weimarer Republik kam sie darauf zurück. Die Niederlage beeinträchtigte dennoch das gesellschaftliche Ansehen der Ingenieurberufsgruppe, denn zu lange und zu ausdauernd hatte das Kriegs-Presse-Amt den ‚Sieg der deutschen Technik' hinausposaunt."[22]

Der verlorene Krieg hatte jedoch nicht nur Auswirkungen auf das Ansehen der Ingenieure. Auch die Wahrnehmung und Bewertung von Technik erfuhr durch den Konnex von technischem Fortschritt mit Kriegsrüstung und -führung einen Wandel. Sowohl die machtpolitischen Implikationen als auch das destruktive Potenzial wurden überdeutlich sichtbar und führten in der Bevölkerung zu ambivalenten Einschätzungen von Technik.

Es wundert daher nicht, dass der VDI im Interesse des technischen Fortschritts, der von den Ingenieuren immer rückhaltlos bejaht wurde, auch nicht-technische Kreise von der Relevanz der Werkstoffforschung überzeugen wollte. Von der Qualität der verschiedenen Werkstoffe hing nicht nur die technische Ausführbarkeit physikalischer und chemischer Verfahren ab, sondern auch deren Wirtschaftlichkeit und die Sicherheit innerhalb der Betriebe. So sahen die Ingenieure des VDI die Aufgabe der Werkstofftagung darin, die „Gemeinschaftsarbeit zwischen allen Gruppen der Verbraucher und Erzeuger zu fördern, die Kenntnis von den Werkstoffen zu verbreiten und das Verständnis für ihre Bedeutung in weitesten Kreisen zu wecken."[23] Das erhoffte Ziel der Werkstoffschau sei es, „dem In- und Ausland die hochwertigen und auf wissenschaftlichen Grundlagen entwickelten Eigenschaften der deutschen Werkstoffe und ihrer Prüfung zum Besten des deutschen Absatzes vor Augen zu führen."[24] Letztlich ging es der Technischen Intelligenz darum, den technischen Fortschritt als Motor für die Überwindung der ökonomischen Krise der Weimarer Republik und den (Wieder-)Aufstieg Deutschlands zu präsentieren und in Gesellschaft und Politik publik zu machen.

---

21 Die Bezeichnung geht auf den englischen Ministerpräsidenten Lloyd George zurück. Vgl. Ludwig, Karl-Heinz: Technik und Ingenieure im Dritten Reich, Düsseldorf 1974, S. 32 und Radkau, (1989), S. 239. Siehe auch Braun, Hans-Joachim: „Krieg der Ingenieure": das mechanisierte Schlachtfeld, in: Ders./Kaiser, Walter: Energiewirtschaft, Automatisierung, Information seit 1914, Propyläen Technikgeschichte Bd. 5, Berlin 1997, S. 172–206.
22 Ludwig (1974), S. 32 f. Vgl. auch Dietz/Fessner/Maier: Der „Kulturwert der Technik" als Argument der Technischen Intelligenz für sozialen Aufstieg und Anerkennung, in: Dies., (1989), S. 239 f.
23 Unbekannter Autor: Werkstoffprobleme (Oktober 1927), S. 4.
24 Mohr, F. Dr. Ing.e.h.: Ueber mechanische Werkstoffprüfung und einige neuere Prüfmaschinen auf der Werkstoffschau, in: *Hannoversche Hochschulblätter*, 6. Semesterfolge (Dezember 1927) Nr. 3, S. 41 f.

Die in dem Text erwähnte und vom Autor für notwendig erachtete Gemeinschaftsarbeit – ein zentraler Begriff innerhalb der Berufsgeschichte der Ingenieure – war traditionell an die recht vage Vorstellung gebunden, technische Errungenschaften zum Gesamtwohl einzusetzen und die bestehenden Klassengegensätze abzubauen. Waren die Ingenieure nach 1918 noch bemüht, einen Weg in die Politik zu finden, in die sie die zweckrationale Sachlichkeit ihres Denkens praktisch zur Anwendung kommen lassen wollten, so wandten sie sich in der zweiten Hälfte der zwanziger Jahre tendenziell vom Weimarer Staat und dem Parlamentarismus ab.[25] Enttäuscht, dass der Staat ihnen noch immer keinen Zugang zu den politischen Führungspositionen, zum Beispiel in Form eines Technikministeriums, einräumte, erschienen ihnen die Parteien als vorwiegend interessegeleitet und fern von den aus ihrer Sicht angebrachten technisch-sachlichen Lösungen der sozioökonomischen Probleme.

Die Ingenieure ersetzten die zuvor überwiegend publizistisch formulierte Kritik an den kapitalistischen Herrschaftsverhältnissen schließlich durch den „Sachdienst" (Dessauer) als Leitgedanken. Auf dieser Basis ließ sich eine Dichotomie zwischen dem parlamentarischen System auf der einen Seite und der Überparteilichkeit der Technik auf der anderen Seite konstruieren. Die Denkweise technischer Rationalität war in den Augen der Ingenieure prädestiniert, objektive Entscheidungen frei von wirtschaftlichen, parteipolitischen und interessegeleiteten Ambitionen, zu Gunsten des Allgemeinwohls zu fällen. Das ideologische Konstrukt einer neutralen, sich beständig weiterentwickelnden Technik kann zum einen als Reaktion auf die antitechnische Kulturkritik[26] verstanden werden, zum anderen konnte sich die Technische Intelligenz auf diese Weise „einen Freiraum [schaffen], der sie oft ihre soziale und politische Verantwortung vergessen ließ."[27] So spielte es für die Ingenieure – laut Ludwig existierte in der Weimarer Republik tatsächlich eine Art einheitliche Mentalität innerhalb dieser Berufsgruppe[28], obwohl sie in keinem übergreifenden Verbund organisiert waren – nur eine geringe Rolle, in welcher Staatsform[29] sie agier-

---

25 Das mag in der Zeit der „relativen Stabilisierung" zunächst erstaunen, wird aber umso aussagekräftiger je mehr die Stabilität dieser Phase der Weimarer Republik kritisch hinterfragt wird: „Mochte die parlamentarisch-parteienstaatliche Demokratie einige Jahre lang auch leidlich funktionieren: ein stabiles parlamentarisches Regierungssystem entwickelte sich in der Phase der ‚relativen Stabilisierung' nicht; und im Bereich der Wirtschafts- und Sozialpolitik verhärteten sich in eben jenen Jahren die Fronten, wurde ein Konfliktpotential angehäuft, das nach Entladung drängte." Kolb (1998), S. 72.
26 In der Bevölkerung wurden Innovationen wie Mechanisierung und Rationalisierung auch mit der Massenarbeitslosigkeit in Verbindung gebracht und führten dazu, dass die Stimmen „antitechnischer Kulturkritik" zunahmen. Die Ingenieure lehnten die Verantwortung für diese Entwicklung mit dem Hinweis, dass sie im Rahmen technischer Innovationen keine Entscheidungsbefugnis hätten, ab. Vgl. Dietz/Fessner/Maier (1996), S. 8.
27 Ebenda, S. 3.
28 Ludwig (1974), S. 38.
29 Vgl. ebenda, S. 41 ff. Ludwig zitiert in diesem Zusammenhang einen Diplom-Ingenieur, dessen Aussage aufschlussreich ist: „Welche Form der Staat hat, ist dem Ingenieur höchst gleichgültig, genauso gleichgültig wie die Frage, ob das Maschinenhaus mit weißen oder grünen Kacheln ausgelegt ist; wesentlich ist, daß die Maschine arbeitet, und zwar mit anständigem Wirkungsgrad." Büttner, W.: Ingenieur, Volk und Welt, Leipzig 1927, S. 175, zitiert nach Ludwig (1974), S. 42.

ten. Wichtig war ihnen, dass der technische Fortschritt durchgesetzt wurde. Diese Indifferenz der technischen Elite gegenüber der Weimarer Republik ist ein Indikator für die strukturelle Schwäche einer Demokratie, der es nicht gelang, tragende gesellschaftliche Gruppen in die neue Staatsform einzubinden.

Die von den Ingenieuren angestrebte technische Gemeinschaftsarbeit ließ sich in der Demokratie nach wie vor nur mittelbar über die Industrie verwirklichen, in der jedoch in erster Linie Unternehmer und nicht Ingenieure das Sagen hatten. Hinzu kam, dass der „Kapitalmangel" dieser Zeit sich vorzugsweise in innovativen Branchen wie Chemie, Maschinenbau oder der Elektroindustrie bemerkbar machte, in denen Ingenieure größtenteils angestellt waren.[30] Aber auch die Aufstiegsmöglichkeiten von Ingenieuren im Staatsdienst waren Ende der zwanziger Jahre äußerst begrenzt. In der Verwaltung besaßen nach wie vor die Juristen ein Monopol[31] und zeigten sich wenig geneigt, dieses aufzugeben. Der relativ neuen Berufsgruppe der Ingenieure wurde die Integration in gesellschaftliche und politische Schlüsselpositionen erschwert und auch verweigert. Zum einen, weil die moderne Technik von einflussreichen Teilen der Bevölkerung, der alten bildungsbürgerlichen Elite, nicht akzeptiert wurde, zum anderen, weil sich die Technik für viele als mit wissenschaftlichen Begriffen versehenes Handwerk definierte. Hinzu kam, dass die Ingenieure eine heterogene Berufsgruppe waren, die sich aus Technikern verschiedenster sozialer Herkunft und diplomierten Hochschulabgängern zusammensetzte:

> „Diese Wurzel des Ingenieurberufs und die aus ihr resultierenden Folgen sind für sein soziales Selbstverständnis und damit auch für sein Gesellschaftsbild von zentraler Bedeutung. Es hat über hundert Jahre gedauert, auch hervorragende Ingenieure vom Odium des ‚Technikers', des ‚Elektrikers', des ‚Installateurs' zu befreien."[32]

Der VDI (Verein Deutscher Ingenieure), einer der ältesten und größten Ingenieurvereine wurde 1856 gegründet und verstand sich als Verein von „Männern der Technik". Die soziale Zusammensetzung der Mitglieder reichte vom „Techniker, der sich stolz Ingenieur nannte, über den Staatsbeamten bei einer Eisenbahnverwaltung bis zum Unternehmer, der in der Technik nicht mehr als ein Instrument der Gewinnmaximierung sah."[33] Die Berufsbezeichnung „Ingenieur" wurde erst 1965 rechtlich geschützt und an den Nachweis einer Ingenieur- oder Hochschule gebunden. Das führte dazu, dass sich 1909 in Abgrenzung zum VDI der VDDI, der Verein Deutscher Diplomingenieure, bildete, der nur Akademiker aufnahm und sich damit gegen die Nivellierung des technischen Akademikers mit dem „gemeinen" Techniker wandte. 1910 hatte der VDDI bereits 1 500 Mitglieder, die sich bis 1914 auf 4 000 erhöhten. Der VDI hatte zu der Zeit 25 000 Mitglieder (das waren mehr als 10 Prozent aller deutschen Ingenieure) von denen jedoch nur ein Viertel, also

---

30 Die Banken investierten Kredite bevorzugt in ihnen bekannte, traditionell bewährte Zweige wie Lebensmittelherstellung und Textil. Vgl. Longerich (1995), S. 160 ff.
31 Vgl. Hortleder, Gerd: Das Gesellschaftsbild des Ingenieurs – Zum politischen Verhalten der Technischen Intelligenz in Deutschland, Frankfurt am Main, 1970, S. 76 ff.: „Der Gegner: Die Juristen".
32 Hortleder (1970), S. 84 f.
33 Ebenda, S. 45.

ungefähr 6250, Akademiker waren. Der VDDI bildete damit eine unangenehme Konkurrenz zu den technisch-wissenschaftlichen Vereinen, die diesem wiederum Standesdünkel vorwarfen.[34] Dieser Anschuldigung trat der Verbandsdirektor des Verbandes Deutscher Diplomingenieure Karl Friedrich Steinmetz[35] in einem Artikel „Vom Stand der technischen Akademiker" in den *Hannoverschen Hochschulblättern* vom Mai 1931 entgegen. Wahres Akademikertum beinhalte nicht die Abgrenzung gegenüber „Volksgenossen, die nicht den Vorzug akademischer Bildung genossen" hätten, sondern „eine Pflicht zu größeren Leistungen im Berufe, insbesondere aber darin, sich in den Dienst der kulturellen Entwicklung der Gesamtheit zu stellen, zu arbeiten im Dienste am Volke."[36] Die abschließend in dem Artikel bekundete Sorge um die Überfüllung der Technischen Hochschulen und des Ingenieursberufes stellten seiner Ansicht nach eine Fülle von Aufgaben dar. Eine befriedigende Lösung könne hier nur gefunden werden,

> „wenn die deutschen Diplom-Ingenieure erfüllt sind von ihrer akademischen Mission, wenn sie beseelt sind von akademischen Geiste und sich voll und ganz in den Dienst der gestellten Aufgaben stellen. Nicht darum kann es gehen, dem Stand der technischen Akademiker auf Kosten anderer materielle oder ideelle Vorteile zu schaffen. Solche würden nur sehr kurzen Bestand haben können. Es geht um Höheres: die Zukunft der Nation. Diese ist nicht denkbar ohne Führertum, das auch aus den technischen Akademikern erwachsen muß, sie ist nicht denkbar ohne bestimmenden Einfluß der Träger technisch-wissenschaftlicher Arbeit auf das öffentliche Geschehen."[37]

Auffällig ist, dass Steinmetz keine praktischen Lösungen für das angegebene Problem diskutierte, sondern eher unspezifisch der Technokratie einen wesentlichen Anteil an der zukünftigen (positiven) Entwicklung Deutschlands zuschreibt. Der Rekurs auf die Aufgaben des akademisch ausgebildeten Ingenieurs als die eines Führers innerhalb der Gesellschaft ist in den *Hannoverschen Hochschulblättern* auch von den publizierenden Studenten immer wieder in verschiedensten Artikeln wiederholt worden. Der zukünftige Ingenieur als Führer einer stolzen deutschen Nation – das entsprach offenbar den Ansprüchen und Wunschvorstellungen auch der Studenten der TH Hannover.

Der Text des Vorsitzenden des VDDI reiht sich sowohl sprachlich als auch inhaltlich in eine durchaus typische Art der Äußerungen von Ingenieuren ein, denen es eigen war, mit dem Verweis auf den „Dienst am Volk" immer wieder auf die ihnen nach

---

34 Vgl. Ludwig, (1974), S. 26 ff.
35 Karl Friedrich Steinmetz war bis 1925 als Oberingenieur bei der Friedrich Krupp AG in Essen tätig und arbeitete seit 1920 ehrenamtlich und ab 1926 hauptberuflich als Direktor der in Berlin ansässigen Geschäftsführung des VDDI. Im Jahr 1928 übernam er die Schriftleitung der Verbandszeitung „Technik und Kultur". Zur Entwicklung und Gestaltung dieser Zeitschrift siehe: Dietz, Burkhard: „Technik und Kultur" zwischen Kaiserreich und Nationalsozialismus – über das sozio-kulturelle Profil der „Zeitschrift des Verbandes Deutscher Diplom-Ingenieure" (1910–1941), in: Dietz/Fessner/Maier (1996), S. 105–130, zu Steinmetz ebenda, S. 121.
36 Steinmetz, Karl-Friedrich (Dipl.-Ing.): Vom Stand der technischen Akademiker, in: *Hannoversche Hochschulblätter* 13. Semesterfolge (Mai 1931) Nr. 8, S. 105–107, hier S. 105.
37 Ebenda, S. 107.

ihrer Auffassung zustehende gesellschaftliche Führungspositionen zu beharren. Die von Steinmetz genannte Zielsetzung, etwas „Höheres" zu erreichen, ist anschlussfähig an zahlreiche Texte der *Hannoverschen Hochschulblätter*. Dort setzten die akademischen Ingenieure und TH Studenten ihre Forderungen nach gesellschaftlicher und politischer Akzeptanz immer wieder mit dem Gemeinwohl in Beziehung, das wiederum unmittelbar an die deutsche Nation gebunden war. Der Technik galt so als Schlüssel für den anvisierten wirtschaftlichen und nationalen Aufschwung, der das durch den Ersten Weltkrieg angeschlagene deutsche Reich rehabilitieren sollte. Zudem hofften die Ingenieure, dass der negative Schatten, der seitdem der Technik anhaftete in eine positive, den Kulturwert unterstreichende Note umgewandelt werden konnte.

Allerdings lässt sich für die *Hannoverschen Hochschulblätter* generell feststellen, dass die Debatten der zwanziger Jahre, die sich um die Frage drehten, den technischen Errungenschaften kulturbegründende oder kulturzerstörende Eigenschaften zuzuschreiben, wenig beachtet wurden. Ebenso wie die von Ingenieuren geführte und in einer breiten Öffentlichkeit diskutierte Technokratiedebatte[38] dieser Zeit keinen Niederschlag fand. Die Studenten zeigten sich innerhalb ihrer Zeitschrift durchgängig optimistisch und fortschrittbejahend gegenüber der Technik und ihren Errungenschaften.

Lediglich die Rezension eines Buches mit dem Titel „Die Technik als Kulturproblem" von Josef Popp unter der Rubrik „Bücher und Zeitschriften" weist auf die Debatte hin. Die Schriftleitung der *Hannoverschen Hochschulblätter* stellt in dem Text fest, „dass uns die ständig fortschreitende Technik übermächtig bedrängt und sich anschickt, unser Leben gänzlich zu beherrschen, weil es uns bisher nicht gelungen ist, sie unserem geistigen Kulturbestand dienend einzuordnen."[39] Die Rezensenten sahen ihre Leserschaft in zwei Lager geteilt, „die einen in hoffnungsvollstem Glauben an die unbegrenzten Möglichkeiten der Technik, die anderen in zweifelnder Skepsis und banger Sorge um die durch die Vorherrschaft der Technik bedrohte geistige Kultur."[40] Die „Welt der Technik" müsse in den Bereich der Gesamtkultur überführt werden, damit ihre möglichst vielseitige und fruchtbare Auswirkung innerhalb einer für die Menschheit wohltätigen Kultur erreicht werde. Das vorliegende Buch würde in allgemein verständlicher Sprache das Für und Wider der Technik unerbittlich gegeneinander abwiegen und sich nicht nur an Techniker, sondern als eine sehr lehrreiche Orientierung über das Wesentliche dieser noch ungelösten Aufgabe an jeden Gebildeten wenden.

Das Buch von Josef Popp, der übrigens kein Ingenieur war, sondern als Geisteswissenschaftler an der Technischen Universität München lehrte, betrachtete die Technik anders als die Ingenieure seiner Zeit nicht als einen Kulturfaktor an sich, sondern als ein Kulturproblem, wie der Titel bereits ankündigt. Zwar sei die Technik

---

38 Vgl. ausführlich: Willeke, Stefan: Die Technokratiebewegung in Nordamerika und in Deutschland zwischen den Weltkriegen, Frankfurt am Main, 1995.
39 *Hannoversche Hochschulblätter*, 12. Semesterfolge (März 1931) Nr. 6, S. 91.
40 Ebenda.

ein bedeutsamer Teil der Gesamtkultur, wäre damit aber noch kein selbsttätiger Kulturfaktor, der „geisthaltig und geistesmächtig gleich Wissenschaft, Kunst, Recht, Staat, Religion" sei.[41] Um die Kulturfähigkeit der Technik festzustellen, müsse man einen ideellen und praktischen Weg gehen. Die Idee der Technik – das ist für ihn die möglichst weitgehende Herrschaft über die materielle Welt und ihre Kräfte, um so den Menschen auch geistig freier zu machen – sei kulturell zu werten und mit ihren tatsächlichen Auswirkungen in Beziehung zu setzen. Popp kam jedoch zu dem Schluss, dass die Techniker beiden Richtungen gegenüber ziemlich hilflos seien. Sie ließen damit bereits erkennen, dass die Technik aus sich heraus wenig befähigt sei, in Kulturdingen ein selbständiges Wort mitzureden.[42] Die Technischen Hochschulen müssten aus diesem Grund den Geist der Wissenschaftlichkeit und das Streben nach höherer Menschenausbildung vermitteln. Hier stellte der Autor, einig mit vielen publizierenden Ingenieuren, die er in seinem Text anführt, jedoch gravierende Mängel fest. Er kam zu dem Befund, dass in Zukunft darum ginge, ob die Technischen Hochschulen zu „Fachschulen" verkümmern oder sich als Hochschulen weiterentwickeln würden. Mit einem Wortbeitrag auf der Rektorenkonferenz der Technischen Hochschulen in Düsseldorf 1927 belegte er sein Ansinnen:

> „Wir glauben, daß die in der Entwicklung der Technik liegende Gefahr der zu weit gehenden Spezialisierung an den Hochschulen bereits in einem Maße um sich gegriffen hat, daß sie den Ansprüchen nicht genügt, die wir an die Akademiker, die die Hochschulen verlassen, stellen müssen. Wir sehen, daß der Student die ganzen Semester hindurch von einer Fachvorlesung in die andere geschickt wird und ihm jede Zeit zur allgemeinen Bildung fehlt. Etwas weniger Fachbildung und damit mehr freie Zeit für die allgemeine Bildung."[43]

Das humanistische Bildungsideal, wie es die Universitäten und in erster Linie die Wissenschaften der humanistischen Fächer der Philosophischen Fakultäten verkörperten, war trotz der Emanzipation der Technischen Hochschulen und ihrer gänzlich verschiedenen Ausrichtung der Maßstab, der den „Vollakademiker" vom technischen Akademiker schied. Das zeigt sich auch daran, dass die Technischen Hochschulen den Aufbau und Wissenschaftsbegriff der Universitäten übernahmen und sich damit nicht nur emanzipierten, sondern auch assimilierten.[44] Obwohl gerade die Betonung der historisch-philologischen Wissenschaften als eigentliche Kernfächer der Universität dazu geführt hatten, dass die technischen Wissenschaften nicht in die Universitäten integriert wurden, mussten sich „die technischen Hochschulen immer wieder den Ansprüchen des humanistischen Bildungsideals stellen."[45]

---

41 Popp, Josef: Die Technik als Kulturproblem, München 1929, S. 12. Er bekräftigt mehrfach, dass die Technik nicht fähig sei, „ein geistiges Ideal aus sich zu erzeugen, eine Stütze unserer Weltanschauung zu werden; denn sie ist schon als äußere Weltbeherrschung in ihren kulturellen Auswirkungen problematisch." Ebenda, S. 23.
42 Ebenda, S. 12 f.
43 Ebenda, S. 50.
44 So Reinhard Rürup in seinem Text: Der Dualismus von technischer und humanistischer Bildung im Spiegel ihrer Institutionen, in: Schlerath, Bernfried (Hrsg.): Wilhelm von Humboldt, Berlin 1986, S. 259–279, hier S. 266 f.
45 Ebenda, S. 263.

Die Debatte um den Kulturwert der Technik war für den VDDI Vorsitzenden Steinmetz offenbar tatsächlich eher zweitrangig. In seiner Funktion als Schriftleiter der Verbandszeitschrift des VDDI „Technik und Kultur" legte Steinmetz im Gegensatz zu seinem Vorgänger weniger Wert auf die bis dato entwickelte kultur- und technikwissenschaftliche Konzeption. Er verlagerte stattdessen den Schwerpunkt hin zu standespolitischen Themen, arbeitsmarkt- und hochschulpolitischen Fragen sowie Problemen der sozialen Absicherung von Ingenieuren, die im Zeichen der Weltwirtschaftskrise an Wichtigkeit gewannen.[46] Diese Akzentuierung spiegelt sich auch in Steinmetz' Artikel der *Hannoverschen Hochschulblätter* wider, in dem kulturphilosophische Überlegungen fehlen und der Fokus ganz auf der Statussicherung und -gewinnung von akademischen Ingenieuren liegt.[47]

Bis Ende 1931 konnte Steinmetz das hohe Niveau der Zeitschrift „Technik und Kultur" erhalten, danach kam es zu einer „allmählich immer stärker werdenden Indoktrinierung durch rechtskonservative, ideologisch motivierte Autoren".[48] Hier ist eine interessante Parallele zu den inhaltlichen Veränderungen der *Hannoverschen Hochschulblätter* zu beobachten: Auch in der studentischen Publikation dominierten ab Oktober 1931 nationalistische Themen.

2.3 Reformpläne für die Technischen Hochschulen: Von der Bildungsexpansion zur „Auslese"

Das Problem der „Fachblindheit" von Ingenieuren wurde nicht erst in den zwanziger Jahren relevant, die Frage nach allgemeinbildenden, ergänzenden Studienanteilen in den Technischen Hochschulen wurde seit den Anfängen der wissenschaftlichen Ausbildung von Technikern diskutiert. Seit dem Ende des 19. Jahrhunderts, als Ingenieure auch immer öfter in der Industrie sowie in Kommune und Verwaltung eingesetzt und nicht mehr ausschließlich als technische Spezialisten gebraucht wurden, häuften sich „die Klagen über eine zu enge Spezialisierung der Technikstudenten, über einen Mangel an fachübergreifenden Fähigkeiten und natürlich auch über einen Mangel an allgemeiner Bildung."[49]

Auf Grund der Massenarbeitslosigkeit am Ende der Weimarer Republik erfuhr die Debatte um eine Hochschul- und Studienreform erneut einen Aufschwung, konkrete Reformen blieben aber letztlich aus. Der Schwerpunkt der Diskussionen lag in

---

46 Vgl. Dietz (1996), S. 122.
47 Steinmetz hielt am 22. Februar 1932 einen Vortrag im Bezirksverein des VDDI Hannover zum Thema „Wozu VDDI? Berufs- und Standesfragen des Diplom-Ingenieurs" im Hotel Battermann. Vgl. *Hannoversche Hochschulblätter* 14. Semesterfolge (Januar 1932) Nr. 4, S. 51.
48 Steinmetz konnte oder wollte sich der Veröffentlichung dieser „Pamphlete" nicht mehr widersetzen, „denn offensichtlich verschlossen sich inzwischen auch einige Mitglieder der Verbandsführung nicht mehr nationalistischen Auffassungen." Dietz (1996), S. 122.
49 Rürup (1986), S. 270.

dem Versuch „Wirtschaft und Technik enger zu verbinden"[50], und diese Idee fand auch Eingang in die *Hannoverschen Hochschulblätter*. Im Oktober 1928 erschien ein Text mit dem Titel „Die wissenschaftliche Kombination von Technik und Wirtschaft" von Dr.-Ing. Fr. Kruspi, in dem sich einige der damals gängigen Argumentationsmuster von Seiten der Ingenieure ausmachen lassen. In erster Linie geht es um die Einführung des neuen Studiengangs Wirtschaftsingenieur an der Technischen Universität Berlin zum Wintersemester 1926/27.[51] Einleitend wandte sich der Autor der Frage zu, ob die allgemeine Bildung für Studenten der Ingenieurswissenschaften, die in Öffentlichkeit und Politik als eine wichtige Aufgabe angesehen wurde, tatsächlich von Bedeutung sei und kam zu einer ablehnenden Antwort. Er hielt eine Ergänzung des technischen Studiums durch geisteswissenschaftliche Fächer generell für nicht sinnvoll und maß lediglich den Wirtschaftswissenschaften eine gewisse Bedeutung zu. Seine Ausführungen spiegeln die Überzeugung der Ingenieure von der wachsenden und unaufhaltsamen Bedeutung des technischen Fortschritts wider, dessen einziges Problem darin bestand, dass die ihn generierenden Ingenieure bisher nicht in dem Maße Führungspositionen besetzten als ihnen angeblich zustanden.

„Man redet von ‚hochgezüchteten Spezialisten' und glaubt, der im Wesen des Spezialisten liegenden Einseitigkeit und beschränkten Verwendbarkeit steuern zu können, in dem man der fachtechnischen Ausbildung Bildungselemente nicht fachtechnischer Art hinzufügen möchte. Um aber technische Intelligenz zur Führung zu bringen, ist es sicher der falsche Weg [...]. Es liegt im Wesen der Technik begründet, daß die Träger fachtechnischen Geistes immer Spezialisten werden sein und bleiben müssen. Es darf billig bezweifelt werden, ob nicht unserer wissenschaftlichen Technik und damit auch unserer Wirtschaft, deren Prosperität mit den Erfolgen eben dieser wissenschaftlichen Technik unlöslich verbunden ist, ein Bärendienst geleistet würde, wenn man an der Ausbildung unserer Fachtechniker rühren und ihr ein anderes Ziel als das des höchsten fachtechnischen Könnens setzen wollte."[52]

Der Autor führte aus, dass Technik und Wirtschaft nicht mehr zu trennen und von einander abhängig seien. In der Gütererzeugung und Güterverteilung entstünden beispielsweise sowohl der Wirtschaft als auch der Technik Probleme, die sie nur miteinander lösen könnten, da beide Sparten die Grundpfeiler von Industrie, Landwirtschaft und Verkehr seien. Der neu geplante Studiengang wurde von Kruspi jedoch dahingehend kritisiert, dass der Anteil der technischen Fächer zu gering sei. Damit nahm er allerdings schon eine „fortschrittliche" Position ein, da es auf Seiten der Hochschulprofessoren Anfang der zwanziger Jahre und wieder Anfang der dreißiger Jahre mit dem Aufkommen der Technokratiebewegung eine Mehrheit

---

50 Ebenda, S. 271. Vgl. auch Düwell, Kurt: Die Neugestaltung der Technischen Hochschulen nach dem Ersten Weltkrieg – Das Reformkonzept „Technik und Wirtschaft", in: Technikgeschichte, Bd. 36 (1969) Nr. 3, S. 220–244.
51 Zu diesem Studiengang siehe Ebert, Hans: Wirtschaftsingenieur – Zur Innovationsphase eines Studiengangs, in: Rürup, Reinhard (Hrsg.): Wissenschaft und Gesellschaft – Beiträge zur Geschichte der Technischen Universität Berlin 1879–1979, 1.Bd., Berlin 1979, S. 353–362.
52 Kruspi, Dr.-Ing.: Die wissenschaftliche Kombination von Technik und Wirtschaft, in: *Hannoversche Hochschulblätter*, 8. Semesterfolge (Oktober 1928) Nr. 1, S. 2–5, hier S. 3.

gab, die eine Integration von wirtschaftswissenschaftlichen Fächern in die Technischen Hochschulen ablehnte.[53]

An der Technischen Hochschule Hannover existierte seit 1908 ein Lehrstuhl für Volkswirtschaftslehre und Gewerbeökonomie, 1924 kam ein Lehrstuhl für Betriebswirtschaftslehre hinzu. Die volkswirtschaftlichen Vorlesungen sollten den Studenten der Technischen Fachrichtungen einen Einblick in gesamtwirtschaftliche Zusammenhänge vermitteln, in den betriebswirtschaftlichen Vorlesungen und Übungen wurden angehende Maschinenbauer und Elektrotechniker in die Fragen des Rechnungswesens und der Fertigungswirtschaft eingeführt.[54] Seit Dezember 1929 bestand an der TH auf Grund eines Ministerialerlasses in der Fakultät für Maschinenwesen die Möglichkeit, nach einem von den Schwerpunkten her veränderten Stundenplan für „Verwaltungsingenieure" zu studieren. Der Unterschied zu einem normalen Maschinenbaustudium lag darin, dass „in der Hauptprüfung in den Wahlfächern eine stärkere Betonung in den wirtschafts- und rechtswissenschaftlichen Fächern mit einer gewissen Entlastung in den technischen Fächern zugelassen"[55] wurde.

Die geisteswissenschaftlichen Fächer waren durch Philosophie und Geschichte vertreten (soziologische Vorlesungen fanden nur bis 1912 statt und dann erst wieder ab 1962). Geschichte wurde an der Technischen Hochschule mit wechselndem Erfolg unterrichtet. Hatte der als eigentlicher Begründer des historischen Unterrichts geltende Adolph Köcher um die Jahrhundertwende eine große Zahl an Zuhörern, so war seinen Nachfolgern, Ludwig Mallwo von 1918 bis 1926 und dem „herausragenden Geschichtswissenschaftler"[56] Karl Brandi von 1929 bis 1935, kein großer Erfolg beschieden. Das Interesse der Studenten an diesen Vorlesungen nahm kontinuierlich ab.[57] Philosophische Vorlesungen wurden im Wintersemester 1902/03 eingeführt und seit 1908 durch Professor Theodor Lessing als Lehrbeauftragten gehalten. Mit dem für die Technische Hochschule Hannover unrühmlichen Ende der Lehrtätigkeit Lessings im Jahr 1926, wurden auch die philosophischen Vorlesungen

---

53 Vgl. Ludwig (1974), S. 47 und S. 52.
54 Vgl. Hübl, Lothar: Wirtschaftswissenschaften, in: Seidel, Rita (Hrsg.), Universität Hannover 1831–1981, Festschrift zum 150jährigen Bestehen der Universität Hannover, Band 1, Hannover 1981, S. 439–443, hier S. 439.
55 Goebel, Otto (Prof. Dr.): Das wirtschaftswissenschaftliche Studium für den Ingenieur, in: *Hannoversche Hochschulblätter*, 13. Semesterfolge (Mai 1931) Nr. 8, S. 105–107, hier S. 106. Otto Goebel war seit 1919 Inhaber einer ordentlichen Professur für Volkswirtschaftslehre an der TH Hannover, hatte jedoch von 1894 bis 1903 als Ingenieur gearbeitet, bevor er ein volkswirtschaftliches Studium in Berlin begann. Seit 1915 war er Mitglied der Wissenschaftlichen Kommission des Kriegsministeriums und Kriegsreferent im technischen Stabe des Kriegsamtes in Berlin. Vgl. Seidel, Rita (Hrsg.): Catalogus Professorum 1831–1981, Festschrift zum 150jährigen Bestehen der Universität Hannover, Band 2, Hannover 1981, S. 82 f.
56 Aschoff, Hans-Georg: Historisches Seminar, in: Seidel (1981), S. 409–411, hier S. 410.
57 Zu den Veränderungen nach 1933, die bei den Vorlesungen für „alle Hörer", zu denen auch Geschichte und Philosophie u.a. zählten, vorgenommen wurden, siehe Kapitel 5.1.

eingestellt und ab 1927 durch Vorträge von Oberst a.D. Dr.h.c. Schwertfeger, der Wehrwissenschaft und Wehrkunde unterrichtete, ersetzt.[58]

Zeigte sich also um die Jahrhundertwende das Bemühen, die Ausbildung der Studenten durch wirtschafts- und geisteswissenschaftliche Fächer anzureichern, so schien das Interesse um die Mitte der zwanziger Jahre abzusinken. Die Bildungskrise dieser Zeit spiegelte sich in der Antagonie von klassischer humanistischer Bildung, die die alten Eliten repräsentierten, und den technischen Wissenschaften, die das „neue, temporeiche" Zeitalter verkörperten. Die Akademiker der klassischen Fächer wie Jura, Philologie, Theologie hatten bereits im Kaiserreich, aber verstärkt in der Weimarer Republik Angst vor einem Statusverlust. Der Wertepluralismus und die Rationalisierung des gesellschaftlichen Lebens durch Wissenschaft und Technik war ein Hinweis auf einen Wandel der Werteskala von Bildungsinhalten zugunsten des naturwissenschaftlich-technischen Denkens. Die Auseinandersetzungen rund um den Kulturwert der Technik waren demnach Ausdruck einer sozialen Realität, in der zwischen diesen gesellschaftlichen Gruppen massive Umverteilungs- und Machtkämpfe stattfanden. Die Debatten, die die Integration der Technik in „die" Kultur thematisierten, wie es Josef Popp in seinem Buch diskutierte, verdeckten den gesellschaftlichen und sozioökonomischen Hintergrund der Auseinandersetzungen. In dem technische Artefakte verdinglicht und aus ihrem gesellschaftlichen Kontext herausgelöst wurden, konnten sie durch unterschiedlichste Positionen zugunsten der jeweiligen Interessen instrumentalisiert werden.

Ein weiterer Punkt der geforderten Hochschulreform war die Überfüllung der Technischen Hochschulen bei gleichzeitig fehlenden Arbeitsplätzen für die Absolventen. Waren im Sommersemester 1914 noch 11 451 Studierende an den Technischen Hochschulen immatrikuliert, so stieg die Zahl bis zum Wintersemester 1922/23 auf 26 224, also auf mehr als das Doppelte, an. Die Technische Hochschule Hannover war noch stärker betroffen: Hier erhöhten sich die Studentenzahlen vom Sommersemester 1914 mit 988 Studenten auf einen Höchststand von 2859 im Wintersemester 1921/22 um nahezu das Dreifache.[59] Insgesamt verzeichneten die Technischen Hochschulen einen höheren Anstieg von Studierenden als die Universitäten, an denen sich die Studentenzahlen von 60 225 im Jahr 1914 auf einen Höchststand von 103 912 Studenten im Sommersemester 1931 erhöhten. Der Vergleich mit den Universitäten zeigt weiterhin, dass sich die hohen Studentenzahlen der Technischen Hochschulen bis 1928 weniger stark reduzierten als die der Uni-

---

58 In der Festschrift der Universität Hannover findet sich in der Selbstdarstellung des Philosophischen Seminars keinerlei Hinweis auf diesen Wechsel, im Gegenteil. Dort heißt es: „Während der folgenden fünf Jahrzehnte [ab 1902!] vertritt jeweils ein Lehrbeauftragter das Fach Philosophie an der Hochschule, unter ihnen Theodor Lessing, der hier von 1908 bis 1926 mit großer Resonanz wirkt." Müller-Warden, Joachim: Philosophisches Seminar, in: Seidel (1981), S. 408–409, hier S. 408.

59 Im Wintersemester 1922/23 war die Zahl auf 2757 abgesunken, was aber immer noch etwa das 2,8-fache des Standes von 1914 war. Siehe Tabelle 7: Studierendenzahlen an den Technischen Hochschulen im Anhang.

versitäten, bis 1930/31 weniger anstiegen als diese und sich 1932/33 auf einem höheren Niveau stabilisierten.[60]

Einer der Hauptgründe für den Ansturm auf die Technischen Fächer zu Beginn der zwanziger Jahre lag darin, dass die Kriegsstudenten zurück an die Hochschulen kamen. Die Zahl der Abiturienten änderte sich zunächst wenig. Langfristig wuchs die Alterskohorte der 18 bis 25-jährigen jedoch stetig an und sorgte so für einen Anstieg der Abiturientenzahlen bis 1931. Hinzu kam, dass der Ausbau des modernen Oberstufenwesens für 30 Prozent der Schüler einen neuen Zugang zur Hochschule eröffnete und die Schülerzahl der Realgymnasien, Oberrealschüler und Deutschen Oberschüler bzw. Aufbauschüler stark anstieg.[61] So besaßen an den Technischen Hochschulen im Sommersemester 1933 rund 36 Prozent der Erstimmatrikulierten die Schulausbildung einer Oberrealschule, während es an den Universitäten nur 21 Prozent waren. An den Technischen Hochschulen waren nur 15 Prozent der Studierenden Schulabgänger von Gymnasien, an den Universitäten waren es rund 39 Prozent.[62]

Die Technischen Hochschulen bildeten für viele Söhne von Mittelstandsfamilien – ihr Anteil an den Studierenden betrug in der Weimarer Republik und im Nationalsozialismus über 60 Prozent[63] – durch die immer größer werdende Bedeutung der Technik in Wirtschaft und Industrie eine Möglichkeit des sozialen Aufstiegs. So waren nach dem Ersten Weltkrieg „angehende Studierende, die sich günstige Aufstiegsmöglichkeiten oder als ehemalige aktive Offiziere der früheren Stellung adäquate Positionen in der Industrie erhofften, verhältnismäßig stärker den Technischen Hochschulen als den Universitäten zugeströmt."[64] Die Überfüllungskrise der Technischen Hochschulen sorgte nicht nur für überbelegte Vorlesungen, sondern auch für Schwierigkeiten bei der Verteilung von Laborplätzen sowie einen starken Anstieg von Ingenieuren auf dem Arbeitsmarkt. Zusätzlich zu den jährlich bis zu 3000 diplomierten beanspruchten bis zu 10 000 graduierte Jungingenieure einen ihrer Ausbildung entsprechenden Arbeitsplatz, so dass sich die Lage Mitte der zwanziger Jahre weiter verschärfte.[65] Die schlechten Berufsaussichten und das Dasein als

---

60 Jarausch beschreibt das Grundmuster der Überfüllung der Hochschule in der Weimarer Republik als einen starken Anstieg der Studentenzahl in den Nachkriegsjahren, einen teilweisen Rückgangs auf „normale" Vorkriegswerte, einen unerhörten Wachstumsschub um 1930 und eine sich abzeichnende Beruhigung bei allen Institutionen. Jarausch (1984), S. 130.
61 Ebenda, S. 132.
62 Siehe Tabelle 15: Erstimmatrikulierte Studierende (deutscher Volkszugehörigkeit) nach Art der Schulausbildung im Anhang.
63 Siehe Tabelle 11: Soziale Schichtung der männlichen Studierenden der Technischen Hochschule Hannover nach dem Beruf des Vaters und Tabelle 13: Soziale Schichtung der Studierenden nach dem Beruf des Vaters in der Hannoverschen Burschenschaft Cimbria 1904–1935 im Anhang.
64 Ludwig (1974), S. 39.
65 Ebenda, S. 39. Jarausch stellt fest, dass sich die Zahl der Ingenieure insgesamt von 1925 bis 1933 um knapp 130 000 erhöhte. Jarausch, Konrad: The unfree professions. German lawyers, teachers and engineers 1900–1950, New York/Oxford 1990, S. 242, dort Tabelle A.7. Zu den Arbeitslosenzahlen schreibt er für die Zeit zwischen 1927 bis 1932: „The job market for technicians practically collapsed." Ebenda, S. 86. Weitere Zahlen finden sich auf S. 250, dort Tabelle A.13. „Engineering Unemployment".

so genannter „Werksstudent" – so wurden die Studierenden genannt, die neben dem Studium arbeiten mussten, um ihren Lebensunterhalt zu bestreiten – verlängerten zudem die Studienzeiten, so dass auch hier ein Grund für den starken Zuwachs der Immatrikulierten an den Hochschulen zu sehen ist.[66]

Die Krise an den Hochschulen und die Notwendigkeit einer Reform wurde in mehreren Artikeln der *Hannoverschen Hochschulblätter* thematisiert, die alle in die gleiche Richtung wiesen. Dort wurde die Lösung der Probleme nicht in einer Ausweitung der Hochschulen gesehen, da es nicht darauf ankäme „möglichst viele technisch-naturwissenschaftliche Akademiker heranzubilden, sondern erstklassige Kräfte zu gewinnen."[67] Die Kritik des Fachamtsleiters der DSt Hannover konzentrierte sich in seinem Text „Hochschul- und Studienreform" ebenfalls nicht auf institutionelle und bildungspolitische Konstellationen, sondern in erster Linie auf die Haltung der Studenten. Seiner Auffassung nach seien diese zu sehr an ihrem eigenen Aufstieg interessiert und würden die Wissenschaft nicht mehr als Selbstzweck betreiben, sondern sie als Objekt betrachten. Die wichtigste Forderung einer Hochschulreform wäre daher:

> „Richtige Auslese. [...] So ist der erste große Schritt zur Hochschulreform darin zu sehen, der Hochschule Menschen zuzuführen, die eine wahrhaft akademische Auffassung ihres Studiums als eine Vorbereitung für den Dienst an der Wissenschaft und für den späteren Beruf mitbringen."[68]

Die praktischen Vorschläge des Autors gingen folgerichtig dahin, dass die Anforderungen vor dem Studium zu erhöhen seien, d. h. bereits innerhalb der Schulzeit die vermeintlich fähigen und begabten Schüler herauszusuchen wären. Auch der Text aus dem Jahre 1929, der sich den Vorschlägen des „Bundes angestellter Akademiker technisch-naturwissenschaftlicher Berufe e.V." anschloss, plädierte dafür, dass „der Zugang zum technisch-naturwissenschaftlichen Studium durch [...] Steigerung der Anforderungen auf natürliche Weise zu beschränken"[69] sei. Statt eine

---

66 Ausführliche Erläuterungen zu diesem Thema am Beispiel der Technischen Hochschule Braunschweig finden sich bei Gundler, Bettina: Technische Bildung, Hochschule, Staat und Wirtschaft. Entwicklungslinien des Technischen Hochschulwesens 1914 bis 1930. Das Beispiel der TH Braunschweig, Hildesheim 1991, in dem Kapitel „Technische Hochschule in der Weimarer Republik: Krisenbewältigung, Perspektiven und Strategien der TH Braunschweig in den 20er Jahren", ebenda S. 277 bis 327.

67 Unbekannter Autor: Hochschulreform!, in: *Hannoversche Hochschulblätter*, 8. Semesterfolge (Februar 1929) Nr. 5, S. 58–60, hier S. 58. Unter Punkt 5 heißt es dort: „Die Errichtung neuer Technischer Hochschulen und Universitäten ist abzulehnen." Ebenda, S. 60.

68 Goos, Günter: Hochschul- und Studienreform, in: *Hannoversche Hochschulblätter*, 12. Semesterfolge (März 1931) Nr. 6, S. 81–84, hier S. 82.

69 Unbekannter Autor: Hochschulreform (Februar 1929), S. 58. Der Historiker Michael Kater zitiert in seinem Buch „Studentenschaft und Rechtsradikalismus" einen Journalisten des Hannoverschen Anzeigers vom 18. Juni 1925, der die Meinung weiter Kreise weitergab, die besagte, dass die Zahl der Hochschüler wegen der Überfüllung der akademischen Berufe ganz erheblich abzubauen sei. Es herrsche sogar die Auffassung, daß die wirtschaftlichen Missstände unter Studenten das geeignete Mittel wären, der Überproduktion einen Riegel vorzuschieben. Kater wertet den Artikel dahingehend aus, dass sich hier eine Geringschätzung der Studentenschaft ausdrücke, die das kollektive studentische Bewußtsein zutiefst verunsichert haben müsse. Kater

Reform und den Ausbau der Hochschulen sowie des Bildungswesens einzufordern, setzen die Autoren auf die „natürliche Kraft" des Individuums und eine Erhöhung des Konkurrenzdrucks bereits in der Schulbildung.[70]

Ausdrücklich wies der Fachamtsleiter darauf hin, dass „in diesem Zusammenhang jede parteipolitische Fragestellung" zu übergehen sei, da die Hochschulreform durch „ein Herabziehen auf politische Forderungen des Tages" zur Einseitigkeit verurteilt sei.[71] Die treibenden Kräfte einer Hochschulreform sah er in erster Linie in der Dozentenschaft, dem Verband der deutschen Hochschulen und der DSt. Ganz offensichtlich traute die DSt der preußischen Regierung nicht zu, die bildungspolitischen Probleme zu lösen, was angesichts der geschilderten Auseinandersetzungen rund um den Becker-Konflikt nicht weiter verwunderlich ist. Die bestehende Front zwischen den Studenten und der preußischen Regierung war verhärtet, die Studenten der DSt sahen ganz allgemein in der parlamentarischen Demokratie keine Lösung der sozioökonomischen Krisenlage. Die Hochschulpolitik der Reichs- und Landesbehörden, die sich für die Studenten in Gebührenerhöhungen bemerkbar machte,[72] der schlechte Lebensstandard der Studenten auch während der Stabilisierungsphase der Weimarer Republik, fehlende Arbeitsplätze und der soziale Strukturwandel an den Hochschulen führten zu Unzufriedenheit und Zukunftsängsten.

Die Reziprozität der sozioökonomischen Situation der Studenten mit den seit Beginn der Weimarer Republik unter einem Großteil der Studenten vorherrschenden und tradierten völkischen und nationalistischen Grundüberzeugungen bestimmte die Lösungsstrategien innerhalb der Reformdiskussionen. Die Krisenbewältigung in den *Hannoverschen Hochschulblättern* schließt an den Diskurs der nationalen Regeneration an, der unter den hohen Beamten und Industriellen in der Weimarer Republik weit verbreitet war. Begriffe wie „Krankheit" und „Gesundung" gehörten zu einem seit dem Kaiserreich weit verbreiteten sprachlichen Inventar, „mit dem die ökonomischen und administrativen Eliten [...] ihre Deutungen der Nation formu-

---

(1975), S. 99 f. Die ausgewerteten Artikel der *Hannoverschen Hochschulblätter* sind eher ein Hinweis darauf, dass die von Kater zitierte Einstellung zumindest unter den Studenten der TH Hannover ebenfalls weit verbreitet war. Der Grund könnte dennoch ein ähnlicher sein: Um die eigene Verunsicherung zu kompensieren, betonten die Studierenden den Glauben an die eigene Stärke und den „Kampf um das Dasein".

70 Auch in den *Hannoverschen Hochschulblättern* vom September 1929 sprach der Jurastudent Horst Schnebel aus Halle in seinem Text „von einer „Überspannung des Berechtigungswesens" und der Pflicht des Einzelnen, genau zu überprüfen, ob er für ein Studium geeignet sei. Der DSt empfahl er: „Eine gewisse Ueberfüllung der hohen Schulen läge an sich dann im Interesse Deutschlands, wenn sich zwangsläufig eine in den freien Berufen vorhanden Heilung des Uebels durch Auswahl ergäbe. Dann würde durch den Konkurrenzkampf nur der wirklich Tüchtige seine Kräfte dem deutschen Volke leihen können, der Untüchtige aber sozial tieferstehenden Beruf zu ergreifen gezwungen sein." Schnebel, Horst: Gedanken zur Überfüllung der Hochschulen, in: *Hannoversche Hochschulblätter*, 9. Semesterfolge (September 1929) Nr. 12, S. 137–139, hier S. 138.

71 Goos (1931), S. 81.

72 Vgl. Kater (1975), S. 199 f.

lierten."[73] In den Texten der Studierenden bezog sich der „nationale Krankheitsdiskurs" auf die Technischen Hochschulen, die sich in einem „schlechten Zustand" befanden und so nicht die nötigen Fachkräfte für den nationalen Aufstieg hervorbringen konnten.[74] Dadurch, dass die studentischen Anschauungen völkischen Charakter hatten, transportierten ihre Lösungsvorschläge die sozialdarwinistische Selektionstheorie sowie das Bild des „Tüchtigen", der es auf Grund seiner eigenen Leistung auch unter widrigsten Umständen in der Hochschule und im Leben schaffen würde. Während unter den hohen Beamten und Industriellen zwar die Regenerationsrhetorik, nicht aber das rassenbiologische Volkskörperkonzept aufgriffen und die Metaphern von der Vernichtung von Krankheitserregern kaum verwendet wurden,[75] zeigt sich in den Artikeln der *Hannoverschen Hochschulblätter* gerade in dieser Kombination die Spezifik des studentischen Diskurses. Begriffe wie „Auslese" oder „Heilung des Uebels durch Auswahl"[76] zeigen die Attraktivität einer als „wissenschaftlich" eingestuften Theorie der Selektion, die durch medizinische Metaphern angereichert einen möglichen „Gesundungsprozess" implizierte.

Der Fachamtsleiter verband seinen Rekurs auf die Anpassungs- und Leistungsfähigkeit des Einzelnen, der im Prinzip eine sozialdarwinistische Variante des Liberalismus und das freie Spiel der Kräfte als Ausweg propagierte, mit einer Attacke gegen den sogenannten „Brotstudenten".[77] Die schlechten Ausgangsbedingungen vieler Schulabgänger dieser Zeit hatte er jedoch durchaus wahrgenommen und als gewichtigen Faktor bewertete: „Die ungeheure Not wirkt sich verheerend auf unsere Jugend aus, sie lähmt den Willen zu selbstloser Arbeit, zur freudigen Hingabe, zur Freiheit im höchsten Sinne."[78] So erfolgte vom Autor im Umkehrschluss die Diagnose, dass die seit über einem Jahrzehnt, also seit dem Beginn der Weimarer Republik, andauernde Zermürbung den jungen Menschen verzage. Derart „unfrei, weil ohne großen Glauben" belassen, wage er nicht mehr den selbstlosen Kampf um große Ziele. Mit anderen Worten: Durch den andauernden Kampf im alltäglichen

---

73 Föllmer, Moritz: Der „kranke Volkskörper". Industrielle, hohe Beamte und der Diskurs der nationalen Regeneration in der Weimarer Republik, in: Geschichte und Gesellschaft 27 (2001) Heft 1, S. 41–67, hier S. 41. Der Autor kommt zu dem Schluss, dass Körperlichkeitsbezüge ein wichtiger Aspekt des Nationalismus seien, die in der Zwischenkriegszeit eine besondere Virulenz erlangt hätten. Die Aneignung des Diskurses der nationalen „Krankheit" und „Gesundung" hätte zwar nicht linear zum Nationalsozialismus geführt, habe aber zweifellos zu seiner Ermöglichung beigetragen. Ebenda, S. 67.
74 In Kapitel 1 wurde ein Abschnitt zitiert, in dem sich folgende Wendung findet: „Man kann von einer Jugend, die ihren Blick in die Zukunft richtet, nicht verlangen, daß sie ein Bekenntnis zu vorhandenen Zuständen ablegt, die den Weg zur Gesundung verbauen." Adamheit (1928), S. 82.
75 Vgl. Föllmer (2001), S. 66.
76 Siehe Seite 109, Fußnote 70.
77 Der „Brotstudent" ist jemand, der mit festen Studienplänen ohne den Blick „nach links oder rechts" zu wenden, dem Examen zustrebt: „Man verzichtet auf geistige Schulung, indem man das rein Stoffliche in den Vordergrund treten läßt. Diese Einstellung des Studierenden führt zu einer Herabwürdigung der Hochschulen zu Fachschulen, nimmt ihnen das Recht, sich Pflegestätten freier wissenschaftlicher Arbeit zu nennen, zerstört den Begriff akademischer Freiheit." Goos (1931), S. 82.
78 Ebenda.

Leben zermürbt, blieb kaum noch Zeit für die großen Ziele, die die DSt im nationalen Aufstieg und im Kampf für ein Großdeutschland sah.

Sowohl die ökonomische Zwangslage der Akademiker und Studenten in der Weimarer Republik als auch das, was der Fachamtsleiter als fehlenden großen Glauben beschrieb, gehören zu den Gründen für den steten Zulauf und die herausragende Stellung der Korporationen als einflussreiche Sozialisationsinstanz dieser Jahre. Ende 1928, Anfang 1929 waren gut 60 Prozent der hannoverschen Studentenschaft Mitglieder von Verbindungen.[79] Damit verfügte unter „den Technischen Hochschulen [...] vor allem die TH Hannover über einen ungewöhnlich hohen Prozentsatz von korporierten Studenten."[80] Gerade die nach gesellschaftlicher Anerkennung und sozialem Aufstieg strebenden Studenten der Technischen Hochschulen suchten Ende der zwanziger Jahre, als bei steigenden Absolventenzahlen von Ingenieuren viel zu wenig Arbeitsplätze vorhanden waren, eine Möglichkeit, sich von potenziellen Konkurrenten (Kommilitonen, Absolventen von Ingenieursschulen) abzugrenzen.[81] Die Korporationen bildeten daher ein Mittel zur Distinktion. Die Studenten konnten durch ihre Integration in diese elitäre Gemeinschaft zwei Bedürfnisse befriedigen: Einerseits boten sich durch die Alten Herren und deren Beziehungen in Staat und Gesellschaft bessere Chancen auf dem Arbeitsmarkt und andererseits vermittelten die Verbindungen durch ihre Traditionen festgefügte (nationale) Anschauungen als Orientierungspunkte sowie einen elitären akademischen Status.

---

79 Brügge/Vallon (1989), S. 241, deren Quelle jedoch nicht nachzuvollziehen ist. Die Angabe ist dennoch zutreffend. Wenn man die Kammerwahl aus dem November 1932 als Maßstab annimmt, dann ergibt sich mit Blick auf die Stimmen (789 Verbindungsmitglieder wählten) und unter der Annahme, dass 80 Prozent aller Verbindungsmitglieder gewählt haben, ein Anteil von gut 60 Prozent Korporierten unter den Studierenden insgesamt.

80 Grüttner (1995), S. 31. Genaue Zahlen sind schwer zu ermitteln. Grüttner bezieht sich wie die meisten Arbeiten zu Universitäten und Hochschulen auf Steinberg, Stephen: Sabers and brown shirts. The German Students' Path to National Socialism, 1918–1935, Chicago 1973, S. 46. Dort findet sich eine Tabelle, die die Universitäten und Hochschulen mit ihren Studierendenzahlen sowie denjenigen verzeichnet, die einer Verbindung angehören. Hannover liegt dort hinter Marburg, Tübingen und Freiburg auf Platz vier. Der Autor wiederum stützt sich auf folgende gedruckte Quelle: Doeberl, Michael (Hrsg.): Das Akademische Deutschland, Bd. II (Die deutschen Hochschulen und ihre akademischen Bürger), Berlin 1931. Dort sind alle Hochschulstädte samt Verbindungen und ihren Mitgliedern aufgelistet. Zählt man beispielsweise die für Hannover angegebenen Zahlen der aktiven und inaktiven Mitglieder aller Verbindungen zusammen, so ergibt sich ein Organisationsgrad von 94 Prozent (76 Prozent schlagende Verbindungen, 24 Prozent nicht schlagende Verbindungen). Diese extrem hohe Zahl kommt vermutlich durch Doppelmitgliedschaften und unter Umständen bereits exmatrikulierte Studierende zustande. Für Hannover siehe Doeberl (1931), S. 836–846. Auch Steinberg kommentiert seine Tabelle mit dem Hinweis, die Zahlen seien „inflated and only approximate. They are provided to indicate relative fraternity strength." Steinberg (1973), S. 46.

81 Das zeigt sich auch daran, dass in Steinbergs Tabelle hinter der Technischen Hochschule Hannover auf den Plätzen fünf und sechs ebenfalls Technische Hochschulen liegen, die in Stuttgart und Karlsruhe. Steinberg (1973), S. 46. Zudem schreibt er: „The fraternities were strongest at the more popular and prestigious small-town universities, particulary Marburg, Tübingen, Freiburg, Halle, Jena, Würzburg und Heidelberg, and Bonn, and at the Technical Institutes." Ebenda, S. 44 f.

Diese Motive lassen sich Ende der zwanziger, Anfang der dreißiger auch bei den Universitätsstudenten finden, die ebenfalls in großer Zahl den schlagenden Verbindungen beitraten, so dass „im Rahmen der anhaltenden Korporierungsbewegung" etwa 80 Prozent aller männlichen Studenten von ihr erfasst wurden.[82] War für die männlichen Universitätsstudenten auch der Eintritt von Frauen in die akademische Welt eine Bedrohung, auf die sie mit der Kultivierung ihrer Männlichkeit reagierten, war für die TH Studenten, die in ihrem Studium sehr selten mit Frauen in Berührung kamen, ein anderes Motiv entscheidend. Schon im Kaiserreich waren sie darum bemüht, „dem Überlegenheitsanspruch der Universitätsstudenten mit dem Schläger entgegenzutreten und ihr Prestige durch dessen demonstrativ häufigen Gebrauch zu steigern."[83] Die Mitgliedschaft in einer Verbindung stellte für die akademischen Aufsteiger und „Außenseiter" der Technischen Hochschulen eine Möglichkeit dar, ihren Mut und ihre Wehrhaftigkeit sowie ihre akademische Gesinnung sowohl im durch nationalistisch-militärische Strukturen geprägten Kaiserreich als auch in der Weimarer Republik zu beweisen. Zwar bestand für die Studenten der TH Hannover keine direkte Konkurrenz zu den sogenannten „Vollakademikern" einer Universität, wie es zum Beispiel in München und Berlin der Fall war, das Mensurfechten hatte dennoch auch hier einen sehr hohen Stellenwert. Die „Satisfaktionsfähigkeit" war unmittelbar mit der akademischen Tradition verbunden und galt als Signum des „wahren Akademikers".

Darüber hinaus konnten die in der Weimarer Republik sich verändernden gesellschaftlichen Strukturen wie zum Beispiel die Geschlechterbeziehungen für die Studenten dieser Zeit eine Bedrohung darstellen und das Gefühl verstärken, sich als Männer definieren und darzustellen zu müssen.[84] Dieses Bedürfnis konnte in den Verbindungen erfüllt werden. Der Kampf um die männliche Ehre, die für jeden Einzelnen der bürgerlichen Gesellschaft der Kaiserzeit noch einen immensen Stellenwert einnahm und aktiv in Duellen ausgelebt wurde, verlor in der Weimarer Gesellschaft an Gewicht, während er in den studentischen Verbindungen aufblühte. „Die Zweikampfkultur der Waffenstudenten hatte ihre gesellschaftliche Anschlußfähigkeit somit weitgehend verloren, dafür aber einen enorm gesteigerten Eigenwert gewonnen."[85]

Die Gründe, einer Verbindung beizutreten, waren demnach am Ende der zwanziger Jahre zwar vielfältig, aber immer tief verwurzelt mit dem Selbstverständnis dieser jungen Männer. Der Fachamtsleiter der DSt knüpft mit seiner Konstruktion dieses Selbst an den emphatisch gesteigerten Individualitätsbegriff des Kaiserreiches an. Dieser entstammte einem Bildungsbegriff, dem die Orientierung an „Selbständigkeit" und „Selbstverantwortlichkeit" inhärent war und der die staatliche „Gänge-

---

82 Frevert, Ute, Ehrenmänner – Das Duell in der bürgerlichen Gesellschaft, München 1991, S. 250.
83 Ebenda, S. 157.
84 Zur verbreiteten Befürchtung einer Feminisierung des Mannes in der Weimarer Republik siehe von Saldern, Adelheid: Überfremdungsängste. Gegen die Amerikanisierung der deutschen Kultur, in: Lüdtke, Alf/Marßolek, Inge/von Saldern, Adelheid: Amerikanisierung: Traum und Alptraum in Deutschland des 20. Jahrhunderts, Stuttgart 1996, S. 213–244, besonders S. 221 ff.
85 Frevert (1991), S. 255.

lung" und Fürsorglichkeit ablehnte. Auch der Ehrbegriff der Korporationen hatte eine antimoderne Stoßrichtung und zeigt Bindungen an einen Begriff autonomer Persönlichkeit, der gegen die Differenzierungsprozesse der Moderne gerichtet war.[86] Die Verschränkung von Begriffen wie Dienst, Ehre und Individualität mit Gemeinschaftsarbeit, Sachdienst und Auslese zeigt, dass Vorstellungen aus dem Wilhelminismus in der Studentenschaft der Technischen Hochschule ein Nischendasein fristeten und sich gleichzeitig mit Visionen des technischen Fortschritts sowie einer „wissenschaftlich" legitimierten Selektionstheorie verbinden konnten.

2.4 Die studentische Rezeption des Ersten Weltkrieges

> „‚Treu leben, tod-trotzend kämpfen, lachend sterben' – So sterben können – ist das nicht Lebenserfüllung?"
>
> Der 2. Vorsitzende der DSt Dipl. Ing. Hans Backe anlässlich der Hundertjahrfeier der Technischen Hochschule Hannover, 1931[87]

Die (kultur)zerstörende Dimension der Technik, die im Ersten Weltkrieg einen ersten Höhepunkt erlebte, wird als solche in keinem der Texte, die technische Themen behandeln, berücksichtigt oder diskutiert. In den *Hannoverschen Hochschulblättern* ist von Oktober 1927 bis Dezember 1931 jedoch auch keine auf Rüstung ausgerichtete Berichterstattung zu finden, erst mit dem Schriftleiterwechsel im Januar 1932 wurden Texte veröffentlicht, die die militärische Unterlegenheit Deutschlands thematisieren.[88] Dass der Krieg als solcher nicht in Frage gestellt wurde, sondern als fortschrittsbegründend galt und „die technischen Leistungen von Technikern und Ingenieuren als treuer Dienst am Vaterland"[89] interpretiert und seit 1918 tradiert wurden, zeigen mehrere Artikel, die bereits 1929 abgedruckt wurden.

---

86 Vgl. ebenda, S. 184 ff. Eine Ehrbeleidigung trifft immer den Menschen als Ganzen; die Anforderungen an die Individuen in der Weimarer Republik entwickelten sich zunehmend vielgestaltig, so dass sich der Mensch durch Arbeitsteilung und die Anforderungen des „modernen Lebens" als „zerrissen" und entwurzelt empfand.

87 Hofmann, Albert cand. ing.: Die Hundertjahrfeier der Technischen Hochschule Hannover, in: Hannoversche Hochschulblätter 13. Semesterfolge (Juli 1931) S. 161–165, hier S. 161. Backe zitiert mit diesen Worten aus einer Publikation einen Studenten, der vor Verdun gefallen sein soll. Es wurde zudem eine Losung der Hitler-Jugend, vgl. Reulecke, Jürgen: Männerbund versus Familie. Bürgerliche Jugendbewegung und Familie in Deutschland im ersten Drittel des 20. Jahrhunderts, in: Koebner, Thomas/Janz, Rolf-Peter/Trommler, Frank (Hrsg.), „Mit uns zieht die neue Zeit". Der Mythos Jugend, Frankfurt am Main 1985, S. 199–223, hier S. 216.

88 So in der Ausgabe vom Januar 1932 zur Abrüstungskonferenz im Februar des Jahres. Das Heft trägt den Titel „Deutschlands Abrüstung" und zeigt anhand einer Tabelle sowie einer Zeichnung verschrotteter Waffen die „desolate Situation" des Reichs. So sollten die aufgeführten Rüstungsausgaben, die in Deutschland am niedrigsten gewesen sein sollen, in Frankreichs jedoch am höchsten gewesen sein sollen, die Argumentation belegen. Die Ausgabe der *Hannoverschen Hochschulblätter* vom Februar 1932 zeigt ein Foto der Mitglieder des „Offizier-Ausbildungskorps der englischen Erziehungsanstalt Eaton" mit der Bildunterschrift: „Preparing the next Waterloo", die Überschrift der Ausgabe lautet: „Wir fordern Rüstungsausgleich und nationale Sicherheit!", *Hannoversche Hochschulblätter* 14. Semesterfolge (Februar 1932) Nr. 5.

89 Dietz/Fessner/Maier (1996), S. 7.

So ist in den *Hannoverschen Hochschulblättern* vom Mai 1929 eine Rezension mit der Überschrift „Wehrkraft und Technik" zu finden, die die Schriftleitung veröffentlicht hatte. In einem dem Text vorausgehenden Absatz erläuterten die Studenten die Wichtigkeit des besprochenen Buches:

> „Nachdem das Versailler Diktat dem deutschen Volke jegliche militärische Forschungsstätten verboten hat, droht uns die Gefahr, daß in unserem Volke das Wissen um die technischen Zusammenhänge und Abhängigkeiten militärischer Verteidigung allmählich verkümmert. Wehrwissen ist aber noch wichtiger als Wehrwille. Die Sorge um dieses Wehrwissen ließ den Verfasser sein Buch ‚der deutschen Reichswehr und Deutschlands jungen Ingenieuren' widmen. Möge die folgende Würdigung dazu beitragen, in allen Kommilitonen die Verantwortung zu wecken, die der Ingenieur trägt, wenn eines Tages die Zukunft des deutschen Volkes von dem Stand seiner Technik und der Schnelligkeit der Umorganisation abhängt. (Schriftltg.)"[90]

Der Artikel behandelt das Buch „Ingenieur und Soldat" von Otto Schwab, das die Schriftleitung als hochbedeutsam vorstellte. Der Autor des Buches, der zu Beginn des Ersten Weltkrieges selbst Student einer Technischen Hochschule sowie aktives Mitglied der Deutschen Burschenschaft war, galt auf Grund seiner Biographie[91] als besonders glaubhaft und kompetent in seinem Anliegen, Richtlinien für den Neubau einer deutschen, wissenschaftlich begründeten Wehrtechnik aufzustellen. Deutschland fehlten demnach nicht nur die Waffen, sondern vor allem das Wehrwissen. Die vorangestellten Fragen „Haben wir den Einfluß der Technik auf die Wehrkraft unseres Volkes im Weltkrieg richtig eingeschätzt und entsprechend gehandelt?" sowie „Nutzen wir heute alle uns frei stehenden Hilfsmittel zum Ausbau unserer Wehrkraft aus?" markieren den Radius, innerhalb dessen Schwabs Werk wahrgenommen wurde. Die Abhandlung würde auf ernsten wissenschaftlichen Grundlagen ruhen und sei wie keine andere geeignet, das „sachliche Denken" über die deutsche Wehrpolitik zu fördern. Sie zeige, welch unendliche Mühe vor den jungen Ingenieuren liege, um aus „einem Haufen vaterlandsbegeisterter Jugend wirkliche Soldaten zu machen, die den technisch-wissenschaftlichen Aufgaben der neuzeitlichen Kriegsführung gerecht werden könnten."[92]

In keinem anderen Text der *Hannoverschen Hochschulblätter* bekennen sich die Studenten der TH Hannover so direkt und konkret zu einer ihnen durch ihren Beruf

---

90 Ohne Autor: Wehrkraft und Technik, in: *Hannoversche Hochschulblätter*, 9. Semesterfolge (Mai 1929) Nr. 8, S. 93 f.

91 Dr. Ing. Otto Schwab wurde 1889 geboren, studierte in Darmstadt und Dresden bis 1914, leistete bis 1918 seinen Kriegsdienst ab und wurde zum Leutnant der Reserve befördert. Er beschäftige sich in den Jahren 1919 bis 1934 mit privaten Forschungsprojekten auf dem Gebiet des physikalischen Fernmesswesens, des Erkundungs- und Messdienstes sowie der Artillerie-, Schnellvermessungs- und Kriegstechnik. Ab 1934 war Schwab nach seiner Promotion an der TH Dresden für das physikalische Fernmesswesen an der TH in Darmstadt tätig. Zwischen 1930 und 1934 war er zudem SA-Standartenführer, Stabschef A.W., Vorsitzender des Akademischen Wissenschaftlichen Arbeitsamtes (AWA), welches eigentlich ein „Allgemeines Wehramt" war. Von 1933 bis 1934 war Schwab Führer der Deutschen Burschenschaft (DB). Vgl. Brunck (1999) S. 253 ff.

92 Ohne Autor: Wehrkraft und Technik, in: *Hannoversche Hochschulblätter*, 9. Semesterfolge (Mai 1929) Nr. 8, S. 93.

als Ingenieur zukommenden Aufgabe. Diese empfundene Pflicht zum Wehrwillen und zum Wehrwissen zeigt, wie sehr Technik, Militär und Krieg aus der Sicht der angehenden Ingenieure miteinander verbunden und positiv konnotiert waren. Die „Zukunft des deutschen Volkes" hing nach dieser Lesart mit dem Stand der (Kriegs-) Technik und der „Schnelligkeit der Umorganisation" zusammen, mit anderen Worten der Umstellung von Friedens- auf Kriegszeiten, der Mobilmachung. In dem Text bündeln sich aus verschiedenen Bedeutungszusammenhängen stammende Zeichen zu einer spezifischen politischen Semiotik, die eine integrative Funktion in dem sozialen Verband der Studentenschaft einnahm. Die Konnotation von „Ingenieur und Soldat" entsprach offenbar dem Selbstbild der korporierten wie nicht korporierten Studenten und verband technizistische mit nationalistischen Motiven und Mythen sowie einem dem 19. Jahrhundert entstammenden Männlichkeitsbild. Die zu der Zeit eingeführte allgemeine Wehrpflicht revolutionierte das tradierte bis dahin geltende Männlichkeitsbild und „universalisierte die Funktion des Mannes als Krieger und wertete den Soldatendienst als ehrenvolle und Ehre vermittelnde Verbindlichkeit jedes einzelnen Mannes auf."[93] Die allgemeine Wehrpflicht bildete so eine Institution „männlicher Vergemeinschaftung", deren Substanz die Zugehörigkeit zum männlichen Geschlecht bildete. Gleichzeitig war das Militär die „Schule der Männlichkeit" und eine Art Initiationsinstanz, die Jünglinge zu Männern machte. Durch diesen staatlichen Zugriff durch die Wehrpflicht wurden die Männer in ein „neues, vollkommen abstraktes Referenzsystem" hineingestellt: das Vaterland, die Nation, der Staat.[94] Der Erste Weltkrieg verknüpfte Maskulinität und Nationalismus noch enger und verschärfte gewissermaßen die Konturen durch die Differenz: zum weiblichen Geschlecht einerseits und zu fremden Völkern und Staaten andererseits.[95]

Die studentische Jugend orientierte sich in den zwanziger Jahren an einer für sie zentralen historischen Begebenheit, in der sich alle genannten Zuweisungen finden lassen, die sich aber ihrerseits wiederum in einer bestimmten Weise als variabel zeigte und semiotisch dem jeweiligen Kontext der Akteure angepasst werden konnte. Es handelt sich um den Mythos der Gefallenen von Langemarck, derer regelmäßig mit Feierstunden, Spendenaufrufen und Texten in den *Hannoverschen Hochschulblättern* gedacht wurde.

Der Mythos von Langemarck entstand rund um die deutsche Niederlage in Flandern und kolportiert den Einsatz junger deutscher Regimenter, die am 10. November 1914 das Deutschlandlied singend die feindlichen Stellungen stürmten und

---

93 Frevert, Ute: Soldaten, Staatsbürger. Überlegungen zur historischen Konstruktion von Männlichkeit, in: Kühne, Thomas (Hrsg.): Männergeschichte, Geschlechtergeschichte. Männlichkeit im Wandel der Moderne, Frankfurt am Main 1996, S. 69–87, hier S. 81.

94 Vgl. ebenda, S. 82. Die Autorin kommt zu dem Schluss, dass die Konstruktion des Mannes als Soldat und Staatsbürger, der Nation, dem Vaterland, der Volksgemeinschaft ergeben und sie verkörpernd, keine Erfindung der Nationalsozialisten war, sondern dort nur besonders „schnörkellos herauspräpariert." Ebenda, S. 83.

95 Gerade weil in der Weimarer Republik die modernen Rollenbilder vielfach Irritationen hervorriefen, wurde die „gewalttätige Apologie des Mannes als Herr und Krieger" inszeniert. Peukert (1987), S. 110.

große Verluste erlitten. Schon am 11., spätestens aber am 12. November berichteten alle Tageszeitungen über die Meldung der Obersten Heeresleitung, die ihrerseits uneindeutig war und militärisch-sachliche Berichterstattung mit patriotisch-pathetischen Beschreibungen kombinierte.[96] „Langemarck" wurde ein fest verankerter Topos in den Diskursen über den Ersten Weltkrieg in den zwanziger und dreißiger Jahren und fand von Ernst Jünger bis Baldur von Schirach begeisterte Interpreten. Die historischen Fakten gerieten in den Hintergrund, selbst das Nennen von Ort und Datum war vielfach nicht nötig. Langemarck wurde zum Symbol und „als poetischer Gemeinplatz zum argumentativ-funktionalen Versatzstück"[97].

Dass dieser Diskurs nicht nur besonders wirkungsmächtig war, sondern sich zur institutionalisierten Redeweise verfestigte, zeigt sich zum einen durch die Präsenz dieses Motivs in Texten, Theaterstücken und Gedenkfeiern und zum anderen in dem Rückhalt, den dieser in Politik, Öffentlichkeit und Staatsinstitutionen fand. Über die Langemarck-Feier der TH Hannover im Jahre 1930 heißt es:

„Am 16. November 1930 veranstaltete die DSt im Lichthof der Technischen Hochschule um 11 Uhr eine Feier zum Gedächtnis unserer bei Langemarck gefallenen Kommilitonen. Vertreter der staatlichen und kommunalen Behörden, der Reichswehr und der Lehrkörper beider Hochschulen Hannovers nahmen an der Trauerfeier teil, die nach dem Einmarsch der Chargen mit dem Trauermarsch von Beethoven eröffnet wurde. Der 1. Vorsitzende, Herr Kasten, hielt eine kurze Ansprache; die Gedächtnisrede hielt der evangelische Studentenpfarrer Chors. Im Anschluss an die Reden wurden an der Ehrentafel von den Studentenschaften und vom Rektor der TH Kränze niedergelegt, während die Klänge des Liedes vom guten Kameraden ertönten und sich die Korporationsfahnen senkten. Der Ausmarsch der Chargen beschloß die Feierstunde."[98]

An den Universitäten und Hochschulen wurden regelmäßig Langemarckfeiern inszeniert, die durch die Präsenz von Rektoren, Dozenten und Verwaltungsangestellte, aber auch den Vertretern aus der Bürokratie und Reichswehr fast wie ein Staatsakt wirkten. In dem deutungskulturellen Diskurs rund um dieses Symbol wurde die symbolische Politik in politische Macht transferiert.

Besonders anschaulich zeigt sich der Prozess, in dem durch sprachliches Handeln Sinn produziert wurde, wenn man die studentische Rezension von Schwabs Buch in den *Hochschulblättern* mit dem Ausgangstext aus „Ingenieur und Soldat" vergleicht. Das Vorwort „Zur Einführung" schrieb ein Generalleutnant a.D. Paul von Wissel und erklärt die Ereignisse von Langemarck als Ausgangspunkt für Otto Schwabs Ausführungen:

„Oktober 1914 wurden die Kriegsfreiwilligen aus Deutschlands Jugend in Flandern zum Anschluß des Heeres an das Meer eingesetzt. Voll Begeisterung für unsre gute Sache und unter den Klängen des Deutschlandliedes griffen sie an. Doch nach bluti-

---

96 Zur Rekonstruktion von „Langemarck" siehe ausführlich Ketelsen, Uwe-K.: „Die Jugend von Langemarck" – Ein poetisch-politisches Motiv der Zwischenkriegszeit, in: Koebner/Janz/Trommler (1985), S. 68–88, hier S. 70 ff.
97 Ebenda, S. 72.
98 *Hannoversche Hochschulblätter*, 12. Semesterfolge (Dezember 1930) Nr. 3, S. 39 f.

ger Schlacht kamen sie in dem schwierigen Gelände vor Ypern [...] gegen die altgedienten Kolonialtruppen der Engländer und ihre französischen Helfer zum Stehen. Die Front versteifte sich. Die in großen Bogen geführten Kampflinien flankierten Freund und Feind und blieben unruhig; die Hölle von Ypern nannten später die Engländer das Kampffeld. Erst jetzt und am Feinde gewannen die Jugendkorps die Zeit zur Ausbildung für das Gefecht; in Monaten wurde aus der Miliz eine Truppe. In dieser Umwelt schuf sich in Kämpfen bei Langemark und in mühsamer Arbeit die deutsche Artillerie diejenige Ergänzung zu ihrem in Ost und West bewährten Schießverfahren, die das unübersichtliche und ungewohnte Kampffeld erforderte und die friedensmäßig nicht zu gewinnen gewesen war: das Meßerkundungs- und das Meßschießverfahren." [99]

Die Schriftleitung der *Hannoverschen Hochschulblätter* griff die Schilderungen des Generalleutnants auf und fügte der schon poetisierten Fassung ihre eigenen Ausdrucksformen und Sinngebungen hinzu:

„Hier auf den Schlachtfeldern zwischen Poelcapelle und Langemark, wo die Blüte der deutschen Jugend mit dem Gesang des Deutschlandliedes stürmte und verblutete, wo diese junge, kriegsunerfahrene Truppe dann monatelang dem ungeheuren Waffendruck der vereinigten Engländer, Franzosen und Belgier standhielt, hier schuf sich die gleiche Truppe unter Schwabs geistiger Führung in diesen Monaten dann die artilleristischen Kampfmethoden, mit denen sie ihre geringen Kräfte, ihre wenigen Geschütze, ihre für jedes Ziel abgezählte Munition mit **höchstem Wirkungsgrade** dem Feind entgegensetzen konnte, jeden materiellen Vorsprung des Feindes durch **geistige Ueberlegenheit** ausgleichend. **Unsere deutschen Studenten von 1914** waren nicht nur unerschrockene Kämpfer und Stürmer sondern ebenso **kaltblütige Rechner** und **technische Führer** im Gefecht: es war die sieghafte Jugend eines wehrhaft denkenden Volkes." [100]

In dem Text der Schriftleitung lassen sich zwei Dinge beobachten: zum einen die Relevanz des Langemarck Symbols für das akademische Bürgertum sowie die aufstiegsorientierten Mittelschichten. Es handelte sich in den Erzählungen um junge, „stürmende" Studenten, die durch ihren Mut und ihren Einsatz für Deutschland das Ideal des Reserveoffiziers und des Corpsstudenten in sich vereinigten, die als Symbole der Nation bereits im Kaiserreich ein hohes Ansehen genossen.[101] Der Erste Weltkrieg als kollektiv ausgeübte und erfahrene Gewalt wird in der Erinnerung und in dem Gedenken auf die Kriegsstudenten in Langemarck projiziert und verwandelt sich in unsterbliche Werte wie Ehre, Pflichterfüllung, Opferbereitschaft und mutigen Einsatz für das Vaterland. Der Krieg wird mit Sinn belegt und fungiert als Produzent und Katalysator von „Werten", die offenbar gerade für die nachfolgende

---

99 Von Wissel: Zur Einführung, in: Schwab, Otto: Ingenieur und Soldat – Erfahrungen aus dem Weltkrieg und wehrtechnische Ausblicke. Beitrag zur Frage der Wehrführerausbildung auf wissenschaftlich-technischer Grundlage, Nidda 1928, S. 5.
100 Unbekannter Autor: Wehrkraft und Technik, in: *Hannoversche Hochschulblätter,* 9. Semesterfolge (Mai 1929) Nr. 8, S. 94 (Hervorhebung A.S.).
101 Vgl. Ullmann, Hans-Peter: Das Deutsche Kaiserreich 1871–1918, Frankfurt am Main 1995, S. 38 sowie Studier, Manfred: Der Corpsstudent als Idealbild der Wilhelminischen Ära. Untersuchungen zum Zeitgeist 1888 bis 1914, Schernfeld 1990.

Kriegsjugendgeneration eine hohe emotionale Bindekraft hatten. Rituale wie Gedenkfeiern dienten dazu, die im Krieg gefallenen Männer (Brüder, Väter, Onkel usw.) und die Ideale, die sie verkörperten, nicht real sterben zu lassen, sondern ihrem Tod eine Bedeutung zu verleihen. Zugleich standen diese Werte für tradierte Männlichkeitsideale, die es wiederzubeleben bzw. zu erhalten oder wiederherzustellen galt. Die Rehabilitation der Nation war eine Ehren- und damit Männersache und das höchste Ziel mit fast heiligem Charakter:

> „Unsere gefallenen Kommilitonen gaben dies Vorbild eines wunderbar vollkommenen Sich-Einsetzens für eine große Idee, das Vorbild einer **männlichen Begeisterung**, die **alles ausfüllte und erfüllte**. Namen wie Langemarck sind uns heutigen Studierenden zum festen Begriff geworden – Begriff einer **Vollendung**, von der wir uns freilich selbst noch weit entfernt wissen, der wir aber bewußt und aufrichtig zustreben."[102]

Zum anderen wird in dem weiter oben zitierten Abschnitt aus „Wehrkraft und Technik" deutlich, dass die Studenten der Technischen Hochschule Hannover diesen Topos aus einem ganz spezifischen Blickwinkel interpretierten. Ihre Sichtweise zeigt, dass „Langemarck" *keineswegs* ausschließlich eine Gegenwelt darstellte, die der Welt der taktischen Siege und überhaupt der militärtechnischen Kriegsführung mit ihrem maschinell-rationalen Vernichtungspotential diametral entgegengestellt war.[103] Die angehenden Ingenieure der TH Hannover kombinierten Langemarck hier mit genau diesen technisch-sachlichen Bedeutungszuweisungen, so dass die Studenten von 1914 nicht nur „unerschrockene Kämpfer und Stürmer" waren, sondern auch „kaltblütige Rechner" und „technische Führer". Das zu diesem Zeitpunkt entwickelte Messerkundungs- und Messschießverfahren galt als Beleg dafür, dass der Krieg den Fortschritt hervorbringt. Durch die Verschränkung dieser Elemente wird der verlorene Krieg rückwirkend umgedeutet und in eine Erfolgsgeschichte der Technik und des Fortschritts verwandelt. Sachverstand und Objektivität (das „sachliche Denken") fungieren als erweiterte Deutungsmuster zur Realitätsbewältigung im Zeichen der Moderne[104], während sich in der Konstruktion von Männlichkeit die Emotionen bündeln und auf „Deutschland", die „Nation" oder das „Vaterland" fokussieren.

Den drei motivischen Elementen des Langemarck-Topos, dem der Jugend, des Nationalen und des Opfers wurde im studentischen Text das Motiv der Technik hinzugefügt. Dadurch trat das Opfermotiv gewissermaßen in die zweite Reihe zurück

---

102 Hofmann (Juli 1931), S. 162 (Hervorhebung A.S.).
103 Das behauptet Ketelsen in seinem Text zur Jugend von Langemarck, siehe Ketelsen (1985), S. 72.
104 So heißt es auch im Juli 1931 zur Hundertjahrfeier der Technischen Hochschule Hannovers anläßlich der stattgefundenen Gefallenenehrung: „Unserer lieben Kommilitonen gedachten wir am ersten Tage der Hochschulfeier. [...] In seiner [Rektor Prof. Blums, A.S.] Ansprache erinnerte er an den heldenhaften Auszug der deutschen Akademiker, besonders der Jugend, die im langen Schützengrabenkampf ihren Mann bis zum letzten Blutstropfen gestanden hat, und auch daran, daß unsere jungen Kommilitonen schon nach kurzer Ausbildung imstande gewesen seien, nicht nur Kompanien, sondern Truppenteile zu führen." Hofmann (Juli 1931), S. 161.

und machte einer technisch fundierten „geistigen Überlegenheit" Platz, die durch sachlich-berechnenden Einsatz „jeden materiellen Vorsprung des Feindes" wettmachte. Die Rede von der „geistigen Überlegenheit" war eine weitere gängige rhetorische Strategie in den Zwischenkriegsjahren, die mehrmals in den *Hannoverschen Hochschulblättern* zu finden ist. In einer Rezension der bekannten „Kriegsbriefe gefallener Studenten"[105] lässt sich beispielsweise nachlesen: „Es heißt oft und gern: der Krieg verroht. Aber nur die Rohen. Den geistigen Menschen aber weist er den Weg zur tieferen Erkenntnis und zur seelischen Vertiefung."[106] Die ausführliche und von Schriftleiter W.J.Kapune verfasste Rezension zitiert große Passagen aus dem Buch und beschwört am Ende des Textes seine Kommilitonen, dieses „wertvolle Vermächtnis" der Briefe, die „in ihrem tiefinnerlichen Menschtum im wahrsten Sinne des Wortes ein ‚Ehrenmal der Nation'" darstellen würden, zu bewahren. Aufgabe und heilige Pflicht sei es, sich der erbrachten Opfer der Gefallenen als würdig zu erweisen.[107]

Für Schriftleiter Kapune waren die Soldaten des Ersten Weltkriegs nicht nutzlos gefallen, da das Entscheidende immer die Opferbereitschaft an sich sei und nicht das, wofür das Opfer erbracht würde. Zur Zeit gehe es jedoch darum, das ‚wofür' deutlich zu benennen und *einzulösen*: Die Nation zu rehabilitieren und Deutschland zu neuer Größe zu verhelfen. Kapune verdeutlichte sein Anliegen mit einem Zitat Ernst Jüngers, der die in der Zeit vielgelesenen Kriegsbücher wie folgt kommentierte:

> „Sie führen verwüstete Städte und furchtbare Leiden als ihre Gründe an, als ob es unsere höchste Aufgabe wäre, dem Schmerz aus dem Wege zu gehen, und ihnen ist der Wille fremd, der die Verantwortung nicht scheut, so vergängliche Werte wie Leben und Eigentum zu opfern, wenn es gilt, die Größe des Volkes und seiner Idee zu verwirklichen."[108]

Das Motiv der „geistigen Überlegenheit" der Deutschen findet sich auch schon im November 1927 in den *Hannoverschen Hochschulblättern* in einem Artikel mit dem Titel „Führerschaft" wieder. Der Text ist Teil eines Geleitwortes Oswald Spenglers, das er anlässlich der Einweihung des Dintahauses[109] in Düsseldorf vorgetragen

---

105 Witkop, Philip (Hrsg.): Kriegsbriefe gefallener Studenten, München 1928.
106 Kapune, W.J.: …das ewig lebt!, in: *Hannoversche Hochschulblätter*, 9. Semesterfolge (Juni 1929) Nr. 9, S. 106f.
107 In derselben Ausgabe der *Hannoverschen Hochschulblätter* befindet sich ein Abschnitt mit der Überschrift „Herrn Lessings Kriegserinnerungen!", in dem eine große Passage zitiert wird. Der Text weist Lessing als Kriegsgegner aus und wird mit folgenden Worten eingeführt: „Prof. Lessing schreibt zur Zeit in Erledigung eines ‚Forschungsauftrages' seine Kriegserinnerungen. Und benutzt wiederum das deutschfeindliche ‚Prager Tageblatt', das ja seinerzeit seine Schmähartikel gegen Hindenburg veröffentlichte, dazu, seine Elaborate der (tschechischen) Öffentlichkeit vorzusetzen. Im folgenden bringen wir einen vorläufigen, kleinen Auszug dieser Selbstpersiflage. Kommentar überflüssig." Schriftleitung, *Hannoversche Hochschulblätter*, 9. Semesterfolge (Juni 1929) Nr. 9, S. 113.
108 *Hannoversche Hochschulblätter*, 9. Semesterfolge (Juni 1929) Nr. 9, S. 106.
109 Dinta ist die Abkürzung für das Deutsche Institut für technische Arbeitsschulung und wurde 1925 gegründet. Aufgabe des Instituts war die Optimierung der technischen Betriebsabläufe und des Menschen. Das Institut gestaltete individuelle Werkszeitungen für größere Betriebe.

hatte. Auch für Oswald Spengler war der „sittliche Ernst der Haltung" des deutschen Volkes eine Auszeichnung, die es von allen anderen abgrenze. Trotz vieler auch vorhandener Mängel hätte

> „an der **inneren Würde unseres Wollens** niemand gezweifelt. Als der Krieg ausbrach, waren wir darin **allen Gegnern überlegen**. Diese Haltung ist es, welche durch die Schicksale der letzten 10 Jahre in weitem Umfang verkümmert, gebrochen ist und uns ganz verloren zu gehen droht. Aber unter den weißen Völkern in diesem Zeitalter des beginnenden ‚panem et circenses' wird dasjenige, und in ihm wieder diejenige Schicht alleine eine Zukunft haben, die ihrem Leben sittliches Gewicht zu geben verstehen."[110]

Die Niederlage von 1918 gestaltete sich als „traumatische Erfahrung", die „einen neuralgischen Punkt im nationalen Habitus"[111] der Deutschen traf und durch Größenphantasien sowie das Konstrukt der „geistigen Überlegenheit" kompensiert wurde.[112] Pflichtgefühl, Opferbereitschaft und Nationalismus, gleichsam die Elemente aus denen sich diese Überlegenheit konstruierte, wurden als eine unbesiegbare Waffe auch nach der Niederlage im Ersten Weltkrieg weiter beschworen und knüpften an die Dolchstoßlegende der im Felde ungeschlagen gebliebenen Soldaten an. In der Wahrnehmung und Interpretation der (angehenden) Ingenieure erweiterte sich die Dolchstoßlegende wiederum um ein technisches Element: Sie wurde zu einer „technizistischen Dolchstoßlegende", „die die deutschen Ingenieure weit über das Kriegsende hinaus als ideologischen Agitationsapparat nutzten und zugleich als berufsständisches Trauma mit sich herumschleppten."[113] Sie steht im Zusammenhang mit den oben dargestellten Auseinandersetzungen zwischen Militär und Ingenieuren. Dem Vorwurf, dass der Krieg technisch verloren worden sei, setzten die Ingenieure entgegen, dass das Militär die Technik laienhaft und damit falsch und unwirksam angewandt hätte. Auch die Studenten entwickelten mit der technizistischen Variante von Langemarck eine Geschichte, in der sich die Technik trotz der Niederlage der deutschen Truppen als Sieger erwies.

    Kleinere Betriebe erhielten den redaktionellen Mantel mit betriebsbezogener Beilage. 1933 wurden die 190 Zeitschriften der Dinta in die Deutsche Arbeitsfront (DAF) überführt.
110 Spengler, Oswald: Führerschaft, in: *Hannoversche Hochschulblätter* 6. Semesterfolge (November 1927) Nr. 2, S. 17 f. (Hervorhebung A.S.). Zur Rezeption Spenglers innerhalb der Ingenieure siehe Ludwig, S. 44, der der Ansicht ist, dass Spengler „kritischen Stimmen aus der Ingenieursberufsgruppe zwar entgegen [kam], mit seinem romantisch-sozialkonservativen Ansatz keine wirklich brauchbare Lösung gesellschaftlicher Probleme [bot]." Dietz/Fessner/Maier (1996) kommen zu dem Schluss, dass Spengler in den Reihen der technischen Intelligenz sehr intensiv rezipiert wurde. Vgl. ebenda, S. 24.
111 Elias, Norbert: Studien über die Deutschen, Frankfurt am Main 1998³, S. 14.
112 Interessanterweise lässt sich dieser Topos auch im Umgang mit dem technischen Fortschritt finden. So schrieb Ernst Jünger: „Das haben wir auch kennengelernt, dieses Gefühl, daß der Mensch dem Material **überlegen** ist, wenn er ihm **die große Haltung** entgegenzustellen hat, und das kein Maß und Übermaß der äußeren Gewalten denkbar ist, dem die **seelische Kraft** nicht gewachsen wäre." (Hervorhebung, A.S.). Jünger, Ernst: Feuer und Blut, 1929, S. 34.
113 Willeke, Stefan: Die Technokratiebewegung zwischen den Weltkriegen und der „Kulturfaktor Technik", in: Dietz/Fessner/Maier (1996), S. 203–220, hier S. 210 f.

Zusammenfassung

Die Analyse der *Hannoverschen Hochschulblätter* hat gezeigt, dass zumindest bei einem Teil der Studierenden durchaus Interesse vorhanden war, ihr technisches Studium und damit zusammenhängende Fragen zu diskutieren. In den gut anderthalb Jahren von 1927 bis 1929 in denen die Freistudenten die *Hochschulblätter* publizierten, wurden in 80 Prozent der Ausgaben technische Artikel abgedruckt, die die allgemeinen Debatten innerhalb des Berufstands der Ingenieure widerspiegeln. Die Indifferenz der technischen Elite dem Weimarer Staat gegenüber, der ihnen aus ihrer Sicht nach wie vor den Zugang zu den führenden Positionen verwehrte, schlug sich auch in den Vorstellungen der aufstiegsorientierten Studenten der technischen Fächer nieder. Die schlechte Situation der Ingenieure auf dem Arbeitsmarkt sowie die steigenden Immatrikulationszahlen an den Technischen Hochschulen und der niedrige Lebensstandard vieler Studierender auch in der Stabilitätsphase der Weimarer Republik förderten vor dem Hintergrund ihrer völkischen und nationalistischen Überzeugungen radikale Lösungsmöglichkeiten. Die Spezifik des studentischen Diskurses zeigt die Attraktivität biologistischer Deutungen, die durch eine als „wissenschaftlich" eingestufte Theorie der Selektion einen Ausweg aus den Problemen suggerierte. Begriffe wie „Auslese" und „Heilung des Übels durch Auswahl" wurden um 1930 herum zu zentralen Bestandteilen der studentischen Weltbilder.

In dem Kampf der Technischen Elite um gesellschaftliche Anerkennung spielte der Stellenwert der Technik eine große Rolle. Gekoppelt an das „Allgemeinwohl" wurden die technischen Innovationen durchgehend positiv konnotiert und galten als „objektiv-sachliche" Lösungen für die sozioökonomischen Krisen der Weimarer Jahre. In diesem Zusammenhang wurde auch der Erste Weltkrieg als Beschleuniger des technischen Fortschritts gedeutet, der letztlich allen zugute kommen sollte. Für die Studenten war der Erste Weltkrieg zudem der zentrale Punkt ihrer nationalen und männlichen Identität sowie ihrer Positionierung als angehende Ingenieure. Anhand der „Langemarck-Jugend" konstruierten sie ein Szenario, in dem „technische Führer" und „eiskalte Rechner" mittels der Kriegstechnik sowie unerschrockener Tapferkeit die Nation verteidigen und retten konnten. Diese Symbolik erwies sich als besonders wirksam, weil sie bei den Studenten einen emotiven und einen normativen Pol berührt und miteinander verknüpft hat. Dadurch, dass die Studenten dieses Symbol in ihre Anschauungen und Vorstellungen integriert haben, bot sich ihnen „die Chance, Orientierung und ‚Ordnung' in einer Welt zu finden, die in den alltäglichen Erfahrungen der Vielen als zerrissen und chaotisch erscheint."[114]

Aus einer Metaperspektive erweisen sich die *Hannoverschen Hochschulblätter* als eine Art Seismograph des studentischen Diskurses, der auch in der durch die Freistudenten dominierten Phase sowohl völkische Überzeugungen als auch an den Ersten Weltkrieg gebundene technokratisch-männlich-kriegerische Identitätsentwürfe aufweist. Zwar sind in der Zeit bis 1931 auch etwa drei Artikel zu finden, die eine im

---

114 Lüdtke, Alf: Ikonen des Fortschritts. Eine Skizze zu Bild-Symbolen und politisch Orientierungen in den 1920er und 1930er Jahren in Deutschland, in: Lüdte/Marßolek/von Saldern (1996), S. 199–212, hier S. 211.

Ansatz pluralistische Ausrichtung der Blätter zeigt. Grundsätzlich sind die Deutungen der sozialen Welt durch die Freistudenten jedoch nicht wesentlich unterschieden von den in der DSt organisierten Studenten. Die grundlegende Differenz bestand darin, dass die Freistudenten generell ein Interesse hatten, technische Themen zu diskutieren, während die Schriftleitung der DSt nationalistische und großdeutsche Propaganda in den Vordergrund stellte.

3. Lokale Inszenierungen und Manifestationen von Macht

„Beendigt ist die Zeit, als unser braunes Hemd und der feldgraue Rock der Stahlhelmer nicht dem akademischen Gepräge entsprach. Wir haben die Macht in der Studentenschaft und wollen ihr unsern Stempel aufdrücken, das heißt, sie mit dem Geist erfüllen, der unsern Horst Wessel so früh für die Freiheitsbewegung in den Tod gehen ließ." Hochschulgruppenführer Erich zu Klampen am 1. Mai 1933[1]

Die naheliegende und auch in der Literatur zu findende Vermutung, dass die Kanzlerschaft Hitlers sich direkt und ausschlaggebend auf die Stimmung und auch die Mitgliederzahlen der NSDAP und damit letztlich auch auf die des Studentenbunds hätten niederschlagen müssen, lässt sich so monokausal nicht bestätigen. Für das Gros der Studenten bedeuteten die einzelnen Etappen, die schließlich das Ende der Demokratie zur Folge hatten – der Bruch der Großen Koalition am 27. März 1930 und die Ablösung des parlamentarischen Systems durch die Präsidialregimes, der Sturz Brünings am 30. Mai 1932 sowie der Preußenschlag vom 20. Juli 1932 – begrüßenswerte Schritte hin zu einem autoritären und nicht zwangsläufig nationalsozialistischen Staat. Dementsprechend wurde auch Hitlers Machtübernahme von vielen Studenten interpretiert. Die NSDStB-Funktionäre an der TH Hannover hatten es daher in den Monaten März bis Mai 1933 immer noch sehr schwer, dem politischen Wandel auf Reichsebene einen politischen Wandel innerhalb der Hochschule folgen zu lassen. Der 30. Januar 1933 stellte sich dennoch auch für die Studenten als Zäsur dar, weil die diesem Datum nachfolgenden Gesetze und Aktionen der Nationalsozialisten den seit den frühen dreißiger Jahren angelegten Übergang in den Diktaturstaat jetzt überdeutlich und sichtbar werden ließen.

Die Verhandlungen über die Macht an der Hochschule im Zusammenspiel mit den reichsweiten politischen Ereignissen nach dem 30. Januar 1933 stehen im Mittelpunkt der ersten zwei Unterkapitel. Wie und mit welchen Mitteln erlangte der NS-Studentenbund die Macht an der Technischen Hochschule Hannover? Wie reagierten die Studenten auf die staatspolitischen und hochschulpolitischen Veränderungen? Aus einer Mikroperspektive wird der von dem Zeitpunkt an staatlich legitimierte NS-Studentenbund in seinen Auseinandersetzungen mit den übrigen Studenten in den Monate Januar bis Juni geschildert und analysiert. Welchen Stellenwert hatte zum Beispiel die Inszenierung der Feier zum 1. Mai 1933 sowie die Bücherverbrennung auf den Etappen des Machtwechsels? Das dritte Unterkapitel

---

[1] Grimm, Heinrich (Schriftleiter): Der 1. Mai der Hannoverschen Studentenschaft, in: *Hannoversche Hochschulblätter* 17. Semesterfolge (Mai 1933) Nr. 8, S. 86–88, hier S. 87.

wechselt die Perspektive und beschäftigt sich mit der Interpretation der Volksgemeinschaftsideologie durch die NS-Studentenfunktionäre. Es stellt sich die Frage, warum gerade das Ideologem vom „Arbeiter der Stirn und dem Arbeiter der Faust" die NS-Studenten positiv ansprach, an welche Traditionen es anknüpfte und wie wirkungsmächtig es für die übrigen Studenten war. Ein weiterer Wechsel der Ebenen zeigt den Einzelfall des Studentenpfarrers der Technischen Hochschule Hannover. Gefragt wird hier nicht nur nach der Positionierung des Pfarrers und seinen Auseinandersetzungen mit dem NS-Studentenbund, sondern auch nach den weiterreichenden Auswirkungen der nationalsozialistischen Weltanschauung.

3.1 Distinktion und Kooperation der Studenten nach der „Machtergreifung"

Hitlers Ernennung zum Reichskanzler am 30. 1. 1933[2] zog zunächst keine gravierenden Veränderungen an der Technischen Hochschule nach sich und verbesserte auch keineswegs die desolate Lage des NS-Studentenbunds. Das aggressive Vorgehen des neuen Hochschulgruppenführers zu Klampen gegen die Kammervertreter und die Verbindungen, die gescheiterte StB-Organisation in Hannover sowie der Rücktritt Gregor Strassers von allen Parteiämtern wirkten sich nach wie vor negativ auf die hochschulpolitische Situation des NS-Studentenbunds in Hannover aus.[3] Auch reichsweit hatte der NSDStB die Sympathien der Studenten überwiegend eingebüßt und verlor immer mehr Anhänger. Formalrechtlich änderte sich für den NS-Studentenbund und die DSt zunächst nichts. Von Seiten des Staates erfolgte weder eine Statusaufwertung noch eine klare Kompetenzteilung der beiden Organisationen an den Hochschulen. Für die NSDStB-Funktionäre ergaben sich daher organisatorische Schwierigkeiten und eine gewisse Zeit des Leerlaufs, durch die sich aber auch Handlungsspielräume für sie eröffneten. Zu dieser Situation des Übergangs kam hinzu, dass Mitte Februar die Semesterferien begannen, in denen wenig Studenten an der Hochschule anzutreffen waren und infolge dessen kaum Hochschulpolitik betrieben wurde.[4]

---

2 In „Hannover wurde von der NSDAP ein ‚Fackelzug des Sieges' veranstaltet, zu dem sich 5000 Anhänger um 21 Uhr auf dem Welfenplatz versammelten. Der Umzug ging durch das Stadtzentrum zum Ägidientorplatz, von dort zum Neuen Haus, zum Lister Platz und zurück zum Welfenplatz. Gegnerische Kundgebungen waren verboten worden, auch eine interne Veranstaltung der KPD im Konzerthaus am Hohen Ufer durfte nicht stattfinden. Trotzdem kam es an verschiedenen Stellen der Stadt zu Ansammlungen und heftigen Diskussionen sowie zu Zusammenstößen mit der SA.", Obenaus (1981), S. 39.
3 Siehe Kapitel 1.3.
4 In einem Bericht vom 31. 3. 1933 des Führers des NSDStB der Hochschulgruppe Hannover, Kreis III, heißt es: „Auf dem Gebiet der Hochschulpolitik war infolge der Ferien nicht viel zu wollen", NHStA Hann 320 IV/29.

Im März 1933 hatte der NS-Studentenbund lediglich 70 Studenten als Mitglieder, deren Anzahl sich bis Anfang Mai auf 157 erhöhte, also nur etwas mehr als verdoppeln konnte.[5] In einem Rundschreiben Anfang Februar führte Kreisleiter Heinrich Lüer diesbezüglich aus, dass es bei der Größe der Bewegung jedoch nicht darauf ankomme, zahlreiche Eintritte melden zu können, sondern dass die Festigkeit und Schlagkraft entscheidend sei.[6] Zum einen ließ sich mit diesem Rekurs auf die Wirkung einer kleinen, aber effektiven Truppe rechtfertigen, dass nach der Umstrukturierung der bestehenden Organisation durch zu Klampen die Mitgliedszahlen des NSDStB trotz der innenpolitischen Veränderungen immer noch sehr niedrig waren. Zum anderen konnten sich die Studentenfunktionäre direkt auf Hitler beziehen, der schon 1925 in „Mein Kampf" die Partei der NSDAP als Eliteeinheit und „revolutionäre Minorität" sah und noch im Juni 1933 am Prinzip der Kaderpartei festzuhalten suchte. Auch der NS-Studentenbund definierte sich nach seiner Gründung 1926 als politischer „Stoßtrupp" an den Hochschulen, bis Reichsjugendführer von Schirach Ende der zwanziger Jahre verstärkt auf die Erhöhung der Mitgliedzahlen drängte. Im Jahr 1933, nachdem die Hochschulen erobert worden waren und für den NSDStB der Zenit des Erfolgs schon wieder überschritten zu sein schien, wurde der alte, elitäre Anspruch wieder aktiviert.[7] Das Selbstverständnis als politische Elite war somit flexibel. Es konnte sowohl in den Zeiten niedriger Mitgliederstände und geringerem Interesse der Studenten am NS-Studentenbund geltend gemacht werden als auch in der zweiten Hälfte des Jahres 1933, als der NSDStB zur Massenorganisation wurde. Zu dem Zeitpunkt grenzten sich die langjährigen Nationalsozialisten von den Neumitgliedern, den „Märzgefallenen", ab und definierten sich als Elite der „alten Kämpfer".

Die im Februar 1933 nach dem Reichstagbrand geschaffene gesetzliche Verordnung, die die Grundrechte der Weimarer Verfassung außer Kraft setzte und die Versammlungs- und der Pressefreiheit massiv einschränkte[8], hatte zunächst keinen direkten Einfluss auf die hochschulpolitische Situation an der Technischen Hochschule Hannover. Auch der verstärkte Straßenterror der Nationalsozialisten in Hannover vor den Reichstags- und preußischen Kommunalwahlen vom 5. und 12. März

---

5 „Stärkemeldung" des NSDStB Hannover vom 7. 5. 1933, StA WÜ RSF II/147. Die Verdoppelung wird hier deshalb als eine Art Misserfolg gedeutet, da der Studentenbund im Juli 1932 schon einmal 96 Mitglieder hatte und von der Studentenschaft zu dem Zeitpunkt insgesamt 120 Mitglieder der NSDAP waren. In Anbetracht dessen, dass nach der vorübergehenden Auflösung und dem Neuaufbau des NSDStB Hannover durch zu Klampen im November 1932 doch einige Veränderungen in der Politik stattgefunden hatten und ein Potenzial an Sympathisanten offenbar vorhanden war (das zeigen auch die Stimmen bei den Kammerwahlen bis 1932), erscheint der Anstieg eher geringfügig.
6 Rundschreiben 7/33 vom 3. 2. 1933, NSDStB Kreis III (Niedersachsen), Abt. IX: Kreisführer, NHStA Hann 320 IV/32.
7 Siehe auch Faust (1974), Bd. 2, S. 124.
8 Die *Verordnung des Reichspräsidenten zum Schutz von Volk und Staat* vom 28. Februar 1933, die sogenannte „Reichstagsbrandverordnung", die als „Verfassungsurkunde" des Dritten Reiches (Fraenkel) den Belagerungszustand in Deutschland festschrieb. Vgl. ausführlich Fraenkel, Ernst: Der Doppelstaat (1941), Köln 1974, S. 33 ff.

scheint die Studenten nicht weiter berührt zu haben.⁹ In den studentischen Publikationen und den Berichten der NS-Funktionäre war die Reaktion der Studenten auf die Veränderungen in Staat und Stadt durch eine abwartende und in Bezug auf den NSDStB nach wie vor ablehnende Haltung gekennzeichnet:

> „Leider ist nur zu berichten, dass es sich nahezu nicht lohnt, sich um die hiesige Studentenschaft zu kümmern. Beweis: Als Hannover den neuen Kultusminister Rust[10] begrüsste, war von der Studentenschaft nahezu niemand anwesend, während die Schüler in Schwärmen anwesend waren. Vom Vorstand der Studentenschaft war niemand da. In der Kammer sind einige Sachen beschlossen worden, die für uns selbstverständlich sind. Die Hochschulblätter haben entdeckt, dass Deutschland im Erwachen ist und begrüssen das in einem Gedicht. Sie drucken dafür aber Hilgenstocks Studentenrecht (vielleicht aus historischen Motiven) und lassen jegliche Firma ohne Ansehen der Person und der Nationalität annoncieren [sic]. Uns stört das alles weiter nicht, da wir auf die staatliche Anerkennung und ein vernünftiges Studentenrecht warten, die hoffentlich nicht zu lange auf sich warten lassen."[11]

Aus zu Klampens Bericht geht hervor, dass sich die Haltung der Studenten, insbesondere die des Vorstands der DSt, gegenüber dem NS-Studentenbund trotz der veränderten staatspolitischen Verhältnisse nicht gewandelt hatte. Die studentischen Vertreter setzten nach den Streitereien rund um die Reichsgründungsfeier im Januar, in deren Verlauf die NSDStB-Funktionäre geschlossen alle ihre Ämter niedergelegt hatten, ihre Arbeit zunächst unbeeindruckt fort. So beinhaltet das erwähnte Gedicht mit dem Titel „Erwachen" auf der Vorderseite der *Hannoverschen Hochschulblätter* eindeutig nationalistische, revanchistische und militaristische Aussagen, es erwähnt jedoch weder den Nationalsozialismus noch Adolf Hitler. Die veröffentlichten Ausführungen Hilgenstocks zum Studentenrecht waren ein Versuch, ein eigenes nationalsozialistisches Profil zu entwickeln, ohne an den NS-Studentenbund und den so unbeliebten Hochschulgruppenführer zu Klampen gebunden zu sein. Wie schon im ersten Kapitel gezeigt, waren die korporierten Studenten rund um Hilgenstock der Ansicht, die Verbindungen könnten den Nationalsozialismus an den Hochschulen besser vertreten als der NS-Studentenbund.

So gleicht Hilgenstocks Forderung nach einer Mitwirkung der Studenten in Berufungsfragen in ihrer Argumentation der der Nationalsozialisten. Einzelne Hoch-

---

9 Bei den Reichstagswahlen am 5. März 1933 erreichte die NSDAP 43,9 Prozent der Stimmen, bei den preußischen Landtagswahlen bekam die NSDAP 44 Prozent. Bei den Kommunalwahlen in Preußen am 12. 3. 1933 gelang es der NSDAP schließlich, die absolute Mehrheit zu erringen. Zu den Wahlen siehe ausführlich Broszat (1969[14]), S. 105 ff. und Wendt, Bernd Jürgen: Deutschland 1933–1945, Hannover (1995), S. 84 ff.
10 Bernhard Rust wurde in Hannover geboren und war seit 1925 Mitglied der NSDAP und der SA. Von 1925 bis 1928 war er Gauleiter der NSDAP Hannover-Nord, von 1928 bis 1940 Gauleiter von Süd-Hannover-Braunschweig. Ab 1930 war er Reichstagsabgeordneter der NSDAP und von April 1933 bekleidete das Amt des preußischen Kultusministers. Von 1934 bis 1945 war er zudem Reichsminister für Wissenschaft, Erziehung und Volksbildung. Vgl. Grüttner (1995), S. 511.
11 Hochschulgruppenführer zu Klampen Anfang März in seinem Monatsbericht der Technischen Hochschule Hannover an die Kreisleitung, vom 3. 3. 1933, NHStA Hann 320 IV/31.

schullehrer stünden, laut Hilgenstock, „nicht bedingungslos auf dem Boden des Einsatzes aller körperlichen und geistigen Kräfte für den Befreiungskampf unseres Volkes" und machten keine ernsthaften Anstrengungen zur „Vermeidung nationaler Würdelosigkeiten." Hinzu käme die „Überfremdung der Lehrstühle", die einen Grad erreicht hätte, welcher ein Eingreifen der Studentenschaft in angemessener Form zur unabweislichen Pflicht mache.[12] NSDStB-Hochschulgruppenführer zu Klampen ging zum gleichen Zeitpunkt bereits einen Schritt weiter und bemühte sich aktiv und planvoll, die TH Hannover von unzuverlässigen Hochschullehrern zu „säubern"[13]. Sowohl zu Klampens Engagement als auch Hilgenstocks Kampfansage an die Lehrenden verfehlten in Bezug auf Hannover die Sachlage – verfolgten die Dozenten doch schon seit Mitte der zwanziger Jahre selbständig und ohne nationalsozialistische Hilfestellungen das Ziel die Technische Hochschule „als rein deutsche Hochschule zu erhalten."[14]

Die Stimmung und das Verhältnis zwischen den Dozenten und den Studenten an der TH Hannover war denn auch keineswegs so gespannt wie an vielen anderen Universitäten und Hochschulen, an denen es nach der Machtübergabe zur Veröffentlichung von schwarzen Listen, zu Boykotten und öffentlichen Angriffen auf die Professoren kam.[15] Zwischen Studenten, Rektor und Dozenten herrschte im großen und ganzen Einigkeit und von einem Generationenkonflikt war wenig zu spüren.

---

12 Dipl.Ing. Fritz Hilgenstock, Das neue Studentenrecht, in: *Hannoversche Hochschulblätter*, 16. Semesterfolge (März 1933) Nr. 6, S. 65–67, hier S. 66.
13 So in einem Schreiben des Hochschulgruppenführers Erich zu Klampen vom 27. 3. 1933 an den Gruppenführer der nationalsozialistischen Hochschullehrer der Preußischen Hochschulen Prof.Dr.Ing. Mäkelt in Berlin: „Im nationalsozialistischen Sinne zuverlässige Professoren sind nicht bekannt" und hinzugefügt: „Professor Franzius ist wohl in wirtschaftlichen Dingen als Nationalsozialist anzusprechen, auch hat er uns sicherlich unterstützt. Es besteht aber eine sehr gute Freundschaft zwischen Professor Kulka und Franzius. Kulka erscheint sicherlich Judt zu sein. Da Frau Professor Kulka eine Cousine von mir ist, glaube ich richtig unterrichtet zu sein." NHStA Hann 320 IV/27. Bereits am 9. 3. 1933 hatten die Studenten ein Schreiben an Rektor Klein gerichtet in dem es hieß: „In der Studentenschaft unserer Hochschule laufen Gerüchte um, wonach die Ernennung des Honorar-Professors Herrn Dr.-Ing. Kulka zum ordentlichen Professor bevorstehen soll. Durch dieses Gerücht ist eine bemerkenswerte Unruhe in der Studentenschaft entstanden, da verlautet, dass Herr Prof. Kulka jüdischer Abstammung sein soll und erst vor wenigen Monaten die deutsche Staatsangehörigkeit erworben haben soll." NHStA Hann 146 A Acc.63/81 Nr. 28. Bereits im Spätsommer 1932 sorgte Kulkas angestrebte Berufung unter den Professoren für Irritationen. Michael Jung, der die Professoren der TH Hannover im Nationalsozialismus untersucht, kommt zu der Feststellung: „In den Augen des nicht erst damals bereits großen Teils der antisemitisch denkenden Hochschullehrer bedeutete dies [die Konvertierung Kulkas zum evangelischen Glauben, A.S.] nichts. Kulka war Jude und als solchen wollte man ihn nicht! Mochte er fachlich noch so gut qualifiziert sein." Jung, Michael: „...voll Begeisterung schlagen unsere Herzen zum Führer" – Die Technische Hochschule Hannover und ihre Professoren im Nationalsozialismus, Diss. im Erscheinen, S. 85.
14 Zu dem Ergebnis kommt Michael Jung im zweiten Kapitels seiner Dissertation mit dem Titel „Die Technische Hochschule ‚als rein deutsche Hochschule erhalten': ‚Säuberung' und Nazifizierung des Lehrkörpers der TH Hannover nach 1933", in: Jung, Diss.
15 Siehe Grüttner (1995), S. 64–75.

Hilgenstock, der 1925 Mitorganisator der Hetzkampagne gegen Lessing war,[16] überschätzte in dem Artikel seinen Einfluss und seine Stellung in der Studentenschaft, aber auch die Entschlossenheit der Nationalsozialisten, die Hochschule in ihrem Sinne zu gestalten. Eine Rückkehr zu den Verhältnissen der zwanziger Jahre, in denen die korporierten Studenten die Hochschulpolitik bestimmten, war ausgeschlossen. Die schlechte Position des NS-Studentenbunds im Februar 1933 änderte daran nichts. Der Bundesführer des NSDStB Oskar Stäbel schloss zwar Frieden mit Hilgenstock und seiner Hochschulpolitischen Arbeitsgemeinschaft (Hopoag) und auch DSt-Führer Krüger versicherte im März, dass die Korporationen besonders wertvoll für die Hochschulen seien. Die wahren Absichten der Nationalsozialisten zeigten sich jedoch kaum einen Monat später: „Handstreichartig ließ er [Stäbel, A. S.] am 26. April die Geschäftsstelle der Hochschulpolitischen Arbeitsgemeinschaft besetzen – kurze darauf sah sich die Hopoag zur Selbstauflösung genötigt."[17]

Die Anpassung der Institution Hochschule samt ihres Lehrpersonals an die veränderten Verhältnisse in Hannover nach der Machtübergabe funktionierte problemlos. Für den NS-Studentenbund gestaltete es sich jedoch nach wie vor schwierig, „der Kampfabschnitt Hochschule der Gesamtbewegung zu sein"[18] und als „Garant und bewusster Vertreter des nationalsozialistischen Staates an den Hochschulen"[19] zu fungieren, wie Kreisleiter Heinrich Lüer „den Zweck und die Bestimmung" des NS-Studentenbundes definierte. Es fehlten ihm und seinen Hochschulgruppenführern an den einzelnen Orten sowohl die Anordnungen als auch das neue Studentenrecht, um die Befugnisse, die Aufgaben und den politischen Stellenwert des NSDStB in der deutschen Hochschullandschaft eindeutig zu bestimmen. Heinrich Lüer berichtete Hochschulgruppenführer zu Klampen über seine Arbeit und die Schwierigkeiten, die sich aus dieser Situation ergeben hatten. So befände er sich durch seine Position als Kreisführer zwischen „der Front" (den Hochschulen mit den Hochschulgruppenführern) und dem „grünen Tisch" (dem Kultusministerium, sowie der Reichsleitung des NSDStB), was selten Anlass zur Freude gäbe. Er bemängelte, dass das Erscheinen des neuen Studentenrechts so lange auf sich warten ließ und ordnete an, die NSDStB-Funktionäre hätten bis zum Erscheinen des Studentenrechts

> „so aufzutreten, als ob die anderen Gruppen und Verbände unsere Diener wären. Wir freuen uns dabei über jeden neuen Nationalsozialisten und über jede neue revolutionäre Persönlichkeit. Was wir im Innern über diese Leute denken, wissen wir ja."[20]

---

16 Faust (1973), Bd. 2, S. 32.
17 Ebenda, S. 124.
18 Rundschreiben 7/33 vom 3. 2. 1933 NSDStB Kreis III (Niedersachsen), Abt. IX: Kreisführer.
19 Rundschreiben 11/33 vom 10. 3. 1933 NSDStB Kreis III (Niedersachsen), Abt. IX: Kreisführer.
20 Heinrich Lüer in einem Brief vom 24. 3. 1933 an Erich zu Klampen, NHStA Hann 320 IV/32.

Hochschulgruppenführer zu Klampen schien es jedoch nicht zu genügen, lediglich auf das neue Studentenrecht zu warten und seine vermeintliche Vorrangstellung in der Hochschulpolitik zu demonstrieren. Ende März berichtete er in einem Monatsbericht über den Aufbau der Hochschulgruppe Hannover, die er ohne nähere Anweisungen selbständig neu organisiert hatte.[21] Der Hochschulgruppenführer, der gleichzeitig Führer des Studentensturmes 6/412 war, sollte die Hochschulgruppe Hannover leiten, die aus der Gruppe der Technischen Hochschule und aus der Gruppe der Tierärztlichen Hochschule bestand. Beide waren wiederum in eine politische Gruppe und in einen SA-Trupp aufgeteilt. Erstere unterstand einem Führer, der die gesamten inneren Angelegenheiten der Gruppe sowie die Beziehungen zu den Hochschulbehörden und anderen Hochschulformationen regelte. Der SA-Trupp I/6 (Technische Hochschule) bzw. SA-Trupp II/6 (Tierärztliche Hochschule) wurde jeweils von einem SA-Truppführer geleitet, der auch für den Wehrsport verantwortlich war und den Einsatz seines Trupps regeln sollte. Die Führer dieser Organisationsformen „sollten grundsätzlich nur aus dem Sturm 6/412 hervorgehen."[22]

Zu Klampens Selbstverständnis während seiner Arbeit als Hochschulgruppenführer in Hannover war geprägt von einem tiefen Misstrauen gegenüber der gesamten Institution Hochschule. Seine Aversion gegen die „muffige Reaktion"[23], die er in der Professorenschaft und der Kammer der Studierenden verkörpert sah, resultierte nicht zuletzt daraus, dass die Studenten ihm in seiner Position als Hochschulgruppenführer und Vertreter des Nationalsozialismus beharrlich die Anerkennung verweigerten. Trotz seiner organisatorischen Bemühungen besserte sich die Situation nicht. Erst als im März nach den Reichstags- und preußischen Landtagswahlen das „Ermächtigungsgesetz" und die Gleichschaltung der nicht unter NS-Führung stehenden Länder durch massiven Druck der nationalsozialistischen Bewegung[24] vollzogen wurde, trat eine Änderung ein. Allerdings nicht in der von zu Klampen erwünschten Form: Teile der Studentenschaft reagierten auf die staatspolitischen Veränderungen mit dem Ansinnen, der NSDAP beitreten zu wollen – nicht jedoch dem NS-Studentenbund. Zu Klampen kommentierte diese Entwicklung in einem Schreiben an seinen Kreisleiter:

---

21 Hochschulgruppenführer Erich zu Klampen in einem Schreiben vom 3. 4. 1933 an Kreisleiter Heinrich Lüer: „Meine zukünftige Organisation haben Sie wohl aus dem Monatsbericht entnehmen können. Eine eventuelle Kritik wäre mir lieb. Angliedern werde ich jetzt noch eine Zelle solcher Studenten, deren Aufnahme ich vorläufig nicht befürworten kann. Ich suche noch nach dem richtigen Führer dieser Stelle. Was nach drei Monaten noch in dieser Zelle ist, dass wird aufgenommen und ist gut.", NHStA Hann 320 IV/31.
22 Monatsbericht des Kreises III NSDStB vom Führer des NSDStB Hannover vom 29. 3. 1933, NHStA Hann 320 IV/29.
23 Zu Klampen, Gestaltung und Sinn des NSDStB, NHStA Hann 320 IV/31.
24 Im März 1933 kam „rasch eine terroristisch-revolutionäre Bewegung in Gang, die bald auf der ganzen Linie die der NDSAP durch die Regierungsbildung vom 30. Januar noch gezogene Machtgrenze durchbrach und die Entwicklung zur nationalsozialistischen Alleinherrschaft zunächst auf der Straße und in der Öffentlichkeit weitgehend usurpierte, ehe diese dann auch formell legalisiert wurde." Broszat (1969[14]), S. 109.

„Hier mehren sich die Fälle des richtigen Schleim...besonders vom CV[25] versuchen in die Partei zu kommen. Den Herren können wir jetzt von vorneherein [sic] einen schönen Strich durch die Rechnung machen."[26]

Sein Ärger über die „Herren", die offenbar den NS-Studentenbund getrennt von der NSDAP wahrgenommen und für schlechter befunden hatten, motivierte zu Klampen zu einem Gegenzug. Er erreichte eine Vereinbarung mit der Kreisleitung Hannover Stadt, die besagte, dass die Ortsgruppen keine Studenten in die Partei aufnehmen durften, die kein Befürwortungsschreiben von zu Klampen vorweisen konnten. Das Abkommen sollte rückwirkend zum 15. Februar gelten.[27] Zu Klampen erklärte sich außerdem bereit, monatlich die gesamten Aufnahmescheine im Büro der Gauleitung durchzusehen und bat darum, Anordnung dieser Art auch in anderen Städten einzuführen. Er konnte so nicht nur seinen Wirkungskreis auf Parteiebene ausdehnen, sondern auch die Studenten einer effektiven Kontrolle unterziehen. Es gab für sie nun keine Möglichkeiten mehr, ohne den Hochschulgruppenführer und den NSDStB an der nationalsozialistischen Bewegung zu partizipieren.

Die dem NS-Studentenbund gegenüber nach wie vor verhaltene Einstellung der korporierten Studenten lässt sich nicht nur an der Gestaltung der *Hannoverschen Hochschulblätter* der Monate März und April 1933 ablesen. Auch auf Hochschulebene versuchten die Kammervertreter, an die früheren, von den Verbindungen dominierten Machtverhältnisse anzuknüpfen. So luden sie den NSDStB nicht explizit zu einer anlässlich der Reichstagseröffnung organisierten Feier in der hannoverschen Hochschule ein, was vom Hochschulgruppenführer verständnislos registriert wurde. Zudem fragte der Ferienvorstand der DSt bei dem Rektor der TH Hannover an, ob der NS-Studentenbund und der Stahlhelm in Uniform auftreten dürften. Das ist ein Hinweis darauf, dass die korporierten Studenten die Auseinandersetzungen rund um die Reichsgründungsfeier offenbar als Sieg über den NSDStB und sein Ansinnen, bei öffentlichen Feiern in Uniformen aufzutreten, werteten. Hitlers Machtübernahme und

---

25 Der CV war der Cartellverband der katholischen deutschen farbentragenden Studentenverbindungen (in Hannover waren es die Frisia, Saxo-Silesia und Teuto-Rhenania) und verfügte zwar seit 1931 über einen Unvereinbarkeitsbeschluss von CV- und NSDStB-Mitgliedschaften, wies aber gleichzeitig ideologische Gemeinsamkeiten mit den Nationalsozialisten auf, die auch bei den übrigen Korporationen anzutreffen waren: die großdeutsche Ausrichtung, Antisemitismus und „Antibolschewismus". Nach der „Kundgebung der deutschen Bischöfe" vom 28. 3. 1933, in der die Bedenken gegenüber dem Nationalsozialismus mit dem Hinweis auf die Treue gegenüber der rechtmäßigen Obrigkeit aufgegeben wurden, hob der CV das Verbot der gleichzeitigen Mitgliedschaft (an das sich aber sowieso nicht alle Studenten gehalten hatten) wieder auf. Gerhard Schäfer stellt fest, dass trotz „aller Resistenz des katholischen Studentenblocks gegenüber faschistischen Wahlverlockungen eine breite Übereinstimmung in der politischen Ideologie, eine partielle Zusammenarbeit auf lokaler Ebene und ein Versagen der CV-Leitung auf Reichsebene vor der faschistischen Gleichschaltung konstatieren." Schäfer, Gerhard: Studentische Korporationen im Übergang von der Weimarer Republik zum deutschen Faschismus, in: 1999, Heft 1 (1988), S. 104–129, hier S. 124 ff. Zum CV siehe ausführlich Stitz (1970).
26 Hochschulgruppenführer des NSDStB Hannover Erich zu Klampen in einem Schreiben vom 3. 4. 1933 an den Kreisleiter des Kreises III des NSDStB Lüer, Braunschweig, NHStA Hann 320 IV/31.
27 Ebenda.

die veränderten staatspolitischen Verhältnisse schienen die Studenten zunächst nicht mit dem NS-Studentenbund in Verbindung zu bringen. Ihre Abneigung, die nationalsozialistischen Studenten in ihren Uniformen antreten zu lassen, zeigt darüber hinaus, dass die Korporationen die Hochschule als ihr Refugium betrachteten, das nur mittelbar etwas mit den gegebenen staatlichen Verhältnissen hatte. Zu Klampen kommentierte die Reaktion der Korporierten mit dem Satz: „Der Ferienvorstand der D.St. glaubt noch immer in Systemzeiten zu stehen."[28]

Am 21. März 1933 wurde der Reichstag eröffnet. Die Feier in Berlin sollte durch ihre Inszenierung sowohl das In- als auch Ausland von Redlichkeit der neuen Regierung überzeugen. Der „Tag von Potsdam" diente dazu, die perfekte Einheit von Nationalsozialismus, verkörpert durch Reichskanzler Hitler, und Preußentum, repräsentiert durch Reichspräsident von Hindenburg, zu versinnbildlichen.

In Hannover fanden sowohl auf dem Waterlooplatz als auch in der Technischen Hochschule Feierlichkeiten statt. Erstmals seit Jahren versammelten sich Professoren und Studierende der Hochschule einträchtig im Lichthof, um einen Staatsakt als Anlass für eine akademische Feier zu nutzen. Ganz traditionell zogen die Chargen und die Professoren in die Hochschule ein und formierten sich, um der Rede des Rektors zuzuhören, eine „vom vaterländischen Geist durchdrungene Ansprache."[29] Ab zwölf Uhr am Mittag verfolgten Studenten und Professoren gemeinsam die Zeremonie in Potsdam über das Radio, die dort von Reichsjugendführer Baldur von Schirach kommentiert wurde. Abschließend wurden im Namen beider Hochschulen, sowie der Studentenschaften und der nationalsozialistischen Studenten am Gefallenendenkmal Kränze niedergelegt. „Die stimmungsvolle Feier endete mit dem Gesange des Deutschlandliedes und dem Ausmarsch der Professoren und Chargen; sie war umrahmt von Darbietungen des Collegium musicum unter Professor Dr. Werner."[30]

Die Veranstaltung der Hochschulen spiegelt in gewisser Weise die Inszenierung von Potsdam, die Hitler verstanden wissen wollte als die „Vermählung [...] zwischen den Symbolen der alten Größe und der jungen Kraft."[31] Auch bei der Feier der Hochschule lässt sich die Mischung aus „Alt" und „Neu" erkennen. So wurde die Festlichkeit zwar ganz traditionell ausgerichtet und durchgeführt, aber es ist anzu-

---

28 Die Ausdruck „Systemzeiten" war eine abfällige Bezeichnung der Nationalsozialisten für die Weimarer Republik. Der Führer der NSDStB Hochschulgruppe Hannover in einem Bericht ohne Nummer, Kreis III NSDStB vom 31. 3. 1933, NHStA Hann 320 IV/29.
29 Bericht über die Zeit vom 1. April 1932 bis 31. 3. 1933, in: Vorlesungsverzeichnis Programm für das Studienjahr 1933/34, S. 33, Universitätsarchiv Hannover.
30 Ebenda. Dass die Botschaft der Inszenierung auch tatsächlich wie gewünscht aufgenommen wurde, zeigt eine Rede Rektor Kleins zur Feier des 1. Mai, in der er sagte: „Der Frühlingsanfang 1933, der 21. März, gab der neuen Regierung dann die Weihe. Es war einer der großen Augenblicke in der Geschichte des deutschen Volkes, als der greise Reichspräsident, Generalfeldmarschall von Hindenburg, der die Armee vor 19 Jahren zum Siege führte, und der junge Volkskanzler, dem wir die Erneuerung Deutschland von heute verdanken, sich in der Garnisonkirche in Potsdam die Hände reichten zu gemeinsamer Vaterländischer Arbeit." Grimm (Mai 1933), S. 86.
31 Zitiert nach Wendt (1995), S. 98.

nehmen, dass die Professoren und Studierenden der Hochschulen zum ersten Mal einem Staatsakt durch eine Radioübertragung beiwohnten und ihn gleichzeitig feierten.[32] Zudem nahmen die nationalsozialistischen Studenten erstmalig offiziell sowohl an der Organisation als auch an der akademischen Feier an sich teil. Tradition und Moderne, Preußen und der Nationalsozialismus schienen das Symbol für einen Anfang zu sein, der ein „neues Deutschland" versprach. Die Nationalsozialisten machten sich Traditionen und moderne Technik zunutze und erzeugten eine Aufbruchsstimmung, die ganz unterschiedliche Bedürfnisse anzusprechen in der Lage war. Zwar versammelten sich bereits in den zwanziger Jahren Menschen um Radiogeräte, um gemeinsam hörend an Veranstaltungen teilzunehmen. Auch hatten Massenaufmärsche, Uniformierung und Militarisierung bereits zu der Zeit die politische Mitte erreicht und wurden „anfang der dreißiger Jahre zur vorherrschenden Erscheinungsform der richtungsmäßig zerklüfteten Kultur."[33] Doch die zu erkennende Synthese war das Neue und spezifisch „nationalsozialistische" sowohl an der akademischen Feier als auch am Aufmarsch auf Hannovers Klagesmarkt. Zu den zahlreichen Teilnehmern aller Schichten gehörten auch die studentischen Korporationen mit ihren Bannern, die sich in der Weimarer Republik, aber auch im Kaiserreich niemals unter das „gemeine Volk" gemischt hätten. Die Menschen bildeten einen Fackelzug und marschierten gemeinsam und ganz traditionell bis zur Bismarcksäule in den Maschwiesen.[34]

Die Verbände und Studenten, die sich schon vor 1933 besonders zum Nationalsozialismus hingezogen fühlten und auch mit dem NS-Studentenbund zusammengearbeitet hatten, zeigten weiterhin und verstärkt ihr Interesse an einer Kooperation mit dem Studentenbund. So gestaltete sich das Verhältnis zwischen den NSDStB-Studenten und dem Vorsitzenden der DSt und Kreisleiter Dörrenberg trotz aller Auseinandersetzungen positiv, da dieser sich bereit erklärte, die Arbeit des Studentenbundes zu unterstützen. Auch der VC, der Verband der Turnerschaften, der schon seit Beginn der 30er Jahre eine hohe Affinität zum Nationalsozialismus besaß, versuchte ein gutes Verhältnis zum NSDStB zu entwickeln.[35] In Hannover zeigten sich diese Bemühungen darin, dass die Turnerschaft Tuisko öffentlich ihre Zu-

---

32 Das Radio hatte bekanntlich einen hohen propagandistischen Stellenwert im NS-Staat, da die Menschen durch dieses Medium den Masseninszenierungen auch bei räumlicher Distanz beiwohnen konnten. Die Aura der Festlichkeit realisierte sich so als rhetorische. Durch das Hören partizipierten die Menschen an den Aufzügen, Massenversammlungen und Reden ohne jedoch wirklich und real im Geschehen mitzuwirken, als „partizipationslose Partizipation". Vgl. Ehlicher, Konrad: Über den Faschismus sprechen – Analyse und Diskurs, in: Ders. (Hrsg.): Sprache im Faschismus, Frankfurt am Main 1989, S. 7–34, hier S. 20f. Unter anderem zur Kritik an dieser „einspurigen" Sicht siehe Marßolek, Inge/von Saldern, Adelheid (Hrsg.): Zuhören und Gehörtwerden I – Radio im Nationalsozialismus. Zwischen Ablenkung und Lenkung, Tübingen 1998.
33 Peukert spricht daher von einem Formwandel der Öffentlichkeit innerhalb der in den zwanziger Jahre: „Das Lager wurde zur Lebensform, die Kolonne zur Bewegungsweise." Peukert (1987), S. 163 ff.
34 Füllberg-Stollberg, Claus/Obenaus, Herbert: Die Anfänge von Verfolgung und Widerstand, in: Historisches Museum (1981), S. 81–95, hier S. 85.
35 So zu Klampen in seinem Bericht vom 31. 3. 1933 über die NSDStB Hochschulgruppe Hannover, Kreis III NSDStB, NHStA Hann 320 IV/29.

stimmung und Begeisterung anlässlich der Kanzlerschaft Hitlers äußerte und in ihrer Zeitung vom Mai 1933 folgende Erklärung des Altherrenvereins (AHV) und der Aktivitas abdruckte:

> „Die nationale Revolution hat einen gewaltigen Umschwung in unseren staatspolitischen Verhältnissen zur Folge gehabt. Wir alle werden es freudig begrüßen, daß die Regierung Hitler mit starkem Willen das Volk zur nationalen Einheit aufruft und den Kommunismus und Marxismus mit fester Hand zu Boden schlug; daß sie ferner auf dem Wege ist, unsere Verwaltung und das öffentliche Leben von aller Korruption zu befreien, eine wahre Volksgemeinschaft zu schaffen und unserem wirtschaftlichen Leben neuen Antrieb zu geben. In diesen Bestrebungen werden wir alle, Alte Herren und Aktive, der Regierung gern Gefolgschaft leisten und uns einreihen in die Front derer, die Kämpfer für ein neues Deutschland sind. Dies umsomehr, als auch die von der Regierung für die Erziehung der deutschen Jugend aufgestellten Grundsätze seit jeher in unserm Bund gepflegt werden."[36]

Der Verband der Deutschen Burschenschaft (DB) begrüßte in seinen Burschenschaftlichen Blättern ebenfalls ausdrücklich die Ernennung Adolf Hitlers zum Reichskanzler und sah eine Kontinuität seiner eigenen Geschichte in den Vorstellungen des Nationalsozialismus verwirklicht:

> „Was wir seit Jahren ersehnt und erstrebt und wofür wir im Geiste der Burschenschaften von 1817 jahraus jahrein an uns und in uns gearbeitet haben, ist Tatsache geworden. Das deutsche Volk hat bei der soeben abgeschlossenen Wahl zu den gesetzgebenden Körperschaften zum erstenmal seit der Schmach von 1918 bekannt, daß höchstes und oberstes Gut nationale Einheit und nationaler Freiheitswille ist. All unsere Arbeit galt immer dem deutschen Volk, an der Herbeiführung einer großen freien deutschen Nation tätig mitzuhelfen und mitzustreiten ist unser oberstes Gesetz. Die Willenskundgebung des deutschen Volkes, die der am 30. Januar 1933 von unserem uns immer als Vorbild dienenden Reichspräsidenten von Hindenburg zur Führung unseres Volkes berufenen Reichsregierung das Vertrauen aussprach, besagt gleichzeitig, daß alles Trennende hinter dem Gedanken an die Nation zurückzutreten hat."[37]

Von den Korporationsverbänden waren die Burschenschaften, der Verein Deutscher Studenten (VDST), sowie der Turner-, Sänger- und Landsmannschaften diejenigen, die der nationalsozialistischen „Idee" am nächsten standen. Auch das Corps Slesvico-Holsatia (WSC) vermerkte in der Corpsgeschichte, dass „alle nationalgesinnten Kreise die wiedererlangte Freiheit und nationale Ehre" begrüßten und verfügte, dass die Aktiven und studierenden Inaktiven alle Mitglied einer nationalsozialistischen Gliederung, also des NSDStB, der SA oder des Stahlhelms[38] werden

---

36 Unbekannter Autor: 100 Jahre Turnerschaft Tuisko! 1892–1992, Chronik, S. 217.
37 Burschenschaftliche Blätter, H.6/1933, S. 133.
38 Der Stahlhelm war bekanntlich keine originär nationalsozialistische Parteiorganisation, sondern wurde 1918 von Franz Seldte als Stahlhelm, Bund der Frontsoldaten, gegründet und war ein Zusammenschluss von Soldaten des 1. Weltkrieges, die ab 1929 offen die Republik bekämpften. „Im Februar 1929 konstituierte die Stahlhelmbundesleitung durch von Berlin aus eine eigene Gesamtorganisation ihrer Studentengruppen unter der Bezeichnung Stahlhelm-Studentenring Langemarck." Faust, Bd. 1, S. 129. Im Frühjahr 1933 konnten sich die Stahlhelm-Studenten

müssten. Der Verband beschloss, die parlamentarische Behandlung von Themen im WSC abzuschaffen und das Führerprinzip sowie einen Führerring einzurichten. Letzterer sollte den WSC im Allgemeinen Deutschen Waffenring (ADW) und in der Deutschen Studentenschaft (DSt) vertreten. Der Führerring wurde aus den einzelnen lokalen SC-Führern gebildet, die ihrerseits aus den Senioren der Corps gewählt wurden. Sie sollten die Interessen des SC gegenüber dem örtlichen Waffenring und der jeweiligen Studentenschaft wahrnehmen und die Anordnungen des WSC-Führers in den einzelnen Corps durchsetzen.[39]

Erst die *preußische Studentenrechtsverordnung* vom 12. 4. sowie das *Reichsgesetz über die Bildung von Studentenschaften an wissenschaftlichen Hochschulen* vom 22. 4. 1933[40] regelten die Verhältnisse innerhalb der Hochschule und die Machtbalance unter den Studenten. Durch die Verordnung wurde das Führerprinzip für die Studenten konstitutiv. Die Allgemeinen Studentenausschüsse bzw. die Kammervertretungen wurden aufgelöst, und an die Stelle des demokratisch gewählten Vorsitzenden wurde der Führer der Studentenschaft[41] gesetzt. Weiterhin wurde den Studenten nur in zwei Punkten eine Mitwirkung an der Selbstverwaltung der Hochschule gewährt: durch die Teilnahme von studentischen Vertretern an den Verhandlungen des Senats und der Fakultäten mit beratender Stimme und durch die Teilnahme an Disziplinarkammern der Hochschulen für Studenten. Eine institutionelle Mitbestimmung durch die Studenten hätte einen Widerspruch zum nationalsozialistischen Führerprinzip dargestellt, da die Rektoren die Führer der Hochschule sein sollten.

Das *Reichsgesetz über die Bildung von Studentenschaften* bestimmte die DSt als alleinige Gesamtvertretung der deutschen Studenten und strukturierte sie nach nationalsozialistischen Prinzipien um. Alle an einer Hochschule immatrikulierten Studenten deutscher Muttersprache und Abstammung, ungeachtet ihrer Staatsangehörigkeit, bildeten die DSt. Der rassistisch-völkische „Volksbürgergrundsatz" galt nur für „arisch-deutsche" und nicht-marxistische Studenten. Jüdische Studenten waren von der Mitgliedschaft ausgeschlossen. Die vom ehemaligen Kultusminister Becker bekämpfte, ursprüngliche Würzburger Verfassung der DSt, die auf dem antisemitischen und großdeutschen Volksbürgerprinzip basierte, wurde somit staatlich (wieder) anerkannt.

---

noch als Bündnispartner der Nationalsozialisten fühlen, aber seit April 1933 wurden sie systematisch aus allen Ämtern der DSt verdrängt, bis sie im Juli der obersten SA-Führung unterstellt wurden und sich die Stahlhelm-Studenten auch dem NSDStB unterordneten. Im April 1934 wurde der Stahlhelm-Studentenring in den NS-Studentenbund eingegliedert. Vgl. Grüttner (1995), S. 246 f.

39 Corps Slesvico-Holsatia, Corpsgeschichte, Band 4 und 5, Semesterberichte, S. 134 f.
40 Vgl. Grüttner (1995), S. 63. „Von den übrigen Ländern wurde die preußische Studentenrechtsverordnung teilweise wörtlich übernommen." Ebenda.
41 Hochschulgruppenführer zu Klampen berichtete am 20. 4. 1933, dass „in der letzten Woche der NSDStB die Führung der örtlichen Studentenschaften [übernahm]." Der Führer der Studentenschaft der TeHoHa wurde Günther Thode, der zuvor der Leiter des Amtes für sozial-studentische Arbeit war. StA WÜ, RSF II/147.

3.2 Etappen der „Selbstgleichschaltung"

Waren die nationalsozialistischen Studenten des NS-Studentenbunds bei der Feier der Reichstagseröffnung eher als geduldete Gäste anwesend, so wandelte sich das Bild bis zur Feier des 1. Mai unübersehbar. Das lag zunächst natürlich an der veränderten Gesetzeslage an den Hochschulen, durch die die nationalsozialistischen Studenten alle wesentlichen Ämter übernehmen konnten. Der nun erfolgte Machtwechsel versetzte die Studenten des NSDStB in die Lage, die Feierlichkeiten in ihrem Sinn zu gestalten. Der 1. Mai 1933, der zum ersten Mal als „Tag der nationaler Arbeit" begangen werden sollte, wurde zum gesetzlichen Feiertag mit Lohnfortzahlung. Der Sinn dieses Tages, den sich ursprünglich die sozialistische Arbeiterbewegung 1889 als „Tag der Arbeit" erkämpft hatte, lag darin, den (nicht jüdischen und nicht marxistischen) Menschen in Deutschland die „Volksgemeinschaft" als sichtbare und erfahrbare Inszenierung nahe zu bringen. Die Nationalsozialisten machten sich auch in diesem Fall bestehende Traditionen zunutze und adaptierten sie: Um einem möglichen Widerstand durch Arbeiter vorzubeugen, wurde der Maifeiertag zum Volksfest umgestaltet, das sie symbolisch integrierte.[42] Außerdem diente diese Veranstaltung, ebenso wie der „Tag von Potsdam", dazu, den nachfolgenden Gewaltakt einzuläuten, der diesmal die Gewerkschaften traf, die am 2. Mai zerschlagen und aufgelöst wurden.[43]

Die Verhältnisse an der Technischen Hochschule Hannover waren jedoch andere als in der Bevölkerung insgesamt. Für die Studenten des NS-Studentenbunds bestand das Problem darin, dass der Maifeiertag der Arbeiter für ihre Kommilitonen nicht nur wenig Bedeutung hatte, sondern dass er unter Umständen auch nicht einer akademischen Würdigung für wert befunden werden würde.[44] Das Fest vor dem Portal der Hochschule wurde dann auch ganz ähnlich wie alle anderen akademischen Feiern ausgerichtet und mit den traditionellen akademischen Weihen begangen: Chargen, Fahnen, Bänder und Mützen, sowie die Professoren in voller Amtstracht. Die einzige, aber auch bedeutsame Ausnahme bestand darin, dass die Hochschulangestellten mit dabei waren:

---

42 Vgl. auch Reichel, Peter: Der schöne Schein des Dritten Reiches – Faszination und Gewalt des Faschismus, Frankfurt am Main 19913, S. 212 ff. Dort heißt es auch: „Daß faschistische Herrschaftspraxis Gewalt und schöner Schein war, daß sie Politik und Terror und Ästhetik rückverwandelte, zeigte sich kaum irgendwo konzentrierter als am 1. und 2. Mai 1933." Ebenda, S. 215 f.

43 In Hannover waren die Gewerkschaftshäuser bereits am 1. April, dem Tag des Boykotts jüdischer Geschäfte in Deutschland, durch SS- und SA-Männer mit brutaler Gewalt gestürmt und zerstört worden. Vgl. Obenaus (1981), S. 57 ff.

44 Siegfried Kracauer schilderte in einem seiner Artikel die Haltung der korporierten Studenten in Berlin zum Maifeiertag: „Ein paar Meter weit vom Lustgarten entfernt, und man ist durch Welten vom Weltfeiertag geschieden. Vor der Universität gibt es den Weltfeiertag einfach nicht. Die Studenten stehen korporationsweise beisammen. Sie haben Schmisse wie vor hundert Jahren, sie leben unter einer Glasglocke wie nie zuvor, und tragen noch immer ihre bunten Mützen und Bänder, damit man sie ja nicht für gewöhnliche junge Leute hält wie die auf der Straße." Kracauer, Siegfried: 1. Mai in Berlin, in: Ders.: Berliner Nebeneinander – Ausgewählte Feuilletons 1930–33, Zürich 1996, S. 39–42, hier S. 41.

"Warme Frühlingssonne bestrahlte am 1. Mai das festliche Bild des Welfengartens, wo sich die gesamte Professorenschaft, Vertreter der Behörden, die Studentenschaft mit ihren Chargen, wie die gesamte Belegschaft der Hochschule zur Hochschulfeier anläßlich des Tages der Nationalen Arbeit eingefunden hatten. Auf der großen Freitreppe gruppierten sich Professoren und Dozenten in Amtstracht. Hinter ihnen die Chargierten mit ihren Fahnen, vom Hochschulgebäude flatterten die Fahnen der nationalen Revolution. In langen Zügen staffelte sich die Studentenschaft in mannigfaltiger Farbenpracht."[45]

Abb. 4: Maiumzug der hannoverschen Studentenschaft 1933

Die Studenten und Professoren konnten die Veranstaltung so als eine „wie gewöhnlich" ausgerichtete Feier interpretieren, die der Selbstdarstellung diente und ihren Status innerhalb und außerhalb der Hochschule bestätigte. Gleichzeitig war der 1. Mai ein Zeichen, dass die neue Regierung bemüht war, die von ihnen lang ersehnte Einheit des deutschen Volkes wiederherzustellen. Es ist bezeichnend, dass Rektor Klein in seiner Rede nicht auf den sozialistischen Maifeiertag als Ursprung zurück griff, sondern betonte, dass „seit uralter Zeit [...] der 1. Mai als Frühlingstag feierlich begangen [wird]. Schon unsere germanischen Vorfahren hatten eine Mai-

---

45 Grimm (Mai 1933), S. 86.

feier, die ihrem Gott Donar geweiht war."⁴⁶ Indem er an die alten germanischen Traditionen und einen göttlichen Glauben anknüpfte, konnte der vergleichsweise „jüngere" proletarische 1. Mai übergangen und die allumfassende Volksgemeinschaft als eine Art Ursprungsmythos gedeutet werden. Seine Ansprache war durch und durch von nationalistischem Pathos durchdrungen und von der Hoffnung erfüllt, dass es eine fruchtbringende Synthese der alten, preußischen, akademischen Werte mit dem Nationalsozialismus geben würde. Es ist von „staatlichem Gedeihen" die Rede und von der Zuversicht, dass „unserem tief gedemütigten, aus tausend Wunden blutenden Vaterland" ein neuer Aufstieg beschieden sei; daran mitzuarbeiten sei den Akademikern eine „heilige Pflicht".

Es erscheint zunächst ungewöhnlich, diese pathetischen Worte aus dem Mund des Rektors einer Technischen Hochschule zu hören bzw. zu lesen – gaben sich die Angehörigen einer TH nicht zuletzt durch ihre akademische Disziplin den Ruf der Sachlichkeit. Allerdings war der „vaterländische" Diskurs in der ganzen Zeit der Weimarer Republik nichts Ungewöhnliches, wie sich auch an den *Hannoverschen Hochschulblättern* zeigt. Besonders aufschlussreich sind dabei die Muster, die in den Reden zu beobachten sind und die als kulturelle Formen des Alltags erscheinen. Militaristische Anleihen, nationalistische Ausdrucksweisen sowie die Hoffnung auf einen Wiederaufstieg Deutschlands, der oft in sakrale Metaphern gekleidet wurde, waren die zentralen semantischen Wendungen der zwanziger Jahre. In den Ansprachen des Jahres 1933 wurde der staatspolitische Wandel thematisiert und rhetorisch in den herrschenden Diskurs eingebunden. Die Kanzlerschaft Hitlers, die Regierung der „nationalen Erhebung", wurde so in der Alltagspraxis als Erlösungsgeschichte produziert und angeeignet.⁴⁷ Als Schlusspunkt seiner Rede wählte Rektor Klein ein Gedicht, dass dem in der Märzausgabe 1933 von den Studenten publizierten Versen mit dem Titel „Erwachen" in Duktus und Inhalt vergleichbar ist:

„Horcht! Wie auf Adlers Schwingen	Wir hab'n in tiefster Tiefe
Von heiliger Kraft durchglüht,	Den frohen Klang gehört,
Die deutschen Glocken klingen	Wer diesen Tag verschließe,
Hinaus das Deutschlandlied.	Ist nicht der Freude wert!
Macht auf aus eurem Grame,	Er muß uns auswärts führen!
Laßt seufzen, wer da mag,	Laßt uns den hellen Brand
Es kam der wundersame,	Auf allen Höhen schüren!
Der Auferstehungstag.	Fürs deutsche Vaterland!"⁴⁸

Hochschulgruppenführer zu Klampen hingegen sprach Klartext und ließ weder seine Kommilitonen noch den Rektor im Unklaren über die neuen Verhältnisse:

„Beendigt ist die Zeit, als unser braunes Hemd und der feldgraue Rock der Stahlhelmer nicht dem akademischen Gepräge entsprach. Wir haben die Macht in der Stu-

---
46 Ebenda.
47 Rektor Klein sprach in seiner Rede sogar direkt von der „religiösen Bereitschaft", zu der das deutsche Volk wieder erwacht sei. Ebenda.
48 Rektor Klein zitiert hier den „hannoverschen Dichter Adolf Ey", der trotz seiner 90 Jahre mit jugendlicher Begeisterung aus vollem Herzen geschöpft habe. Ebenda, S. 87.

dentenschaft und wollen ihr unsern Stempel aufdrücken, das heißt, sie mit dem Geist erfüllen, der unsern Horst Wessel so früh für die Freiheitsbewegung in den Tod gehen ließ."[49]

Die Maiausgabe der *Hannoverschen Hochschulblätter* zeigt vor allem im Vergleich mit den März- und Aprilheften den Umbruch und die neue Machtverteilung an der Hochschule. Das Titelbild mit dem Maiumzug der hannoverschen Studentenschaft zeigt zwar überwiegend die korporierten Studenten in vollem Wichs und mit Fahnen, vor ihnen marschieren jedoch die Studenten des Stahlhelm in Uniform und es ist zu vermuten, dass vor diesen der NS-Studentenbund den Zug anführte (siehe Abbildung 4). Im Inneren des Heftes auf der ersten Seite konnten die Studenten nachlesen, was in den kommenden Monaten auf sie zukommen würde:

„Die Zeit der Feiern ist vorbei! Jetzt heißt es arbeiten! Die Aufgabe: Überwindung von Klassenhaß und Standesdünkel, und Mitarbeit am Bau eines stolzen deutschen Volkes. Der Weg: Jeder Student wird eingesetzt in Wehrsport, Arbeitslager und politischen Schulungskursen. Wir wollen nicht müde werden, unserem deutschen Volk zu dienen. Heil Hitler! Günther Thode"[50]

Schon am 7. 5. 1933 konnte Hochschulgruppenführer zu Klampen, der zu dem Zeitpunkt kommissarisch die Führung des Bezirks übernommen hatte, an Kreisleiter Heinrich Lüer melden, dass „ein Bund nach dem anderen geschlossen der SA" beitrete. Die Stimmung der Studenten des NS-Studentenbunds gestaltete sich dementsprechend gut:

„Nur eins noch. Es ist nicht allein Beu[51] der an Größenwahn zu leiden scheint, mehr oder weniger geht uns das allen so. Wenn man heute aber auch den feinsten SC [Senioren-Convent, A. S.], der noch vor einem halben Jahr über uns Proleten die Nase rümpfte, in die finsterste Altstadt zum flugblattverteilen schickt, dann soll man als gewöhnlicher Buxe, der dazu noch durch seine Betätigung nahezu vorm Rausschmiss stand, wohl größenwahnsinnig werden, vor allem dann wenn ein alter Herr, der früher Demokrat war, über die hohe Ehre spricht, die durch meine Zugehörigkeit dem Bunde widerfahren sei. Ganz privat lege ich eine Liste der kranken Personen von Hannover bei mit den einzelnen Symptomen, die ich auch als Erinnerungsstück an die heutige Zeit zu verwahren bitte."[52]

Zu Klampens Anspielungen auf den SC bezieht sich auf die Angehörigen der schlagenden, farbentragenden Corps, die ein traditionell elitäres, akademisches Statusdenken pflegten und die seit dem Sommersemester 1933 ihre Mitglieder zum Beitritt einer NS-Organisation verpflichteten. Zu Klampen gibt hier zu erkennen, dass er selbst Mitglied einer schlagenden Verbindung war, die seine Tätigkeiten für den

---

49 Ebenda, S. 88.
50 Ebenda, S. 85.
51 Gemeint ist Wilhelm Beu, der 1932 Hochschulgruppenführer in Braunschweig war, vgl. Kater, Michael H., Studentenschaft, S. 182. Danach fungierte Beu als Landesführer Braunschweig des NSDStB (1932 wurden in Kreis VI, 1933 überall Landesführer eingesetzt, die zwischen dem Kreisführer und den örtlichen Hochschulgruppen rangierten). Siehe Faust (1973), Bd. 2, S. 82.
52 Der Führer des NSDStB Hannover zu Klampen in einem Schreiben vom 7. 5. 1933 an den Führer des Kreises III des NSDStB Lüer, Braunschweig, NHStA Hann 320 IV/33.

NS-Studentenbund offenbar mit Missfallen betrachtet hatten. Mit der „Machtergreifung" hatte sich das Blatt für ihn sowohl in der Studentenschaft als auch in seinem Corps deutlich und einschneidend gewendet, was er mit Genugtuung einerseits und Verachtung andererseits zur Kenntnis nahm.

Neun Tage nach der Feier zum 1. Mai fand die von der DSt in fast allen Universitätsstädten organisierte Bücherverbrennung statt, die den Abschluss der seit einem Monat durchgeführten Aktionen des Kampfausschusses „wider den undeutschen Geist" bildete.[53] Der Kampfausschuss setzte sich aus drei Personen zusammen, dem Führer des NS-Studentenbunds der Tierärztlichen Hochschule, der auch Führer des Kampfausschusses war, einem Dozenten der Technischen Hochschule namens Habicht und einem Privatdozenten der TiHo, Doenecke, als Vertreter des „Kampfbundes für Deutsche Kultur". Am 2. Mai 1933 begann die „Aufklärungsaktion" in deren Verlauf Plakate an Litfasssäulen, in Schulen, Leihbibliotheken und in den Korporationen verteilt wurden. Die Plakate enthielten „12 Thesen wider den undeutschen Geist", die zusammen mit einem weiteren Text auch in einigen hannoverschen Zeitungen abgedruckt wurden.[54] Nachdem in ganz Hannover durch eine Sammelaktion die fraglichen Bücher zusammengetragen worden waren, fand am 10. Mai die Bücherverbrennung an der Bismarcksäule statt. Die Studenten hatten sich zunächst vor der Hochschule versammelt und marschierten von dort, teils in SA-Uniform, teils in vollem Wichs, in einem Fackelzug über die Lange Laube, das Steintor, die Georgstraße, die Hildesheimer Straße und die Geibelstraße zur Bismarcksäule. Dort befand sich bereits eine große Menschenmenge, die der Verbrennung der Bücher und den Reden der drei Organisatoren beiwohnte.

Die Feiern zur Reichstagseröffnung und zum ersten Mai waren vom zeitgleich stattfindenden Terror der Nationalsozialisten gegen politisch anders Denkende scheinbar abgekoppelt. Bei der Bücherverbrennung zeigte sich jedoch erstmals eine direkte Verknüpfung einer symbolischen und traditionellen Inszenierung mit einem Gewaltakt wie der Verbrennung von Büchern. Die Reaktionen der Menschen waren dementsprechend unterschiedlich und zum Teil auch ablehnend. Natürlich waren schon die bisherigen Marschformationen und Fackelzüge, die sich besonders im akademischen Milieu einer großen Beliebtheit erfreuten, durch die militärische Konnotation nicht frei von Gewalt. Aber der öffentliche „Scheiterhaufen" an der

---

53 Lediglich in Tübingen fand diese Aktion nicht statt. Hier wird nur zusammenfassend auf die Bücherverbrennung eingegangen, da bereits zwei Texte zu den Vorgängen existieren. Vgl. Schelle, Carola: Die Bücherverbrennung in Hannover, in: Schiffhauer, Nils/Schelle, Carola (Hrsg.): Stichtag der Barbarei, Anmerkungen zur Bücherverbrennung 1933, Braunschweig 1983, S. 55–63 und besonders ausführlich: Dietzler, Anke: Bücherverbrennung in Hannover am 10.Mai 1933, in: Hannoversche Geschichtsblätter, Bd. 37, 1983, S. 101–121.

54 In dem Text hieß es: „Kampf der Deutschen Studentenschaft gegen Schmutz und Schund! Wir wollen deutschen Geist von Deutschen für Deutsche! Deshalb Kampf: dem Einfluß des Judentums und dem Sichbreitmachen jüdischen Geistes in der deutschen Kultur; Ausmerzung des das Deutschtum herabsetzenden oder das Deutschtum schädigenden Schrifttums, des flachen, ungeistigen und in der Form mangelhaften Schrifttums (Schund)." Es wurde weiter das Verbot der Kritik durch „Nichtarier" sowie von Büchern die das „Deutschtum" herabsetzten gefordert. Zitiert nach Dietzler (1983), S. 110.

Bismarcksäule stellte dennoch einen Bruch dar, eine Integration von öffentlich inszenierter Gewalt in die traditionelle Form akademischer Feiern. Darin lag die neue und andere Qualität dieser planvoll gestalteten Aktion, die nur unter der Mithilfe zahlreicher Studenten durchgeführt werden konnte.

Die Bücherverbrennung kann als Auftakt zu weiteren gewalttätigen Inszenierungen in der Öffentlichkeit gedeutet werden. So gelang es Teilen der Studentenschaft in Hannover die Aufführung des Filmes „Brennendes Geheimnis" nach einer Novelle von Stefan Zweig im Ufa-Palast am Ägidientorplatz zu unterbrechen und den Fortgang der Vorstellung zu verhindern. Der Vorgang lässt sich durch die Korrespondenz des Hochschulgruppenführers des NSDStB zu Klampen sowohl mit dem Direktor des Kinos als auch mit dem Reichsleiter des Kampfbundes für Deutsche Kultur Hans Hinkel im Kultusministerium in Berlin und durch ein Schreiben des Gau-Propagandaleiters und Leiters der Hauptabteilung II (Volksbildung) Huxhagen nachzeichnen. Die darin zum Ausdruck kommenden hierarchischen Unklarheiten, Konkurrenzstreitigkeiten sowie die Klagen der einzelnen Funktionäre[55] über mangelnde Anweisungen der Reichsleitungen sowie verspätete und unzureichende Informationen spiegeln die besondere Situation rund um die Bücherverbrennung wider. Es entstand so ein Spielraum, der es mittleren und unteren Partei- oder Staatsangehörigen möglich machte, eigenmächtig Initiativen zu ergreifen und sich sozusagen ihre eigene Aufgabe zu schaffen.[56]

Auch Hochschulgruppenführer zu Klampen nutzte die Gunst der Stunde und inszenierte ohne Absprache mit einer Parteidienststelle die Aktion im Ufa-Kino. Aus nicht bekannten Gründen erhielt die Reichsleitung des Kampfbundes für Deutsche Kultur im Kultusministerium in Berlin Kenntnis von den Vorgängen in Hannovers Innenstadt und schickte ein Telegramm an den Leiter des Kampfbundes für Deutsche Kultur in Hannover, Kahle. Dieser „Parteigenosse" war jedoch unbekannt verzogen und auch sonst in keiner Weise in Erscheinung getreten, so dass das Telegramm seinen Empfänger nicht erreichte. Weder der NSDStB noch die Gauleitung für Propaganda und Volksbildung in Hannover hatten von dieser Dienststelle des Bundes Kenntnis. Die Gauleitung, bei der das Telegramm schließlich ankam, reichte es an den NS-Studentenbund weiter, da es den Vorwurf enthielt, Studenten der Technischen Hochschule seien im Ufa-Kino eigenmächtig aktiv geworden, ohne dass es vorher zu Absprachen mit der Reichsleitung oder irgendeiner anderen Parteidienststelle gekommen wäre. Nach Auffassung der Reichsleitung sei es die Aufgabe des örtlichen Kampfbundes und nicht die des NSDStB gewesen, geeignete Maßnahmen zu organisieren.

In einem Brief an die Reichsleitung des Kampfbundes für Deutsche Kultur reagierte zu Klampen auf die Anschuldigungen und berichtete, dass er am Freitag, den 12. Mai, „in der Studentenschaft eine starke Erregung" bemerkt hätte. Als Grund konnte er den in der Presse angekündigten Film ausmachen, durch den die Studen-

---

55 So zu Klampen in einem Schreiben vom 12. 5. 1933 an Kreisleiter Lüer, NHStA Hann 320 IV/33.
56 Vgl. auch Grüttner (1995), S. 77.

ten provoziert worden seien, da sie „24 Stunden vor der Ankündigung die Bücher des Zweig den Flammen übergeben"[57] hatten. Er habe jedoch daraufhin befohlen, dass sich jeder Nationalsozialist Einzelaktionen zu enthalten habe. In seinem Schreiben bemühte sich der Hochschulgruppenführer, der Reichsleitung sein Vorgehen zu erklären sowie die Notwendigkeit und Richtigkeit seiner Handlungen darzustellen:

> „Ich setzte mich sofort mit der Filmstelle des Gaus in Verbindung, um im Interesse der Aufrechterhaltung der Ruhe und Ordnung eine Absetzung des Films zu erreichen. Die Direktion des Ufa-Palastes hat Pg. Lysiak und mich gebeten einer internen Vorführung des Films beizuwohnen. Wir waren uns darüber klar, dass der Film nicht geeignet sei, mitzuhelfen an der geistigen und kulturellen Gesundung des Deutschen Volkes. Ich wusste, dass die Studentenschaft in ihrer Gesamtheit sich diesen Film nicht bieten lassen würde und habe die Direktion gebeten, von sich aus den Film abzusetzen."[58]

Des Weiteren sei das Polizeipräsidium durch ihn von der Stimmung innerhalb der Studentenschaft in Kenntnis gesetzt worden, so dass von Einzelaktionen demnach nicht die Rede sein könne.

Das Polizeipräsidium Hannover unterstand seit dem 27. März 1933 Johann Habben[59], der „seit 1901 der staatlichen Polizeiverwaltung Hannover angehörte und dort vor der ‚Machtergreifung' als Oberregierungsrat die Abteilung I A (politische Polizei) geleitet hatte."[60] Habben, der kurz nach dem Ersten Weltkrieg zunächst der Deutschnationalen Partei angehört hatte, leistete der nationalsozialistischen Bewegung schon vor 1933 gute Dienste, wie ihm die Führung des SS-Abschnitts IV Anfang Februar 1933 attestierte. Er missbrauchte seine Stellung, um sowohl den Parteidienststellen als auch der SA und SS durch einen Mittelsmann Informationen aller Art sowie Warnungen zukommen zu lassen, wenn beispielsweise Polizeiaktionen geplant waren. Auf Grund dieser Tätigkeiten war Habben vor der Machtübergabe kein Parteimitglied, trat erst im April 1933 der NSDAP bei und bekam für seine Tätigkeiten 1934 das Ehrenzeichen des Schlageter-Gedächtnisbundes verliehen.[61]

Es ist deshalb nicht unwahrscheinlich, dass sich die Aktivitäten der Polizei bei Rechtsbrüchen aus nationalsozialistischen Kreisen in Grenzen hielten. Schon vor 1933 hatte die Behörde den Ruf auf dem „rechten Auge" blind zu sein, so dass unter Umständen von vornherein Absprachen zwischen zu Klampen und dem Präsi-

---

57 Der Führer des NSDStB Hannover zu Klampen in einem Schreiben vom 14. 5. 1933 an die Reichsleitung des Kampfbundes für Deutsche Kultur, Hans Hinkel (MdR.), Berlin, NHStA Hann 320 IV/35.
58 Ebenda. Dies wird bestätigt durch das Schreiben des Gau-Propagandaleiters Huxhagen aus Hannover an die gleiche Dienststelle in Berlin.
59 Er war damit der Nachfolger des SA-Obergruppenführers Victor Lutze, der an Stelle des beurlaubten Gustav Noske, SPD, zunächst kommissarisch Oberpräsident der Provinz Hannover wurde.
60 Mlynek, Klaus: Der Aufbau der Geheimen Staatspolizei in Hannover und die Errichtung des Konzentrationslagers Moringen, in: Historisches Museum (1981), S. 65–80, hier S. 67 f.
61 Vgl. ebenda.

dium existierten. Aus den Berichten zu Klampens und Huxhagens geht schließlich hervor, dass nicht die Polizei, sondern die SA-Oberführung[62] im Ufa-Palast erschienen war, um gegebenenfalls für Ruhe zu sorgen.

Der Film wurde dennoch am Samstag, den 13. Mai 1933, aufgeführt, da die Ufa-Palast Direktion sich nicht in der Lage sah, innerhalb eines Tages einen Ersatz für den Film zu beschaffen. Die Studenten seien daraufhin

> „in Scharen in die Aufführung des Nachmittages gegangen und haben gleich nach den ersten Bildern ihrer Empörung über den Inhalt des Filmes und über die Tatsache, daß die Ufa ihn zu bringen wagte, durch Lärmszenen Ausdruck gegeben. Die SA-Oberführung war zu dieser ersten Vorführung auch eingeladen worden, um nötigenfalls beruhigend auf das Publikum einzuwirken, hat sich jedoch nach Ansehen der ersten Szenen der Meinung des Publikums anschließen müssen."[63]

Hochschulgruppenführer zu Klampen und Gau-Propagandaleiter Huxhagen verteidigten die Aktionen der Studenten. Die Vorfälle seien lediglich auf die vom Kultusminister angeordnete Aktion gegen den Fremdgeist in der Literatur zurückzuführen, so Huxhagen. Weiter schrieb er, dass der bei der Vorstellung anwesende Vertreter des Polizeipräsidenten ein sofortiges Verbot dieses Films für Hannover verfügt habe. Auch er sei der Ansicht gewesen, dass der Film für die Öffentlichkeit im Hinblick auf die weitere Zersetzung der Moral sowie die Sicherheit und Ordnung eine Gefahr bedeute. Zu Klampen interpretierte das Vorgehen der Studenten als „ein glänzendes Zeichen für die geistige Gesundung der akademischen Jugend, wenn sie ohne Anregung von sich aus ihrem Unwillen über derartige Schriftsteller Ausdruck verleiht." Das Publikum wolle derartige Filme nicht mehr sehen. Es sei erfreulich, dass der „Kampf gegen Schmutz und Schund" schon nach so kurzer Zeit derartige Früchte trage.[64]

Dass zu Klampen gegen die Aufführung des Filmes „Brennendes Geheimnis" planvoll vorging und es sich bei den Protesten der Studenten nicht um einen „spontanen Volkszorn"[65] handelte, wie der Hochschulgruppenführer der Reichsleitung in Berlin gegenüber vorgab, unterstreicht ein Schreiben des Kreisleiters des NSDStB

---

62 Seit dem durch Göring verfügten, unveröffentlichten Polizeierlass vom 22. 2. 1933 war es der Polizei möglich, sich durch den Einsatz freiwilliger „Hilfspolizei-Einheiten", die meistens aus SS, SA und/oder Stahlhelm bestanden, zu verstärken. Vgl. Broszat (196914), S. 95.
63 Der Gau-Propagandaleiter Huxhagen in einem Schreiben vom 13. 5. 1933 an den Kampfbund für Deutsche Kultur, Berlin, NHStA Hann 320 IV/35.
64 Der Führer des NSDStB Hannover zu Klampen in einem Schreiben vom 14. 5. 1933 an die Reichsleitung des Kampfbundes für Deutsche Kultur, Hans Hinkel (MdR.), Berlin, NHStA Hann 320 IV/35.
65 Diese Taktik von nationalsozialistischen Funktionären, von ihnen im Vorfeld geplante und mit einem bestimmten Zweck durchgeführte Aktionen im Nachhinein als „spontanen Volkszorn" darzustellen, wurde z. B. schon im Zuge der „revolutionären" Gleichschaltung zwischen dem 5. und 9. März 1933 angewandt. In dem Fall diente es den Nationalsozialisten dazu, ihre Forderungen nach Reichskommissaren (nach preußischen Vorbild) durchzusetzen, um hohe sozialdemokratische Beamte abzulösen und linke Zeitungen zu verbieten. Der revolutionäre Druck von unten ermöglichte Eingriffe der Reichsregierung von oben unter Berufung auf die „Reichstagsbrandverordnung" vom 28. Februar. Vgl. Wendt (1995), S. 88 ff und Broszat (196914), S. 134.

Heinrich Lüer. Dieser äußerte sich gegenüber zu Klampens sehr positiv und versicherte ihm seine uneingeschränkte Loyalität: „Für die Durchführung der Aktion gegen den Ufafilm und gegen die Ufadirektion muß ich Ihnen meine restlose Anerkennung aussprechen. Daß ich restlos hinter Ihnen stehe, brauche ich nicht weiter aussprechen."[66]

Zu Klampen konnte sich im Mai und Juni nicht nur hinsichtlich der wachsenden Zahlen des NSDStB als „Sieger der Geschichte"[67] fühlen, sein Einsatz für die nationalsozialistische Bewegung wurde auch von der Reichsleitung honoriert: Nach dem Jugend-Treffen der Hitlerjugend unter Baldur von Schirach in Hannover, an dem die gesamte Hochschulgruppe am 24. Juni 1933 teilnahm, wurde der bisherige Bezirksführer Erich zu Klampen vom Reichsjugendführer nach Berlin berufen.[68]

Es ließ sich nicht nachvollziehen, ob die Öffentlichkeit durch die Medien von den Vorgängen Kenntnis erhielt, es lässt sich aber vermuten, dass sich der Einsatz des NS-Studentenbunds zumindest in der Hochschule herumgesprochen haben wird. Hochschulgruppenführer zu Klampen hatte damit bewiesen, dass auch er in der Lage war, Teile der Studenten für antisemitische Aktionen in einem öffentlichen Raum zu mobilisieren. Die randalierenden Studenten hatten das Hausrecht eines Kinobesitzers verletzt, ohne dass sich ihnen die Ordnungsmächte des Staates entgegengestellt hatten. Es zeigte sich somit nicht nur die Verklammerung von nationalsozialistischen und staatlichen Funktionsträgern, sondern auch, dass sich der Status des NS-Studentenbunds geändert hatte. Die Feier zum 1. Mai, sowie die durch die Studenten organisierte Bücherverbrennung und der Sturm der Kinoaufführung unterstrichen das stetig wachsende Potenzial und die Macht des Studentenbundes an der Hochschule. Für viele war das sicherlich ein Zeichen, nicht zurückzustehen, sich der zahlreichen politischen Gemeinsamkeiten mit dem NS-Studentenbund zu erinnern und unter Umständen darüber hinwegzusehen, dass einem der Aktionismus vielleicht ein wenig zu weit ging. Schließlich drohte dem überwiegenden Teil der Studenten keine Gefahr, im Gegenteil. Sie waren in der Mehrzahl weder jüdisch noch politisch links oder demokratisch. Es war eine Zeit des Aufbruchs, an der die meisten aufstiegsorientierten Studenten partizipieren wollten.

Gehörten der NSDStB Hochschulgruppe wie erwähnt im März noch 70 und am 7. Mai 1933 erst 157 Studenten an, so erhöhte sich die Zahl rund um die Ereignisse der Bücherverbrennung immens. Bis Anfang Juni stieg sie auf 550 an, so dass der NS-Studentenbund zwei Mitgliedersperren (vom 12. bis 20. Mai, und am 29. Mai

---

66 Kreisleiter des NSDStB Heinrich Lüer, Braunschweig in einem Schreiben vom 16. 5. 1933 an den Führer des NSDStB Hannover Erich zu Klampen, NHStA Hann 320 IV/31.
67 Grüttner (1995), S. 63.
68 Bericht Nr. 2, Kreis II NSDStB, Hogruf Schmidt, NHStA Hann 320 IV/29. Erich zu Klampen wurde als Jugendreferent in das Reichsministerium für Volksaufklärung und Propaganda nach Berlin berufen, vor ihm ging SA-Obersturmbannführer Heinrich Lüer im Mai „Vortragender Adjutant" in die Reichsjugendführung nach München, was zu Klampen in einem Schreiben vom 7. 5. 1933 erwähnt: „Nun will ich ihnen aber erst einmal zu ihrer Berufung nach München gratulieren. Ich hoffe, dass wir auch in Zukunft noch in brieflichen Verkehr stehen können, denn ihnen wird es sicher auch lieb sein, aus der Praxis zu hören." NHStA Hann 320 IV/33.

über die Pfingstferien) verhängen musste, um den Andrang zu bewältigen.[69] Der Hochschulgruppenführer vermerkte dazu: „Ueber Hochschulpolitik ist nichts mehr zu berichten, da die Verbände in ihrer Angst vollkommen in unserem Fahrwasser schwimmen."[70] Diese „veranstalten Wettrennen, um Mitglieder anzumelden" und sich möglichst schnell „gleichzuschalten"[71]. Der im Mai neu eingesetzte Schriftleiter Grimm publizierte den Erfolg auch sofort in den *Hannoverschen Hochschulblättern*. Er berichtet, dass vier Korporationen – es handelte sich um die Turnerschaft Tuisko, den VDSt, der Wehrschaft Saxo-Normannia sowie den Akademischen Reitclub – geschlossen der SA beigetreten seien. Die Burschenschaft Cheruscia und die Burschenschaft Alt-Germania waren einheitlich sowohl Mitglieder der SA als auch des Stahlhelms geworden.[72]

Die Entwicklung des Studentenbundes von Ende 1932 bis zum Mai 1933 zeigt deutliche Parallelen zur der der NSDAP auf. In der Zeit nach den Novemberwahlen und der Strasser-Krise 1932 ließen auch in der Partei Hitlers die Neueintritte nach und markierten das Stimmungstief, in dem sich die „Bewegung" befand. Nur wenige Monate später begann das politische Klima jedoch zu kippen und Millionen von Deutsche traten der NS-Partei bei. So sind beispielsweise von den 1,6 Millionen neuen Parteimitgliedern des Jahres 1933 rund 1,3 Millionen, das sind 81,3 Prozent, erst im Mai der NSDAP beigetreten.[73] Die daraufhin von den Nationalsozialisten konstatierte und beschworene „nationale Erhebung" und „nationalsozialistische Revolution" hat dazu beigetragen, dass sich viele als Teil dieser Bewegung fühlten und fühlen wollten. Die Motive der Studenten, dem NS-Studentenbund beizutreten, waren sicherlich genauso heterogen, wie die der Bürger in Deutschland, die der NSDAP angehören wollten. Allen gemeinsam war jedoch, dass sozioökonomische und gesellschaftliche Erwartungen, Hoffnungen und Ängste im Frühsommer 1933 kulminierten. Sebastian Haffner stellte für diese Zeit eine ähnliche Euphorie fest wie im August 1914: „Es war – man kann es nicht anders nennen – ein sehr weit verbreitetes Gefühl der Erlösung und der Befreiung von der Demokratie."[74]

Der Anstieg der Mitgliederzahlen wurde dadurch forciert, dass vom Reichsschatzmeister der NSDAP zum 1. Mai 1933 ein Aufnahmestop verhängt wurde, der zu-

---

69 In einem Monatsbericht wird ausgeführt, dass die Korporationsstudenten Anfang Mai verstärkt in den Studentenbund eintraten, die so genannte Freistudentenschaft jedoch erst ab dem 25. Mai.
70 Bericht Nr. 1 vom 1. 6. 1933, Kreis II NSDStB, Der Führer des NSDStB Bezirk Hannover zu Klampen, NHStA Hann 320 IV/29.
71 Bericht Nr. 1 vom 1. 6. 1933, Kreis II NSDStB, Hogruf Schmidt, NHStA Hann 320 IV/29.
72 Schriftleitung: „Von der Gemeinschaft", in: *Hannoversche Hochschulblätter* 17. Semesterfolge (Mai 1933) Nr. 8, S. 94. Der kommentierende einleitende Absatz findet sich in Kapitel 4 als Eingangszitat.
73 Diese Zahlen zeigen, dass „es sich dabei sehr viel stärker um ‚Maiveilchen' handelte, wie der zeitgenössische Ausdruck für die von Parteischlußpanik befallenen ‚Volksgenossen' lautete, die alle noch vor dem Stichtag 1. Mai ihren Aufnahmeantrag stellen wollten, als um ‚Märzgefallene'." Falter (1998), S. 600.
74 Haffner, Sebastian: Anmerkungen zu Hitler, Berlin 1987, S. 237.

nächst bis zum 1. Mai 1939 gelten sollte.[75] Da der Studentenbund ebenfalls schon vorübergehende Mitgliedersperren verhängt hatte und den Funktionären nicht klar war, ob eine generelle Sperre für die Aufnahme in den Studentenbund und die SA anstand, ist naheliegend, dass auch unter den Studenten diesbezüglich Vermutungen angestellt wurden.[76] Von den im Juni registrierten 550 Mitgliedern des NSDStB waren 350 in den Stürmen 31, 33, 34/412 erfasst und weitere 25 Mann wurden auf verschiedene SA- und SS-Stürme verteilt.[77] Die Beziehungen zu den Ortsgruppen der NSDAP gestalteten sich nach wie vor so, dass die Studenten nur berechtigt waren, in die Partei einzutreten, wenn sie vom NS-Studentenbund dahin überwiesen wurden.[78]

Anfang Juli 1933 ließ der Ansturm auf den NSDStB schließlich nach und der neue Hochschulgruppenführer Schmidt konnte in einem Bericht für die Technische Hochschule 700 Mitglieder melden, das waren 49,8 Prozent aller 1407 immatrikulierten Studenten. Von diesen wurden in sechs Stürmen über 600 Mann in Sturmbann IV/412 erfasst, etwa 40 leisteten in fremden SA und SS-Stürmen Dienst. Der neue Bezirksführer Heinz Biermann[79], der gleichzeitig der Turnerschaft Tuisko angehörte, berichtete am 4. Juli 1933 an die Kreisleitung des NSDStB Jürgen Wehrmann sogar, dass rund 800 Mitglieder des NSDStB registriert seien, von denen ungefähr 700 in einem Sturmbann zusammengeschlossen wären.[80] Die Mitglieder des NS-Studentenbunds an der Technischen Hochschule Hannover hatten sich im Mai und Juni nahezu verzehnfacht. Da es keine weitere Lokalstudie zu einer der Technischen Hochschulen gibt, und in den Akten der Reichsstudentenführung keine Daten ermittelt werden konnten, ist ein Vergleich mit weiteren Technischen Hochschu-

---

75 Vgl. Broszat (196914), S. 252.
76 So Bezirksführer Heinz Biermann am 4. 7. 1933 in einem Brief an Kreisleiter Wehrmann: „Lt. Verfügung des Stabes der SA-Führung ist ab 10. Juli eine Mitglieder-Aufnahmesperre für das gesamte Reichsgebiet verfügt worden. Die Mitglieder des Studentenbundes sind zum SA-Dienst verpflichtet. Ist auch mit einer Aufnahmesperre des Studentenbundes zu rechnen? Oder wie denkt man sich die Eingliederung der nachkommenden Semester in die SA?", NHStA Hann 320 IV/33.
77 Bericht Nr. 1, vom 1. 6. 1933 Kreis II NSDStB, Hogruf Schmidt, NHStA Hann 320 IV/29.
78 So der Bezirksführer des NSDStB Hannover, zu Klampen in einem Schreiben vom 22. 6. 1933 an die Kreisleitung der NSDAP, Hannover Stadt, NHStA Hann 320 IV/35.
79 Bereits vier Monate später gab Heinz Biermann sein Amt ab, wie aus einem Schreiben vom 20. 11. 1933 an den neuen Kreisführer IV (ehemaligen Kreis III) Wolf Friedrich hervorgeht: „Lieber Kamerad Friedrich! Da ich mich entschlossen habe an dem Lehrgang des Reichs-SA-Hochschulamtes in Zossen teilzunehmen, und eventuell mein Studium aufgebe habe ich Kamerad Eckehard Eckert mit der Führung meines Bezirks beauftragt. Eckert ist seit dem WS 29/30 Mitglied des Studentenbundes und SS-Sturmmann. Er hat sowohl in der Studentenschaft als auch im Studentenbund verschiedene Ämter gehabt. Ich empfehle ihn zu meinem Nachfolger zu ernennen und ihm dasselbe Vertrauen wie mir entgegen zu bringen." NHStA Hann 320 IV/34.
80 Bezirksführer Heinz Biermann in einem Schreiben vom 4. 7. 1933 an den Kreisführer Nord Jürgen Wehrmann des NSDStB, Hamburg, NHStA Hann 320 IV/33. Biermann schlug in dem Schreiben auch vor, die Ämter des Studentenschaftsführers und des Hochschulgruppenführers des NSDStB zusammenzulegen, die an Technischen Hochschule Hannover von Günther Thode übernommen werden sollten.

len nicht möglich.[81] Der Blick auf die Zahlen von acht Universitäten zeigt jedoch, dass die Zahl von fast 50 Prozent organisierter Studenten im NSDStB in Hannover relativ hoch war. Im Sommersemester 1933 waren in Greifswald beispielsweise 54,3 Prozent der Studenten Mitglieder des NS-Studentenbund, in Göttingen waren es 46,6 Prozent, in Halle 43,8 Prozent, in Freiburg 35,5 Prozent, in Rostock 28,4 Prozent, in Kiel 27,6 Prozent, in Hamburg 10,1 Prozent und in Würzburg nur 7,9 Prozent.[82] Grüttner kommt insgesamt zu der Schlussfolgerung: „Die zeitgenössischen Quellen zeigen recht eindeutig, daß 1933 fast die gesamte Studentenschaft von einer Aufbruchsstimmung beherrscht war, der sich nur wenige entziehen konnten."[83] Hier ist die TH Hannover keine Ausnahme gewesen.

Für den NSDStB erhob sich mit den zahlreichen Eintritten die Frage – und hier sind wiederum deutliche Parallelen zu der Entwicklung der NSDAP auszumachen – ob der Bund in erster Linie eine Eliteformation oder eine Massenorganisation sein sollte.[84] Dass die Führungsriege des NS-Studentenbunds in Hannover den Masseneintritten nach den Auseinandersetzungen mit der DSt und den korporierten Studenten der Kammer skeptisch gegenüber standen, ist nicht weiter verwunderlich. In der Korrespondenz des Hochschulgruppenführer lassen sich somit immer wieder Anmerkungen finden, die darauf hinweisen, dass er die neuen Mitglieder genau überprüfen und davon Abstand nehmen wollte, ganze Verbindungen geschlossen in den NSDStB aufzunehmen. In einer Anordnung vom Mai 1933 macht er deutlich:

„Der NSDStB hat jetzt ungefähr 1000 Mitglieder in Hannover[85]. Ich weiß genau, dass dies nicht alles Nationalsozialisten sind, und auch vielleicht mancher von ihnen keine ganz saubere Weste hat. Es ist unbedingt dafür zu sorgen, dass der NSDStB sofort von allen derartigen Elementen gereinigt wird."[86]

Die Selbsteinschätzung der NSDStB-Funktionäre an der Technischen Hochschule Hannover, die sich bis zum Juni 1933 bei ansteigenden Mitgliederzahlen als revolutionäre Minderheit inmitten der „reaktionären" korporierten Studentenschaft definierten, wurde durch die in die Organisation strömenden Studenten unterlaufen. Damit erfolgte zwar kein sozialer Wandel der Mitgliederstruktur, wie er in der NSDAP zu beobachten war – in Bezug auf andere Berufsgruppen oder Altersklas-

---

81 Die Mitgliederzahlen des NS-Studentenbund sowie die Frequenz von Studenten in SA und SS an der Technischen Hochschule Hannover ab 1933 konnten nur punktuell ermittelt werden. Aufschluss über den Organisationsgrad der Studenten gibt Kapitel 4, in dem die Mitgliedschaften in den studentischen Kameradschaften angegeben und diskutiert werden.
82 Vgl. Grüttner (1995), S. 246, Tabelle 8. Grüttner konnte für seine Studie die NSDStB-Mitgliederzahlen an sechs Universitäten im Sommersemester 1936 ermitteln und liefert eine Zusammenfassung von Mitgliederständen in den Jahren 1936–39 ohne Aufschlüsselung nach Universitäten und Technischen Hochschulen. Grüttner (1995), S. 314 und S. 324.
83 Ebenda S. 247.
84 Siehe Falter (1998), S. 604 ff.
85 Diese Angabe von 1000 Mitgliedern des NS-Studentenbunds im Vergleich mit den zuvor genannten 700 Mitgliedern kommt daher zustande, dass die Studenten der Tiermedizinischen Hochschule hinzugezählt wurden.
86 NSDStB Bezirk Hannover, Anordnung Nr. 2 vom 27. 5. 1933, in der Anordnung Nr. 1 heißt es: „Der NSDStB nimmt ab heute nur noch körperlich gesunde Menschen auf. Abweisungen sind ohne Angabe der Gründe zu machen." NHStA Hann 320 IV/29.

sen, die in der Partei nach dem 1. Mai 1933 stärker vertreten waren als vorher – da die Studenten der Technischen Hochschulen schon eine ganz bestimmte gesellschaftliche Gruppe bildeten. Dennoch veränderte sich durch den Andrang der korporierten Studenten die Struktur des NSDStB Hannover. Das Eintrittsdatum von Studenten in den NS-Studentenbund bot in den folgenden Jahren immer wieder Anlass für die „alten Kämpfer", sich von den so genannten „Märzgefallenen" abzugrenzen und diese zu diskreditieren. Die Differenzen und unterschiedlichen Einstellungen zwischen den NSDStB-Funktionären und den korporierten Studenten waren durch die zahlreichen Eintritte nicht behoben, sondern bildeten auch in den folgenden Jahren immer wieder Grund für neue Auseinandersetzungen.

Der mit Blick auf die Machtübergabe zeitlich verzögerte Eintritt der Studenten in den NSDStB lässt sich dadurch erklären, dass die Studenten, ähnlich wie die konservativen Eliten im Land, zunächst noch davon überzeugt waren, ein autoritärer Staat ließe sich durch ein Kabinett der „nationalen Erhebung", also den durch konservative und deutschnationale Politiker „eingerahmten" und damit „gezähmten" Reichskanzler Hitler gestalten. Damit war dem Wunsch nach einer Veränderung des Staates zunächst Rechnung getragen, eine Eingliederung in eine nationalsozialistische Organisation jedoch nicht vonnöten. Eine Vorstellung, die durch Inszenierungen wie den „Tag von Potsdam" gestützt wurde. Das zwei Tage später eingeführte Ermächtigungsgesetz sowie die Gleichschaltungsgesetze und das Gesetz zur „Wiederherstellung des Berufsbeamtentums" hatten jedoch in kürzester Zeit das Ende des Parteienstaats und die Etablierung der nationalsozialistischen Diktatur zur Folge. So wurde auch an der Hochschule schnell deutlich, wer die neuen Machthaber waren, und es gestaltete sich für Studenten, die weiterhin zur staatstragenden Elite gehören wollten, zweckmäßig, dem NSDStB beizutreten.[87] Ergänzend muss hinzugefügt werden, dass Veranstaltungen wie die Feier zum 1. Mai 1933, bei der die Hochschule erstmals öffentlich für den Nationalsozialismus eintrat, sowie die Bücherverbrennung und der Sturm des Ufa-Kinos erheblich dazu beitrugen, dass die neuen Machtverhältnisse für die Studenten sicht- und erfahrbar wurden.

Letztlich verlieh die Kanzlerschaft Hitlers der nationalsozialistischen Partei und damit auch dem NS-Studentenbund staatstragende Funktion und damit einen Bedeutungszuwachs. Anordnungen wie die Aufhebung des Mensurverbots vom Mai 1933 trugen dazu bei, dass die Verbände sich als integralen Bestandteil des „neuen Staates" nach der „nationalen Revolution" fühlen konnten. Lagen die Prioritäten für die Studenten in den Monaten zuvor noch in den Bindungen an die einzelnen Korporationen, so war jetzt der Eintritt in die Partei, den Studentenbund oder die SA gegenüber den Alten Herren der Korporationen eher zu rechtfertigen und bekam einen höheren Stellenwert. Darüber hinaus war der Beitritt zum NS-Studentenbund für Teile der korporierten Studentenschaft die logische Konsequenz daraus, dass sich die Programmatik der Verbindungen vielfach mit den nationalsozialistischen

---

87 Zu ähnlichen Schlüssen kommt auch Böhm, Helmut: Von der Selbstverwaltung zum Führerprinzip – die Universität München in den ersten Jahren des Dritten Reiches (1933–36), Berlin 1995, S. 73. Siehe auch Jarausch (1984), S. 166.

Zielen kompatibel erwies und inhaltliche Differenzen in dieser von Euphorie geprägten Phase in den Hintergrund traten.

3.3 Konzepte zur Vergemeinschaftung: „Der Arbeiter der Stirn und der Arbeiter der Faust"

Am 1. Mai 1933 hisste der Hilfsarbeiter Strohmeyer die Hakenkreuzfahne am Hauptgebäude der Technischen Hochschule Hannover und hielt scheinbar gleichberechtigt neben dem Rektor und dem Hochschulgruppenführer des NS-Studentenbunds eine Rede. Der Hochschulgruppenführer und seine Funktionäre inszenierten mit dieser Veranstaltung eine Hochschulgemeinschaft, die alle Angestellten mit einschloss. Darüber hinaus bildete die Feier den Auftakt zu zahlreichen Bemühungen der NS-Studenten, einen zentralen Punkt aus dem Ideenkonglomerat des Nationalsozialismus' unter den Studierenden zu etablieren: Der Student als „Arbeiter der Stirn" sollte sich mit dem „Arbeiter der Faust" versöhnen, sie sollten einander als gleichberechtigt innerhalb der Volksgemeinschaft akzeptieren und erkennen, dass „nur auf dem Wege des nationalen Sozialismus"[88] der Aufstieg Deutschlands zu erreichen sei.

Das Begriffspaar „Sozialismus" und „Nation" wurde erstmals 1896 von dem evangelischen Pfarrer Friedrich Naumann zu einem liberalen Sozialismus zusammengefügt und entwickelte sich über die Jahre und verschiedensten Autoren zu einem weitverbreiteten Schlagwort in rechtsintellektuellen Kreisen.[89] Übergreifender Bezugspunkt war die „Gemeinschaft", die ein Schlüsselwort in der Weimarer Republik war und im gesamten politischen Spektrum als anzustrebendes und realisierbares soziales Ideal galt, das mit dem Mythos vom Volk verknüpft war.[90]

Bereits im Februar 1928 findet sich in den *Hannoverschen Hochschulblättern* ein Artikel mit der Überschrift „Student und Volksgemeinschaft". Der Autor beschrieb in dem Text die Volksgemeinschaft als das zu erreichende Ideal sowie als einen „großen und heiligen Kerngedanken", der dazu diene, eine „ruhige Aufwärtsentwicklung des staatlichen Organismus" sicher zu stellen. Die Volksgemeinschaft bedeute jedoch „keineswegs eine Gemeinschaft der Grundsätze und der letzten Ziele, sondern des guten Willens, unter dem Gesichtspunkt des Dienstes an der großen, gemeinsamen Sache des Volkes und Vaterlandes einen gemeinsamen praktischen Weg zu suchen, um die Schwierigkeiten der Gegenwart zu besiegen."[91]

---

88 So Hilfsarbeiter Strohmeyer in seiner Rede am 1. Mai 1933. Vgl. Grimm (Mai 1933), S. 88.
89 Das ist ausführlich und detailliert nachzulesen in einer ideologiekritischen Untersuchung, die sich Texten Friedrich Naumanns, Ferdinand Tönnies', Ernst Jünger u.v.m. widmet. Vgl. Werth, Christoph H.: Sozialismus und Nation. Die deutsche Ideologiediskussion zwischen 1918 bis 1945, Opladen 1996.
90 Vgl. auch Sontheimer (1968), S. 250 ff. sowie Gerstenberger, Heide: Der revolutionäre Konservatismus. Ein Beitrag zur Analyse des Liberalismus, Berlin 1969, S. 39 ff., die das Gegensatzpaar Gesellschaft-Volksgemeinschaft unter dem Oberkapitel „Antiliberalismus" abhandelt.
91 Cremer (Februar 1928), S. 65.

Verknüpft mit der Idee der Volksgemeinschaft waren in der Regel der Glaube und das Gefühl, aber weniger der Verstand und das Wissen. In diesem Kontext lässt sich in den Artikeln der studentischen Hochschulzeitung beobachten, dass sich der „Dienst an der Gemeinschaft" rund um das Jahr 1930 mit einer Umwertung des Begriffs „politisch" verband. Es etablierte sich zunehmend ein Politikbegriff, der nicht mehr mit „Parteipolitik" in eins gesetzt und damit negativ konnotiert wurde, sondern der durch die Anbindung an die „große gemeinsame Sache des Volkes und Vaterlandes" sowie die „nationale Ehre" umgedeutet und aufgewertet wurde. War „politisch" bisher an Grundsätze und „letzte Ziele" gebunden und galt damit aus dieser Sicht als *beliebig*, da man eine politische Anschauung ablegen oder wechseln kann, wurde der Begriff nun eine Konstante. Dadurch dass „politisch" an die Gemeinschaft, das Volk gekoppelt wurde, bezog sich das Adjektiv auf ein „natürliches" Ordnungssystem, dass die Kontingenz der Moderne zu bannen schien. Gleichzeitig benutzten die verschiedenen Autoren das Wort und den damit verbundenen Aktivismus für ihre national-sozialistischen Forderungen und stellten die Frage nach der Beziehung von Student und Politik 1931 in den *Hannoverschen Hochschulblättern* neu:

> „Soll der deutsche Student heute Politik betreiben? Er soll nicht nur, er muß sogar, will er Führer, d. h. aktiver Charakter, will er ein Vorkämpfer deutschen Nationalstolzes werden. Die gemeinsame Front für diese Idee zeigt den Weg, wie der deutsche Student Politik treiben soll: Die deutsche Ehre ist uns heilig."[92]

Politik treiben bezog sich auf alle Tätigkeiten der Studenten, von ihren Aufgaben, die sie innerhalb der DSt wahrnahmen[93] bis hin zu Studium und Wissenschaft:

> „Politik nicht im Sinne von Parteipolitik, weder offen noch verkappt, sondern Politik schlechthin als Wirken aus der Gemeinschaft und in ihr. Wissen und Idee – nicht um das Wissen und die Idee zu besitzen, sondern um ihre schöpferische Kraft in unsere deutsche Wirklichkeit hineinzustellen. Nur so kann der Zusammenklang dessen, was dem Begriff Universität Substanz verleiht, von außen gesehen der Zusammenklang von Forschung und Lehre, inhaltlich gesehen der Zusammenklang von Wissenschaft und Bildung oder von Stoff und Mensch und Gemeinschaft oder wie man es nennen möchte, organisch werden und auf unserem Boden Blut und Leben erhalten."[94]

Die Substanz von Politik ist in diesem Sinne die Volksgemeinschaft. Politik wird nationalisiert und durch den organischen und biologischen Charakter des Volkes zum Naturgesetz, steigert sich zur Mission aller Deutschen für „Blut und Boden". Der

---

92 Hoene, E.: Soll der deutsche Student heute Politik treiben? In: *Hannoversche Hochschulblätter*, 12. Semesterfolge (Februar 1931) Nr. 5, S. 75–77, hier S. 76 f. Nach Angabe der Schriftleitung wurde der Artikel der „Hessischen Hochschulzeitung" entnommen, da die Redaktion ihren Lesern „die ausgezeichneten Hauptgedanken" nicht vorenthalten wollte, wie sie in einem einleitenden Absatz bekannt gaben.
93 So in einem Text zur Hundertjahrfeier der TH Hannover: „Wenn wir aber wieder lernen, den Begriff des Politischen nicht mehr im Hinblick auf die Parteigegensätze, sondern auf die Lebensbedürfnisse unseres Volkes zu nehmen, dann werden wir einsehen, wie notwendig und wertvoll diese Arbeiten der Deutschen Studentenschaft sind." Berghahn (Juni 1931), S. 122 f.
94 Leistritz, Hanskarl: Um die Idee der Universität, in: *Hannoversche Hochschulblätter*, 17. Semesterfolge (April 1933) Nr. 7, S. 79–81, hier S. 80.

Begriff des Politischen steht damit letztlich für eine angestrebte Verschmelzung von Staat und Gesellschaft, für einen totalitären Staat, wie in einem Text des Schriftleiters der *Hannoversche Hochschulblätter* vom September 1933 nachzulesen ist.

„Über allem Werden des jungen Deutschen steht der Staat. Auf ihn ausgerichtet zu sein, wird dem werdenden Führer einer Gemeinschaft die Verpflichtung geben, entsprechend seiner Begabung mehr für den Staat zu leisten. Der Staat kann nur den jungen Menschen die Möglichkeit mehr zu lernen geben, von denen er weiß, daß er den Grundgedanken der deutschen Volksgemeinschaft erlebt hat und weiter leben wird."[95]

Dementsprechend sollte der neue nationalsozialistische Student ein „politischer Student" oder ein „politischer Soldat der Hochschule" werden und auch die Wissenschaften und das Studium sollten politische Ziele haben. So sei dem politischen Studenten eine Lebensform und eine Weise zu handeln eigen, die sich grundsätzlich von jener Verfallsform des 19. Jahrhunderts unterscheide. Eine „politische Studentenschaft" sei eine Organisation, die nichts gemein haben könne „mit einem wohl am treffendsten mit händlerisch zu bezeichnenden politisch harmlosen Zusammenschluss von studierenden, vor lauter Bürgerlichkeit schon in der Jugend vergreisten Privatleuten."[96] „Bürgerlich", „vergreist", „politisch harmlos" und „händlerisch" – so sahen die nationalsozialistischen Studenten ihre zumeist korporierten Kommilitonen und meinten damit in der Regel ihre Bindungen an den Kapitalismus, der als die westliche Wirtschaftsform des Liberalismus und als jüdisch (händlerisch) galt. In deutlicher Abgrenzung zu den Korporationsstudenten definierten sich die nationalsozialistischen Studenten als revolutionär, „aktivistisch" und für einen „deutschen Sozialismus" kämpfend. Der so entstehende „mächtige Volksstaat" sollte eine neue Einigkeit zwischen dem „Arbeiter der Stirn" und dem „Arbeiter der Faust" erschaffen. Die „Heiligkeit dieses Bundes" müsse den Studenten vermittelt werden, damit der Standesdünkel der Akademiker „mit all seinen staatsschwächenden und volkszerstörenden Einflüssen, der durch SA und Arbeitsdienst hinweggefegt wurde, auch auf dem Gebiet des Berufs ausgerottet wird."[97]

Der Autor knüpfte mit der Formulierung der „Heiligkeit des Bundes" an die Vorstellungen der korporierten Studenten an, die sich durch ihre Zugehörigkeit zu einer Korporation in einer gegenseitigen Treueverpflichtung auf Lebenszeit befanden. In Anlehnung an dieses Prinzip des Lebensbundes wird hier das sakrale Element besonders betont. Der Bund zwischen dem Arbeiter und dem diplomierten Ingenieur wird heilig gesprochen, um diesen mit dem Lebensbund der Korporationen ebenbürtig zu machen. Darüber hinaus bezieht sich dieser Bund zwischen „Stirn und Faust" auf die ganze Volksgemeinschaft und den totalen Staat und ist damit höherwertig als der Lebensbund der Korporationen, der aus Sicht der nationalsozialistischen Studenten in der liberal, „kapitalistisch-jüdisch" organisierten Gesellschaft

---

95 Grimm, Heinrich: Sozialistische Erziehung, in: *Hannoversche Hochschulblätter* 17. Semesterfolge (September 1933) Nr. 12, S. 137–138, hier S. 138.
96 Plötner, Georg: Fachschaftsdienst, in: *Hannoversche Hochschulblätter*, 17. Semesterfolge (September 1933) Nr. 12, S. 139–142, hier S. 140.
97 Ebenda, S. 141.

lediglich Interessenpolitik betreibt. Der scheinbare Abbau von Hierarchien innerhalb dieses „heiligen Bundes" spiegelte sich auch in den sehr ähnlich klingenden Bezeichnungen „Arbeiter der Stirn" und „Arbeiter der Faust" wider. Sie verdeutlichen die Bemühungen, die Tätigkeiten der Arbeiter aufzuwerten, den Arbeiter als unverzichtbar für den Aufstieg Deutschlands zu erklären und „adeln", wie es in einer Broschüre mit dem Titel „Arbeiter und Student" hieß.[98] An der konkreten Situation der Arbeiter in den Betrieben wandelte sich im NS-Staat allerdings nichts, der Ingenieur blieb der Vorgesetzte und Führer der Arbeiter[99] und auch die kapitalistischen Produktionsverhältnisse bestanden weiter. Die Wirklichkeit veränderte sich nicht, „sie wurde nur anders interpretiert und inszeniert. Ihre Wahrnehmung sollte verändert werden. Durch einen Schleier des schönen Scheins."[100] Dafür zuständig war das Amt „Schönheit der Arbeit" das innerhalb der NS-Gemeinschaft „Kraft durch Freude" eingerichtet wurde und sich zum Ziel setzte, dass der „deutsche Alltag" durch die Ästhetisierung der Arbeitswelt schöner werden solle. Die Arbeiter, die in der Weimarer Republik als national und politisch unzuverlässig galten, sollten in die Vision einer starken Nation, die Volksgemeinschaft, integriert werden, um zu verhindern, dass sie das Vaterland (erneut) durch eine Revolution verraten oder spalten. Integrieren hieß daher auch vereinnahmen, einverleiben und ungefährlich machen.

Die Denkfigur Sozialismus-Nationalismus war Projektionsfläche und (Wunsch-)Bild einer homogenen Gesellschaft, die in dem nationalsozialistischen Ausdruck der „Gleichschaltung" ihren Ausdruck fand, aber gleichzeitig Hierarchien neu begründete bzw. bewahrte. Innerhalb der Volksgemeinschaft war der Begriff der Arbeit und der Leistung ein Kriterium, um „nützliche" Menschen von weniger „nützlichen" oder „nutzlosen" zu trennen. Durch Ausbildung, „Befähigung zum Führen" sowie das Vermögen, sich durchzusetzen, kristallisierten sich diejenigen heraus, die die „Volksgesamtheit zu ihrem Aufstieg" benötigte. Gemeinsames Bindeglied war die „Pflicht", die jede(r) Einzelne erfüllen und die niemanden „besser" machen sollte. Das Leistungsprinzip der „Auslese" würde eine neue Elite, die so genannte „natio-

---

98 Ging es um die praktische Seite im Bündnis „Arbeiter und Student", so blieben die Anweisungen äußerst vage oder am Status quo orientiert. In der nur für den Dienstgebrauch etikettierten Broschüre mit dem Thema „Das Bündnis Arbeiter und Student" heißt es auf Seite 35: „In der Form der Durchführung der Arbeit dagegen ist es zweckmässig, grundsätzlich kein Schema festzulegen. Hier soll, soweit wie möglich, den örtlichen Leitern der Zusammenarbeit eine gewisse Freizügigkeit bewahrt werden, denn das Bündnis soll nicht in engen Normen erstarren, sondern ein vielgestaltiges, flutendes lebendiges Wirken ermöglichen." StA WÜ, RSF II/217.

99 Das wurde bei öffentlichen Auftritten jedoch verneint, wie die Rede des Bezirksführers und Führers der Studentenschaft Ekkehard Eckert anlässlich einer Kundgebung der Nationalsozialistischen Betriebszellen-Organisation (NSBO) und des NSDStB am 15. 6. 1934 im Walter-Schuhmann-Heim zeigt: „Wenn wir heute zu einer gemeinsamen Kundgebung als Studenten zu Euch kommen, so geschieht das nicht, weil wir uns nun etwa als zukünftige Führer vorstellen wollen. Etwa weil wir durch unser Hochschulstudium Ingenieure wurden und auf Grund des Gesetzes zur Ordnung der nationalen Arbeit Betriebsführer [sic!] wurden. Nein, Kameraden, damit ist es vorbei! Wir wollen uns treffen im gemeinsamen Kampferlebnis und wollten die Ergebnisse unseres Kampfes vergleichen." NHStA Hann 320 IV/35.

100 Reichel (1991³), S. 235.

nal-sozialistische Aristokratie"[101] schaffen. Gerade durch die „naturwissenschaftliche" Legitimation der „Auslese" wurde Dynamik und ein großer Aktionismus freigesetzt, der nach dem Motto „freie Bahn dem Tüchtigen" von vielen Menschen als Ansporn verstanden und genutzt wurde. In den *Hannoverschen Hochschulblättern* formulierte Schriftleiter Grimm, dass die Auslese der Natur „so selbstverständlich klar sein [wird], daß sich nach kurzer Zeit die Führer und damit die einzelnen Spezialbegabungen herausgeschält haben." Das Studium an der Hochschule müsse durchdrungen werden „von dem, was der Hochschule bis heute noch fehlt, Glaube, Charakter und Hoffnung. Sozialistische Erziehung muß hart sein, um den neuen Menschentyp zu schaffen, der die neue deutsche Hochschule bestimmt."[102]

Wurde in sozialistischen Theorien das Recht auf Arbeit gefordert und damit das Recht eines jeden verbunden, sich die Welt durch Arbeit anzueignen, so erschien aus nationalsozialistischer Sicht die Arbeit als Pflicht. Arbeit war immer Dienst am und Pflicht für das Volk. Der Bezirksführer Eckert sprach demgemäß von einem neuen Ethos der Arbeit: dem Ideal der Leistung, „einer Leistung, die Dienst an der Volksgemeinschaft ist. Das ist die sozialistische Idee, die Student und Arbeiter in treuer Kameradschaft zum Siege brachten."[103]

Die Sätze zeigen deutlich, dass es sich hier nicht um sozialistische, sondern um sozialdarwinistische Zielsetzungen handelte. Die Rede vom Sozialismus enthüllt sich im Nationalsozialismus „faktisch als ideologisches Accessoire"[104], „der ausgehöhlte und pervertierte Begriff firmierte nur noch als Kulisse"[105] und taktisches Manöver.

Die nationalsozialistischen Studenten der TH Hannover versuchten, die Volksgemeinschaft im Hochschulalltag praktikabel zu machen und durchzusetzen. Im Juni 1935 veranstalteten der NS-Studentenbund eine Kundgebung mit der Nationalsozialistischen Betriebszellen-Organisation (NSBO)[106], die der Anlass für ein The-

---

101 Die Begrifflichkeit resultiert „aus dem Elitebegriff des aristokratischen Herrentums" und sollte einen „völkischen Blutadel der Herrenrasse" begründen. Vgl. Broszat (1969¹⁴), S. 39. Vgl. auch Kapitel 5.2.
102 Grimm (September 1933), S. 138.
103 Eckart, Ekkehard: Arbeiter und Student, 1934, NHStA Hann 320 IV/35. Fast wortgleich äußerte sich Oskar Stäbel Anfang 1934 in einem Aufruf: „Die Leistung ist und bleibt die Grundforderung des Nationalsozialismus. Nur durch eine Leistung, die dem schweren Ringen um die Erneuerung der Nation Rechnung trägt, erfüllen wir unsere einfache nationalsozialistische Pflicht!" Reichsschaftsführer der Studierenden an den deutschen Hoch- und Fachschulen Oskar Stäbel in einem Aufruf Anfang 1934, NHStA Hann 320 IV/35.
104 So lautet das Ergebnis der ideologiekritischen Untersuchung dieses Begriffspaars. Werth (1996), S. 266.
105 Ebenda.
106 Die Nationalsozialistische Betriebszellen-Organisation (NSBO) wurde 1928 in Berlin von Mitgliedern des »linken« Flügels der NSDAP gegründet und sollte als ein politischer „Stoßtrupp" in den Betrieben agieren. Sie konnten allerdings keinen großen Einfluss gewinnen: „Auch nach der Zerschlagung der Gewerkschaften wurden die Hoffnungen der NSBO zum Kern einer parteigebundenen Einheitsgewerkschaft zu werden, enttäuscht; vielmehr übernahm die Deutsche Arbeitsfront (DAF) nun die Aufgabe, die ‚Arbeiter der Stirn und der Faust' unter ihrem Dach zu versammeln. Damit war der Aktionsradius der NSBO entscheidend eingeengt; trotz des

menheft „Arbeiter und Student" der *Hannoverschen Hochschulblätter* waren. Auf der Titelseite ist ein Foto der Veranstaltung abgedruckt (siehe Abbildung 5). Es zeigt die rückwärtige Treppe des Hauptgebäudes der Hochschule, auf der sich Studenten und Arbeiter für die Aufnahme versammelt hatten. Sie alle tragen Uniform und haben einen Spaten vor sich stehen, auf den sie ihre Hände gelegt haben. Links und rechts am Bildrand sind nicht uniformierte, in vollen Wichs gekleidete Korporationsstudenten zu sehen. Am Balkon der Hochschule, auf dem sich ein Rednerpult befindet, hängt das Hakenkreuz.

Abb. 5: „Student und Arbeiter in gemeinsamer Front" Juni 1935

Der dazugehörige Text berichtet von der Abendkundgebung des NSBO und des NS-Studentenbunds am 13. Juni in Hannover, an der demnach 4000 Arbeitskameraden teilgenommen haben sollen:

> „Es liegt doch etwas aufreizendes in einem roten Plakat; es ist so ‚unakademisch' und für einen Spießer unangenehm. Schon darum kündigten wir unsere Kundgebung ‚Arbeiter und Student' auf leuchtend roten Plakaten in der Hochschule an."[107]

Massenzulaufs neuer Mitglieder nach der ‚Machtergreifung' blieben ihr im wesentlichen nur noch zwei Funktionen: weltanschauliche Schulung und die Versorgung der DAF mit Nachwuchskräften." Recker, Marie-Luise: Die Nationalsozialistische Betriebszellenorganisation, in: Benz/Graml/Weiß (1999) S. 600–601.

107 Dieckmann, Werner: Student und Arbeiter in gemeinsamer Front, in: *Hannoversche Hochschulblätter*, 21. Semesterfolge (Juni 1935) Nr. 9, S. 94.

Die Anspielung, dass ein rotes Plakat so „unakademisch", „aufreizend" und für einen Spießer unangenehm sei, bezieht ihren Sinn daraus, dass „rot" gemeinhin als Farbe der Arbeiterbewegung galt. Auch der Titel „Arbeiter und Student" intendierte den Abbau von Klassen- und Standesgegensätzen. Damit kann der Aufruf auch als Angriff gegen die als reaktionär geltenden Korporationen gedeutet werden, deren Selbstverständnis als Akademiker sich eben gerade durch die Distinktion zu Nicht-Akademikern konstituierte. Das Feindbild vom Spießer, der die Zeichen der Zeit nicht erkennt, galt denjenigen Studenten, die nicht bereit waren, sich voll und ganz der „neuen Zeit" zu verschreiben und die nach wie vor an den elitären, korporativen Zusammenschlüssen und Traditionen festhielten. Die Vision einer Einheit von „Arbeiter und Student", die die Studenten im Hochschulalltag durchzusetzen versuchten, war nicht zuletzt darauf gerichtet, dem Deutungsangebot der konkurrierenden akademischen Korporationskultur die Legitimität abzusprechen. Diese Vision lässt sich auf dem Foto wiederfinden, da sich die Studenten in Uniform nicht von den Arbeitern in Uniform unterscheiden; sie bilden eine Einheit. Die Korporationsstudenten hingegen stechen durch ihre zivile Aufmachung heraus und sind lediglich an den Bildrändern zu sehen. Der Autor scheint sich direkt auf diese visuell erkennbare Differenz zu beziehen, wenn er schreibt:

> „Warum schließen sich noch immer Gruppen ab, um etwas besonderes, für sich wertvolles zu finden und um doch dabei zu wissen, daß sie von der Gemeinschaft leben? Student und Arbeiter in gleicher Ehre! Entweder gehen alle den Berg hinauf oder alle hinunter. Ein Volk, eine Aufgabe, ein Schicksal."[108]

Aus diesen Worten wird deutlich, dass die Differenz unter den Studenten auf dem Foto nicht nur visueller Art war, sondern dass die Vision einer geeinten Studentenschaft im Juni 1935 besonders brüchig war. In den Hinweisen auf individuelle und als egoistisch gebrandmarkte Ziele sowie auf den von der Gemeinschaft profitierenden Individualisten spricht die Enttäuschung eines Studenten, der viel Hoffnung in die Veränderungen durch den NS-Staat gesetzt hatte. Er appellierte weiter: „Wenn wir uns sammeln vor den Denkmälern von Langemarck und noch nicht eins sind, dann ist alles nicht wahr! Jeder bemühe sich, daß es wahr wird, was sie sangen, als sie bei Langemarck mit 17, 18 Jahren in den Tod gingen: Deutschland über alles!"[109] Die Hoffnung schlägt fast schon in Verzweiflung um bei der Vorstellung, die Einheit könnte nicht erreicht werden. Nicht nur, dass der Nationalsozialismus als solcher mit all seinen Versprechungen „nicht wahr" wäre, auch die Legende von den Studenten von Langemark wäre sinnlos; sie wären „umsonst" gestorben und mit ihnen auch alle Ideale, die sich als Schein entpuppen würden.[110]

Foto und Text inszenieren also eine Wunschvorstellung und das Ideal einer Gemeinschaft, in der alle an „einer Aufgabe" arbeiten. Prägend für diesen Gedanken von der Einheit aller Deutschen war das sogenannte August-Erlebnis des Jahres

---

108 Ebenda.
109 Ebenda. Zu „Langemarck" siehe ausführlich Kapitel 2.4.: Die studentische Rezeption des Ersten Weltkrieges.
110 Zu den Problemen und Streitigkeiten innerhalb der Studentenschaft im Jahre 1935 siehe Kapitel 4.2.

1914, das besagte, dass die Deutschen durch Begeisterung geeint in den Krieg gezogen seien.[111] Einen besonderen Stellenwert bekam in diesem Zusammenhang eine Rede Kaiser Wilhelms II. am Tag der Mobilmachung, in der er sagte, dass er in dem bevorstehenden Kampf in seinem Volk keine Parteien mehr kenne: „Es gibt unter uns nur noch Deutsche (brausender Jubel), und welche von den Parteien auch im Laufe des Meinungskampfes sich gegen mich gewendet haben sollte, ich verzeihe ihnen allen. Es handelt sich jetzt nur darum, daß wir alle wie Brüder zusammenstehen, und dann wird dem deutschen Schwert Gott zum Sieg verhelfen."[112] Die Entstehung der Nation aus dem Erlebnis des Weltkrieges wurde zu einem Ursprungsmythos der deutschen Nation.

Im Laufe des Ersten Weltkrieges wurde das Augusterlebnis von der Kriegspropaganda vereinnahmt und veränderte sich immer mehr „hin zu einer idealisierten Darstellung eines Volkes, das geeint war in der finsteren Entschlossenheit zum Kampf."[113] Der „Geist von 1914" war somit nicht nur kollektive und gesellschaftliche Erinnerung, sondern wurde zum Mythos stilisiert, zu „etwas, an das die Menschen glaubten. Der Geist von 1914 wurde nicht nur zu einer Metapher für Moral, sondern das Narrativ des Augusterlebnisses wurde zu einem Mythos, der dem deutschen Volk, wenn es an ihn glaubte, die Kraft des Glaubens geben konnte."[114] Das Wesen dieses Mythos wurde in der Verwirklichung der Ideen eines nationalen Sozialismus gesehen, das Datum 1914 mit dem der Französischen Revolution gleichgesetzt.[115] Zwar war in den Jahren der Weimarer Republik der direkte Bezug auf den „Geist von 1914" selten zu finden, die Vision der nationalen Zusammengehörigkeit fand jedoch Ausdruck in der Dolchstoßlegende, den Mythen von Langemarck und Verdun sowie in der Idee von der Volksgemeinschaft.

Die Studenten, die Anfang bis Mitte der dreißiger Jahre studierten, gehörten zur so genannten Nachkriegsgeneration und kannten den Krieg lediglich aus den Erzählungen (oder durch die Abwesenheit) ihrer Väter und Brüder. Dadurch wurde der Krieg nicht nur zu einem Teil ihrer Sozialisation, sondern seine Deutung und Sinngebung hatte auch im Alltag und in der politischen Positionierung ein großes Gewicht. Nationale Stärke war aus dieser Sicht nur durch die Volksgemeinschaft zu erreichen und galt als Weg aus den Problemen der Weimarer Zeit (und damit der Demokratie). Diese Einheit ist auch als Gründungsmythos in die Publikationen der

---

111 In einer sehr lesenswerten Studie weist Jeffrey Verhey nach, dass die Deutschen keineswegs so einheitlich und geschlossen begeistert in den Krieg zogen. Er untersucht die Entwicklung der öffentlichen Meinung in Deutschland in den Monaten Juli und August 1914 und verfolgt die Entstehung und den Wandel dieses Mythos. Verhey, Jeffrey: Der „Geist von 1914" und die Erfindung der Volksgemeinschaft, Hamburg 2000.
112 Eine Ansprache des Kaisers, in: Vorwärts, 2. August 1914, Nr. 208, zitiert nach Verhey (2000), S. 118.
113 Verhey (2000), S. 326
114 Ebenda, S. 326 f.
115 So Johann Plenge in seinem Werk „1789 und 1914. Die symbolischen Jahre in der Geschichte des politischen Geistes" aus dem Jahre 1916. Zu Plenge siehe Schildt, Axel: Ein konservativer Prophet moderner nationaler Integration. Biographische Skizze des streitbaren Soziologen Johann Plenge (1874–1963), in: VfZ 35 (1987), 523–70.

Deutschen Studentenschaft (DSt) eingegangen. So heißt es im Hannoverschen Hochschultaschenbuch aus dem Studienjahr 1930/31: „In vier Jahren langem Heldenkampf lagen Arbeiter und Akademiker Seite an Seite, und als sie als gereifte und sturmerprobte Männer ins deutsche Land zurückkehrten, da fanden sie das Vaterland hilflos, das Wirtschaftsleben erlahmt und die Hochschulen verödet vor."[116]
Die Studenten bezogen sich in ihrer Identitätsfindung auf tradierte, durch die Väter mitgeteilte Deutungen und fügten eigene Interpretationen hinzu. Dazu gehörte der politische Mythos der durch den Krieg geeinten Männer sowie die Konstruktion einer nationalen Identität und „deutschen Seele". Der deutschen Nation anzugehören war unmittelbar mit dem „Mann-sein" verknüpft und fand in der (Kriegs-)Kameradschaft, die als „Motor männlicher Vergemeinschaftung"[117] wirkte, ihren Ausdruck. Die Definition als Mann und Patriot war sowohl übergreifend als auch einend und wurde als „innige Schicksalsverbundenheit aller Deutschen" transportiert.[118] Der Glaube daran, dass ein fester Wille, Geist und Haltung sowie die „finstere Entschlossenheit zu Kämpfen" zum Ziel führen würde, waren die Bestandteile des Narrativs. So erhielt der verlorene Krieg einen Sinn und die vielen Opfer waren nicht umsonst, sondern für die Einheit Deutschlands erbracht worden.[119]
Tatsächlich wurde das Jahr 1933 von vielen als Neuschöpfung des Erlebnisses aus dem Jahr 1914 angenommen, wie Verhey feststellt, nicht nur als Erklärung der Vergangenheit, sondern auch als Hoffnung für die Zukunft.[120] Die Hoffnung projizierte sich auf einen autoritären Staat und starken Mann, der die Einheit des deutschen Volkes Wirklichkeit werden lassen würde und es ist wenig verwunderlich, dass sich die Worte Wilhelms II. im Januar 1934 in einer Rede des Bezirksführers Eckert anlässlich der Reichsgründungsfeier wiederfinden und dort Adolf Hitler zugeschrieben werden: „So war eingetreten, was der Führer in unermüdlichem Kampfe gepre-

---

116 Berghahn/Kasten: Die Deutsche Studentenschaft, ihr Werden, Wesen und Wirkten, in: Hannoversches Hochschultaschenbuch 1930/31, S. 34.
117 Kühne, Thomas: „Kameradschaft – ,das Beste im Leben eines Mannes'" – Die deutschen Soldaten des zweiten Weltkrieges in erfahrungs- und geschlechtergeschichtlicher Perspektive, in: Geschichte und Gesellschaft 22 (1996), Heft 4, S. 504–529, hier S. 507.
118 So lautet beispielsweise die Definition der Volksgemeinschaft eines hannoverschen Studenten aus dem Jahr 1932. Vgl. Schildknecht, Rolf (cand.ing.): Das Studentenheim – Institution und Aufgabe der Hannoverschen Studentenschaft, in: *Hannoversche Hochschulblätter* 15. Semestererfolge (Mai 1932) Nr. 8, S. 95 f., hier S. 96.
119 In den *Hannoverschen Hochschulblättern* aus dem Jahre 1931 zur Hundertjahrfeier der Technischen Hochschule Hannover findet sich die Bemerkung, dass dieser Geburtstag nicht durch eine große, verschwenderische Feier begangen wurde, sondern dass über allem „der Ernst der Stunde" gestanden habe. Es fand dementsprechend eine Gefallenenehrung für diejenigen statt, die „im Weltkrieg für Deutschlands Ruhm und Freiheit in den Tod gezogen sind." Hofmann (Juli 1931), S. 161.
120 Verhey (2000), S. 384. So finden sich in dem Text des Bezirksführers des NSDStB zu „Arbeiter und Student" folgende Sätze: „Im Jahre 1914 erhob sich das gesamte Volk, das Vaterland zu verteidigen. Arbeiter und Student kämpften gemeinsam im Schützengraben. Mit dieser Tatsache begann die Revolution gegen den Liberalismus. An der Front wurde zum ersten Mal das Erlebnis der Volksgemeinschaft geboren." Eckert, Ekkehard: Arbeiter und Student, NHStA Hann 320 IV/35.

digt hatte: ‚Ein Deutschland muß geschmiedet werden von denen, die weder Proletarier noch Bürger sein wollen, sondern nur Deutsche.'".[121]

Der Nationalsozialismus verkörperte nicht nur die Hoffnung auf eine bessere Zukunft in machtpolitischer, sondern auch in sozioökonomischer Hinsicht. Das neue politische System gab vor, dass durch die Volksgemeinschaft diejenigen eine Chance zum sozialen Aufstieg bekämen, die bisher durch die alten verfestigten Herrschafts- und Standesgrenzen benachteiligt wurden, wie es in den Worten Hermann Görings in der *Niedersächsischen Hochschulzeitung* zum Ausdruck kam: „An den Hochschulen des nationalsozialistischen Deutschland wird der junge Student nicht nach Herkunft oder Verbandszugehörigkeit, sondern ausschließlich nach der Leistung beurteilt werden. So soll es immer bleiben."[122] Gerade Studenten, die nicht Mitglieder von Korporationen waren (oder werden wollten), konnten in den nationalsozialistischen Organisationen eine neue Möglichkeit des sozialen Aufstiegs und eine Alternative zu den bisher gewichtigen Beziehungsgeflechten in Hochschule und Wirtschaft sehen.

Während bis 1933 viele der Studenten, die ein Amt im NS-Studentenbund inne hatten, gleichzeitig auch einer Korporation angehörten, übernahmen seit 1933 überwiegend „Freistudenten" solche Positionen.[123] Die Gründe dafür sind darin zu sehen, dass die Korporationen ihre Vertreter nach zwei oder drei Semestern wieder aus den Ämtern zurückzogen und andere nachrücken ließen. Die Freistudenten hingegen hatten in der Regel schon längere Bindungen an die NSDAP, die SA oder andere Formationen und waren daher privilegiert, die Posten an der Hochschule langfristig und als bezahlte Tätigkeit zu übernehmen. Gerade im Verlauf des Jahres 1933 wurde von der Partei so die Gewähr geschaffen, dass im nationalsozialistischen Sinn zuverlässige Studenten den NS-Studentenbund führten, deren Loyalität nicht durch eine Korporationszugehörigkeit beeinträchtigt wurde.

So erklärt sich auch die Vehemenz, mit der diese Studentenfunktionäre das Ziel verfolgten, die Hegemonie der Korporationen zu brechen und ihre eigenen Strukturen und Förderungsmechanismen an der Hochschule zu etablieren. Aber auch die Studenten, die wenig oder gar keine Anbindung an die Partei hatten, hofften, dass der „neue Staat" für sie positive Veränderungen herbeiführen würde. Ein zentrales

---

121 Eckert, Ekkehard: Entwurf der Rede des Bezirksführers zur Reichsgründungsfeier des 2. und 3. Reiches am 18. Januar 1934, NHStA Hann 320 IV/35.
122 Hermann Göring in der NHZ Nr. 2, (Mai 1935) zum Sommersemester 1935. Tatsächlich erfolgte in Hinblick auf die sozialen Aufstiegschancen kein positiver Wandel und die ökonomischen Klassenunterschiede verschärften sich. Vgl. Alber, Jens: Nationalsozialismus und Modernisierung, in: KZfS 41 (1989) S. 346–65, hier S. 356, der festhält, dass „allenfalls der Glaube an Gleichheit" gesteigert werden konnte.
123 Hier handelt es sich nicht um eine Spezifik der TH Hannover, auch an der TH Darmstadt ist diese strukturelle Veränderung im Jahr 1933 zu beobachten. Vgl. Benscheidt, Hans Wilhelm: Das Darmstädter Corps Obotritia im Dritten Reich, in: Golücke, Friedhelm (Hrsg.): Korporationen und Nationalsozialismus, Schernfeld 1990, S. 115–164, hier S. 122. Die Literatur über die Korporationen ist zu einem Großteil von Alten Herren selbst verfasst worden. Der Autor des hier zitierten Textes ist beispielsweise Mitglied des Corps Obotritia und war 1934 Student der TH Darmstadt.

Anliegen der Studenten der Technischen Hochschule war zum Beispiel die Anerkennung durch die Universitätsakademiker, die sogenannten „Vollakademiker", deren Status in der Regel immer noch höher war als der der technischen Hochschüler.[124] Damit zusammenhängend setzten die zukünftigen Ingenieure als aufstiegsorientierte Gruppe auf eine Aufwertung und Förderung der technischen Entwicklungen, die in ihren Augen einen Weg aus der wirtschaftlichen Misere darstellten und dem Deutschen Reich durch verstärkte Rüstungsentwicklung und -produktion zu neuer Macht verhelfen konnte.

Mit dem Rückbezug auf tradierte Mythen verband sich also gleichzeitig die Überzeugung, etwas Neues zu erschaffen, ein „neues" und vor allem ein „junges" Deutschland: „Zur Wirklichkeit unserer nationalsozialistischen Revolution gehört das politische Gesetz der Jugend!"[125] Kameradschaft, Studentenbund und Fachschaft lebten „aus kriegerischem Geiste", weil sich dort nicht „Greise", sondern „deutsche Jünglinge" zu gemeinsamer Arbeit zusammenfänden. Sie verstanden sich so als Gegenpol zu den „verstaubten Professoren" und Intellektuellen. Die Uniformen, die Kameradschaften als eigene Häuser und die neuen Organisationsformen wurden als etwas „eigenes" interpretiert. Die Studenten verstanden sich als modern, dynamisch und jung.

3.4 Ein Abgesandter des Führers: Studentenpfarrer Weiß

Nachdem Erich zu Klampen im Juni 1933 nach Berlin gegangen war, übernahm Günther Thode die Führung der Studentenschaft sowie das Amt des Hochschulgruppenführers des NS-Studentenbunds. Die Funktion des Bezirksführers des NSDStB war an Heinz Biermann übertragen worden, der gleichzeitig stellvertretender Studentenschaftsführer war. Der Personenwechsel an den Schlüsselstellen der studentischen Ämter ist insofern wichtig, als im Dezember 1933 Machtkämpfe ausgetragen wurden, in deren Verlauf sich ein neuer Führertyp an die Spitze des NSDStB und der DSt setzte, der in den nachfolgenden Jahren die Hochschulpolitik bestimmen sollte.

Der Maschinenbaustudent Ekkehard Eckert, der seit 9. 11. 1930 Mitglied des NS-Studentenbunds war, seit Juni 1931 der NSDAP angehörte und im November 1931 in die SS eingetreten war, übernahm im November 1933 zunächst das Amt des Bezirksführers des NSDStB von Heinz Biermann.[126] Im Dezember konnte er nach den

---

124 Im Mai 1932 findet sich in den *Hannoverschen Hochschulblättern* der Hinweis, dass „der „Kastengeist" eine wahre Gemeinschaft aller Akademiker verhindere. Hinzu komme der Riss, der zwei Altersschichten voneinander trenne sowie die Uneinigkeiten zwischen Arbeiter und Student, die vor dem Krieg noch zwei Welten darstellten, dem gegenüber nun deutlich und „hoffentlich erfolgreich die Versuche nach dem sich finden wollen" zu bemerken seien. Volksgemeinschaft hieße somit „tiefes Verstehen der Stände untereinander". Schildknecht (Mai 1932), S. 96.
125 Plötner (1933), S. 141.
126 Eckert hatte in seiner Studentenzeit in der SS den Rang eines Rottenführers, der dem Rang eines Gefreiten in der Wehrmacht oder dem eines Wachtmeisters in der Polizei entsprach. Die

mit Günther Thode entstandenen Streitigkeiten dessen Ämter übernehmen und hatte damit alle zentralen Funktionen an der Technischen Hochschule Hannover besetzt und unter seiner Kontrolle.[127] Die Auseinandersetzungen um den Studentenpfarrer Weiß im Jahr 1934 sind im Zusammenhang mit den Positionskämpfen an der Hochschule zu betrachten. Eckert wollte sich profilieren und seine Entschlossenheit gegenüber vermeintlichen Gegnern demonstrieren. Interessant ist dabei, dass der Pfarrer keineswegs ein Gegner des Nationalsozialismus, sondern im Gegenteil ein begeisterter Anhänger Hitlers war, der sich bemühte, durch regelmäßige öffentliche Äußerungen und Aufrufe eine Position innerhalb der Hochschule zu besetzen.

Anfang des Jahres 1933 übernahm der bis dahin in Linden tätige Pastor Weiß die Stelle des Studentenpfarrers an der Technischen Hochschule Hannover.[128] Weiß wurde am 14. Mai offiziell in der Schlosskirche durch einen „akademischen Gottesdienst" eingeführt, über den im Hannoverschen Kurier berichtet wurde:

> „Die Korporationen der beiden Hochschulen Hannovers chargierten und bildeten zu beiden Seiten des Altars bis herunter in das Schiff der Kirche das bunte Bild mit Wichs und Fahnen. Dazu kam die studentische SA. Im Schiff bemerkte man außer vielen interessierten Laien hohe kirchliche Persönlichkeiten, u.a. Landesbischof Abt D. Marahrens, sowie zahlreiche Dozenten der Hochschulen."[129]

Der Generalsuperintendent Stalmann war ebenso anwesend wie der als Assistent wirkende Pastor Franz aus Ricklingen sowie Pastor Grimm (Lutherhaus) und Pastor Riege (Schlosskirche). Sowohl der stellvertretende Führer des NS-Studentenbundes Biermann als auch die Rektoren beider Hochschulen in ihrer Amtstracht wohnten dem Gottesdienst bei. Die große Anteilnahme am Eröffnungsgottesdienst von Weiß deutete der Generalsuperintendent als „neu erwachtes Interesse für die Fragen von Christentum und Kirche angesichts des gewaltigen Erlebens unserer Zeit." In seinen Worten kommt die Hoffnung zum Ausdruck, die zu der Zeit in großen Teilen der evangelischen Kirche gehegt wurde und die darin bestand, dass das Luthertum durch den politischen Wandel die Deutungsmacht in der Gesellschaft wiedererlangen würde. Das in vier Jahrhunderten gewachsene traditionelle Bündnis

---

Bezeichnung Rottenführer gab es auch in der SA. Vgl. Wistrich, Robert: Wer war wer im Dritten Reich. Ein Biographisches Lexikon, Frankfurt am Main 1993, im Anhang.

127 Auf den Streit an sich wird hier nicht näher eingegangen, da sich die Auseinandersetzungen meistens an Marginalien entzündeten und letztlich nur der Ausdruck des Machtwillens einer oder mehrerer Personen war. Es ist meistens sehr schwer zu klären, wer Initiator und wer „Opfer" innerhalb dieser Kämpfe war, da auch innerhalb der nationalsozialistischen Strukturen keine klare Kompetenzteilung vorhanden war. Das war keineswegs nur dem Unvermögen der nationalsozialistischen Organisation zuzuschreiben, sondern war von Hitler beispielsweise als interner „Auslesekampf" gefördert.

128 Ende Februar 1933 verließ der bis dahin an der Hochschule tätige Pfarrer Chors Hannover und übernahm in Lüneburg ein Pfarramt. Es kann vermutet werden, dass Chors' Versetzung kein Zufall war, sondern auf seine Einstellung zurückzuführen ist, die aus einem Artikel zum „Fall Dehn" in den *Hannoverschen Hochschulblättern* hervorgeht.

129 Hannovers Studentenpfarrer im Amt – Einführung von Pastor Weiß, in: Hannoverscher Kurier, Morgenblatt vom 16. 5. 1933 (ohne Seitenzahl).

von „Thron und Altar" war ein Grund dafür, dass die evangelische Kirche dem autoritären Obrigkeitsstaat und den Leitbildern einer patriarchalen Gesellschaft viel näher stand als den Idealen eines modernen, pluralistisch-demokratischen Gemeinwesens, das zudem dafür verantwortlich gemacht wurde, dass der Kirche ihr identitätsstiftender Status abhanden gekommen war.[130]

Seinen Amtsantritt beging der neue Studentenpfarrer neben dem Gottesdienst mit einem „Wort zum Gruß an die evangelische Studentenschaft in Hannover", das in den *Hannoverschen Hochschulblättern* vom Mai 1933 abgedruckt wurde. Weiß beschrieb sich selbst als in Tradition und „Blut" verwurzelt sowie von persönlicher Lebenserfahrung geprägt. Er plane in deutscher, besonders niedersächsischer Art und im Geiste reformatorischen Christentums dem Auftrag der evangelischen Kirche Hannovers zu folgen, „die auch nach dem bevorstehenden Zusammenschluss mit den anderen deutschen evangelischen Kirchen in ihrer besonderen Art" bestehen würde. Weiter schrieb er, dass er sich der Entfremdung der akademischen Welt von ihrer evangelischen Kirche wohl bewusst sei, meinte aber einen Umschwung zu erkennen. Als seine Aufgabe sah er es, der evangelischen Studentenschaft nicht nur Hinweise auf die verborgene Realität Gottes in Natur- und Geisteswelt, in Völkerschicksal wie im Einzelschicksal zu geben, sondern auch die echten Beziehungen und Spannungen zwischen evangelischem Christentum und deutschem Volkstum aufzudecken und die daraus entstehenden Gegenwartsaufgaben in Auseinandersetzung mit den völkischen Strömungen zu zeigen, die das Christentum selbst umbilden oder ablehnen wollten.[131]

Seine Arbeit bestand darin, regelmäßig akademische Gottesdienste zu veranstalten. Für das Sommersemester 1933 fanden sie am 18. Juni sowie am 9. und 23. Juli um elf Uhr morgens in der Schlosskirche statt. Daneben lud Weiß jeden Dienstagabend zu Referaten über „Gegenwartsfragen" mit anschließender „Aussprache", also einer Art Diskussion, zu folgenden Themen ein:

9. Mai: Der Tannenbergbund und das Christentum (Deutscher Gottglaube)[132]
16. Mai: Abhängigkeit der christlichen Religion von Indien?
23. Mai: Das Christentum und die Judenfrage.
30. Mai: Deutscher Geist und christlicher Geist (Hielscher)

---

130 Vgl. auch Wendt (1995), S. 263 ff. Siehe auch den Text von Hehl mit weiterführender Literatur: von Hehl, Ulrich: Die Kirchen in der NS-Diktatur. Zwischen Anpassung, Selbstbehauptung und Widerstand, in: Bracher, Karl Dietrich/Funke, Manfred/Jacobsen, Hans-Adolf (Hrsg.): Deutschland 1933–1945. Neue Studien zur nationalsozialistischen Herrschaft, Düsseldorf 1993², S. 153–181.
131 Weiß, Georg: Ein Wort zum Gruß an die evangelische Studentenschaft in Hannover, in: *Hannoversche Hochschulblätter* 17. Semesterfolge (Mai 1933) Nr. 8, S. 92–93.
132 Der Tannenbergbund war ein 1925 von General a.D. Erich Ludendorff und dem nationalsozialistischen Politiker Konstantin Hierl gegründeter Dachverband völkischer Gruppen und Jugendbünde. „Der Tannenbergbund plante eine großdeutsche Militärdiktatur und bekämpfte die ‚überstaatlichen Mächte': katholische Kirche, Jesuiten, Freimaurer und Juden. Der Versuch, in Konkurrenz zur NSDAP die zersplitterten völkischen Kräfte zu bündeln, scheiterte." Im Jahr 1929 war der Tannenbergbund weitgehend isoliert, 1933 wurde er verboten. Gerlach, Antje: Der Tannenbergbund, in: Benz/Graml/Weiß (1999), S. 2677.

20. Juni: Die religiöse Lage in Familie, Schule und Kirche des heutigen Russland.
4. Juli: Die Wandlung des Weltbildes durch die neueren physikalischen Entdeckungen.
11. Juli: Die Weltanschauung des Technikers.
18. Juli: Religion und Akademiker
25. Juli: Die Aufgabe des Akademikers in der evangelischen Kirche

So genannte Ausspracheabende fanden vierzehntägig am Freitagabend um 20 Uhr zum Thema Bibel und deutsche Gegenwartsfrömmigkeit statt.[133]

Ausgangspunkt des Streits von Pastor Weiß mit Studentenbundsführer Eckert waren die Schulungsabende des NSDStB, die seit dem Wintersemester 1933/34 in den Wohnkameradschaften der einzelnen Korporationen regelmäßige stattfinden sollten.[134] Offenbar hatten einzelne Verbindungen das Angebot des Pfarrers genutzt und ihn zu ihren Schulungsabenden eingeladen, was den Studentenfunktionären des NS-Studentenbunds an der Technischen Hochschule nicht gefiel.[135] Die Abende sollten ausschließlich für die politische Schulung genutzt werden, wie der Führer der Studentenschaft Eckert in einem Rundschreiben an die Korporationen klarstellte:

„Aus den eingegangenen Schulungsberichten ersehen wir, dass Schulungsabende zu Vorträgen des Herrn Pastor Weiss benutzt werden. Da diese nicht im Sinn eines politischen Schulungsabendes liegen, können wir sie in Zukunft nicht mehr als solche anerkennen. An den von der Brigade 61 freigegebenen Abenden soll politische Schulung betrieben werden, die sich auf das rein Grundsätzliche des Nationalsozialismus zu beschränken hat. Es bleibt den Bündern natürlich überlassen, Herrn Pastor Weiss für andere Abende zu gewinnen."[136]

Und an den Pfarrer fügte er ein zusätzliches Schreiben hinzu: „Wir bitten Sie, Ihre Vorträge in den Bündern in Zukunft so zu gestalten und zu legen, dass die **politi-**

---

133 Pastor Weiß: Evangelisches Studentenpfarramt Sommersemester 1933, in: *Hannoversche Hochschulblätter* 17. Semesterfolge (Mai 1933) Nr. 8, S. 94. Im Oktober haben seine angekündigten Vortragsthemen deutlich „nationalsozialistische" Schwerpunkte. So finden sich in seinem Programm für das Wintersemester 1933/34 unter anderem Referate mit folgenden Titeln: „Die heutigen Richtungen der völkischen Religiosität", „Rasse und Seele", „Rasse und Religion", „Die sozialistischen Forderungen des Nationalsozialismus und der deutschen Christen" sowie „Die Glaubensbewegung deutscher Christen und die Deutsche Glaubensbewegung". Vgl. das Schreiben vom 31. 10. 1933, NHStA Hann 320 IV/27.
134 Zu den Wohnkameradschaften siehe ausführlich Kapitel 4.2 und 4.4.
135 In einem Wochenplan der Burschenschaft Arminia vom 24. 1. 1934 war unter der Rubrik „Schulungsarbeit" neben Themen wie „Grenzkampf und Auslandsdeutschtum: Die oberschlesische Frage" sowie „Wehrwissenschaft und Wehrpolitik" ein Referat des Studentenpfarrers Weiß erwähnt. Er wollte einen Vortrag zum Thema „Glaube und Rassenseele" halten. Der Leiter des Amtes für politische Schulung Jebe hat Studentenpfarrer Weiß mit rotem Stift durchgestrichen. NHStA Hann 320 IV/79.
136 So der Führer der Studentenschaft Eckert in einem Rundschreiben vom 27. 1. 1934 an alle Bünder und den Studentenpfarrer Weiß, NHStA Hann 320 IV/66.

sche Schulung in keiner Weise darunter leiden kann."[137] Für Eckert zählten die Referate des Pfarrers nicht als Schulung im *politischen*, das heißt in diesem Fall *nationalsozialistischen* Sinn. Ob er diese Begründung lediglich vorgeschoben hat, um die Studenten in den Wohnkameradschaften von christlichen Einflüssen fern zu halten oder sich das Monopol über die Schulung vorzubehalten, kann nicht eindeutig entschieden werden – vielleicht war beides der Fall. Dass es sich jedoch um eine Machtfrage handelte, wird dadurch deutlich, dass der Pfarrer sich in seiner Entgegnung an Eckert auf eine Zusage Thodes berief. Dieser hatte dem Pfarrer offiziell die Erlaubnis gegeben, während der Schulungsabende seine Referate zu halten.[138] Allein aus diesem Grund konnte Eckert den Befehl seines Vorgängers nicht länger gelten lassen. Der Pastor vermutete allerdings, dass das Rundschreiben Eckerts auf kritische Bemerkungen einzelner Mitglieder von Korporationen, in denen er einen Vortrag gehalten habe, zurückzuführen sei und kündigte an: „Ich werde **Namensnennung** verlangen."[139] Weiter gab er an, dass er sehr gerne auf Wünsche von Seiten der Studenten eingegangen wäre und Themen der „sozialethischen und weltanschaulichen Seite des Nationalsozialismus" berücksichtigt hätte, wenn sie geäußert worden wären.

In einem Schreiben an das Hauptamt für politische Erziehung der Technischen Hochschule wehrte sich Weiß gegen Eckerts Anordnung und deutete den Brief des Hochschulgruppenführers als Versuch des Schulungsamtes, seine Vorträge beeinflussen zu wollen. Er nähme Anordnungen nur von seiner kirchlichen Behörde entgegen und den Vorwurf, die politischen Schulungen hätten durch ihn irgendeinen Schaden genommen, wies er entschieden zurück:

„Die mir mündlich von einzelnen Mitgliedern der Studentenschaftsführung entgegengebrachte Behauptung, dass nur der im Sinne der SA oder des Nationalsozialismus arbeite, der sich im Sinne gewisser völkisch-religiöser Bestrebungen betätige, steht in klaren Widerspruch mit der Haltung des Führers selbst, der ein religiöser Christ ist, vom Erscheinen des Buches ‚Mein Kampf' an bis zur **jüngsten Gegenwart** hin." (Hervorhebung durch Weiß)

Und handschriftlich hinzugefügt:

„Die herrliche Rede des Führers vom 30.I. bestätigt die Berechtigung meiner Einstellung und die Richtigkeit meiner Darstellung seiner Haltung. Ich bin in allen meinen Reden für die sozialen Forderungen des Nationalsozialismus sowie für Rassen-

---

137 Der Führer der Studentenschaft der TH Hannover und das Hauptamt für politische Erziehung in einem Schreiben vom 27. 1. 1934 an den Studentenpfarrer Weiß (Hervorhebung durch Eckert), NHStA Hann 320 IV/66.
138 So Weiß in einem Schreiben an „alle nicht katholischen Bünder beider Hochschulen", in dem er hinzufügte, dass auch Eckert erst kürzlich nach längerer Aussprache mit dem kommissarischen Generalsuperintendent Jakobshagen und ihm selbst, für seine Arbeit an der Hochschule Entgegenkommen zugebilligt habe. Weiß in einem Schreiben vom 29. 1. 1934, NHStA Hann 320 IV/65.
139 Weiß in einem Schreiben an alle nicht katholischen Bünder vom 29. 1. 1934, (Hervorhebung durch Weiß), NHStA Hann 320 IV/65.

hygiene und Sterilisation der Erbkranken eingetreten und sehe im Führer selbst einen gottgeschenkten Propheten und Retter des deutschen Volkes."[140]

Auf der Rückseite seines Schreibens zitierte er ebenfalls handschriftlich aus der Rede Hitlers zur einjährigen „Machtergreifung" in der dieser sich positiv zu den Kirchen äußerte.[141] Weiß beendete seinen Brief mit einem Kommentar zu der zitierten Rede Hitlers und schrieb, dass die Worte seinem „eigenen innersten Sehnen den reinsten Ausdruck" gäben. Die im Zitat unterstrichenen Worte zeigen, worauf es dem Pfarrer ankam, nämlich auf die staatliche Anerkennung einer einheitlichen Reichskirche,[142] die somit als Institution die Wertvorstellungen des deutschen Volkes verkörpern und sichern sollte. Hitler schien aus seiner Sicht dafür zu sorgen, dass die Kirche wieder geachtet wurde und die ihr zustehenden Aufgaben übernehmen konnte und im Dienst eines Staates war, der Deutschland wieder zu Ruhm, Ehre und vor allem Stabilität und Eindeutigkeit verhalf. Pfarrer Weiß' Glaube an Hitler zeigte sich auch darin, dass er in dem Text „Deutscher Glaube oder deutsches Christentum?" seitenweise aus „Mein Kampf" zitierte, um seinen Lesern darzulegen, wie christlich der „Führer" eingestellt war.[143]

Der Pfarrer verband mit Hitler und dem nationalsozialistischen Staat einen Aufbruch und einen Neuanfang und kann so zu einer Reihe Pastoren gezählt werden, die „modern" eingestellt waren und sich in den frühen dreißiger Jahren der NS-Bewegung gegenüber sehr aufgeschlossen verhielten.[144] Die Beschreibung des Pfarrers im Hannoverschen Kurier vermittelt etwas von der Dynamik, die damals den Zeitgeist bestimmte:

---

140 Studentenpfarrer Weiß an das Hauptamt für politische Erziehung an der Technischen Hochschule Hannover vom 30. 1. 1934, NHStA, Hann 320 IV/65.
141 Der Text ist nachzulesen bei Domarus, Max: Hitler. Reden und Proklamationen 1932–45. Kommentiert von einem Zeitzeugen, Wiesbaden 1973, S. 352 ff.
142 Die evangelische Kirche sollte durch die nationalsozialistische Kirchenpartei der Deutschen Christen von innen heraus gleichgeschaltet und zu einer einheitlichen Reichskirche unter NS-konformer Führung umgestaltet werden. Dieses Ziel wurde 1933 zwar erreicht, hatte aber nur kurzzeitig Bestand, weil sich innerhalb der Kirche eine Oppositionsbewegung, die Bekennende Kirche, gegen die Deutschen Christen erhob. Nicolaisen, Carsten: Kirchenkampf, in: Benz/Graml/Weiß (1999), S. 1736 f.
143 Es kann an dieser Stelle nicht darauf eingegangen werden, welche Bedeutung die zahlreichen Bezüge zu Religiosität und Glauben in „Mein Kampf" haben. Dieser Frage geht Claus-E. Bärsch nach, in dem er sich aus religionspolitologischer Perspektive zentralen Texten von Nationalsozialisten zuwendet. In Bezug auf Hitler kommt er zu dem Schluss, dass dieser „die Macht des Bösen" dem Kollektiv der Juden zugeschrieben und damit fundamental-religiösen Charakter habe. Das verfolgte Ziel der Vernichtung der Juden sei die Folge seines religionspolitischen Rassismus, des Nationalsozialismus als politischer Religion. Siehe ders.: Die Konstruktion der kollektiven Identität der Deutschen gegen die Juden in der politischen Religion des Nationalsozialismus, in: Alter/Bärsch/Berghoff (1999), S. 191–223.
144 Vgl. Schmiechen-Ackermann, Detlef: Kooperation und Abgrenzung. Bürgerliche Gruppen, evangelische Kirchengemeinden und katholisches Sozialmilieu in der Auseinandersetzung mit dem Nationalsozialismus in Hannover, Hannover 1999, S. 107–332, hier S. 146. Zur hannoverschen Landeskirche insgesamt siehe Grosse, Heinrich/Otte, Hans/Perels, Joachim: Bewahren ohne Bekennen? Die hannoverschen Landeskirchen im Nationalsozialismus, Hannover 1996.

„Wer ihn hörte, konnte verspüren, daß der neue Studentenpfarrer mit jugendlicher Frische in den Fragen der Zeit lebt und arbeitet, daß er auch die Fragen und Nöte junger Akademiker versteht, daß er aber endlich auch das religiöse Fundament besitzt, von dem aus die erlösende Wahrheit dargeboten werden kann. Die Studentenschaft kann gewiß sein, in diesem Manne einen geistlichen Führer zu haben, der sie nicht im Stiche lassen wird."[145]

Die öffentliche feierliche Einführung des „jungen Pastors", seine Ausführungen und seine Hinweise auf Hitler als gläubigen Christen halfen ihm in seinem Streit mit dem Hochschulgruppenführer Eckert jedoch wenig, ebenso seine Briefe an den Führer der Reichsführers der Studenten Oskar Stäbel und seine Korrespondenz mit dessen Schulungsleiter Biron von Curland in Berlin. Die vom Pfarrer geplanten Gespräche über philosophische, ethische und religiöse Fragen, die er gerade bei den Studenten der Technischen Hochschule für wichtig hielt, fanden keine Unterstützung seitens der Studentenfunktionäre. Die Ansicht des Pfarrers, dass der Kampf gegen Marxisten „unter aufrichtiger Betonung der Brüderlichkeit und Blutsverbundenheit über alle trennenden Schranken hinweg, soweit die gegnerischen Haltung dies zuliess" zu führen sei, wird ebenfalls keinen großen Zuspruch seitens der Nationalsozialisten gefunden haben.[146] Sowohl Eckert als auch Schulungsleiter Jebe waren an einer „raschen Erledigung" der Angelegenheit interessiert, um den Pfarrer in seinem Wirkungskreis einzuschränken und die Schulungsarbeit ungestört fortführen zu können. An einer Zusammenarbeit waren sie grundsätzlich nicht interessiert.[147] Das ging sogar so weit, dass die Aprilausgabe der *Hannoverschen Hochschulblätter*, die einen Artikel des Pfarrers mit dem Titel „Deutscher Glaube oder Deutsches Christentum" enthielt und der fortgesetzt werden sollte, zwar gedruckt, aber nicht an die Studenten verteilt wurde.[148] Weiß reagierte äußerst ungehalten, da Schriftleiter Grimm ihn um einen Beitrag gebeten hatte und gab „seiner Erwartung Ausdruck", dass sein Aufsatz nun in den nächsten Nummern zum Abdruck käme.[149] Dazu kam es jedoch nicht mehr, da im Mai 1934 ein neuer Schriftleiter, der Student von Bercken, das Amt übernahm. Es ist zu vermuten, dass Grimms Anliegen, die in seinen Augen bestehende „religiöse Krise" zu diskutieren und zwei unterschiedliche Meinungen zu veröffentlichen, keinen großen Anklang bei der Studentenbundsführung fand. So hatte Schriftleiter Grimm selbst einen Artikel mit dem Titel „Der Glauben der Jugend" verfasst und ihn direkt vor die Aus-

---

145 Hannovers Studentenpfarrer im Amt – Einführung von Pastor Weiß, in: Hannoverscher Kurier, Morgenblatt vom 16. 5. 1933 (ohne Seitenangabe).
146 So der Pfarrer in einem Schreiben an Oskar Stäbel, in dem er erklärt, dass er durch den Umgang mit „Arbeiter-Kameraden" und der „Arbeiterpsyche" den Studenten das Verständnis für diese Bevölkerung erleichtern könne. NHStA Hann 320 IV/65.
147 So das Schreiben Eckerts an den Schulungsreferenten des Reichsführers des NSDStB Biron von Curland in Berlin vom 15. 5. 1934, NHStA Hann 320 IV/65.
148 Schriftleiter Grimm leitete den Artikel mit dem Hinweis ein, dass die Schriftleitung nicht mit den Ausführungen des Pastors übereinstimme. Zudem waren auch Entgegnungen auf Weiß' Artikel geplant. Vgl. *Hannoversche Hochschulblätter* 19. Semesterfolge (April 1934) Nr. 7, S. 93–99.
149 Weiß in seinem Schreiben vom 11. 5. 1934 an das Hauptamt für Pressearbeit der DSt an der Technischen Hochschule Hannover, NHStA Hann 320 IV/65.

führungen des Pfarrers platziert. Der Text stellt die radikale Gegenposition zu dem des Geistlichen dar, ist eine Absage an alle christlichen, zivilisatorischen Werte und bestimmt folgendes „Glaubensbekenntnis" für die Jugend im nationalsozialistischen Staat:

> „Unsere Bestimmung liegt auf dem Glauben an die Rasse, die das einzige zeugende Element auf dieser Welt ist. [...] So zweifeln wir an dem, was uns von Menschen gepredigt wurde, die auf dieser Welt keinen Halt finden und ihre Beruhigung in einem Jenseits suchen müssen, und diesen Gedanken mit der Phantasie eines Hoffnungslosen umgeben. [...] Wir stehen in dieser Welt als Menschen, die diese Welt gestalten wollen. Unser Tun wird vom Willen beherrscht, und dieser Wille ist kraftvoll, ist göttlich. [...] Wir haben noch einen langen und mühsamen Weg vor uns, bis alle Deutschen die Pflicht der Fürsorge für Schwache und Kränkliche und Lebensunfähige als einen Widerspruch zur biologischen Entwicklung des Menschen sehen und das Leben selbst die Auslese treffen lassen."[150]

Der neue „Glaube der Jugend" formulierte eine säkularisierte Religion, deren „höchstes Ziel" die Vollendung eines reinen und hochwertigen Volkes ist. Zwar bekannte sich Pfarrer Weiß ebenfalls zur „Rassenhygiene" und zur Euthanasie, er fühlte sich aber dennoch der Landeskirche verpflichtet und hielt sie auch im neuen Staat für nötig.[151] Die nationalsozialistische Jugend hingegen lehnte in diesem Falle die Institution Kirche ab und sah das Göttliche in ihrem Willen verkörpert. Dieser sei dazu bestimmt, die „Rasse als zeugendes Element" und als eine Art Urglauben anzuerkennen und durch „Rassenhygiene" und Euthanasie in ihrem „natürlichen" Prozess aktiv zu unterstützen.

Hochschulgruppenführer Eckert war über jedes Schreiben von Pfarrer Weiß an offizielle Stellen der Partei, zum Beispiel an den damaligen Reichsführer des NSDStB und den Führer der DSt Oskar Stäbel oder an das Hauptamt für Pressearbeit der DSt der Technischen Hochschule Hannover, informiert, sie lagen ihm in Form von Abschriften vor. Auch das Antwortschreiben des Schulungsreferenten des Reichsführers Biron von Curland aus Berlin an Weiß war Eckert bekannt. Der Hochschulgruppenführer misstraute den Angaben des Pfarrers über Curlands Anordnungen und bat den Schulungsreferenten um eine Abschrift.[152]

Die Anordnungen weisen den Pfarrer insofern in seine Schranken, als dieser seine Vorträge nur noch auf privater Basis, allerdings nach Vereinbarung mit dem Haupt-

---

150 Grimm, Heinrich: Der Glauben der Jugend, in: *Hannoversche Hochschulblätter* 19. Semesterfolge (April 1934) Nr. 7, S. 92f. Hier S. 92. (Hervorhebung i.O.)
151 Der Pfarrer war mit dieser Einstellung keine Ausnahme: „Beim Gesetz zur Verhütung erbkranken Nachwuchses vom 14. Juli 1933 zeigten evangelische und katholische Kirche bzw. Innere Mission und Caritas unterschiedliche Verhaltensweisen. Seit dem 1. Januar 1934 praktiziert, fielen dem Gesetz schätzungsweise 350 000 Menschen zum Opfer. Im evangelischen Raum fand das Gesetz, von Einzelstimmen abgesehen, keinen Widerspruch. Man begrüßte es und arbeitete an seiner Durchführung zugunsten des ‚Volkswohls' mit." Benz/Graml/Weiß (1999), Teil II: Lexikon: Rassenkunde, S. 1.
152 Vgl. das Schreiben von Hochschulgruppenführer Eckert und Schulungsleiter Barfuss vom 15. 5. 1934 an den Schulungsreferenten des Reichsführers des NSDStB Biron von Curland, Berlin, NHStA Hann 320 IV/65.

amt I für Politische Schulung halten sollte. Eine „religiöse Betreuung" der Studenten sei „nicht innerhalb der studentischen Kameradschaften, sondern außerhalb derselben durchzuführen"[153], wie Biron von Curland ausdrücklich festlegte.

Weiß zeigte in seinem Verhalten ein Muster, das auch bei einigen Studenten, die mit den Funktionären des NSDStB in Konflikte gerieten, zu beobachten ist. Ungeachtet der Differenzen und Streitigkeiten, die unterschiedliche Anlässe hatten, waren die jeweiligen Personen durchgehend dem Nationalsozialismus bzw. ihrer Deutung und Interpretation der nationalsozialistischen Ideologie oder Adolf Hitler verbunden. Mit variierenden Argumentationen verwiesen die Akteure auf ihre nationalsozialistische Grundüberzeugung oder ihre Vergangenheit als „alte Kämpfer" hin.[154] Alle Akteure versuchten über höhere Instanzen „Recht" zu bekommen und ihre Mitgliedschaft im NS-Studentenbund wiederzuerlangen oder wie im Fall des Pfarrers weiterhin tätig bleiben zu können.[155]

Die Streitigkeiten zwischen dem Studentenpfarrer und der NS-Studentenbundsführung verdeutlichen, dass die Funktionäre nicht gewillt waren, auch nur einen Teil ihrer Deutungsmacht an der Hochschule abzugeben. Zudem waren Diskussionen, auch über „inner"-nationalsozialistische Themen wie das Deutsche Christentum, generell nicht erwünscht. Die pseudoreligiöse Verehrung Hitlers durch Weiß (seine „geniale Führung", so der Pfarrer in dem Artikel in den *Hannoverschen Hochschulblättern* vom April 1934) hat darüber hinaus verhindert, dass dem NS-Studentenbund und der nationalsozialistischen Weltanschauung von Seiten der evangelischen Kirche im universitären Bereich ein alternatives Wertesystem entgegengesetzt wurde, an dem die Studenten sich hätten orientieren können.

Zusammenfassung

Die Gesetze zum Studentenrecht vom April 1933 waren ein erster Schritt, ein Hinweis, dass sich das Festhalten der Studenten an den traditionellen Machtverhältnissen in der Hochschule nicht würde halten lassen. Augenfällig im wahrsten Sinne des

---

153 Biron von Curland an Studentenpfarrer Weiß am 26. 3. 1934, NHStA 320 IV/65.
154 In einem Fall schrieb ein Student der Kunstgewerbeschule nicht nur zahlreiche Briefe an verschiedene Instanzen, sondern es schaltete sich auch sein Vater ein. Dieser Professor und Studienrat i.R. schrieb mit einem Zitat Hitlers einleitend folgenden Schlussabsatz: „Wie also ist es möglich, dass solche Kräfte [wie sein Sohn, A.S.] zu ihrem eigenen Schmerz Deutschland nicht so dienen dürfen, wie sie gerne möchten, sondern beiseite geschoben und kalt gestellt werden? Dem Willen des Führers kann ein solcher Zustand bestimmt niemals entsprechen! Ich fasse nun zum Schluss meine Bitte dahingehend zusammen, die Angelegenheit nach den vorhandenen Möglichkeiten nachträglich zu prüfen und ein Urteil zu suchen, da nicht einen jungen Menschen vom Dienst in einer Bewegung ausschliesst, der ohne Parteibuch den Nationalsozialismus mit dem Herzen weit mehr erfasst hat als mit dem spekulierenden Verstand, ein Urteil, das dem Ruf nach Gemeinnutz und dem Willen Adolf Hitlers mehr entspricht, als es der augenblickliche Zustand vermag." Prof. E.Kuke an den Führer des NSDStB Ekkehard Eckert, Bundesarchiv Berlin NS 38.
155 Siehe zum Beispiel auch in Kapitel 4.3 Aufstand im Lichthof und die Person des Studenten Hagedorn.

Wortes, sozusagen sinnlich erfahrbar, wurde der Wandel in der Hochschulpolitik jedoch durch die Veranstaltungen zum 1. Mai, die Bücherverbrennung und daran anschließend der vom NSDStB organisierten Störung einer Aufführung im Ufa-Palast Kino. Diese dicht aufeinander folgenden Ereignisse im Mai 1933 waren nicht nur eine visuelle Demonstration von Macht, sondern auch Vorgänge, an denen Studenten sich aktiv beteiligten und sich als Teil einer neuen Politik begreifen konnten. Die Kombination von gewalttätigen Aktionen mit Symbolen, die die Studenten emotional ansprachen, wurde zu einem Katalysator für die Mitgliederentwicklung des NSDStB. So entstand eine von Euphorie und Aufbruchstimmung geprägte Phase, in der sich ein „geeintes Deutschland" und eine „wahre Volksgemeinschaft" zu konstituieren schien. Damit war der „Geist von 1914", der als Ursprungsmythos der deutschen Nation galt, für viele Menschen wieder lebendig geworden und trat nicht nur an die Leerstelle der verfehlten Revolution von 1918, sondern fungierte zudem als Hoffnung auf eine bessere Zukunft und eine „zweite Chance".[156]

Die NS-Studentenfunktionäre versuchten die Volksgemeinschaft durch die Vergemeinschaftungsstrategie „Arbeiter und Student" an der Hochschule und unter den Verbindungsstudenten zu etablieren. Die korporierten Studenten waren zwar an der nationalen Einheit Deutschlands interessiert, allerdings weniger daran, sich tatsächlich und real mit dem Arbeiter zu versöhnen. Aber auch in den Vorstellungen der NS-Studenten lassen sich Spuren dieser Einstellung finden. So war der Ingenieur als „technischer Führer" im Betrieb trotz der verbal verbreiteten „Einheit des Arbeiters der Stirn mit dem Arbeiter der Faust" faktisch dem Arbeiter vorgeordnet. Zudem war in der nationalsozialistischen Gemeinschaftsordnung der einsatzbereite, leistungsorientierte Führertyp gefragt, der für die hannoverschen Studentenfunktionäre ein alternatives Identifikationsangebot zu den Verbindungsstudenten darstellte. Eine Aussicht, die gerade den aufstiegsorientierten Studenten der Ingenieurswissenschaften zusagte, die sich bisher im Arbeitsmarkt und in der Gesellschaft durch die traditionellen Eliten benachteiligt sahen.

Der Perspektivenwechsel zum Studentenpfarrer zeigt, dass die Studentenfunktionäre nicht nur tradierte studentische Strukturen zu ändern versuchten, sondern auch den Einfluss der evangelischen Kirche im Hochschulbereich zurückdrängen wollten. Obwohl der Pfarrer der Glaubensrichtung der Deutschen Christen anhing und im Nationalsozialismus einen neuen und positiv zu bewertende Zeitabschnitt sah, wurden seine Aktivitäten von den Studentenbundsführern rigoros verhindert.

---

[156] Vgl. Schivelbusch, Wolfgang: Die Kultur der Niederlage. Der amerikanische Süden 1865, Frankreich 1871, Deutschland 1918, Berlin 2001, S. 282 ff.

4. Herrschaft und Gemeinschaft – Studentisches Leben im Nationalsozialismus

> „Wie der Einzelne erst in der Gemeinschaft seinem Leben und Wirken Entfaltung und Richtung geben kann, so kann auch die Gemeinschaft nie Selbstzweck sein: Ihre Berechtigung und Weihe erhält sie erst durch die Ausrichtung auf den totalen Staat." *Hannoversche Hochschulblätter* im Mai 1933[1]

Die völkischen Studenten interpretierten den Begriff der Gemeinschaft als eine organische Kategorie, die politischen Zugriffen sowie Veränderungen entzogen war. Als Prinzip des völkischen Denkens waren innerhalb der Gemeinschaft eines Volkes die sozialen Differenzen vermeintlich bedeutungslos, während eine Gleichberechtigung aller Menschen unabhängig von ihrer Volkszugehörigkeit abgelehnt wurde. Wie schon Kapitel 3.3 zeigen konnte, wurde der Begriff der (Volks-)Gemeinschaft im Nationalsozialismus als Gegensatz zu der als künstlich und undeutsch empfundenen Gesellschaft politisiert.[2] Die Wendung von der Gemeinschaft des „Arbeiters der Stirn mit dem Arbeiter der Faust" knüpfte an das Kameradschaftserlebnis des Ersten Weltkrieges an und war der Versuch die traditionell bestehende Kluft zwischen den Studenten und den Arbeitern zu überwinden.

Dieses Kapitel zeigt den Versuch der Studenten des NS-Studentenbunds, eine „wahre" Gemeinschaft unter den seit jeher hierarchisch strukturierten studentischen Organisationsformen zu erreichen. Innerhalb der Technischen Hochschule Hannover hatten die Verbände der schlagenden Verbindungen, die Corps, Burschenschaftler, Turner-, Sänger- und Landsmannschaften die Hochschulpolitik dominiert, während die konfessionellen Verbände sowie die Freistudenten wenig Einfluss besaßen. Allerdings hatten auch die schlagenden Verbindungen untereinander jeweils einen unterschiedlichen Status, der dazu führte, dass sich einzelne Mitglieder von verschiedenen Korporationen zum Beispiel nicht grüßten.

---

1 Vermutlich vom Schriftleiter Grimm formulierter Absatz unter der Überschrift „Von der Gemeinschaft", der die Bekanntgabe der sechs Korporationen einleitet, die geschlossen der SA und in zwei Fällen sowohl der SA als auch dem Stahlhelm beigetreten sind. In: *Hannoversche Hochschulblätter* 17. Semesterfolge (Mai 1933) Nr. 8, S. 94.

2 Diese Interpretation geht auf Ferdinand Tönnies und sein 1887 erschienenes Buch „Gemeinschaft und Gesellschaft" zurück. „Während die anderen europäischen Sprachen die Synonymität von ‚Gesellschaft' und ‚Gemeinschaft' bis heute bewahrt haben, wird ‚Gemeinschaft' in Deutschland zum sozialideologischen Leitbegriff jener national-konservativen und völkischen Bewegung, die nach dem 1. Weltkrieg Sozialismus, Kapitalismus und Industrialismus zugleich zu ‚überwinden' trachtete." Riedel, Manfred: Gesellschaft, Gemeinschaft, in: Brunner, Otto/ Conze, Werner/Koselleck, Reinhard: Geschichtliche Grundbegriffe. Historisches Lexikon zur politisch-soziologischen Sprache in Deutschland, Bd. 2, Stuttgart 1975, S. 859.

Das erste Unterkapitel widmet sich zunächst den Lebensformen des studentischen Alltags vor 1933. Gefragt wird sowohl nach den Traditionen der korporierten Studenten als auch nach den der sogenannten „Freistudenten", nach ihren Organisationsformen, ihren Wohnverhältnissen und dem Studium. Das zweite Unterkapitel beschreibt die Versuche der nationalsozialistischen Studentenfunktionäre, eine neue, an dem organischen Gemeinschaftsbegriff orientierte soziale Ordnung durchzusetzen. Das Konzept des Kameradschaftshauses sollte die traditionellen Verbindungen ersetzen und den studentischen Alltag dahingehend „gleichschalten", dass es nur noch den „politischen Soldaten" an der Hochschule gab. Es stellt sich somit die Frage, wie die Studenten den Anforderungen des Staates nachkamen. Der Blick gilt den zeitgenössischen, studentischen Wahrnehmungen und Interpretationen der Veränderungen ihres bis dahin traditionell und regelhaft organisierten Alltags. Das dritte Unterkapitel widmet sich einem Streitfall unter den Studenten, der im Sommersemester 1934 zeitgleich mit der Einführung der Kameradschaftshäuser eskalierte. Entlang des Streits zwischen den NS-Studentenfunktionären und Teilen der korporierten Studenten werden die verschiedenen Interpretationen der neuen Herrschaftsverhältnisse analysiert. Das vierte Unterkapitel beschäftigt sich mit dem Ende der Korporationen und dem Wiederaufbau der Kameradschaften. Wie funktionierte das organisierte Kameradschaftsleben an der Technischen Hochschule Hannover?

4.1 Studentischer Alltag in Hannover in den 1920er Jahren

An einem nasskalten Herbsttag im Jahr 1930 treffen im Hauptflur der Technischen Hochschule Hannover zwei ehemalige Schulkameraden aufeinander. Max, durch sein Äußeres als Verbindungsstudent zu identifizieren, gehört zu den älteren Semestern, wohingegen sich der Jüngere, Fridolin, durch sein zögerliches, vorsichtiges Auftreten als Erstsemester zu erkennen gibt (siehe Abbildung 6).

Abb. 6: Max und Fridolin 1930

"Max: Beim hochdonnernden Zeus – willst Du hier nun doch studieren, alter Freund?
Fridolin: Das läßt sich auf Dauer doch nicht verheimlichen! Ich will mich auf das Studium der Elektrotechnik werfen...
Max: Schön gesagt! Weil Dir einmal eine kleine Klingelleitung oder Radiobastelei geglückt ist...
Fridolin: Mäxchen, wie kannst Du das sagen! Ich fühle die Veranlagung, ja den Drang in mir, als Elektrotechniker viel zu lernen und später viel zu leisten.

> Nach vier Semestern mache ich mein Vorexamen, nach weiteren vier mein Diplomexamen; dann gehe ich in die Praxis.
>
> Max: Die auf Dich wartet, ja! Heiliger Hagenbeck – bewahre Dir Deinen Optimismus; Dein Plan ist an Übersichtlichkeit nicht zu überbieten! Aber warte nur, wenn der Ernst, die Verantwortung Deines Studiums an Dich herantreten, wird Dir schon etwas anders zu Mute werden. Sieh mal, ich studiere jetzt 16 Semester …"[3]

Der Anfang dieses von Schriftleiter Hans Backe entworfenen Dialogs, der in den *Hannoverschen Hochschulblättern* zum Wintersemester 1930/31 erschien, gehörte zu einem zweiteiligen Text, der den Erstsemestern auf unterhaltsame Weise die für die erste Zeit an der Hochschule nötigen Informationen gab. Darüber hinaus transportiert das fiktive Gespräch sowohl sprachlich als auch inhaltlich die studentischen Wahrnehmungen und Deutungen des Alltags in Hannover. Die zitierte Passage, in der Max seinem jüngeren Freund Fridolin unterstellt, dessen Motivation, ein technisches Studium aufzunehmen, resultiere lediglich aus dem Gelingen einer „technischen Bastelei", verdeutlicht zweierlei: Zum einen war die wirtschaftliche Lage für Ingenieure so schlecht, dass es nur Leidenschaft sein konnte, die zu einem Studium der Elektrotechnik führte. Fridolins Hinweis auf seinen „Drang" zur Technik sowie Max' spöttische Entgegnung, dass die Praxis auf den Ingenieur regelrecht „warte", sprechen deutliche Worte. Zum anderen galten „Hingabe" an einen auszuübenden Beruf, Leistungsbereitschaft sowie die Bereitschaft sich in der Gesellschaft als produktives und vollwertiges Mitglied zu beweisen als selbstverständlich. Man(n) wollte sich beweisen, endlich Geld verdienen und in die Gesellschaft integriert werden.[4]

Im weiteren Verlauf des Gesprächs erklärt Max seinem jüngeren Kommilitonen zunächst, wo er sich immatrikulieren könne, nämlich bei Herrn Meier, der die dafür nötigen Papiere habe. Danach bekäme er einen Bescheid, wann er sich bei dem Rektor der Hochschule vorzustellen habe.[5]

Voraussetzung für das Fach Elektro-Ingenieurswesen an der Fakultät für Maschinenwesen war ein sechsmonatiges Praktikum, das meistens direkt nach dem Abitur von Ostern bis zum Oktober von den angehenden Studenten absolviert wurde. Während des Studiums mussten dann noch weitere sechs Monate praktische Arbeit verrichtet werden.[6]

---

3 Backe, Hans: Begegnung am Semesterbeginn – Eine kurze, aber für Neuimmatrikulierte lehrreiche Geschichte, in: *Hannoversche Hochschulblätter* 12. Semesterfolge (Oktober 1930) Nr. 1, S. 1–3, hier S. 1.

4 Ein Zeitzeuge formulierte: „Damals hatte man das Gefühl, mit Mitte zwanzig musst Du hier [von der Hochschule A.S.] verschwinden. Du musst mal Geld verdienen. Mädchen war auch im Hintergrund." Interview mit H.H., Jg. 1915, Bauingenieur (Wasserbau). Ein sieben Jahre älterer ehemaliger Student erzählte: „Ich wollte nicht mehr studieren, ich wollte bauen." Interview mit K. H. L., Jg. 1908, Architekt.

5 Backe (Oktober 1930), S. 2.

6 Zu dem Zeitpunkt gab es drei Fakultäten: die Fakultät für Allgemeine Wissenschaft (Chemie, Allgemeine Wissenschaften), die Fakultät für Bauwesen (Architektur, Bauingenieurswesen, Vermessungstechnik) und die Fakultät für Maschinenwesen (Maschineningenieurswesen, Elektro-Ingenieurswesen). Die Stundenpläne unterschieden sich, abgesehen von der technischen und

Da an der Hochschule die Anwesenheit nicht wie in der Schule kontrolliert wurde, sah sich der junge Student zum ersten Mal in seinem Leben in die Lage versetzt, seinen Alltag selbständig zu organisieren. Der Reiz, sich der „akademischen Freiheit" hinzugeben und die Vorlesung Vorlesung sein zu lassen, war groß; ebenso aber die Versuchung, in den ersten Semestern alle Kollegs, Vorlesungen und Übungen auf einmal zu belegen. Auch Fridolin äußert im Gespräch mit seinem Schulkameraden den Wunsch, soviel Kurse wie möglich zu besuchen. Max erwidert:

„Das will jeder zunächst, mein Lieber; die Enttäuschung ist unausbleiblich. Belege zunächst nur das Wichtigste, das unbedingt Notwendige; Näschereien geistiger Art bewahre Dir für spätere Semester auf, wenn Du einen besseren Überblick über Dein Studium gewonnen hast. Alle Kollegs wirklich zu hören, alle Uebungen anzufertigen, ist schwieriger als Du denkst. Es gibt zwar überall Assistenten, die Dir helfen, auch die meisten Dozenten stehen Dir zur Verfügung; all das kannst du jedoch nur ausnutzen, wenn Du genügend Zeit hast und genügend vorbereitet bist."[7]

Tab. 2: Studienplan für einen Studenten an der Fakultät für Maschinenwirtschaft, Fachrichtung Elektrotechnik (Starkstromtechnik) im ersten Semester im Wintersemester 1932/33

Uhrzeit	Montag	Dienstag	Mittwoch	Donnerstag	Freitag	Samstag
8– 9		Statik und Dynamik	Darstellende Geometrie		Höhere Mathematik I	Darstellende Geometrie
9–10	Statik und Dynamik	Höhere Mathematik I		Höhere Mathematik I	Maschinen- zeichnen	
10–11	Maschinen- zeichnen		Höhere Mathematik I			
11–12						Dynamik I
12–13	Experimental- physik		Experimental- physik	Experimental- physik	Experimental- physik	
13–15			MITTAGSPAUSE			
15–16	Grundzüge der Chemie	Darstellende Geometrie				
16–17						
17–18				Grundzüge der Elektro- technik	Allgemeine Volkswirt- schaftslehre	
18–19		Sozialpolitik	Grundzüge der Elektro- technik			

Quelle: Vorlesungsverzeichnis Studienjahr WS 1932/33, S. 104, Universitätsarchiv Hannover

Dem Vorlesungsverzeichnis, das 80 Pfennig kostete, konnte Fridolin entnehmen, dass im ersten Semester im Studienfach Elektrotechnik 32 Wochenstunden belegt werden konnten. Hinzu kamen fünf Stunden an Ergänzungsfächern wie Graphische Statik und Grundzüge des Maschinenwesens. Der Stundenplan eines Studenten im Fach Bau-Ingenieurswesen umfasste 37 Wochenstunden, der eines Studenten im

---

maschinellen Weiterentwicklung, nicht wesentlich von denen heute. Abgesehen davon, dass damals Fächer wie Volkswirtschaftslehre und Sozialpolitik für die Studenten Pflicht waren, um ihnen eine allgemeine Bildung zukommen zu lassen.
7 Backe (Oktober 1930), S. 2.

Fach Maschinen-Ingenieurswesen 27 plus fünf Stunden Ergänzungsfächer. Im Fach Vermessungstechnik waren es 36 Wochenstunden plus mögliche sechs Stunden an Ergänzungsfächern (z. B. Grundzüge der Mineralogie, Grundzüge der Chemie, Allgemeine Botanik).

Die Anzahl der zu belegenden Vorlesungen und Übungen, die zusätzlich einer Nachbereitung bedurften, machen deutlich, dass die Studenten der Fakultäten für Bauwesen und Maschinenwirtschaft ein umfangreiches Pensum an Arbeit zu bewältigen hatten. Waren sie darüber hinaus auch noch gezwungen, sich neben dem Studium Geld zu verdienen, also als so genannte Werkstudenten tätig zu sein, blieb ihnen kaum freie Zeit. So war es nicht ungewöhnlich für einen Studenten des Fachs Bauingenieurswesen, ab dem sechsten Semester halbtags als Aushilfsangestellter bei den Reichsautobahnen zu arbeiten, die damals zur Reichsbahn gehörten.[8] Die viermonatigen Semesterferien dienten in den meisten Fällen dazu, den Lernstoff des Semesters zu wiederholen, für Klausuren zu lernen, praktische Arbeit abzuleisten oder Geld zu verdienen. Diejenigen Studierenden, die nicht aus Hannover kamen, kehrten für die vorlesungsfreie Zeit meistens zu ihren Familien zurück, um Geld zu sparen. Gewöhnlich wurden Zimmer nur für die Vorlesungszeit gemietet.

Studenten, die nicht aus Hannover stammten und während des Semesters nicht bei Verwandten oder Bekannten wohnen konnten, mussten sich nach ihrer Ankunft in Hannover als erstes eine Unterkunft suchen.[9] Die meisten Studenten wohnten zu der Zeit im „Blumenviertel", also in der Tulpen-, Nelken- und Asternstraße der heutigen Nordstadt zur Untermiete in einem oder zwei Räumen. Das galt auch für die korporierten Studenten, da es in der Regel keine Wohnmöglichkeiten in den Häusern der Verbindungen gab.[10] Die Zimmer, die nicht immer in einem besonders guten Zustand gewesen sind, kosteten zwischen 20 und 35 Reichsmark (RM) im Monat, im Winter kamen noch die Heizkosten dazu: „Um Heizung zu sparen, ging man zur Winterzeit abends gern ins Kino, in die sogenannte ‚Akademische Wärmstube', das kostete 0,60 RM, Heizen aber 0,50 RM."[11]

Die oft von alleinstehenden Frauen (zum Beispiel Kriegerwitwen) vermieteten Zimmer verfügten in den meisten Fällen nicht über fließend Wasser und selbst

---

8 So der Zeitzeuge H. H., Jg. 1915, Diplomingenieur (Wasserbau) in einem Interview mit der Verfasserin. Er war ab 1938 dort tätig.
9 Nach der Schätzung eines Zeitzeugen waren etwa ein Drittel der Studierenden aus Hannover oder Umgebung und wohnten bei den Eltern. Interview mit H. H., Jg. 1915, Bauingenieur (Wasserbau). Zumindest für das Jahr 1928 liegen Zahlen vor: Danach kamen gut 36 Prozent der Studierenden aus Hannover. Insgesamt kamen über 82 Prozent der Studierenden aus Preußen. Vgl. Tabelle 14: Die Studenten der Technischen Hochschule Hannover nach ihrer Staatsangehörigkeit im Sommersemester 1928 im Anhang.
10 Die Räumlichkeiten der Verbindungshäuser dienten als Treffpunkt innerhalb der Woche und als Ort für die vielen festen Termine und Veranstaltungen. Wenn überhaupt Zimmer zur Übernachtung vorhanden waren, wohnten höchstens die Chargierten (Vorsitzenden) für kurze Zeit dort. Einige Korporationen, die keinen eigenen Häuser besaßen, hatten Zimmer innerhalb von Gastwirtschaften gemietet, in denen sie ihre Möbel, Fahnen und andere Utensilien aufstellen konnten.
11 Unbekannter Autor: Erinnerungen eines Alten Herrn an Hannover (CC Archiv, Würzburg), VI/1970, Institut für Hochschulkunde Würzburg, S. 1–28, hier S. 5.

wenn ein Bad vorhanden war, durften die Studenten es in der Regel nicht benutzen. Zur Körperreinigung und -pflege gingen sie daher in das Goseriedebad neben dem Anzeigerhochhaus nahe der Innenstadt.

Da die Zimmer auch keine Möglichkeit boten, sich zu verpflegen, waren die meisten Studenten auf die Mensa oder Mittagstische in Gaststätten und Restaurants angewiesen. Der Betrieb der Mensa, die sich im Marstallgebäude neben der Hochschule befand,[12] wird in dem fiktiven Dialog von Max und Fridolin im weiteren Verlauf des Gesprächs eingehend geschildert:

> „Dieses ist der Eßsaal, für die Zukunft der Ort Deiner täglichen Atzung[13]. Die Fenster liegen zwar reichlich hoch – der Raum diente früher anderen Zwecken – trotzdem sieht er denkbar freundlich und gemütlich aus. Nun beachte folgendes: Mittagessen gibt es von 12–14.15 Uhr, Abendessen von 18–20.15 Uhr. Das erste, was Du tust, ist stets überlegen, was Du überhaupt haben willst!"[14]

Max erklärt, dass sich Fridolin zunächst eine Essensmarke kaufen müsse, sich danach in die Reihe der wartenden Studenten einzureihen habe, sich aus den auf der Theke stehenden Körben Messer und Gabel nehmen und schließlich sein Essen gegen die Marke ausgehändigt bekäme. Danach solle Fridolin sich einen Platz im Ess-Saal suchen und sich setzen „ohne einen Ton zu den anderen Kommilitonen, die mit am gleichen Tische sitzen, zu sagen; Du wirst Dich über die Einigkeit freuen, mit der Du durch ein herzliches ‚gesegnete Mahlzeit' begrüßt werden wirst."[15] Der Eintopf kostete den Studenten 40 Pfennig, ein normales Essen bis zu 60 Pfennig. Für ein Abendessen mussten 35 Pfennig bezahlt werden, womit sich die Essenskosten für einen ganzen Monat auf etwa 30 RM[16] beliefen.

Für die übrigen anfallenden Kosten brauchte der Student ein Taschengeld von etwa 30 bis 35 RM. Summiert man die notwendigen Ausgaben für die Ernährung, die Miete und das Taschengeld, so ergibt sich ein monatlicher Aufwand auf rund 85 bis 100 RM ohne die Semesterbeiträge und Materialkosten.[17] Die Semesterbeiträge be-

---

12 Das Gebäude steht noch und befindet sich schräg gegenüber der UB/TIB, der Universitätsbibliothek und Technischen Informationsbibliothek. Siehe Abbildung 9 im Anhang.
13 „Atzung" ist das Abstraktum von „atzen" und heißt soviel wie „füttern" (der Jungvögel durch die Mutter) oder „jemanden speisen". Vgl. Kluge, Friedrich: Etymologisches Wörterbuch der deutschen Sprache, Berlin 1999[23], S. 61.
14 Backe, Hans: Fridolin und die Studentenhilfe – zweites Zwiegespräch zwischen Maximilian Kabeuschen und Fridolin Schraut, in: *Hannoversche Hochschulblätter* 12. Semesterfolge (Dezember 1930) Nr. 3, S. 33–35, hier S. 33.
15 Backe (Dezember 1930), S. 34.
16 Zum Sommersemester 1933 konnte die Studentenhilfe e.V. die Preise für das Essen senken: das Mittagessen in Form einer Einzelkarte wurde von 0,60 auf 0,55 RM herabgesetzt, beim Kauf von zehn Essensmarken reduzierte sich der Preis von 0,53 auf 0,50 RM. Die Eintopfmarke kostete nur noch 0,35 statt 0,40 RM. Das Abendessen kostete weiterhin 0,35 RM. Vgl. Studentenhilfe Hannover e.V., in: *Hannoversche Hochschulblätter* 17. Semesterfolge (April 1933) Nr. 7, S. 82. Diese Preissenkungen konnten nur vorgenommen werden, da sich die Zahlen der Mensagäste erhöht hatten.
17 Das bestätigt auch ein Schreiben des Führers der Technischen Hochschule Hannover vom 5. 12. 1933 an einen Mann, der sich nach den Berufsaussichten und den Kosten für ein Studium für seinen Sohn erkundigte. NHStA Hann 320 IV/42.

liefen sich im Studienjahr 1930/31 auf rund 200 RM und beinhalteten die Studiengebühren (pro Halbjahr 70 RM), die Kolleggelder, die Aufnahmegebühren (25 RM) für Erstsemester, Sportbeiträge (halbjährlich 3,75 RM) sowie Kassenbeiträge (5 RM). Zusätzlich mussten die Materialien in den Laboratorien o.ä. bezahlt werden. Für das Fach Maschinenbauwesen waren es zum Beispiel 60 bis 70 RM für Zeichenmaterialien. Hinzu kamen die Prüfungsgebühren, für das Vordiplom waren 40 RM, für die Diplomhauptprüfung 80 RM und für eine Promotion 200 RM zu zahlen.[18] In einer Informationsbroschüre für das Studium an der Technischen Hochschule Hannover für das Jahr 1937 wird der Monatswechsel auf 90 RM angesetzt sowie pro Semester 275 RM Gebühren bzw. Semestergeld berechnet, so dass sich die jährliche Gesamtbelastung 1270 RM ohne Reisen, Garderobe, Bücher und Zeichenmaterial betrug.[19]

Der Blick auf die Verdienstmöglichkeiten verschiedener Arbeitnehmer zeigt die Relation auf, innerhalb derer die Kosten für ein Studium in der Zeit zu bewerten sind. Ein Angestellter der chemischen Industrie verdiente zu der Zeit etwa 384 RM monatlich, ein Angestellter des Großhandels monatlich 240 RM und ein Beamter mit niedriger Besoldungsstufe monatlich etwa 244 RM. Die 85 bis 100 RM, die ein Student monatlich zum Leben und Studieren brauchte, betrugen teilweise fast die Hälfte des väterlichen Monatslohns, so dass davon ausgegangen werden kann, dass es für viele Eltern sehr schwer war, ihren Kindern ein Studium zu finanzieren.[20]

Alle universitären Einrichtungen, die den Studenten sowohl finanziell als auch organisatorisch halfen, gingen auf Initiativen der studentischen Selbstverwaltung zurück. Die größte und wichtigste Organisation war die in Kapitel 1 in ihrer politischen Ausrichtung beschriebene Deutsche Studentenschaft (DSt), die von den Korporationen und ihren Verbänden dominiert wurde. Den korporierten Studenten standen die sogenannten „wilden Studenten" (auch Freistudenten genannt) gegenüber, die rund 40 Prozent der Studenten an der Technischen Hochschule Hannover ausmachten und für die eine Mitgliedschaft in einer Verbindung aus verschiedenen Gründen nicht in Frage kam. Dabei spielten neben der persönlichen Einstellung der Studenten auch finanzielle Gründe eine Rolle, da das Leben als „aktiver", korporierter Student zahlreiche gesellschaftliche Verpflichtungen beinhaltete. Um diesen Lebensstil pflegen zu können waren finanzielle Mittel vonnöten, die nicht jeder aufbringen konnte oder wollte.

Der nicht korporierte, sogenannte „Wilde" oder „Wildenschaftler" galt als bindungsloses, vereinzeltes Individuum, das in den ersten Semestern in Gefahr war,

---
18 So in dem Vorlesungsverzeichnis Programm für das Studienjahr 1930/31 der Technischen Hochschule Hannover unter der Rubrik „Unterrichtsgebühren". Dort heißt es weiter: „Für Vergünstigungen kommen nur mittellose Studenten in Frage, die sich durch Verhalten und Fortschritt auszeichnen." Ebenda, S. 39, Universitätsarchiv Hannover.
19 Die Technische Hochschule Hannover: Führer durch das Studium an der Technischen Hochschule Hannover 1937, Institut für Hochschulkunde Würzburg, DA 28104, F 953/880, S. 28 (Kosten des Studiums).
20 Vgl. Petzina, Diemar/Abelshauser, Werner/Faust, Anselm: Materialien zur Statistik des deutschen Reiches 1914–1945, Sozialgeschichtliches Arbeitsbuch, München 1978, S. 100 ff.

„ein richtiger ‚Einspänner' mit all seinen peinlichen Eigentümlichkeiten zu werden, wenn es ihm nicht gelingt, innerhalb des Rahmens der Wildenschaft einen Kreis von Gleichgesinnten zu finden."[21] Das galt natürlich insbesondere für Studierende, die nicht aus Hannover kamen und infolgedessen zunächst keine Bindungen innerhalb der Stadt oder Hochschule hatten. Und tatsächlich lag darin die große Attraktivität der Korporationen, die den Neuankömmling in ihre Gruppe aufnahmen und ihm dadurch nicht nur das Gefühl gaben, zu einer Gemeinschaft zu gehören, sondern ihn auch bei den ersten Schritten in der Hochschule begleiteten. Studenten, die keiner Verbindung angehören wollten oder konnten, waren auf sich gestellt, wie der Vorsitzende der Wildenschaftler Hans Backe einfühlsam schilderte: „Wer kennt nicht das unerquickliche Gefühl, mit dieser oder jener Frage alleine dazustehen, nicht zu wissen, wer raten und helfen kann? Es gibt genug Fragen, die man nicht gleich dem Assistenten vorlegen kann!"[22] Sein Text ist ein Aufruf an die neuen Studierenden, sich aktiv um Kontakte zu bemühen und auf die Kommilitonen zuzugehen. Sie sollten untereinander Gruppen bilden, die sich „auch höhere Ziele stecken, [...] [und] einander fördern in vielerlei Hinsicht; sie sollen lernen, sich aufeinander einzustellen, sich anzupassen und gegenseitig zu erziehen."[23] Diese Erziehung zur Gemeinschaft, welche die Bildungsfähigkeit des Einzelnen immer in Bezug zu anderen Menschen setzte, verstand sich als Gegenpol zum Individualismus und war zu der Zeit vor allem in studentischen Kreisen weit verbreitet. Hans Backe verband diesen Erziehungsgedanken mit seinem Anliegen, die Freistudenten für die Arbeit im studentischen Vorstand der DSt zu gewinnen. Die Mitgliedschaft in der DSt kostete die Studenten drei Mark pro Semester, im Preis enthalten waren die *Hannoverschen Hochschulblätter*.

Im Wintersemester 1930/31 existierten mehrere Gruppen und Vereinigungen innerhalb der Wildenschaft, die sich beim Vorstand der DSt melden konnten und so regelmäßig über die Vorgänge innerhalb der Kammer informiert wurden. Diese Gruppen stellten die Vertreter der Wildenschaft in den Kammersitzungen und im Vorstand der Studentenschaft. Zum Beispiel gab es den „Bund gleichgesinnter Akademiker", über den Backe schrieb, dass er „die Stunden gemeinsamer Fortbildung, die Diskussionsabende mit den Vorträgen, die Wanderungen und auch die fröhlichen Kneipen nicht in der Erinnerung an die Studentenzeit missen"[24] möchte. Die „Spielgruppe Koch" wurde 1924 ins Leben gerufen und war eine lose Vereinigung sporttreibender Studenten. Sie betätigten sich auf jedem Gebiet des Sports und verfügten über ausreichend geschulte Kommilitonen für ein geregeltes Training. Neben ihren sportlichen Aktivitäten trafen sie sich alle vierzehn Tage in der Schlosswende, einem Restaurant am Königsworther Platz, zu einem „zwanglosen

---

21 Backe, Hans: Vereinigungen ohne korporativen Charakter, in: Backe, Hans (Hrsg.): Hannoversches Hochschultaschenbuch 1930/31 der Deutschen Studentenschaft der Technischen Hochschule Hannover, Hannover 1930, S. 108–112, hier S. 108.
22 Backe, Hans: Vereinigungen (1930), S. 108.
23 Ebenda, S. 109.
24 Ebenda, S. 110.

Abendschoppen", außerdem wurden in den Wintermonaten einige „gesellige Abende" mit Tanz veranstaltet.

Die bereits 1898 gegründete „Deutsche und christliche Studentenvereinigung" stellte das Evangelium von Jesus Christus und das Streben der Studierenden, ihr Leben „unter Gottes Willen zu stellen", in ihren Mittelpunkt. Einen ganz anderen Schwerpunkt hatte die Akademische Gruppe für Kraftfahrzeugbau (AKA-Kraft). Sie wurde im Herbst 1925 von Studenten und Diplomingenieuren gegründet, um das Interesse am Kraftwagenbau unter den Studierenden zu wecken und zu fördern. In Zusammenarbeit mit dem Fachamt der DSt wurde 1927/28 eine Betrieb-Kraftfahrschule eröffnet, in der Studierende den Führerschein machen konnten. Die AKA-Kraft verfügte außerdem über mehrere Wagen, mit denen die Studierenden Fahrpraxis erlangen konnten.[25]

Im Jahr 1930 gründeten die ungebundenen Studenten der Technischen Hochschule Hannover zudem die Organisation der „Freistudenten", um ihre Belange besser in die Hochschule einbringen und vertreten zu können. In einer ersten Versammlung im Januar 1931 hieß es zunächst noch, dass für die Studenten keine Verpflichtung bestehe, der DSt beizutreten, da freistudentische Gruppierungen ihre Mitglieder nicht zu einem Beitritt zwingen könnten. Dass die Zugehörigkeit zur DSt einer der wichtigsten Diskussionspunkte war, lag an zwei Sachverhalten. Zum einen waren nur DSt-Mitglieder berechtigt, die studentischen Vertreter der Kammer zu wählen. Da alle korporierten Studenten der DSt angehörten und durch ihre Verbindung verpflichtet waren, an den studentischen Kammerwahlen zu partizipieren, waren die „wilden" Studenten in entsprechend geringerer Anzahl in der Kammer vertreten. Daher waren die Freistudenten daran interessiert, möglichst viele Studenten der DSt zuzuführen und zum Wählen zu motivieren, damit sich das Kräfteverhältnis in der Kammer sowie der studentischen Selbstverwaltung zu ihren Gunsten verbessere, bzw. den realen Gegebenheiten anpasste.[26] Zudem stand mindestens ein Viertel der Wildenschaftler den inhaltlichen Zielen der DSt nahe, auch sie verstanden sich als Interessen-, Erziehungs- und Gesinnungsgemeinschaft, die „auf dem großdeutschen Gedanken aufbaut, dessen Grundlage die Liebe zu Volk und Vaterland bildet."[27] Die organisierten Freistudenten standen so laut eigener Aussage in einer

---

25 Des Weiteren existierten die „Gefolgschaft vom hohlen Moor", die Gefolgschaft Westermann, die „Vereinigung Auslandsdeutscher Studenten", der „Verein ausländischer Studenten" sowie ein Zusammenschluss der Studentinnen der Technischen Hochschule Hannover, über die keine näheren Details zu erfahren waren. Ebenda, S. 110 ff.

26 Hans Backe schrieb zu diesem Problem: „Es ist so, als ob just am Wahltage die Bequemlichkeit des Einzelnen ein Maximum erreichte; man tröstet sich mit dem schönen Spruch: ‚Auf meine Stimme kommt es doch schließlich nicht an'. Leider pflegt sich diese eine Stimme unheimlich zu vervielfachen, sodaß tatsächlich nachher hunderte von Stimmen ausfallen." Ebenda, S. 110.

27 Sievert, Hans (cand.mach.): Die „Freistudentenschaft", in: *Hannoversche Hochschulblätter* 13. Semesterfolge (April 1931) Nr. 7, S. 95. Die Anzahl der völkisch eingestellten Studenten lässt sich durch das Ergebnis der Kammerwahlen im November 1930 errechnen: Die in der DSt organisierten, aber nicht korporierten Studenten haben zusammen 201 Stimme abgegeben. Es gab insgesamt 780 „wilde Studenten", von denen 201 nachweislich gewählt haben (und dafür DSt-Mitglied sein mussten). Damit waren mindestens 26 Prozent der „freien" Studenten völkisch eingestellt. Zudem lässt sich anhand der Wahlergebnisse erkennen, dass insgesamt 70 Prozent der

Reihe mit der DSt und deren (völkischen) Interessen. Das Verhältnis zwischen korporierter und nicht korporierter Studentenschaft in der Hochschulpolitik und der studentischen Kammer, galt 1931 als harmonisch:

> „Als wesentlicher Faktor für die innere Festigkeit unserer Studentenschaft sehe ich einmal das als gut zu bezeichnende Verhältnis der hannoverschen Korporationen zueinander und zu der Vertretung der nicht korporierten Studenten an, vor allem aber auch hier die Tatsache, daß sie es wohl immer verstanden hat, Männer in ihren Vorstand zu entsenden, die kleinliche Interessen der von ihnen vertretenen Gruppen zurückzustellen wußten, um ihre voll Kraft der Entwicklung des großen Ganzen widmen zu können."[28]

Unter dem „großen Ganzen" verstanden korporierte und Teile der freien Studenten die Nation und den völkischen Gedanken, der identitätsbildend und verbindend wirkte.

Die Schwerpunkte der praktischen Tätigkeiten der DSt lagen bei den Fachämtern, dem Amt für Leibesübungen sowie der Wirtschaftshilfe. Letztere war nach dem Ersten Weltkrieg von studentischen Kriegsteilnehmern gegründet worden, um die wirtschaftliche Notlage der heimgekehrten und neuen Studenten zu lindern. Das Amt wurde zum Wirtschaftsressort der DSt und wandelte sich im Jahr 1921 mit Hilfe von Behörden, Rotem Kreuz und Hochschule zum Verein Studentenhilfe. Das wichtigste Projekt der Studentenhilfe war die Versorgung der Studenten mit Nahrungsmitteln. Eine mit Hilfe des Frauenvereins bereits 1921 gegründete Studentenküche reichte sehr schnell nicht mehr aus. So wurde 1922 die „neue mensa" eröffnet, deren Leistungsfähigkeit zu dem Zeitpunkt 1100 Portionen mittags und abends betrug. Gleichzeitig wurde das Wirtschaftsamt aufgelöst – Wohnungs-, Arbeits- und Vergünstigungsamt blieben in den Händen der DSt – und dessen Aufgabe der Studentenhilfe zugewiesen. So zum Beispiel das Bücheramt, dass später „Abteilung Zeichenmittel" hieß, da dort in erster Linie Zeichenmaterialien und weniger Bücher verkauft wurden.[29] Das Bücheramt befand sich ebenso wie die Bibliothek, eine akademische Lesehalle mit 1300 Büchern (keine Fachbücher), im „Sumpf", einem Erfrischungsraum und beliebten Treffpunkt der Studenten im Hauptgebäude der Hochschule, der ein Ableger der großen Mensa war. Neben dem Vorstandszimmer der DSt befand sich dort auch das Krankenkassenzimmer.

Im Dezember 1921 eröffnete die Studentenhilfe e.V. das Studentenheim im Georgengarten im ehemaligen Georgspalais, dem heutigen Wilhelm-Busch-Museum. Dort standen den Studenten zwei Arbeitszimmer, ein Unterhaltungs-, ein Lese- und ein Musikzimmer sowie eine Schreibmaschinenstube zur Verfügung, so dass sie

---

Studierenden in der DSt organisiert waren, davon waren wiederum 60 korporierte und 10 Prozent „wilde" Studierende. Vgl. Tabelle 8: Wahlen der Technischen Hochschule Hannover 1925 bis 1932 im Anhang.

28 Berghahn (Juni 1931), S. 124.
29 So in dem Dialog zwischen Max und Fridolin: „Ja, so hieß es früher. Weil sich herausgestellt hat, daß der Umsatz an Büchern nur etwa 6 Prozent des Gesamtumsatzes war, hat man das Bücheramt umgetauft in ‚Abteilung Zeichenmittel'. Du kannst dort auch z. B. Zirkel und Rechenschieber auf Stottern kaufen; was willst Du mehr?" Backe (Dezember 1930), S. 34.

ihre freie Zeit „in wohnlicher Umgebung" verbringen konnten.[30] Die Studenten haben das Angebot offenbar gut angenommen und waren noch Ende der zwanziger, Anfang der dreißiger Jahre begeistert von Haus und Garten: „Jeder hannoversche Student ist dort willkommen. Im Sommer kannst Du Dich im Liegestuhl in den schönen Garten von des Tages Last und Mühe erholen, im Winter stehen geheizte Räume allen offen. Sogar eine Bücherei ist für Leseratten [...] vorhanden."[31] Dass diese Angebote von den Studenten dankbar angenommen wurden, lag nicht zuletzt an deren Wohnverhältnissen, die durch die Untermietverhältnisse auch stark reglementierenden Charakter haben konnten.

Der Alltag der Studenten konnte selbstbestimmt und frei sein; gleichzeitig bestimmte die Zugehörigkeit der Studenten zur Institution Hochschule ihren Status in der Gesellschaft und band sie in die tradierten akademischen Strukturen ein. So gehörte zum Hochschulalltag nicht nur der Vorlesungsbetrieb, sondern auch die akademischen Feiern, in denen sich die Professoren und Studierenden als Gemeinschaft inszenierten. Die Reichsgründungsfeiern, die feierlich begangenen Wechsel der Rektoren, der offizielle Empfang der neu immatrikulierten Studenten sowie die akademischen Jahresfeiern wurden dazu genutzt, die akademische Welt als Führungselite im Bewusstsein des öffentlichen Lebens in Hannover zu verankern. Zur Hundertjahrfeier der Technischen Hochschule hieß es in den *Hannoverschen Hochschulblättern*:

„Abends veranstaltete die Deutsche Studentenschaft einen großen Fackelzug vom Schneiderberg bis zur Stadthalle – er war einer der eindrucksvollsten, den Hannover je gesehen hat. Das Interesse der hannoverschen Bevölkerung war groß: den ganzen Weg entlang bildeten die Zuschauer ein fast undurchdringliches Spalier. Der Zug bewegte sich an der festlich in bengalischem Lichte erhellten Hochschule vorbei. Der Rektor und sein Amtsnachfolger standen auf der Freitreppe und nahmen den Zug ab, der seinen Weg weiter zur Stadthalle nahm. Dort wurden die Fackeln zusammengeworfen, und alle Studenten versammelten sich vor der großen Treppenanlage des Stadthallen Garten. Der 1. Vorsitzer der DSt ergriff das Wort zu einer Rede, die durch Lautsprecheranlage übertragen und dadurch jedem hörbar gemacht wurde."[32]

---

30 Dipl. Ing. H. Determann, Schriftleitung der *Hannoverschen Hochschulblätter*: Hannoversches Hochschultaschenbuch 1926–27, Hannover 1926, S. 74–88, hier S. 78. Nach und nach wurden die vorhandenen kleineren Räume zu Studenten-Wohnzimmern gestaltet. 1927 befanden sich dort siebzehn Zimmer mit neunzehn Betten für die Studenten.

31 Backe (Dezember 1930), S. 34. Die Erinnerungen eines Zeitzeugen an das Studentenheim klingen ähnlich: „Mein Leibbursch wohnte [...] im Studentenheim (ehemaliges Prinzenpalais) im Georgengarten. Der Garten dahinter war eine Oase der Ruhe und Beschaulichkeit. Wie oft haben wir dort, umgeben von Blütenstauden, Rosenhecken in Liegstühlen auf dem Rasen gelegen und Frau Henke kochte Kaffee. Hier konnte man wunschlos glücklich sein." Ohne Autor: Erinnerungen eines alten Herrn an Hannover (CC Archiv, Würzburg), VI/1970, Institut für Hochschulkunde Würzburg, S. 1–28, hier S. 7.

32 Hofmann (Juli 1931), S. 162. Wie bei allen Feiern nahm das Gedenken an die gefallenen Studenten des I. Weltkrieges einen zentralen Platz ein und wurde in den studentischen Redebeiträgen explizit herausgehoben. Der anwesende und ebenfalls eine Rede haltende Vertreter der Wehrmacht Generalmajor von Roques dankte den Studenten ausdrücklich für „die engen Bande zwischen Wehrmacht und Studentenschaft [...], deren gemeinsame Ideale stets Ehre, Freiheit und

An dem Fackelzug nahmen 130 Freistudenten teil, an dem sich anschließenden Kommers[33] waren 150 Freistudenten dabei und auch an dem Festessen in der Mensa für Freistudenten waren über 100 Teilnehmer zu verzeichnen. Die korporierten Studenten waren bei den Festlichkeiten grundsätzlich vollständig vertreten.

Hochschulbetrieb sowie Feiern strukturierten den studentischen Alltag, der im Einzelnen jedoch entscheidend davon abhing, in welchen Organisationsformen und Netzwerken sich der jeweilige Student bewegte. Natürlich war es möglich, sich jeder zusätzlich möglichen Mitgliedschaft oder Verpflichtung zu entziehen und sich voll und ausschließlich dem Studium zu widmen. Der größte Teil der Studierenden war jedoch in Gemeinschaften eingebunden und von diesen gebundenen Studenten gehörte wiederum der größte Teil einer studentischen Verbindung an.

Ende der zwanziger, Anfang der dreißiger Jahre erwarteten den ortsfremden Abiturienten am hannoverschen Bahnhof zahlreiche Verbindungsstudenten, die ihn für ihre jeweiligen Korporationen anwerben wollten – „keilen", wie es damals hieß. Sie boten an, sich um Quartier, Einschreibung usw. zu kümmern, also den Neuling an die Hand zu nehmen. Die sinkenden Studentenzahlen der Technischen Hochschule führten in den Verbindungen zu Nachwuchsmangel, so dass sie auf die Erstsemester zugehen mussten. Daher besuchten Verbindungsstudenten die neuen Studenten in den ersten Wochen des Studiums in deren Zimmern und luden sie in ihre jeweilige Verbindung ein. Wie es einem Studenten erging, der sich zum Wintersemester 1929/30 an der Technischen Hochschule Hannover immatrikulierte, lässt sich einem Zeitzeugenbericht entnehmen:

„Durch Bekannte der Familie war ich bei der Burschenschaft Gothia annociert. Man hatte mich am Bahnhof abgeholt, besorgte Quartier, begleitete mich zur Hochschule, zog einen Stammtisch bei Knickmeyer [am Opernplatz] auf [...]. Aber man setzte Inaktive im 12. und 14. Semester neben mich, und das mißfiel mir, denn ich wollte trotz Aktivseins nach dem 8. Semester Prüfung machen, außerdem war ich durch Lehrer meiner Schule vorgekeilt und wollte Landsmannschafter werden. Als mich dann ein Vertreter der Landsmannschaft Niedersachsen besuchte und mich einlud, ging ich gern, aber auch voller Neugier mit zur Callinstraße 8, wo sich deren Haus befand. Nach einem weiteren Besuch bei einem Corps meldete ich mich zusammen mit einem anderen Keilgebein [...] bei den Niedersachsen aktiv. Den Ausschlag gab der mich sehr nett betreuende Bundesbruder H., den ich mir auch zum Leibburschen erkor, der AH H. (Alsatia et) mit seinen geistvollen und witzigen Reden und die gute Stimmung, insbesondere im Fuxenstall (12 Füxe, davon 9 neue) und last not least die

---

Vaterland gewesen seien." Der Vertreter der DSt bezog sich direkt auf den Generalmajor und beteuerte, „daß die Studentenschaft der Technischen Hochschule Hannover immer im vordersten Kampf für das Vaterland gestanden habe. Die Deutsche Studentenschaft gelobe in dieser Stunde, stets ihre ganze Kraft für das Vaterland einzusetzen." Ebenda, S. 165.

33 „Kommers" ist der verbindungsstudentische Ausdruck für die Gastwirtschaft, in der die Angehörigen einer Landsmannschaft offiziell verkehren. Im obigen Zusammenhang meint das Wort eine öffentliche Feier, ein festliches Trinkgelage von Verbindungsstudenten, an dem Gäste teilnehmen können und das durch Rituale bestimmt wird. Vgl. Paschke, Robert: Studentenhistorisches Lexikon, aus dem Nachlass herausgegeben und bearbeitet von Friedhelm Golücke, (1999), S. 156 sowie das Glossar von Elm/Heither/Schäfer (1992), S. 357.

landsmannschaftliche Ausrichtung zum Land meiner Väter Niedersachsen. Mein Erzeuger gab seinen Segen dazu, schließlich war ich von ihm abhängig. So begann meine Aktivenzeit."[34]

Füxe hießen die vorläufigen Mitglieder einer Verbindung, die in der Regel Studenten der ersten zwei Semester waren. Sie wählten sich jeweils ein älteres Verbindungsmitglied als „Leibburschen", der die neuen, jungen Füxe in das studentische und korporative Leben einwies und ihn gegebenenfalls „einpaukte", d. h. ihm das Fechten beibrachte.[35] Die Studenten waren sehr stark in das Bundesleben, also die Pflichten und Veranstaltungen ihrer Korporation, eingebunden, wie der Autor der „Erinnerungen" weiter schildert. Während der Woche fand regelmäßig am Montag der Konvent statt, die Versammlung aller aktiven Mitglieder eines Bundes. Donnerstag war Turnstunde und anschließend Spieleabend. Sonnabend war „Kneipe"[36] und Sonntag Bummel auf der Georgstraße – der sogenannte Schorsenbummel.[37] Hinzu kam zwei Mal wöchentlich die Fuxenstunde, in der der Fux durch seinen Leibburschen in das Verbindungsleben eingeführt wurde. In der Landsmannschaft Niedersachsen nahmen die „Füxe" außerdem an einem Tanzkurs teil, durch den sie „etwas gesellschaftlichen Schliff"[38] bekommen sollten.

Jeden Morgen um 10 Uhr fand im Lichthof der Universität der Stehconvent statt, der Umgangsform und Anwesenheitskontrolle zugleich war. Während des Stehconvents versammelten sich die aktiven Studenten nach Korporationen in Gruppen aufgeteilt und begrüßten sich förmlich. Sie sprachen sich untereinander mit „Sie" und „Herr" an.[39] Die Bezeichnung „Herr" verband sich in der Tradition der Verbindungen mit dem Aussehen, dem „Couleur" tragen, ein Ausdruck, der um 1900 aufkam. So herrschte auch bei der Landsmannschaft Niedersachsen außer am Mittwochabend und Sonntag ab Mittag in der laufenden Vorlesungszeit des Semesters „Couleurzwang". Das bedeutete, dass die Studenten die Farben („Couleur") ihrer

---

34 Unbekannter Autor: Erinnerungen eines alten Herrn an Hannover (CC Archiv, Würzburg), VI/1970, Institut für Hochschulkunde Würzburg, S. 1–28, hier S. 2.
35 Vgl. Paschke (1999), S. 167 „Leibverhältnis".
36 „Kneipe" hieß die gesellige Trinkveranstaltung von Verbindungsstudenten und/oder Alten Herren, die nach bestimmten Regeln, dem Comment, durchgeführt wurde. Vgl. Elm/Heither/Schäfer (Köln 1992), S. 357 f. sowie ausführlich Paschke (1999), S. 153 f.
37 Der „Schorsenbummel" ist eine hannoversche Besonderheit, die bis in das 18. Jahrhundert zurückreicht. Der Name geht auf Georg III. zurück, der welfischer Kurfürst und englischer König war. Auf der Prachtstrasse, die nach ihm benannt wurde, schlenderten und flanierten die gehobenen Bürger der Stadt. Aus dem „Georgenbummel" wurde in hannöverscher Aussprache der „Schorsenbummel". Vgl. Katenhusen, Ines: „Die Herzader der Stadt" – Die Geschichte der Georgstraße, in: Von Saldern, Adelheid/Auffahrt, Sid: Wochend und schöner Schein. Freizeit und modernes Leben in den Zwanziger Jahren. Das Beispiel Hannover, Berlin 1991, S. 131–141. Auf Seite 133 findet sich dort ein Foto aus dem Hannoverscher Anzeiger vom August 1932, auf dem die korporierten Studenten beim Bummel zu sehen sind.
38 Unbekannter Autor: Erinnerungen eines alten Herrn an Hannover (CC Archiv, Würzburg), VI/1970, Institut für Hochschulkunde Würzburg, S. 1–28, hier S. 4.
39 Das bestätigt auch eine Zeitzeugenaussage, allerdings mit einer Einschränkung: „Der Ton unter den Studenten war noch sehr konservativ; man redete sich mit ‚Herr Kommilitone' und ‚Sie' an; nur wir Bauingenieure waren ein rüdes Volk und redeten uns mit ‚Du' an, wie wir das vom Bau her gewohnt waren." Dipl. Ing. E. R. in einem Brief an die Verfasserin vom 16. 4. 1999.

Korporation anlegten und in der Öffentlichkeit zeigten. Sie wurden durch ein Band, das diagonal unter der Jacke, aber über der Weste getragen wurde, sowie der passenden Mütze und dem sogenannten „Bierzipfel" repräsentiert.[40] Generell legten die Studenten Wert auf standesgemäße Kleidung: ein „stets korrekter Anzug, Handschuhe, Handstock und tadellose Mütze, entsprechend gesetztes Benehmen in der Öffentlichkeit. Der damalige junge Mann wollte ein Herr sein und trat als solcher auf."[41]

Durch die Couleur waren die Studenten immer erkennbar und ihren Verbindungen zuzuordnen. Das diente der sozialen Kontrolle, da eventuelle Verstöße gegen das vorgeschriebene und erwartete Benehmen eines jungen Studenten sowie gegen den Ehrencodex auf die Verbindungen zurückfiel. Zum Beispiel durften nur bestimmte Lokale in Couleur aufgesucht werden. In einem historischen Studentenlexikon heißt es unter der Rubrik „couleurfähig" beispielsweise: „Der in der Öffentlichkeit farbentragende Student mußte sich bewußt sein, daß er besonders kritisch von Außenstehenden in seinem Tun und Lassen beobachtet wurde, er mußte also in seinem Auftreten peinlich genau sein."[42] Die „Couleur" war Ausdruck der sozialen Ordnung innerhalb der akademischen Kreise und diente gleichzeitig der Distinktion außerhalb der Hochschule, in der Gesellschaft, der sogenannten „Philisterwelt". So durfte sich zum Beispiel ein Student während der Fahrt mit der Straßenbahn zu dem in Herrenhausen stattfindenden Paukboden im Winter nicht den Mantel zuhalten; die Kälte musste ausgehalten werden.[43] Auch Fahrrad fahren war in Couleur verboten, da es sich für einen Herren nicht „schickte" wie ein gewöhnlicher Mensch auf einem Fahrrad zu fahren. Aus diesem Grunde wohnten die meisten Korporationsstudenten in unmittelbarer (Fuß-)Nähe der Hochschule. Ein Auto besaßen nur sehr wenige Studenten zu der Zeit.[44] Die Mensa wurde in der Regel ebenfalls nicht von den korporierten Studenten frequentiert, da der „junge Herr" während des Essens bedient werden wollte. Die meisten Verbindungen aßen daher in einem bestimmte Lokal zu Mittag oder wurden in ihrem Korporationshaus durch den angestellten Hausdiener und seine Frau versorgt.

---

40 Der Bierzipfel ist ein Band in den Farben der Verbindung, welches in Silber gefasst ist und das der damals bei den Studenten üblichen Taschenuhr als Uhrkette diente.
41 Apffelstaedt, Otto: Wie lebte ein Münsterer Franke in den Jahren 1923 bis 1925? Erlebnisbericht über eine Aktivenzeit als Burschenschaftler in der Weimarer Republik, in: Probst, Christian (Hrsg.): Darstellungen und Quellen zur Geschichte der deutschen Einheitsbewegung im neunzehnten und zwanzigsten Jahrhundert, Bd. 11, Heidelberg 1981, S. 59–95, hier S. 69. Hier muss jedoch hinzugefügt werden, dass auch die „Freistudenten" oder „Wildenschaftler" in Anzug und Hut, den sogenannten „gepflegten Straßenanzug", zur Hochschule gingen.
42 Paschke (1999), S. 81.
43 Der Zeitzeuge, der über diese Vorschrift berichtete, empfand dies als erzieherische Maßnahme: „Das hatte auch sein Gutes. Man lernt mit diesen Dingen fertig werden, einfach fertig werden. Egal was so ist, so werde damit fertig, brauchst ja nicht." Der letzte Halbsatz bezieht sich darauf, dass man ja nicht in einer Korporation sein musste, wenn einem diese Regeln nicht passten. Interview mit K-H. L., Jg. 1908, Architekt.
44 Ein Zeitzeuge erzählte, dass in seiner Studienzeit lediglich drei Studenten ein Auto hatten, der Rest fuhr Fahrrad (natürlich nur in der couleurfreien Zeit) oder ging zu Fuß. Interview mit U. H. Jg. 1912, Maschinenbau (Werkzeugmaschinen).

Die „Couleur" regelte auch den Umgang der Verbindungsstudenten mit Frauen, die in „couleurfähige" und „nicht couleurfähige" Damen eingeteilt wurden. Die „nicht couleurfähigen Damen" waren Frauen, die auf Grund ihrer gesellschaftlichen Herkunft nicht offiziell zu Festen und Feiern der Verbindungen eingeladen werden durften. Auch konnte der Couleur tragende Student sich in der Öffentlichkeit und in bestimmten Lokalen nicht mit ihr sehen lassen oder sie auf der Straße grüßen. Die „couleurfähigen", also gesellschaftsfähigen Damen hingegen, die oft Töchter oder Verwandte von Alten Herren der Verbindungen waren, wurden offiziell und regelmäßig zu Festen eingeladen. Die sogenannten „Damenfeste", wie Nikolausfeiern oder Tanztees fanden im Parkhaus, im Hotel Ernst-August oder in den Hansa-Festsälen statt.[45]

Allerdings hatten die Studenten innerhalb dieser Ordnungskategorien durchaus ihre Freiheit bzw. einen ihnen von ihren Autoritäten (den Alten Herren) zugestandenen Raum, innerhalb dessen sich die jungen Männer „austoben" konnten. So beschrieb ein Zeitzeuge, dass die hannoverschen „Füxe" der Landsmannschaft Niedersachsen zu einem Maskenball einheitlich weiß gekleidet sowie schwarz geschminkt und mit Strohhut erschienen: „Jeder trug einen großen Buchstaben auf dem Rücken, was, richtig zusammengesetzt: ‚Gebt uns Bier' ergab. Mit unserer Verkleidung hatten wir vorher schon – wilde Urwaldlaute ausstoßend – die Innenstadt unsicher gemacht."[46] Die in einigen Verbindungen exzessiv ausgelebten Festivitäten und Trinkgelage (der so genannte „Kommers", ein Trinkabend in festlichem Rahmen, bei dem Lieder aus dem „Kommersbuch" gesungen werden) dienten einem ritualisierten Bewusstseinsverlust, der zumindest für den hier zitierten ehemaligen Studenten gleichzeitig in die soziale Kontrolle durch seine Kommilitonen und die Landsmannschaft eingebunden war:

> „Trotz mancher durchzechten Nacht wurden aber regelmäßig Kollegs besucht und Übungen angefertigt. Schließlich waren wir fünf Bauingenieure im gleichen Semester, trugen zwar stolz unsere braunen Mützen, fühlten uns aber auch der Hochschule und den anderen Bündern gegenüber verpflichtet."[47]

Die geschilderten Traditionen und Verhaltensregeln stellen nur einen Ausschnitt aus dem großen Komplex der verbindungsstudentischen Bräuche dar. Auch der zweifellos wichtigste Teil, die Mensur, kann an dieser Stelle nicht in den Einzelheiten des Reglements beschrieben werden. Die blutigen Details sind vielfach geschil-

---

45 Allerdings musste ein Student, der eine „couleurfähige Dame" zu einem Fest einladen wollte, dies zunächst offiziell auf einem Convent (die regelmäßig stattfindende Zusammenkunft der Verbindungsmitglieder) beantragen, in dem dann positiv oder negativ entschieden wurde. Die entsprechende Dame wurde dann offiziell von der Verbindung und nicht von dem Studenten eingeladen. Ein Zeitzeuge berichtet über ein Fest mit Damen: „Anfang November 1929 erlebten wir als 1. Fest mit Damen das Nikolausfest im Parkhaus. Mit Hilfe der großen Fuxia war es endlich möglich, die zahlreichen Couleurdamen wie Fräulein M., L., die Schwestern K. und Schwestern von Bundesbrüdern besser zu betreuen." Ohne Autor: Erinnerungen eines alten Herrn an Hannover (CC Archiv, Würzburg), VI/1970, Institut für Hochschulkunde Würzburg, S. 1–28, hier S. 5.
46 Ebenda, S. 5.
47 Ebenda, S. 4.

dert worden und bedürfen hier keiner weiteren Ausführung.[48] Festzuhalten ist jedoch, dass das Fechten einer Mensur seit 1880 gesetzlich verboten war, von der Polizei und den Behörden jedoch toleriert wurde. Gerade zur Zeit der Weimarer Republik nahm die Zahl der ausgeführten Mensuren signifikant zu. Die Alten Herren der Verbindungen, die eine einflussreiche „pressure group" bildeten, stellte sich in der Öffentlichkeit schützend vor die Verbindungen. Auch die Universitäten, Technischen Hochschulen und Rektorenkonferenzen formulierten zwischen 1927 und 1931 Eingaben an Reichstag und Reichsrat und „appellierten, Schlägermensuren von jeder gesetzlichen Strafe auszunehmen."[49]

Die Mensur wurde als „Mutprobe" bezeichnet, die dazu dienen sollte, den Studenten zum Aushalten von Schmerzen zu erziehen. So durfte der Korporierte weder während des Fechtkampfes noch bei einem ihn verletzenden Treffer eine Reaktion zeigen, er hatte stoisch und unbewegt „Männlichkeit" und „Härte" zu beweisen. Es ging um Mut, Disziplin, Selbstbeherrschung, Standfestigkeit, Zusammengehörigkeit und Opferbereitschaft, durch die sich ein Student als würdig erwies, einer Verbindung anzugehören.

Dass Distinktion zu den verachteten Massen eine große Rolle auch bei Bedeutung der Mensur spielte, zeigt die Augustausgabe der *Hannoverschen Hochschulblätter* aus dem Jahr 1929 (siehe Abbildung 7).[50] Dort findet sich eine Karikatur mit dem Titel „Pazifisten", in der der seit den 1920er Jahren in Mode gekommene Boxsport gegen das Mensurfechten visualisiert wird. Das obere Bild zeigt auf der linken Seite zwei unschwer als Verbindungsstudenten zu erkennende Herren mit kantigen Gesichtern, Korporationsmützen und -bändern. Der vordere der jungen Männer hat ein Pflaster und einen Verband im Gesicht, der damals zur Behandlung von Schmissen üblich war. Der andere weist im Gesicht zwei verheilte und vernarbte Schmisse auf. Auf der rechten Seite zeigt die Zeichnung drei ältere Männer, die mit verkniffenen Gesichtern kommentieren: „Welch Verrohung der deutschen Jugend! Nieder mit der Mensur!" Das zweite Bild, mit der Unterschrift „am Abend" zeigt dieselben älteren Herren, die ausgelassen und fast trunken wirkend einen Boxer auf den Schultern tragen. Der Boxer, aus einem übergroßen Mund blutend, mit schwarzer Nase und schwarzem Auge, offensichtlich geschwollen, hebt die linke Faust zum Sieg, die er allerdings kaum halten kann und die einer der Herren für ihn stützt. Er

---

48 Nachzulesen ist eine Mensur bei Studier (1992), S. 65. Eine Zusammenfassung mit den gängigen Literaturangaben zu diesem Thema findet sich bei Heither (2000), S. 63–71 unter dem Titel „Ehre, Duell und Mensur". Eine Aufschlussreiche Interpretation aus psychoanalytischer Sicht bietet Gay, Peter: Mensur – die geliebte Narbe, in: Ders.: Kult der Gewalt. Aggression im bürgerlichen Zeitalter, München 1996, S. 17–46. Er wertet die Mensur als besonders gelungene Kombination von Verboten und Lizenzen, Strafen und Belohnung, Leiden und Lust. Sie sei die Kodifizierung der Adoleszenz. Er kommt zu dem Schluss: „Gedacht als Barriere gegen den Geist der Aggression, züchtet sie diesen Geist doch heran: Sie brachte die Gewalt unter Kontrolle und sanktionierte sie." Ebenda, S. 46.
49 Frevert (1991), S. 251.
50 Es handelt sich dabei bemerkenswerter Weise um die erste Ausgabe, die nach über anderthalb Jahren wieder von den Studenten der DSt herausgegeben und publiziert wurde. *Hannoversche Hochschulblätter* 9. Semesterfolge (August 1929) Nr. 11, S. 132.

wirkt wie ein Tier, roh und ungeschlacht gegen die oben gezeichneten Verbindungsherren, deren Erscheinungsbild mit sauber, diszipliniert und Haltung bewahrend assoziiert werden sollte. Darauf anspielend findet sich unter der Zeichnung der Text: „Welch' herrliche Höhe der Kultur! Hoch der edle Boxsport!"

Die Karikatur hat eine eindeutige Botschaft: Wie jeder sehen kann, ist „in Wirklichkeit" der Boxsport roh, blutig und eine ungeregelte Brutalität, während die Mensur edel und ein Teil einer zu bewahrenden Kultur ist. Das Boxen wurde zudem mit dem Geldverdienen und Sensationsgier verbunden, was sich auch im Bild wiederfinden lässt. Einer der Herren, die den Boxer auf den Schultern tragen, hat ein kleines Heft in der Hand und macht sich Notizen, vermutlich rechnet er sich seinen Wettgewinn aus. Damit zusammenhängend entsprechen die gezeichneten Gesichter der Herren der nach den Kategorien der damaligen Rassetheorien einem als „jüdisch" und somit geldgierig klassifizierten Menschen.

Ute Frevert schreibt zu dem sozialen Überlegenheitsanspruch der Waffenstudenten, der sich gerade in der Abgrenzung der Mensur vom Boxen manifestiert: „Statt ‚roh' hätte es auch ‚proletarisch' heißen, statt ‚veredelt', ‚bürgerlich' heißen können, um die sozialen Milieus der beiden Zweikampf-Formen präziser zu kennzeichnen."[51]

Zudem wurde der Boxsport als „demokratisch" angesehen, da theoretisch jeder daran teilnehmen konnte. Die Mensur konnte jedoch nur unter Männern ausgetragen werden, die über gleiche Ehrenanschauungen verfügten und in der Regel galt das nur innerhalb der gleichen gesellschaftlichen Kreise.[52]

Auf diese Traditionen stieß nun der NS-Studentenbund als er im Verlauf des Jahres 1933 die hochschulpolitischen Gremien und Ämter besetzte. Es wundert nicht, dass gerade das Konzept einer Gemeinschaft des „Arbeiters der Stirn mit dem Arbeiter der Faust" unter den korporierten Studenten auf wenig Begeisterung und Interesse stieß. Die Studenten waren in der Regel zunächst an ihrem eigenen Fortkommen interessiert und weniger daran, den Arbeitern die versagte Anerkennung zu verschaffen.

Insgesamt wurde der Januar 1933 von den Studenten als notwendiger Wechsel begrüßt. Hinsichtlich der studentischen der Lebensformen erfolgte zunächst keine Zäsur. Die Eingriffe in das traditionelle studentische Leben begannen erst zum Jahreswechsel 1933/34. Die Machtübergabe 1933 wurde im wesentlichen nicht als Bruch gesehen. Ein ehemaliger Student berichtet darüber:

---

51 Frevert (1991), S. 252.
52 Das leugneten die Waffenstudenten jedoch und behaupteten, dass sie allen ehrenhaften Menschen Genugtuung geben würden, sofern sie die gleiche Anschauung in Ehrenfragen haben. Vgl. Frevert (1991), S. 252. Der Boxsport „schuf zudem ein neues Männlichkeitsideal, das auch von Intellektuellen goutiert wurde. Es liegt daher nahe, in der schroffen Abwehr der Waffenstudenten gegen das Boxen auch eine Reaktion auf die Entthronung ihres Männlichkeits-Prinzip zu sehen." Frevert (1991), S. 334, Fußnote 63.

Pazifisten

Am Morgen: „Welche Vertohung der deutschen Jugend!
Nieder mit der Mensur!"

Am Abend: „Welch' herrliche Höhe der Kultur!
Hoch der edle Boxsport!"
(Aus „Kladderadatsch" 1926, 42)

Abb. 7: „Pazifisten"[53]

---

53 Die im Bild erkennbare Quellenangabe bezieht sich auf das zwischen 1848 und 1944 in Berlin herausgegebene politisch-satirische, national ausgerichtete Wochenblatt. Es hatte besondere Bedeutung zu Zeit Bismarcks, dessen Politik der Kladderadatsch unterstützte.

„Damals waren fast alle Studenten korporiert und so wurde auch ich bei der Landsmannschaft Niedersachsen aktiv. Das Bundesleben verlief nach althergebrachter Art, daran änderte sich auch nach der ‚Machtergreifung' nichts. Ich war Fuchs, schlug 2 Partien, wurde Bursch, später auch Drittchargierter. Neu war ‚Wehrsport'. Ältere Semester machte mit uns Geländeübungen in der Wenniger Mark im Deister und Reichswehrsoldaten machten mit uns vormilitärische Ausbildung in der ‚Geländesportschule' in Örshausen."[54]

Die Deutung, dass sich am traditionellen Verbindungsleben nichts änderte, relativiert der ehemalige Student durch seine Aussage, dass Wehrsport und vormilitärische Übungen nach 1933 eingeführt wurden. Dass er diese Neuerungen nicht als Veränderung empfunden haben mag, lag daran, dass in den Korporationen durch den Fechtbetrieb und die „Satisfaktionsfähigkeit" bereits „eine dem militärischen Modell unmittelbar nachgebildete Männlichkeitserziehung"[55] praktiziert wurde. Zudem diente das von der DSt aufgebaute Amt für Leibeserziehungen in erster Linie dazu, die in der Weimarer Republik im Rahmen des Versailler Vertrages abgeschaffte allgemeine Wehrpflicht zu ersetzen. Unter der Bezeichnung „Allgemeines Wissenschaftliches Arbeitsamt" hatten fast alle Korporationsverbände schon seit Februar 1931 Wehrämter eingerichtet, die an den Hochschulen Wehrsportlager organisierten, in denen Geländeübungen, Ausmärsche und Kleinkaliberschießen sowie Lehrgänge stattfanden.[56]

Nach 1933 entwickelten die in führenden Positionen tätigen Studenten des NS-Studentenbunds ihren eigenen „Wunschstudenten": Der aktive Kämpfer, „der seine Aufgaben und seine Verpflichtung seiner Weltanschauung gegenüber sieht. Das ist der Mann, der in Zukunft durch die noch zu schaffende nationalsozialistische Hochschule als der Vertreter der Studentenschaft anzusehen und von dieser weitgehend zu fördern ist."[57] Dem gegenüberstehend beschrieb Hochschulgruppenführer Jebe die einzelnen ihm missfallenden und zu bekämpfenden Studententypen: der Bummelant, der „zur Erholung studiert", und der Streber, der „nur studiert". Diese „Typen" sollen durch politische Erziehung „ausgemerzt" werden, um den für den Beruf fertigen Menschen endgültig zu gestalten. Allerdings stieß die Losung „Kameraden! Werdet politische Soldaten!", wie sie im Hannoverschen Hochschultaschenbuch zum Jahr 1933/34 abgedruckt wurde, nicht auf ungeteilte Zustimmung innerhalb der Studentenschaft, wie die folgenden Kapitel zeigen werden.

---

54 Dipl. Ing. E. R. in einem Brief an die Verfasserin vom 16. 4. 1999.
55 Frevert (1991), S. 220.
56 Grüttner (1995), S. 38. An der TH Hannover scheint es kein AWA gegeben zu haben; es existierte lediglich ein Arbeits- und Vergünstigungsamt. Ob von dort aus auch Wehrsportlager organisiert wurden, konnte nicht ermittelt werden.
57 Jebe, Hans (stellvertretender Gaustudentenbundsführer): Zur Arbeit, in: Niedersächsische Hochschulzeitung Nr. 4 (Januar 1936), S. 2. Es handelt sich hier um die Technik-Sonder-Nummer, die in Kapitel 3.8 ausführlich behandelt wird.

4.2 Das Kameradschaftshaus als Lebensform

In den Schriften und Reden der nationalsozialistischen Studentenfunktionäre zur Errichtung von Wohnkameradschaften bzw. Kameradschaftshäusern[58] wurden immer wieder die gleichen Deutungsangebote der staatlichen und parteipolitischen Organisationsformen bemüht: Die Kameradschaftshäuser unterstützten danach den deutschen Sozialismus, die Jugend sowie die Volksgemeinschaft, die in all ihrem Streben darauf ausgerichtet waren, dem Staat zu dienen. So war auch die Wohnkameradschaft konzipiert, die den Studienanfänger aufnehmen sollte, der gerade aus seinem freiwilligen Werkjahr als Abiturient entlassen worden war. Andreas Feickert, zu dem Zeitpunkt Amtsleiter für Arbeitslager in der DSt, und Heinz Roosch, Gaustudentenbundsführer Süd-Hannover-Braunschweig und gleichzeitig Kreisamtsleiter III der DSt für sozial-studentische Arbeit, entwarfen das Konzept des Kameradschaftshauses bzw. der Wohnkameradschaft, das neben dem Studentenbund und vor der Fachschaftsarbeit die zentrale Säule der nationalsozialistischen Studentenerfassung darstellte.[59] Roosch erklärte, dass die DSt in der neuen Mannschaftserziehung den Ansatzpunkt für die grundlegende Umgestaltung des bisherigen Hochschulbetriebes sähe. Die Erziehung an der Hochschule müsse den ganzen Menschen erfassen, die Wissenschaft dürfe nicht von unpolitischen Menschen getragen werden.[60]

Die Studienanfänger sollten in den ersten drei Semestern freiwillig in Kameradschaftshäusern wohnen, „nach Feickerts Vorstellungen eine Mischung aus Kaserne, Männerbund und politischer Wohngemeinschaft."[61] Heinz Roosch schwebte vor, dass die jungen Studenten, geführt durch die Älteren, bereits durch das gemeinsame Wohnen und Leben eine Erziehung zur Gemeinschaftsarbeit erfahren würden. Als weitere Aufgaben waren geplant:

- Politische Erziehung durch Arbeitsgemeinschaften
- Soldatische Ertüchtigung durch regelmäßiges Morgenturnen, SA-Dienst und wehrsportliche Erziehung
- Wissenschaftliche Arbeit selbstständig und durch die Fachschaftsarbeit
- Sozialstudentische Arbeit in Form gemeinsamer Besprechungen mit ehemaligen Kameraden

---

58 Die so genannte Wohnkameradschaften bildeten sich in den Häusern der Korporationen. Die staatlichen Kameradschaftshäuser wurden von der lokalen Studentenschaft eingerichtet und in ihnen wohnten Freistudenten oder auch Funktionäre der Studentenführung. Siehe auch Grüttner (1995), S. 263.
59 Grüttner schreibt zu den beiden Amtsleitern der DSt: „Feickert und Roosch gehörten schon vor der ‚Machtergreifung' zu den Initiatoren des studentischen Arbeitsdienstes. Beide beunruhigte der Gedanke, was mit den Studenten geschehen würde, die den Arbeitsdienst absolviert hatten und nun an den Universitäten erneut auseinanderzulaufen drohten." Ebenda, S. 261.
60 Roosch, Heinz: Sinn und Aufgabe des studentischen Kameradschaftshauses, in: *Hannoversche Hochschulblätter* 17. Semesterfolge (September 1933) Nr. 12, S. 142–143, hier S. 143. Der Beitrag wurde der Zeitschrift der Deutschen Studentenschaft „Der Student" entnommen.
61 Grüttner (1995), S. 261.

Roosch führte aus, dass die Kameradschaften zunächst die Freistudenten erfassen sollten, da die Korporationen bereits einen erheblichen Teil der Studentenschaft bündisch zusammengeschlossen hätten. Es wäre jedoch unausweichlich, dass die Korporationen ebenfalls von „dem Geist der Arbeitsdienstjugend" erfasst würden. Sie hätten sich dann zu entscheiden und zu zeigen, ob sie gewillt seien, sich anzupassen und eine innere Umstellung zu vollziehen. Roosch zeigte sich zu dem Zeitpunkt noch zuversichtlich, dass die Verbindungen „gar nicht daran denken, sich dieser Aufgabe zu verschließen."[62]

Für die Korporationen bestand kein Zwang, sich in eine Wohnkameradschaft zu verwandeln. Sie fürchteten jedoch, wenn sie sich weigerten, könnte dies negative Folgen, beispielsweise die Suspension der Verbindung, haben. Ein weiterer und vermutlich weitaus wichtigerer Faktor war allerdings die Angst, keinen Nachwuchs mehr zu finden, wenn die Kameradschaften der DSt einen großen Teil der Studienanfänger für sich gewinnen würden. Ohne Nachwuchs wären die Verbindungen schließlich ganz verschwunden.

Das lässt sich beispielsweise auch in der Zeitung der hannoverschen Turnerschaft Tuisko nachlesen, in der ihr Bundesführer im September 1933 schrieb, dass „eine Gefahr für die Korporationen nicht besteht, wenn sie sich im Sinne des Nationalsozialismus einsetzen. Im andern Falle wird man wohl eines Tages über die abseits stehenden zur Tagesordnung übergehen."[63] Fast mahnend klingen diese Worte Knoches, der sich voll hinter die Idee des Kameradschaftshauses stellte und sie als Gemeinschaftsarbeit mit soldatischem Charakter bezeichnete. Zusammen mit dem SA-Dienst sei das Kameradschaftshaus die neue Lebensform des deutschen Studenten. Die Turnerschaft Tuisko müsse sich wandeln, wenn sie den Anforderungen des NS-Staates nachkommen wolle.

Das wurde jedoch nicht von allen Verbindungsmitgliedern rückhaltlos befürwortet. Viele der älteren Generation hegten die Hoffnung, das Bundesleben so weiterführen zu können wie bisher, da sie in vielen nationalen und völkischen Punkten mit den Nationalsozialisten übereinstimmten, die neue Regierung auch begeistert willkommen geheißen und ihre Dienste angeboten hatten. Schließlich hielten sie die bündische Erziehung in den Korporationen für durchaus kompatibel mit den nationalsozialistischen Idealen. Im Text über die Landsmannschaft Niedersachsen werden diese Differenzen erwähnt, die zu der Zeit in einigen Korporationen zwischen den jungen Aktiven und den Alten Herren entstanden, wenn erstere sich für den Nationalsozialismus begeisterten, letztere aber in erster Linie die alten Traditionen erhalten wollten: „Nun griff die neue Zeit auch in die Korporationen ein, es sollten Kameradschaftsheime eingerichtet werden [...]. Es gab laufend Auseinandersetzungen mit den Alten Herren, die in diesen Neuerungen eine Gefahr für die Bünde sahen."[64]

---

62 Roosch (September 1933), S. 143.
63 Knoche, Rudolf: Unser Weg, in: Tuiskonen-Zeitung 27 Jg. (September 1933) Nr. 77, S. 1.
64 Unbekannter Autor: Erinnerungen eines alten Herrn an Hannover (CC Archiv, Würzburg), VI/1970, Institut für Hochschulkunde Würzburg, S. 1–28, hier S. 18.

Auch der Bundesführer der Tuisko Knoche mahnte:

> „Nicht darin kann unsere Mitarbeit bestehen, daß wir uns kritisierend beiseite stellen und die Dinge aufzählen, die uns nicht gefallen. Vor lauter Kleingläubigkeit und Skeptizismus würden wir nicht die großen Kräfte unseres Volkes sehen, die am Werke sind, eine neue Ordnung zu schaffen, sondern damit würden wir unseren Teil der Arbeit anderen überlassen."[65]

Während hier an einen starken Glauben appelliert wird, an „die Zukunft unseres Staates", äußerte sich der Vorsitzende des Altherrenverbandes Backhaus auf derselben Seite der „Tuiskonenzeitung" zum Thema „Kameradschaftshaus" wesentlich nüchterner. Er schrieb, dass die Korporationen, die Kameradschaftshäuser einrichten würden, nichts zu befürchten hätten. Diejenigen Verbindungen jedoch, die sich nicht darauf einstellten, seien in ihrem Weiterbestand sehr gefährdet. Aus diesem Grund hätte sich der Altherren-Vorstand in mehrmaliger Beratung einmütig auf den Standpunkt gestellt, ihr Haus entsprechend einzurichten, um gegenüber den anderen Verbindungen nicht ins Hintertreffen zu geraten.[66]

Das war für den Vorstand jedoch mit großen Ausgaben verbunden, da das Korporationshaus um ein Geschoss erhöht werden musste, um die nötigen Schlafgelegenheiten zu schaffen. Durch finanzielle Schwierigkeiten verzögerte sich der für den Winter 1933 geplanten Umbau. Erst zum 42. Stiftungsfest der Turnerschaft im Juni 1934 konnte „das Kameradschaftshaus durch den Vorsitzenden des AHV, Otto Backhaus, in einer Feierstunde dem derzeitigen Kameradschaftsführer Hans Hagedorn übergeben werden."[67]

Nachdem im Wintersemester 1933/34 die ersten Kameradschaftshäuser eröffnet worden waren, verschärfte man seitens der DSt den Druck auf die Korporationen, die bis dahin den Umbau verweigert hatten. Die Reichsführung der DSt ordnete an, alle Korporationen, die bis Oktober 1934 keine Wohnkameradschaft errichtet hätten, solange zu suspendieren, bis sie dieser Forderung nachgekommen seien. Die Studenten der ersten bis dritten Semester wurden verpflichtet, ab dem Sommersemester 1934 zwei bis drei Semester in einem Kameradschaftshaus zu verbringen.[68] Grüttner stellte fest, dass diese Forderung an den Hochschulen und Universitäten insgesamt nicht durchgesetzt werden konnte, da weder genug Räumlichkeiten noch ausreichend Druckmittel vorhanden waren, um abweichende Studenten zum Einlenken zu bewegen.

Für die Technische Hochschule Hannover lässt sich jedoch feststellen, dass bereits im Sommersemester 1934 alle Korporationen Wohnkameradschaften gebildet hatten und auf Grund der niedrigen Immatrikulationszahlen an der Technischen Hochschule untereinander um Neuzugänge kämpfen mussten. Die Affinität zwi-

---

65 Knoche, Rudolf: Unser Weg, in: Tuiskonen-Zeitung 27 Jg. (September 1933) Nr. 77, S. 1.
66 Es wird an dieser Stelle erwähnt, dass auch Hansea und Saxo-Thuringia, beide ebenfalls dem VC der Turnerschaften zugehörig, zum Wintersemester 1933/34 in Hannover ihre Kameradschaftshäuser eröffnen wollten. Backhaus, Otto (Vorsitzender des A.H.V): Kameradschaftshaus, in: Tuiskonen-Zeitung 27 Jg. (September 1933) Nr. 77, S. 1f.
67 Unbekannter Autor: 100 Jahre Turnerschaft Tuisko! 1892–1992, Chronik, S. 217.
68 Grüttner (1995), S. 266.

schen den Korporationen und der nationalsozialistischen Politik war nach wie vor groß, wenn auch mit der Hoffnung belegt, die bündischen Traditionen in den neuen Staat einbringen zu können.

Für jede Kameradschaft wurde ein Kameradschaftsführer und ein Schulungsleiter eingesetzt. Ersterer sollte zukünftig ein Semester im Kameradschaftshaus der Studentenführung verbringen, damit er die ihm unterstellte Wohnkameradschaft auch im nationalsozialistischen Sinn führen würde. Der Schulungsleiter wurde an einem Wochenende in Steinhude[69] ausgebildet und mit den nationalsozialistischen Schulungsgrundlagen vertraut gemacht. Zudem war er verpflichtet, bei den Vorträgen des Gauschulungsleiters Dipl. Ing. Schirmer über die „Nationalsozialistische Weltanschauung in ihren Grundbegriffen" in der Volkshochschule Hannover an jedem Freitag um 20 Uhr anwesend zu sein.[70]

Die Wohnkameradschaften waren verpflichtet, regelmäßig im Voraus einen Wochendienstplan einzureichen, der spätestens am Sonnabend um 12 Uhr in der Studentenschaft abgegeben werden sollte. Der Dienstplan musste eine genaue Tageseinteilung vom Wecken bis zum Zapfenstreich sowie Programm und Gestaltung der politischen Schulung enthalten.

„Der Dienstplan ist erstmalig für die Woche vom 20. bis 26. 5. 1934 einzureichen. Ferner ist ein Dienstbuch, in Form einer schwarzen Kladde einzurichten. Dieses muss die Tätigkeit der Wohnkameradschaft während eines jeden Tages enthalten. Änderungen in Bezug auf den Dienstplan sind erkenntlich zu machen und zu begründen. Aus dem Dienstplan müssen Beurlaubungen, Erkrankungen usw. der Kameraden hervorgehen. Das Dienstbuch ist alle 14 Tage der Studentenschaft abzugeben und muss dem Mitarbeiterkreis der Studentenschaft jederzeit zugänglich ausgelegt werden. Zur Kontrolle ihrer Wohnkameradschaft sind berechtigt die Kameraden: Eckert, Schwarting, Först, Barfuss, Eilert, Strate, Gruhl, Jebe, Doll, Badstein. Anmerkung: die 10 Minuten Frühsport sind unbedingt einzuhalten."[71]

An den Schulungsabenden beschäftigten sich die Studenten mit Themen wie der „Rassenpflege", der „Judenfrage", der „Bedeutung der Rassenhygiene", mit den „körperlichen und seelischen Merkmalen der europäischen Rassen" sowie der „Rassenkunde". Des Weiteren wurden Probleme rund um das sogenannte „Grenzland" diskutiert sowie Fragen zum Nationalsozialismus behandelt. Alle Wohnkameradschaften bzw. Verbindungen beschäftigen sich zudem mit Wehrfragen und Wehrkunde, die meistens durch Hauptmann a.D. Kallsen gelehrt wurden.

---

69 Es wurde ein Schulungswochenende in Steinhude 12./13. 05. 1934 sowie ein Schulungslager in Barsinghausen 11. 06. 1934 (Montag) bis 16. 06. 1934 (Samstag) an dem vierzig Studenten teilnahmen veranstaltet. Vgl. NHStA Hann 320 IV/68–69.

70 Vgl. das Rundschreiben der Studentenschaft der Technischen Hochschule Hannover Nr. 5/SS 1934 vom 28. 4. 1934, NHStA Hann 320 IV/16.

71 Rundschreiben der Studentenschaft der Technischen Hochschule Hannover Nr. 9/SS 1934 vom 12. 5. 1934: Gestaltung des Wohnkameradschaftsbetriebes, NHStA Hann 320 IV/16.

Der Wochendienstplan der Turnerschaft Armino-Hercynia vom 16. bis 21. Juli 1934 sah beispielsweise wie folgt aus[72]:

Tab. 3: Tages- und Wochenplan der Turnerschaft Armino-Hercynia

	Gleichmäßige Zeiteinteilung	
	6 h	Wecken
	6.05–6.15 h	Frühsport
	6.15–7.00 h	Pauken
	7.30 h	Morgenkaffee
	10.00 h	Stehconvent
	13.30 h	Mittagessen
	19.15 h	Abendessen
	23.00 h	Zapfenstreich
Montag	17.00–20.00 h	Turnen
	20.00 h ct	Konvent
Dienstag		
Mittwoch	12.30 h	Politische Wochenübersicht
Donnerstag	7.00 h	Kleinkaliberschießen
	17.00–19.00 h	Turnen
	20.00 h	Wehrkunde und Wehrpolitik (Hauptmann Kallsen)
Freitag	20.00 h	**Politische Schulung:** Thema: Rassenpflege
Sonnabend		Mensurboden
	17.30 h	**Politische Schulung:** Thema: Die körperlichen und seelischen Eigenschaften der europäischen Rasse
	20.00 h	Abendschoppen
	24.00 h	Zapfenstreich

Aus den zahlreichen im Juli 1934 eingereichten Berichten über die Schulungsarbeit der Wohnkameradschaften bzw. Korporationen geht hervor, dass die Studenten insgesamt zeitlich sehr eingebunden waren. Die Schulungsleiter beklagten durchgehend die mangelnde Freizeit der Studierenden. Hans Jebe, zu dem Zeitpunkt Schulungsleiter im Amt für politische Schulung der TH Hannover, hat alle Berichte genau registriert und bewertet.[73] Die zum Teil sehr ausführlichen Berichte und detailliert beschriebenen Schwierigkeiten lassen den Schluss zu, dass viele Verbindungen versuchten, die neuen Anforderungen auch im Alltag umzusetzen. Da heißt es zum Beispiel in dem Schulungsplan der Turnerschaft Armino-Hercynia:

---

72 Wochendienstplan der Armino-Hercynia vom 16.–21. Juli 1934, NHStA Hann 320 IV/79.
73 Es finden sich beispielsweise Kommentierungen an den Rändern der insgesamt 35 Berichte. Den Schulungsplan des Akademischen Vereins Hannover im W.V. vom Januar 1934 hat er durchgestrichen und mit „gänzlich ungenügend" unterschrieben. Den Vorsatz der Ruderschaft Angaria in Zukunft die wehrsportliche Schulung ausfallen zu lassen, da diese nun außerhalb der Korporationen ausreichend und besser geschähe, kommentierte Jebe mit „Gott sei Dank" – am Ende des Schulungsplans findet sich jedoch ein „gut". Vgl. NHStA Hann 320 IV/79.

„Über unsere Turnfahrt ist zu sagen, dass sie uns nicht restlos befriedigt hat. Unsere Absicht, mit der Landbevölkerung näher in Berührung zu kommen, hat sich nicht in dem gewünschten Masse durchführen lassen. Es war nur ein Anfang und unsere gesammelten Erfahrung werden wir in weiteren Lagern verwerten."[74]

Es besteht natürlich die Möglichkeit, dass die Korporationen sich lediglich oberflächlich fügten und die Schulungspläne zwar anfertigten, die verlangten Termine jedoch nicht einhielten oder gemeinsam anderen Vergnügungen nachgingen. So befinden sich unter den Berichten auch Stellungnahmen, die vom „Eigensinn" der Verfasser geprägt sind und den Schulungsleiter nicht gerade in Begeisterung versetzt haben werden. Der Schulungsleiter der katholischen Verbindung Frisia schrieb beispielsweise zu der von Hauptamtsleiter Jebe erfragten Gestaltung der Freizeit:

„Von Freizeitgestaltung kann wohl im Ernst die Rede nicht sein, es sei denn, man verstände unter diesem Wort die Korporationsveranstaltungen. Die wenigen freien Stunden, die Studium, SA-Dienst, Korporation und Schulung noch übrig lassen, soll sich nach meiner Meinung jeder nach eigenem Geschmack gestalten. Aus diesem Grunde ist in dieser Hinsicht nichts geschehen und wird auch, solange die Sache mir überlassen bleibt nichts geschehen."[75]

Im Gegensatz zu diesem gereizt klingenden Text, lassen die Ausführungen des Corps Alemannia vermuten, dass sich die Studierenden dort weniger durch die Anordnungen der DSt aus der Ruhe bringen ließen. Ihnen lag in erster Linie daran, die Angehörigen des Corps nicht zu überlasten, aber gleichzeitig die Forderungen des nationalsozialistischen Staates umzusetzen. Sie diskutierten die vorgeschriebenen Themen „in zwanglosen Gesprächen" und waren bestrebt ihre „Corpsbrüder" einem SA-Sturm zuzuführen, „um ein oder zwei Abende freizubekommen." Der sehr ausführliche Bericht erweckt insgesamt den Eindruck, als habe sich die Freizeitgestaltung gegenüber der Zeit vor dem Januar 1933 kaum verändert:

„Es liegt im Sinne unserer Verbindung, daß die Corpsbrüder in größtmöglichem Maße ihre Freizeit gemeinsam verbringen. So sitzen wir, soweit wir nicht anderweitig in Anspruch genommen sind, am Nachmittag und Abend zusammen, unterhalten uns, hören Radio, spielen Karten und trinken auch einmal ein paar Glas Bier. Im besonderen ist anzuführen: tägliches Zeitungsreferat mit anschließender Aussprache, etwa 4–5 Kneipen im Semester, ebenso oft gemeinsamer Bummel am Sonntag Vormittag, gemeinsamer Besuch von Theater, Festlichkeiten und anderem."[76]

---

74 Semesterschlussbericht der Turnerschaft Armino-Hercynia vom 31. 7. 1934 an das Hauptamt I der Studentenschaft der Technischen Hochschule Hannover, NHStA Hann 320 IV/79.
75 Jebe strich die Passage an und schrieb „merkwürdige Auffassung" an den Rand. NHStA Hann 320 IV/79. Von den „Friesen" ist durch einen Zeitzeugen übermittelt worden, dass diese sich entgegen der Anweisungen des NSDStB immer farbentragend zum Stehconvent in der Hochschule eingefunden haben sollen. Der Zeitzeuge wertete es als einsames „widerständiges Verhalten". Es hat einen so starken Eindruck auf ihn gemacht, dass er es noch heute seinen Verbindungsmitgliedern als Beispiel couragierten „Farbebekennens" vor Augen führt. Interview mit H.H., Jg. 1915, Bauingenieur (Wasserbau).
76 Semester-Zwischenbericht des Corps Allemannia vom 10. 7. 1934 an die Studentenschaft der Technischen Hochschule Hannover, NHStA Hann 320 IV/79.

Auch im Corps Slesvico Holsatia heißt es in der Corpsgeschichte: „Trotz aller Änderungen durch den Aufbau des neuen Staates gelang es der Aktivitas, das Aktivleben und das Kameradschaftshaus zu koordinieren."[77] Insbesondere die Corps versuchten, ihren Betrieb relativ normal aufrechtzuerhalten und empfanden die Eingriffe in ihr Bundesleben als gravierend, als einen „Angriff auf die Korporationen" sowie die studentischen Selbstverwaltung.[78]

Dass die Corps die neuen Anforderungen unterlaufen könnten, scheinen die Studentenfunktionäre vorausgesehen zu haben. So mussten die Verbindungen nicht nur einen Rechenschaftsbericht über ihre Schulungstätigkeiten anfertigen, sondern sie wurden durch den Vertrauensmann für Kameradschaftserziehung kontrolliert. Der Amtsleiter Först hatte den Auftrag, jede einzelne Wohnkameradschaft zu begutachten und bis zum 10. 7. 1934 eine schriftliche Stellungnahme einzureichen.[79] Aus seinem Abschlussbericht geht hervor, dass die zur Kontrolle berechtigten nationalsozialistischen Studenten in den Wohnkameradschaften frei ein und aus gingen und so die angeordneten Überwachungen durchführten. Först hatte bei den vierzehntägig stattgefundenen Besprechungen mit den Wohnkameradschaftsführern weitere Richtlinien bekannt gegeben und Mängel besprochen. Auf diese Weise habe er Gelegenheit zur ständigen Fühlungnahme mit den Wohnkameradschaftsführern gehabt.[80] Sein Ziel war offenbar, die Arbeit innerhalb der Kameradschaften im nationalsozialistischen Sinne zu verändern. Er kam in seinem Bericht schließlich zu dem Schluss, dass von den 29 angemeldeten Wohnkameradschaften für das Wintersemester 1934/35 nur etwa 40 Prozent zu empfehlen seien.

Durch die zahlreichen Dienstverpflichtungen war im Sommer 1934 an zahlreichen Hochschulen eine allgemeine Unzufriedenheit zu spüren. Die Studenten waren durch den SA-Dienst, die politische Erziehung durch die DSt, die Fachschaftsarbeit, die Schulungslager des NSDStB und nicht zuletzt durch die Kameradschaften überlastet. Innerhalb der politischen Erziehung und Schulung stellte sich zudem ein ge-

---

77 Semesterberichte Sommersemester 1934, in: Corps Slesvico-Holsatia, Corpsgeschichte, Band 4 und 5, S. 144.
78 Vgl. den Semesterbericht aus dem Sommersemester 1934, in: Corps Slesvico-Holsatia, Corpsgeschichte, Band 4 und 5, S. 145.
79 Das bereitete ihm offensichtlich Schwierigkeiten, für die seine Vorgesetzten im Hauptamt für politische Erziehung, Amt für Kameradschaftserziehung der Deutschen Studentenschaft in Berlin, wenig Verständnis hatten. Vgl. das Schreiben des Amtsleiters für Kameradschaftserziehung und stellvertretenden Hauptamtleiter I sowie des Reichsführers der Deutschen Studentenschaft vom 23. 6. 1934 an Först, NHStA Hann 320 IV/76. Först sah sich nicht in der Lage ein endgültiges Werturteil abzugeben, da er erst seit dem 6. April Amtsleiter war und zu wenig Zeit hatte in den bis Ende Juni vergangenen elf Wochen die Schulungsabende von 29 Wohnkameradschaften zu überwachen. Als Gründe nannte er die (Pfingst-)Ferien und die darin anfallenden Exkursionen. Hinzu käme, dass er auch nicht genügend Kameraden zur Verfügung gehabt habe, „die eine einwandfreie Ueberwachung gewährleisten." Obergruppenführer Först in seiner Antwort an den Amtsleiter für Kameradschaftserziehung der DSt, Pallmann vom 26. 6. 1934, NHStA Hann 320 IV/76.
80 Bericht des Vertrauensmannes für Kameradschaftserziehung vom Sommersemester 1934, NHStA Hann 320 IV/76.

wisser Überdruss ein[81], der nicht zuletzt durch die selbstherrlichen Auftritte einzelner Studentenfunktionäre verursacht wurde. Im Juni 1934 kam es an der TU München und auch an der TH Hannover zu Auseinandersetzungen der Studentenschaft mit den NS-Funktionären.[82]

Daraufhin schaltete sich Hitlers Stellvertreter Heß ein und bescheinigte dem NSDStB, an den Hochschulen versagt zu haben. Der Reichsärzteführer Gerhard Wagner sollte den Studentenbund neu gründen und zu einer Eliteorganisation umformen. Der NS-Studentenbund wurde aus der Reichsjugendführung unter Baldur von Schirach herausgelöst, unterstand nun direkt dem Stab Heß und wurde eine Parteigliederung der Politischen Organisation (PO) des Reichsleiters Robert Ley. Die Führung des NSDStB übernahm ab Juli 1934 Albert Derichsweiler, die der DSt Andreas Feickert, der dem Reichsministerium für Wissenschaft, Erziehung und Volksbildung (REM) und somit Bernhard Rust unterstand.[83] Heß erweiterte die Kompetenzen des NS-Studentenbunds und übertrug diesem am 30. Juli 1934 in einer Verfügung „die gesamte weltanschaulich, staatspolitische und körperliche Schulung der Studentenschaft."[84] Weitere Konsequenzen bestanden darin, dass der Hochschulbeauftragte der Partei Wagner die SA-Hochschulämter im Oktober 1934 auflöste und an die Stelle der SA-Ausbildung den Pflichtsport setzte, um die Überbelastung der Studierenden zu verringern.

Als die Studentenschaft der TH Hannover noch in den Planungen für das Wintersemester 1933/34 steckte, erschien am 20. September 1934 der Feickert-Erlass, der die Frage der Kameradschaftshauserziehung für das gesamte Reichsgebiet regeln sollte. Die Anordnung besagte, dass alle Studenten der ersten beiden Semester in Kameradschaftshäusern wohnten müssten, dass jedoch nicht alle Wohnkameradschaften von der DSt anerkannt werden würden. Die DSt nahm für sich das Recht in Anspruch, die Kameradschaftsführer zu ernennen und abzusetzen. Weiterhin sollten alle Bewohner eine einheitliche Uniform tragen, Band und Mütze der Korporationen hingegen verboten werden. Die Folgen wären für die Verbindungen gravierend gewesen, so dass es zum ersten Mal zu einer offenen Konfrontation kam. Der Kösener SC übernahm als erster Verband der waffenstudentischen Verbindungen an den Universitäten die Initiative und lehnte die Anordnung ab, die Deutsche Burschenschaft (DB) hingegen akzeptierte die Verfügung, während sich die Mehrheit der Korporationsverbände dem SC anschloss.[85]

Feickert erhielt keine Unterstützung vom NS-Studentenbund, da der Reichsführer des NSDStB Derichsweiler nicht daran interessiert war, die DSt gegenüber dem NSDStB aufzuwerten. Die Proteste bewirkten, dass Feickert am 27. September

---

81 Vgl. Grüttner (1995), S. 253 f.
82 Siehe ausführlich das nächste Unterkapitel „Aufstand im Lichthof".
83 Damit war die Personalunion, die bis dahin durch Dr. Oskar Stäbel als Bundesführer des NSDStB und Reichsführer der DSt gewährleistet war, wieder aufgelöst. Die Folge waren die üblichen Machtstreitigkeiten und Positionskämpfe, ein Indikator der polykratischen Strukturen (Hüttenberger) des NS-Staates.
84 Zitiert nach Grüttner (1995), S. 259.
85 Vgl. ebenda, S. 268 f.

1934 auf Veranlassung vom Chef der Reichskanzlei Hans-Heinrich Lammers die Verfügung zurückziehen musste.

An der TH Hannover hatten diese Entwicklungen zunächst keine gravierenden Folgen, da der Studentenschaftsführer (DSt) Eckert auch gleichzeitig Bezirksführer des NSDStB war und in Folge dessen keine Kompetenz- oder Machtstreitigkeiten auftraten. Eckert versuchte, das Konzept der Wohnkameradschaften weiterzuführen, da er auf diese Weise die Korporationen weiter zu kontrollieren hoffte. Anfang November 1934 ließ er ein Rundschreiben veröffentlichen, in dem er sich auf ein Schreiben Rusts zur Kameradschaftserziehung bezog. Er verkündete, dass bei 60 Neuanmeldungen von Studenten und 32 vorhandenen Korporationen, die im Sommersemester Wohnkameradschaften errichtet hätten und jetzt freiwillig zu einem Kameradschaftshaus im Sinne der nationalsozialistischen Erziehung werden wollen, nicht alle anerkannt werden könnten. In einem Anhang wurden 17 Wohnkameradschaften aufgeführt, die auf Grund ihrer Kameradschaftstätigkeit zugelassen werden sollten.[86]

Für die restlichen Verbindungen bestand die Gefahr, keine Neuzugänge zu bekommen, weil sich letztlich doch nur 55 Studenten für das Wintersemester eingeschrieben hatten, die von der Studentenschaftsführung eben nur auf die 17 anerkannten Wohnkameradschaften hingewiesen wurden.[87] Da die vier ältesten Corps im Hannoveraner Senioren-Convent (HSC)[88] nicht zugelassen worden waren, erhoben diese Einspruch durch einen Anschlag am schwarzen Brett. Die Maßnahmen des Studentenschaftsführers wurden dort als widerrechtlich, unzulässig und widerrufbar bezeichnet. Dagegen verwehrte sich Eckert und bezeichnete seinerseits in einem Rundschreiben die Erklärung als unrechtmäßigen Angriff des örtlichen S.C.-Führers Buschey.[89] In der Corpsgeschichte der Slesvico-Holsatia heißt es dazu, dass das Vorgehen der Studentenfunktionäre nicht durch Rusts Ausführungen zu legitimieren gewesen sei. Ihre Maßnahmen seien lediglich von der vorgesetzten

---

86 Rundschreiben Nr. 3 W.S. 1934/35 der Studentenschaft der Technischen Hochschule Hannover vom 29.10 1934. Es handelte sich um Angaria, Arminia, Armino-Hercynia, Brunonia, Brunsviga, Franconia, Cimbria, Germania, Hannovera, Hansea, Macaro-Visurgia, Niedersachsen, Nordmark, Saxo-Thuringia, Teuto-Rhenania, Tuisko und VDSt I. NHStA Hann 320 IV/16.

87 Eckert meldete zudem in einem eilbrieflichen Bericht über getroffene Maßnahmen und mit dem Hinweis, dass keine Konflikte aufgetreten seien, dass sich sämtliche 55 Erstsemestler freiwillig zur Kameradschaftserziehung gemeldet hätten. Bericht an den Reichsführer der DSt Berlin vom 2. 11. 1934, NHStA Hann 320 IV/96.

88 Der Hannoveraner S.C. (HSC: mit dem Prinzip der Waffengenugtuung und Farbentragend) wurde am 16. 2. 1852 gegründet und fasste die sechs Corps Hannovers zusammen. Sie gehörten zu dem Verband Weinheimer Senioren-Convent (WSC) der Technischen Hochschulen, deren Mitglieder sich alljährlich auf der von ihnen gebauten Wachenburg bei Weinheim an der Bergstraße trafen. Vgl. Hannoversches Hochschultaschenbuch 1926–27, hrsg. von der Schriftleitung der *Hannoverschen Hochschulblätter*, Dipl. Ing. H. Determann, Leiter des Nachrichtenamtes des Kreises III der DSt.

89 Rundschreiben Nr. 7 W.S. 1934/35 der Studentenschaft der Technischen Hochschule Hannover vom 8. 11. 1934, NHStA Hann 320 IV/16.

Dienststelle und nicht von Rust selbst gebilligt worden.[90] Die Proteste blieben nicht ohne Folgen:

> „Da gegen diese Maßnahme die Korporationen erbitterten Widerstand leisteten, wurde das Amt für Kameradschaftshauserziehung aufgelöst und die endgültige Regelung dem NSDStB übertragen. Alle Wohnkameradschaften wurden letzten Endes wieder zugelassen, so daß ‚Slesvico-Holsatia' ihre Keilbemühungen mit 2 Füchsen belohnt sah."[91]

Tatsächlich hat Studentenschaftsführer Eckert sich in einem weiteren Rundschreiben bemüht, „die entstandenen Unklarheiten" zu beseitigen, wie er sich ausdrückte. Danach stünde es jedem ersten und zweiten Semester nach wie vor frei, einer Korporation beizutreten, die als studentische Verbindung an der Technischen Hochschule Hannover eingetragen sei.[92] Allerdings war der Auslöser dafür, dass das Amt für Kameradschaftshauserziehung schließlich aufgelöst wurde, nicht der „erbitterte Widerstand" des HSC, sondern eine Anordnung Hitlers. In einer Besprechung mit der DSt-Führung am 11. November 1934 zeigte sich „der Führer" von den Plänen Feickerts und seinem Erlass ganz und gar nicht angetan und lehnte sie ab.[93] Die NSDAP teilte den Korporationen Ende des Monats mit, dass sie kein Interesse mehr an den Wohnkameradschaften hätte und dass diese selbst entscheiden könnten, ob sie sie fortführen wollten oder nicht. Die DSt musste ihre Häuser dem NSDStB übergeben, da dem Studentenbund drei Tage nach Hitlers Anordnung die Führung und Richtung der gesamten studentischen Erziehung übertragen worden war.[94] Auch für Heinz Roosch, der mit Feickert wesentlich an dem Konzept der Wohnkameradschaften beteiligt war, zeigten sich die Konsequenzen: Er musste sein Amt als Gaustudentenbundsführer Süd-Hannover-Braunschweig an den Studentenschafts- und Bezirksführer Eckert abgeben.[95]

---

90 In Rundschreiben Nr. 7 vom 8. 11. 1934 bezog sich Eckert tatsächlich eher allgemein und unkonkret auf Rusts Schreiben: „Als Führer der Studentenschaft bin ich und meine Kameraden in der Führung der Studentenschaft allein verantwortlich für die Durchführung der Kameradschaftserziehung im Sinne des Rust-Erlasses, d. h. im Sinne nationalsozialistischer Erziehungsgrundsätze." NHStA Hann 320 IV/16.
91 Semesterberichte, Wintersemester 1934/35, in: Corps Slesvico-Holsatia, Corpsgeschichte, Band 4 und 5, S. 146.
92 Rundschreiben Nr. 9 W.S. 1934/35 der Studentenschaft der Technischen Hochschule Hannover vom 9. 11. 1934, NHStA Hann 320 IV/16.
93 „Zum Entsetzen der DSt-Funktionäre machte der Führer dabei deutlich, daß er von der Kasernierung der Studenten in Kameradschaftshäusern überhaupt nichts hielt. Im Gegenteil, durch das Zusammenleben der nach Geschlechtern getrennten Studenten auf engstem Raum bestünde die Gefahr, daß die Bewohner von Kameradschaftshäusern homosexuelle Neigungen entwickelten." Weder die Entscheidung noch die Motive wurden öffentlich gemacht. Grüttner (1995), S. 270.
94 Die Reichsführung des NSDStB unter Derichsweiler hatte von Heß zwei Aufträge bekommen: den NSDStB zur Eliteorganisation umzuformen und die politische Schulung der Studentenschaft durchzuführen. Im Spätherbst 1934 wurde der NS-Studentenbund so umstrukturiert, dass nur noch NSDAP-Angehörige und alte Kämpfer sofort als Mitglieder aufgenommen wurden. Alle anderen Studenten konnten nun, auch wenn sie schon eingetreten waren, erst nach einer Probezeit die volle Mitgliedschaft erwerben. Vgl. ebenda, S. 271.
95 Der Rücktritt wurde ihm von Reichsführer des NSDStB Derichsweiler in einem Schreiben vom 1. 2. 1935 nahegelegt: „Lieber Kamerad Roosch! Zurückkommend auf unsere Besprechung vor

Die undurchsichtigen Strukturen innerhalb der nationalsozialistischen Staats- und Parteihierarchien waren auf lokaler Ebene oft nicht mehr nachzuvollziehen. Zum einen, weil nicht jeder Student ein Amt inne hatte und entsprechende Kenntnisse besaß, zum anderen aber auch, weil weder alle Anordnungen noch etwaige Änderungen personeller Art offiziell angekündigt wurden. Gerade jemand wie Eckert, der seine nationalsozialistische Karriere voranzutreiben suchte, war bestrebt, sich sowohl innerhalb der Studentenschaft als auch gegenüber seinen Vorgesetzten auf Kreisebene als Autorität und Führer zu präsentieren. Er verkörperte zudem innerhalb der Studentenschaft den nationalsozialistischen „Plebejer", der die Verbindungen grundsätzlich ablehnte. Dementsprechend lag es für die korporierten Studenten nahe, für die Eingriffe in ihre studentischen Lebensformen einzelne Personen, die „Partei"- oder „Studentenbonzen" verantwortlich zu machen, jedoch nie den Nationalsozialismus an sich oder Teile der von den Studentenfunktionären verbreiteten Weltanschauung.

So stufte das Corps Slesvico-Holsatia die Versuche des NSDStB und der DSt, ihnen den Nachwuchs abzuwerben zwar als radikal ein. Sie empfanden allerdings die zum gleichen Zeitpunkt aufkommenden korporationsfeindlichen Veröffentlichungen in der Tagespresse als noch größeres Übel. Die Artikel entsprachen nach ihrer Auffassung sehr einseitig „derjenigen Seite des Nationalsozialismus [...], die der irrtümlichen Auffassung [sic!] war, nur außerhalb der Korporationen und besonders außerhalb der Corps könne ein wahrer staatsbejahender Nationalsozialismus gedeihen."[96]

4.3 Aufstand im Lichthof

Der Blick zurück in das Sommersemester 1934 zeigt vor dem Hintergrund der geschilderten zahlreichen Verpflichtungen der Studenten und der Komplikationen rund um die Kameradschaftshäuser, wie gespannt die Situation in der Hochschule und unter den Studenten war. Der Anlass für die Streitigkeiten zwischen der korporierten Studentenschaft und den NSDStB-Funktionären waren zwei Glossen in den *Hannoverschen Hochschulblättern*, die der Hauptamtsleiter V für Aufklärung und Werbung des NSDStB Walter von Bercken veröffentlicht hatte. Die kurzen Texte stellen im wesentlichen Angriffe auf die hannoverschen Verbindungsstudenten dar.

---

einigen Wochen in Berlin bitte ich Dich, da Du ja durch Deine Tätigkeit als Adjutant bei Pg. Ludovici voll und ganz in Anspruch genommen bist, mit dem 15. Februar, dem Semesterende, Dein Amt als Gaustudentenbundsführer niederzulegen. Ich habe die Absicht, als Deinen Nachfolger den Kameraden Eckert, Hannover dem stellv. Gauleiter Pg. Schmalz in Vorschlag zu bringen. Pg. Eckert werde ich davon in Kenntnis setzen, daß Du aufgrund einer Besprechung, die wir beide hatten, von Deinem Amte wegen zeitlicher Überlastung zurücktreten wirst [...]." NHStA Hann 320 IV/105.

96 Semesterberichte, Wintersemester 1934/35, in: Corps Slesvico-Holsatia, Corpsgeschichte, Band 4 und 5, S. 146.

Der Vorfall, der von Bercken zu seinem ersten Kommentar veranlasste, ereignete sich an der Wache der Studentenschaft. Einige korporierte Studenten wollten ihre Zählkarte abzeichnen lassen, hatten bei der Kontrollstelle niemanden angetroffen und reagierten verärgert, da sie umsonst gekommen waren.[97] Von Bercken beschrieb die Verbindungsstudenten als „wüsten Haufen älterer Semester, der durcheinander schreit, sich stößt und von dem man nicht weiß, was er will." Als ihnen mitgeteilt wurde, dass sie ein zweites Mal kommen müssten, um ihre Karte abzeichnen zu lassen, „erhoben sie ein Wutgeheul." Von Bercken verurteilte das Verhalten, dass seiner Meinung nach zeige:

> „wie tief heute noch der liberalistische Geist in der Hochschule herrscht. Den Herrschaften wollte ich nur kurz mitteilen, daß wir noch viel mehr als diesen kurzen Weg verlangen können. Sie haben sich unterzuordnen und kein Recht mehr zu fordern. Wir sind nicht mehr in der Demokratie, wo sie glaubten, den großen Herren spielen zu dürfen. Die Zeiten sind vorbei – merkt Euch das!"[98]

Von Berckens Schilderungen, die die älteren korporierten Studenten wie einen unbeherrschten Mob darstellen, waren eine offensichtliche Provokation und eine Kampfansage an die studentischen Kreise, die dem NSDStB und der DSt an der Hochschule schon länger ein Dorn im Auge waren. Für die korporierten Studenten musste die Bezeichnung „wüster Haufen", die Charakteristik als feige, liberal und demokratisch eine kaum zu übertreffende Beleidigung sein, da sie ihrem Selbstverständnis nach in allen Punkten genau das Gegenteil zu sein beanspruchten. Zudem sahen sich die so verunglimpften Studenten mit jüngeren Semestern konfrontiert, die als Vertreter des NS-Staates an der Hochschule nun auch noch berechtigt waren, Forderungen an sie zu stellen. Dass sie ein zweites Mal zur Wache gehen sollten, um ihre Zählkarten abzeichnen zu lassen, wurde von ihnen vermutlich als reine Schikane interpretiert.

Von Berckens zweiter Kommentar „Wider den liberalistischen Geist!" kommentierte das Verhalten von Studenten, die während der Rede eines ranghohen Nationalsozialisten getrampelt und gescharrt hatten. Von Bercken kritisierte den Vorfall in Andeutungen ohne konkret Personen oder den Vorfall zu benennen. Er stellte klar, dass die „gänzlich unmaßgebliche Meinung" dieser Studenten nicht gefragt sei und wies wiederholt darauf hin, dass die Zeiten der Demokratie vorbei seien:

> „Wir dulden nicht mehr diesen liberalistischen Geist, der leider Gottes immer noch zu Tage tritt. Abstimmungen und andere Meinungsäußerungen sind ein für alle Mal

---

97 Es ist zu vermuten, dass es sich hierbei um eine Kontrollstelle von NSDStB und DSt handelte (es konnte jedoch nicht ermittelt werden, welchen Zweck die Wache hatte oder z. B. wie oft Zählkarten abgezeichnet wurden), da in den Akten mehrfach von der „Wache in der Studentenschaft" die Rede ist und die Studenten auch zu Wachen eingeteilt worden sind, wie aus mehreren Rundschreiben des NSDStB hervorgeht: „Ihre Wohnkameradschaft stellt an: 2 Mann Wache in der Studentenschaft. Dienstantritt: entgegen dem letzten Semester wird nur eine Tagwache eingerichtet, deren Dienst von 8–13.30 Uhr festgesetzt ist." NHStA Hann. 320 IV/16.
98 Von Bercken, Ulu: Hört, hört, was ist passiert?, in: *Hannoversche Hochschulblätter* 19. Semestererfolge (Juni 1934) Nr. 9, S. 122.

vorüber. Wir können aber, wenn diese kleine Mahnung nichts nützt, andere Saiten aufziehen. Dann hat es aber eingeschlagen!"[99]

Die beiden Vorfälle, die Hauptamtsleiter von Bercken zu seinen wütenden Kommentaren veranlassten, waren Anzeichen für eine krisenhafte Stimmung unter den Studenten. Die NSDStB-Funktionäre waren unzufrieden mit der mangelnden „revolutionären" Einstellung einiger korporierter Studenten, die nicht bereit waren, für eine nationalsozialistische Hochschule mit ihren Traditionen zu brechen. Unter Teilen der Verbindungsstudenten wiederum war die Euphorie der ersten Monate nach der Machtübergabe verflogen und hatte wachsendem Ärger Platz gemacht. Die Verbände hatten sich im Wintersemester 1933/34 bemüht, den Forderungen der DSt und der Reichsstudentenführung nachzukommen und ihre Bünder im nationalsozialistischen Sinne umzugestalten. Nach Jahrzehnten der uneingeschränkten Herrschaft an den deutschen Universitäten und Hochschulen, kristallisierte sich nun allmählich heraus, dass die Nationalsozialisten keineswegs, wie vielleicht anfangs gehofft, die Korporationen als Erziehungseinrichtungen so bestehen lassen wollten wie sie waren. Der Wandel der Verbindungen zu Wohnkameradschaften, wenn er auch in einigen Fällen nur vordergründig erfolgt war, sowie die Schulungspläne und der vorgeschriebene Tagesablauf waren Eingriffe in den Alltag und die Freizeit der Studenten. Den korporierten Studenten und Verbänden wurde dadurch immer deutlicher signalisiert, dass sie die Macht an der Hochschule nicht nur mit den Studentenfunktionären teilen mussten, sondern sie gänzlich zu verlieren drohten.

Die Stimmung schwankte zwischen Wut und Verachtung. Von Berckens Glossen stellten einerseits öffentlich klar, dass die „burschenherrlichen" Zeiten vorbei waren. Auf der anderen Seite konnten und wollten die korporierten Studenten ihre als Funktionäre tätigen nationalsozialistischen Kommilitonen noch immer nicht ernst nehmen. Von Bercken bekam das am eigenen Leib zu spüren, als ihn zwei Studenten namens Schenk und Nebesky an einem Samstag Ende Juni in die Mensa zerrten und den dort Anwesenden als „Ulu der Revolutionär"[100] vorführten. Die speisenden Studenten verspotteten ihn daraufhin mit „Hohngelächter und Pfui-Rufen".[101]

Dabei blieb es jedoch nicht. Die betroffenen Studenten wollten sicher gehen, dass von Bercken seines Amtes auch tatsächlich enthoben werden würde und organisierten innerhalb der Korporationen ein Treffen, um die Angelegenheit zu diskutieren. So erschien der Kameradschaftsführer der Kameradschaft Tuisko Hagedorn bei Studentenschaftsführer Eckert im Büro, um ihm von dem Treffen am nächsten

---

99 Von Bercken, Ulu: Wider den liberalistischen Geist: *Hannoversche Hochschulblätter* 19. Semesterfolge (Juni 1934) Nr. 9, S. 122.
100 Der Name „Ulu der Revolutionäre" stammt von Walter von Bercken selbst. Er hat mit diesem Namen seine Kolumne in den *Hannoverschen Hochschulblättern* vom Mai 1934 unterschrieben, in dem er sich als „alter Nationalsozialist" über die sogenannten „Märzgefallenen" auslässt und diesen das Recht abspricht „über Führer und Führertum zu sprechen". Von Bercken, Walter: Hört, hört, was ist passiert!, in: *Hannoversche Hochschulblätter* 19. Semesterfolge (Mai 1934) Nr. 8, S. 110. Zu den Märzgefallenen siehe Kapitel 3.2.
101 Vgl. das Schreiben des Studentenschaftsführers Ekkehard Eckert vom 26. 6. 1934 an den Kreisführer der DSt Obersturmbannführer Dr. Wolf Friedrich in Leipzig, NHStA Hann. 320 IV/15.

Morgen um 10.15 Uhr im Lichthof zu berichten. Eckert war empört über das eigenmächtige Vorgehen der Studenten, die sich ohne mit ihm Rücksprache zu halten „aus freien Stücken am Abend zuvor über die Konvente der einzelnen Bünder" verabredet hatten und ihn somit vor vollendete Tatsache stellten.[102]

Eckert ging am Morgen mit seinem Stellvertreter Schwarting und seinem persönlichen Referenten Pflugradt sowie dem anwesenden Sonderbeauftragten für das Gebiet Hannover-Braunschweig, Obertruppführer Berger, zu der Veranstaltung und schilderte die Vorkommnisse wie folgt:

> „Hagedorn, in der Art eines Soldatenrats Beauftragten, versuchte mir den Zweck dieser Versammlung zu erklären, was ich kurz von der Hand wies. Hierauf bat ich Kamerad Berger als Kreisbeauftragter mit einigen drastischen Worten, den Standpunkt der Kreisleitung und des Nationalsozialisten überhaupt zu derartigen reaktionären und selbstherrlichen Uebergriffen klar zu machen. Die Menge antwortete mit Protestrufen und Drohungen. Nach den Worten Kamerad Bergers forderte ich die Anwesenden zum sofortigen Verlassen des Lichthofs auf. So endete dieser üble Auftritt."[103]

Studentenschaftsführer Eckert entwickelte nach diesem Vorfall große Energien, um die seiner Meinung nach Verantwortlichen durch Ausschluss aus dem NSDStB oder durch Amtsenthebung zu strafen und damit seine Autorität als Führer zu festigen. Er informierte sogar die Geheime Staatspolizei, da es sich, wie er meinte, „um eine Auflehnung gegen eine offizielle Parteidienststelle handelte."[104]

Noch am gleichen Abend schrieben die Verbände an den Führer der hannoverschen Studentenschaft eine „Feststellung" zu den Vorkommnissen, die von allen Vertretern der Verbände unterschrieben wurde. Aus dem Text geht hervor, dass die Korporationsführer sich dem Studentenschaftsführer gegenüber für eine Amtsenthebung von Berckens aussprachen, da sie sich durch die Glossen in den *Hannoverschen Hochschulblättern* beleidigt fühlten und davon ausgegangen waren, dass Eckert seinen Hauptamtsleiter decken würde. Zu einer „unliebsamen Erregung der Versammlung"[105] sei es nach den Verbändevertretern nur deshalb gekommen, weil Eckert nicht auf die sachlichen Äußerungen der Korporierten eingegangen sei. Auch hatten die NS-Funktionäre Berger, Eckert und Pflugradt den Vorschlag der Verbändevertreter abgelehnt, sich in die Räume der DSt zu begeben, um die Ange-

---

102 Studentenschaftsführer Ekkehard Eckert in einem Schreiben vom 26. 6. 1934 an den Kreisführer der DSt Obersturmbannführer Dr. Wolf Friedrich in Leipzig. Er gab dort an, mit den Glossen seines Hauptamtsleiters sehr unzufrieden zu sein. Er habe dem Verbänderreferent Klaus Müller mitgeteilt, dass er von Bercken des Amtes entheben würde. Eckert betrachtete den Vorfall damit als erledigt. NHStA Hann 320 IV/15. Ob von Bercken tatsächlich sofort entlassen wurde, ist unklar.
103 Studentenschaftsführer Ekkehard Eckert in einem Schreiben vom 26. 6. 1934 an den Kreisführer der DSt Obersturmbannführer Dr. Wolf Friedrich in Leipzig, NHStA Hann 320 IV/15.
104 Der Beamte erschien erst nach der Versammlung und konnte nur noch den „Anstifter" Hagedorn und den Waffenringführer Müller vernehmen. Ebenda, NHStA Hann 320 IV/15.
105 Vgl. das Schreiben der Verbändevertreter an den Studentenschaftsführer Eckert der TH Hannover vom 26. 6. 1934, NHStA Hann 320 IV/15.

legenheit dort zu besprechen und einen größeren Auflauf von Studenten zu vermeiden.

Da die Glossen einen erheblichen Aufruhr verursacht hatten, veröffentlichte Schulungsleiter Barfuß in der Juliausgabe der *Hannoverschen Hochschulblätter* zwei Stellungnahmen zu von Berckens Artikeln, die ungewöhnlich verständnisvoll und beschwichtigend waren. Er schrieb zum ersten Text von Berckens, dass er überzeugt sei, der Vorwurf, der liberalistische Geist herrsche noch tief an der Hochschule, nicht generell zuträfe. Er widersprach von Bercken und betonte, dass sich der Vorgang an der Wache anders zugetragen habe. Die älteren Semester hätten sich durchaus nicht wüst benommen, auch könne man sie nicht als demokratisch und feige bezeichnen. Es sei ferner auch kein Held bestimmt worden, sondern einer aus der Gruppe habe von sich aus mit dem Führer der Studentenschaft Rücksprache genommen.[106] Er forderte von den Studenten jedoch allgemein, dass sie für die Aufgaben der Studentenschaft und die Führung Verständnis haben müssten: „Wenn also irgend etwas einmal nicht klappt, so muß sich jeder darüber klar sein, daß es sich dabei nicht um bösen Willen handelt. Und wenn ein vergeblicher Weg getan wird, so bedauern wir das vielleicht am meisten."[107]

Diese fast entschuldigend klingenden Worte waren ein einmaliges Ereignis. In der Korrespondenz der NSDStB-Studenten wurde die korporierte Studentenschaft durchweg kritisch und abfällig beurteilt. Die Veröffentlichung der bisher nur intern geäußerten Ansichten durch von Bercken musste einen Sturm der Entrüstung nach sich ziehen, da in ihnen nicht nur die Ablehnung nachzulesen war, sondern den Korporierten das erste Mal offiziell die Existenzberechtigung abgesprochen wurde. Die nach den Protesten formulierten einlenkenden Worte des Hauptamtsleiters zeigen jedoch, dass die Studentenbundführung nicht daran interessiert war, die korporierten Studenten gegen den NSDStB aufzuwiegeln und durch eine Konfrontation zu einen.

Studentenschaftsführer Eckert schilderte in einem Bericht ebenfalls einen fast unüberbrückbaren Gegensatz zwischen Korporationsstudenten und den Studentenfunktionären. Erstere hätten dabei das Ziel,

> „die Aufmerksamkeit höherer Instanzen auf die von einer ‚120-prozentigen' Studentenschaftsführung geknebelten hannoverschen Studentenschaft zu ziehen und auf diese Weise eine dem reinen Korporationsstudententum unbequeme revolutionäre Studentenschaftsführung zu beseitigen. Diese Methoden brechen hier in Hannover immer wieder durch trotz ewiger Versuche, eine kameradschaftliches Vertrauensverhältnis herzustellen, wie es z. B. durch das gutgelungene Schulungslager bereits gegeben schien; [...] Es fällt dieses ganz eindeutig unter das allgemeine Kapitel Reak-

---

106 Von Bercken hatte behauptet, es sei ein Student als „Held" auserkoren worden, der sich beschweren sollte, aber nicht den Mut gehabt hätte, den Studentenschaftsführer aufzusuchen.
107 Barfuß, Rudolf: Hört, hört, was ist passiert?, in: *Hannoversche Hochschulblätter* 19. Semesterfolge (Juli 1934) Nr. 10, S. 147.

tion. Man verbreitet überall die Stimmung, wir wollten auf alle Fälle die Korporationen auflösen, nur weil wir Freistudenten sind."[108]

Eckert deutete den Konflikt in seinem Brief als einen zwischen korporierten und so genannten wilden (freien) Studenten, zwischen „privilegierten" und „kämpfenden" Studenten. Aus dieser Perspektive legitimierte der Nationalsozialismus die Gewalt als Mittel zur Nivellierung von Klassenunterschieden, die für Menschen wie Eckert kaum mit demokratischen und parlamentarischen Einrichtungen hätten erreicht werden können. So schlug er vor, rücksichtslos mit allen „Machenschaften" aufzuräumen und die „brennende Frage um die richtige Form der Weiterexistenz der Korporationen" zu beantworten, was für ihn hieß, „die guten Kräfte in diesen Bündern aus ihrer reaktionären Umklammerung" herauszulösen. Das Ziel war letztlich die „Schaffung eines einheitlichen Typus des politischen Studenten"[109].

Die Folgen der Angelegenheit für die Beteiligten ist daher nicht überraschend. Mitte Juli erklärte Eckert in einem Rundschreiben der Studentenschaft, dass die beiden Studenten, die von Bercken in der Mensa vorgeführt hatten „wegen des gewaltsamen Vorgehens gegen einen Amtsträger der Studentenschaft"[110] einen Verweis bekommen hätten. Der Student Hagedorn wurde durch den Studentenschaftsführer aus dem NSDStB und für ein Semester auch aus der DSt ausgeschlossen. Der Waffenringführer[111] Klaus Müller wurde von seinem Posten als Sprecher der Korporationen (Verbändereferent) ebenfalls entbunden, weil dieser schon am Abend von der Versammlung am nächsten Tag gewusst hatte, ohne den Studentenschaftsführer Eckert zu informieren und damit gegen das Führerprinzip verstieß.[112]

Das Vorgehen von Hagedorn sei ein schwerer Verstoß gegen das unbedingte Führerprinzip der Studentenschaft. Dieses dulde auf keinen Fall, dass berechtigte Kritik an Fehlern der Studentenschaft zur Anwendung parlamentarisch-demokratischer Methoden führe. Weiter bezeichnete Eckert die Vorgänge „vom SA-mäßigen Standpunkt des NSDStB als Meuterei" und als eine verbotene Protestversammlung. Der Rektor habe daher ein Disziplinarverfahren wegen Gefährdung der akademischen Disziplin gegen den Studenten Hagedorn eingeleitet, dass dadurch begründet sei, dass Hagedorn eine Versammlung in einem Raum der Hochschule, der jedem zugänglich ist, einberufen habe.[113]

---

108 Studentenschaftsführer Eckert in einem Schreiben vom 29. 6. 1934 an Kreisführer Dr. Wolf Friedrich, NHStA Hann 320 IV/15.
109 Ebenda.
110 Vgl. das Rundschreiben des NSDStB vom 13. 7. 1934, NHStA Hann. 320 IV/15.
111 Der „Allgemeine Deutsche Waffenring" (ADW) entstand 1919 „als Verteidigungsbündnis der schlagenden Korporationen gegen Angriffe auf ihre Bräuche", Faust (1973), Bd. 1, S. 22. Der überkorporative Zusammenschluß brach im Sommer 1934 auseinander, es entstand der „völkische Waffenring". Ebenda, S. 130.
112 Vgl. das Schreiben Eckerts vom 26. 6. 1934 an den Kreisführer der DSt Obersturmbannführer Dr. Wolf Friedrich in Leipzig, NHStA Hann. 320 IV/15.
113 Studentenschaftsführer Eckert in einem Rundschreiben des NSDStB vom 13. 7. 1934, NHStA Hann 320 IV/15.

Dass die Differenzen weniger aus weltanschaulichen Gründen entstanden waren und sich eher an der Person des Studentenschaftsführers Eckert entzündet hatten, zeigt die Reaktion Hagedorns auf seinen Ausschluss aus dem NS-Studentenbund. Er schickte seine NSDStB Mitgliedskarte an Eckert zurück und fragte gleichzeitig nach Berufungsmöglichkeiten „bis zur höchsten Instanz"[114]. Da er auf sein Schreiben keine Antwort erhielt, beschwerte er sich bei Kreisleiter Friedrich in Leipzig. Er beschuldigte Eckert, sich mehrfach geweigert zu haben, von Bercken aus seinem Amt zu entlassen, was den Unmut der Studenten hervorgerufen habe. Insgesamt sei der Führungsstil Eckerts zu kritisieren. So habe dieser im Sommersemester weder die bündische Kammer[115] einberufen noch auf andere Weise sich persönlich „des Vertrauens der gesamten Gefolgschaft"[116] versichert. Den Kontakt zur Studentenschaft habe Eckert lediglich durch Rundschreiben, Anschläge und schriftliche Anordnungen aufgenommen, was Hagedorns Meinung nach nicht die Autorität fördern würde. Hagedorn fühle sich aber trotz allem

> „auch jetzt noch als suspendiertes Studentenschaftsmitglied verpflichtet, Ihnen dieses zur weiteren Veranlassung zu unterbreiten, da durch die Verfehlungen der Führung ein Zustand hervorgerufen ist, der eine fruchtbare Arbeit in Frage stellt. Es muss leider festgestellt werden, dass fast die gesamte Studentenschaft die Massnahmen und das Auftreten Eckerts missbilligt und im Laufe dieses Semesters in eine ablehnende Haltung gerückt ist. Dieser Zustand ist unhaltbar, zumal gerade in Hannover eine geschlossene und zielbewußte Arbeit der Studentenschaft von Nöten ist und von uns allen gewünscht wird, da hier gegenüber anderen Hochschulstädten noch manches zurück ist. Seien Sie versichert, dass mein Vorgehen einzig und allein zum Ziel hatte und auch jetzt hat, die anwachsende Unordnung [sic!] zu beseitigen."[117]

Der stellvertretenden Kreisführers wies die Beschwerde Hagedorns ab und schrieb ihm „eine nicht geringe Verantwortung"[118] für die Versammlung Lichthof zu. Die Kreisführung stellte sich deutlich hinter ihren Bezirks- und Studentenschaftsführer Eckert.

Dass die Hochschule jedoch noch keineswegs ganz nach Eckerts nationalsozialistischen Vorstellungen geführt wurde, zeigt das Schreiben des Rektors von Sanden an Kreisführer Dr. Friedrich, in dem er diesem mitteilt, dass gegen Hagedorn kein Disziplinarverfahren eingeleitet würde. Die Verabredung von Hagedorn mit den Kor-

---

114 Hans Hagedorn in einem Schreiben vom 16. 7. 1934 an den NSDStB der Technischen Hochschule, NHStA Hann 320 IV/15.
115 Die bündische Kammer, verankert in der Studentenrechtsverordnung vom 22. 04. 1933, war „eine Konzession an die Verbände, die zwar an der undemokratischen Struktur nicht das geringste änderte (sie diente allein der Beratung), aber zusammen mit der Aufhebung des Mensurverbots am 26. Mai den Verbänden die Zustimmung zum neuen Staat noch erleichterte." Faust (1973), Bd. 2, S. 123.
116 Hans Hagedorn an den stellvertretenden Kreisführer vom 23. 7. 1934, NHStA Hann 320 IV/15.
117 Hans Hagedorn in einem Schreiben vom 23. 7. 1934 an den Kreisführer Dr. Wolf Friedrich, NHStA Hann 320 IV/15.
118 Der stellvertretende Kreisführer in einem Schreiben an Hans Hagedorn vom 27. 7. 1934, NHStA Hann 320 IV/15.

porationsführern stelle kein Verstoß gegen die akademische Disziplin dar: „Daß diese Besprechung später zu unerfreulichen Erscheinungen geführt hat, lag an Zufällen und Stimmungen, für die Hagedorn nicht verantwortlich gemacht werden kann."[119]

Eckert interpretierte in einem weiteren Bericht an Friedrich diese Entscheidung dahingehend, „dass hier der Begriff ‚akademische Disziplin' noch nicht identisch geworden ist mit dem Begriff nationalsozialistische Haltung."[120] Um den vom NSDStB verhängten Strafen die nötige Wirksamkeit zu verleihen und zu verhindern, dass diesen durch die Hochschule „der fühlbare Effekt genommen" würde, hielt Eckert eine gemeinsame Disziplinarordnung von Hochschule und Studentenschaft auf „nationalsozialistischer Gesinnungsgrundlage" für dringend erforderlich.

Die hochschulpolitische Lage im Sommersemester 1934 in Hannover war gespannt. Sowohl auf Seiten der nationalsozialistischen Studentenführer als auch der korporierten Studenten hatten sich unterschiedliche Erwartungen, Hoffnungen, aber auch neue Zwänge und Anforderungen zu einem explosiven Gemisch entwickelt. Jede studentische Fraktion hatte ihre ganz eigenen Vorstellungen vom „richtigen" Nationalsozialismus und deutete die bestehenden Verhältnisse vom jeweiligen Standpunkt. Während auf der einen Seite das Konstrukt einer Einheit vom „Arbeiter der Stirn" mit dem „Arbeiter der Faust" als die neue durchzusetzende soziale Ordnung favorisiert wurde, bestand auf der anderen Seite die Überzeugung, dass die bündische Erziehung in den Verbindungen einen wertvollen Beitrag zum neuen Staat beisteuern würde.

Die Lage spiegelte aber nicht nur spezifisch lokale Zustände wider, sondern erweist sich als Teil der reichsweiten hochschulpolitischen und gesellschaftlichen Stimmung. Gleichzeitig mit den Auseinandersetzungen an der Technischen Hochschule Hannover wurden auch an der Münchner Universität verschiedene Veranstaltungen durch Trampeln gestört. Es entstanden Tumulte und Schlägereien unter den Studenten, und sie sprachen sich sogar auf Flugblättern gegen „braune Studentenbonzen" aus, die ihre Freizeit und ihr Studium reglementierten. Diese „Münchner Studentenrevolte" war laut Grüttner ein Zeichen für die explosive Lage unter den Studenten zu der Zeit. Er deutet die Revolte auch als ein Symptom einer ersten großen Loyalitätskrise, die das NS-Regime im Frühjahr 1934 erlebt habe.[121]

Mitten in diese Auseinandersetzungen fiel die Ermordung Röhms und seiner Gefolgsleute aus der SA am 30. 6. 1934. Hitler hatte bereits im Juli 1933 das Ende der ‚nationalen Revolution' verkündet und war bestrebt, die Partei unter die Staatsfüh-

---

119 Rektor von Sanden in einem Schreiben vom 28. 7. 1934 an den Kreisführer Dr. Wolf Friedrich, NHStA Hann. 320 IV/15.
120 Studentenschaftsführer Eckehard Eckert vom 3. 8. 1934 in einem Schreiben an Kreisführer Dr. Wolf Friedrich, NHStA: Hann. 320 IV/15.
121 Grüttner (1995), S. 257. Siehe auch Wendt, der feststellt, dass dem Elan und der Aufbruchsstimmung der ersten Monate in weiten Bevölkerungskreisen Ernüchterung und Verbitterung gefolgt war und dass das nationalsozialistische Regime in einer Krise steckte. Wendt (1995), S. 120.

rung unterzuordnen.[122] Die unberechenbaren terroristischen Aktionen der SA und die Reden von einer „zweiten Revolution" ließen auch nach Hitlers Anordnung nicht nach. Mit Hilfe der SS und der Reichswehr wurde dieser Unruhefaktor (einschließlich des so genannten linken Flügels der NSDAP um Gregor Strasser) beseitigt.

Für die „Münchner Studentenrevolte" stellte Grüttner fest, dass eine gewisse Ruhe eintrat, da „jene Strömungen innerhalb der NSDAP, die auf eine ‚zweite Revolution' drängten, unter den studentischen Aktivisten einen relativ starken Rückhalt hatten. Erst nach dem sogenannten ‚Röhm-Putsch' waren solche Tendenzen zum Schweigen verurteilt."[123] Auch an der TH Hannover beruhigte sich die Lage und es kam in den folgenden Monaten zu keinen ähnlichen Ausschreitungen.

4.4 „…es setzt sich allmählich aber ein brauchbarer Typ durch": Die Kameradschaften ab 1935

Nach den vielfältigen, letztlich gescheiterten Bemühungen der DSt, die Studenten zu erfassen und in Kameradschaftshäusern unterzubringen, zeigten sich große Teile der Studentenschaft im Wintersemester 1934/35 an politischer Schulung und Erziehung wenig interessiert. Zwar hatte der NSDStB im November 1934 die „Führung und Richtung der studentischen Erziehung" von der DSt übernommen, die Folgen für die Studierenden waren zu diesem Zeitpunkt aber noch nicht abzusehen. Zunächst fand die eigentliche Arbeit des Studentenbundes im Rahmen von Arbeitsgemeinschaften statt.[124]

In Hannover fand die „Weihnachtskneipe" der Turnerschaft Brunonia größere Aufmerksamkeit, da sich Anwohner bei dem Rektor der TH Hannover Horst von Sanden über den Lärm beschwert hatten. Das nahm die Studentenbundsführung als Anlass, sich über die Sitten und Gebräuche der Korporationen allgemein zu äußern. In einem Rundschreiben gab der stellvertretende Führer der Studentenschaft bekannt, dass von Sanden der Brunonia die Anerkennung als akademische Verbindung entzogen und sie ersucht habe, die Anzeigetafel aus der Hochschule sofort zu entfernen. Daraufhin habe der Führer der Studentenschaft die Brunonia bis auf weiteres suspendiert. Die Studenten hätten sich ihrer Verantwortung als Mitglieder der Deutschen Studentenschaft nicht würdig gezeigt. Ihr Verhalten untergrabe „auf

---

122 Broszat (196914), S. 259.
123 Grüttner (1995), S. 250. Dort heißt es weiter: „Es ist sicher kein Zufall, daß zu diesem Zeitpunkt auch die Münchner Studentenrevolte auslief." Ebenda, S. 258.
124 Die beiden zentralen Arbeitsgemeinschaften in Hannover und Göttingen wurden von dem Gauschulungsleiter (Dipl. Ing.) Schirmer durchgeführt und erwiesen sich aus Sicht des Gaustudentenbundführers als zweckmäßig. An der TH Hannover wurden drei weitere Arbeitsgemeinschaften gegründet. Gaustudentenbundführer Eckert in einem Lage- und Stimmungsbericht des Gaus Süd-Hannover-Braunschweig vom 31. 5. 1935 an die Reichsleitung der NSDAP, Amt N.S.D. Studentenbund Reichsamtsleiter Pg. Derichsweiler, München, StA WÜ RSF II/109.

das Empfindlichste unsere Erziehungsarbeit, denn lärmende, besoffene Studenten" seien in den Augen schwer arbeitender Volksgenossen „Schädlinge an der Volksgemeinschaft."[125] Eckert schrieb dazu in den *Hannoverschen Hochschulblättern*:

> „Die Veröffentlichung der Maßnahme des Rektors und der sich daraus ergebenden Suspension der ‚Brunonia' in Presse und Rundfunk [...] beweist uns, mit welch großem Interesse und starker Anteilnahme die Oeffentlichkeit sämtliche studentische Angelegenheiten aufnimmt und verfolgt. Wir sind deshalb doppelt verpflichtet, in jeder Lage an die Worte des Führers zu denken, die er anläßlich der Proklamation des neuen Studentenrechts am 7. Februar 1934 in seiner großen Rede den Studenten zurief: ‚Die politische Führung einer Nation muß die wesentlichste Unterscheidung vom übrigen Volk nicht in einem höheren Genuß suchen, sondern in einer härteren Selbstzucht.' Studenten! Ihr wißt, was der Führer von Euch erwartet."[126]

Eckert bewertete in einem Bericht vom April 1935 die hochschulpolitische Lage insgesamt als nicht sehr günstig, da die Haltung der Gemeinschaft studentischer Verbände, GStV, nicht eindeutig sei. Die GStV wurde im Januar von dreizehn Verbänden als Reaktion auf den neu entstandenen „Völkischen Waffenring" gegründet.[127] Ihr Führer war der Chef der Reichskanzlei Hans-Heinrich Lammers, der im März ein Abkommen mit dem NSDStB schloss und darauf die (illusorische) Hoffnung gründete, die Korporationen in den NS-Staat eingliedern zu können. Im Mai waren bereits neunzehn Verbände und 500 Korporationen der GStV beigetreten, unter ihnen die Verbände des „Völkischen Waffenrings", der sich im April 1935 wieder aufgelöst hatte.

Eckert bemängelte weiterhin die Haltung der Rektoren als Führer der Hochschule, die zu Reibungen und Kompetenzstreitigkeiten mit dem NS-Studentenbund geführt habe. So habe er in seiner Funktion als Hochschulgruppenführer den Rektor der TH Hannover von Sanden aufgefordert, am 1. Mai vor der Hochschulgruppe des NSDStB zu marschieren, da der Studentenbund als Hoheitsträger der Partei innerhalb der Betriebsgemeinschaft Technische Hochschule die gesamte Studentenschaft, Dozentenschaft, Angestellten- und Arbeiterschaft anführe. Der Rektor, seit 1933 Parteigenosse, habe dies mit der Begründung abgelehnt, dass ihm die Hochschulgruppe nicht unterstehe und sie ihn daher nichts anginge. Die GStV kritisierte wiederum, dass die Hochschulgruppe geschlossen vor der Chargenabordnung und der übrigen Studentenschaft marschieren wolle.[128] Es ging im Prinzip um die Frage,

---

125 Rundschreiben Nr. 16/WS 1934/35 vom 16. 1. 1935, NHStA Hann 320 IV/17.
126 Eckert, Eckehard (der Führer der Studentenschaft): Stellungnahme zur Suspension der „Brunonia" (ATB), in: *Hannoversche Hochschulblätter* 20. Semesterfolge (Februar 1935) Nr. 5, S. 49. Die Suspension wurde jedoch bereits im April wieder aufgehoben. Siehe das Rundschreiben Nr. 2/SS 1935 vom 18. 4. 1935, NHStA Hann 320 IV/16.
127 Der „Völkische Waffenring" hatte sich im Oktober 1934 gegründet und bekannte sich vollkommen zum Nationalsozialismus sowie zur bedingungslosen Verwirklichung der nationalsozialistischen Grundsätze. Ihm gehörten die Deutsche Burschenschaft, der Verband der Turnerschaften, die deutsche Sängerschaft, die deutsche Wehrschaft, der Naumburger Thing und der akademische Fliegerring an.
128 Gaustudentenbundsführer Eckert in einem Lage- und Stimmungsbericht des Gaus Süd-Hannover-Braunschweig vom 6. 5. 1935 an die Reichsleitung der NSDAP, Amt N.S.D. Studenten-

welche Fraktion den Fackelzug der Hochschule anführen sollte. Der Rektor als Führer der Hochschule war offenbar nicht bereit, den Studentenbund vorweg marschieren zu lassen oder sich vom Gaustudentenbundsführer die Rangordnung vorschreiben zu lassen. Die korporierten Studenten wiederum wollten ihre Vorgesetzten, die Chargen, an der Spitze des Zuges positionieren.

Kurz nach der Maifeier 1935 fand der erste Ausspracheabend der GStV an der TH Hannover statt. In einem Artikel der *Hannoverschen Hochschulblätter* hieß es dazu, dass der Sinn der Gemeinschaft darin läge, die Zerrissenheit und den weiteren Zerfall der Korporationen aufzuhalten. In einer Erklärung ließen die in der GStV organisierten Verbände verlautbaren, dass sie durch gemeinsame Arbeit dem nationalsozialistischen Staat dienen und sich in aufrichtigem Streben als wertvolle Diener der nationalsozialistischen Bewegung an den Hochschulen erweisen wollten. Auch Gaustudentenbundsführer Eckert hielt eine Rede, die der Autor des Artikels als „letzten Appell" deutete. Es sei zum Ausdruck gekommen, dass den Korporationen nun zum letzten Mal die Gelegenheit gegeben würde, sich im nationalsozialistischen Sinne zusammenzuschließen und in die „große deutsche Front" einzureihen. Ansonsten wäre das Korporationsstudententum dem Untergang geweiht.[129]

Trotz all der Drohungen und Warnungen zeigten sich die Korporationsstudenten wenig beeindruckt. Über den Mai 1935 berichtete Gaustudentenbundsführer Eckert, dass die Korporationen zwar nicht gegen den Studentenbund arbeiteten, aber im allgemeinen, dem Kampf des NSDStB mit „grösster Lauheit" gegenüberstünden.[130] Sie entwickelten zwar „in der Entfaltung ihres so genannten Brauchtums größte Regsamkeit", aber in Hinblick auf ihre Mitarbeit bescheinigte Eckert ihnen eine beständige Grundhaltung: „nämlich lau, passiv, indifferent, träge."[131] Die Gruppenführer seien daher nicht in der Lage, in einer Korporation verlässliche Kameraden zu finden, die man als Führer einsetzen könne. Die mangelnde Initiative

---

bund Reichsamtsleiter Pg. Derichsweiler, München, StA WÜ RSF II/109. In Rundschreiben Nr. 4, Sommersemester 1935 vom 26. 4. 1935 hieß es zur geplanten Maifeier: „An der diesjährigen Maifeier nimmt die Hochschule wie in den Vorjahren geschlossen teil. Der Studentenbund marschiert vor der Belegschaft und der Dozentenschaft. Die Chargen marschieren in Vollwichs in Sechserreihen an der Spitze. Dann folgt die Studentenschaft in Vollcouleur und Strassenanzug in Achterreihen." NHStA Hann 320 IV/16.

129 Unbekannter Autor: Gründung der Gemeinschaft Studentischer Verbände, in: *Hannoversche Hochschulblätter* 21. Semesterfolge (Mai 1935) Nr. 8, S. 89–90, hier S. 89.

130 Den Grund dafür sah er in der Abmachung zwischen dem NSDStB und der GStV, die dazu geführt hätte, dass die Verbindungen sich unter der Schirmherrschaft von Lammers sicher und geborgen fühlen würden. Gaustudentenbundsführer Eckert in einem Lage- und Stimmungsbericht des Gaus Süd-Hannover-Braunschweig vom 31. 5. 1935 an die Reichsleitung der NSDAP, Amt N.S.D. Studentenbund Reichsamtsleiter Pg. Derichsweiler, München, StA WÜ RSF II/109.

131 Über die einzelnen NSDStB-Gruppen berichtete er im Juni 1935 nach einer Rundfahrt durch „sein Gaugebiet", dass sich im Allgemeinen durchaus ein befriedigendes Bild zeige. Überall bestünde ein Stamm älterer Studentenbundskameraden, die die eingeschlagenen Linien der Semesterarbeit fortführten. Gaustudentenbundsführer Eckert in einem Lage- und Stimmungsbericht des Gaus Süd-Hannover-Braunschweig für den Monat Juni 1935 (undatiert), StA WÜ RSF II/109.

von Studierenden war augenscheinlich kein spezielles Problem der TH Hannover. Auch an den übrigen Hoch- und Fachschulen Niedersachsens war weder „revolutionärer Schwung" noch aktive nationalsozialistische Mitarbeit der Studenten zu bemerken. Eckert notierte im Mai resigniert, dass

> „die ganze Arbeit von einem kleinen Häuflein von Kameraden mühsam aufrechterhalten wird. Es ist im allgemeinen immer dasselbe Bild: Der Kampf gegen die Verständnislosigkeit des Lehrkörpers, gegen die Abgeschlossenheit der Korporationen und schließlich gegen den immer noch weit verbreiteten Typ des Inaktiven und wilden Privatstudenten."[132]

Am 25. Juni 1935 veröffentlichte der Reichsamtsleiter des NS-Studentenbundes Richtlinien für die studentischen Korporationen, die sie verpflichteten, drei studentische Mitglieder in ein mehrwöchiges Schulungslager des NSDStB zu schicken. Für jede Korporation sollte ein Schulungsleiter ernannt werden. Ziel dieser Anordnung war, die Korporationsmitglieder vom Einfluss ihrer Alten Herren und Verbände zu lösen und sie direkt dem NS-Studentenbund zu unterstellen. Die GStV und ihr Führer Lammers lehnten die Richtlinien ab, was NSDStB-Reichsführer Derichsweiler, der vom Hochschulbeauftragten Dr. Gerhard Wagner unterstützt wurde, dazu nutzte, den studentischen Verbänden zu unterstellen, dass sie sich der nationalsozialistischen Erziehungsarbeit verweigerten.

Während die NS-Studentenführer auf lokaler und Reichsebene einen immer schärferen Kurs einschlugen, um die Korporationen in der Hochschule zurückzudrängen, klammerten sich die Verbände an formale Absprachen. So ging es aus Sicht des Corps Slesvico-Holsatia der TH Hannover zunächst darum, die Meldefrist für das Schulungslager zu verschieben, was Derichsweiler jedoch ablehnte. In der Corpsgeschichte heißt es dazu: „Dr. Lammers wandte sich daraufhin an den Führer, der die Verschiebung des Termins sofort genehmigte." Die GStV übergab dem NSDStB schließlich die bis dahin erfolgten 16 000 Zusagen für das Schulungslager. Für das hannoversche Corps Slesvico Holsatia war dies „ein Zeichen für die beispiellose Geschlossenheit, mit der die gesamte Studentenschaft hinter ihrer nationalsozialistischen Führung stand."[133]

Die Bereitwilligkeit der Korporationen, sich in die Schulungslager zu begeben, stieß in der Reichsstudentenführung auf kein Gehör mehr. Durch einen Vorfall, der den Vorgängen um die Suspension der hannoverschen Brunonia ähnelte, fand der „Völkische Beobachter" einen Anlass[134], sich auf die Korporationen im Allgemeinen

---

132 Gaustudentenbundsführer Eckert in einem Lage- und Stimmungsbericht vom 6. 5. 1935 an die Reichsleitung der NSDAP, Amt N.S.D Studentenbund, Reichsleiter Pg. Derichsweiler, München, StA WÜ RSF II 109.
133 Semesterberichte Sommersemester 1935, in: Corps Slesvico-Holsatia, Corpsgeschichte, Band 4 und 5, S. 149.
134 Gemeint ist die „Spargelaffaire" rund um das Heidelberger Corps Saxoborussia, vgl. Grüttner (1995), S. 306 f. Der Kommentar von Schirachs zu den Ereignissen ist der Argumentation Eckerts fast wortgleich: Es böte sich ein „furchtbares Bild der Verrohung und Zuchtlosigkeit, ja, abgrundtiefen Gemeinheit einer kleinen Clique von Korporationsstudenten, die lärmt und säuft, während Deutschland arbeitet." Zitiert nach Grüttner (1995), S. 307.

und die Corps im Besonderen zu stürzen, bis sich die Gegensätze so zugespitzt hatten, dass Hitlers Machtwort gefragt war. In einer Besprechung vom 15. Juli 1935 entschied „der Führer", dass das Ziel, die Korporationen in die nationalsozialistische Erziehungsarbeit zu integrieren, aufgegeben werden sollte und dass es keine Vereinbarung zwischen der Partei und der GStV mehr geben würde.[135]

Daraufhin löste sich am 28. September 1935 der Verband Weinheimer Senioren Convent (WSC), dem die vier hannoverschen Corps angehörten, auf. Wenige Tage später schloss die Deutsche Burschenschaft mit dem NSDStB ein Abkommen, das ihre Korporationen in Kameradschaftshäuser des NS-Studentenbunds verwandelte.[136] Im Oktober lösten sich schließlich die meisten studentischen Verbände auf, einzelne Korporationen bestanden zum Teil weiter, andere suspendierten sich. Wie sehr sich einzelne Korporationen dadurch getroffen fühlten, dass sie sich nicht aktiv in den nationalsozialistischen Staat einbringen durften, zeigen die Reaktionen aus dem Corps Slesvico-Holsatia der Technischen Hochschule Hannover. So entschlossen sich die Mitglieder des Corps einstimmig dafür, ihre Korporation zum 18. November zu suspendieren. Auf der letzten Stiftungsfestkneipe als aktive Verbindung wies der Alte Herr K.

> „auf die Verdienste der Korporationen an der Erziehung der akademischen Jugend hin und betonte, daß die alten bewährten waffenstudentischen Erziehungsgrundsätze auch noch für die heutige Jugend brauchbar seien und daß es außerordentlich bedauerlich sei, daß die Waffenstudenten gegen ihren Wunsch und Willen [!] von der charakterlichen Erziehung der akademischen Jugend ausgeschlossen würden und daß sie trotz besten Willens zur positiven Mitarbeit ständig verächtlich gemacht und in einen Abwehrkampf gedrängt würden."[137]

Es herrschte Enttäuschung vor, die sich aber umso enger mit dem Bekenntnis zu Volk und Führer verband. So endete der letzte „Feierliche Corpsburschen-Convent" (FCC) der Slesvico-Holsatia „würdig" und in „feierlichster Form" mit einem dreifachen „Sieg Heil" auf Volk und Führer sowie dem Deutschland- und Horst-Wessel-Lied.

---

135 Die GStV versuchte noch, sich anzupassen. Die Deutsche Burschenschaft wollte die Integrität der GStV beweisen, in dem alle Ausnahmen, die „nicht-arische" Mitglieder betrafen, aufgehoben werden sollten. Das wurde auch nach längeren Debatten durchgeführt. Von 22 Verbänden hatten jedoch bereits elf alle „Nicht-Arier" aus ihren Korporationen ausgeschlossen. Zuletzt weigerte sich nur noch der Kösener SC (der Verband der schlagenden Corpsverbindungen an den Universitäten), der dann aber nach dem Ausschluss aus der GStV ebenfalls einlenkte. Vgl. ebenda S. 308 f.
136 In einem Erlass vom 2. 11. 1935 des Reichsamtsleiters des NSDStB im Einvernehmen mit dem Bundesführer der Deutschen Burschenschaft heißt es unter 9.): „Die Mitglieder der Alt-Kameradschaften müssen ihre arische Abstammung bis zum 1. Januar 1800 nachgewiesen haben." Und unter 16.): „Die Zeitschrift ‚Burschenschaftliche Blätter' wird als Zeitschrift vom NSDStB übernommen und erhält als Titel bzw. Untertitel die Worte ‚Ehre – Freiheit – Vaterland'." NHStA Hann 320 IV/105.
137 Semesterberichte Wintersemester 1935/36, in: Corps Slesvico-Holsatia, Corpsgeschichte, Band 4 und 5, S. 152.

Von den Verbindungen der TH Hannover meldeten sich im November 1935 die Turnerschaft Tuisko, die Turnerschaft Armino-Hercynia sowie das Corps Brunsviga bei der Reichsamtsleitung und Gauamtsleitung, um als Kameradschaften in den NSDStB aufgenommen zu werden.[138] Hinzu kamen das Corps Alemannia, die Turnerschaft Hansea und das Corps Hannovera, die sich bereit erklärten, dem NSDStB als Kameradschaften zur Verfügung zu stehen. Hochschulgruppenführer Jebe gab in einer Bestandsaufnahme an, dass außer den Burschenschaften, die bereits ihre Eingliederung in den Studentenbund vollzogen hatten, nur drei weitere Korporationen zur teilweisen Übernahme als Kameradschaften geeignet seien: Hannovera, Tuisko und Armino-Hercynia.[139]

Ein halbes Jahr später, am 14. Mai 1936, verbot Heß allen Mitgliedern der Partei und allen Angehörigen von Parteigliederungen die Mitgliedschaft in studentischen Verbindungen. Damit besiegelte er das Ende der studentischen Korporationen, da es viele Studierende gab, die sowohl einer Parteiformation als auch einer Verbindung angehörten. Zwar sind keine genauen Zahlen überliefert, es kann aber davon ausgegangen werden, dass viele Studenten sowohl einer Parteiformation als auch einer Verbindung angehörten. An der TH Hannover soll es zahlreiche „Doppelmitgliedschaften" gegeben haben, wie der Referent für Kameradschaftserziehung an den Gaustudentenbundsführer Eckert meldete, der eine Aufstellung dieser zwei- oder mehrfach organisierten Studenten verlangt hatte. Der Referent antwortete darauf, dass er eine solche Liste noch nicht einreichen könne, da es sich um eine große Anzahl Studenten handele, deren Erfassung viel Zeit beanspruche.[140]

Folge der Anordnung war, dass sich die zweifach gebundenen Studenten für eine Organisation entscheiden mussten. Da die meisten waffenstudentischen Verbindungen politisch zuverlässig waren und hinter dem nationalsozialistischen Staat und vor allem dem „Führer" standen, war es für die korporierten Studenten eine unerträgliche Vorstellung als „staatsfeindlich" zu gelten. Sie sahen sich daher gezwungen, ihre Korporationen aufzulösen.[141] Die Verbände konnten nicht verstehen, dass sie ihre Eigenständigkeit aufgeben und sich den nationalsozialistischen Strukturen unterordnen sollten, weil sie sich als wichtigen Teil dieser von ihnen befürworteten Staatsform sahen. Dass der von Heß erhobene „totale" Herrschaftsanspruch über die Korporationen zur nationalsozialistischen Diktatur gehörte, konnten oder wollten sie nicht sehen.

---

138 Siehe das Eilrundschreiben des Gaustudentenbundsführers Eckert ohne Datum, aber mit dem Eingangsstempel vom 6. 11. 1935 an den Hochschulgruppenführer Jebe, NHStA Hann 320 IV/37.
139 Hochschulgruppenführer Jebe in dem Antwortschreiben auf Eckerts Eilrundschreiben vom 6. 11. 1935, NHStA Hann 320 IV/37.
140 Der Referenten für Kameradschaftserziehung in einem Schreiben vom 5. 6. 1936 an die Gaustudentenbundsführung, Hannover, NHStA Hann 320 IV/80.
141 Das zeigte bereits die Auflösung des Corps Slesvico-Holsatia. Auch eine Göttinger Burschenschaft notierte in ihrem Protokollbuch, dass es sich um einen „bedauerlichen Irrtum" handele, wenn der Staat in ihnen die Reaktion verkörpert sehe. Und weiter: „Eine Korporation aber gegen den Willen des Führers können wir nicht aufrechterhalten, weil wir uns alle zu ihm bekennen." Bernhardi, Horst: Die Göttinger Burschenschaft 1933–1945. Ein Beitrag zur studentischen Geschichte in der nationalsozialistischen Zeit, Heidelberg 1957, S. 226.

In Hannover meldeten auf Grund des Erlasses neunzehn Verbindungen schriftlich beim Studentenbundsführer ihre Auflösung, von denen das Corps Hannovera und das Corps Alemannia anboten, sich dem NSDStB zu unterstellen.[142] Im Juni 1936 reichte der Referent für Kameradschaftserziehung eine Liste bei der Gaustudentenbundsführung Hannover ein, in der alle Korporationen mit dem Datum ihrer Auflösung aufgeführt waren. Von lediglich neun Verbindungen war demnach bekannt (in einem Fall wurde es vermutet), dass sie ihren Verbindungsbetrieb noch aufrecht erhielten,[143] alle anderen hatten sich seit Herbst 1935 entweder aufgelöst oder suspendiert.[144]

Derichsweiler und der NSDStB hatten zumindest offiziell ihr Ziel erreicht: Die Korporationen waren von den Hochschulen und Universitäten weitgehend verschwunden. Es begann sich allerdings abzuzeichnen, dass ihr kompromissloser Kurs gegenüber den Verbindungen kontraproduktiv war. Durch die destruktive Politik von Derichsweiler und dem NS-Studentenbund herrschte eine „tiefe Verbitterung" in einem großen Teil der männlichen Studentenschaft an den Hochschulen sowie im akademisch gebildeten Bürgertum.[145] Im Lauf des Jahres 1936 erkannten das Reichserziehungsministerium (REM) und der Stab Heß, dass Derichsweilers Politik sich zudem negativ auf das Ansehen der NSDAP auswirkte. Im November 1936 musste Derichsweiler sein Amt niederlegen.

Nachdem Heß den Heidelberger Studentenfunktionär und SS-Obersturmbannführer Gustav Adolf Scheel zum Reichsstudentenführer ernannt hatte, der seinerseits auf einer Personalunion von DSt und NSDStB bestand, „begann eine ruhigere Phase nationalsozialistischer Studentenpolitik."[146] Schon im Mai 1937 wurden die Korporationen offiziell rehabilitiert, ohne dass die Studentenführung jedoch daran interessiert war, ihnen wieder einen Platz im akademischen Leben einzuräumen. Es ging Scheel aber nicht nur darum, die Beziehungen zu den korporierten Studenten und ihren Verbänden zu verbessern. Sein Ziel war, die Kameradschaften dadurch wieder attraktiver und vor allem effektiver gestalten, um die Studenten der ersten

---

142 Sämtliche Schreiben an den Studentenbundsführer der Technischen Hochschule Hannover vgl. NHStA Hann 320 IV/80.
143 Es handelte sich um das Corps Hannovera, die Landsmannschaft Niedersachsen, die Turnerschaft Hansea, die Sängerschaft Franconia, die Rudergemeinschaft Angaria, die dem Akademischen Turnbund angehörigen Brunonia und Nordmark sowie die katholischen Verbindungen Gothia und Rheno-Guestphalia. Der Referent für Kameradschaftserziehung in einem Schreiben vom 5. 6. 1936 an die Gaustudentenbundsführung, NHStA Hann 320 IV/80.
144 Das hieß jedoch nicht unbedingt, dass sie *tatsächlich* vollkommen verschwunden waren. In der Chronik der Turnerschaft Tuisko lässt sich nachlesen, dass ihre Auflösung am 18. 5. 1936 „fast nur eine Formsache" gewesen sei. Der Altherrenvorstand (AHV) hatte den Entschluss gefasst, „die Aktiven, Inaktiven und AM als ‚außerordentliche Mitglieder' in den AHV aufzunehmen." Auch unter ihnen wurden die Grundsätze der Tuisko, inklusive Turnen, Fechten, Geselligkeit und gesellschaftlichem Verkehr hochgehalten, so dass sich am Betrieb nichts änderte. Die Turnerschaft war offenbar nicht die einzige Verbindung, die auf die Art weiter bestand. Auch die „Bünde, die ehemals als Kameradschaften anerkannt gewesen waren, machten es […] so, hatten enge Fühlung untereinander und berieten sich in allen wichtigen Fragen." Ohne Autor: 100 Jahre Turnerschaft Tuisko 1892–1992, S. 234.
145 Grüttner (1995), S. 315.
146 Ebenda, S. 317.

Hochschulsemester für die nationalsozialistischen Organisationen zu gewinnen. Scheel plante, 80 Prozent der Studierenden im NS-Studentenbund zu erfassen und ließ so das Vorhaben Derichsweilers, den NSDStB als Eliteformation zu organisieren, wieder fallen. Einen so hohen Organisationsgrad konnte Scheel zwar unter den Studierenden nicht erreichen, aber in der folgenden Zeit erhöhten sich die Mitgliedschaften insbesondere auch der weiblichen Studierenden.[147]

Ein weiteres Ziel Scheels war, die Alten Herren der Verbindungen mit dem NSDStB zu versöhnen, um die Häuser und das Geld der Verbindungen für die Studenten in seinem Sinn nutzen zu können. Die von Heß zu diesem Zweck bereits im Mai 1936 gegründete Studentenkampfhilfe hatte zunächst keinen großen Erfolg, was angesichts der Politik gegenüber den Verbindungen nicht weiter erstaunt. Im November 1936 waren erst 916 Altakademiker als Mitglieder im Reich registriert. Nach der Schlichtungsstrategie von Scheel und Heß erhöhten sich die Zahlen bis zum November 1937 immerhin auf 15 664 Mitglieder. Damit stellten sie trotzdem nur einen Anteil von rund 9 Prozent aller Altakademiker dar. In Hannover meldete die Studentenführung der Technischen Hochschule über die Semesterarbeit der Studentenkampfhilfe für die Monate Juli, August und September 1937 jeweils einen Anstieg um 17 bzw. 18 Prozent der Mitglieder. Insgesamt traten 400 Altakademiker dem Bund bei, was einen Organisationsgrad von rund 13 Prozent ergab. Das „Gau Südhannover-Braunschweig" verbesserte sich damit um zwei Ränge von Platz 13 auf Platz 11 der 32 existierenden Gaue des Reichsgebietes. Weiterhin meldete die Studentenführung, dass acht Altherrenschaften ihr Haus einer Kameradschaft zur Verfügung gestellte hätten; es handelte sich um die ehemalige Burschenschaft Germania und Arminia, das Corps Hannovera und Alemannia, die Turnerschaft Tuisko, die Ruderverbindung Angaria, den ATV Nordmark sowie den VDSt I. Als neunte Kameradschaft sei das Stammhaus des NSDStB eröffnet worden, „zu deren Jungmannschaft die Alt-Herrenschaft und die Aktiven der ehemaligen Turnerschaft Armino-Hercynia hinzugekommen" seien.[148] Gaustudentenbundführer Eckert bewertete diese Situation im Dezember 1937 dahingehend, dass die Altherrenschaft „mehr oder weniger" von den neuen Formen des studentischen Gemeinschaftslebens überzeugt worden sei. Ausschlaggebend für eine erfolgreiche Werbung sei die Initiative, der gute Wille und das Geschick der einzelnen Kameradschaftsführer.[149]

Es lässt sich also für die Technische Hochschule Hannover feststellen, dass sich die Lage durch die Ernennung Scheels zum Reichsstudentenführer beruhigte. Mit

---

147 Ebenda, S. 324 f.
148 Der Leiter des Amtes für NS-Studentenkampfhilfe der Studentenführung der Technischen Hochschule Hannover in einem Schreiben vom 9. 9. 1937 an die Alt-Herren-Verbände, NHStA Hann 320 IV/49. Die Turnerschaft Hansea hatte im Verbund mit dem Corps Brunsviga der Studentenführung ebenfalls angeboten, eine Kameradschaft 10 in dem vorhandenen Verbindungshaus zu etablieren. Die Studentenführung mußte das Angebot wegen der geringen Zahl an Studienanfängern (30 Neustudenten) ablehnen, stellte aber die Annahme des Antrags für das Sommersemester 1938 in Aussicht. Vgl. die Schreiben in NHStA Hann 320 IV/49.
149 Gaustudentenbundführer Eckert: Tätigkeitsbericht für November/Dezember 1937 (Gau Süd-Hannover-Braunschweig) vom 22. 12. 1937, StA WÜ RSF II 117.

Scheel, der „zweifellos über mehr taktisches Geschick verfügte als sein Vorgänger"[150] Derichsweiler, verknüpften die Verbindungen die Hoffnung, bei ihm auf mehr Verständnis zu stoßen.[151] Sie erwarteten, dass Scheel, der während seiner Studienzeit selbst Mitglied des VDSt in Heidelberg war, die Belange der schlagenden Verbindungen würde besser vertreten können als Derichsweiler, der dem Cartellverband der katholischen Verbindungen angehört hatte. So attestierte Scheel den Korporationen, einen wichtigen Beitrag zur Erziehung der Studenten zu leisten und führte im Juni 1937 eine neue Ehrenordnung für die Studenten ein. Durch eine Ehrenerklärung oder einen Zweikampf war es nun wieder möglich, „Genugtuung" zu erlangen. Die Bestimmungsmensur blieb jedoch für alle Mitglieder der DSt weiterhin verboten, um die studentische Erziehungs- und Kameradschaftsarbeit zu vereinheitlichen, wie es in einem Schreiben des Reichserziehungsministers hieß.[152] Dass das Mensurfechten nach wie vor eine sehr große Bedeutung innerhalb der Studentenschaft hatte, dem sich selbst die Studentenfunktionäre nicht entziehen konnten, zeigt ein Bericht des Gaustudentenbundführers Eckert:

„Am Morgen des 16. 12. wurde im Braunschweiger Schützenhaus die 1. scharfe Partie nach der neuen Zweikampfordnung ausgetragen. Unter starker Beteiligung von Alten Herren und teilweise noch etwas abseits stehenden waffenstudentischen Kreisen, ferner der Führerschaft des SS-Oberabschnitts Mitte und der SS-Junkerschule Braunschweig nahm die Mensur über eine Zeit von 20 Minuten einen äußerst befriedigenden Verlauf. Die gelockerte Form des Kampfes wirkte auf alle außerordentlich günstig. Leider mußte der als Unparteiischer fungierende Studentenführer Dr. Pook den einen Paukanten, der SS-Anwärter war, wegen wiederholter Feigheit abführen lassen. Die SS hat durch diesen Ausfall des Kampfes die endgültige Aufnahme des SS-Anwärters abgelehnt."[153]

---

150 Grüttner (1995), S. 317.
151 In der Chronik des Corps Hannovera ist zu lesen, dass an die Ernennung Scheels zum Reichsstudentenführer große Hoffnungen geknüpft wurden. So seien mit der erneuten Genehmigung und Anerkennung durch die Reichsführung als Kameradschaft 8 im Sommer 1937, deren Stamm wiederum die früheren Angehörigen der Kameradschaft Hannovera bildeten, wieder neue Füchse als Jungkameraden aufgenommen worden. Eckelmann, W. (u.a.): 125 Jahre Corps Hannovera an der Technischen Hochschule Hannover, Hannover 1991, S. 62. Es bestanden auch persönliche Kontakte zu Scheel, der der Autorin von einem Zeitzeugen als integere Persönlichkeit beschrieben wurde. In seiner Biographie ist die obige Passage als Beleg angeführt worden, dass Scheel im Grunde während seiner ganzen Laufbahn im Nationalsozialismus als Idealist gewirkt habe, der frei von Rassismus und Antisemitismus „das wahre Wesen der nationalsozialistischen Herrschaft und ihrer Führer und Methoden nicht erkannt hat." Franz-Willing, Georg: „Bin ich schuldig?" Leben und Wirken des Reichsstudentenführers und Gauleiters Dr. Gustav Adolf Scheel, Landsberg 1987, S. 112. Das Buch zeichnet sich durch vielfältige Rechtfertigungsstrategien aus. Zum Umgang von ranghohen Nationalsozialisten wie Scheel mit ihrer Vergangenheit siehe Jureit, Ulrike: Ein Traum in Braun. Über die Erfindung des Unpolitischen, in: Geulen, Christian/Tschuggnall, Karoline (Hg.): Aus einem deutschen Leben. Lesarten eines biographischen Interviews, Tübingen 2000, S. 17–36.
152 Der Reichs- und Preußische Minister für Wissenschaft, Erziehung und Volksbildung in einem Schreiben vom 16. 11. 1937, durch. Zschintzsch, NHStA Hann 320 IV/94.
153 Gaustudentenbundführer Eckert: Tätigkeitsbericht für November/Dezember 1937 (Gau Süd-Hannover-Braunschweig) vom 22. 12. 1937, StA WÜ RSF II 117.

Wenn die Studenten der schlagenden Verbindungen zunächst noch skeptisch oder abwartend „etwas abseits" das Geschehen verfolgten, so war diese öffentliche Mensur doch ein Angebot an die Korporationen und ein Hinweis auf die veränderte Situation unter Reichsstudentenführer Scheel. Die „starke Beteiligung" Alter Herren macht zudem deutlich, dass auch sie auf einen Neuanfang hofften. Ihre zunehmende finanzielle Unterstützung durch die Studentenkampfhilfe sowie die Umwandlung von acht Korporationshäusern zu Kameradschaften machten den NS-Studentenbund und die neuen Wohnformen auch in Hannover attraktiver.[154] Hinzu kam, dass das Amt des Studentenführers der Technischen Hochschule im August 1937 von Friedrich Schrepffer übernommen wurde, der als ehemaliger Angehöriger der Burschenschaft Germania offenbar eine perfekte Vermittlerrolle zwischen den Kameradschaften und der Gaustudentenbundführung unter Eckerts Leitung spielte.

Aber auch Gaustudentenbundsführer Eckert schien an der Mensur in der „gelockerten Form" Gefallen zu finden. Der Sinn der Mensur, der Beweis von männlicher Tapferkeit und unerschrockener, kühler Selbstbeherrschung waren durchaus Elemente des Verbindungswesens, die den nicht korporierten Studenten des NS-Studentenbunds zusagten und die sich mit ihren Vorstellungen eines „Soldaten" verbanden. In der obigen Beschreibung der Partie fungiert der Kampf zudem als Ausleseprozedur, wie sich an dem abgelehnten SS-Anwärter zeigt.

Dass sich die Politik Scheels auszahlte, verdeutlicht nicht nur der sich stetig erhöhende Mitgliederstand der Studentenkampfhilfe der folgenden zwei Jahre, sondern auch die Anzahl der Kameradschaftshäuser, die vom Wintersemester 1937/38 bis zum Sommersemester 1939 deutlich anstieg (siehe Tabelle 4):

Tab. 4: Die Technischen Hochschulen und die Anzahl der Kameradschaften

Technische Hochschulen	WS 1937/38[*]	SoSe 1938[**]	SoSe 1939[***]
Aachen	8	9	11
Berlin	14	15	25
Braunschweig	5	5	5
Breslau	4	5	8
Darmstadt	8	8	10
Dresden	5	6	6
Hannover	**9**	**11**	**14**
Karlsruhe	5	7	7
München	8	8	9
Stuttgart	8	10	10
Zusammen	**74**	**84 (+ 13,5%)**	**105 (+ 25%)**

[*] Aus Tabelle 16, StA WÜ RSF II* 450.
[**] Aus Tabelle 32, StA WÜ RSF II* 450.
[***] Aus einer nicht nummerierten Tabelle, die die Zahlen der Kameradschaften im Sommersemester 1939 an Universitäten und Technischen Hochschulen auflistet, StA WÜ RSF II* 450.

---

154 Vgl. auch Grüttner (1995), S. 324.

Die Technischen Hochschulen konnten die Anzahl der Kameradschaften vom Wintersemester 1937/38 bis zum Sommersemester 1938 um knapp 14 Prozent steigern und innerhalb eines Jahres bis zum Sommersemester 1939 nochmals um 25 Prozent. Betrachtet man den gesamten Zeitraum so zeigt sich, dass die Steigerung von 74 Kameradschaften auf 105 fast 42 Prozent betrug. An den Universitäten konnte im Zeitraum vom Wintersemester 1937/38 bis zum Sommersemester 1938 nur ein Anstieg um 5,3 Prozent verzeichnet werden. Ein Jahr später konnten die Universitäten die Zahl der Kameradschaften jedoch um fast 18 Prozent erhöhen, so dass die Steigerung innerhalb der aufgezeigten anderthalb Jahre 24 Prozent betrug – rund 18 Prozentpunkte weniger als an den Technischen Hochschulen.[155]

Tab. 5: Die Kameradschaftshäuser und ihre Mitglieder im WS 1937/38[156]

Technische Hochschulen	Zahl der Kameradschaften	Studenten insgesamt*	Aktive, anwesende Mitglieder**	Organisationsgrad i. Prozent***
Aachen	8	661	252	38,1
Berlin	14	1960	373	19,0
Braunschweig	5	362	101	27,9
Breslau	4	435	161	37,0
Darmstadt	8	1087	201	18,5
Dresden	5	973	182	18,7
Hannover	**9**	**842**	**235**	**27,9**
Karlsruhe	5	623	133	21,3
München	8	1587	348	21,9
Stuttgart	8	730	231	31,6
zusammen	**74**	**9260**	**2217**	**23,9**

*   Lorenz, Charotte: Zehnjahres-Statistik des Hochschulbesuchs und der Abschlussprüfungen, Bd. 1 Hochschulbesuch, Berlin 1944, S. 124–126.
** Der Status „aktives, anwesendes" Mitglied besagt: „Jungkameraden" (1–3 Sem.) plus ortsanwesende „Altkameraden" (ohne die ortsauswärtigen „Altkameraden" und natürlich ohne die Alte Herren und Gastkameraden), StA WÜ RSF II* 450.
*** Eigene Berechnungen.

In den insgesamt 74 Kameradschaften an den Technischen Hochschulen im Wintersemester 1937/38 waren knapp 24 Prozent aller eingeschriebenen Studierenden organisiert wie die obige Tabelle zeigt. Insgesamt gehörten zu dem Zeitpunkt 36,5 Prozent der Studenten dem NS-Studentenbund an, so dass sich fast zwei Drittel der im NSDStB organisierten Studenten für eine Mitgliedschaft in einer Kameradschaft

---

155 Vgl. im Anhang Tabelle 17: Die Universitäten und die Anzahl der Kameradschaften.
156 Die Kameradschaften des NSD-Studentenbunds an den Technischen Hochschulen im WS 1937/38, Tabelle 16, StA WÜ RSF II* 450. In der Tabelle finden sich auch Danzig und Köthen, die zehn bzw. vier Kameradschaften hatten, zu denen allerdings keine Studierendenzahlen ermittelt werden konnten.

entschieden.[157] An den Universitäten waren 32,7 Prozent der Studenten im NS-Studentenbund organisiert,[158] aber nur knapp die Hälfte, nämlich 16,3 Prozent, in den Kameradschaften aktiv.[159] Es zeigt sich, dass der Organisationsgrad der Studenten im NS-Studentenbund an den Technischen Hochschulen und Universitäten lediglich um 3,8 Prozentpunkte differierte, die Kameradschaften an den Technischen Hochschulen jedoch wesentlich erfolgreicher waren als an den Universitäten.[160]

Da die Mitgliederstärke der Kameradschaften sowohl an den Universitäten als auch den Technischen Hochschulen durchschnittlich deutlich geringer war als die des NS-Studentenbunds, ordnete die Reichsstudentenführung an, dass ab Anfang 1938 alle Studenten, die in den NSDStB eintreten wollten, zunächst zwei Semester Kameradschaftsdienst leisten müssten.[161] An den Technischen Hochschulen war diese Maßnahme offensichtlich besonders erfolgreich. Insgesamt konnten die Funktionäre des NSDStB dort wesentlich mehr Studenten für die Kameradschaften gewinnen als die Universitäten. So waren an den Technischen Hochschulen 1938 im Sommersemester 31,4 Prozent der Studenten aktive Mitglieder einer Kameradschaft[162], an den Universitäten jedoch nur 22 Prozent.[163] Die TH Hannover lag zudem deutlich über dem Durchschnitt der Technischen Hochschulen, da insgesamt 42,5 Prozent der Studierenden in einer Kameradschaft aktiv waren. Sie lag damit auf Platz vier hinter Breslau, Stuttgart und Aachen, wie auch schon im Wintersemester 1937/38. Im Vergleich mit den Universitäten befindet sich die TH Hannover sogar auf Platz drei hinter Königsberg und Göttingen.

Es zeigt sich, dass weder die Technischen Hochschulen mit einer eher geringen Anzahl an Studenten noch die großstädtischen Hochschulen wie Berlin oder München die meisten Studenten für einen Kameradschaftsbeitritt gewinnen konnten. Lässt man Breslau auf Grund der Sonderstellung heraus, weisen gerade die Hochschulen mit einer mittleren Anzahl an Studenten sowie einer starken Dichte an Korporationen, nämlich die TH Hannover, die TH Stuttgart sowie die TH Aachen, einen hohen Organisationsgrad der Studenten in Kameradschaften auf.

---

157 Vgl. im Anhang Tabelle 16: Die Studierenden der Technischen Hochschulen und ihre Zugehörigkeit zum NSDStB und zur NSDAP einschließlich der Aufschlüsselung nach Parteiformationen.
158 Der Organisationsgrad von 32,7 Prozent der Studierenden der Universitäten im NS-Studentenbund konnte, ebenso wie der für die technischen Studenten, nicht nachgerechnet werden, da in der Tabelle lediglich die Prozentzahlen, nicht aber die absoluten Zahlen aufgeführt worden sind. Zudem weichen die Angaben der Studierenden an Universitäten und Technischen Hochschulen von den offiziellen Zahlen (der Zehn-Jahres-Statistik für das Deutsche Reich) ab. Insgesamt sind statistische Daten in Bezug auf die SA-, SS- sowie die NSDStB-Mitgliedschaften der Studierenden kaum vorhanden.
159 Grüttner (1995), S. 502.
160 Vgl. ebenda, S. 325.
161 Ebenda, S. 325.
162 Siehe Tabelle 6: Die Kameradschaftshäuser und ihre Mitglieder im Sommersemester 1938.
163 Vgl. Grüttner (1995), S. 502.

Für die Zeit nach 1937 lassen sich damit drei Thesen der Literatur zumindest anzweifeln: Erstens die Annahme, dass bei Hochschulen in größeren Städten, und zweitens, dass bei Hochschulen mit einer hohen Anzahl an Korporationen der Organisationsgrad der Studenten geringer gewesen sei.[164] Sowohl Hannover als auch Stuttgart zählen mit 422 745 sowie 414 794 Einwohnern zu den größeren Städten im Reich und an beiden Hochschulen waren überdurchschnittlich viele Studierende korporiert.[165] Zudem wird drittens auch die Aussage, dass an Hochschulen mit vielen katholischen Studenten weniger Immatrikulierte im NS-Studentenbund und den Kameradschaften aktiv seien, durch das Beispiel Aachen widerlegt.[166] Die Zahlen der Technischen Hochschulen verdeutlichen, dass an den einzelnen Hochschulorten ganz unterschiedliche Effekte, Voraussetzungen und (personelle) Bedingungen eine Rolle spielten, die allgemein gültige Aussagen schwierig machen.

Tab. 6: Die Kameradschaftshäuser und ihre Mitglieder im Sommersemester 1938[167]

Technische Hochschulen	Zahl der Kameradschaften	Studenten insgesamt*	Aktive, anwesende Mitglieder**	Prozent***
Breslau	5	536	293	54,7
Stuttgart	10	782	382	48,8
Aachen	9	782	346	44,2
Hannover	11	894	380	42,5
Braunschweig	5	382	130	34,0
Darmstadt	8	1136	368	32,4
Dresden	6	1009	292	28,9
Karlsruhe	7	655	175	26,7
Berlin	15	2285	511	22,4
München	8	1650	299	18,1
Zusammen	84	10111	3176	31,4

* Lorenz (1944), S. 124–126.
** Vgl. Tabelle 5.
*** Eigene Berechnungen.

---

164 So Jarausch (1984), S. 159 und Grüttner (1995), der zwar bemerkt, dass die Unterschiede zwischen einzelnen Universitäten beträchtlich seien, aber letztlich zu dem Schluss kommt, dass die Kameradschaften in Berlin, Hamburg und München sowohl wegen der Anonymität der Großstadt als auch der vielfachen Freizeitmöglichkeiten weniger Mitglieder hatten. Für die Universitäten mit einer mehrheitlich katholischen Studentenpopulation wie Münster, Freiburg, München, Bonn und Köln stellt er relativ schwache Kameradschaften fest. Ebenda, S. 325.
165 Vgl. Der Große Brockhaus. Handbuch des Wissens in 20 Bänden, Leipzig 1928–1931 und Steinberg (1977), S. 146.
166 In Aachen waren im Sommersemester 1930 gut 57 Prozent der Studenten katholischen Glaubens, gut 36 Prozent evangelischen Glaubens und 1,3 Prozent jüdischen Glaubens. Vgl. Grüttner (1995), S. 495.
167 Zusammensetzung der Kameradschaften und Gliederungszugehörigkeit der Kameradschaftsmitglieder, Reichsstudentenführung, Organisations- und Personalamt, Organisationshauptstelle Sommersemester 1938, Tabelle 31, StA WÜ RSF II* 450.

Für die ansteigenden Kameradschaftshauszahlen und ihre Mitglieder an den Technischen Hochschulen lassen sich mehrere Ursachen ausmachen. Zunächst weist die Tatsache, dass aufgrund der Anordnung des Reichsstudentenführers die neuen Studenten verstärkt in den NS-Studentenbund eingetreten sind (und damit auch in eine Kameradschaft) auf einen Wandel der Studentenstruktur hin. Diejenigen, die sich im Laufe des Jahres 1938 immatrikulierten, waren bereits seit ihrer Pubertät vielfach in die Organisationen des NS-Staates eingebunden und hielten es unter Umständen für selbstverständlich auch an der Hochschule einer Kameradschaft anzugehören.[168] Hinzu kam, dass der Arbeitsmarkt für Techniker seit 1935 insgesamt wesentlich günstiger war als in den Jahren zuvor. Mit dem 1936 verkündeten Vierjahresplan war abzusehen, dass der Bedarf an Ingenieuren steigen würde, so dass verstärkt für die technischen Fächer und ein entsprechendes Studium geworben wurde. Aus der Sicht der Studenten und diplomierten Ingenieure hatte der nationalsozialistische Staat insofern ihre Hoffnungen erfüllt, was ebenfalls zu steigenden Mitgliederzahlen geführt haben könnte. Scheels Politik den Korporationen gegenüber sowie die „Parole Wissenschaft", die Reichserziehungsminister Rust im November 1936 ausgab, waren ebenfalls positive Zeichen für die Studenten.

An der Technischen Hochschule Hannover zeigen die Protokolle der Kameradschaftführerbesprechungen, die Tätigkeitsberichte des Gaustudentenbundführers Eckert sowie die Rundschreiben an die Kameradschaften und ein Bericht des Bereichsführers Nord Ende 1937 bis Mitte 1938, dass sich der eingeschlagene Kurs des Reichsstudentenführers Scheel tatsächlich bewährte. Gaustudentenbundführer Eckert berichtete von Festigung und weiterem Auftrieb, den der Aufbau der Kameradschaften erfahren habe. Die Kameradschaften hätten gut durchgehalten und verdient, dass ihnen zum Ende des Monats Januar 1938 Namen anstatt der bisher vorherrschenden Nummern verliehen würden.[169] Auch der stellvertretende Studentenführer Köster zeigte sich mit dem Erfolg an der TH Hannover zufrieden und bemerkte in seinem Rundschreiben zum Jahreswechsel:

„Liebe Kameraden! Zu Beginn des Neuen Jahres wollen wir auf das Vergangene kurz zurückblicken und uns Rechenschaft darüber abgeben, was bis jetzt geleistet wurde. Ich glaube, dass wir uns über die Entwicklung des studentischen Lebens an unserer Hochschule freuen können und dass wir stolz sein dürfen, mit gearbeitet zu haben, damit der NSD-Studentenbund unter der Führung des Reichsstudentenfüh-

---

168 In Tabelle 16: Die Studierenden der Technischen Hochschulen und ihre Zugehörigkeit zum NSDStB und zur NSDAP einschließlich der Aufschlüsselung nach Parteiformationen im Anhang heißt es: Die Studierenden „der ersten bis dritten Studiensemester im NS-Studentenbund zeigen bereits wesentlich bessere Verhältniszahlen. Von den 15 bisher gemeldeten Universitäten mit insgesamt 4906 ersten bis dritten Studiensemestern sind 57,3% im Studentenbund erfasst (gegenüber 32,7%, bezogen auf sämtliche Studiensemester), von den 8 bisher gemeldeten Technischen Hochschulen mit insgesamt 1739 Studenten 61,9% (gegenüber 36,5%). Daraus geht hervor, dass die vierten und höheren Semester wesentlich schwächer dastehen. Für die Zukunft ist also ein weiteres prozentuales Anwachsen angezeigt." StA WÜ RSF II* 450.
169 Gaustudentenbundführer Eckert: Tätigkeitsbericht für November/Dezember 1937 (Gau Süd-Hannover-Braunschweig) vom 22. 12. 1937, StA WÜ RSF II 117.

rers zu neuem Ansehen gelangte und zum entscheidenden Faktor in der Studentenschaft wurde. Innerhalb eines halben Jahres ist es uns gelungen, an unserer Hochschule 9 Kameradschaften aufzustellen, die nach dem Willen des Reichsstudentenführers den Studenten zum verantwortungsbewussten Mitglied der deutschen Volksgemeinschaft erziehen sollen. Damit sind uns unsere Aufgaben für das neue Jahr vorgezeichnet und es liegt an uns, diese zu erfüllen. Ich hoffe, dass Ihr Euch deshalb im neuen Jahr genauso wie im vergangenen für den NSDStB einsetzen werdet. Heil Hitler."[170]

Der Studentenschaftsführer der TH Hannover und selbst der sonst den Studenten gegenüber sehr kritisch eingestellte Gaustudentenbundführer Eckert waren also mit der Entwicklung zufrieden. Auch der Bereichsführer Nord stellte eine „wachsende Vertiefung der Kameradschaftserziehung" fest. Allerdings bemerkte er einschränkend, dass sich in Hannover und Braunschweig jedoch „verschiedentlich starke Tendenzen korporationsmässiger Art bemerkbar gemacht" hätten. Übereinstimmend sei von den meisten Studentenschaftsführern beklagt worden, dass es an geeigneten und gegenüber Beeinflussung voll *gefestigten* und genügend selbständigen Kameradschaftsführern mangle. Er sah die Gründe dafür darin, dass sich in der Studentenschaft die großen Versäumnisse früherer Zeit jetzt bemerkbar machen würden, da die älteren Studenten die Hochschulen verließen: „Dieser Mangel wird erst dann behoben werden, wenn neue Kräfte aus den jungen Kameradschaften herausgewachsen sind."[171]

Die Verhältnisse an der Technischen Hochschule Hannover wurden von interner Seite offenbar günstiger beurteilt als von externer. Das mag daran gelegen haben, dass den Studentenfunktionären vor Ort mittlerweile klar war, dass eine radikale „Gleichschaltung" im Sinne der Reichsstudentenführung nicht möglich war. Die Vorstellung einer komplett erfassten und aktiv mitarbeitenden Studentenschaft würde sich nicht erreichen lassen, so dass die neun im Wintersemester 1937/38 entstandenen Kameradschaften aus nationalsozialistischer Sicht durchaus positiv zu bewerten waren. Aber auch die Studenten, die vielfach tatsächlich noch starke Bindungen an die Altherrenschaft und die Traditionen ihrer Verbindungen hatten, konnten mit diesem Modus leben, wie die folgenden Beispiele zeigen werden.

Ein genauer Blick auf die alltägliche Praxis der Kameradschaften der Jahre 1937 und 1938 kann die bisher in der Forschung lediglich anhand der formalen Richtlinien zur Kameradschaftserziehung gewonnene These verifizieren, diese hätten sich „als eine eigenartige Mischung aus Parteiformation und studentischer Verbindung"[172] erwiesen. Das Beispiel der Technischen Hochschule Hannover macht

---

170 Der stellvertretende Studentenführer Köster in einem Rundschreiben an die Kameradschaften vom 6. 1. 1938, NHStA Hann 320 IV/83.
171 Arbeitsberichte der Bereichsführer 1937–1938 S. 119: der kommissarische Bereichsführer Nord an die Reichsstudentenführung, Adjutant, München in einem Lage- und Tätigkeitsbericht für den Bereich Nord des Reichsstudentenführers vom 1. 3. 1938 BA NS 38/6.
172 Grüttner (1995), S. 323. Siehe auch Brunck (1999), die sich in ihrem zwölften Kapitel „Die Kameradschaftszeit 1935–45" lediglich auf die Richtlinien der Reichsstudentenführung, einige Schreiben Alter Herren sowie sporadische Mitgliedszahlen der Kameradschaften stützt. Sie kommt dort zu dem Schluss, dass die Kameradschaften „zu Zellen der politischen Erziehung

deutlich, dass sich auch das „wirkliche" Leben in den Häusern der ehemaligen Verbindungen aus nationalsozialistischen und korporativen Elementen zusammensetzte.

Grundsätzlich sollten die Kameradschaften als „Dienststellen des NSD-Studentenbundes"[173] fungieren, wie es in einer Anweisung des Studentenführers der Technischen Hochschule Hannover vom August 1937 hieß. Als solche hätten die Kameradschaften ab 1. September 1937 die Studentenbundsfahne am Mast zu führen, die während des ganzen Semesters zu zeigen sei. Bei feierlichen Anlässen wären je nach Anordnung, zusätzlich noch ein oder zwei Hakenkreuzfahnen zu setzen. In einem Schriftwechsel der Kameradschaft Schulte mit der Studentenschaftsführung findet sich eine Bemerkung, die zunächst ungewöhnlich erscheint. Dort heißt es: „Unser Kamerad Mehrens ist mit drei Tagen Dimission bestraft. Die Strafe zieht nach Keilzeit."[174] Der Begriff „Dimission" entstammte den Regeln, die in den Korporationen herrschten und bedeutete, dass der betreffende Student wegen eines Vergehens, zum Beispiel schlechtes Benehmen, Feigheit o.ä. zur Rechenschaft gezogen wurde. Traditionell wurden dem Dimittierten strafweise die Farben seiner Verbindung entzogen, keiner seiner Corpsbrüder durfte mit ihm sprechen oder mit ihm verkehren, außer der dazu bestellte Verkehrsbursche. Auch das Betreten des Corpshauses war ihm verboten, ebenso wie der Besuch eines Kinos oder einer Kneipe. Nach Ablauf der Dimissionszeit kehrte der Student automatisch ins Corps zurück.[175]

In dem erwähnten Schreiben regte der Schriftwart der Kameradschaft Schulte des Weiteren an, dass „sich die Schriftwarte der Kameradschaften mindestens einmal in der Woche beim Stehkonvent treffen, um sich Mitteilungen betr. Beurlaubungen usw. mündlich zu machen" und so einen „überflüssigen Papierkrieg zu vermeiden."[176] Auch hieß es jeweils zu Semesterbeginn: „Das Sommersemester 1938 beginnt für die Kameradschaften am 29.03. um 10 Uhr. Damit ist der Beginn der Keilzeit gegeben. Zur Keile selbst werden von der Studentenbundsführung täglich Listen über die Neueinschreibungen ausgelegt."[177] Die Kameradschaftsführer erwarteten für das neue Semester etwa 200 Erstsemester von denen 70 bis 80 Prozent „gekeilt" werden sollten, wie es in dem Protokoll einer Kameradschaftsführerbesprechung hieß.[178]

---

mit eindeutiger Lenkung seitens der Partei" geworden seien und bezieht sich damit direkt auf eine Seite in Grüttners Studie, deren Aussage sie jedoch völlig unzutreffend zuspitzt. Brunck (1999), S. 369–386, hier S. 384.

173 Anweisungen des Studentenführers für die Kameradschaftshäuser in einem Schreiben vom 26. August 1937, NHStA, Hann 320 IV/83.
174 Die Kameradschaft Schulte im NSDStB in einem Schreiben vom 29.11.1937 an den Studentenführer, NHStA Hann 320 IV/83.
175 Paschke (1999), S. 89.
176 Der Schriftwart der Kameradschaft Schulte, Stiftstr. 9, an den Studentenführer der Technischen Hochschule Hannover in einem Schreiben vom 2.12.1937, NHStA Hann 320 IV/83. Mit rotem Stift ist das Wort „Genehmigt" unter den Brief geschrieben worden.
177 Protokoll einer Kameradschaftsführerbesprechung vom 18.3.1938, NHStA, Hann 320 IV/83.
178 Gaustudentenbundsführer Eckert berichtete im Dezember 1937, dass sich „die Erfassung der 1. Semester für die Kameradschaften […] zwischen 60 und 80 Prozent" bewege, so dass die

Die Dimission, der Stehconvent, die Keile am Semesterbeginn – all dies waren traditionelle Elemente des Verbindungswesens, die sich mit den Neuerungen der nationalsozialistischen Organisationen mischten. So standen zwar keine Korporierten mehr am Bahnhof, um die neuen Studenten anzuwerben. Dafür saßen die Studenten der Kameradschaften nun mit Listen in der Hochschule und versuchten die Erstsemestler für einen Beitritt in eine Kameradschaft zu gewinnen. Die Losung und das Programm für das neue Semester lautete: „Die 1. Semester sind möglichst schnell in Uniform zu stecken."[179] Die anschließend im Protokoll aufgeführten Veranstaltungen für das Sommersemester waren wiederum fast frei von militaristischen Anklängen oder politischer Indoktrination, was natürlich nicht heißt, dass es diese im Studentenalltag nicht gegeben hat. Eher ist es ein Hinweis darauf, dass Militarisierung und Politisierung der Gesellschaft mittlerweile so selbstverständlich war, dass man es nicht erwähnen musste.

An der Person des Studentenführers Schrepffers wird beispielsweise deutlich, dass es unter den Studierenden keine klare Differenz zwischen Herrschenden und Beherrschten gab. Dieser war – so geht es aus den Korrespondenzen hervor und wird durch Zeitzeugenaussagen untermauert – darum bemüht, den Korporationen als Kameradschaften zu ermöglichen, Tradition und Nationalsozialismus zu verbinden. So ergab sich ein „Gemengelage", in denen die Studenten Anweisungen hinnahmen und ihnen zustimmten, also „mitmachten", aber sich auch distanzierten und Anforderungen verweigerten oder umdeuteten.[180]

Das zeigt die Feier zum 1. Mai, die im Parkhaus von den Kameradschaften als „geselliges Betriebsfest" gefeiert werden sollte. Inhaltlich beschäftigten sich die Studenten in einer Kameradschaftführerbesprechung mit der Ausgestaltung der Feier, die mit den „Verkehrsdamen der Kameradschaften" begangen werden sollte. Geplant waren fünf bis sechs Programmpunkte, die neben den offiziellen Begrüßungsansprachen vorgeführt werden sollten:

> „Kameradschaft I übernimmt die Vorführung kleinerer Zaubertricks. Kameradschaft 8 und 9 die Hobelbank, Kameradschaft 2 die einleitende Fuchsenmimik. Losehand und Feldmann Accordeon-Solisten. Die Ausschmückung des Raumes und die Montage der Lautsprecheranlage übernimmt Kameradschaft 4. Die Kameradschaften 1,4,5,7,9 stellen je eine Studentenbundsfahne (sauber gewaschen)."[181]

Der 1. Mai, der zum „Nationalen Feiertag des deutschen Volkes" erklärt worden war, wurde in den Jahren nach 1933 weniger als ein Tag der Arbeit und der Arbeiter gefeiert, sondern vielmehr als ein nationales und deutsches Fest. Robert Ley erhob 1936 als Motto für die Volks- und Betriebsfeste die Formel „Freut Euch des Lebens". Dadurch, dass die gesamte Volksgemeinschaft an den schönen Inszenie-

---

Einschätzung für das nachfolgende Sommersemester realistisch erscheint. Gaustudentenbundsführer Eckert: Tätigkeitsbericht für November/Dezember 1937 (Gau Süd-Hannover-Braunschweig) vom 22. 12. 1937, StA WÜ RSF II 117.

179 Protokoll einer Kameradschaftsführerbesprechung vom 2. 4. 1938, NHStA, Hann 320 IV/83.
180 Vgl. Lüdtke, Alf: Einleitung: Herrschaft als soziale Praxis, in: Lüdtke (Hrsg.): Herrschaft als soziale Praxis, Göttingen (1991), S. 9–63, hier S. 18.
181 Kameradschaftsführerbesprechung vom 22. 4. 1938, NHStA Hann 320 IV/83.

rungen der Maifeiern partizipierte, wurden Klassenverhältnisse vordergründig unkenntlich.[182] Der Blick auf die Hochschule zeigt jedoch, dass hier die Bezeichnung des Hochschulfestes am 1. Mai als „Betriebsfest" lediglich ein Etikett war. Weder war die Hochschule ein Betrieb, noch nahmen die Angestellten an der Feier teil. Die Veranstaltung im Parkhaus war eine Feier, die mit „Verkehrsdamen" und der vorgeführten „Fuchsenmimik" deutlich Anleihen an das traditionelle Korporationsleben aufwies.

In dem Protokoll der Besprechung finden sich weitere Hinweise auf ein neu entstehendes Gemengelage korporativer und nationalsozialistischer Lebensformen: So wollten die Studenten statt der Hochschulwoche einen Studententag mit ihren Alten Herren begehen, der in einen sportlichen, einen festlichen und einen wissenschaftlichen Teil gegliedert werden sollte. Die Kameradschaftsführer beschlossen, dass auch die „Stiftungsfeste" der Kameradschaften während dieser Zeit stattfinden sollten. Dass im Jahre 1938 überhaupt Stiftungsfeste gefeiert wurden, ist an sich schon bemerkenswert. Aber dass diese Feiern, deren Anlass das Gründungsdatum der einzelnen Korporationen war, auch im offiziellen Schriftwechsel mit der Studentenführung zu finden sind, zeigt, dass von einer radikalen „Gleichschaltung" nicht die Rede sein konnte.

Dass das Interesse der Studenten darin lag, ein „harmonisches Zusammenleben" zu fördern, welches durch sportliche Aktivitäten, eine Hauskapelle sowie Tanzveranstaltungen mit Damen bereichert wurde, zeigen die Semesterberichte der Stammkameradschaft des NSDStB, der Kameradschaft 9 aus dem April 1938. Trotz der geringen Anzahl an Neueinschreibungen hatten sich im Wintersemester 1937/38 sieben Studenten für eine Mitarbeit gemeldet. In dem Bericht heißt es, dass der große Altersunterschied zwischen den neuen Studenten und schon älteren Semestern kein unüberwindbares Hindernis für ein harmonisches Zusammenleben in der Kameradschaft gewesen wäre. Da zahlreiche Studenten nach bestandenem Diplom im Sommersemester die Kameradschaft verlassen würden, habe sich der „Zuwachs an Jungkameraden" als besonders wertvoll und „fruchtbar" erwiesen. In den Sport- und Fechtbetrieb würde so frisches Leben hineingetragen. Es hätten Handball und Schwimmen als Mannschaftsdisziplinen auf dem Plan gestanden sowie ein Geländelauf im Wettstreit mit Kameradschaft 2. Der Fechtbetrieb hatte seinen Höhepunkt in den Ausscheidungskämpfen für die Meisterschaften der Technischen Hochschule. Einen weiteren Schwerpunkt der Aktivitäten von Kameradschaft 9 stellte die Gründung einer Hauskapelle dar. Mehrere der neuen Studenten konnten ein Instrument spielen, so dass die Kameradschaft bereits Weihnachten 1937 mit einem Klavierspieler, drei Akkordeonspielern, zwei Geigern, einem Cellisten sowie einem Gitarristen einige musikalische Stücke aufführte. Die Kameradschaft betonte, besonderen Wert „auf den Gehalt der Musikstücke" zu legen.[183]

---

182 Reichel (19913), S. 216.
183 Studentenführung Technische Hochschule, Kameradschaft 9: Bericht über die Arbeit im Wintersemester 1937/38 vom 8. 4. 1938, NHStA Hann 320 IV/83.

Zudem organisierte die Kameradschaft 9 gesellige Veranstaltungen, wie einige Kameradschaftsabende, bei denen Alte Herren anwesend waren sowie einen Teetanz. Das Verhältnis der Studenten zu ihren Alten Herren wurde als „unbedingt als gut" beschrieben. Die Alten Herren zeigten ein reges und wohlwollendes Interesse, was sich nicht zuletzt durch die großzügige Unterstützung der Kameradschaft äußere, heißt es in dem Bericht. So sei geplant, eine Fechtbahn anzulegen sowie Ausbesserungen am Haus durchzuführen. Es scheint an dieser Stelle fast so, als wären die „Ausbesserungen am Haus" deshalb aufgeführt worden, um zu verschleiern, dass sich Studenten und Alte Herren in erster Linie darum bemühten, einen regelmäßigen Fechtbetrieb aufzuziehen. Geplant war nämlich ebenfalls, Fechtzeug zu beschaffen, damit „auf dem Haus" Fechtstunden durchgeführt werden können.

Das Leben in der Kameradschaft wurde nach verbindungsstudentischen Regeln geführt. Wöchentlich fand die „Erziehungsstunde" statt, in der alle Fragen des studentischen Lebens, das Verhalten des Studenten in allen Lebenslagen und besonders Ehrenangelegenheiten anhand von vielen praktischen Beispielen durchgesprochen wurden. In dem Bericht heißt es weiter: „Ausserdem wurde sehr gründlich die Geschichte des Deutschen Studententums im allgemeinen und die des NSDStB im besonderen den Kameraden unterbreitet."[184] Die Geschichte des NS-Studentenbunds erscheint hier lediglich als Anhängsel und Pflichtübung. Der Schwerpunkt lag eindeutig auf den „Ehrenangelegenheiten" und dem Verhalten der Studenten. Zwar wurden auch die wöchentlichen Schulungsabende veranstaltet und zusätzlich Vorträge besucht: im Januar ein Vortrag über den „tausendjährigen Kampf des Sudetendeutschtums" sowie ein Kolonialabend zusammen mit Kameradschaft 6 und eine Großkundgebung des „Bundes deutscher Osten". Im Februar stand ein Vortrag des Außeninstituts über den studentischen Landdiensteinsatz auf dem Plan. Aber selbst diese aufgeführten Vorträge über den Osten, Sudetendeutschland usw. sind nicht als „neu" oder spezifisch nationalsozialistisch zu bewerten. Die Studenten hatten diese Themen lange vor 1933 in den Korporationen diskutiert und ausführlich in den *Hannoverschen Hochschulblättern* behandelt. Der nationalsozialistische Staat nahm aus dieser Perspektive die Rolle der lang erwarteten Führung ein, die dafür sorgte, dass Deutschlands außenpolitische Forderungen erfüllt wurden.[185]

Auch die offiziellen Veranstaltungen des Wintersemesters, bei denen alle Kameradschaften zusammen antraten, unterschieden sich nicht wesentlich von den Feiern in früheren Jahren. Am 11. 11. 1937 wurde die Langemarkfeier begangen, am 13.11. 1937 die Grundsteinlegung zum Hochspannungsinstitut, am 2. 12. 1937 die Studentenvollversammlung und feierliche Immatrikulation sowie am 30. 1. 1938 die Akademische Feier der Reichsgründung und der Nationalsozialistischen Erhebung in der Stadthalle.

---

184 Ebenda.
185 In einem Semesterbericht der Kameradschaft 3 vom 9. 4. 1938 heißt es: „Bei der Auswertung der Neujahrsproklamation des Führers ergab sich eine Zusammenfassung der deutschen Aussenpolitik mit besonderer Berücksichtigung der Grenzlandfragen und der geschlossenen Abkommen, der eine lebhafte Aussprache folgte. Zwangsläufig war hiermit ein Thema für einen weiteren Abend: die deutsche Kolonialpolitik gegeben." NHStA Hann 320 IV/83

Bedenkt man, dass es sich bei den beschriebenen Aktivitäten um die der *Stammkameradschaft* des NS-Studentenbunds handelte, so kann keine Rede davon sein, dass die Kameradschaften zu dieser Zeit als „politische Zellen des NSDStB" geführt wurden.[186] Darauf spielte auch die oben zitierte Kritik des Bereichsführers Nord an, als er von „korporationsmäßigen Tendenzen" in Hannover und Braunschweig sprach. Als Reaktion auf die Kritik der Bereichsführer lässt sich in einem Protokoll der Kameradschaftshausführer noch vom April 1938 nachlesen, dass die „Kameradschaftsführer bei Ihren Altherrenschaften darauf hinwirken [sollen], dass nun langsam sämtliche Wappen und Andenken an die alte Zeit verschwinden." Und gleich darauf einschränkend, dass hierbei natürlich die Form bewahrt bleiben müsse. Zudem geschehe das Hissen und Einziehen der Studentenbundsfahne auf den Kameradschaftshäusern nicht überall mit der notwendigen Sorgfalt. In Zukunft würden die betreffenden Kameradschaften zur Rechenschaft gezogen werden. Es sei darüber hinaus erwünscht, dass in Zukunft die Bierzipfel mit den alten Farben nicht mehr getragen würden und die Kameradschaften nicht mehr das Briefpapier der Korporationen, sondern das Briefpapier der Studentenführung benützten.[187]

Aber selbst Änderungen und Ermahnungen scheinen sich nur auf das äußere Erscheinungsbild der Kameradschaften zu beziehen. Zwar findet sich in einem Protokoll einer Kameradschaftsführerbesprechung vom 22. April 1938 der Hinweis, dass der in den Kameradschaften bisher beibehaltene Versammlungskonvent abgeschafft werden sollte. Wichtiger als die Anordnung als solche ist jedoch an dieser Stelle, dass Versammlungskonvente überhaupt bis zum Frühjahr 1938 regelmäßig stattgefunden haben. Des Weiteren geht aus dem Text hervor, dass nicht in „irgendwelchen Kameradschaftsbesprechungen" Entscheidungen getroffen werden sollten, sondern dass ausschließlich der Kameradschaftsführer diese zu beschließen hätte. Selbst das Führerprinzip hatte sich also keineswegs durchgesetzt. Allerdings muss hier darauf hingewiesen werden, dass in den Versammlungen der Verbindungen zwar abgestimmt wurde, dass sie aber keineswegs als „Diskussionsrunden" unter Gleichgesinnten zu verstehen sind. Es herrschten auch dort klar strukturierte Hierarchien, denen sich der einzelne Student unterzuordnen hatte.

Die ehemalige Turnerschaft Tuisko, zu dem Zeitpunkt Kameradschaft 2 oder auch Kameradschaft Schulte, benannt nach dem jeweiligen Kameradschaftsführer, bat bereits im August 1937 um einen neuen, dauerhaften Namen. Die 25 Studenten der Kameradschaft schlugen vor, ihre Turnerschaft nach Georg Hallermann, einem ihrer Alten Herren, zu benennen, der Adjutant des obersten SA-Führers von Pfeffer und somit „alter Kämpfer der Bewegung" gewesen sei und in dessen Tradition sie die Kameradschaft aufrecht erhalten wollten.[188] Obwohl der Studentenführer

---

186 So Brunck (1999). Vgl. das Zitat in Fußnote 172 in diesem Kapitel.
187 Protokoll einer Kameradschaftsführerbesprechung vom 2. 4. 1938, NHStA, Hann 320 IV/83.
188 Georg Hallermann „wurde sechzehnjährig im August 1914 kriegsfreiwilliger Infanterist, kämpfte, tapfer bis zur Verwegenheit, zuerst an der Ostfront, dann ausschließlich in Frankreich, entwickelte sich zu einem hervorragenden, im ganzen Armeebereich bekannten Stoßtruppführer und wurde 1918 Kompanieführer." Mit diesen Worten wird der Namensgeber in der Tuisko-Chronik eingeführt. Hallermann wurde sechsmal verletzt und bekam neben dem

Schrepffer die Kameradschaft 2 im Oktober durch ein Empfehlungsschreiben unterstützte, war die Antwort der Reichsstudentenführung ausweichend. Der Leiter des Amtes für Politische Erziehung bestand in dem Schreiben darauf, „daß sich die Mannschaft den Namen erst verdienen muß (durch vorbildliche nationalsozialistische Erziehung) und daß die Namensverleihung frühestens zum Sommersemester stattfinden kann."[189] Im Januar 1938 unternahm die Kameradschaft 2 bzw. Schulte einen weiteren Versuch, zu einem Namen ihrer Wahl zu kommen. In einem Schreiben an den Amtsleiter für Politische Erziehung bat der Kameradschaftsführer im „Auftrag der von mir geführten Kameradschaft [...], uns den Namen Tuisko zu verleihen." Zur Begründung hieß es:

> „Wir wollten unserer jungen Kameradschaft mit dem Namen Tuisko ein Symbol geben, das wie kein zweites geeignet ist, uns unter dem Hakenkreuzbanner mit dem ganzen deutschen Volk aus ferner deutscher Vergangenheit in eine hoffentlich noch fernere deutsche Zukunft zu führen und sicher zu führen."[190]

Da sowohl die Reichsführung als auch die Studentenbundsführung kein Interesse daran haben konnte, einer Kameradschaft ihren alten Verbindungsnamen zu geben, ist es wenig überraschend, dass auch dieser Antrag wirkungslos war. Dieser von einiger Dreistigkeit geprägte Antrag der Kameradschaft 2 zeigt aber, wie gezielt versucht wurde, die eigenen Traditionen, Symbole und kulturellen Praktiken zur Geltung zu bringen. Das Leben des Georg Hallermann zeigt zudem, dass es bereits vor 1930 engagierte Nationalsozialisten in der Turnerschaft gegeben hat, die gleichzeitig einer Verbindung verpflichtet waren.

Die Reichsstudentenführung scheint sich in der Folgezeit nicht mehr mit dem Thema der Namensgebung befasst zu haben. Erst anderthalb Jahre später wurde der Name „Georg Hallermann" außerplanmäßig und nicht wie erwartet auf dem Reichsstudententag im Mai 1939 verliehen, sondern „auf dem Hause" in einer Feierstunde durch den Kameradschaftsführer eingeführt.[191]

EK II und EK I das „sehr selten verliehene Kreuz der Ritter des Hausordens von Hohenzollern". Er studierte ab 1920 an der TH Hannover und wurde bei Tuisko aktiv. Beim Einmarsch der Franzosen und Belgier im Ruhrgebiet kämpfte er „mit gewohnter Verwegenheit als Widerständler" und trat schließlich dem Wehrkreiskommando Münster i.W. bei. Hallermann und sein Chef, der ehemalige Freikorpskämpfer von Pfeffer wurden 1923 NSDAP-Mitglieder. Von Pfeffer wurde 1925 nach München zur SA berufen und nahm Hallermann mit, der 1930 an den Folgen seiner Kriegsverletzungen starb. „Wie sehr seine Arbeit und seine Hingabe gewürdigt wurden, beweisen die Nachrufe seines Chefs und Hitlers. Hitler verlieh der XI. SA-Standarte in Dortmund den Namen ‚Hallermann'". Ohne Autor: 100 Jahre Turnerschaft Tuisko 1892–1992, Chronik (unveröffentlicht), S. 240 f.

189 Der Leiter des Amtes politische Erziehung Mähners, Reichsstudentenführung München, an den Kameradschaftsführer Schulte der TH Hannover über den Studentenführer in einem Schreiben vom 16. 11. 1937, NHStA Hann 320 IV/83.

190 Die Studentenführung der TH Hannover, Kameradschaft Schulte in einem Schreiben vom 21. 1. 1938 an den Reichsstudentenführer, Amt politische Erziehung, München, NHStA, Hann 320 IV/83.

191 Vgl. Unbekannter Autor: 100 Jahre Turnerschaft Tuisko 1892–1992, Chronik (unveröffentlicht), S. 240. Für die Kameradschaft Hallermann/Turnerschaft Tuisko war die Namensgebung mit der Anerkennung durch den NS-Staat verbunden: "Schließlich verschwand die Akte

Die Beharrungskräfte der studentischen Traditionen waren also sehr stark. Insgesamt darf jedoch nicht unterschätzt werden, dass viele „nationalsozialistische" Elemente in den Alltag „eingesickert" waren bzw. im Laufe der Jahre akzeptiert wurden. Grundsätzlich konnte der Nationalsozialismus an der Technischen Hochschule Hannover an viele tradierte politische Einstellungen anknüpfen. Es kann demnach weder davon gesprochen werden, dass die Studenten der Kameradschaften in Hannover sämtliche Befehle befolgt haben noch lässt sich behaupten, dass sie oppositionelles Verhalten gezeigt hätten. Sie sicherten sich ihr Durchkommen durch „fortgesetztes (Um-)deuten" der Ver- und Gebote des nationalsozialistischen Staates sowie durch Übernahme von „Führerpositionen", die sie dann nach ihren Vorstellungen ausfüllten.[192] Durch diesen Prozess veränderten sich auch die Elemente des Verbindungswesens. Zum Beispiel trat eine gewisse Nivellierung unter den einzelnen Korporationen ein, die Differenzen und Abgrenzungen der früheren Zeiten wichen einem „Miteinander", welches von den Studenten für gut befunden wurde, sie aber deutlich von denen der zwanziger Jahre unterschied. Auch die Möglichkeit auf dem Haus mit den Kommilitonen zu wohnen, war eine durch die Kameradschaften etablierte Neuerung, die über das Jahr 1945 hinaus bestehen blieb.

Die vielfach transportierte Vorstellung, jeder Student hätte Mitglied des NS-Studentenbunds und der Kameradschaften sein müssen und es hätte ein allumfassender Zwang vorgeherrscht ist nicht zutreffend.[193] Dass dies auch unter den Studenten bekannt war, zeigt eine Zeitzeugenaussage, die darüber hinaus auch noch ein zentrales Prinzip der nationalsozialistischen Weltanschauung transportiert, das anschlussfähig an die alten Traditionen der Corps war: „Es wurde auch damals keiner gezwungen. Es ist eine völlig fehlerhafte Einstellung, dass damals also alle in eine Kameradschaft hinein mussten. Im Gegenteil, wir hatten ein sehr strenges Ausleseprinzip und wer also nicht zu uns passte, den nahmen wir nicht."[194]

---

monatelang bei der Reichsstudentenführung in München, so daß die erwartete Namensverleihung im Mai 1939 auf dem Reichsstudententag nicht stattfand. Auch andere Kameradschaften wurden enttäuscht." Ebenda. In der Chronik der Turnerschaft, die als „Bericht" (Hüttenberger) oder Tradition besonders kritisch gelesen werden muss, spiegelt sich die Ambivalenz einer Selbstdeutung, die sich stets als gegen den NSDStB und für ihre Traditionen kämpfend beschrieb, sich gleichzeitig jedoch zum Diktaturstaat als Ganzem bekannte. Das zeigt sich auch in der Person Georg Hallermanns. Siehe Fußnote 188 in diesem Kapitel.

192 So berichtete auch ein Zeitzeuge: „Also wir haben dadurch, dass wir uns an der Studentenführung selbst beteiligt haben, es versucht es [das Corpsstudententum, d.V.] soweit zu erhalten, weitgehend zu erhalten, wie es uns überliefert war." Interview mit W.E. Jg. 1920, Chemiker.

193 So zuletzt Grüttner, der die Mitgliederentwicklung in den Kameradschaften auf Druck und indirekten Zwang zurückführt und nicht auf politische Überzeugung. Er relativiert seine Aussage jedoch insofern als er darauf hinweist, dass niedrige Mitgliederziffern nicht automatisch als Indiz für eine Ablehnung des Nationalsozialismus gewertet werden könnten. Viele Studenten, die nicht im NS-Studentenbund organisiert waren, gehörten dafür der SA, der NSDAP oder der SS an. In Hamburg war die Zahl der Parteigenossen sogar höher als die des Studentenbunds. Grüttner (1995), S. 328.

194 Interview mit W.E. Jg. 1920, Chemiker.

Zusammenfassung

An der Technischen Hochschule Hannover bestanden in den Jahren vor 1933 feste studentische Strukturen. Die Verbindungen dominierten sowohl die Hochschulpolitik als auch die studentischen Lebensformen. Die Rede von der Volksgemeinschaft fand jedoch auch unter den Verbindungsstudenten Anhänger, was beispielsweise die Streitigkeiten mit den Alten Herren demonstrieren. Wenn die korporierten Studenten sich auch nicht direkt mit den Arbeitern verbrüdern wollten, so hatte der Gedanke einer geeinten Nation, die als Gemeinschaft alte und neue Stärke erreicht, sowohl Tradition als auch eine hohe Bedeutung.

Durch die Kameradschaften sollten die Studenten dahingehend „gleichgeschaltet" werden, dass es nur noch den „politischen Soldaten" an der Hochschule gab. Die Wahrnehmungs-, Deutungs-, und Verhaltensweisen dieser Eingriffe erwiesen sich auf der sozialen Mikroebene als höchst komplex. Innerhalb der studentischen Verbindungen wurden die Anforderungen des neuen Staates, die von den Studentenfunktionären repräsentiert wurden, unterschiedlich angeeignet. Der Ärger und die Streitigkeiten entzündeten sich demnach auch nicht an grundsätzlich differierenden Weltbildern, sondern an den konkreten Herrschaftsverhältnissen, die sich zu Ungunsten der Korporationen verändert hatten. Es war letztlich auch ein Kampf um Anerkennung, auf der einen Seite der neuen Führer der Studentenschaft und auf der anderen Seite der Verbindungen, die einen aus ihrer Sicht wertvollen Beitrag zur studentischen Erziehung durch ihre bündischen Lebensformen zu leisten bestrebt waren. Der Anspruch, die Studenten „gleichzuschalten", um den „politischen Soldaten" der Hochschule zu schaffen, scheiterte an der Stärke der Traditionen innerhalb der Korporationen, an der Heterogenität der Studentenschaft insgesamt, aber auch an der mangelnden Bereitschaft vieler Studierender, sich einer Person wie Eckert unterzuordnen. Als Eckert schließlich ab Januar 1935 Gaustudentenbundsführer wurde und damit nicht mehr als Studentenschaftsführer für die TH Hannover tätig war, beruhigte sich die Lage. Seit 1937 mit dem Antritt Scheels als Reichsstudentenführer entwickelte sich an der TH Hannover im Vergleich mit anderen Hochschulen und Universitäten ein reges Kameradschaftsleben, das im Vergleich zu früheren Jahren in verhältnismäßig ruhigen Bahnen verlief. Vielfach übernahmen korporierte Studenten Posten im NS-Studentenbund, die um ein harmonisches Miteinander der Studierenden bemüht waren. In den Kameradschaften vermengten sich nationalsozialistische Einflüsse mit korporativen Traditionen und wurden zu einem Kennzeichen des relativ abseits der Gaustudentenbundsführungen geführten studentischen Lebens in Hannover.

5. Technik, Politik und Nationalsozialismus

> „Aussterben muß der bürgerliche Zivil- und Betriebsingenieur, der außer seiner engen persönlichen Fachrichtung keine Interessen hat. Kommen muß der neue Jungingenieur des nationalsozialistischen Deutschland, der sich auch beruflich als Kämpfer des Dritten Reiches fühlt und bereit ist, auf der Hochschule und durchs ganze Leben sein Fachwissen wehrhaft zu erweitern und in den Dienst des Vaterlandes und eines neuen technischen Heeres zu stellen."
>
> Otto Schwab[1]

Das zweite Kapitel hat gezeigt, dass das Technikverständnis der Studenten durch die in der ingenieurswissenschaftlichen Ausbildung vermittelten Faktoren wie technische Rationalität, Sachverstand und Objektivität geprägt wurde. Als ebenso bestimmend für ihr Welt- und Gesellschaftsbild erwies sich jedoch der Erste Weltkrieg. In der studentischen Wahrnehmung verband sich der Krieg mit einem optimistischen Fortschrittsglauben[2] und wies den Experten der Technik eine Schlüsselstellung bei der Lösung sozioökonomischer Probleme zu. Der Weimarer Staat, der den Ingenieuren die aus ihrer Sicht zustehenden und nötigen Führungskompetenzen verweigerte, bewies damit die Irrationalität der parteipolitischen Republik. Im Gegenzug kam der Nation eine hohe Bindekraft zu, die sich in Formeln wie „Dienst in der Gemeinschaft und für das Allgemeinwohl" bündelten, denen aber bereits Auslese- und Abgrenzungsstrategien „Gemeinschaftsfremder" implizit waren.

Der Zeitraum von zwei Jahren, in dem die Studierenden technische Themen in den *Hannoverschen Hochschulblättern* publizierten, war relativ kurz und letztlich eine aus hochschulpolitischen Gründen entstandene Ausnahme. Die Zeitschrift war in erster Linie eine Organ der DSt, deren Interesse nicht darin bestand, „die Technik" im Allgemeinen oder technische Artefakte im Besonderen zu hinterfragen oder berufsständische Probleme zu diskutieren. Das geschah in den Verbandszeitschriften von VDI, VDDI und dem Reichsbund Deutscher Technik (RDT), die den Gegen-

---

1 Schwab, Otto, Der Ingenieur beim Aufbau einer neuzeitlichen Landesverteidigung, in: Heiss, Rudolf (Hrsg.), Die Sendung des Ingenieurs im neuen Staat, Berlin 1934, S. 105–116, hier S. 116.

2 Herbert Mehrtens hat bemerkt, dass die Problematik des Fortschritts darin läge, dass die meisten Menschen vielleicht gar nicht „fort wollen, sondern lieber daheim bleiben". Darin sei eine der Wurzeln des Nationalsozialismus' zu sehen. Der Versuch, Fortschritt und Beharrung, Modernität und Traditionalismus zu vereinen, habe zu Größenwahn und Vernichtung geführt. Vgl. Mehrtens, Herbert: Kollaborationsverhältnisse: Natur- und Technikwissenschaften im NS-Staat und ihre Historie, in: Meinel, Christoph/Voswinckel, Peter: Medizin, Naturwissenschaft, Technik und Nationalsozialismus, Stuttgart 1994, S., S. 15. Für die Studenten der Technischen Hochschule Hannover definiert sich das „daheim bleiben" nicht gegen den Fortschritt oder die Technisierung, sondern für ein nationales, starkes Deutschland, in dem die Kontinuitäts- und Traditionsbedürfnisse konzentriert wurden.

stand Technik in ein Wertesystem einzuordnen bestrebt waren. Sie hatten schließlich ein Interesse an einer positiven Außenwirkung ihrer Arbeit und wollten ihr Ansehen und das der Technik in der Gesellschaft verbessern. Für die DSt stand ab 1931 der Versailler Vertrag und die darin von den Alliierten festgelegten Grenzen sowie die Abrüstung und Beschränkung des Berufsheers auf 100 000 Mann im Mittelpunkt. Die so genannten „Grenzlandfragen" Deutschlands im Westen und ganz besonders im Osten wurden verstärkt diskutiert, vor allem das durch den Korridor vom Reich abgetrennte und durch die politische Situation als Freie Stadt isolierte Danzig.[3] Die Studenten inszenierten in den *Hochschulblättern* ein konstantes Bedrohungsszenario des Deutschen Reiches durch die Nachbarstaaten, dem nur durch eine verstärkte „Wehrhaftmachung" durch Waffenproduktion sowie Verstärkung des Militärs entgegengetreten werden könne. Die Technik wurde dabei nur als Mittel zum Zweck im Kontext von Auf- und Abrüstung genannt, so dass die *Hannoverschen Hochschulblätter* nach 1933 keine ausreichende Informationsgrundlage für das Thema dieses Kapitels darstellen.

Die Frage nach der Relation von Technik, Nationalsozialismus und den Studenten einer Technischen Hochschule ist daher zunächst ein Quellenproblem. Wo lassen sich Kontinuitäten oder Brüche in der Bewertung von technischem Fortschritt, technischen Entwicklungen und Technischer Hochschule durch Studenten in Bezug auf die politischen und staatlichen Veränderungen ausmachen? Die Relevanz der Studenten im wissenschaftlichen Forschungsbetrieb sowie in der Kriegsforschung ist schwer zu beantworten. Zudem wird ihre mögliche Beteiligung durch ihren Studentenstatus kaum relevant gewesen sein. Einschätzungen und Deutungen von Technik sind zudem in diesem Bereich kaum zu eruieren.

Das erste Unterkapitel bietet daher zunächst in einem Problemaufriss einen Überblick über die Forschungslage zu den Technischen Hochschulen und zur technischen Forschung im Nationalsozialismus. Gefragt wird nach der nationalsozialistischen Hochschulpolitik und ihren Auswirkungen auf den Lehrbetrieb. Anhand der Forschungsliteratur und der spezifischen Situation an der Technischen Hochschule Hannover wird diskutiert, ob und wie sich durch den staatspolitischen Wandel 1933 eine Veränderung in der Ausbildung der Studenten vollzog. Das zweite Unterkapitel behandelt exemplarisch die Publikation eines Professors aus Hannover, der eine „Ingenieurisierung" der Politik fordert und der nationalsozialistische Elemente in eine „wissenschaftliche" Argumentation integriert. Ein Wechsel der Ebenen wird im dritten Unterkapitel vollzogen, das sich der Organisation und Arbeitsweise der Reichsfachschaften im nationalsozialistischen Staat widmet. Das letzte Unterkapitel analysiert die letzten Ausgaben der *Hannoverschen Hochschulblätter* sowie eine

---

3 So bereits im Januar 1931 in einer Sonderausgabe der *Hannoverschen Hochschulblätter* mit dem Thema „Der deutsche Osten", die den Auftakt zu einer „Ostmark-Hochschulwoche" der DSt bildete. Auch 1932 findet sich auf dem Titel ein Foto von Danzig mit der Überschrift „Der deutsche Osten ist in Gefahr", ebenso wie in der Ausgabe vom Juli 1933, die das Sigel von Danzig auf dem Titel trägt und mit dem Text „Danzig ist deutsch!" unterschrieben ist. Vgl. 12. Semesterfolge (Januar 1931) Nr. 4; 14. Semesterfolge (März 1932) Nr. 6 sowie 17. Semesterfolge (1933) Nr. 10.

von den hannoverschen Studentenfunktionären herausgegebene Technik-Sonder-Nummer der *Niedersächsischen Hochschul-Zeitung*. Anhand der dort veröffentlichten Texte wird die Technikdarstellung, -bewertung und -sinngebung im nationalsozialistischen Staat durch die angehenden Ingenieure, aber auch durch Parteiangehörige und Funktionäre herausgearbeitet.

5.1 Die Technischen Hochschulen im Nationalsozialismus: Ein Problemaufriss

Eine Arbeit, die sich explizit mit der Geschichte einer deutschen Technischen Hochschule im Nationalsozialismus beschäftigt, gibt es bisher nicht. Es existieren lediglich eine Studie und ein Aufsatz zu zwei Hochschulen in Österreich.[4] Analysen einzelner Hochschulinstitute und ihrer Forschungsprojekte sind in der Wissenschaftsgeschichte ebenfalls nach wie vor selten. Im Rahmen der verschiedenen Jubiläen einzelner Hochschulen wird zwar immer auch die Geschichte einzelner Institute behandelt, allerdings meistens ohne die Jahre zwischen 1933 und 1945 explizit zu berücksichtigen. Die Darstellungen sind daher weniger kritischer als vielmehr würdigender Art. Die Ausnahmen stellen die Festschriften der TU Berlin und der TU Braunschweig dar, die sich jeweils in einem gesonderten Abschnitt der Zeit des Nationalsozialismus widmen. In ersterer finden sich neben Portraits von Einzelpersonen auch vier Aufsätze, die sich mit den Naturwissenschaften, der antisemitischen Hochschulpolitik, den „rassischen Säuberungen" sowie der Wehrtechnischen Fakultät an der Technischen Universität Berlin im NS-Staat beschäftigen.[5] Die Schrift zum 250-jährigen Jubiläum der TU Braunschweig wurde von Walter Kertz herausgegeben und behandelt unter dem Titel „Die Technische Hochschule im Nationalsozialismus" zentrale Fragen zur Hochschulpolitik, Ideologie, Kriegsforschung, Luftfahrtlehre und -forschung, Chemie sowie zwei weiteren hochschulpolitischen Projekten.[6]

---

4 Weingand, Hans-Peter: Die Technische Hochschule Graz im Dritten Reich. Vorgeschichte, Geschichte und Nachgeschichte des Nationalsozialismus an einer Institution, Hrsg. Hochschulschülerschaft an der Universität Graz, Graz 19952 172 S. (zuerst 1988). Mikoletzky, Juliane: „Mit ihm erkämpft und mit ihm baut deutsche Technik ein neues Abendland." Die Technische Hochschule in Wien in der NS-Zeit, in: ÖZG 10 (1999), 51–70.
5 Vgl. den fünften Teil im ersten Band: Mehrtens, Herbert: Die Naturwissenschaften im Nationalsozialismus; Schottlaender, Rudolf: Antisemitische Hochschulpolitik: Zur Lage an der Technischen Hochschule Berlin 1933/34; Ebert, Hans: Die Technische Hochschule Berlin und der Nationalsozialismus: Politische „Gleichschaltung" und rassistische „Säuberungen"; Ebert, Hans/Rupieper, Hermann-Josef: Technische Wissenschaft und nationalsozialistische Rüstungspolitik: Die Wehrtechnische Fakultät der Technischen Hochschule Berlin 1933–1945, in: Rürup, Reinhard (Hrsg.): Wissenschaft und Gesellschaft. Beiträge zur Geschichte der Technischen Universität Berlin 1879–1979, Bd. 1 (Vierter Teil), Berlin 1979.
6 Vgl. den fünften Teil der Festschrift: Pollmann, Klaus Erich: Die nationalsozialistische Hochschulpoltik und ihre Wirkungen in Braunschweig; Der Bericht des Rektors zur „Kriegsforschung" 1943; Mehrtens, Herbert: die Hochschule im Netz des Ideologischen 1933–1945; Gundler, Bettina: Das „Luftfahrtzentrum": Luftfahrtlehre und -forschung an der TH Braun-

Die ersten Untersuchungen zum Themenkomplex der Technik- und Wissenschaftsgeschichte im Nationalsozialismus erschienen in den 70er Jahren. Als grundlegend ist hier zunächst das 1974 erschienene Standardwerk von Karl-Heinz Ludwig über die „Ingenieure im Dritten Reich" sowie der 1980 publizierte Band „Naturwissenschaft, Technik und NS-Ideologie" von Herbert Mehrtens und Steffen Richter zu nennen.[7] Herbert Mehrtens hat seitdem zahlreiche Texte zu dem Komplex Technik, Hochschule und Nationalsozialismus sowie zur Frage nach der Mathematik im Nationalsozialismus veröffentlicht.[8] Ebenso Karl-Heinz Ludwig, dessen Schwerpunkt jedoch eher die Ingenieure, ihre Berufsgeschichte sowie berufsständischen Organisationsformen außerhalb der Hochschulen sind.[9]

Erst seit Anfang der 90er Jahren sind wieder verstärkt Texte und Aufsatzsammlungen zu einzelnen Themen der Technik erschienen, wobei auch hier in erster Linie bestimmte Forschungsrichtungen sowie Personen im Zentrum stehen. So wurde in dem Band „Medizin, Naturwissenschaft und Technik im Nationalsozialismus" aus dem Jahre 1994 mit einem Aufsatz über das Zeiss-Werk in Jena sowie einem Text zur Gleichstromübertragung, die seit den 30er Jahren an den Technischen Hochschulen und in Industrielaboren entwickelt wurde, der Bereich „Technik" behandelt.[10] Die im gleichen Jahr erschienene Sammlung von Mark Walker und Monika

---

schweig im „Dritten Reich"; Ruhnau, Frank: Die Chemie an der Technischen Hochschule Braunschweig im Nationalsozialismus; Linhardt, Andreas: Beiträge der TH Braunschweig zum zivilen Luftschutz im „Dritten Reich"; Pump-Uhlmann, Holger: Der Gebäudekomplex für die ehemalige „Bernhard-Rust-Hochschule" 1935-37; Pump-Uhlmann, Holger: Das Projekt einer „Hochschulstadt" 1938-42, in: Kertz, Walter (Hrsg.): Technische Universität Braunschweig – Vom Collegium Carolinum zur Technischen Universität 1745-1995, (in Zusammenarbeit mit P. Albrecht, R. Elsner, B. Gundler, H. Mehrtens, K. E. Pollmann, H. Pump-Uhlmann) Hildesheim 1995. Dem Band voraus ging Kertz, Walter: Hochschule und Nationalsozialismus. Referate beim Workshop zur Geschichte der Carolo-Wilhelmina am 5. und 6. Juli 1993, Braunschweig 1994.

7   Ludwig (1974) sowie Mehrtens, Herbert/Richter, Steffen: Naturwissenschaft, Technik und NS-Ideologie. Beiträge zur Wissenschaftsgeschichte des Dritten Reiches, Frankfurt am Main 1980. Der dort enthaltene Literaturüberblick von Mehrtens konzentriert sich jedoch auf die Naturwissenschaften. Technische Themen werden in zwei Texten behandelt, zum einen die Frage nach der Technikgeschichte in der Forschung und der Sachbuchliteratur, zum anderen die Frage nach dem Industriebau im Nationalsozialismus.

8   U. a.: Mehrtens, Herbert: Hochschule und Nationalsozialismus. Schlußbetrachtung zum Hochschultag 1993, in: Kertz (1994) S. 173-187. Mehrtens, Herbert: Entartete Wissenschaft? Naturwissenschaften und Nationalsozialismus, in: Siegele-Wenschkewitz, Leonore/Stuchlik, Gerda (Hrsg.): Hochschule und Nationalsozialismus. Wissenschaftsgeschichte und Wissenschaftsbetrieb als Thema der Zeitgeschichte, Frankfurt am Main 1990, S. 129-138. Mehrtens, Herbert: Verantwortungslose Reinheit. Thesen zur politischen und moralischen Struktur mathematischer Wissenschaften am Beispiel des NS-Staates, in: Füllgraf, Georges/Falter, Annegret: Wissenschaft in der Verantwortung – Möglichkeiten der institutionellen Steuerung, Frankfurt am Main 1990, S. 37-54.

9   U.a.: Ludwig, Karl-Heinz: Technik, in: Benz/Graml/Weiß (1999), S. 257-274; Ludwig, Karl-Heinz: Politische Lösungen für technische Innovationen 1933-1945. Eine antitechnische Mobilisierung, Ausformung und Instrumentalisierung der Technik, in: Technikgeschichte Bd. 62 (1995) Nr. 4, S. 333-344; Ludwig, Karl-Heinz: Widersprüchlichkeiten der technisch-wissenschaftlichen Gemeinschaftsarbeit im Dritten Reich, in: Technikgeschichte, Bd. 46 (1979), Nr. 3, S. 245-253.

10 Vgl. Meinel/Voswinckel (1994).

Renneberg fasst unter dem Titel „Science, Technology and National Socialism" aufschlussreiche Texte zusammen, die von den HerausgeberInnen mit dem Vorwort „Scientists, Engineers and National Socialism" sehr gut eingeleitet werden. In der Sammlung sind Aufsätze über die Aufrüstung im Zweiten Weltkrieg, Militärtechnologie, die Kaiser-Wilhelm-Gesellschaft sowie die biologische Forschung, die Mathematik u.e.m zu finden.[11]

Die Frage nach den „Ingenieuren im Dritten Reich" oder den „Studenten im Nationalsozialismus" ist in der Regel eine Frage nach ihren Tätigkeiten in staatspolitischen Institutionen, nach ihrem Wahlverhalten und nach ihrer Organisation in nationalsozialistischen Parteiformationen. Wie oben am Beispiel der *Hannoverschen Hochschulblätter* erläutert, war für einen großen Teil der Studenten neben ihren großdeutschen Interessen ihre Ausbildungssituation vorrangig. Berufspolitische Diskussionen traten zumindest während ihres Studiums in den Hintergrund. Nimmt man das Eingangszitat des zweiten Kapitels beim Wort, so war Technik in einigen Kreisen der Ingenieure und auch der Studenten generell *kein* Diskussionsthema: „Die Sprache der Technik ist die Zeichnung, ihre Denkweise ist Berechnung, und ihre Beweisführung ist der Erfolg."[12] Aus dieser Sicht ist es in erster Linie von Bedeutung, die Fähigkeiten des Zeichnens und des Berechnens zu erlernen, aus deren Können sich schließlich die Beweise und damit der Erfolg ergeben. Anlass für Auseinandersetzungen bildet demnach höchstens die Frage, ob richtig oder falsch gerechnet wurde, ob ein Konstrukt oder eine Maschine funktionsfähig oder funktionsunfähig ist, keinesfalls aber die Frage nach dem Sinn eines technischen Artefaktes oder deren Auswirkungen auf die Gesellschaft.

Der Technikhistoriker Karl-Heinz Ludwig spricht insofern auch von einem „an sich geschlossenen System technischer Rationalität", als im Nationalsozialismus durch die NSDAP mit politischer Ideologie gesprengt worden sei.[13] Nun kann man zwar von einem geschlossenen System technischer Rationalität in dem Sinne sprechen, dass technische Abläufe und Funktionen gewissen Eigengesetzlichkeiten unterliegen. Dieser Bereich kann nicht durch nationalsozialistische Ideologie gesprengt werden, da technische Probleme und naturwissenschaftliche Gesetzlichkeiten nicht nazifiziert werden konnten. Der Prozess der technischen Forschung, Entwicklung und Produktion ist jedoch keineswegs autonom, da er nicht in einem Vakuum oder im luftleeren Raum abläuft. Technik ist immer in staatliche, industrielle und nicht zuletzt persönliche Interessen des Wissenschaftlers oder Ingenieurs eingebunden und hat dadurch auch eine utopische Komponente. Die Ingenieure machten sich

---

11 Renneberg, Monika/Walker, Mark: Science, Technology and National Socialism, Cambridge 1994.
12 Wind, Max, Organisatorische und wirtschaftliche Grundsätze des modernen Vorrichtungsbaues, in:*Hannoversche Hochschulblätter*, 6. Semesterfolge (März 1928) Nr. 6, S. 82–86, hier S. 86. Das wird dadurch bestätigt, dass technische Themen bis 1929 zwar in den *Hochschulblättern* zu finden waren (siehe das zweite Kapitel), dass aber zum Beispiel die Debatte um den Kulturwert der Technik, der in den Verbandszeitschriften ausführlich diskutiert wurde, keine Beachtung fand.
13 Ludwig (1997), S. 268.

diese Ambivalenz rhetorisch zunutzte, indem sie einerseits kontinuierlich ihre Forderungen nach gesellschaftlicher Mitbestimmung stellten, aber andererseits die Technik als autonom und neutral und „missbraucht" deklarierten, wenn es um die Konsequenzen bestimmter technischer Entwicklungen ging. Auch in einer breiten Öffentlichkeit behält das kulturelle Deutungsmuster von der „Fiktion einer autonomen Technikentwicklung" bis heute Gültigkeit. Damit verbunden ist die Vorstellung des „unpolitischen Technikers", der durch seine Arbeit „objektiven" Werten wie Sachlichkeit, Rationalität und Vernunft verpflichtet ist. Diese Vorstellung wurde in der Rezeptionsgeschichte des NS-Staates und seiner Funktionsträger sowohl positiv als auch kritisch interpretiert.[14]

Der Technikhistoriker Ludwig stellt in seinen Schriften fest, dass die rationale Methode der Technik durch die irrationale Sinngebung der Technik missbraucht worden sei. Das zeigt sich für ihn in der „Arisierung" der Wissenschaft, in deren Verlauf die „Deutsche Physik" zum Maßstab der wissenschaftlichen Forschung wurde und viele Ingenieure Deutschland verlassen mussten. So bilden „Rationalität und Mythos" aus seiner Sicht die Faktoren eines zentralen Widerspruchs, der nach 1933 lange verdeckt geblieben sei.[15] Laut Ludwig führte dieser Widerspruch zwischen einer antitechnischen politischen Zielsetzung des Nationalsozialismus und dem Problem, die moderne Technik zumindest vorübergehend anzuerkennen und fördern zu müssen, zu einer Verzahnung von Modernismus und Antimodernismus. Der von Jeffrey Herf geprägte Begriff „reactionary modernism" verdeutliche in seiner Widersprüchlichkeit „die durch spezifische Mobilisierungen, Neuordnungen und Steuerungsmaßnahmen des Regimes bewirkte Rückschrittlichkeit."[16] Ludwig sieht so in gezielten Zwangsinnovationen ein zweckgerichtetes und instrumentalisiertes Ausbeutungsverhältnis der Technik im Nationalsozialismus und keine technische Modernität.[17] Somit geht Ludwig in seinen Ausführungen davon aus, dass es eine konsequent rationale, technische Entwicklung, eine Art Fortschritt an sich gebe, der

---

14 Vgl. am Beispiel Albert Speers den Text von Barbara Orland: Der Zwiespalt zwischen Politik und Technik. Ein kulturelles Phänomen in der Vergangenheitsbewältigung Albert Speers und seiner Rezipienten, in: Dietz/Fessner/Maier (1996), S. 269–295. Dort schreibt sie: „Die rhetorische Figur einer apolitischen, weil eigenen Gesetzmäßigkeiten folgenden Technikentwicklung ist eine kulturelle Haltung, die nicht nur im Selbstverständnis der technischen Intelligenz, sondern auch in einer breiteren Öffentlichkeit verankert ist, eine Haltung, die je nach Präferenz mehr wohlwollend-positiv oder aber ablehnend-pessimistisch eingesetzt werden kann." Sie kommt zu dem Schluss, dass die Termini „Technokratie" oder das „apolitische Bewusstsein" von Technikern und Naturwissenschaftlers mit Vorsicht einzusetzen seien.

15 Ludwig (1997), S. 268 f.

16 Ebenda, S. 261. Siehe auch Herf, Jeffrey: Reactionary Modernism, Cambridge 1984.

17 Vgl. Ludwig, Karl-Heinz: Politische Lösungen für technische Innovationen 1933–1945. Eine antitechnische Mobilisierung, Ausformung und Instrumentalisierung der Technik, in: Technikgeschichte Bd. 62 (1995) Nr. 4, S. 333–344. Der Autor fordert in dem Text eine genauere, historische Aufarbeitung technischer Innovationen, ihrer Hemmnisse, ihrer Förderung und ihrer Erzwingung, die nötig seien, ehe sich Analysen und Beurteilungen des Zusammenhangs von Nationalsozialismus und Technik ergänzen könnten. „Im Blick auf die Zeit von 1933 bis 1945 klaffen gerade da Wissenslücken, wo seinerzeit unter Abkopplung vom Weltmarkt – und von Rationalität – im zivilen oder scheinbar zivilen Bereich in einer Innovationsoffensive sondergleichen ‚Technik im Dienst des Dritten Reiches' durchgesetzt wurde." Ebenda, S. 336.

per se positiv und mit dem Begriff der „Moderne" zusammenzudenken sei.[18] Ludwig entkoppelt auf diese Weise die Ingenieure und Techniker, deren Selbstdeutung als „unpolitische Experten" er durchaus kritisch sieht, von der „rationalen Methode der Technik", die seinem Modell der Moderne als ein Wertemodell inhärent ist.[19] In der Forschung zur Technischen Intelligenz wird übereinstimmend festgestellt, dass die Angehörigen dieser Berufsgruppe dem „neuen Staat" ihre Dienste anboten und in der nationalsozialistischen Ideologie neben allen pragmatischen Interessen genügend Anknüpfungspunkte für ihre eigenen Ziele fanden.[20] Ludwig sieht die Ursache in einer „charakteristischen Schwäche der Berufsgruppe" der Ingenieure für höhere Ziele, allgemeinere Aufgaben und bessere Lösungen, die in den ideologischen wie mythischen Bezugssystemen des Dritten Reiches angeboten schienen.[21] Es geht daher neben der Analyse konkreter wissenschaftlicher Projekte, Institute oder einzelner Disziplinen in der Forschung immer wieder um die Relation von „Technik und Politik" oder die Frage nach der „Ideologie für Ingenieure". Gerade letztere Formulierung bzw. Herangehensweise birgt jedoch die Gefahr, dass die Gesellschaft oder hier eine gesellschaftliche Gruppe als Objekt oder Opfer nationalsozialistischer Machtbestrebungen erscheint. So spricht Thomas Hughes davon, dass die Nationalsozialisten ihre ideologischen Vorstellungen an die deutschen Ingenieure herangetragen hätten[22], und impliziert damit den Gedanken einer unabhängig existenten „neutralen Technik" sowie von „neutralen Ingenieuren". Wohl gab es unter den Ingenieuren in der Weimarer Republik eine geringere parteipolitische Zu-

---

18 Zur Moderne und Modernisierung im technisch-industriellen Bereich gehören für Ludwig seit den beiden großen Revolutionen des 18. Jahrhunderts in England und Frankreich übernationale, wissenschaftsschöpferische sowie liberale Elemente, die dem Nationalsozialismus wesensfremd gewesen seien. Vgl. Ludwig (1997), S. 261.
19 Die in der historischen Wissenschaft immer wieder diskutierte Frage nach dem Verhältnis von Nationalsozialismus und Moderne kann hier nicht wiedergegeben werden. Als Ergebnis kann jedoch festgehalten werden, dass es keinen durch den Nationalsozialismus induzierten Modernisierungsschub gab, dass aber die nationalsozialistische Gesellschaft als besonderer Fall im Rahmen einer modernen Zivilisation gelten muss. Die Debatte entzündet sich daher seit einigen Jahren an den Begrifflichkeiten, die die komplexen, vielschichtigen und auch widersprüchlichen Ausprägungen und Entwicklungen im kulturellen, sozial-strukturellen, wirtschaftlichen, politischen und nicht zuletzt im alltäglichen Bereich des nationalsozialistischen Staats zu fassen versuchen. Neben Herfs „reactionary modernism" ist Peukerts Begriff der „Pathologie der Moderne" sowie Zygmunt Baumanns Entwurf einer „Dialektik der Moderne" zu nennen, die die Zusammenhänge begrifflich zu bündeln versuchen. Als Überblick siehe die Ausführungen von Axel Schildt, in dem er sowohl die historische Debatte nachzeichnet, zusammenfasst und kritisiert als auch neue Perspektiven entwickelt. Vgl. Schildt, Axel: NS-Regime, Modernisierung und Moderne. Anmerkungen zur Hochkonjunktur einer andauernden Diskussion, in: TAJB XXIII (1994), S. 3–22, hier S. 19 f. Dort finden sich auch alle weiteren Literaturhinweise.
20 Vgl. Herf (1984), S. 153.
21 Vgl. Ludwig (1979), S. 246. So auch Renneberg und Walker: „Scientists and engineers eventually managed to carve out a place for themselves in Hitler's Germany with the help of technocracy, usually not as the perpetrators of crimes against humanity nor as the wagers of aggressive war, but instead often as the technocratic experts or assistants who actively or passively made it all possible." Renneberg/Walker (1994), S. 4.
22 Hughes, Thomas P.: Ideologie für Ingenieure, in: Technikgeschichte Bd. 48 (1981) Nr. 4, S. 308–323, hier S. 308.

gehörigkeit – das ist wohl der Punkt, den der Technikhistoriker Ludwig als „fehlende Standortbestimmung der Technik und der technischen Intelligenz"[23] bezeichnet –, aber ihre Forderung nach einem starken Staat sowie nach ihrer Integration in politische Schlüsselpositionen war die Forderung nach Machtpartizipation und damit politisch. So kann nicht davon gesprochen werden, dass die fehlende politische Bindung als Berufsgruppe die Integration der Technik ins NS-Regime erleichtert habe.[24] Vielmehr waren es gerade die vorhandenen Schnittmengen, die sich zwischen (tradierten) technischen bis technokratischen Vorstellungen und der nationalsozialistischen Weltanschauung ergaben, durch die sich die Ingenieure angesprochen fühlen konnten und sie zum Mitmachen und/oder Stillhalten brachten.

Als stichhaltigen Beleg für die These, dass sich „die typische Zurückhaltung der Ingenieursberufsgruppe im primär politischen Raum" auch nach 1933 nicht entscheidend geändert hätte, führt Ludwig die Wahlen der Studentenparlamente an.[25] Die Studenten der Technischen Hochschulen seien am Ende der Weimarer Republik weniger anfällig gegenüber dem Extremismus der Nationalsozialisten gewesen und hätten sich zögernder der NSDAP geöffnet als die Studenten der Universitäten. Die vorliegende Arbeit hat gezeigt, dass der mit einem Stimmenanteil von 20 Prozent als gering veranschlagte Erfolg des NS-Studentenbunds an der Technischen Hochschule Hannover im Jahre 1932 wenig über die vorhandenen nationalistischen und rechtsextremen politischen Orientierungen der Studierenden aussagt. Zudem kann nicht ohne weiteres von den Wahlen der Studentenkammern auf die Mitgliedschaften in der NSDAP oder im NSDStB und im Ergebnis auf ein geringeres parteipolitisches Engagement geschlossen werden. So zeigte sich an der TH Hannover genau das Gegenteil von Ludwigs Vermutung einer Zurückhaltung der Studenten gegenüber den nationalsozialistischen Parteiformationen: Bis zum Juni 1933 traten rund die Hälfte der Studierenden dem NS-Studentenbund bei und es kann davon ausgegangen werden, dass eine erhebliche Anzahl zudem in der NSDAP sowie in der SA organisiert war.[26]

---

23 Ludwig (1974), S. 69.
24 Adolf, Heinrich: Technikdiskurs und Technikideologie im Nationalsozialismus, in: GWU, Jg. 48 (1997) Heft 7/8, S. 429–444, hier S. 437. In seiner Zusammenfassung weist er daraufhin, dass die Vorstellung einer autonomen Technik, die technokratische Politikabstinenz oder die Orientierung an technischer Effektivität und Wirkungsgradsteigerung selbst schon ideologisiert gewesen seien. Ebenda, S. 443.
25 Ludwig (1974), S. 105.
26 Siehe Kapitel 3 dieser Arbeit. Ludwig behauptet zudem (allerdings ohne es zu belegen), dass die Studenten reaktionär in dem Sinne waren, dass sie 1932 eine Reagrarisierung und das Zurückschrauben von maschineller Arbeit gefordert hätten. Ludwig (1997), S. 625. Das konnte für die Studenten der Technischen Hochschule Hannover nicht bestätigt werden. Allerdings hat sich Rektor Otto Franzius im Jahre 1932 in der Zeitschrift des RDT „Technik Voran!" dafür ausgesprochen, den Einsatz von Maschinen vorübergehend zu reduzieren und durch Handarbeit zu ersetzen, um so die Arbeitslosenzahlen zu senken. Franzius wurde für diesen Vorschlag, in der Verbandszeitschrift scharf angegriffen und beschuldigt, die „Maschinenstürmerei", die in der Gesellschaft immer mehr um sich greife, zu verstärken. Franzius verwahrte sich gegen in einem Schreiben an den RDT gegen die ihm zugeschriebene Auffassung, er habe den Ersatz der Maschinenarbeit durch Handarbeit allgemein empfohlen. Er habe lediglich geraten, so lange, als

Hellmut Seier verfasste 1997 in einem Sammelband einen Aufsatz mit dem Titel „Die nationalsozialistische Hochschulpolitik und die Rolle von Technik und Technischen Hochschulen im Führerstaat". Dort resümiert er die Ergebnisse der zeitgeschichtlichen Forschung zu den Hochschulen in der NS-Zeit und überprüft sie mit Blick auf die Technik, die sich seiner Ansicht nach als Demonstrationsobjekt geradezu anbieten würde. So habe die Politisierbarkeit der technischen Wissenschaften zwar einerseits sachzwanghafte Grenzen, andererseits wäre ihren Ergebnissen im Zuge von Aufrüstung und Krieg gehobene Bedeutung zugekommen.[27] Insgesamt kommt er zu dem Schluss, dass sich die Einfügung der Wissenschaft in das Herrschaftssystem nahezu widerstandslos vollzogen habe: Die Selbstverwaltung wurde durch das Führerprinzip ersetzt, die NS-Ideologie drang in die Lehrinhalte ein und die Forschung wurde auf Systemzwecke ausgerichtet. Es erfolgte jedoch keine konstruktive Neuentwicklung der Hochschulen im Sinne von „Führer-Hochschulen". Zudem gab es weder eine für Partei und Staat verbindliche Wissenschaftstheorie noch wurde eine Reform verwirklicht, die eine „totale Einbindung" aller Lehrenden und Lernenden zum Ziel hatte.[28]

Seier erkennt drei Phasen der Hochschulpolitik: Die erste ab 1933 bezeichnet er als die der Eroberung und „Gleichschaltung", die im Zeichen des Versuchs gestanden habe, eine ‚völkisch'-,‚arisch'-deutsche Wissenschaft neu zu begründen und organisatorisch zu untermauern. Während der zweiten hätte jedoch nur noch die Absicht im Vordergrund gestanden, die vorhandene Potenziale optimal einzusetzen, „„für Zwecke des Systems oder, in der Sprache der Ideologie, zum Besten des ‚Volksganzen'." So konstatiert Seier ab Mitte 1935, dass sich der bestehende Zustand an den Hochschulen verfestigt habe. Es sei zu keiner grundlegenden Weiterentwicklung gekommen, da sich Staat und Partei mit der Dienstbarkeit der Wissenschaft zufrieden gegeben hätten: „Reformen wurden zurückgestellt."[29] In der dritten Phase ab 1939 habe die Forschung dann ganz im Zeichen des Krieges gestanden.

---

es nennenswerte Mengen von Arbeitslosen gebe, auf den Gebieten, die nicht der Gütererzeugung dienen, und nur so weit als es möglich sei, die Maschinenarbeit durch Handarbeit zu ersetzen. Franzius, Otto: Zum Kampf gegen die Maschine, in: Technik voran!, 14. Jg. (August 1932) Heft 15, S. 236–238.

27 Seier, Hellmut: Die nationalsozialistische Hochschulpolitik und die Rolle von Technik und Technischen Hochschulen im Führerstaat, in: König, Helmut/Kuhlmann, Wolfgang/Schwabe, Klaus: Vertuschte Vergangenheit. Der Fall Schwerte und die NS-Vergangenheit der deutschen Hochschulen, München 1997, S. 62–78, hier S. 63.

28 Ebenda, S. 62 f. Nach wie vor ist jedoch fraglich, ob das Kriterium der „totalen Einbindung" oder auch der „Gleichschaltung", so der nationalsozialistische Terminus für das angestrebte Ziel einer totalitären Strukturierung der Gesellschaft und ihrer Institutionen, als solches ein geeignetes Analyseinstrument darstellt. Wie die Forschung gezeigt hat, ist eine vollständige „Gleichschaltung" in keinem Bereich durchgesetzt worden; das Wort transportiert eher Programm und Wunschvorstellung der Nationalsozialisten. Das Misslingen einer „totalen Einbindung" der Hochschulangehörigen und Studenten wird dann auch allzu oft den Akteuren als Eigenleistung zugeschrieben, obwohl es eher ein Ergebnis des komplexen Zusammenspiels vieler struktureller und personeller Faktoren war.

29 Ebenda S. 65 ff.

Seiers Befunde zu den Technischen Hochschulen im Nationalsozialismus gründen sich im Wesentlichen auf die Studie Ludwigs und werden im Folgenden zusammengefasst und mit den bisher festgestellten Ergebnissen dieser Arbeit in Bezug gesetzt. Ludwig kommt insgesamt zu dem Ergebnis, dass die NSDAP eine Hochschulpolitik der Restriktionen betrieben habe. So beschloss das Reichsministerium des Innern im April 1933 ein Gesetz gegen die Überfüllung der Hochschulen, welches rund 60 Prozent der Abiturienten die Hochschulreife verweigerte und sie vom Studium ausschloss. Auch der preußische Kultusminister Rust versuchte Ende des Jahres 1933, das ingenieurswissenschaftliche Studium auf hochbegabte Studenten zu beschränken. Bereits im Juli 1934 wurden die Vorschriften wieder gelockert, im Februar 1935 gänzlich aufgehoben und schließlich für den gesamten Abiturientenjahrgang 1934 wieder rückgängig gemacht. Die geburtenschwachen Jahrgänge rund um den Weltkrieg, die Arbeitsdienstpflicht, die seit Juni 1935 den Studienbeginn der Abiturienten um ein halbes Jahr verschob, sowie eine wieder attraktiv erscheinende Offizierslaufbahn verringerten die Studentenzahlen erheblich.[30] Für die technischen Fächer kam sicherlich hinzu, dass die andauernde Arbeitslosigkeit unter Ingenieuren kein großer Anreiz für Abiturienten war, dieses Studium aufzunehmen. So waren die Zahlen der Studierenden insgesamt rückläufig.

An den Technischen Hochschulen verringerten sich die Studenten von 20 474 im Wintersemester 1932/33 auf 9 466 im Wintersemester 1937/38 um mehr als die Hälfte, auch in Hannover sanken die Zahlen in diesem Zeitraum von 1635 auf 868 Studenten ab.[31] Ab 1936 geriet vor allem durch den Vierjahresplan die Nachwuchsproblematik in den ingenieurwissenschaftlichen Fächern in den Blick des Reichsministeriums für Wissenschaft, Erziehung und Volksbildung. Die „Nachwuchslage der Technischen Intelligenz [erhielt] ganz allgemein einen höheren bildungspolitischen Stellenwert" als die der übrigen Fächer an den Universitäten, da ein stärker werdender Ingenieurmangel die Politik des Vierjahresplans erheblich gefährdete. Gleichzeitig mit einer verstärkten Werbung für die technischen Fächer verfügte Minister Rust im November 1936 einen Erlass, der wegen des Nachwuchsbedarfs akademischer Berufe die Schulzeit auf zwölf Jahre verkürzte.[32] Die Studentenzahlen wuchsen jedoch nur langsam und an der TH Hannover beispielsweise erst ab 1938. Für die Technischen Hochschulen ergaben sich so trotz der wachsenden Bedeutung der Technik keine Vorteile. Durch die Ausgrenzung und Vertreibung von „nicht-arischen" Wissenschaftlern, die Autarkiebestrebungen sowie die wissenschaftsskeptische Bildungspolitik im Allgemeinen entstand ein Niveauverlust, der sich in rückläufigen Examensergebnissen und Patentanmeldungen sowie der Zweckforschung durch den Vierjahresplan zeigte. Dass die Grundlagenforschung vernachlässigt wurde, bemängelte das Reichssicherheitshauptamt bereits 1938 in einem Jahresbericht. Ludwig kommt daher zu dem Schluss, dass sich zu Beginn des Zweiten Weltkrieges

---

30 Ludwig (1974), S. 272 f.
31 Siehe Tabelle 7: Studierendenzahlen an den Technischen Hochschulen im Anhang.
32 Ludwig (1974), S. 282. Zur Nachwuchswerbung im Vierjahresplan siehe ausführlich ebenda, S. 283 ff.

im September 1939, die deutsche Ingenieursausbildung weder quantitativ noch qualitativ auf einem hohen Stand befunden habe.[33]

Der Blick auf die Technische Hochschule Hannover zeigt zunächst, dass die im April 1933 einsetzenden „Säuberungen" für eine „‚völkisch'-,arisch'-deutsche Wissenschaft" widerstandslos durchgesetzt werden konnten.[34] Gleichzeitig war die Institution als Ausbildungsstätte nach den staatspolitischen Veränderungen im Jahr 1933 bestrebt, sich in der Lehre als ein geschlossenes System technischer Funktionalität zu präsentieren. In der Diskussion einer Kommission, die aus Professoren, dem Führer der Dozentenschaft, dem Vertreter der Studentenschaft sowie dem Führer des SA-Hochschulamtes bestand, wurde 1934 folgender Beschluss gefasst: eine „zweckmäßige [d. h. nationalsozialistische, A.S.] Umbenennung der betreffenden Vorlesungen an der hiesigen Hochschule im Hinblick auf die gebotene Wandlung in der Behandlung des Stoffes"[35] sei nicht notwendig. Ein solches Vorgehen entspräche keinesfalls der Würde der Hochschule, an der alle Professoren ohnehin im Sinne des Nationalsozialismus arbeiteten. Es solle nicht der unzutreffende Anschein geweckt werden, dass „die Hochschule in devoter (kitschiger) Manier bestrebt sei, andere Hochschulen in nationalsozialistischer Propaganda zu übertreffen." Die Kommission kam zum dem Schluss, dass „aber zu spezifisch nationalsozialistischer Erziehungsarbeit in einer lediglich diesem Zweck gewidmeten Vorlesung eine mehrjährige Schulung ad hoc Vorbedingung ist und daß es zur Zeit genügen werde, wenn an der Hochschule in diesem Sinne 1 bis 2 Vorträge gehalten werden, etwa eine im wehrpolitischen und eine im innenpolitischen Sinne."[36]

---

33 Ebenda, S. 288. Allerdings beschränkte sich die Sorge der Technikwissenschaftler vor allem im Krieg darauf, dass es bei der Forschungsplanung zu Versäumnissen kommen könne. Der Krieg als solcher wurde nicht in Frage gestellt; kritische Stimmen erhoben sich erst, als „sachlich-technische" Berechnungen zeigten, dass der Krieg nicht zu gewinnen war. Ob derartige Erwägungen dann allerdings wie im Falle des Rüstungsministers Todt, der Hitler dazu bringen wollte, den Krieg aus diesen Gründen zu beenden, als „auf Regierungsebene einzigartige[r] Widerstand" zu werten ist, wie es Ludwig in einigen Texten hervorhebt, darf zumindest kritisch hinterfragt werden. Ludwig, Karl Heinz: Widersprüchlichkeiten der technisch-wissenschaftlichen Gemeinschaftsarbeit im Dritten Reich, in: Technikgeschichte Bd. 46 (1979) Nr. 3, S. 245–254, hier S. 253 sowie Ludwig (1974), S. 402 f. und Ludwig (1997), S. 352.

34 Siehe Michael Jung, „...voll Begeisterung schlagen unsere Herzen zum Führer" – Die Technische Hochschule Hannover und ihre Professoren im Nationalsozialismus, Dissertation, im Erscheinen. Der Autor kommt zu dem Schluss, dass „die Hochschule offensichtlich schon lange vor 1933 in Folge der ersten Vertreibung des Philosophen [Theodor Lessing, A.S.] peinlichst darauf geachtet hat, sich als ‚rein deutsche Hochschule zu erhalten'." Ebenda, S. 148.

35 Der Leiter des Amtes für Wissenschaft Barfuss in einem Sitzungsprotokoll vom Januar 1934, NHStA Hann 320 IV/44.

36 Der Leiter des Amtes für Wissenschaft Barfuss in einem Sitzungsprotokoll vom Januar 1934, NHStA Hann 320 IV/44. Interessant ist die Reaktion des Studentenführers auf die Überlegungen der Dozenten. In einem Schreiben aus dem Mai 1934 schrieb Eckert an die DSt, Amt für Wissenschaft, Reichsfachgruppe Technik, Berlin: „Lieber Kamerad Timme! Beiliegend übersende ich Dir den Durchschlag einer Stellungnahme zu Fragen einer Reform des Vorlesungswesens. Die Vorgeschichte der Kommission ist mir nicht genau bekannt. Ich habe daran teilgenommen und habe den Eindruck gewonnen, dass man einerseits sich gern den Anstrich einer nationalsozialistischen Hochschule geben möchte, dass man andererseits sich nicht recht klar ist, was dazu gehört. Man hat zwar erkannt, dass eine einfache Umbenennung gewisser Vorlesungen

Explizit nationalsozialistische Themen wurden also ganz bewusst nicht in die Lehre integriert, ob nun aus den oben angegebenen Gründen oder eher in dem Bestreben sich als Technische Hochschule und durch examinierte und diplomierte Experten zu profilieren. So kommt auch der Historiker Mertens zu dem Schluss, dass die

„allgemeine nationalsozialistische Indoktrinierung [...] von Anfang an in der Lehre außerhalb der kulturwissenschaftlichen Abteilung marginal und später dann nur noch Sache von Studenten- und Dozentenbund [war]. Die Hochschule stellte sich rein als Technische Hochschule dar, dem Volksganzen und dem Nationalsozialismus immer bekenntnishaft verbunden, aber ganz auf ihre Funktion als technische Lehr- und Forschungsanstalt beschränkt."[37]

An der TH Hannover lässt sich jedoch innerhalb der Veranstaltungen für „Hörer aller Fakultäten", die abgekoppelt von den regulären Pflichtvorlesungen der technischen Fächer frei gewählt werden konnten, bereits 1927 eine bedeutsame Änderung feststellen. So wurden die philosophischen Vorlesungen von Theodor Lessing nach seiner Vertreibung durch wehrwissenschaftliche von Oberst Schwertfeger ersetzt. Unter dem Titel „Vorgeschichte, Verlauf und Ausgang des Weltkrieges" hielt er die jeweils einstündigen Veranstaltungen ab: „Deutschlands Vorkriegspolitik im Lichte der Akten des Auswärtigen Amtes", „Streitfragen des Weltkrieges", sowie „Wesen und Bedeutung der Kriegsgeschichte, Politik und Kriegsführung im Weltkriege".[38] Im Studienjahr 1928/29 bot er insgesamt vier Vorlesungen an, wobei sich eine mit dem „Waffenstillstand und Zusammenbruch 1918" beschäftigte.[39]

Betrachtet man die Vorlesungsverzeichnisse in Hinblick auf einen möglichen Wandel rund um das Jahr 1933, so zeigt sich folgendes Bild: Waren für das Studienjahr 1932/33 im Vorlesungsverzeichnis unter der Rubrik „Hörer aller Fakultäten" an erster Stelle noch die Vorlesungen von Professor Erwin Fues über die „Theorie der Atom- und Molekularzustände" sowie Vorlesungen zur Wettervorhersage, Photographie und Geologie zu finden und erst auf der zweiten Seite Oberst Schwertfeger mit seiner Veranstaltung zur „Frühjahrsoffensive 1918 bis zum Versailler Vertrag

---

unter Zusatz des Wortes „nationalsozialistisch" noch nicht alles ist, doch weiter konnte man nicht kommen. Außerdem beabsichtigte der Vorschlag Erdmann, eine Vorlesung ‚Die nationalsozialistische Revolution und ihre weltanschaulichen und wirtschaftspolitischen Grundlagen' einzuführen. Diese Absicht konnte ich verhindern." Ebenda. Das Bestreben der Studentenfunktionäre ging dahin, nationalsozialistische Vorlesungen nur durch Parteiangehörige durchführen zu lassen. Die Dozenten und Professoren sahen sich allgemein mit dem Vorwurf konfrontiert, in den Jahren der Weimarer Republik nicht für die Studenten dagewesen zu sein und als die ältere Generation versagt zu haben.

37 Mehrtens, Herbert: Die Hochschule im Netz des Ideologischen, in: Kertz, Walter (1995), S. 479–508, hier S. 498.
38 Vorlesungsverzeichnis Programm für das Studienjahr 1927/28 der Technischen Hochschule Hannover, Universitätsarchiv Hannover.
39 Die übrigen Vorlesungen behandeln die deutsche Geschichte von den Befreiungskriegen bis zum Weltkrieg, den Ersten Weltkrieg sowie die Politik und Kriegsführung im Weltkriege 1914–18, in: Vorlesungsverzeichnis Programm für das Studienjahr 1928/29 der Technischen Hochschule Hannover, S. 82, Universitätsarchiv Hannover.

1918"⁴⁰, so ist ein Jahr später nicht nur die Rangfolge deutlich anders gewichtet, sondern auch die thematische Ausrichtung. Rektor Horst von Sanden stand nun an erster Stelle mit dem Thema „Theorie und Technik der schweren Marineartillerie im Weltkrieg". Ihm folgte Privatdozent Dr. Otto Stierstadt mit der Vorlesung zu „Elektrisch-physikalischen Problemen der technischen Landesverteidigung mit Experimenten im Rahmen der Wehrsportübung". Professor Erich Obst, der im Vorjahr noch Veranstaltungen zum „Werden und Vergehen von Landformen in den verschiedenen Klimazonen" sowie der „Allgemeinen Wirtschaftsgeographie" bestritt, behandelte nun „Das Grenz- und Auslandsdeutschtum" sowie „Politische Geographie". Hinzu kamen eine Veranstaltung von Professor Lipps mit Einzelvorträgen über die „Psychologie des Soldaten" und Oberst Schwertfegers Veranstaltung zu „Kriegsgeschichte und Wehrwesen."⁴¹ Die staatspolitischen Veränderungen führten demnach dazu, dass die Quantität der Vorlesungen zur Kriegsgeschichte und zur Entwicklung von Kriegstechnologien, die bereits seit 1927 fester Bestandteil des Lehrplans waren, deutlich erhöht und durch „Lebensraumforschung" ergänzt wurden.

Für das Wintersemester 1934/35 ließen sich einige Hörerzahlen zu den wehrpolitischen und wehrwissenschaftlichen Unterrichtsstunden ermitteln. So wurde von Rektor von Sanden Wehrtechnik, d. h. Theorie, Technik und Einsatz der Marineartillerie vor 80 Zuhörern gelesen. Mit Lehraufträgen versehen lasen Oberst Schwertfeger vor zehn Hörern Kriegsgeschichte und Kapitän zur See a.D. von Waldeyer-Hartz vor 20 Hörern Seekriegsgeschichte und Seekriegswesen. Mit dem Status einer Honorarprofessur unterrichtete Hauptmann a.D. und Sturmführer der SA Ernst Kallsen⁴² Wehrpolitik und Wehrkunde vor 300 Hörern.⁴³ Seine Vorlesung war offenbar nur deshalb relativ gut besucht, weil die Studentenbundsführung bis zum Wintersemester 1934/35 auf die Studenten Druck ausgeübt hatte.⁴⁴

---

40 Vorlesungsverzeichnis Programm für das Studienjahr 1932/33 der Technischen Hochschule Hannover, S. 48 ff., Universitätsarchiv Hannover.
41 Vorlesungsverzeichnis Programm für das Studienjahr 1933/34 der Technischen Hochschule Hannover, S. 47 ff., Universitätsarchiv Hannover.
42 Ernst Kallsen war Jahrgang 1893, hatte am Ersten Weltkrieg teilgenommen und wurde 1921 als Hauptmann verabschiedet. Im „Catalogus Professorum" heißt es über die folgenden Jahre „danach Privatstudien". Von 1933 bis 1942 hatte er Lehraufträge für Wehrkunde an der Technischen Hochschule Hannover sowie an der Forstlichen Hochschule Hannoversch-Münden, der Universität Göttingen und an der Bergakademie Clausthal. Seit dem 28. 11. 1934 war er Honorarprofessor an der TH Hannover. Catalogus Professorum (1981), S. 135.
43 Antwort auf einen Fragebogen, Anlage zu Tgb. Nr. 2259 TH vom 25. 4. 1935, NHStA Hann 320 IV/93. Vgl. auch Sywottek, Jutta, Die propagandistische Vorbereitung der deutschen Bevölkerung auf den Zweiten Weltkrieg, Düsseldorf 1976, besonders: „Die Universitäten als Mutliplikatoren von Wehrwissen und -propaganda", S. 45–48. Dort heiß es über die an anderen Hochschulen angestellten Dozenten: „Fast alle waren ehemalige Offiziere und durch ihre Schriften sowie durch ihre außeruniversitären Ämter und Tätigkeiten als loyale Träger des nationalsozialistischen Regimes ausgewiesen.", ebenda, S. 47.
44 Diese Bemerkung fügte die Studentenbundsführung an den Fragebogen an. Vom Wintersemester 1934/35 an wollten sie keinen Druck mehr auf die Studenten ausüben. Vgl. Fragebogen vom 25. 4. 1935, Anlage zu Tgb. Nr. 2259 TH, bezüglich wehrpolitischer und wehrwissenschaftlicher Unterrichtsstunden, NHStA Hann 320 IV/93.

In den Akten des NSDStB und der DSt der TH Hannover wird Kallsen zum ersten Mal als Führer des Aufbaukommandos für das „Wehrlager" in Wennigsen-Mark im August 1933 aufgeführt[45], die Vorlesungen zur „Wehrkunde" kündigte die Studentenbundsführung ausdrücklich bereits zum Sommersemester 1934[46] an. Aus einem Schreiben des Führers der Dozentenschaft der TH Hannover an den Minister für Wissenschaft, Erziehung und Volksbildung geht hervor, dass zunächst geplant war ein Ordinariat für Wehrpolitik und Wehrkunde einzurichten. Dort heißt es:

„Gemäß vertraulicher Denkschrift des Wehrpolitischen Amtes der NSDAP Tgb. 1107/223 vom 27. April 1934 beantragt die Dozentenschaft der Technischen Hochschule Hannover die Verleihung eines Ordinariats für Wehrpolitik und Wehrkunde an den Sturmführer Hauptmann a.D. Kallsen, Hannover. Das Ordinariat soll sich auf die dem Hochschulkreis Niedersachsen angehörigen Hochschulen erstrecken. Sollte die Verleihung eines Ordinariats aus technischen Gründen nicht möglich sein, beantragt die Dozentenschaft für den angegebenen Zweck die Verleihung einer Honorarprofessur an K. mit entsprechend dotierten Lehraufträgen für die angegebenen Hochschulen."[47]

Kallsen verkörperte eine Art „mobilen" Professor, der im Hochschulkreis Niedersachsen flächendeckend für eine schnelle und effektive Intensivierung der durch die NSDAP geförderten wehrpolitischen und wehrkundlichen Vorlesungen sorgte.

In einem Aushang vom November 1935 des NS-Studentenbundes der TH Hannover wurde von Hochschulgruppenführer Jebe bekannt gegeben, dass ab Anfang Dezember Vorlesungen von „Parteigenosse" August Schirmer, sowie von SS-Obersturmführer Dr. Joachim Mrugowsky aus Halle an der Saale über „Grundlagen der menschlichen Erblehre und erbbiologischen Fragen" stattfinden sollten.[48] Diplomingenieur Schirmer war Gauschulungsleiter der NSDAP Süd-Hannover-Braunschweig. Im April 1934 wurde er in einem Rundschreiben der Studentenbundsführung der Technischen Hochschule Hannover als Dozent der Volkshochschule Hannover aufgeführt, wo er jeden Freitag um 20 Uhr Vorträge zum Thema „Nationalsozialistische Weltanschauung in ihren Grundbegriffen" hielt.[49] Ab Wintersemester 1935/36 ist er im Vorlesungsverzeichnis der TH Hannover mit der Veranstaltung „Politisch-weltanschauliche Erziehung" aufgeführt. Mrugowsky war seit Juni 1935

---

45 Vgl. NHStA Hann 320 IV/64.
46 Am 25. 5. 1934 gaben Jebe für das Amt für politische Schulung und der Führer der Studentenschaft und SS-Rottenführer Eckert bekannt, das Hauptmann a.D. Kallsen am Donnerstag jeder Woche um 20 Uhr über das Thema „Wehrpolitik und Wehrkunde" referierte. NHStA 320 IV/68. In Rundschreiben Nr. 15/SS 1934 des NSDStB heißt es zu der Veranstaltung: „Wir empfehlen dringend die Vorlesung zu belegen.", NHStA Hann 320 IV/16.
47 NHStA Hann 146 A, Acc.64/81.
48 Der Hochschulgruppenführer und stellvertretende Gaustudentenbundsführer Hans Jebe in einem Aushang vom 5. 11. 1935 des NSD Studentenbundes der TH Hannover, NHStA Hann 320 IV/36.
49 Das Rundschreiben fordert die Studenten zur Teilnahme an den Vorlesungen Schirmers auf. Rundschreiben Nr. 5/SS 1934, NHStA Hann 320 IV/16.

offiziell an der Technischen Hochschule als Dozent tätig.[50] Im Vorlesungsverzeichnis für das Studienjahr 1935/36 wird er im Wintersemester erstmals offiziell mit folgenden Veranstaltungen aufgeführt:
- Grundlagen der menschlichen Vererbungslehre
- Erbbiologische Fragen
- Vererbung und Erziehung
- Naturwissenschaftliche Familienkunde mit besonderer Berücksichtigung der Vererbung von Talenten und Krankheiten

Die Einrichtung neuer Fächer vollzog sich an allen Universitäten und Hochschulen im Deutschen Reich und konzentrierte sich auf die vier Bereiche Wehrwissenschaft, Vor- und Frühgeschichte, Volkskunde sowie Rassenhygiene. Die TH Hannover beschränkte sich jedoch auf Wehrwissenschaft und Rassenhygiene. Da die Hörerzahlen in den Vorlesungen zur Kriegsgeschichte schon sehr niedrig waren, kann davon ausgegangen werden, dass Veranstaltungen zur Frühgeschichte sowie zur Volkskunde ebenfalls auf wenig Interesse seitens der Studenten der technischen Fächer gestoßen wären. Schließlich bedeutete jede zusätzliche Vorlesung weniger Freizeit für die Studenten, die, wie gezeigt, ohnehin durch ihre Pflichtstunden an der Hochschule sowie die Anforderungen durch den NS-Studentenbund stark eingebunden waren.

In den meisten Fällen wurden an den Hochschulen vorhandene Lehrstühle, die durch Emeritierung oder Entlassung frei geworden waren, umbenannt. War das nicht möglich, wurden die gewünschten Fächer durch Lehraufträge oder Honorarprofessuren abgedeckt. An der TH Hannover wurden beispielsweise die Geschichtsvorlesungen Brandis im Wintersemester 1935/36 gestrichen und durch die rassenbiologischen Vorlesungen Mrugowskys ersetzt.[51] Die Initiativen zur Einrichtung neuer Ordinarien gingen jedoch nicht vom Reichserziehungsministerium (REM) aus, sondern vom Rektor, der Fakultät, von lokalen Parteistellen oder den Kultusministerien der Länder.[52]

Die Einrichtung von neuen Professuren und Instituten an den Universitäten war deshalb kein geradliniger und flächendeckender Prozess. Für das Fach der Rassenhygiene zum Beispiel zeigen Grüttners Auswertungen, dass bis 1939 an 12 von 23 Universitäten des „Altreichs" Institute für Rassenhygiene entstanden, die während des Krieges um drei weitere ergänzt wurden. Hinzu kamen noch fünf dieser Institute, die nach 1939 an den so genannten „auslandsdeutschen" Universitäten gegründet wurden. An den übrigen Universitäten sei das Fach wie an der Technischen Hochschule Hannover „nur" durch Lehrbeauftragte oder Honorarprofessoren un-

---
50 In einem Schreiben Rektor von Sandens vom 13. 6. 1935 an den Leiter der Studentenschaft heißt es über Mrugowsky, dass dieser vorbehaltlich des Widerrufs, mit sofortiger Wirksamkeit beauftragt werde, an der Technischen Hochschule Hannover die „Menschliche Erblichkeitslehre und Rassenhygiene" in Vorlesungen und, so weit nötig, in Übungen zu vertreten. NHStA Hann 320 IV/93.
51 Vorlesungsverzeichnis Programm für das Studienjahr 1935/36 an der Technischen Hochschule Hannover, „Für Hörer aller Fakultäten", Universitätsarchiv Hannover.
52 Vgl. Grüttner (1995), S. 164 f.

terrichtet worden. Grüttner kommt insgesamt zu dem Schluss, dass an allen Universitäten und Technischen Hochschulen schon vor 1933 teilweise wehrwissenschaftliche Veranstaltungen sowie Rassenhygiene bzw. Eugenik unterrichtet wurden. Diese Fächer, die „zuvor nur ein peripheres Dasein gefristet hatten und [erhielten] nun erstmals die Chance [...], sich an einer großen Zahl von Hochschulen institutionell fest zu verankern."[53]

Festzuhalten bleibt, dass die Studenten innerhalb der fachlich technischen Lehrveranstaltungen vermutlich keine explizit nationalsozialistischen Inhalte vermittelt bekamen. Mit den Vorlesungen für alle Hörer boten Rektor und Teile der Professoren den Studenten jedoch Themen an, die mit der in den studentischen Diskursen als identitätsstiftend ausgemachten Idealisierung des Krieges korrespondierten. Zudem konnte die Technische Hochschule mit diesen wehrwissenschaftlichen Vorlesungen neben ihrer technischen Forschungsleistung ihre Fachkompetenz in Rüstungs- und Kriegsfragen und damit ihre Nützlichkeit für den NS-Staat unterstreichen. Dass sich darüber hinaus nicht ausschließen lässt, dass die Professoren der Technischen Hochschule Hannover sich außerhalb der Lehre politisch äußerten oder für nationalsozialistischen Ideen einsetzten, wird das folgende Unterkapitel zeigen.

5.2 Ingenieure der Politik: Der Staat im Kontext technisch-zweckrationalen Denkens

> „Ich behaupte, daß die nationale Bewegung, in der wir Deutsche uns heute befinden, eine technisch-wissenschaftliche Gestaltung der Lebensform unseres Volkes ist in einem höheren Grade, als irgend eine frühere Neuordnung es gewesen ist."
>
> Prof. Gast, Technische Hochschule Hannover, 1934.

Der Vermessungsingenieur Paul Gast[54] veröffentlichte im Jahr 1932 ein Buch mit dem Titel „Unsere neue Lebensform – Eine technisch-wissenschaftliche Gestal-

---

53 Ebenda, S. 167. Leider ist in seiner Auswertung keine Tabelle o.ä. aus der ersichtlich würde, was in welchem Umfang an welcher Universität oder Technischen Hochschule an Fächern eingerichtet wurde.

54 Paul Gast wurde 1876 geboren und gehört damit der sogenannten Gründerzeitgeneration an, der zum Beispiel auch Moeller van den Bruck (1876), Oswald Spengler (1880) und Martin Spahn (1875) angehörten. Gast arbeitete 1897 als Landvermesser und war von 1900 bis 1906 Assistent an der Technischen Hochschule Darmstadt. Anschließend übernahm er vorübergehend die Leitung der Trigonometrischen Abteilung des argentinischen Generalstabs in Buenos Aires. 1911 wurde er als Professor für Vermessungskunde an die Technische Hochschule Aachen berufen, als deren Rektor er von 1920 bis 1922 fungierte. Von 1921 bis 1924 leitete die mathematisch-geodätischen Studien am Militärgeographischen Institut in Buenos Aires und war dort an der Kriegsakademie tätig. Im November 1926 kehrte er wieder an die Technische Hochschule Aachen zurück. Im April 1927 erhielt er schließlich eine ordentliche Professur am geodätischen Institut an der Technischen Hochschule Hannover und wurde in den Vorstand des geodätischen Instituts gewählt. Vgl. Catalogus Professorum (1981), S. 74.

tung".⁵⁵ Bereits im Dezember 1931 wurde es in der Zeitschrift des Verbandes Deutscher Diplom-Ingenieure (VDDI) „Technik und Kultur" rezensiert. Dort schrieb ein Diplomingenieur Este, dass der um eine Weltanschauung ringende Mensch, in erster Linie aber der technische Akademiker, an diesem Buche nicht vorbeigehen könne. Es beinhalte eine Fülle von Anregungen zur Kritik „unserer heutigen Zeit mit ihren Irrungen und Wirrungen", aber auch einen Weg zur Gestaltung einer neuen Lebensform der Zukunft.⁵⁶ Zwei Jahre später, im März 1934, stellte Gast seine Publikation in den *Hannoverschen Hochschulblättern* der studentischen Hochschulöffentlichkeit vor. In einem Artikel mit dem Titel „Wissenschaft und Volksgemeinschaft", der ein Auszug einer Rede war, die Gast in der Hochschule gehalten hatte, stellte er die Grundzüge seines Buches vor und bezog es auf den nationalsozialistischen Staat. Die Schriftleitung der studentischen Zeitung empfahl Gasts Buch in einem einleitenden Absatz eindringlich. Auch in den Mitteilungen der Hannoverschen Hochschulgemeinschaft erschien eine leicht variierte Fassung der Rede. Rektor Franzius bezeichnete Gasts Publikation in der Märzausgabe der *Hochschulblätter* in dem Artikel „Nationalsozialismus, eine Weltanschauung?" als eines der stärksten weltanschaulichen Werke nationalsozialistischer Prägung neben Rosenbergs „Mythos des zwanzigsten Jahrhunderts": „Gast prüft unser ganzes bisheriges Sein auf seine Echtheit und entwickelt richtige Vorschläge für die Volksführung, er hat die erste Philosophie des Nationalsozialismus geschrieben."⁵⁷

Das Buch wurde von Gast zunächst mit einer „Warnung" eingeleitet:

„Wer als Christ, Jude, Atheist, Nationalist, Pazifist, Idealist, Materialist, als Konservativer, Liberaler, Sozialist, Kommunist oder als Sektierer irgendeiner Art schon eine Weltanschauung hat *und mit ihr zufrieden ist*, wird gebeten, dieses Buch nicht zu lesen."⁵⁸

Gast deutet seinen Lesern demnach an, ihnen eine Weltanschauung zu offerieren, die autonom, unparteiisch und somit in der damaligen Definition als *unpolitisch* und *sachlich* zu bezeichnen wäre. In dem der Warnung folgenden „Vorspruch" macht er deutlich, dass es ihm um nichts anderes gehe, als die „Baukunst der Weltanschauungen" darzustellen, um dann in der Lage zu sein, „diejenige Weltanschauung selbst zu erbauen, die geeignet ist, uns die Welt richtig zu sehen und, in gewissem Sinn und Maße, nach unseren Wünschen formen zu lassen."⁵⁹ Dadurch ließen sich auch die Fehler der abendländischen Weltanschauung aufzeigen, die mit der

---

55 Gast, Paul: Unsere neue Lebensform: eine technisch-wissenschaftliche Gestaltung, München 1932.
56 Dipl. Ing. K. Este, in: Technik und Kultur, 22 Jg. (Dezember 1931) Nr. 11–12, S. 187. Auch in der Zeitschrift für Ethik, Sexual- und Gesellschaftsethik wurde das Buch positiv besprochen und als anregende Lektüre empfohlen. Rezensiert von Emil Abderhalben, in: Ethik, Sexual- und Gesellschaftsethik 9 Jg. (Sept./Okt. 1932) S. 63.
57 Franzius, Otto: Nationalsozialismus, eine Weltanschauung?, in: *Hannoversche Hochschulblätter* 18. Semesterfolge (März 1934) Nr. 6, S. 77–78, hier S. 77.
58 Gast (1932), S. 7, (Hervorhebung im Original).
59 Ebenda, S. 9.

Wirklichkeit, in der die Menschen lebten und kämpften, nicht mehr überein stimme und die Europa bedrohe.[60]

Die technische Intelligenz Deutschlands war seit der Weltwirtschaftskrise 1929 bemüht, eine autonome Theorie der Technik in Abgrenzung zu politischen und wirtschaftlichen Theorien zu entwickeln. Ihre Kritik an den ökonomischen und gesellschaftlichen Verhältnissen der Weimarer Republik wurde gegen Ende der zwanziger Jahre immer radikaler. Der bekannteste und wichtigste (Technik-)Theoretiker der Zeit, der Ingenieur Heinrich Hardensett, beschrieb bereits 1928 „ein Bild der sozialen Welt gesehen vom Ingenieur her, entworfen mit jener Sachlichkeit und Objektivität seines beruflichen Schaffens, die schließlich Gesinnung und Weltanschauung wird."[61] Hardensett hatte einige Semester Maschinenbau an der Technischen Hochschule Hannover studiert,[62] und entwickelte in zahlreichen Aufsätzen eine Theorie der Technik, die sich nicht nur auf die Mängel des kapitalistischen Staates konzentrierte, sondern auch Themen wie z. B. Technik und Dichtung behandelte. Vier Jahre später kam er zu dem Schluss, dass die „vollendete Maschine die vollendete Wirtschaft [fordert], der technischen Idee der vollkommenen technischen Lösung schließt sich die Idee der vollkommen beherrschten Wirtschaft an. Die vollendete Technik erzeugt sogar die sachlichen Bedingungen eines stabilen Wirtschaftsumlaufes."[63] Der Aufruf des Chemikers Günther Bugge unter dem Pseudonym „Philotechnicus" in der Zeitschrift des Reichsbundes Deutscher Technik (RDT) „Technik voran!" bildete schließlich den Auftakt zu einer Technokratiebewegung, die sich 1932 in der Technokratischen Union organisierte und die anknüpfend an die traditionellen Forderungen dieses Berufsstands die Herrschaft technisch-wissenschaft-

---

60 „Weltanschauung" war in der Weimarer Republik ein gängiger Begriff. So schrieb Siegfried Kracauer im März 1931 in einem Artikel für die Frankfurter Zeitung über eine Freikörperkultur-Matinee folgende Bemerkung: „Man kann bei uns kaum eine Zahnbürste einkaufen, ohne gleich eine Weltanschauung als Dreingabe zu erhalten. Aus Weltanschauungsgründen also erklären Herr Koch und seine Jünger der Badehose den Krieg. Die Badehose, sagt Herr Koch, ist ein Aberglaube, der bekämpft werden muß. Nacktheit, sagt er ferner, ist Ehrlichkeit innerlich und äußerlich." Interessant ist hier abgesehen vom Zeitgeist der Bezug zur Natur und dem Natürlichen, der auch in Gasts Buch eine große Rolle spielte. Kracauer bemerkt weiter: „Eben aus Weltanschauung nämlich lehnt Herr Koch kategorisch das Klatschen ab. Auf die Tat komme es an, sagt er, und nicht auf das Klatschen. Wo so viel Weltanschauung ist, scheint man sehr aufpassen zu müssen." Kracauer (1996), S. 76.
61 Hardensett, Heinrich: Sozialwirtschaft, in: Technik voran! 10 (1928), S. 252, zitiert durch Willeke (1995).
62 Hardensett, geboren 1899, schloß sich als Freicorpskämpfer auch dem Studentenbataillon der TH Hannover an, um „kommunistische Aufstände" niederzuschlagen. Nach der Diplomprüfung wechselte er 1920 an die TH München. Vgl. den ausführlichen Lebenslauf bei Willeke (1995), S. 176, der Hardensetts Bedeutung für die Technokratiebewegung analysiert. A. a. O. S. 170 ff und S. 176 ff. Vgl. auch Herf (1984), S. 181–186. Bekannt wurde Hardensett durch seine Dissertation „Der kapitalistische und der technische Mensch" aus dem Jahr 1932. Das Exemplar der Technischen Hochschule Hannover hat Hardensett handschriftlich mit der Widmung „Der Technischen Hochschule Hannover! Heinrich Hardensett" versehen. Hardensett publizierte zahlreiche Texte in „Technik Voran!", aber auch in „Kultur und Technik".
63 Hardensett, Heinrich: Die Wirtschaft des technischen Menschen, in: TV 14 Jg. (November 1932) Heft 22, S. 350.

licher Experten einforderte.[64] Sie bildete den „Höhepunkt einer antidemokratischen Bewegung [...], in deren politischer Vorstellungswelt das Idealbild einer angeblich ‚unpolitischen' Gesellschaftsmaschinerie zirkulierte."[65]

Auch Gast kann von seiner beruflichen Herkunft her in dieser Tradition gesehen werden, hatte aber bereits deutliche Anleihen der nationalsozialistischen Ideologie in seine Thesen eingebaut. Er versuchte in seinem Buch eine „technische" Theorie zu entwickeln, die, wie er in seinem Schlusswort bemerkte, in einem „Zukunftsstaat" als „Idee der wissenschaftlichen Weltanschauung die Seelen der Gemeinschaft für sich erobert haben wird."[66]

Das Buch gliedert sich insgesamt in vier Abschnitte, die mit den Überschriften „Inneres Erleben", „Ideen der Erkenntnis", „Ideen des Gefühls" und „Ideen der Zukunft" versehen sind. In dem Kapitel „Inneres Erleben" degradiert Gast das Denken zu einer „sekundären Funktion des Erlebens", das von den Gefühlen „getragen" würde. Gast bringt seine Erkenntnis auf die Formel: „Darum Vorsicht bei jedem Denken!"[67]

Gasts Ausgangsposition lässt sich einer Richtung zuordnen, die Kurt Sontheimer in seiner Analyse des antidemokratischen Denkens in der Weimarer Republik als „vulgäre Lebensphilosophie" beschrieb. In den sich als organisch oder konservativ ausgebenden Weltanschauungen sei *Erleben* die subjektive Form des Lebens und stünde im Gegensatz zum analytischen Durchdringen und Durchdenken einer Sache. „Erlebtes ist ursprünglich, Denken das Abgeleitete. Erlebnis kann nicht bewiesen werden und bedarf nicht rationaler Rechtfertigung."[68]

Entsprechend wird *Erleben* bei Gast in zwei Aspekte aufgeteilt, nämlich in den der Gefühle und in den der Vorstellungen, wobei letztere Vernunft und Verstand beinhalten. Die Vorstellungen seien den Gefühlen untergeordnet und „in Wahrheit ihre Diener".[69] Durch *gefühlsmäßige Antriebe* kämen die Menschen dazu, *Ideen* zu bilden, die damit gefühlsbetonte Vorstellungen seien. Gast bleibt zwar den organischen Grundgedanken des Lebens treu, die auch den der Gemeinschaft beinhalten. Er bestimmt aber die Erfahrung, die für ihn durch das *Erleben* hervorgerufen wird, als hochrationalen Akt. Das heißt, dass das *Erleben* im Sinne Gasts genau das Ge-

---

64 So schrieb Bugge: „Mit dem Wort Technokratie soll programmatisch eine neue Weltanschauung, eine neue Bewegung, zugleich auch ein neues System der Regelung der wirtschaftlichen und politischen Verhältnisse bezeichnet werden, neu insofern, als eine technokratische Auffassung und Gestaltung des Lebens – in dem bestimmten und weit reichenden Sinne, wie das Wort ‚technokratisch' hier gebraucht werden soll – bisher noch nicht zur öffentlichen Diskussion gestellt worden ist." Philotechnicus: Technokratie, in: Technik voran!, 14. Jg. (Oktober 1932) Heft 19, S. 296–299, hier S. 296. Zur Technokratischen Union vgl. ausführlich Willeke (1995), S. 194 ff.
65 Willeke (1996), S. 203.
66 Gast (1932), S. 216.
67 Ebenda, S. 27.
68 Sontheimer, Kurt: Antidemokratisches Denken in der Weimarer Republik – Die politischen Ideen des deutschen Nationalismus zwischen 1918 und 1933, München 1968, S. 56.
69 Gast (1932), S. 34. Für Gast waren Vorstellen und Denken nur Hilfsmittel und Werkzeug des Lebens, die nicht das Leben selbst wären, das letzten Endes in körperlichen Bewegungen bestehe. Ebenda, S. 57.

genteil eines unbewiesenen und irrationalen Ursprungs sein soll, nämlich der Ausgangspunkt objektiven Wissens: „Objektives Wissen ist gegeben, wenn die subjektive Überzeugung durch sogenannte Erfahrungstatsachen nachgeprüft wird."[70]

Gast konstruiert hier eine „Rationalität", die sich bei genauerem Hinsehen als eine naturalistische und funktionalistische erweist. Seine biologistischen Argumentationen, die den Urgrund der Gesamtwirklichkeit, eben auch des Geistigen sowie des Denkens, in das organische Leben verlegt und die Normen menschlichen Erkennens und Handelns von biologischen Bedürfnissen und Gesetzen herleitet, ziehen sich durch das ganze Buch. Er spricht von „biologischen Notwendigkeiten"; die „Irrationalität" des Dadaismus interpretiert er als Rückfall, der biologisch wirke wie „das Niederkauern vor einem höheren Sprung"; Ruhm habe einen Sinn biologischer Art usw. Theoretisches Denken (dem der Begriff der Rationalität traditionell zugeordnet ist), das als denkendes Erkennen die Dinge mit den Mitteln des Begriffs erfasst, wird somit nicht nur den (vulgär-)lebensphilosophischen Positionen nachgeordnet, sondern auch in das Gegenteil verkehrt.

Gast bestimmt die Aufgabe der Wissenschaft als die planmäßige Bildung der von Irrtümern gereinigten, also objektiv richtigen Erkenntnissen und ihre „geordnete Erhaltung"[71]. Auf diese Erkenntnisse sollten die Gemeinschaften in dem Prozess des Ideenbildens zurückgreifen[72], um die Wirklichkeit nach wissenschaftlichen Ideen zu gestalten.[73]

Die so von Gast als Lösung aller Probleme vorgeschlagenen, das Leben und die „Gemeinschaft" gestaltenden *wissenschaftlichen Ideen* sind nach seiner Definition aus „richtiger Beobachtung und richtiger Deutung der Wirklichkeit" hervorgegangen. Sie sind aus seiner Sicht der Sachlichkeit ingenieurswissenschaftlichen Denkens verpflichtet und dazu geeignet, Staat und Gemeinschaft nach den Regeln technischer Rationalität zu strukturieren. Die Betonung liegt auf der Verbindung des Staates mit dem Begriff der Gemeinschaft und gerade nicht mit dem der Gesellschaft. Letzterer wurde dem der Gemeinschaft als „unorganisch" und künstlich gegenübergestellt. Die Gemeinschaft erscheint auch hier als „organisches" und „durchaus realisierbares soziales Ideal."[74]

Herbert Marcuse bestimmte 1942 im amerikanischen Exil als eines der Merkmale der deutschen Mentalität eine zynische Sachlichkeit bzw. eine technische Rationalität, die „das eigentliche Zentrum der nationalsozialistischen Mentalität und das psychologische Ferment des Nazisystems"[75] bilde. Er ergänzt dort weiter, dass die-

---

70 Ebenda, S. 38.
71 Ebenda, S. 55.
72 „Die Gemeinschaften können nur dann wissenschaftliche Ideen bilden, wenn die Vorratsgewölbe der Wissenschaften mit richtigen Begriffen gefüllt sind." Ebenda, S. 160. „Richtige" oder „falsche" Begriffe werden hier in einem hermetisch abgeschlossenen, auf „Erfahrung" basierenden Funktionsmodell konstruiert. Fragen der Ethik oder der Moral stellen sich so gar nicht mehr.
73 Ebenda, S. 175.
74 Sontheimer (1968), S. 250. Zur Attraktivität des Gemeinschaftsbegriffes und seiner Funktion siehe Kapitel 4.
75 Marcuse, Herbert: Feindanalysen – Über die Deutschen, Lüneburg 1998, S. 24.

ser „neue Geist der Sachlichkeit" sich im Nationalsozialismus zu einer Revolte gegen die Grundsätze der christlichen Zivilisation zugespitzt habe.

„Antisemitismus, Terrorismus, Sozialdarwinismus, Antiintellektualismus, Naturalismus. Sie alle sind Ausdruck einer Rebellion gegen die schrankensetzenden, transzendentalen Prinzipien der christlichen Morallehre – gegen die Freiheit und Gleichheit der Menschen, gegen die Unterordnung der Macht unter das Recht, gegen die Idee einer universalistischen Ethik."[76]

In den *Hannoverschen Hochschulblättern* lassen sich genau diese Ausprägungen und die ihnen entsprechenden Ausdrucksformen finden, die Marcuse als „neue Dimension der Logik und Sprache" bezeichnete. Technokratische und evolutionistische Schlüsselbegriffe wie zum Beispiel „Wirkungsgrad" (Effizienz), „Experte", „neutral", „Fortschritt", „Zukunft", „Sachlichkeit", „Sachkompetenz", „Gemeinwohl", „Gemeinschaftsarbeit", wurden mit Wörtern wie „Opfer", „Pflicht", „National", aber auch „Auslese" und „natürliche Begrenzung", „organisch", „schöpferisch" „geistige Überlegenheit" „innere Würde" verschränkt. Gasts Buch bildet sozusagen den Kulminationspunkt der bisher in verschiedenen Texten zur Technik verhandelten Aspekte und bündelt sowohl Grundpfeiler antidemokratischen Denkens als auch Grundsätze der Technokratiebewegung zu einem Gedankenkonstrukt. Besondere Attraktivität und Wirkmächtigkeit hatte der Kampf als konstituierendes Moment des Lebens. Er galt als Tatsache und „natürliche Art"[77] der menschlichen Entwicklung.

Gasts *wissenschaftliche Ideen* haben einen sozialdarwinistischen Charakter. So ist für ihn die Idee des Kampfes eine *wissenschaftliche Idee* insofern, als „die Idee des Fortschritts nun einfach verlangt, dass in jeder Phase der Entwicklung die Wirklichkeit der sich bekämpfenden Ideen und die Vorstellungen von ihr im Bewußtsein der Beteiligten übereinstimmen."[78] Zwei Jahre später formulierte er deutlicher, dass der Nationalsozialismus, indem er die Parteien verbot und „den von der Verzweiflung gesäten Bolschewismus zertrat", die lebendigen Kräfte der Volksgemeinschaft wieder freigesetzt habe. Durch dieses Experiment bewies die (nationalsozialistische) Revolution, „daß ihre Idee aus r i c h t i g e r Beobachtung und richtiger Deutung

---

76 Ebenda, S. 26.
77 Marcuse führt dazu aus, dass diese Tatsachen „natürlicher Art" zu einer anderen und höheren Ordnung angehörten. „In dieser Ordnung zählt die natürliche Ungleichheit der Menschen mehr als ihre künstliche Gleichheit, der Körper mehr als der Geist, Gesundheit mehr als Moral, Macht mehr als das Gesetz, starker Haß mehr als schwächliches Mitgefühl." Ebenda, S. 34. Genau dieser Sachverhalt lässt sich 1934 bei Gast (in den Mitteilungen der Hannoverschen Hochschulgemeinschaft) nachlesen, indem er für den Kampf durch Gefühle plädiert, aus „wirklich erlebten Gefühlen. Will man aber Helfer im Kampf gewinnen und dem Feind seine Bundesgenossen und Anhänger abspenstig machen, muß man die Überzeugung verbreiten, daß die Ideen des Feindes falsch und die eigenen Ideen richtig sind. Damit gerät der Kampf aus der Sphäre der Gefühle in die der Gedanken und arbeitet mit ‚Beweisen' und ‚Sätzen'. Selbstverständlich wird nicht nur mit diesem intellektuellen Rüstzeug gekämpft; es wird weiter gekämpft mit dem primitiven Gefühl des durch Taten und Leiden erzeugten Hasses und sogar mit den Waffen der Gewalt und der Drohung." StA WÜ RSF I/03 p 253-III.
78 Gast (1932), S. 167.

der Wirklichkeit erwachsen war, daß sie eine **technisch-wissenschaftliche Idee** war."[79]

Schon 1932 war für Gast klar, dass ein Staat diese wissenschaftlichen Ideen nur durchführen kann, wenn er „eine Zwangsgemeinschaft bildet, die allen im Territorium des Staates lebenden Menschen die Gemeinschaftsordnung aufzwingt." Als Wertidee bezeichnete er die Idee des Gehorsams, die auch durch Androhung oder Anwendung von Gewalt „gestaltet" werden sollte. „Große metaphysische Gemeinschaften sind in der Geschichte ausnahmslos als staatliche Zwangsgemeinschaften entstanden."[80]

Der Gemeinschaftsbegriff, der für die Ingenieure mit dem Dienstgedanken verbunden und in seiner Stoßrichtung gegen den Materialismus und Kapitalismus eingesetzt wurde, gestaltet sich hier als Totalität. Auch Hardensett verstand seinen Technikbegriff als kollektiv und auf die Gemeinschaft als allumfassende Größe bezogen. Somit war eine Art Techniktheorie zu entwerfen, die ihren Gültigkeitsanspruch rechtfertigte und absicherte. Dahinter stand, wie erwähnt, die Überzeugung, dass durch den „technischen Menschen" und das technische Denken, auch alle anderen gesellschaftlichen Bereiche optimiert werden könnten.[81]

Um eine „theoretische Absicherung der Technik im Allgemeinen" ging es auch Gast. Er versuchte eine These zu entwickeln, die die Technik über ihren bisher festgesteckten Arbeitsauftrag, nämlich nur als „auf wissenschaftlichem Wege gewonnene Hilfsmittel zur wunschgemäßen Gestaltung des Gemeinschaftslebens"[82] zu fungieren, hinausführen sollte. Er sah die Funktion der Technik darin, endgültige Aussagen über die Richtigkeit von Forschungsergebnissen zu machen:

> „Die Leistungen der Technik als einer Instanz zur endgültigen Entscheidung über die Richtigkeit einer Theorie kann freilich allgemein nur erwartet werden von der mit materiellen Mitteln arbeitenden Technik, also von der angewandten Physik im weiteren Sinne."[83]

Was er damit meinte, wird in seinem Artikel aus dem Jahr 1934 deutlich, in dem er der „bewunderungswürdigen Führung" bescheinigte, die technischen Hilfsmittel geschaffen zu haben, die die Volksgemeinschaft von parlamentarischen und kapitalistischen Unzulänglichkeiten befreit hätten. Diese Hilfsmittel, „gedeutet in der Sprache der physikalischen Technik" wären folgende:

---

79 Ebenda, S. 81, (Hervorhebung im Original).
80 Ebenda S. 122. „Um also aus dem gegebenen Zustande der nicht wissenschaftlichen Ideen in den erwünschten Zustand der wissenschaftlichen Ideen zu gelangen, müßten wir einen Übergang einschalten, in dem wissenschaftliche Ideen gestaltet werden, obwohl sie noch nicht fixiert waren." Und das funktioniert durch Gewalt oder durch Androhung von Gewalt: „Auch liegt keine Veranlassung für uns vor, vom Standpunkt der Erkenntnis die Gewalt als Mittel der Ideengestaltung auszuschließen, vorausgesetzt, daß sie zur Anwendung gelangt, um eine wissenschaftliche Idee zu gestalten." Ebenda, S. 176.
81 Vgl. auch Willeke (1995), S. 174.
82 Gast (1932), S. 62.
83 Ebenda, S. 62.

„Zum Ersten: das Gerüst der Propaganda, bestehend aus den Zellen, Orts-, Gau- und Landesgruppen, den Schutzstaffeln und Sturmabteilungen, die sich gleichsam zusammenfügen wie **die wohlberechneten Stränge eines weitverzweigten Leistungsnetzes**;

Zum Zweiten: den Inhalt der Propaganda, nämlich als Schlagworte geprägte Leitgedanken, die **sich nicht widersprechen** und genau das ausdrücken, was der Urheber des Ganzen will;

Zum Dritten: die Propaganda selbst, das ist die Knetung und Gleichrichtung des Willens der Individuen-Massen durch Reden, Presse, Film und Rundfunk, durch Umzüge, Abzeichen, Uniformen, Fahnen und Lieder, was alles auf uns wirkt wie **die Zusammenleitung und Aufstauung weitverstreuter Wasserkräfte und ihre Umformung in strömende Energie**;

Und zuhöchst: das Führerprinzip als **den Konstruktionsgedanken für das zentrale Schaltwerk, ohne das ein weitverzweigtes Netz von Energieströmen nicht betrieben werden kann.**"[84]

Der Staat erscheint hier als Maschine, die ganz auf das Funktionieren und Optimieren von Abläufen beschränkt ist und mit dem Führer ein „zentrales Schaltwerk" besitzt. Darin bilden die unterschiedlichen nationalsozialistischen Formationen das Netz und die Basis dieses „Maschinenstaates". Zusammengehalten wird dieser durch die „widerspruchsfreien" Leitgedanken des Nationalsozialismus, die vollständig und nachhaltig in den Massen verankert werden sollen, während die Propaganda mit der „Gleichrichtung des Willens der Individuen" gleichzeitig die ideologische Marschroute bestimmt.

Gast konnte offenbar seine Begeisterung und Zustimmung zum nationalsozialistischen Staat kaum zurückhalten, als er in seinem Vortrag formulierte:

„Ist dies nicht alles, in der Wirklichkeit und im Bilde betrachtet, nicht eine Zug um Zug zutreffende Analogie zur Planung und Errichtung eines großen technischen Werkes? Meine Herren Ingenieure! Ist dies nicht Geist von unserem Geist? Ist dies nicht Technik?"[85]

Gasts Ausführungen stehen in direktem Zusammenhang mit dem Schlusskapitel seines Buches, in dem er beschreibt, wie er die „Beseitigung der Spannung zwischen Ideenwelt und Wirklichkeit" vollziehen wollte. Danach müsse eine wissenschaftliche Technik der Staatenleitung gefunden werden, deren Ideen mit der Wirklichkeit übereinstimmten. Diese Technik müsse die Ideenwelt organisch eine Form der Gesetzgebung und Regierung bilden lassen, die sich von selbst ändere, wenn sich die Wirklichkeit ändern würde.[86]

Er knüpft hier deutlich an die Vorstellungen eines totalen Staates an, wie ihn Carl Schmitt befürwortete. Dieser zielte auf eine Vereinheitlichung von Staat und Ge-

---

84 Gast, Paul: Wissenschaft und Volksgemeinschaft, in: *Hannoversche Hochschulblätter* 18. Semesterfolge (März 1934) Nr. 6, S. 79–81, hier S. 80f. Hervorhebung A.S.
85 Ebenda, S. 81.
86 Gast (1932), S. 201. Eine Seite später konkretisierte er, dass die Technik die Verfassung des Staates im Sinne einer wissenschaftlichen Idee bilden solle. Ebenda, S. 202.

sellschaft, die in der Formel vom Staat als der „Selbstorganisation der Gesellschaft" seinen Ausdruck fand.[87] Gasts Vorstellung von einer sich organisch mit dem Staat entwickelnden Gesetzgebung, die sich auf die „richtigen Begriffe der Wissenschaft" gründen solle, stellt ein Konstrukt dar, indem Rechtsordnung in den Händen derer liegt, die die „richtigen Begriffe" zur Verfügung stellen.

Otto Kirchheimer analysierte 1941 im amerikanischen Exil die Rechtsordnung des Nationalsozialismus und stellte fest, dass das Prinzip technischer Rationalität als Basis von Recht und Rechtspraxis jedes System zur Erhaltung individueller Rechte verdrängt habe. Recht und Rechtspraxis würden zum Instrument erbarmungsloser Herrschaft und Unterdrückung.

> „Das die ganze Staatenleitung beherrschende Prinzip der technischen Rationalität verträgt sich nicht mit der Existenz eines allgemeinen Gesetzessystems, in dem Normen sich nur schrittweise weiterentwickeln. Unter dem neuen System kann eine Rechtsnorm nur rein provisorischen Charakter haben; es muß möglich sein, sie ohne Aufsehen zu ändern, wenn erforderlich sogar rückwirkend."[88]

In einem derart organisierten totalen Staat funktioniert die Wissenschaft nach Gasts Vorstellungen durch die neuen „Ingenieure der Politik" als das „was sie ihrem Wesen nach ist:" „geistiger Lebensboden der Volksgemeinschaft, der den in ihn eindringenden Wurzeln der blutmäßigen Ideen die köstlichen Nährstoffe objektiv richtiger Gedankeninhalte spendet."[89] Gast hat nach dem staatspolitischen Wandel die aus „gefühlsmäßigen Antrieben" entstehenden Ideen der nationalsozialistischen Doktrin angepasst und in „blutmäßige" umgewandelt. Dieses Vorgehen war für ihn jedoch kein großer Schritt, da in einer Theorie, in der der Kampf als natürliche Art der Selektion bestimmt wird, die Separation der Menschen nach Rassen im Prinzip enthalten ist.

Die Wissenschaft funktioniert so als durch „objektive Richtigkeit" legitimierte Herrschaft[90], unter der Fragen des Rechts und der Moral als außerhalb des wissenschaftlichen Funktionsmodells und damit als irrelevant gelten. Die Herrschaft fällt den Experten und Fachkräften zu, die sich gemäß dem „gemeinschaftlichen Naturrecht"[91] nur aus der biologisch begriffenen Volksgemeinschaft rekrutieren können.

---

87 Sontheimer (1968), S. 207.
88 Kirchheimer, Otto: Die Rechtsordnung des Nationalsozialismus, in: Kritische Justiz Heft 4, 1971, S. 356–370, hier S. 364. (zunächst: The legal order of National Socialism, in: Studies in Philosophy and Social Science, Band IX S. 456–475, New York 1941).
89 Gast, Paul: Mitteilungen der Hochschulgemeinschaft, StA WÜ RSF I/03 p 253-III.
90 Stefan Breuer hat in seiner Analyse der „konservativen Revolution" Staatsvorstellungen bei Carl Schmitt, Hans Zehrer und Ernst Jünger herausgearbeitet, die Gasts Konstruktion ähneln. Auch Spengler, der wie gezeigt, auch in den *Hannoverschen Hochschulblättern* veröffentlicht wurde, konstruierte einen Staat der funktionalen Rationalität: „Herrschaft war, mit anderen Worten, stets Herrschaft einer Elite, einer aktiven Minderheit, die über Können, Weitblick und Tatsachenkenntnis verfügte und es verstand, die modernen Apparaturen in Wirtschaft und Technik mit einem Maximum an Effizienz zu nutzen." Breuer, Stefan: Autonomie der konservativen Revolution, Darmstadt 1993, S. 100.
91 Vgl. Fraenkel (1974), S. 164 ff.

Paul Gast brachte die Konsequenzen seiner Weltanschauung anschaulich auf den Punkt, wenn er für den „Dienst an der Gemeinschaft" die Begabung und Berufung als allein entscheidend bezeichnete,

> „weil nur so der Gemeinschaft die besten Diener erzogen werden können. [...] Dann, und nur dann erwächst der neuen Gemeinschaft anstelle von Aristokratien des Geburtsstandes und des Geldes allmählich eine Aristokratie technisch-wissenschaftlicher Erbgut-Auslese."[92]

In dem letzten Absatz seines Artikels in den *Hannoverschen Hochschulblättern* zeigt sich, dass Gasts Entwicklung eines technisch-wissenschaftlichen Staates auch die Funktion hatte, die traditionelle Hierarchie zwischen den geisteswissenschaftlichen Fächern der „Vollakademiker" an den Universitäten und der Technischen Intelligenz zu überwinden. Gefragt waren, nach seiner Ansicht, die technokratischen Experten und nicht etwa theologische und philosophische „Dogmatiker", die für „Ströme der Verwirrung" sorgen und „die Volksgemeinschaft an der Gewinnung richtiger und brauchbarer Erkenntnisse über die Dynamik des Gemeinschaftslebens" stören würden. Er lehnte die Philosophie, die Historie und die Soziologie ab, weil diese Disziplinen „absolute Wahrheiten unabhängig von der Erfahrung" verkündeten. So wären sie nicht nur den Naturwissenschaftlern unverständlich, sondern auch den „mit beiden Füßen in der Wirklichkeit stehenden Staatsmännern verdächtig".[93] Die Aversion der Nationalsozialisten gegen den „Typ des Intellektuellen", gegen „abstraktes und zersetzendes Denken" wird von hier Gast aufgenommen, um den seit Jahrzehnten von Natur- und Technikwissenschaft geforderten sozialen Aufstieg und die Arbeit in Führungspositionen zu untermauern sowie die traditionellen akademischen Eliten als unwissenschaftlich und für den neuen Staat unbrauchbar zu diskreditieren.

5.3 Politik und Praxis in der Hochschule: Die Fachschaftsarbeit

Die Fachschaften einzelner Universitäten und Hochschulen konstituierten sich schon nach dem Ersten Weltkrieg als Interessenvertretungen der Studenten. Nach der Machtübergabe bemühten sich sowohl der NSDStB als auch die DSt, die Fachschaften im nationalsozialistischen Sinne zu instrumentalisieren. Die Fachschaften waren als dritte Säule neben dem NS-Studentenbund und den Kameradschaftshäusern konzipiert und sollten den Lehrbetrieb der Technischen Hochschule durch nationalsozialistische Inhalte ergänzen. Das Ziel war die Umerziehung der Studenten zu „politischen Soldaten" und die Umwandlung der Hochschulen zu „politischen Hochschulen des Dritten Reiches".

Die Fachschaften galten als Glieder der Studentenschaften und waren nach Fakultäten in Reichsfachgruppen zusammengefasst, die den Fachreferaten des Amtes

---

92 Gast, Paul: Mitteilungen der Hochschulgemeinschaft, StA WÜ RSF I/03 p 253-III (Hervorhebung i.O.).
93 Gast (März 1934), S. 81.

Wissenschaft der Reichsleitung der DSt entsprachen.[94] Den Technischen Hochschulen war daher ein „Reichsfachgruppenleiter Technik" zugeordnet, der im Amt für Wissenschaft der DSt in Berlin saß. Dieser veröffentlichte im Mai 1934 gesonderte Anweisungen für die „Reichsfachgruppe Technik", die für alle technischen Fachschaften galt. Danach sollte an jeder deutschen Technischen Hochschule eine „Reichsfachgruppe Technik" bestehen und sich zunächst in dreizehn Fachschaften (oder Fachabteilungen) aufteilen.[95] Die DSt gab die Rahmenbedingungen, d. h. die Form, den Aufbau und die Aufgaben für die verschiedenen Fachabteilungen vor und verpflichtete alle Studenten ab dem vierten Semester zur Mitarbeit, die durch Versammlungen, Arbeitskreise, Vorträge, Exkursionen und Lager erfolgen sollte.[96] Der Fachschaftsleiter oder Fachgruppenleiter Technik der jeweiligen Hochschule war gleichzeitig der Leiter des Amtes für Wissenschaft, das dem Amt für Wissenschaft der DSt in Berlin zugehörig war bzw. dem Reichsfachgruppenleiter Technik unterstand. Zusätzlich musste der Fachschaftsleiter dem NS-Studentenbund angehören.[97]

An der Technischen Hochschule Hannover existierten im Sommersemester 1934 sechs Fachschaften, die den vorhandenen Studienfächern entsprachen: Architektur, Bauingenieurswesen, Maschinenbau, Elektrotechnik, Naturwissenschaften und Chemie.[98] Der Leiter des Hauptamts für politische Erziehung Rudolf Barfuß[99] berichtete Anfang Februar 1934 in einem Schreiben an die Reichsfachgruppe Technik der DSt in Berlin, dass er zusammen mit den Fachschaftsleitern der Fachschaften in Hannover, die alle der SA angehörten, Richtlinien für die Arbeit des kommenden Sommersemesters ausarbeite. Generell sollten die Vorlesungen durch die Fachschaftsarbeit ergänzt werden. Da sie eng an die vorhergehende politische Schulung anschließe, wolle er die Inhalte des technischen Studiums unter nationalsozialistischen Gesichtspunkten aufbereiten. Zunächst werde dies durch Vorträge erreicht, die jedoch weniger von Fachprofessoren, sondern verstärkt durch die nationalsozia-

---

94 Vgl. Böhm, Helmut: Von der Selbstverwaltung zum Führerprinzip. Die Universität München in den ersten Jahren des Dritten Reiches (1933–1936), Berlin 1995, S. 316.
95 Maschineningenieurswesen, Bauingenieurswesen, Schiffbau, Schiffmaschinenbau, Flugzeugbau, Elektrotechnik, Hüttenkunde, Bergbau, Geodäsie, Markscheidewesen, Textiltechnik, Papieringenieurswesen, Brauerei. Rundschreiben DSt BT 2/1934 vom 3. 5. 1934, NHStA Hann 320 IV/45.
96 Vgl. Böhm (1995), S. 317.
97 Vgl. ebenda, S. 319.
98 Barfuß, Rudolf: Die Fachschaftsarbeit des Wintersemesters, in: *Hannoversche Hochschulblätter* 20.Semesterfolge (Oktober 1934) Nr. 1, S. 2–5, hier S. 3 f. Vgl. auch das Schreiben vom Führer der Studentenschaft und SS-Rottenführer Ekkehard Eckert und für das Amt für Wissenschaft Moldenauer in einem Rundschreiben der Studentenschaft der TH Hannover, Nr. 16, SoSe 1934 vom 28. 05. 1934, NHStA Hann 320 IV/45.
99 Rudolf Barfuß, geb. am 8. 9. 1909 in Osterholz, trat am 1. Juni 1931 in die NSDAP ein. Im November 1931 taucht er erstmals in den Akten des NSDStB der TH Hannover als Schriftführer auf. Der nicht korporierte Student war 1932 Adjutant und ab Dezember 1933 Hauptamtleiter I für politische Erziehung. Im Jahre 1935 ist er laut NSDAP Mitgliedskarte nach Bremen gezogen. Berlin Document Center, Mitgliedsausweis Nr. 555567, Barfuß.

listischen Dozenten gehalten würden. Die Zusammenarbeit mit den Professoren und Dozenten bezeichnete er als „im Allgemeinen gut."[100]

Auch Dr. Fritz Bran, der Leiter des Amtes für Wissenschaft der DSt in Berlin, gab zwei Tage später in den „Richtlinien für die Vorbereitung der Fachschaftsarbeit" bekannt, dass das Ziel der Fachschaftsarbeit darin liege, das Fachliche mit dem Politischen zu verbinden. Dieses Ziel sein nur dann zu erreichen, wenn in den freiwilligen Arbeitsgemeinschaften, in denen Studenten der höheren Semester tätig sein würden, „eine immer strengere Auslese"[101] stattfände. Die *Hannoverschen Hochschulblätter* druckten im Juli 1934 einen Artikel Brans, in dem er in der üblichen nationalsozialistischen Rhetorik den Sinn der Fachschaften erläuterte ohne genau auf die konkrete Arbeit einzugehen. Die Fachschaftsarbeit sollte demnach in der Idealvorstellung dazu dienen, innerhalb der Studentenschaft die geeigneten nationalsozialistischen Kräfte zum Aufbau einer „neuen Hochschule" zusammenzufassen, damit die Hochschulen als „Erziehungsstätten des geistigen und rassischen Führernachwuchses"[102] funktionieren könnten.

Nach den „Richtlinien für die *Vorbereitung* der Fachschaftsarbeit" erschienen im Anfang Mai 1934 schließlich die „Richtlinien für die Arbeit innerhalb der technischen Fachschaften im Sommersemester 1934". Sie beschäftigten sich ausführlich mit Aufbau und Aufgaben der Fachschaft, sowie den Aufgaben der Fachschaftsleiter. Die Themen wurden unter der schon von Fritz Bran formulierten Prämisse ausführlicher abgesteckt: Es handelte sich um die Frage der *Hochschulreform* (Lehrplanverbesserung, Einfügung und Streichung von Vorlesungen und Arbeiten) sowie um wehrwissenschaftliche Fragen, zu denen alle verfügbaren wissenschaftlichen Institutionen der Hochschule in Zusammenarbeit mit dem SA-Hochschulamt hinzugezogen werden sollten. Weiterhin sollten volkswirtschaftliche, sozialrechtliche und betriebswirtschaftliche Bereiche und wissenschaftliche Tagesthemen bearbeitet werden. Ein zweiter Schwerpunkt benannte als Ziel die engere Verbindung zwischen *Wissenschaft und Praxis*, die a) durch Zusammenarbeit mit „Männern, die im praktischen Leben stehen", b) durch Verbindung mit den berufsständischen Organisationen und c) mit den örtlichen Fachschulen erfolgen sollte. Ein dritter Schwerpunkt war die „*Erziehung zu einer nationalsozialistischen Berufsauffassung*", die durch praktische Kenntnis der Betriebe und des Arbeiters und der Zusammenarbeit mit der NSBO erreicht werden sollte.[103]

---

100 Der Führer der Studentenschaft und Leiter des Hauptamts für politische Erziehung Barfuß in einem Schreiben vom 23. 2. 1934 an die DSt, Berlin, Amt für Wissenschaft, Reichsfachgruppe Technik, NHStA Hann 320 IV/44. Er fügte hinzu, dass sich Schwierigkeiten durch die „innere Einstellung der Herren" ergeben hätte. Offenbar waren die Professoren der TH Hannover nicht nationalsozialistisch genug.
101 Rundschreiben Nr. B 21(1933–34), Richtlinien für die Vorbereitung der Fachschaftsarbeit, Hauptamt für politische Erziehung, Amt für Wissenschaft, Berlin, NHStA Hann 320 IV/44.
102 Bran (Juli 1934), S. 141.
103 Rundschreiben der DSt, Amt für Wissenschaft, Reichsfachgruppe Technik, BT 2/1934 vom 3. 5. 1934, NHStA Hann 320 IV/45.

Sieht man sich die Schwerpunkte an, nach denen die Fachschaftsarbeit ausgerichtet werden sollte, so fällt auf, dass zwei Themen auch schon in der Weimarer Republik auf der Tagesordnung standen. Die Reform des Hochschulstudiums und die Forderung nach einem stärkeren Praxisbezug bzw. einer stärkeren Vermittlung zwischen Wissenschaft und Praxis wurde in den *Hannoverschen Hochschulblättern* bereits 1927 geäußert. Die Überfüllung der Hochschulen bei mangelnden Arbeitsplätzen sowie die unzureichende Vorbereitung auf den Beruf waren angesichts der Situation von Ingenieuren schon seit Jahren viel diskutierte Themen. Der Tenor hatte sich aber insofern gewandelt, als den Studenten nun selbst die Aufgabe zugewiesen wurde, an diesen Veränderungen mitzuarbeiten und sie in die Realität umzusetzen. Inwieweit die Studenten sich tatsächlich für eine Mitarbeit bereit fanden und wie konkret die geplanten Ziele erreicht wurden, ist eine andere Frage. Entscheidend ist jedoch, dass den Studenten zugetraut wurde, die Veränderungen in der Hochschule eigenständig und scheinbar unter Auflösung der alten Hierarchien durchzuführen.

Die NSDStB-Hochschulgruppe versuchte, genau diese Forderung zu realisieren, indem sie Kontakt zu verschiedenen Betrieben aufnahm, um die angehenden Ingenieure näher an ihre möglichen Berufsfelder heranzuführen. Gleichzeitig sollte durch die Zusammenarbeit des Studentenbunds mit der NSBO und der Deutschen Arbeitsfront (DAF) die nationalsozialistische Berufsauffassung vermittelt und vertieft werden. So plante der Führer der Studentenschaft Eckert, als „Verbindungsmann zwischen Studentenschaft und Arbeitsfront" an den Arbeiten der DAF teilzunehmen. Durch die Kenntnis der praktischen Probleme des Arbeiters aus den Betrieben würden die Studenten Verständnis für die wirtschaftspolitischen Aufgaben ihres Studiums und die Richtung ihrer wissenschaftlichen Arbeit gewinnen.[104] Das Nationalsozialistische, das „Politische" der Fachschaftsarbeit war daher zum einen der Versuch, die Wehrwissenschaften stärker in den Vordergrund zu rücken und zum anderen den Volksgemeinschaftsgedanken in der Studentenschaft zu verankern, der in dem Schlagwort der Gemeinschaft vom „Arbeiter der Stirn und dem Arbeiter der Faust" seinen Ausdruck fand.[105]

Fragt man nun nach einer spezifisch technisch ausgerichteten Arbeit der Fachschaften, so finden sich in einer Mitteilung des Hauptamtsleiters Rudolf Barfuß in den *Hannoverschen Hochschulblättern* Hinweise, was die NSDStB-Funktionäre an der Technischen Hochschule Hannover unter Fachschaftsarbeit verstanden und welchen Zweck sie bei den angehenden Ingenieuren erfüllen sollte. Zunächst einmal sollte die Bedeutung der Technik und technischer Fragen allgemein behandelt und unter dem Gesichtspunkt ihrer Auswirkung auf die Volkswirtschaft betrachtet wer-

---

104 Diese Pläne kommentierte Biron von Curland, der Schulungsreferent des Reichsführers in München in einem Schreiben an die NSDStB-Hochschulgruppe der Technischen Hochschule Hannover am 14. Mai 1934 als zweckmäßig und hervorhebenswert. NHStA Hann 320 IV/44. In wie weit diese Pläne umgesetzt worden sind, konnte nicht ermittelt werden. Zumindest 1935 fand ein Treffen von NSBO und der Studentenschaft statt, das in Kapitel 4 behandelt wird.

105 Siehe Kapitel 3.3: Konzepte zur Vergemeinschaftung: „Der Arbeiter der Stirn und der Arbeiter der Faust", in dem die Bedeutung dieses Konstruktes nachgegangen wird.

den. Der Ingenieur müsse sich als Teil der „gesamten Wirtschaft seines Volkes"[106] sehen, der er zu dienen habe. Damit knüpfte Barfuß an ein für die Berufsgruppe der Ingenieure bekanntes und schon in den zwanziger Jahren unter dem Stichwort „Dienst an der Allgemeinheit" hinlänglich diskutiertes Thema an. Wie anschlussfähig die Wünsche und Forderungen der Ingenieure an die nationalsozialistische Ideologie waren, zeigt die Ingenieurstagung des VDI im Mai 1933. Als Losung hatte der Berufsverband das alte „Soldatenwort" „Ich dien'" gewählt, „ein mit lebhaftem Beifall aufgenommener Vortrag."[107] Auch Barfuß rekurrierte in einem Artikel zur Fachschaftsarbeit auf diesen Dienstgedanken, in dem er forderte:

> „Der Ingenieur muss instinktiv fühlen und wissen, ob das was er schafft, dem deutschen Volke und seiner Wirtschaft nützt oder schadet. [...] Diesen Instinkt zu schulen, dass er zu den Selbstverständlichkeiten des Denkens gehört, das ist die Aufgabe der Fachschaftsarbeit. [...] Das soll keine blutleere Form, keine Organisation sein, die keinen anderen Zweck hat, als bloss da zu sein. Es soll die Fachschaft eine Gemeinschaft, eine Kameradschaft von Männern sein, die einmal dem Volke auf einem ganz bestimmten Fachgebiet dienen."[108]

Die Verschränkung der ingenieurswissenschaftlichen Arbeit, also der Fachkompetenz und Sachlichkeit mit dem Instinkt, ist in der von Gast formulierten Weise wiederzufinden. Die im Studium vernachlässigte Seite der Gefühle und Instinkte, die Gast als die wichtigere Quelle der „wissenschaftlichen Ideen" bezeichnete, sollte demnach durch die Fachschaftsarbeit bei den Studenten wieder erweckt und in das fachlichen Denken integriert werden. Die Frage nach einer spezifisch nationalsozialistischen Technik oder einer nationalsozialistischen Technikwissenschaft stellte sich also gar nicht mehr, wie Barfuß in einem resümierenden Artikel zur Fachschaftsarbeit des Sommersemesters 1934 feststellen konnte:

> „Wir wollen dann nicht reden über die ‚Politisierung' der Wissenschaften, über das Thema ‚Forschen und Lehren', wir wollen auch nicht untersuchen, ob die Wissenschaft an sich liberalistisch ist oder was derartiger ‚Probleme' noch mehr sind. Für uns gibt es diese Probleme nicht. Wir arbeiten und wollen, und daraus ergibt sich folgerichtig eine Wissenschaft, die politisch ist, weil wir es sind. Der Mensch des Liberalismus schuf die liberalistische Hochschule und Wissenschaft, der Nationalsozialist wird dereinst die völkisch-politische, die Deutsche Hochschule schaffen."[109]

---

106 Barfuß, Rudolf: Fachschaftsarbeit, in: *Hannoversche Hochschulblätter*, 19. Semesterfolge (Mai 1934) Nr. 8, S. 109f.
107 Ludwig, Karl-Heinz: Ingenieure im Dritten Reich, 1933–1945, in: Lungreen, Peter/Grelon, André: Ingenieure in Deutschland 1770–1990, Frankfurt am Main/New York 1994, S. 338–352, hier S. 341. Der neue Vorstand des größten Ingenieurvereins bestand im April 1933 zu zwei Dritteln aus nationalsozialistischen Parteimitgliedern. Auch der neue Vorsitzender war Parteimitglied und bestieg Ende Mai „in Uniform das mit der Hakenkreuzfahne drapierte Rednerpult, um während der 71. Hauptversammlung des traditionsreichen Ingenieurvereins bereits ganz und gar nach dem nationalsozialistischen Führerprinzip ‚das Bekenntnis der deutschen Ingenieure zur neuen Staatsführung' zu bekräftigen." Ebenda.
108 Barfuß, Rudolf: Fachschaftsarbeit, in: *Hannoversche Hochschulblätter*, 19. Semesterfolge (Mai 1934) Nr. 8, S. 109f.
109 Barfuß, Rudolf: Die Fachschaftsarbeit des Wintersemesters, in: *Hannoversche Hochschulblätter*, 20. Semesterfolge (Oktober 1934) Nr. 1, S. 2–4, hier S. 2f.

Die Hauptaufgaben sah Barfuß darin, die Wissenschaften wieder in das völkische Leben einzugliedern, den Entfremdungsprozess zwischen Wissenschaft und Volk aufzuheben. Die praktische Arbeit sah er in der Landschaftsarbeit und Landschaftsplanung, die er schlagwortartig als Bauernsiedlungen, Kurzarbeitersiedlungen und Industrieverlagerung kennzeichnete. Letzteres beinhaltete diverse technische Arbeitsmöglichkeiten wie den Neuaufbau von Industrien, Verkehrsprobleme, Siedlungsfragen und viele andere. Er schlug vor, dass die Arbeitsgemeinschaften in Zusammenarbeit mit anderen Gruppen innerhalb und außerhalb der Technischen Hochschule zum Beispiel als praktische Übung die Errichtung einer Industriesiedlung in einem Gebiet nahe Hannover durchspielen könnten.[110]

Ab Mai 1935 war die Fachschaftsarbeit freiwillig, wie das Reichserziehungsministerium (REM) angekündigt hatte.[111] Die Fachschaftsarbeit wurde Mitte des Jahres 1935 vom Hochschulgruppenführer und Leiter der Studentenschaft Hans Jebe in Form einer Reichsfachgruppe Technik fortgeführt, die jedoch der Reichsstudentenbundsführung in München und nicht der DSt unterstellt war. Kamen die Anordnung bis dahin immer aus dem Hauptamt für politische Erziehung, Amt für Wissenschaft der DSt, lief die Korrespondenz seit 1935 ausschließlich über den Leiter der Reichsfachgruppen Technik in der Reichsstudentenführung Hermann Aly. Da sich das Amt für Wissenschaft im REM durch einen „Mangel an Durchsetzungsfähigkeit und Initiative"[112] auszeichnete, ist anzunehmen, dass folgende Anordnung des REM von der Reichsstudentenbundsführung unterlaufen wurde:

„Obwohl der NSDStB, aus dessen Reihen die aktiven Fachschaftsleiter und -mitglieder kommen sollten, sehr bestrebt war, auch die Fachschaftsleitung zu übernehmen, blieb diese, wie das REM am 15. Mai 1935 noch einmal ausdrücklich klarstellte, ‚ausschließlich' im Arbeitsbereich der Deutschen Studentenschaft [DSt]."[113]

Die Fachschaftsarbeit verblieb offenbar tatsächlich im Arbeitsbereich der DSt, während die Reichsstudentenbundsführung aber parallel ebenfalls so genannte Reichsfachgruppen organisierte, die ihre Mitglieder aus den Fachschaften gewannen und deren „Tätigkeit von zehn Reichsfachgruppenleitern, die hauptberuflich im Amt Wissenschaft und Facherziehung der Reichsstudentenführung tätig waren, [dirigiert und beaufsichtigt wurde]."[114]

Es liegt die Vermutung nahe, dass Jebe das Hauptamt für Wissenschaft an der Technischen Hochschule Hannover innehatte und dass das Amt des Reichsfachgruppen-

---

110 Nach Mai 1934 ist in den Quellen nichts mehr über die Fachschaftsarbeit an der TH Hannover vermerkt. Barfuß ist offenbar 1935 nach Bremen umgezogen und hat entweder sein Studium vorher beendet oder es abgebrochen. Mit dem Ende seiner Amtszeit versiegen auch die Informationen über die Fachschaftsarbeit. Erst Mitte des Jahres 1935 sind in den Akten Schreiben und Ankündigungen zur Fachschaftsarbeit zu finden.
111 Grüttner (1995), S. 260.
112 Ebenda S. 203.
113 Böhm (1995), 319 f.
114 Grüttner (1995), S. 332. Grüttner beschreibt die Fachschaftsarbeit ausführlicher erst ab 1935 und hat offenbar die Kompetenzverschiebung übersehen. Es ist zu vermuten, dass das Amt für Wissenschaft der DSt in Berlin parallel zu dem Amt für Wissenschaft und Facherziehung des NSDStB in München bestand.

leiters Technik der DSt nach Barfuß' Weggang nicht neu besetzt wurde. Jebe scheint die bestehenden Fachschaften dahingehend ausgenutzt zu haben, als er sich die nach seiner Ansicht fähigsten Studenten für eine von ihm geführte Reichsfachgruppe Technik an der TH Hannover aus den einzelnen Fachschaften heraussuchte. Es ist anzunehmen, dass die Arbeit vor Ort in Bezug auf die Fachschaften oder Reichsfachgruppen sehr davon abhängig waren, welcher Organisation sich die Studenten stärker zugehörig fühlten. So waren die Ämter von NSDStB und DSt oftmals nicht getrennt besetzt, sondern, wie im Fall Jebes von einer Person. Jebe war Hochschulgruppenführer des NS-Studentenbunds der TH Hannover und gleichzeitig Leiter der Studentenschaft, also der DSt. Jebe gehörte nach den Maßstäben langjähriger Nationalsozialisten zu den „alten Kämpfern", so dass es nicht verwundert, wenn seine Kontakte zur Reichsstudentenführung enger gewesen sind als die zur DSt. Dies zeigt auch ein späteres Schreiben von Jebe an den Reichsfachgruppenleiter Technik Hermann Aly in München, in dem es heißt:

> „Lieber Hermann! In der Anlage übersende ich Dir in der Abschrift ein Rundschreiben der Deutschen Studentenschaft. Wie wäre es, wenn wir in dieses Lager für Hauptamtsleiter einige handfeste Kerls schickten, um endlich mal den Laden hochgehen zu lassen. Falls ich Zeit habe erbiete ich mich mitzumachen, falls ich einige gleichgesinnte finde, denn gegen einen Wagen voll Mist kann ein Einzelner nicht anstinken."[115]

Da die Studenten zunächst mit der Vorbereitung des Gauparteitages am in Hannover beschäftigt waren, verschob Hochschulgruppenführer Jebe den Start der Reichsfachgruppe Technik an der TH Hannover auf das Wintersemester 1935/36, wie er in einem Bericht an Hermann Aly im Juli 1935 erläuterte. Er habe sich bisher brauchbare Leute aus den einzelnen Fachschaften zusammengeholt und alles soweit vorbereitet, um im nächsten Semester die örtliche Arbeit für die Reichsfachgruppe Technik zu beginnen.[116] Inhaltlich sollten sich die Reichsfachgruppen laut Rundschreiben darauf konzentrieren, die weltanschauliche Facharbeit zu leisten, so dass allen technischen Berufszweigen in Zusammenarbeit mit dem Nationalsozialistischen Bund Deutscher Technik (NSBDT) und den Fachvereinen der Reichsgemeinschaft der technisch-wissenschaftlichen Arbeit (RTA) weltanschaulich und fachlich gefestigte Nationalsozialisten zugeführt werden könnten.[117]

---

115 Hochschulgruppenführer Hans Jebe in einem Schreiben vom 9. 10. 1936 an Hermann Aly, den Leiter der Reichsfachgruppe Technik des NSDStB, München, NHStA Hann 320 IV/106. Die Machtkämpfe zwischen dem NSDStB und der DSt eskalierten im Jahre 1936 durch den forcierten Kurs des Reichsführers NSDStB Albert Derichsweiler gegen die DSt und endeten mit seiner Entlassung im November, da das Image der Partei an den Hochschulen Schaden genommen hatte. Siehe Kapitel 4.4.
116 Der Hochschulgruppenführer und Leiter der Studentenschaft Hans Jebe in einem Schreiben vom 5. 7. 1935 an den Leiter der Reichsfachgruppe Technik der NSDAP Reichsleitung, Amt NS-Studentenbund, Hauptstelle für politischen Erziehung, NHStA Hann 320 IV/106.
117 Rundschreiben Sch/10/35 vom 20. 5. 1935 der NSDAP Reichsleitung, Amt NS Studentenbund, Hauptstelle für politische Erziehung von Fachgruppenleiter Hermann Aly und dem Haupstellenleiter für politischer Erziehung Gerhard Mähner, NHStA Hann 320 IV/106. In dem Schreiben wird auch von einer Tagung berichtet, bei der „Richtung und Methode der

Zu diesem Zweck verteilte Hans Jebe im November 1935 Fragebögen unter den Studenten, damit die Arbeitskreise der Reichsfachgruppe Technik an der Technischen Hochschule Hannover organisiert werden konnten. Jebe leitete die Fragebögen mit der Drohung ein, er würde alle Studentenbundskameraden aus dem NSDStB ausschließen, die sich der Mitarbeit enthalten würden. Er erwarte, dass sie sich „voll und ganz für unsere Arbeit einsetzen", da der NSDStB keine passiven Mitglieder kenne. Seit der NS-Studentenbund nicht mehr Baldur von Schirach, sondern dem Stab Heß unterstellt war, konzentrierten sich die Bemühungen der Studentenfunktionäre darauf eine Art Elitekader zuverlässiger NS-Studenten mit qualifizierter fachlich-wissenschaftlicher Ausbildung zu rekrutieren und nicht, wie vor dem Juni 1934, die Masse der Studenten zu erfassen.

Dafür spricht auch der Widerstand der Funktionäre der Technischen Hochschule Hannover und des Rektors gegen eine Anordnung des Reichserziehungsministers Rust aus dem Februar 1936. Sie besagte, dass die Mitglieder der DSt zusätzlich zur staatlichen oder akademischen Prüfung „möglichst" zwei Teilnahmescheine vorlegen sollten, um eine Mitarbeit in einer Fachschaft zu belegen.[118] Die Funktionäre des Studentenbunds in Hannover waren wenig angetan von dieser Anordnung. So äußerte der Leiter der Studentenschaft Jebe in einem Schreiben an Rektor von Sanden die Bitte, von dieser Forderung Abstand zu nehmen. Der NSDStB habe innerhalb der Reichsfachgruppe Technik und anderer Organisationen bereits eine Art Fachschaftsarbeit aufgezogen, die auf vollständig freiwilliger Beteiligung der Kameraden beruhe. Eine Durchsetzung der Forderung an der Hochschule könne somit nur den Erfolg haben, dass „unsere Arbeit von Leuten überschwemmt wird, die aus diesen Gründen sich an der Arbeit beteiligen wollen und damit würde die bisherig freiwillige Fachschaftsarbeit wesentlich leiden."[119]

Rektor von Sanden kommentierte diese Einstellung als „sehr richtig" und verfügte, dass „bei uns Teilnahmebescheinigungen nicht beigebracht werden."[120] An den anderen Universitäten und Hochschulen vollzog sich in den folgenden Monaten offenbar genau das, was die NSDStB-Studenten an der TH Hannover befürchtet und erfolgreich verhindert hatten. So beklagte das Zentralorgan des NSDStB „Die Bewegung" im Juni 1937 das vermehrte Auftreten von „Scheinjägern" innerhalb der Fachschaften, die eine konzentrierte Arbeit verhindern würden. Insgesamt war die Fachschaftsarbeit reichsweit von wenig Erfolg gekrönt, da die Teilnehmerzahlen derjenigen, die „freiwillig und enthusiastisch" mitarbeiten wollten, gering blieben. Die Fachschaften gerieten „in den Schatten der Kameradschaften" und wurden des-

---

Arbeit" festgelegt werden sollte. Diese Arbeitstagung der Reichsfachgruppe Technik sollte vom 1.–6. Juni 1935 anlässlich des Tages der Deutschen Technik in Breslau stattfinden. Einladung zur Arbeitstagung, NHStA Hann 320 IV/105.
118 Vgl. den RdErl. des REM vom 12. 2. 1936, NHStA 146 A, Acc.64/81 Nr. 8.
119 Der Rektor der Technischen Hochschule Hannover von Sanden zitierte in einem Schreiben an die Dekane der Fakultäten I-III den Leiter der Studentenschaft und nahm direkt darunter Bezug auf die Bitte, 27. 2. 1936, NHStA Hann 320 IV/93.
120 Der Rektor der Technischen Hochschule Hannover, Nr. 698 II, 27. 2. 1936, NHStA Hann 320 IV/93.

halb „von den Studentenführern als Einrichtung von zweitrangiger Relevanz behandelt"[121]

Dass die Fachschaftsarbeit an der Technische Hochschule Hannover vergleichsweise gut lief und damit möglicher Weise eine Ausnahme war und eine Sonderstellung einnahm, lässt auch folgender Brief des stellvertretenden Reichsfachgruppenleiters Technik der Reichsstudentenbundsführung Hermann Moritz aus dem April 1936 an den Fachgruppenleiter Technik der TH Hannover vermuten:

> „Lieber Kamerad Reisse! Ich danke Dir für den uns übersandten Arbeitsbericht, aus dem hervorgeht, das Eure Arbeitsgemeinschaften an der TH in Hannover in Ordnung gehen. Es wäre wünschenswert, wenn nur alle TH so arbeiten würden und somit unsere Arbeit auf den TH einen anderen Wirkungsgrad bekäme."[122]

Die Gründe dafür lagen sowohl in der sehr engagierten Arbeit des Leiters der Studentenschaft Jebe und seinen guten Kontakten zur Reichsfachgruppe Technik der Reichsstudentenbundsführung Hermann Aly und Hermann Moritz als auch an dem Konzept, nur die freiwilligen und arbeitswilligen Studenten zu rekrutieren. Aus den zahlreichen Briefwechseln wird deutlich, dass es den NSDStB-Studenten mit einer erfolgreichen und produktiven Fachschaftsarbeit sehr ernst war. Gerade Hochschulgruppenführer Hans Jebe sah in der Fachschaftsarbeit eine Möglichkeit für die technischen und naturwissenschaftlichen Fächer, sich weiterzuentwickeln. Sein Ziel war der praxisnahe Techniker oder Naturwissenschaftler, der seine nationalsozialistische Weltanschauung, sowohl innerhalb seiner Arbeit als auch in seiner Funktion als Ingenieur „für das Volk" einzusetzen wusste.

Das verdeutlichen auch die von Jebe gegründeten Arbeitsgemeinschaften, die er im November 1935 ankündigte. Für die Studenten des ersten bis vierten Semester sollte eine Grundschulung erfolgen, während für die Studenten, die ihr Vorexamen bereits abgeschlossen hatten, verschiedene Arbeitskreise mit unterschiedlichen Themenfeldern vorgesehen waren. Aus einem Aushang ging schließlich hervor, dass die Gründung von vier Arbeitsgemeinschaften geplant war, die sich mit folgenden Themen beschäftigen wollten:

> „1) Landesforschung und Reichsplanung, 2) Nat.soz. Lebensgestaltung im Betriebe (nat.soz. Menschenführung), a. für Bauingenieure, b. für Maschinenbauer und Elektriker, 3) Nat.soz. Wirtschaftsgestaltung, 4) Reform des technischen Studiums, a. für Bauingenieure, b. für Maschinenbauer und Elektriker."[123]

Des Weiteren hatte der NSDStB Betriebsbesichtigungen[124] und Vorträge organisiert. Die Themen gleichen im Wesentlichen denjenigen, die schon Rudolf Barfuß

---

121 Vgl. Grüttner (1995), S. 334.
122 Hermann Moritz, Reichsstudentenbundsführung, Reichsfachgruppe Technik der NSDAP, München in einem Schreiben vom 3. 4. 1936 an den Fachgruppenleiter Technik der TH Hannover, Hans Reisse, NHStA Hann 320 IV/106.
123 26. 11. 1935 Aushang/Rundschreiben: NSD Studentenbund, Hochschulgruppe Techn. Hochschule Hannover, Reichsfachgrupppe Technik. NHStA Hann 320 IV/106.
124 In den Akten finden sich tatsächlich zahlreiche Anschreiben an Betriebe mit der Bitte, diese besichtigen zu dürfen. NHStA Hann 320 IV/106.

als zentral für die Fachschaftsarbeit erachtet hatte. Hochschulgruppenführer Jebe ging es nach wie vor darum, den Studenten mit arbeitsmarktrelevanten Themen vertraut zu machen und seinen Horizont über das fachwissenschaftliche Studium hinaus zu erweitern. „Menschenführung" als Schlüsselqualifikation für angehende Ingenieure – das war weder eine Erfindung der Nationalsozialisten noch ein Spezifikum Deutschlands und hatte nicht zuletzt eine Leistungsoptimierung der Betriebe und der Industrie zum Ziel. Die nationalsozialistische Wirtschaftsgestaltung bezieht sich auf das schon erwähnte Topos von der Technik, die dem Volk nützen sollte. Das war eine Forderung, die bereits vor 1933 ideologieübergreifend in der UdSSR, den USA oder eben an der TH Hannover verbreitet war. Die Reichsstudentenführung sowie die örtlichen NS-Studentenfunktionäre versuchten, zum einen nationalsozialistisch gefestigten Nachwuchs für Staat und Wirtschaft auszubilden, zum anderen hatten sie ein Interesse daran, die Forderungen der Studenten nach Praxisnähe zu erfüllen, um sich als diejenigen präsentieren, die sich den zentralen Anliegen der Studenten der Technischen Hochschule annehmen.

Gleiches galt für die Reformvorhaben des technischen Studiums, die sich darauf konzentrierten, die Schul- und Studienzeit zu verkürzen, um der Wirtschaft und vor allem der Rüstung die dringend benötigten Ingenieure zuführen zu können. Im Juli 1936, kurz vor der Bekanntgabe des zweiten Vierjahresplans, hielt der Leiter der Reichsfachgruppe Technik der Reichsstudentenführung in München Hermann Aly in einer Sitzung der TH Hannover eine Rede.[125] Verantwortlich für die Nachwuchsknappheit bei Ingenieuren sei seiner Meinung nach die Ausbildung und Methode der höheren Schulen. Die humanistische Bildung der Gymnasien erziehe den jungen Menschen zum lebensfernen Denken und fasse ihn abstrakt an, so dass er den praktischen Sinn für das Leben verlöre. Das heutige Lehrsystem sei nicht in der Lage, das Naturempfinden, die natürliche Veranlagung des Menschen und den praktischen Sinn für das Leben zu wecken und zu fördern.[126]

---

125 Protokoll über die Sitzung an der Technischen Hochschule Hannover vom 11. 7. 1936, NHStA Hann 320 IV/106. Aly hatte schon ein halbes Jahr zuvor in der Technik-Sonder-Nummer (siehe Kapitel 5.4) in dem Artikel „Weltanschauliche Berufserziehung der Reichsfachgruppe Technik im NSD.-Studentenbund" verkündet, dass „durch die Aufbauarbeit des Dritten Reiches die gesamte Technik weit mehr in den Vordergrund geschoben worden [ist], als dies bei anderen Berufszweigen der Fall ist. Die großen Probleme der Arbeitsschlacht, der Reichsautobahn und somit der Verkehrsentwicklung und der Motorisierung usw., die heute den Tatwillen der führenden Männer des nationalsozialistischen Staates kennzeichnen, sind fast ausschließlich technische Aufgaben." in: NHZ, Technik-Sonder-Nummer (Januar 1936) Nr. 4, S. 10–11, hier S. 10. Auch Aly bezeichnete die Menschen- und Betriebsführung als die große Aufgabe des Ingenieurs. Ebenda, S. 11.

126 „Die lassen ihn gewissermassen an einen Baum der Weisheit hinaufklettern, versuchen aber niemals auf Menschen erzieherisch einzuwirken, niemals Charakter und Weltbild zu formen." Aly argumentierte weiter, dass es falsch sei, die Schüler zu höherer Bildung zu animieren, da es nun (eben 1936) einen Abiturientenüberschuss gebe. Diese Abiturienten würden ohne „innere Berufung" ein Studium ergreifen. Dem Redner erschien es ebenfalls falsch, dass in allen Berufszweigen das Abitur gefordert würde, Arbeitslosigkeit und deren Folgen könne man nicht dadurch kompensieren, dass man eine höhere Bildung in allen Fällen fordere. Protokoll über die Sitzung an der Technischen Hochschule Hannover vom 11. 7. 1936, NHStA Hann 320 IV/106.

Zudem gebe es eine „Überalterung der gesamten Hochschulen" sowie zu lange Studienzeiten. Tatsächlich lag es natürlich nicht an den Studienzeiten, dass die Studenten in einem relativ hohen Alter die Hochschule verließen, sondern an den zahlreichen Verpflichtungen durch den nationalsozialistischen Staat und seine Organisationen. In einem Merkblatt des Reichsministeriums für Wissenschaft, Erziehung und Volksbildung (REM) zum Vierjahresplan mit dem Titel „Deutschland braucht tüchtige Ingenieure" ist aufgeführt, welche Pflichten für ein ingenieurswissenschaftliches Studium und für den Staat abzuleisten waren. Der „Zeitplan für den Studiengang" beinhaltete ein halbes Jahr Arbeitsdienst von April bis Oktober, ein halbes Jahr Vorpraxis von Oktober bis April sowie die militärische Dienstpflicht von insgesamt zwei Jahren, die eventuell auch nach der Diplomvorprüfung abzuleisten wäre. Für die Technischen Hochschule seien im allgemeinen acht Semester vorgesehen: davon vier Semester bis zur Diplomvorprüfung sowie weitere vier Semester bis zur Diplomhauptprüfung. In den Hochschulferien seien weitere insgesamt sechs Monate Werkpraxis abzuleisten. Der Abschluss des Hochschulstudiums erfolge mit dem Titel des Diplom-Ingenieurs.[127] Das bedeutete demnach, dass diejenigen, die ein Studium absolvieren wollten, frühestens mit 22 Jahren beginnen konnten und es dementsprechend mit 26 Jahren beenden würden, vorausgesetzt sie gehörten nicht zu den so genannten „Werkstudenten", die sich ihren Lebensunterhalt verdienen mussten. Ebenfalls unberücksichtigt blieb in dieser Aufstellung das mögliche Engagement der Studenten im NSDStB, in der SA oder anderen Parteiformationen.

Der Plan, den Aly in der Sitzung vortrug, sah vor, das Studium zu verkürzen und näher an „die Praxis" heranzuführen. Die akademische Freiheit sollte in den ersten vier Semestern abgeschafft werden: „Unsere Grundforderung lautet: Von der Praxis über praktisches Handwerkszeug zum selbständigen wissenschaftlichen Arbeiten. Das Studium soll nicht abschliessen mit einer intellektuellen Gedächtnisprüfung, sondern mit einer selbständigen, einer ingenieurmässigen Leistung auf einem Fachgebiet."[128] Aly plante den Studiumsabschluss mit 23 ½ Jahren zuzüglich einem Jahr Praxisorientierung. Da seit 1935 sowohl die Arbeitsdienstpflicht als auch die Wehrpflicht für Männer wiedereingeführt worden war, konnte das nur heißen, das Ende der Schulzeit vorzuverlegen.[129] Diese Pläne entstanden laut Aly in Zusammenarbeit mit etwa sechs Studenten, von denen er Jebe als maßgeblich beteiligt hervorhob. Unter allen Rektoren hätten sie das größte Verständnis bei Rektor von Sanden der TH Hannover gefunden, der ihnen durch Jebe mitteilen ließ, dass in Hannover unbedingt die Voraussetzungen gegeben seien, um mit dem Sofortprogramm anzufangen, und damit die Reform von unten her zu beginnen. Ziel sei, „einen

---

127 REM Merkblatt Nr. 2136, Dezember 1936, NHStA Hann 320 IV/94.
128 Protokoll über die Sitzung an der Technischen Hochschule Hannover vom 11. 7. 1936, NHStA Hann 320 IV/106.
129 Auf der Rückseite eines Schreibens an den Hochschulgruppenführer aus dem Oktober 1935 ist ein solcher Plan (vermutlich von Jebe) aufgezeichnet worden. Vgl. NHStA Hann 320 IV/105.

hochwertigen Ingenieurtyp mit größerem kulturellen Horizont aus der Hochschule herauszubringen" als das bisher der Fall gewesen sei.[130]

5.4 Der schöpferisch schaffende Ingenieur

Das letzte Unterkapitel der vorliegenden Arbeit greift noch einmal die diskursiven Formationen der *Hannoverschen Hochschulblätter* auf und hinterfragt die Motivation der nationalsozialistischen Funktionäre auf Kreisebene, die Publikation der Zeitung einzustellen. Anhand der von den hannoverschen Studenten veröffentlichten „Sonder-Nummer Technik" innerhalb der *Niedersächsischen Hochschul-Zeitung* lassen sich Orientierungspunkte und Vorstellungen von ihrem zukünftigen Beruf als Ingenieur im nationalsozialistischen Staat herausarbeiten. Wurden in den Endjahren der Weimarer Republik verschiedene Aspekte von Technik und technischem Studium in den *Hannoverschen Hochschulblättern* thematisiert, so ist für die Zeit ab September 1931 bis Januar 1934 abgesehen von der erwähnten Kriegs- und Aufrüstungsdiskussion kaum noch ein Bezug zu technischen Themen zu finden. Bis zur Einstellung der studentischen Zeitung im Dezember 1935 erschienen lediglich noch zwei Texte Anfang 1934, „Technik und Dichtung" sowie „Wissenschaft und Volksgemeinschaft", die eher mittelbar technische Aspekte betreffen. Von Juli 1935 bis zum Dezember 1935 publizierte die Schriftleitung unter Eberhard Schlüter eine Serie mit dem Titel „Aus Industrie und Technik – unsere neue Aufsatzreihe von deutschem Schaffen", die sehr fachspezifisch war. Wie differenziert und unterschiedlich im Nationalsozialismus auch unter NSDStB-Funktionären an der Hochschule Aufgaben durchgeführt, interpretiert und mit Sinn belegt wurden, kann an diesen letzten Ausgaben der *Hannoverschen Hochschulblätter* exemplifiziert werden. Der Eingangstext des Studenten Jaekel, „Der Schwachstrom hilft dem Starkstrom", erläutert ein rein fachliches Thema anhand von Bildern und Vergleichen, die nicht den gängigen nationalsozialistischen Parolen entsprachen. So erklärt der

---

130 Protokoll über die Sitzung an der Technischen Hochschule Hannover vom 11. 7. 1936, NHStA Hann 320 IV/106. Der Nachfolger Rektor von Sandens, der Wasserbauingenieur Professor Hanns Simons, verfolgte etwa ein Jahr später in Zusammenarbeit mit den Fakultäten bzw. dem Senat realistischere Pläne. Von Professorenseite wurde darauf hingewiesen, dass die vier veranschlagten Semester Hauptstudium die untere Grenze an Zeit darstellten, die der Student benötige, um sich den wissenschaftlichen Aufbau seines Faches „so zu eigen zu machen und ihn gedanklich derartig zu durchdringen, daß er später schöpferisch in ihm arbeiten kann." Der Rektor der Technischen Hochschule Hannover am 6. 10. 1937 an den Reichs- und Preußischen Minister für Wissenschaft, Erziehung und Volksbildung, Berlin, NHStA Hann 320 IV/94, S. 7. Dort heißt es auf S. 1 weiter: „Dieser Prozeß der inneren Verarbeitung fordert aber selbst unter günstigsten äußeren Bedingungen eine ganz bestimmte Zeit, unter die das Studium auch durch die besten organisatorischen Maßnahmen nicht heruntergedrückt werden kann." So müsse die Diplomarbeit an das Hauptstudium anschließen und erlaube insgesamt keine Kürzung. Die Vorschläge, die von Sanden zur Herabsetzung des Alters von Absolventen machte, konzentrierten sich im wesentlichen darauf, die außerfachlichen Verpflichtungen zu verkürzen und zum Beispiel den Arbeitsdienst als die für das Studium notwendige Vorpraxis anzuerkennen.

Autor, dass das in der Überschrift gekennzeichnete Verhältnis zwischen Schwachstrom und Starkstrom ein besonders anschauliches Beispiel für die auch im Leben oft anzutreffende Tatsache sei, dass ein Starker auf die Unterstützung durch einen Schwachen angewiesen sein könne.[131] Er zeichnete das Bild eines starken, tüchtigen Arbeiters – den Starkstrom – , der für die Feinarbeit den schwächeren Partner – den Schwachstrom – benötigt und beschrieb letzteren als tüchtigen Gefährten „seines oft schwer zu bändigenden Artgenossen". Diese Bilder widersprechen der von den nationalsozialistischen Funktionären vertretenen Auffassung vom „Leben als Kampf", in dem die erste Regel darin bestand, keine Rücksicht auf Schwächere zu nehmen. Es galt genau derjenige als schwach, der Mitleid und Anteilnahme für in welcher Beziehung auch immer als schwächer geltende Menschen zeigte. Wirkliche Härte drückte sich darin aus, unbarmherzig auch bereits „am Boden liegende" als Feinde deklarierte Menschen zu bekämpfen.

Die übrigen Texte der Ausgaben zeigen eine auffällige politische bzw. nationalsozialistische Abstinenz.[132] In der August-Ausgabe erschien lediglich ein Text über zwei technische Jubiläen und ein Aufsatz über die Grenzen der Rundfunkempfangstechnik sowie Buchrezensionen. Sonst fehlte jegliche Art von Artikel. Daraufhin traf Ende August die erste Beschwerde aus der Reichsführung der DSt aus Berlin in Hannover sowohl beim stellvertretenden Gaustudentenbundsführer Jebe als auch beim Schriftleiter selbst ein:

„Mit regem Interesse verfolge ich die Veröffentlichungen der Hannoverschen Hochschulblätter, die in ihrem Kopf die Bezeichnung Kampfblatt der beiden Studentenschaften Hannovers tragen. Aus den zuletzt erschienenen Nummern haben wir vergeblich nach einem Kampf für den Nationalsozialismus auf den Hochschulen gesucht. Wir denken zwar nicht daran, in irgendeiner Weise in die freie schriftstellerische Gestaltung einzugreifen, wir müssen aber verlangen, dass eine, von der Studentenschaft herausgegebene Zeitung ein Kampfblatt des Nationalsozialismus an den Hochschulen und nicht ein neutrales Fachorgan ist, dass sogar teilweise nur übernommene Artikel bringt, wie es in der Nr. 9 hauptsächlich der Fall ist. Ich bitte mir sofort über die weitere Ausgestaltung der Hannoverschen Hochschulblätter zu berichten und entziehe ihnen, im Einverständnis mit dem Reichsführer der Studentenschaft, bis auf Weiteres die Bezeichnung „Kampfblatt der Studentenschaften Hannovers". So notwendig eine örtliche Hochschulzeitung der Studentenschaften ist, so dringend müssen wir neutrale Blätter wie ihres vernichten, weil sie nicht nur unseren Kampf nicht weitertragen, sondern auch dem Ansehen der Studentenschaft schaden."[133]

---

131 Jaeckel, W.: Der Schwachstrom hilft dem Starkstrom, in: *Hannoversche Hochschulblätter* 21. Semesterfolge (Juli 1935), Nr. 10, S. 105–107, hier S. 105.

132 Schriftleiter Schlüter erscheint in zwei von ihm verfassten Briefen sowohl in sprachlich als auch inhaltlich als „typischer" Funktionär, der auf Ordnung und korrekter Erledigung von Arbeitsaufträgen bedacht ist.

133 Der Amtsleiter für Presse und Propaganda der DSt, Berlin, Hoffmann am 30. 8. 1935 als Abschrift an Eberhard Schlüter, Hauptamt V. StA WÜ RSF I/24 g 92/1 DSt allgemeiner Schriftverkehr 1936.

Der Schriftführer versuchte offenbar sofort, die Ausgaben wunschgemäß zu einem „Kampfblatt" umzugestalten. Von September bis Dezember erschienen wieder Artikel zu nationalsozialistischen Themen bis hin zu einer Polemik gegen Albert Einstein. Die Veränderungen konnten das bereits am 19. September vom Hauptstellenleiter für Presse und Propaganda in München Hans Hildebrandt beschlossene Verbot der Hochschulblätter jedoch nicht mehr verhindern, zumal sich Hochschulgruppenführer Jebe sofort von Schlüter distanzierte. Er antwortete sowohl nach München als auch an die DSt in Berlin, dass dieser Misserfolg einem Versagen des Schriftleiters zuzuschreiben sei. Er hätte aus dem Kopf der *Hochschulblätter* die Bezeichnung „Kampfblatt des NSDStB" sowie das entsprechende Hakenkreuzabzeichen herausgenommen. Das amtliche Nachrichtenblatt der Hochschulgruppe der Technischen Hochschule des NS-Studentenbunds sei die *Niedersächsische Hochschul-Zeitung*.[134] Dieser Argumentation schloss sich der Obmann der Fachgruppe Studentenzeitschriften im Reichsverband der deutschen Zeitschriftenverleger, Hans Hildebrandt, in München an. Er kam, ohne weitere Ausgaben der Studentenzeitung abzuwarten, zu dem Schluss, dass die *Hannoverschen Hochschulblätter* einer studentischen Zeitung „absolut unwürdig" seien und zudem nicht als Kampfblatt des Studentenbundes fungiert hätten. Mit einer endgültigen Liquidierung der *Hannoverschen Hochschulblätter* sei der allgemeinen studentischen Pressearbeit nur gedient.[135] Die letzte Nummer der *Hannoverschen Hochschulblätter* erschien im Dezember 1935, und das Hauptamt V für Presse wurde durch Werner Dieckmann neu besetzt.

Gleich im Januar 1936 kam eine Technik-Sonder-Nummer der *Niedersächsischen Hochschul-Zeitung* heraus, die Hans Jebe mit den für die nationalsozialistischen Strukturen üblichen Schwierigkeiten und Streitigkeiten mit anderen Dienststellen organisiert und initiiert hatte.[136] Die Sondernummer erschien zu einem Zeitpunkt

---

134 Hochschulgruppenführer Jebe am 17. 9. 1935 an die Reichsführung der DSt, Amt für Presse und Propaganda, Berlin, NHStA Hann 320 IV/96, sowie an den Hauptstellenleiter für Presse und Propaganda Hans Hildebrandt in München, NHStA Hann 320 IV/105.
135 Der Hauptstellenleiter für Presse und Propaganda Hildebrandt, München, an den Hochschulgruppenführer der TH Hannover Hans Jebe in einem Schreiben vom 19. 9. 1935, NHStA Hann 320 IV/105. Hans Hildebrandt äußerte sich im November 1935 in der NHZ in einem Artikel „Die NS-Studentenpresse" und kritisierte an vielen (ungenannten) studentischen Zeitungen, dass sie sich lediglich vordergründig den neuen Zeiten angepaßt hätten. Er hob außerdem hervor, dass der ersten nationalsozialistischen Presse in der so genannten Kampfzeit nicht die „gefüllten Portemonnaies seriöser aller Herren zur Verfügung standen". Er spielt damit auf die Alten Herren der Verbindungen und korporierten Studenten an, die durch ihre Alten Herren finanziell unterstützt worden sind. Die nationalsozialistischen Studenten hätten hingegen nichts besessen „als eine Portion Wagemut und die zwingende Notwendigkeit, dem politischen Kampf eine spitze Waffe zu geben." NHZ (November 1935) Nr. 1, S. 8.
136 Es ist zu vermuten, dass Jebe die Ausgabe insgesamt anders geplant hatte, als sie schließlich gedruckt wurde. Er wollte ursprünglich auch Fotos in die Ausgabe integrieren, die aber offenbar Hermann Aly verloren hatte bzw. nicht wiederfand. Zudem wollte Jebe, dass die gesamte Ausgabe der NHZ der Technik gewidmet wurde. Das ist ihm letztlich ebenfalls nicht gelungen, da von Seite 21 bis 40 allgemeine Texte zu verschiedenen Themen zu finden sind. Das Lob durch Derichsweilers Geleitwort, in dem er die Sondernummer als Pionierarbeit und die Behandlung eines Spezialthemas als besonders glücklich bezeichnete, darf also nicht darüber

als auf dem Arbeitsmarkt bereits wieder Ingenieure gesucht wurden und auch im gesamtgesellschaftlichen Kontext die Technik und technische Errungenschaften einen hohen Stellenwert einnahmen. So war die reichsweite Repräsentation von Technik in der allgemeinen Presse kontinuierlich und positiv, ihr wurde „die Lösung von Gegenwarts- und Zukunftsfragen als ein politischer Auftrag zuerkannt."[137] Die NSDAP hatte die Technik programmatisch voll integriert, das war in den Illustrierten anhand der Bild- und Textdarstellungen zu erkennen, die einen „konstant hervorragenden Platz" einnahmen. Auch auf dem Büchermarkt zählten populärwissenschaftliche Darstellungen der deutschen Technik und Industrie zu den erfolgreichsten Publikationen.[138] Nicht zuletzt galt der „Führer" selbst als technikbegeistert und war zum Beispiel schon in den zwanziger Jahren ein Anhänger der Ideen Fords.[139]

In diesem Kontext und mit Hinblick darauf, dass die NHZ nun als Ersatz für die *Hannoverschen Hochschulblätter* fungieren sollte, ist zu vermuten, dass die Motive, eine Sondernummer Technik herauszubringen, sowohl auf lokaler als auch auf reichsweiter Ebene zu verorten sind. Die wachsende Begeisterung der Bevölkerung für die Technik sowie die zunehmend positive Konnotation in politischen wie wirtschaftlichen Bereichen ließen es angesagt erscheinen, die Technische Hochschule Hannover im „Gau Südhannover Braunschweig" explizit auf eine Stufe mit den Universitäten und insbesondere der Universität Göttingen zu stellen und die Technik damit neu und besser zu positionieren.

Nach einem Geleitwort von Reichsstudentenbundsführer Albert Derichsweiler begann die Ausgabe mit einem kurzen Text „Zur Arbeit" von Hans Jebe, dem stellvertretenden Gaustudentenbundsführer, in dem er die Auffassung vertrat, dass gerade bei den Technikern die berufspolitische Erziehung hinzutreten müsse.[140] Jebe wandte sich mit diesen Worten gegen die Auffassung, die Technik sei ein neutraler

---

hinwegtäuschen, dass Jebes Eigeninitiative von der Reichsstudentenbundsführung zwar begrüßt, aber nicht weiter unterstützt wurde. Das zeigt sich vor allem an den Texten, die zu einem Teil schon wesentlich früher in anderen Publikationen abgedruckt wurden. So zum Beispiel der Text von Arnhold, der bereits 1934 in „Die Strasse" zu finden ist.

137 Ludwig, Karl-Heinz: Das nationalsozialistische Geschichtsbild und die Technikgeschichte 1933–1945, in Technikgeschichte Bd. 50, (1983) Nr. 4, S. 359–375, hier S. 369.
138 Vgl. Weber, Heike: Technikkonzeptionen in der populären Sachbuchliteratur des Nationalsozialismus. Die Werke von Anton Zischka. In: Technikgeschichte Bd. 66 (1999) Nr. 3, S. 205–233. Dieser Bereich des Literaturmarktes wurde dann auch seit 1935 durch den NS-Staat gelenkt und überwacht. Die Bücher erreichten hohe Auflagenzahlen und „dürften damit einen erheblichen Anteil an der Formung des Technikbildes der Zeit gehabt haben; umgekehrt verweisen diese hohen Käuferzahlen auf eine weite Akzeptanz der darin enthaltenen Vorstellungen – die Bücher trafen den Zeitgeist." Ebenda, S. 206. Siehe auch Troitzsch, Ulrich: Technikgeschichte in der Forschung und in der Sachbuchliteratur des Nationalsozialismus, in: Mehrtens, Herbert/Richter, Steffen (Hrsg.): Naturwissenschaft, Technik und NS-Ideologie. Beiträge zur Wissenschaftsgeschichte des Dritten Reiches, Frankfurt am Main 1980, S. 215–242.
139 Vgl. Hachtmann, Rüdiger: „Die Begründer der amerikanischen Technik sind fast lauter schwäbisch-allemannische Menschen": Nazi-Deutschland, der Blick auf die USA und die „Amerikanisierung der industriellen Produktionsstrukturen im „Dritten Reich", in: Lüdtke/Marßolek/Saldern (1996), S. 37–66.
140 Jebe, Hans: Zur Arbeit, in: NHZ, Technik-Sonder-Nummer (Januar 1936) Nr. 4, S. 2.

Gegenstand, der mit dem politischen Alltag nichts zu tun hätte. So formulierte der Reichsfachgruppenleiter Technik Hermann Aly in der Technik-Sonder-Nummer das Ziel, „den technischen Berufszweigen weltanschaulich und fachlich gefestigten Nachwuchs zuzuführen."[141] Auch Fritz Todt, Generalinspektor des deutschen Straßenwesens, wurde gut ein Jahr später in einem vertraulichen Rundschreiben der NSDAP mit dem Anliegen zitiert, dass er bewährte Bauingenieure des NS-Studentenbundes einstellen wolle:

> „Ich habe die Absicht, einen hochwertigen Nachwuchs an Ingenieuren der deutschen Technik dadurch heranzuziehen, daß Ingenieure, die sich schon im NS-Studentenbund bewährt haben, in stärkeren Maße zwischen die Ingenieure von gestern gesetzt werden. Wie an mancher Stelle, fehlt auch uns in der Technik der gesunde Nachwuchs mit gutem technischen Können, einer klaren nationalsozialistischen Weltanschauung und neben allem technischen Können mit einem gesunden Menschenverstand."[142]

Die nationalsozialistischen Studentenfunktionäre wollten den als „unpolitisch" und träge geltenden Studenten der technischen Fächer politisieren. Der Nationalsozialismus sollte nicht nur als Anschauung in den Köpfen verankert sein, sondern auch – in der Hochschule, im Betrieb, im Alltag – gelebt werden. Leitbild war der Student als „politischer Soldat", der seine Arbeit zwar als Fachkraft und Spezialist durchführt, jedoch immer mit dem Fokus auf die verschiedenen nationalsozialistischen Ziele. Die Wissenschaft als Selbstzweck des Forschers sei abgelehnt, die „politische" Wissenschaft, nämlich die Wissenschaft im Dienst der Nation, werde zum Gebot erhoben, so der Diplomingenieur Bruckhaus in der Sondernummer.[143]

Für die Ingenieure und Studenten selbst bedeutete die Rede von der „Technik im Dienst der Nation" einerseits, dass der nationalsozialistische Staat die Technik nach scheinbar objektiven Bedürfnissen der Volksgemeinschaft einsetzen wollte. Das entsprach dem Gedanken an den „Dienst für die Allgemeinheit", der auch in den Publikationen vor 1933 zu finden war. Andererseits sollten ihre „Schöpfungen", die technischen Artefakte als Instrumente für die Rekonstruktion deutscher Stärke, der Nation, eingesetzt werden: „Faßt man den Begriff ‚National' als Behauptungswillen gegenüber der Umwelt auf, so muß auch die Technik als maßgebender Faktor gewertet werden."[144]

Der „Behauptungswille gegenüber der Umwelt" ist nichts anderes als der „Wehrwille" und die „maßgebliche Technik" das benötigte „Wehrwissen" – Redewendungen, die schon die zentralen Bausteine in den Texten zu den Langemarckfeiern waren. Durch die Technik kann der Nation wieder zu Ansehen verholfen werden, wel-

---

141 Aly, Hermann: „Weltanschauliche Berufserziehung der Reichsfachgruppe Technik im NSD.-Studentenbund", in: NHZ, Technik-Sonder-Nummer (Januar 1936) Nr. 4, S. 10–11, hier S. 10.
142 Rundschreiben R.F.T. 8/36 der NSDAP Reichsleitung vom 17. 6. 1937, NHStA Hann 320 IV/106.
143 Dipl. Ing. Bruckhaus, W.: Nationalsozialistische Wissenschaftsgestaltung an der Technischen Hochschule, in: NHZ, Technik-Sonder-Nummer (Januar 1936) Nr. 4, S. 12–13, hier S. 13.
144 Bruckhaus (Januar 1936), S. 12.

ches letztlich auf die entwickelnden Ingenieure zurückfallen und ihnen endlich den ersehnten Stellenwert in der Gesellschaft verschaffen sollte.[145]

Die Forderung nach Führungspositionen in Wirtschaft und Verwaltung fand so ihre Einlösung in dem Bild des Ingenieurs als Führertypus. „Der neue Ingenieur wächst zum Führer empor, die Belegschaft ordnet sich zur fühlbaren Gefolgschaft."[146] Die darin enthaltende Gehorsamspflicht gegenüber höheren Instanzen entsprach dem Ruf nach einem starken Staat oder einem starken Mann. Der nationalsozialistische Ingenieur hatte jedoch gleichzeitig eine harmoniestiftende Funktion: Der sachorientierte Fachexperte sollte mit Hilfe von Instinkt und Intuition seine „schöpferischen Qualitäten" entdecken und einsetzen, damit er „neben seiner technischen Konstruktionsarbeit zudem noch ästhetisierende Syntheseleistungen zu erbringen vermochte: Zwischen Führer und Gefolgschaft, Mensch und Maschine, aber auch zwischen Technik und Kultur und Technik und Natur."[147] Die Dichotomie von Mensch und Maschine im Betrieb sollte beispielsweise durch den Führertypus des Ingenieurs abgebaut werden, indem dieser von einer „organischen Ordnung der Arbeit" ausgehend bereits vorhandene Schnittstellen zwischen Mensch, Maschine und Werkzeug synthetisiert. Die Vorstellungen einer biologisch-organischen Konstitution des Volkes, in der alles „natürlich" miteinander zusammenwächst und sich fortentwickelt, wurden auf den Betrieb übertragen und waren eine konfliktvermeidende und harmonisierende Strategie, sowohl zwischen Führer und Gefolgschaft als auch zwischen Mensch und Maschine. Ingenieur Arnhold formulierte in der Sondernummer:

> „Stoffgläubigkeit und Vernunftgläubigkeit haben gewisse Eigenheiten des technischen Arbeitens und Forschens schließlich so übersteigert, daß jeder organische Zusammenhang mit dem Volkstum verloren ging. Dies aber hatte zwangsläufig zur Folge, daß der Ingenieur alten Stils sein ureigenstes Gebiet, eben das technische, aus seinen weltanschaulichen Zusammenhängen löste. Diese Loslösung führte einmal dahin, daß das Technische zum ‚Problem an sich' und die Technik und alles, was mit ihr zusammenhängt, zum Götzen des weltanschauunglos gewordenen Ingenieurs wurde."[148]

Für die Studenten der Technischen Hochschule bedeutete dies, dass sich ihre Erziehung, „keinesfalls im Theoretischen und Intellektuellen verlieren, sondern [...] Erkennen und Erleben harmonisch zusammenfügen [würde], um den jungen Inge-

---

145 „Ebenso wie der Rassismus dürfte das schnelle Bekenntnis zur Aufrüstung [...] nicht nur auf Ambitionen einer industrieverbundenen Vereinselite, sondern im letzten Grunde auch auf das charakteristische Nachholbedürfnis der Ingenieure im Staatsdienst zurückzuführen sein. Je mehr man sich dem Staat und der Partei gefällig zeigte, desto eher ließ sich eine Aufwertung der ganzen Berufsgruppe erhoffen." Ludwig (1974), S. 156.
146 Dr. Ing. Arnhold: Die schöpferischen Aufgaben des Ingenieurs, in: NHZ, Technik-Sonder-Nummer (Januar 1936) Nr. 4, S. 8.
147 Adolf, Heinrich: Technikdiskurs und Technikideologie im Nationalsozialismus, in: GWU (Juli/August 1997) Heft 7/8, S. 429–444, hier S. 442.
148 Arnhold (Januar 1936), S. 9.

nieur zu formen und für seine politischen Berufsaufgaben bereit zu machen."[149] Weiter heißt es, dass „das innere Wesen des Ingenieursschaffen" nicht konkret benannt werden könnte, da die „letzten Tiefen dieses verpflichtenden Schaffens" nicht erlernbar seien, sondern im Bereich des Empfindens lägen. Die Parallele zu Professor Gast, der den Ursprung seiner „technisch-wissenschaftlichen Idee als Lebensform" in die Gefühle verlegte, sind auch hier zu erkennen. Instinkt, Intuition, Erleben, Gefühle als Ursprung der Ingenieurstätigkeiten verweisen ebenfalls auf die biologistisch-organischen Ordnungskonzepte des nationalsozialistischen Staates.

Der „schaffende und schöpferische Ingenieur" war ein Mittelsmann, ein Kristallisationspunkt, in dessen Figur sich bereits die in den Zwischenkriegsjahren immer größer werdende „Synchronisations-Panik" – „die Angst, ohne Anschluß an die avancierten Technologien auf einem toten Gleis der Geschichte zu landen"[150] – als Ordnungssucht bündelte. Im Nationalsozialismus diente die Wissenschaft dazu, diese Ordnungssucht durchzusetzen und die Gesellschaft anhand wissenschaftlicher Kriterien und Regeln zu gestalten. Unter den Voraussetzungen der Volksgemeinschaft, dem Ziel einer „perfekten" Gesellschaft wurde Rassismus zum „social enigeering".[151] Die historische Forschung konnte in den letzten fünfzehn Jahren nachweisen, dass die Verbindung von NS-Ideologie und zeitgenössischer „seriöser" wissenschaftlicher Forschung wesentlich enger war als angenommen. Lutz Raphael weist anhand von zahlreichen wissenschaftshistorischen Studien ein „radikales Ordnungsdenken" bei Sozialforschern, Geisteswissenschaftlern, Juristen und Medizinern nach, deren Eigeninitiative als Experten für das Zustandekommen und den Erfolg zahlreicher Verbrechen und Gewaltmaßnahmen des Regimes ein großes Gewicht besaß.[152] Er stellt fest, dass im Falle der Humanwissenschaftler eine „irritierende Mischung diffuser Leitbilder über die soziale Welt mit massiven Ressentiments gegen bestimmte Gruppen oder Völker und rationalen wissenschaftlichen Erklärungsansätzen und Forschungsverfahren in Gestalt wissenschaftlicher Expertise"[153] immer wieder zu erkennen sei. Rasse war demnach das Kernstück der gestalterischen Maßnahmen, wie auch die Publikation von Professor Gast verdeutlicht hat. Eine angestrebte Synthese aus Auslese und Ausmerzung gestaltet sich so als eine logische Fortsetzung modernster Wissenschaft oder als deren Kulminationspunkt. Dennoch lassen sich die nationalsozialistischen rassistischen Verbrechen nicht auf

---

149 Moritz, Hermann: Unsere Aufgaben, in: NHZ, Technik-Sonder-Nummer (Januar 1936) Nr. 4, S. 12–13, hier S. 12.
150 Lethen, Helmut: Die elektrische Flosse Leviathans, in: Emmerich, Wolfgang/Wege, Carl (Hrsg.), Der Technikdiskurs in der Hitler-Stalin Ära, Stuttgart 1995, S. 15–27, hier S. 20. Auch Lethen verweist auf Jüngers Arbeiter, als einen extremen Entwurf des synchronisierten Menschen. Ebenda.
151 Siehe auch Baumann, Zymunt: Dialektik der Ordnung: Die Moderne und der Holocaust, Hamburg 1992, S. 81 ff.
152 Raphael, Lutz: Radikales Ordnungsdenken und die Organisation totalitärer Herrschaft: Weltanschauungseliten und Humanwissenschaftler im NS-Regime, in: Geschichte und Gesellschaft 27 (2001) Heft 1, S. 5–40. Er fordert dort, dass die Rolle der wissenschaftlichen Argumente, Vorgehensweisen und Deutungsmuster im Gesamtkomplex der nationalsozialistischen Weltanschauung oder Ideologie neu überdacht werden müssten.
153 Ebenda, S. 24.

zweckrationale Praxis reduzieren. Die technisch-wissenschaftliche Rationalität ging aus einem organisch-natürlichen Urgrund, einem „deutschen Wesen", hervor und sollte sich als Volksgemeinschaft immer weiter „entwickeln". Damit waren auch zweckrationale und wissenschaftliche Zielperspektiven an die „deutsche Identität" gebunden, die als etwas wesenhaftes und göttliches „gefühlt" und so für starke affektive Bindungen sorgte.[154] Marcuse beschrieb die Verschränkung von Empfindung und Technik als „Wechselspiel zwischen Mythologie und Technologie, ‚Natur' und Mechanisierung, Metaphysik und Sachlichkeit, ‚Seele' und Effizienz" und bezeichnete es als Rationalisierung des Irrationalen. Das Irrationale behalte jedoch seine Macht und fließe in den Rationalisierungsprozess ein.[155]

Die *Niedersächsischen Hochschul-Zeitung* galt in Parteikreisen als vorbildliches nationalsozialistisches studentisches Organ, wie einem Brief Karl-Heinz Wegeners zu entnehmen ist, der im Amt für Presse der DSt tätig war. Er äußerte sich zu den Problemen der studentischen Pressearbeit und zu den Hochschulzeitungen im Gebiet des Kreises Niederdeutschland der DSt und stellte fest, dass „die studentische Pressearbeit in meinem Kreise so gut wie nichts an Positivem geleistet hat."[156] Die betreffenden Kameraden seien sich über ihre Aufgaben überhaupt nicht im Klaren. Es sei eine erzieherische Führung und klärende Beeinflussung nötig und nicht nur eine Berichterstattung über die Veranstaltungen der jeweiligen Hochschule. Die Bekanntgabe von „Missständen" sei oft unterlassen worden, um keinen Staub aufzuwirbeln und es sich nicht mit den Dozenten zu verderben. Es sei überall eine behäbige Stagnation in der studentischen Pressearbeit eingetreten, die beinahe an Spießbürgerlichkeit grenze: „Blättert man heute in den Hochschulzeitungen, dann findet man kaum noch etwas von dem früheren revolutionären Schwung." Hamburg sei kümmerlich, Kiel schon besser und die *Niedersächsische Hochschul-Zeitung* bringe zum Teil sehr gute Aufsätze und arbeite erfolgreich. Die übrigen Hochschulzeitungen des Kreises müssten sich gewaltig umstellen, wenn man ihr weiteres Erscheinen noch verantworten wolle. Wegener hielt es für dringend erforderlich, vor Beginn des nächsten Semesters sämtliche Pressereferenten in einem Lager zusammenzuziehen, in dem sie eingehend über ihre Aufgaben instruiert werden könnten.[157]

---

154 Heide Gerstenberger zitiert in einem Abschnitt über „Die radikal völkische Ideologie" Hermann Wirth, der den beschriebenen Sachverhalt zum Ausdruck bringt: „ ‚Deutsch'- sein heißt ‚aus Gott', ‚Leben Gottes' sein [...], wer deutsch ist, ist aus Gott, trägt Gottes Licht in sich als die Offenbarung der Ewigkeit, die von Geschlecht zu Geschlecht weitergegeben wird." Wirth, Hermann: Was heißt Deutsch? Ein urgeistesgeschichtlicher Rückblick zur Selbstbesinnung und Selbstbestimmung, Jena 1931, S. 24. Zitiert durch Gerstenberger (1969), S. 117. Hier ist eine Parallele zu dem in dritten Kapitel behandelten rassistisch fundierten „Glauben der jungen Generation" zu finden, der von den Studenten gegen den „christlichen" Glauben des Studentenpfarrers eingeführt wurde.
155 Marcuse (1998), S. 49.
156 Karl-Heinz Wegener im Amt für Presse der DSt, Kreis Niederdeutschland, Hannover an den Hauptamtsleiter für Presse und Propaganda der Reichsführung der DSt in Berlin Hoffmann vom 17. 8. 1936, RSF I/20 g 87/2.
157 Ebenda.

Dass das Interesse der Studenten, ein Organ wie die *Niedersächsische Hochschul-Zeitung* zu produzieren sowie zu lesen insgesamt nur gering gewesen ist, verwundert kaum. Die niedersächsischen Ausgaben bestanden nur aus propagandistischen Texten, es waren keine Fotos abgebildet und aus den einzelnen Hochschulen wurde wenig Spezifisches berichtet. Da eine Hochschulzeitung, genauso wie andere lokale Publikationen auch, darauf angewiesen ist, dass der Leser bzw. der Student sich in der Zeitung wiederfindet oder -erkennt, kann vermutet werden, dass die Studenten der TH Hannover sich mit dem in Göttingen produzierten Blatt wenig identifizieren konnten. Neben dem kaum vorhandenen bis fehlenden Lokalkolorit fällt vor allem auf, dass keine ästhetischen Einflüsse mehr Eingang gefunden haben. Das erstaunt um so mehr als im Nationalsozialismus visuelle Komponenten, der sogenannte „schöne Schein", eine wesentliche Rolle in der Bindung der Menschen an das Regime gespielt haben. Das Desinteresse, dass der Presse im NS-Staat allgemein zukam, war somit auch in der vergleichsweise noch unwichtigeren Studentenpresse zu spüren. Die „Massenflucht der Leser und das Massensterben der Zeitungen"[158] auf Grund der fehlenden Wirklichkeitsnähe traf in geringerem Maße auch für die Studentenpresse zu.

Zusammenfassung

Das vorliegende Kapitel hat gezeigt, dass die „sachzwanghaften" Grenzen einer Politisierung der technischen Wissenschaften durchlässig sind. Die auch an den Technischen Hochschulen erfolgreich und ohne Widerstand, fast selbstverständlich durchgesetzten „Säuberungen" für eine „‚völkisch'-‚arisch'-deutsche Wissenschaft" im April 1933 sind der Hintergrund, vor dem „die Technik" im Nationalsozialismus betrachtet werden muss. Zwar hat sich herausgestellt, dass die technischen Fachvorlesungen offenbar von nationalsozialistischen Einflüssen frei waren, Rektor von Sanden und Teile der Professoren aber bemüht waren, ihre Technikkompetenz auch in Rüstungs- und Kriegsfragen zu demonstrieren. So korrespondiert die in den studentischen Diskursen als identitätsstiftend ausgemachte Idealisierung des Krieges mit den Änderungen der Veranstaltungen für alle Hörer an der Technischen Hochschule. Seit 1927 waren wehrwissenschaftliche Vorlesungen in den Studienplänen integriert. Diese wurden nach 1933 intensiviert und 1935 zusätzlich durch rassenbiologische Vorlesungen ergänzt. Die „Indienstnahme" der Hochschulen durch staatliche, wirtschaftliche, ökonomische und machtpolitische Interessen, die sich bereits in der Weimarer Republik verstärkte und durch Ingenieure und Hochschullehrer nicht unerheblich unterstützt oder sogar initiiert wurde,[159] setzte sich im NS-Staat konsequent fort. Dass die Vorstellung einer autonomen Technik letztlich eine Fiktion ist, wurde nicht zuletzt an der Publikation des Buches von Professor Gast deutlich. Die „Ingenieure der Politik", die als wissenschaftliche Experten die Herrschaft in einem totalen Staat übernehmen sollten, verweisen einerseits auf die At-

---

158 Reichel (19913), S. 174.
159 Siehe Gundler (1991), S. 277 ff. und S. 493.

traktivität technokratischer Planungsutopien, aber auch auf das Bedürfnis, diese zweckrationalen Ideen an ein „wesenhaftes Gefühl" rückzubinden. Die Integration von Instinkten und Intuitionen in die traditionell mit objektiv und sachlich konnotierten akademischen Disziplin der Technikwissenschaften kann auch als Versuch gedeutet werden, den tradierten Gegensatz von Technik sowie „Geist" und „Ideen" aufzuheben und die Technik durch diese Synthese zu erhöhen. Technische Konstruktionen wären keine seelenlosen Artefakte, die den Menschen beherrschen, sondern als konstituierende Elemente in eine „technisch-wissenschaftliche Gestaltung der Lebensform des Volkes" integriert.

In den Fachschaften der Reichsfachgruppe Technik an der Technischen Hochschule Hannover versuchten die nationalsozialistischen Studenten zusammen mit ihren Kommilitonen Konzepte zu entwickeln, um die Ingenieurswissenschaften stärker in den NS-Staat zu integrieren. Im Mittelpunkt der Fachschaftsarbeit standen Reformvorschläge für das Studium sowie eine stärkere Verbindung von Wissenschaft und Praxis. Die Überfüllung der Hochschulen bei mangelnden Arbeitsplätzen und die unzureichende Vorbereitung auf den Beruf waren schon in den zwanziger Jahren viel diskutierteThemen und sollten nun im nationalsozialistischen Sinne gelöst werden. Die Anzahl der Studenten, die an den Fachschaftsgruppen teilgenommen haben, ist schwer zu bestimmen. Es ist aber anzunehmen, dass sich nur einige wenige – vermutlich eher linientreue nationalsozialistische Studenten – für diese freiwilligen Arbeitsgemeinschaften interessiert haben.

Mit der *Technik-Sonder-Nummer* wollten die nationalsozialistischen Studenten und vor allem der Hochschulgruppenführer Hans Jebe, die Technische Hochschule Hannover in der Niedersächsischen-Hochschul-Zeitung positionieren. Auch dort ist die Rede von einem durch den NS-Staat erzogenen Ingenieur mit „kulturellem Horizont", der Praxis, Sinn und Stellung seines Berufes „im Ganzen" erfassen kann und sich „wehrhaft" für sein Volk einsetzen sowie „harmoniestiftend" tätig sein sollte.

Schlussbetrachtungen

Die Studenten der Technischen Hochschule Hannover scheinen sich jeglicher generalisierender Aussage der bisherigen Forschung zu entziehen. Während die Technischen Hochschulen allgemein bereits vor dem Januar 1933 als die Hochburgen des NS-Studentenbunds sowohl bei den Wahlen als auch bei den Mitgliedschaften gelten, erfüllt die TH Hannover keines dieser beiden Kriterien. Der NS-Studentenbund erreichte nie mehr als zwanzig Prozent der Stimmen bei den Kammerwahlen und bildete damit das Schlusslicht unter allen Universitäten und Hochschulen. Auch konnten die Funktionäre des NS-Studentenbunds zunächst nur verhältnismäßig wenig Studierende zu einem Eintritt in die nationalsozialistische Organisation bewegen. So waren im Wintersemester 1932/33 an der TH Hannover lediglich 70 Studenten im NS-Studentenbund organisiert, das entsprach 3,7 Prozent aller Studierenden. Wenige Monate später änderte sich die Lage jedoch grundlegend und der NSDStB erreichte einen Organisationsgrad von nahezu 50 Prozent.

Die vorliegende Studie hat gezeigt, dass weder Wahlen und Mitgliedschaften noch die Korporationsstärke einer Hochschule ausreichende Analysemittel sind, um die politische Einstellung und das politische Handeln der Studenten der Technischen Hochschule Hannover am Ende der Weimarer Republik und im NS-Staat zu erfassen. Es ist daher ein Ansatz von Vorteil, der neben organisatorischen und lebensweltlichen Verankerungen die intellektuellen Bindungen bzw. die politische Kultur in die Analyse mit einbezieht, die sich aus dem Zusammenspiel von beruflicher Zugehörigkeit sowie der fachlichen und generationsspezifischen Sozialisation ergeben.

Antidemokratische und völkische Einstellungen waren an der TH Hannover weit verbreitet und sind keineswegs mit den Studenten der Kriegsjugendgeneration von der Hochschule verschwunden. Auch die Nachkriegsgeneration orientierte sich in den zwanziger Jahren an Weltbildern, die aus einem autoritär geführten, militärisch starken und national geeinten Deutschland mit antisemitischer Grundlegung bestanden. Zudem kann von einer „institutionalisierten Demokratiefeindlichkeit" in dem Sinne gesprochen werden, als die Studenten nicht nur ihre völkische Politik innerhalb der Hochschule praktizieren konnten, sondern von den Rektoren, Professoren und dem Senat aktiv unterstützt wurden. So konnten sie sich durch die Vertreibung Theodor Lessings und in ihrem Kampf gegen den preußischen Kultusminister Becker als eine akademische Elitegemeinschaft definieren, die innerhalb des größten sozialdemokratisch regierten Reichslands die „nationalen" und „wahren Werte Deutschlands" vertrat. Dem gegenüber hatte es der NS-Studentenbund zunächst schwer, ein eigenes Profil zu entwickeln. Bis zur Mitte des Jahres 1933 konnte der NSDStB daher trotz der politischen Übereinstimmung mit dem größten Teil der Studentenschaft keine großen Erfolge verzeichnen. Die gut organisierten korporierten Studenten wollten ihre hochschulpolitische Macht weder abgeben noch teilen.

Die gemeinsame affektive Verankerung der Studenten während ihrer Sozialisation und Identitätsbildung war, wie in einem großen Teil der Gesellschaft der Erste Weltkrieg. Dass die Weimarer Republik sich aus unterschiedlichen Gründen nicht von einer Kriegsgesellschaft in eine Friedensgesellschaft verwandelt hat und eine Nachkriegsgesellschaft blieb, zeigt sich nicht zuletzt an der Nachkriegsgeneration der Studierenden der Technischen Hochschule Hannover. Die Konstruktion ihrer männlichen Identität innerhalb der nationalen und völkischen Bezugspunkte hing eng mit dem Ersten Weltkrieg zusammen. Krieg und damit verbunden die Feindschaft zwischen Völkern und Staaten waren zentrale Aspekte ihres Nationalismus, die „auch eine interne Differenz zwischen den Geschlechtern" schufen, „aus der soziale Hierarchien und politische Herrschaft erwuchsen."[1] Der Krieg und das Militär waren Initiationsriten von Männlichkeit. Da die Studenten ihre Männlichkeit in der Weimarer Republik weder auf dem Schlachtfeld noch in der Kaserne unter Beweis stellen konnten, suchten sie sich innerhalb der akademischen Institution und im Alltagsleben Ersatzrituale. Die geschilderten akademischen Feiern wie die Reichsgründungsfeier, das Gedenken an Langemarck sowie die verbindungsstudentische Lebenskultur boten vielfach Spielraum und Möglichkeiten, innerhalb der akademischen Männergesellschaft diese Bedürfnisse zu befriedigen. Wahrscheinlich lag darin einer der Gründe, warum Ende der zwanziger Jahre mit der akademischen Nachkriegsgeneration die Anzahl der Verbindungsstudenten in Hannover anstieg, ebenso wie sich die Zahl der geschlagenen Mensuren erhöhte. Auch in der Mensur galt es, die „klassischen" männlichen „Tugenden" zu zeigen. Die stoische Hinnahme von Schlägen und Schmerzen sowie das unbeeindruckte sich Stellen im Zweikampf sollten Mut und Einsatz beweisen. Zudem galt es, dem Druck durch die bei der Mensur anwesenden „Corpsbrüder" Stand zu halten. Sie waren immer eine Art soziale Kontrolle und verkörperten die Erwartungshaltung der jeweiligen studentischen Verbindung. Die zentralen Bestandteile des männlich-kriegerischen Charakters fanden in der Körperertüchtigung, in militärischen Übungen sowie durch starkes Trinken und exzessives Feiern ihren Ausdruck und konnten so auch in den Friedenszeiten aktiviert werden, um dem angestrebten Ideal nahe zu kommen. Es wundert nicht, dass Herrschaft an diesen militärisch-gewalttätigen Maßstäben gemessen wurde und sich die Vorstellungen von Politik an sicht- und fühlbare Stärke banden, ein Kriterium, welches gerade die Weimarer Republik aus Sicht der Studenten nicht erfüllte.

Zu der männlichen Sozialisation an der Hochschule gehörten jedoch nicht nur verbindungsstudentische Lebensformen und die Interpretationen des Ersten Weltkrieges, sondern auch „die Technik". Technikkompetenz ist (bis heute) ein zentrales Moment männlicher Identität. Die Relation von Krieg und Technik hatte gerade für

---

1 Haupt, Heinz-Gerhard/Tacke, Charlotte: Die Kultur des Nationalen. Sozial- und kulturgeschichtliche Ansätze bei der Erforschung des europäischen Nationalismus im 19. Und 20. Jahrhundert, in: Hardtwig, Wolfgang/Wehler, Hans-Ulrich: Kulturgeschichte Heute (Geschichte und Gesellschaft, Sonderheft 16), Göttingen 1996, S. 255–283, hier S. 273.

die Studenten der Technischen Hochschule Hannover zwei wichtige Aspekte, wie die Analyse der *Hannoverschen Hochschulblätter* am Ende der zwanziger Jahre gezeigt hat: Zum einen galt der Krieg als innovationsfördernd sowie als Motor des Fortschritts. An diesen Fortschritt war der (Wieder-)Aufstieg Deutschlands gekoppelt, der durch die technische Elite im Land vollzogen und vorangetrieben werden sollte. Zum anderen generierte der Krieg in der Vorstellung der Studierenden das Idealbild von „technischen Führern" und „eiskalten Rechnern". Diese Konstruktion eines technizistischen Frontsoldatenmythos verband den Nationalismus mit der Technik zu einer Erfolgsgeschichte technischer Rationalität und technischer Entwicklungen und schrieb sich als soziales Muster einer hegemonialen Männlichkeit in die Institution der Technischen Hochschule ein.

Der Erste Weltkrieg hatte aber nicht nur Auswirkungen auf den spezifischen Nationalismus der Studenten und die Positionierung der Technik in der Gesellschaft. Mit dem verlorenen Krieg war nicht nur die Sehnsucht nach Stärke und Souveränität verbunden, sondern auch das Verlangen nach Stabilität und Ordnung. Der Topos des „in Unordnung geratenen Vaterlandes" während der Weimarer Republik ist in den Quellen immer wieder zu finden. Dies hing mit den idealisierten Vorstellungen von einer Gesellschaft und einem Staates zusammen, den es selbst vor 1914 nie gegeben hat. In den Köpfen der Menschen zementierte sich jedoch der Eindruck, dass „order had been left behind together with peace in 1914."[2]

Das Jahr 1930 scheint in verschiedener Hinsicht ein Wendepunkt gewesen zu sein. In der Literatur wird die Stimmung unter den Akademikern der Universitäten als „geistige Währungskrise" bezeichnet, deren Ursachen sowohl in den Umbrüchen von Kultur- und Bildungsidealen als auch den sozioökonomischen Veränderungen lagen.[3] Ebenso bedeuteten die Weltwirtschaftskrise und die „autoritäre Wende" in der Innenpolitik zentrale Brüche. Der Historiker Ulrich Raulff spricht von einem „Phasenwechsel des Politischen, der um 1930 herum eingetreten ist und der unser Denken und Verhalten immer noch bestimmt."[4] Gemeint ist damit, dass die ähnlich ausgerichteten Fragen deutscher und französischer Historiker an die historiographische Methodik zu jeweils vollkommen unterschiedlichen Antworten geführt hatten. Diese gegensätzlichen Entwürfe resultierten aus einem diametral gedeuteten Begriff des Politischen.[5]

---

2 Bessel, Richard: Germany after the First World War, Oxford 1993, S. 283. Dort heißt es weiter: „In a world in which war had left a stamp of violence upon civil society, the expectation of achieving or recapturing stability, which is impossible to achieve and never existed in the first place, was bound to be disappointed." Ebenda, S. 284.
3 Tietze (1989) in seinem Kapitel „Gestaltwandel der Akademiker und ‚geistige Währungskrise', S. 220 f.
4 Raulff, Ulrich: Ein Historiker im 20. Jahrhundert: Marc Bloch, Frankfurt am Main 1995, S. 30.
5 Die fundamentale Differenz zwischen den französischen *Annales* und der deutschen Volksgeschichte liegt in den Prämissen dieser beiden Flügel der historischen Anthropologie: Auf der einen Seite bildete der Mensch das Subjekt der Geschichte, auf der anderen das *Volk*; das Fundament des historischen Verstehens der *Annales* bildete die Psychologie, während es bei der Volksgeschichte die *Biologie* war; die *Annales* wandten sich der Mentalität zu, die Volksgeschichte der *Rasse*. Obwohl die Volksgeschichte sich ebenfalls an der Geschichte der Namenlosen orientiert,

Dieser Wandel auf der wissenschaftshistorischen Ebene lässt sich auch im Mikrokosmos der politischen Kultur der Studenten finden. Fassbar wurde dieser Wandel an dem Begriff und der Deutung des Politischen. „Politisch" wurde um 1930 mit neuen Werten und Maßstäben konnotiert. Die Studenten verbanden bis dahin „Politik" mit der von ihnen verhassten „Parteipolitik" und definierten sich als „unpolitisch", wie es innerhalb der akademischen Institutionen sowie in den Mittelschichten Tradition war. Aus der Sicht der Studenten war „Parteipolitik" mit Beliebigkeit verbunden. Der einzige Wert, den sie in diesem Zusammenhang als Fixpunkt akzeptierten, war die Nation. Der neue positiv geschaffene Politikbegriff stand nun für „Einheit" und „Gemeinschaft", während der „Ist-Zustand" des Politischen mit Chaos und Unordnung assoziiert wurde. Die neu definierte Form des Politischen konnte und sollte ordnungstiftend sein. Gleichzeitig bekam der Begriff mit dieser Veränderung ein aktives Moment. „Politisch sein" hieß, aktiv für das „natürliche" und damit „höhere" Ordnungssystem der (Volks-)Gemeinschaft zu kämpfen. In den *Hannoverschen Hochschulblättern* ist die Umdeutung des Politischen zu einem als organisch und konstant aufgefassten Begriff daher an die Gemeinschaft und das Volk gebunden. Das lässt sich auch auf der Ebene der politischen Kultur als Praxis und Prozess wiederfinden. So zeigten die Diskussionen rund um die Reform der als überfüllt wahrgenommenen Technischen Hochschule, dass die „Auslese" als natürlicher Selektionsprozess durchaus als Lösungsmöglichkeit favorisiert wurde. Die Studenten der Technischen Hochschule Hannover lagen damit „im Trend" der Zeit, da auch an den Universitäten eine neuartige und folgenreiche „volksbiologische Umdeutung" zu bemerken war, die „um 1930 ein ressentimentgeladenes verschärftes Selektionsklima" hervorbrachte.[6] Es etablierte sich ein Denken in sozialen Pathologien, das eine „wissenschaftliche" Legitimität erhielt. Institutionen wie die Hochschule und soziale Konstellationen wie „Volk" oder „Nation" wurden organisch betrachtet, die jeweiligen „Zustände" in die Kategorien „krank" oder „gesund" eingeteilt. Die Studenten der Technischen Hochschule Hannover sahen sich am Ende der zwanziger Jahre in einem durch Parteipolitik „ruinierten" und „kranken" Staat lebend, der mit ihren nationalen (Ordnungs-)Vorstellungen nichts gemein hatte. Trotz ihrer Situation an der Hochschule und ihrer schlechten Aussichten auf dem Arbeitsmarkt glaubten sie an die Kraft des Einzelnen im natürlichen Prozess der Auslese und im „Kampf ums Dasein".

Die Studenten des NS-Studentenbunds an der TH Hannover konnten sich in einen derart veränderten deutungskulturellen Diskurs sowie in die bestehenden akademischen Traditionen integrieren und mit wachsendem Einfluss eigene nationalsozialistische Elemente einbringen. Die staatspolitischen Veränderungen wurden von den Studierenden insgesamt als willkommene politische Ordnung interpretiert, da die Regierung unter Reichskanzler Hitler „neue" und „alte" Werte miteinander zu ver-

---

die kulturell geprägten und überlieferten Formen des Lebens entdeckt und dasselbe Interesse an den Bindekräften des Glaubens und des Gefühls gehabt habe, sei diese eine „politisch ganz und gar anders ausgerichtete Geschichtsforschung" als die der Annales. Zwischen ihnen liege „eine ganze Welt". Ebenda, S. 456.
6 Tietze (1989), S. 223.

binden schien. Auch das aktive Element der „Bewegung" wirkte durchaus attraktiv auf die Studenten, da sie sich als Teil einer neuen Politik begreifen konnten. Vor dem Hintergrund einer biologisch und sozialdarwinistisch begründeten sozialen Ordnung, die die als selbstverständlich tradierten antisemitischen Ressentiments integrierte, ergaben sich für die Studenten facettenreiche Affinitäten zur nationalsozialistischen Weltanschauung, die gerade durch ihre fehlende explizite Programmatik große Interpretations- und Deutungsspielräume zuließ und somit ganz unterschiedliche Anknüpfungspunkte für verschiedene Bedürfnisse bot. Daher waren die im Laufe der dreißiger Jahre entstandenen Spannungen zwischen den NS-Funktionären und Teilen der korporierten Studentenschaft an der Technischen Hochschule Hannover in der Regel keine weltanschaulichen Auseinandersetzungen, sondern reine Machtkämpfe.

Während der NS-Studentenbund seinen alleinigen Herrschaftsanspruch an der Hochschule durchsetzen wollte, waren die Korporationen bestrebt, ihre Lebensformen in den NS-Staat einzubringen. Die zahlreichen Auseinandersetzungen, die sich aus dieser Konstellation ergaben, endeten schließlich mit der Auflösung der Verbindungen im Herbst 1935. Durch die destruktive nationalsozialistische Hochschulpolitik herrschte allerdings eine „tiefe Verbitterung" in einem großen Teil der männlichen Studentenschaft sowie im akademisch gebildeten Bürgertum. Aus diesem Grund schlug die nationalsozialistische Führung ab November 1936 einen „Versöhnungskurs" mit den Korporationen ein. Das bereits 1934 initiierte und zu dem Zeitpunkt gescheiterte Konzept der Kameradschaftshäuser wurde erneut aufgenommen. An der Technischen Hochschule Hannover entwickelte sich in diesen Kameradschaften Ende der dreißiger Jahre ein studentisches Leben, in dem sich korporative Traditionen mit nationalsozialistischen Elementen mischten. Dabei erwiesen sich die seit dem Ersten Weltkrieg tradierten Deutungen von „Kameradschaft", die in den Verbindungen als „Lebensbund" oder Bruderschaft ihren Ausdruck fanden, als zentral für die Integration der Studierenden in die NS-Volksgemeinschaft. So war der Männerbund oder die Kameradschaft für die Studierenden ein kollektiv geteiltes Muster zur alltäglichen Konstruktion von politischer Realität, das in ihren Denkweisen und emotionalen Dispositionen eine große Rolle spielte und vielfach Anknüpfungspunkte für den NS-Staat bot.

Die historische Forschung konnte in den letzten fünfzehn Jahren nachweisen, dass die Verbindung von NS-Ideologie und zeitgenössischer „seriöser" wissenschaftlicher Forschung wesentlich enger war als bisher angenommen. „Wissenschaftlich" legitimierte Ordnungskonzepte und ein von der jeweiligen Fachrichtung spezifisch ausgerichtetes Ordnungsdenken erfreuten sich unter allen Akademikern einer großen Beliebtheit. Es bestand offenbar das dringende Bedürfnis, die Welt schlüssig zu erklären, „wissenschaftlich" zu kategorisieren und als aktives Betätigungsfeld zu sehen.[7] Auch die Angehörigen der Technischen Intelligenz boten dem „neuen Staat" ihre Dienste an und fanden in der nationalsozialistischen Ideologie neben allen pragmatischen Interessen genügend Anknüpfungspunkte für ihre eigenen Ziele.

---

7 Vgl. Raphael (2001), S. 5–40.

Die Ausführungen von Professor Paul Gast der Technischen Hochschule Hannover, den Staat als „technisch-wissenschaftliche Gestaltung der Lebensform des Volkes" zu begreifen, zeugen von der Anziehungskraft dieser Variante eines „social-engineering". Elemente eines „radikalen Ordnungsdenkens" lassen sich auch in den Texten der Studenten wiederfinden. Die hochschulinternen Diskurse zur Technik, den technischen Wissenschaften und ihren beruflichen Aussichten zeigen den Radius innerhalb dessen sich ihr „radikales Ordnungsdenken" konstituierte. Die Studenten waren bestrebt, die Technik zur vollen Entfaltung kommen zu lassen, um „objektiv-sachliche" Lösungen für das Volk und den Aufstieg Deutschlands zu entwickeln. Am Beispiel der Studenten der Technischen Hochschule Hannover ließ sich zeigen, dass sich Ende der zwanziger und Anfang der dreißiger Jahre der Wunsch nach Ordnung und Stabilität mit rassistisch fundierten nationalistischen Gemeinschaftsvorstellungen sowie technischen Machbarkeitsutopien verband. Die Nation hatte eine identitätsstiftende Funktion für die Studenten und stand für angebbare und erreichbare soziale Ordnungsvorstellungen auf völkischer Basis.

Darauf aufbauend entwickelten die Studenten des NS-Studentenbunds das Ideal des harmonie- und ordnungstiftenden Ingenieurs. Als sachorientierter Fachexperte sollte dieser durch Instinkt und Intuition seine schöpferischen Qualitäten entdecken, um Syntheseleistungen, beispielsweise zwischen Mensch und Maschine, für die Volksgemeinschaft zu vollbringen. Im nationalsozialistischen Staat war keineswegs nur der kühl rationale Ingenieur oder Mensch gefragt. Erwartet wurde ein Ingenieur, der aus den „letzten Tiefen" und dem „inneren Wesen" eines nicht erlernbaren, sondern nur fühlbaren „verpflichtenden Schaffens" schöpft. Die harmonische Synthese von „Erkennen und Erleben" sollte den jungen Ingenieur formen und für seine „politischen" und damit nationalsozialistischen Berufsaufgaben vorbereiten, deren Ziele letztlich eine „Aristokratie technisch-wissenschaftlicher Erbgut-Auslese" waren, wie Gast es formulierte. Die Brisanz, die in der Konstruktion eines „schöpferischen Ingenieurs" lag, bestand in der Verabsolutierung der Gefühle als „wesenhaftem" Ursprung einer zweckrationalen Praxis auf dem Fundament des staatlich organisierten Rassismus.

Anhang

Tabellenverzeichnis

Tabellen im Text

Tab. 1: Die *Hannoverschen Hochschulblätter* Oktober 1927 – September 1931
Tab. 2: Studienplan für einen Studenten an der Fakultät für Maschinenwirtschaft, Fachrichtung Elektrotechnik (Starkstromtechnik) im ersten Semester im Wintersemester 1932/33
Tab. 3: Tages- und Wochenplan der Turnerschaft Armino-Hercynia
Tab. 4: Die Technischen Hochschulen und die Anzahl der Kameradschaften
Tab. 5: Die Kameradschaftshäuser und ihre Mitglieder im WS 1937/38
Tab. 6: Die Kameradschaftshäuser und ihre Mitglieder im SoSe 1938

Tabellen im Anhang

Tab. 7: Studierendenzahlen an den Technischen Hochschulen u. Hannover
Tab. 8: Verbindungen an der Technischen Hochschule Hannover
Tab. 9: Wahlen der Technischen Hochschule Hannover 1925 bis 1932
Tab. 10: NSDStB Mitgliedschaften bis 1933 an der Technischen Hochschule Hannover
Tab. 11: Soziale Schichtung der männlichen Studierenden der Technischen Hochschule Hannover nach dem Beruf des Vaters
Tab. 12: Soziale Schichtung der deutschen Studierenden der Technischen Wissenschaften insgesamt nach dem Beruf des Vaters
Tab. 13: Soziale Schichtung der Studierenden nach dem Beruf des Vaters in der Hannoverschen Burschenschaft Cimbria 1904–1935
Tab. 14: Die Studenten der Technischen Hochschule Hannover nach ihrer Staatsangehörigkeit im Sommersemester 1928
Tab. 15: Erstimmatrikulierte Studierende (deutscher Volkszugehörigkeit) nach Art der Schulausbildung
Tab. 16: Die Studierenden der Technischen Hochschulen und ihre Zugehörigkeit zum NSDStB und zur NSDAP einschließlich der Aufschlüsselung nach Parteiformationen
Tab. 17: Die Universitäten und die Anzahl der Kameradschaften

Tab. 7: Studierendenzahlen an den Technischen Hochschulen u. Hannover

Jahr	Universitäten	Technische Hochschulen	Technische Hochschule Hannover
1914	60225	11451	988
1920	86624	19507	2591
1920/21	86416	22372	2811
1921	87370	22753	2734
1921/22	83323	24554	2859
1922	84491	24203	2686
1922/23	82253	26224	2757
1923	85432	26137	2614
1923/24	76892	25288	2589
1924	68144	21712	2184
1924/25	56821	22583	2311
1925	59645	20300	2104
1925/26	58724	21687	2226
1926	64621	20782	1974
1926/27	64008	21114	2022
1927	72270	20167	1807
1927/28	71770	21355	1924
1928	83322	20045	1772
1928/29	82258	22050	1926
1929	93090	21347	1743
1929/30	90743	22650	1903
1930	99577	22032	1721
1930/31	95807	23749	1874
1931	103912	22275	1677
1931/32	95271	22540	1783
1932	98852	20474	1548
1932/33	92601	20431	1635
1933	88930	17745	1407
1933/34	81968	17104	1457
1934	71889	14291	1207
1934/35	68148	13099	1153
1935	57001	11364	1026
1935/36	60148	11794	1101
1936	52581	10747	1000
1936/37	48688	10776	1015
1937	44467	9347	867
1937/38	43388	9466	868
1938	41069	10308	928
1938/39	41227	11029	962
1939	40716	12287	1071

Quelle: Tietze, Hartmut (u.a.): Datenhandbuch zur Deutschen Bildungsgeschichte, Bd. I/1, Göttingen 1987, S. 29 f. Vorlesungsverzeichnisse Studienprogramme 1914–1939 der Technischen Hochschule Hannover, Universitätsarchiv Hannover.

Tab. 8: Verbindungen an der Technischen Hochschule Hannover

I. Unbedingte Waffengenugtuung und farbentragend	
1. Weinheimer Senioren-Convent (WSC)	**Gründungsdatum**
Corps Saxonia	1852
Corps Slesvico Holsatia	1852
Corps Alemannia	1865
Corps Ostfalia	1869
Corps Macaro-Visurgia	1861
Corps Hannovera	1866
2. Die deutsche Burschenschaft (DB)	
Burschenschaft Germania	1891
Burschenschaft Arminia	1898
Burschenschaft Cimbria	1904
Burschenschaft Cheruscia	1885
3. Verband der Turnerschaften an deutschen Hochschulen (VC)	
Turnschaft Tuisko	1892
Turnerschaft Saxo-Thuringia	1901
Turnerschaft Armino-Hercynia	1873
Turnerschaft Hansea	1848
4. Die deutsche Landsmannschaft (DL)	
Landsmannschaft Niedersachsen	1920
5. Die Deutsche Wehrschaft	
Wehrschaft Saxo-Normannia	1912
6. Deutsche Sängerschaft (Weimarer CC)	
Sängerschaft Franconia	1920
7. Rudolstädter Senioren-Convent	
Corps Brunsviga	1921
II. Unbedingte Waffengenugtuung und schwarz (nicht farbentragend)	
1. Der Akademische Runderbund (ARB)	**Gründungdatum**
Akademische Ruder-Verbindung Angaria	1927
2. Der Akademische Reit-Club	1886
3. Der Kyffhäuser-Verband der Vereine deutscher Studenten	
Verein deutscher Studenten I (VDSt)	1895
4. Der Akademische Turnbund (ATB)	
Akademische Turnerverbindung Brunonia	1900
Akademische Turnerverbindung Nordmark	1901
5. Der Sondershäuser Verband (SV) Deutscher Sängerverbindungen	
Cheruscia	1903
6. Wernigeroder Verband (WB)	
Akademischer Verein Hannover	1874

III. Keine Waffengenugtuung und farbentragend	
1. Cartellverband der katholischen deutschen farbentragenden Studentenverbindungen (CV)	**Gründungsdatum**
KDStV Saxo-Silesia	1887
AV Frisia	1902
KDStV Teuto Rhenania	1920
2. Der Wingolfbund (WB)	
Verbindung Wingolf	1919
3. Der Schwarzburgbund (SB)	
Burschenschaft Billung	1919
4. Verband Deutscher Burschen	
Burschenschaft Teutoburg	1919
5. Wartburg-Kartell akademisch-evangelischer Verbindungen	
Akademisch-evangelische Verbindung Wartburg	1931
IV. Keine Waffengenugtuung und schwarz (nicht farbentragend)	
1. Kartellverband der katholischen Studentenvereine Deutschlands (KV)	**Gründungsdatum**
AV Gothia	1876
AV Rheno-Guestphalia	1903
AV Grotenburg	1920
2. Verband der Wissenschaflichen katholischen Studentenvereine Unitas	
Wissenschaftlicher katholischer Studentenverein Unitas-Langobardia	1912

Quelle: Hannoversches Hochschultaschenbuch 1926–27, herausgegeben von der Schriftleitung der *Hannoverschen Hochschulblätter*, Dipl. Ing. H. Determann, Leiter des Nachrichtenamtes des Kreises III der DSt, Hannover 1926, S. 89 ff. Hannoversches Hochschultaschenbuch 1933/34, herausgegeben im Auftrage der Studentenschaften der Technischen und Tierärztlichen Hochschule Hannover von cand. arch. Heinrich Grimm, Hannover 1933, S. 89 ff.

Tab. 9: Wahlen an der Technischen Hochschule Hannover 1925 bis 1932

Kammerwahlen 1925/26 (10. 07. 1925)		
60% Wahlbeteiligung (1356 Stimmen)		
Studentische Gruppierung	Stimmen	Prozent
Korporationen	963 Stimmen	71,0%
Wildenschaft	393 Stimmen	29,0%
Stimmenverteilung (1352 Stimmen):		
Völkische Einheitsliste	1185 Stimmen	87,6%
Einheits-Wildenschaftsliste	132 Stimmen	9,8%
Republikanische Liste	35 Stimmen	2,6%
Wähler: von den Korporationen wählten 87% von den Wildenschaften 45%		

Kammerwahlen 1926/27 (09.07.1926)

65% Wahlbeteiligung (1277 abgegebene Stimmen)

Studentische Gruppierung	Stimmen	Prozent
Korporationen	957 Stimmen	74,9%
Wildenschaft	320 Stimmen	25,1%
Wahlvorschlag I	10 Kandidaten	
Wahlvorschlag II	30 Kandidaten	

1927 und 1928 fanden keine Kammerwahlen statt, da sich die Studenten in Einheitslisten zusammengefunden hatten.

Kammerwahlen 1929/30 (07.11.1929)

75% Wahlbeteiligung (1054 Stimmen)

Studentische Gruppierung	Stimmen	Prozent	Sitze
Liste 1: Korporationsliste	937 Stimmen	88,9%	36 Sitze
Liste 2: Wildenschaft	57 Stimmen	5,4%	2 Sitze
Liste 3: Nationalistische Studenten	60 Stimmen	5,7%	2 Sitze

Kammerwahlen 1930/31 (18.11.1930)

82% Wahlbeteiligung (1062 Stimmen)

Studentische Gruppierung	Stimmen	Prozent	Sitze
Liste 1: Vereinigte Korporationen	803 Stimmen	75,6%	30 Sitze
Liste 2: Wildenschaft	76 Stimmen	7,1%	3 Sitze
Liste 3: Nationalisten	125 Stimmen	11,8%	5 Sitze
Liste 4: VDST	58 Stimmen	5,5%	2 Sitze

(Liste 4 war im Vorjahre mit Liste 1 vereinigt)

Kammerwahlen 1931/32 (10.11.1931)

74% Wahlbeteiligung (970 Stimmen)

Studentische Gruppierungen:	Stimmen	Prozent	Sitze
I. Vereinigte hannoversche Korporationen	**690**	**71,1%**	**29**
1. WSC	124		5 (5)
2. DB	138		6 (7)
3. VC	112		5 (5)
4. LC	48		2 (2)
5. Vereinigte Kath. Korporationen	110		4 (5)
6. Interessengem. der interkonfessionellen nicht schlagenden Verbände	38		2 (1)
7. A.V. Hannover, AMV Cheruskia, ATB Hannover	91		4 (3)
8. Angaria	29		1 (1)
II. Freistudentenschaft	**53**	5,5%	2 (3)
III. NSDStB	**193**	19,9%	8 (5)
IV. VDST	**34**	3,5%	1 (2)

Quelle: *Hannoversche Hochschulblätter* 14. Semesterfolge (November 1931), S. 26, eigene Berechn.

Kammerwahlen 1932/33 (15. 11. 1932)
76% Wahlbeteiligung (967 Stimmen)

Studentische Gruppierungen:	Stimmen	Prozent	Sitze
I. Vereinigte hannoversche Korporationen	**789**	**81,6%**	
1. WSC	115		6 (5)
2. DB	113		6 (6)
3. VC	87		4 (5)
4. LC	32		2 (2)
5. Angaria			1 (2)
6. Arbeitsgemeinschaft kath. Korporationen	106		5 (4)
7. A.V. Hannover in Listenverbindung mit A.M.V. Cheruskia	56		3 (3)
8. ATB	34		1 (1)
9. Burschenschaft Billung	22		1 (1)
10. VDSt			(1)
11. VDB Teutoburg	22		1 (1)
II. Freistudentenschaft	**28**	**2,9%**	**(2)**
III. NSDStB	**150**	**15,5%**	**8 (8)**

Quelle: *Hannoversche Hochschulblätter* 16. Semesterfolge (Dezember 1932) Nr. 3, S. 38, eigene Berechnungen.

Tab. 10: NSDStB Mitgliedschaften bis 1933 an der Technischen Hochschule Hannover

	Mitglieder im NSDStB	davon SA / SS	Studentenzahlen	Prozent
Januar 1929	4	–	1926	0,2
Juni 1929	14	–	1743	0,8
Dezember 1929	22	2	1903	1,2
März 1930	57	18	1903	3,0
Mai 1930	74	25	1721	4,3
Oktober 1931	78	31 SA, 4 SS 39 NSDAP	1783	4,4
Februar 1932	85	–	1783	4,8
Juli 1932	96	53 SA 120 NSDAP	1548	6,2
März 1933	70	–	1635	4,3
Juni 1933	550	375	1407	39,1
Juli 1933	700	640	1407	49,8

Quelle: NHStA Hann 320 IV/6–105.

Tab. 11: Soziale Schichtung der männlichen Studierenden der Technischen Hochschule Hannover nach dem Beruf des Vaters im Sommersemester 1928

Berufe	Anzahl	Prozent
Höhere Beamte	169	10,1
Leitende Angestellte	126	7,5
Freie Berufe mit Hochschulbildung	61	3,6
Zusammen	**356**	**21,2**
Handel und Gewerbe	422	25,2
Mittlere Beamte	536	32,0
Angestellte	119	7,1
Untere Beamte	10	0,6
Freie Berufe ohne Hochschulbildung	83	5,0
Zusammen	**1170**	**69,9**
Landwirte	82	5,0
Arbeiter	6	0,4
Wehrmacht	30	1,8
Sonstige/ohne Angaben	32	1,9
Gesamt	**1676**	**100**

Quelle: Deutsche Hochschulstatistik für das Sommerhalbjahr 1928, S. 195, Berlin 1928, eigene Berechnungen.

Tab. 12: Soziale Schichtung der deutschen Studierenden der Technischen Wissenschaften insgesamt nach dem Beruf des Vaters

	Sommersemester 1932		Wintersemester 1934/35	
Berufe	**Anzahl**	**Prozent**	**Anzahl**	**Prozent**
Höhere Beamte	1931	15,0	1164	13,8
Leitende Angestellte	1204	9,4	840	10,0
Freie Berufe mit Hochschulbildung	563	4,4	335	4,0
Zusammen	**3698**	**28,8**	**2339**	**27,8**
Handel und Gewerbe	3186	24,8	2133	25,3
Mittlere Beamte	3042	23,7	2057	24,4
Angestellte	1228	9,6	901	10,7
Untere Beamte	238	1,9	108	1,3
Freie Berufe ohne Hochschulbildung	492	3,8	307	3,6
Zusammen	**8186**	**63,7**	**5506**	**65,3**
Landwirte	377	2,9	218	2,6
Arbeiter	240	1,9	153	1,8
Wehrmacht	246	1,9	141	1,7
Sonstige/ohne Angaben	103	0,8	69	0,8
Gesamt	**12850**	**100**	**8426**	**100**

Quelle: Lorenz, Charlotte: Zehnjahres-Statistik des Hochschulbesuchs und der Abschlußprüfungen, Bd. 1 Hochschulbesuch, Berlin 1943, S. 371, eigene Berechnungen.

Tab. 13: Soziale Schichtung der Studierenden nach dem Beruf des Vaters in der Hannoverschen Burschenschaft Cimbria 1904–1935

Beruf	Anzahl	Prozent
Besitzbürgertum	18	6,9
Bildungsbürgertum	25	9,6
Leitende Angestellte	25	9,6
Zusammen	**68**	**26,1**
Freie Berufe ohne Hochschulbildung	8	3,1
Mittlere und gehobene Beamte	78	29,9
Untere Beamte	11	4,2
Nichtleitende Angestellte	8	3,1
Gewerblicher Mittelstand	55	21,0
Zusammen	**160**	**61,3**
Berufsoffiziere	3	1,2
Landwirte	19	7,2
Arbeiter	2	0,8
Sonstige	9	3,4
Insgesamt	**261**	**100**

Quelle: H. Hildebrandt, unveröffentlichtes Manuskript.

Tab. 14: Die Studenten der Technischen Hochschule Hannover nach ihrer Staatsangehörigkeit im Sommersemester 1928

Staatsangehörigkeit	Studierende an der TH Hannover	Prozent
Preußen	1439	82,2
– Sachsen	129	7,4
– Hannover	626	36,0
– Westfalen	269	15,4
– Rheinprovinz	175	10,0
– übrige	240	13,7
Andere deutsche Staaten	**237**	**13,5**
– Hamburg	53	3,0
– Mecklenburg/Schwerin	36	2,1
– übrige	148	8,5
Reichsausländer	**74**	**4,2**
Zusammen	**1750**	

Quelle: Deutsche Hochschulstatistik für das Sommerhalbjahr 1928, S. 193 f., Berlin 1928, eigene Berechnungen.

Tab. 15: *Erstimmatrikulierte Studierende (deutscher Volkszugehörigkeit) nach Art der Schulausbildung*

Schulart	Sommersemester 1933		Sommersemester 1939	
	TH	Universität	TH	Universität
Gymnasium, Reformgymnasium, Studienanstalt gymnasialer Richtung	14,9%	34,7%	22,4%	38,7%
Realgymnasium, Reformrealgymnasium, Studienanstalt realgymnasialer Richtung	30,5%	28,4%	31,6%	27,5%
Oberrealschule	35,6%	21,3%	30,6%	13,1%
Deutsche Oberschule	10,9%	3,9%	7,6%	9,5%
Aufbauschule	1,0%	1,8%	1,8%	2,4%
Oberlyzeum	3,6%	7,0%	0,3%	3,4%
Ohne nähere Angabe	2,0%	0,3%	0,1%	0,2%

Quelle: Lorenz, Charlotte: Zehnjahres-Statistik des Hochschulbesuchs und der Abschlußprüfungen, Bd. I Hochschulbesuch, München 1943, S. 21.

Tab. 16: *Die Studierenden der Technischen Hochschulen und ihre Zugehörigkeit zum NSDStB und zur NSDAP einschließlich der Aufschlüsselung nach Parteiformationen*

Technische Hochschulen	Zahl d. männlichen Studenten	NSDStB	NSDAP	In den Unter-org. NSDAP	SA	SS	HJ	NSKK	NSFK
Aachen	550	36,9%	32,2%	55,3%	25,6	3,1	11,6	7,3	7,7
Berlin	1925	20,8	17,2	43,8	14,2	5,2	8,3	8,2	7,9
Braunschweig	326	41,5	39,6	66,2	31,3	7,4	12,2	8,3	7,1
Breslau	424	53,8	48,2	73,1	26,7	6,6	15,8	8,5	15,5
Danzig	1014	53,9	24,9	80,0	30,0	9,8	5,0	20,7	14,6
Darmstadt	905	39,9	33,0	50,1	16,4	3,3	9,6	10,9	9,8
Dresden	865	19,3	16,6	41,5	19,5	4,9	6,7	6,4	4,4
Hannover	916	33,8	30,1	48,1	24,0	5,0	5,6	7,2	7,1
Karlsruhe	490	35,1	13,1	71,0	34,7	8,0	14,6	4,7	9,0
Köthen	326	46,6	10,4	46,3	19,9	4,3	6,8	5,8	9,5
München	1444	42,8	33,1	54,9	25,5	8,9	5,9	8,1	6,4
Stuttgart	652	46,3	29,5	62,0	29,5	5,2	10,0	6,7	10,6
Zusammen	**9837**	**36,5**	**26,2**	**55,2**	**23,0**	**6,1**	**8,4**	**9,1**	**8,7**
Universitäten	**30545**	**32,7**	**20,6**	**61,3**	**28,4**	**6,8**	**13,9**	**8,1**	**4,1**

Quelle: „Erfassung der Studenten der Technischen Hochschulen in den Gliederungen der NSDAP WS 1937/38", ohne Tabellennummerierung, StA WÜ RSF II* 450.
NSKK: NS Kraftfahrkorps   NSFK: NS Fliegerkorps

Tab. 17: Die Universitäten und die Anzahl der Kameradschaften

Universitäten	WS 1937/38[1]	SoSe 1938[2]	Sose 1939[3]
Berlin	17	21	27
Heidelberg	12	11	10
Freiburg	8	10	14
Halle	4	4	7
Hamburg	4	5	6
Frankfurt am Main	8	8	8
Giessen	7	7	8
Bonn	10	9	10
Köln	12	11	11
Marburg	8	8	12
Würzburg	7	7	9
Erlangen	5	6	6
Rostock	3	3	4
München	11	13	18
Königsberg	10	10	10
Greifswald	3	4	4
Leipzig	10	10	12
Breslau	11	11	13
Kiel	5	5	5
Göttingen	10	10	12
Jena	7	7	9
Münster	6	6	6
Tübingen	9	11	11
Gesamt	**187**	**197 (+5,3%)**	**232 (+17,7%)**

Quelle: StA WÜ RSF II* 450.

1Aus Tabelle 15, StA WÜ RSF II* 450.
2Aus Tabelle 31, StA WÜ RSF II* 450.
3Aus einer nicht nummerierten Tabelle, die die Zahlen der Kameradschaften im Sommersemester 1939 an Universitäten und Technischen Hochschulen auflistet, StA WÜ RSF II* 450.

Quellen- und Literatur

Unveröffentlichte Quellen und Archivalien

Niedersächsisches Hauptstaatsarchiv Hannover (NHStA)

Hann 320 IV Studentenschaft und Nationalsozialistischer Deutscher Studentenbund an der Technischen Hochschule Hannover:

Nr. 7–9:	Protokollbücher und Kammersitzungsprotokolle 1919–1933
Nr. 10:	Kampfausschuss 1933
Nr. 11:	Studentenschaft TH Hannover 1933–1934
Nr. 12:	Hannoversche Hochschulblätter 1926 -1935
Nr. 13:	Rundschreiben der DSt 1933–1934
Nr. 14:	Namentliches Verzeichnis der Studenten und Hörer 1933 – 1938
Nr. 15–17:	Der Führer der Studentenschaft Hannover: Korrespondenz, Rundschreiben 1934 -1935
Nr. 18:	Akten der Studentenschaft der TH Hannover 1934–1936
Nr. 19:	Reichsberufswettkampf 1935–1936
Nr. 20:	Schriftwechsel der Studentenschaftsführung 1936–1937
Nr. 21:	Semesterberichte der Fachschaftsleiter 1937–1938
Nr. 22:	Namentliche Liste der Studierenden 1937–1939
Nr. 23:	Akten des NSDStB Hannover 1929–1932
Nr. 24–25:	Rundschreiben der NSDStB Kreisleitung 1930–1932
Nr. 26:	Monatsberichte des NSDStB 1931- 1932
Nr. 27:	Korrespondenz des NSDStB 1931–1934
Nr. 28:	Mitgliederlisten des NSDStB 1932
Nr. 29–38:	Korrespondenzen und Rundschreiben des NSDStB 1932–1936
Nr. 39:	Korrespondenz der Gaustudentenbundsführung 1936
Nr. 40:	Richtlinien für die Gestaltung studentischer Feiern 1938
Nr. 41:	existiert nicht
Nr. 42:	Amt für studentische Wirtschaftsfragen der DSt 1933–1934
Nr. 43:	Hauptamt IV des NSDStB 1933–1936
Nr. 44–45:	Amt für Wissenschaft der DSt 1933–1934
Nr. 46:	Hauptamt V Aufklärung und Werbung des NSDStB 1934–1937
Nr. 47:	Akten des NSDStB 1934–1937
Nr. 48:	NSDStB Sozialreferat 1937
Nr. 49:	NSDStB Amt für Studentenkampfhilfe 1937
Nr. 50–61:	Außenamt der DSt 1933–1937
Nr. 62:	Studentenführung der TH 1935–1937
Nr. 63:	Hektographische Denkschriften 1937–1939
Nr. 64:	Schriftwechsel der DSt 1933–1934
Nr. 65:	Hauptamt für politische Erziehung der DSt 1933–1934
Nr. 66–67:	Amt für politische Schulung der DSt 1933–1934
Nr. 68–69:	Hauptamt für politische Erziehung der DSt 1934
Nr. 70:	Schulungsreferat des NSDStB 1935
Nr. 71:	Gauschulungslager des NSDStB 1935

Nr. 72: Schriftverkehr der DSt 1931–1933
Nr. 73: Amt für sozialstudentische Arbeit 1931–1933
Nr. 74: Schriftverkehr der Studentenhilfe e.V. 1932–1933
Nr. 75: Amt für Arbeitsdienst 1934–1936
Nr. 76: Kameradschaftshäuser und -erziehung 1933–1934
Nr. 77: Lebensläufe von Verbindungsstudenten
Nr. 78: Wohnkameradschaften 1934
Nr. 79: Politische Schulung 1934
Nr. 80–86: Kameradschaften/Korporationen 1934–1938
Nr. 87–91: Korrespondenzen der DSt im „Fall Lessing" 1925–1927
Nr. 92–94: Schriftwechsel der DSt mit dem Rektor 1933–1936
Nr. 95: Hektographische Rundschreiben der DSt 1933–1934
Nr. 96: Korrespondenz der DSt 1934–1936
Nr. 97: Hektographische Rundschreiben der Reichsschaft der Studierenden 1935–1936
Nr. 98–99: Rundschreiben der Reichsstudentenführung 1936–1937
Nr. 100: Verordnungsblatt des Reichsstudentenführers 1936–1938
Nr. 101–102: Studentenpressedienst 1937
Nr. 103–104: Hektographische Rundschreiben 1932–1935
Nr. 105: Schriftwechsel mit der Reichsstudentenbundsführung der NSDAP 1934–1936
Nr. 106: Reichsfachschaft Technik NSDStB 1935–1936
Nr. 107: Hektographische Rundschreiben der Reichsstudentenbundsführung 1936
Hann 122 a Der Oberpräsident der Provinz Hannover, XXV. Schulwesen und Hochschulen, Technische Hochschule Hannover
Hann 146 A, Acc. 62/81 Verwaltungsakten:
Nr. 12a: zur Religierung von Studenten (1934)
Nr. 32: Ausbau des Lehrstuhls für Flugwesen, zu „Fliegerstudenten" und Gründung einer flugwissenschaftlichen Fachgruppe (1933–1935)
Hann 146 A, Acc. 64/81 Verwaltungsakten:
Nr. 7: Vorstand der Studentenschaft und Fachausschüsse
Nr. 8: Studentenschaft (1933–36)
Nr. 9: Akademische Fliegergruppe (1929–34)

Bundesarchiv Berlin (BA)

NS 38 Reichsstudentenführung/NSDStB
Personalakten

Staatsarchiv Würzburg (StA WÜ)

RSF/NSDStB Reichsstudentenführung/Nationalsozialistischer Deutscher Studentenbund:
RSF I DSt und NSDStB
RSF II NSDStB

Institut für Hochschulkunde Würzburg

Erinnerungen eines Alten Herrn an Hannover, Landsmannschaft Niedersachsen 1929–1949.
Geschichte der hannoverschen Burschenschaft Cheruscia für den Zeitabschnitt 1910–1935 zum 50sten Stiftungsfest, 1935.
Kameradschaft und Altherrenschaft Skagerrak Hannover, Akademischer Seglerverein zu Hannover, Doppelnummer, Sommer 1941/Weihnachten 1941.

Normannia Hannover in der Deutschen Landsmannschaft, Bericht über das 138. Semester, Wintersemester 1932/33 – Wintersemester 1933/34.
NSDStB der NSDAP, Gruppe TH Hannover: Mitteilungen der Altherrenschaft und der Kameradschaft im NSDStB „Hanns Simons", Nr. 2, 14. 6. 1941, Hannover.
NSDStB der NSDAP, Gruppe TH Hannover: Mitteilungsblatt der Altherrenschaft und der Kameradschaft im NSDStB „Hanns Simons", Nr. 4, 30. 10. 1942 Hannover.
Technische Hochschule Hannover: Führer durch das Studium an der Technischen Hochschule Hannover, 1937.
Tuiskonen-Zeitung Nr. (67, 68) 69, 25. Jahrgang, Januar 1931.
Tuiskonen-Zeitung Nr. 77, 27. Jahrgang, September 1933.
VDSt Hannover II: 100 Jahre VDSt Hannover II 1881–1981.

Unveröffentlichte Interviews, Material und Erinnerungen

7 Interviews mit ehemaligen Studenten der Technischen Hochschule Hannover.
Die Flugtechnische Fachgruppe der THH bei der Deutschen Versuchsanstalt für Luftfahrt, 1937–45 (Aufzeichnungen eines Zeitzeugen).
Chronik der Turnerschaft Tuisko „100 Jahre Turnerschaft Tuisko! 1892–1992", Hannover 1992.
Corpsgeschichte des Corps Slesvico-Holsatia „Corps Slesvico-Holsatia Corpsgeschichte Band 4 und 5, Sommersemester 1926 bis Wintersemester 1944/45, Hannover.
Auszüge aus der Chronik der Turnerschaft Hansea, Hannover.

Periodika

Hannoversche Hochschulblätter. Monatsschrift für akademisches Leben und nationale studentische Arbeit, 1926 bis 1936.
Hannoversche Hochschultaschenbücher, hrsg. v. d. Schriftleitung der Hannoverschen Hochschulblätter, Hannover 1920/21 bis 1926/27.
Hannoversche Hochschultaschenbücher, hrsg. v. Presseamt der DSt und der THH, Hannover 1928/29 bis 1933/34.
Niedersächsische Hochschul-Zeitung, hrsg. von der Deutschen Studentenschaft der Universität Göttingen 1934–1936.
Technik und Kultur, Zeitschrift des Verbandes Deutscher Diplom-Ingenieure, 22 Jg., Nr. 11–12, 1931.
Technik Voran! Zeitschrift des Reichsbundes Deutscher Technik zur Förderung Technischer Arbeit und Kultur, vereinigt mit „Industrieblatt" und „Illustrierte Technik", 14. und 15. Jahrgang 1932.

Nachschlagewerke und statistisches Material

Benz, Wolfgang/Graml, Hermann/Weiß, Hermann: Enzyklopädie des Nationalsozialismus, Berlin 1999 (Digitale Bibliothek Band 25).
Der Große Brockhaus. Handbuch des Wissens in 20 Bänden, Leipzig 1928–1931.
Brunner, Otto/Conze, Werner/Koselleck, Reinhard: Geschichtliche Grundbegriffe. Historisches Lexikon zur politisch-sozialen Sprache in Deutschland, Stuttgart 1975.
Kluge, Friedrich: Etymologisches Wörterbuch der deutschen Sprache, Berlin 1999[23].
Lorenz, Charlotte: Zehnjahres-Statistik des Hochschulbesuchs und der Abschlussprüfungen, Bd. 1 Hochschulbesuch, Berlin 1943.
Petzina, Dietmar/Abelshauser, Werner/Faust, Anselm: Materialien zur Statistik des deutschen Reiches 1914–1945, Bd. III, Sozialgeschichtliches Arbeitsbuch, München 1978.

Reichsminister für Erziehung, Wissenschaft und Volksbildung (Hrsg.): Deutsche Hochschulstatistik, Bd. 1–11 (1928–33) Bd. 12–14 (1934/35), Berlin.
Ruck, Michael: Bibliographie des Nationalsozialismus, Darmstadt 2000.
Schwarz, Max: MdR. Biographisches Handbuch der Reichstage, Hannover 1965.
Tietze, Hartmut (u.a.): Datenhandbuch zur Deutschen Bildungsgeschichte, Bd. I: Hochschulen, 1. Teil: Das Hochschulstudium in Preußen und Deutschland 1820–1944, Göttingen 1987.
Wistrich, Robert: Wer war wer im Dritten Reich? Ein biographisches Lexikon, Frankfurt am Main 1987.

Zeitgenössische Literatur

Adamheit, Theodor: Studentische Selbstverwaltung, in: *Hannoversche Hochschulblätter*, 6. Semesterfolge (März 1928) Nr. 6, S. 82.
Arnhold: Die schöpferischen Aufgaben des Ingenieurs, in: NHZ, Technik-Sonder-Nummer (Januar 1936) Nr. 4, S. 8.
Backe, Hans: Aus der Redaktionsstube, in: *Hannoversche Hochschulblätter* 10. Semesterfolge (Februar 1930) Nr. 5, S. 49.
Backe, Hans: Begegnung am Semesterbeginn – Eine kurze, aber für Neuimmatrikulierte lehrreiche Geschichte, in: *Hannoversche Hochschulblätter* 12. Semesterfolge (Oktober 1930) Nr. 1, S. 1–3.
Backe, Hans: Fridolin und die Studentenhilfe – zweites Zwiegespräch zwischen Maximilian Kabeuschen und Fridolin Schraut, in: *Hannoversche Hochschulblätter* 12. Semesterfolge (Dezember 1930) Nr. 3, S. 33–35.
Backe, Hans: Studentische Ehrenmäler, in: in: *Hannoversche Hochschulblätter* 10. Semesterfolge (Februar 1930) Nr. 5, S. 49.
Backe, Hans: Vereinigungen ohne korporativen Charakter, in: Backe, Hans (Hrsg.): Hannoversches Hochschultaschenbuch 1930/31 der Deutschen Studentenschaft der Technischen Hochschule Hannover, Hannover 1930, S. 108–112.
Baeumler, Alfred: Die Fachschaften in der neuen Hochschule, in: *Hannoversche Hochschulblätter* 17.Semesterfolge (August 1933) Nr. 11, S. 133–135.
Barfuß, Rudolf: Die Fachschaftsarbeit des Wintersemesters, in: *Hannoversche Hochschulblätter*, 20. Semesterfolge (Oktober 1934) Nr. 1, S. 2–4.
Barfuß, Rudolf: Hört, hört, was ist passiert?, in: *Hannoversche Hochschulblätter* 19. Semesterfolge (Juli 1934) Nr. 10, S. 147.
Berghahn, A.: Unsere Studentenschaft, in: *Hannoversche Hochschulblätter* 13. Semesterfolge (Juni 1931) Nr. 9, S. 121–126.
Bran, Fritz: Die Fachschaften in der nationalsozialistischen Hochschule, in: *Hannoversche Hochschulblätter* 19. Semesterfolge (Juli 1934) Nr. 10, S. 141–142.
Bruckhaus, W.: Nationalsozialistische Wissenschaftsgestaltung an der Technischen Hochschule, in: NHZ, Technik-Sonder-Nummer (Januar 1936) Nr. 4, S. 12–13.
Büttner, W.: Ingenieur, Volk und Welt, Leipzig 1927.
Cremer, Carl: Student und Volksgemeinschaft, in: *Hannoversche Hochschulblätter* 6. Semesterfolge (Februar 1928) Nr. 5, S. 65–69.
Dieckmann, Werner: Student und Arbeiter in gemeinsamer Front, in: *Hannoversche Hochschulblätter*, 21. Semesterfolge (Juni 1935) Nr. 9, S. 94.
Doeberl, Michael (Hrsg.): Das Akademische Deutschland, Bd. II (Die deutschen Hochschulen und ihre akademischen Bürger), Berlin 1931.

Eckert, Eckehard (der Führer der Studentenschaft): Stellungnahme zur Suspension der „Brunonia" (ATB), in: *Hannoversche Hochschulblätter* 20. Semesterfolge (Februar 1935) Nr. 5, S. 49.
Franzius, Otto: Nationalsozialismus, eine Weltanschauung?, in: *Hannoversche Hochschulblätter* 18. Semesterfolge (März 1934) Nr. 6, S. 77–78.
Franzius, Otto: Zum Kampf gegen die Maschine, in: Technik voran!, 14. Jg. (August 1932) Heft 15, S. 236–238.
Gast, Paul: Wissenschaft und Volksgemeinschaft, in: *Hannoversche Hochschulblätter* 18. Semesterfolge (März 1934) Nr. 6, S. 79–81.
Goebel, Otto: Das wirtschaftswissenschaftliche Studium für den Ingenieur, in: *Hannoversche Hochschulblätter*, 13. Semesterfolge (Mai 1931) Nr. 8, S. 105–107.
Goos, Günter: Hochschul- und Studienreform, in: *Hannoversche Hochschulblätter*, 12. Semesterfolge (März 1931) Nr. 6, S. 81–84.
Grimm, Heinrich: Der 1. Mai der Hannoverschen Studentenschaft, in: *Hannoversche Hochschulblätter* 17. Semesterfolge (Mai 1933) Nr. 8, S. 86–88.
Grimm, Heinrich: Der Glaube der Jugend, in: *Hannoversche Hochschulblätter* 19. Semesterfolge (April 1934) Nr. 7, S. 92–93.
Grimm, Heinrich: Sozialistische Erziehung, in: *Hannoversche Hochschulblätter* 17. Semesterfolge (September 1933) Nr. 12, S. 137–138.
Hardensett, Heinrich: Der kapitalistische und der technische Mensch, München/Berlin 1932.
Hardensett, Heinrich: Die Wirtschaft des technischen Menschen, in: TV 14 Jg. (November 1932) Heft 22.
Haus der Deutschen Technik e.V. (Hrsg.): Die Deutschen Technischen Hochschulen. Ihre Gründung und geschichtliche Entwicklung, München 1941.
Heiss, Rudolf (Hrsg.): Die Sendung des Ingenieurs im neuen Staat, Berlin 1934.
Hilgenstock, Fritz: Das neue Studentenrecht, in: *Hannoversche Hochschulblätter*, 16. Semesterfolge (März 1933) Nr. 6, S. 65–67.
Hoene, E.: Soll der deutsche Student heute Politik treiben? In: *Hannoversche Hochschulblätter*, 12. Semesterfolge (Februar 1931) Nr. 5, S. 75–77.
Hofmann, Albert: Die Hundertjahrfeier der Technischen Hochschule Hannover, in: *Hannoversche Hochschulblätter* 13. Semesterfolge (Juli 1931) S. 161–165.
Jaeckel, W.: Der Schwachstrom hilft dem Starkstrom, in: *Hannoversche Hochschulblätter*, 21. Semesterfolge (Juli 1935), Nr. 10, S. 105–107.
Jäger, Ernst: Die Wasserkunst in Herrenhausen bei Hannover, in: *Hannoversche Hochschulblätter*, 6. Semesterfolge (Februar 1928) Nr. 5, S. 69–73.
Jung, Edgar J.: Die geistige Wende (Auszug aus einem Vortrag, gehalten auf dem Deutschen Studententag am 16. Juli 1927), in: *Hannoversche Hochschulblätter* 5. Semesterfolge (September 1927) Nr. 9, S. 1–5.
Jünger, Ernst: Feuer und Blut, 1929.
Kapune, W.J.: …das ewig lebt!, in: *Hannoversche Hochschulblätter* , 9. Semesterfolge (Juni 1929) Nr. 9, S. 106 f.
Kruspi: Die wissenschaftliche Kombination von Technik und Wirtschaft, in: *Hannoversche Hochschulblätter*, 8. Semesterfolge (Oktober 1928) Nr. 1, S. 2–5.
Leistritz, Hanskarl: Um die Idee der Universität, in: *Hannoversche Hochschulblätter*, 17. Semesterfolge (April 1933) Nr. 7, S. 79–81.
Mohr, F.: Ueber mechanische Werkstoffprüfung und einige neuere Prüfmaschinen auf der Werkstoffschau, in: *Hannoversche Hochschulblätter*, 6. Semesterfolge (Dezember 1927) Nr. 3, S. 41 f.
Moritz, Hermann: Unsere Aufgaben, in: NHZ, Technik-Sonder-Nummer (Januar 1936) Nr. 4, S. 12–13

Müller, Heinrich: Ergebnis der Kammerwahlen, in: *Hannoversche Hochschulblätter*, 3. Semesterfolge (Juli 1926) Titelblatt (ohne Seitenzählung).

Philotechnicus (Günther Bugge): Technokratie, in: Technik voran!, 14. Jg. (Oktober 1932) Heft 19, S. 296–299.

Plötner, Georg: Fachschaftsdienst, in: *Hannoversche Hochschulblätter*, 17. Semesterfolge (September 1933) Nr. 12, S. 139–142.

Popp, Josef: Die Technik als Kulturproblem, München 1929.

Rektor und Senat (Hrsg.): 100 Jahre Technische Hochschule. Festschrift zur Hundertjahrfeier am 15.Juni 1931, Hannover 1931.

Roosch, Heinz: Sinn und Aufgabe des studentischen Kameradschaftshauses, in: *Hannoversche Hochschulblätter* 17. Semesterfolge (September 1933) Nr. 12, S. 142–143.

Schildknecht, Rolf: Das Studentenheim – Institution und Aufgabe der Hannoverschen Studentenschaft, in: *Hannoversche Hochschulblätter* 15. Semesterfolge (Mai 1932) Nr. 8, S. 95–96.

Schnebel, Horst: Gedanken zur Überfüllung der Hochschulen, in: *Hannoversche Hochschulblätter*, 9.Semesterfolge (September 1929) Nr. 12, S. 137–139.

Schriftleitung: Das Ergebnis des 12. Deutschen Studententages, in: *Hannoversche Hochschulblätter*, 9. Semesterfolge (August 1929) Nr. 11, S. 129–130.

Schwab, Otto: Der Ingenieur beim Aufbau einer neuzeitlichen Landesverteidigung, in: Heiss, Rudolf (Hrsg.), Die Sendung des Ingenieurs im neuen Staat, Berlin 1934, S. 105–116.

Schwab, Otto: Ingenieur und Soldat – Erfahrungen aus dem Weltkrieg und wehrtechnische Ausblicke. Beitrag zur Frage der Wehrführerausbildung auf wissenschaftlich-technischer Grundlage, Nidda 1928.

Sievert, Hans: Die „Freistudentenschaft", in: *Hannoversche Hochschulblätter* 13. Semesterfolge (April 1931) Nr. 7, S. 95.

Spengler, Oswald: Führerschaft, in: *Hannoversche Hochschulblätter* 6. Semesterfolge (November 1927) Nr. 2, S. 17–18.

Ssymank, Paul: Die Studentenschaft der Technischen Hochschule Hannovers im Wandel der Zeit, in: *Hannoversche Hochschulblätter* 14. Semesterfolge (Oktober 1931), Nr. 1, S. 2–6.

Steinmetz, Karl-Friedrich: Vom Stand der technischen Akademiker, in: *Hannoversche Hochschulblätter* 13. Semesterfolge (Mai 1931) Nr. 8, S. 105–107.

Unbekannter Autor: Gründung der Gemeinschaft Studentischer Verbände, in: *Hannoversche Hochschulblätter* 21. Semesterfolge (Mai 1935) Nr. 8, S. 89–90.

Unbekannter Autor: Hochschulreform!, in: *Hannoversche Hochschulblätter*, 8. Semesterfolge (Februar 1929) Nr. 5, S. 58–60.

Unbekannter Autor: Wehrkraft und Technik, in: *Hannoversche Hochschulblätter*, 9. Semesterfolge (Mai 1929) Nr. 8, S. 93–94.

Unbekannter Autor: Werkstoffprobleme, in: *Hannoversche Hochschulblätter*, 6. Semesterfolge, (Oktober 1927) Nr. 1, S. 3–5.

Von Bercken, Ulu (Walter): Hört, hört, was ist passiert?, in: *Hannoversche Hochschulblätter* 19. Semesterfolge (Juni 1934) Nr. 9, S. 122.

Von Bercken, Ulu (Walter): Wider den liberalistischen Geist: *Hannoversche Hochschulblätter* 19.Semesterfolge (Juni 1934) Nr. 9, S. 122.

Weiß, Georg: Ein Wort zum Gruß an die evangelische Studentenschaft in Hannover, in: *Hannoversche Hochschulblätter* 17. Semesterfolge (Mai 1933) Nr. 8, S. 92–93.

Wind, Max: Organisatorische und wirtschaftliche Grundsätze des modernen Vorrichtungsbaues, in: *Hannoversche Hochschulblätter*, 6. Semesterfolge (März 1928) Nr. 6, S. 82–86.

Witkop, Philip (Hrsg.): Kriegsbriefe gefallener Studenten, München 1928.

Literatur

Adolf, Heinrich: Technikdiskurs und Technikideologie im Nationalsozialismus, in: Geschichte in Wissenschaft und Unterricht, Jg. 48 (1997) Heft 7/8, S. 429–444.

Adorno, Theodor W.: Über Technik und Humanismus, Vortrag zum Dies academicus der Technischen Hochschule Karlsruhe am 10. November 1953, in: Adorno, Gesammelte Schriften, Bd. 20/1, S. 310–317.

Allen, Michael: The Homogenity of Technical Managerial Communities, in: Füßl, Wilhelm/ Ittner, Stefan (Hrsg.): Biographie und Technikgeschichte (Sonderheft 1998 BIOS – Zeitschrift für Biographieforschung und Oral History), Bonn 1995, S. 219–233.

Apffelstaedt, Otto: Wie lebte ein Münsterer Franke in den Jahren 1923 bis 1925? Erlebnisbericht über eine Aktivenzeit als Burschenschafter in der Weimarer Republik, in: Probst, Christian (Hrsg.): Darstellungen und Quellen zur Geschichte der deutschen Einheitsbewegung im neunzehnten und zwanzigsten Jahrhundert, Bd. 11, Heidelberg 1981, S. 59–95.

Aschoff, Hans-Georg: Historisches Seminar, in: Seidel (1981), S. 409–411.

Bärsch, Klaus E.: Die Konstruktion der kollektiven Identität der Deutschen gegen die Juden in der politischen Religion des Nationalsozialismus, in: Alter, Peter/Bärsch, Claus-Ekkehard/Berghoff, Peter (Hrsg.): Die Konstruktion der Nation gegen die Juden, München 1999, S. 191–223.

Baumann, Zymunt: Dialektik der Ordnung: Die Moderne und der Holocaust, Hamburg 1992.

Baureithel, Ulrike: Zivilisatorische Landnahmen – Technikdiskurs und Männeridentität in Publizistik und Literatur der zwanziger Jahre, in: Emmerich, Wolfgang/Wege, Carl (Hrsg.), Der Technikdiskurs in der Hitler-Stalin Ära, Stuttgart 1995, S. 28–46.

Berg-Schlosser, Dirk/Schissler, Jacob: Politische Kultur in Deutschland, Opladen 1987.

Bernhardi, Horst: Die Göttinger Burschenschaft 1933–1945. Ein Beitrag zur studentischen Geschichte in der nationalsozialistischen Zeit, Heidelberg 1957.

Bessel, Richard: Germany after the First World War, Oxford 1993.

Bleuel, Hans Peter/Kinnert, Ernst: Deutsche Studenten auf dem Weg ins Dritte Reich. Ideologien – Programme – Aktionen 1918–1935, Gütersloh 1967.

Bloch, Marlene: Die Verfassungsfeiern in Hannover 1922–1932, in: Schmid, Hans-Dieter (Hrsg.): Feste und Feiern in Hannover, Hannover 1995, S. 211–230.

Böhm, Helmut: Von der Selbstverwaltung zum Führerprinzip – die Universität München in den ersten Jahren des Dritten Reiches (1933–36), Berlin 1995.

Bourdieu, Pierre: Zur Soziologie der symbolischen Formen, Frankfurt am Main 1970.

Brämer, Rainer (Hrsg.): Naturwissenschaft im NS-Staat, Marburg 1983.

Brämer, Rainer: Heimliche Komplizen? Zur Rolle der Naturwissenschaften im Dritten Reich, in: Aus Politik und Zeitgeschichte 36, 1986, Bd. 12, S. 15–30.

Brandt, Harm-Hinrich/Stickler, Matthias: „Der Burschen Herrlichkeit" – Geschichte und Gegenwart des studentischen Korporationswesens, Historia Academica Bd. 36 (Schriftenreihe der Studentengeschichtlichen Vereinigung des Coburger Convents), Würzburg 1998.

Braun, Hans-Joachim: „Krieg der Ingenieure": Das mechanisierte Schlachtfeld, in: Ders./ Kaiser, Walter: Energiewirtschaft, Automatisierung, Information seit 1914, Propyläen Technikgeschichte Bd. 5, Berlin 1997, S. 172–206.

Brentjes, Bruchhard: Wissenschaft unter dem NS-Regime, Berlin 1992.

Breuer, Stefan: Autonomie der konservativen Revolution, Darmstadt 1993.

Broszat, Martin (Hrsg.): Bayern in der NS-Zeit, München/Wien 1981.

Broszat, Martin: Der Staat Hitlers, München 199514.

Brügge, Otfried/Vallon, Joachim: Studenten und Politik am Beispiel der Technischen Hochschule Hannover, in: Saldern, Adelheid von (Hrsg.), Stadt und Moderne – Hannover in der Weimarer Republik, Hamburg 1989, S. 225–252.

Brunck, Helma: Die Deutsche Burschenschaft in der Weimarer Republik und im Nationalsozialismus, München 1999.

Claussen, Detlev: Vom Judenhaß zum Antisemitismus – Materialien einer verleugneten Geschichte, Darmstadt 1987.

Conrad, Christoph/Kessel, Martina: Blickwechsel: Moderne, Kultur, Geschichte, in: Conrad/Kessel (1998) S. 9–40.

Conrad, Christoph/Kessel, Martina: Moderne, Kultur, Geschichte, in: Conrad, Christoph, Kessel, Martina (Hrsg.): Kultur & Geschichte. Neue Einblicke in eine alte Beziehung, Stuttgart 1998, S. 9–42.

Daniel, Ute: „Kultur" und „Gesellschaft". Überlegungen zum Gegenstandsbereich der Sozialgeschichte, in: Geschichte und Gesellschaft 19 (1993) S. 69–99.

Daniel, Ute: Kompendium Kulturgeschichte, Frankfurt am Main 2001.

Dietz, Burkhard/Fessner, Michael/Maier, Helmut (Hrsg.): Technische Intelligenz und „Kulturfaktor Technik": Kulturvorstellungen von Technikern und Ingenieuren zwischen Kaiserreich und früher Bundesrepublik Deutschland, Münster/New York, 1996.

Dietz, Burkhard/Fessner, Michael/Maier, Helmut: Der „Kulturwert der Technik" als Argument der Technischen Intelligenz für sozialen Aufstieg und Anerkennung, in: Dietz, Burkhard/Fessner, Michael/Maier, Helmut (1996), S. 1–34.

Dietz, Burkhard: „Technik und Kultur" zwischen Kaiserreich und Nationalsozialismus – über das sozio-kulturelle Profil der „Zeitschrift des Verbandes Deutscher Diplom-Ingenieure" (1910–1941), in: Dietz, Burkhard/Fessner, Michael/Maier, Helmut (1996), S. 105–130.

Dietzler, Anke: Bücherverbrennung in Hannover am 10.Mai 1933, in: Hannoversche Geschichtsblätter, Bd. 37, 1983, S. 101–121.

Domanski, Elisabeth: Politische Dimensionen von Jugendprotest und Generationenkonflikt, in Dowe, Dieter (Hrsg.): Jugendprotest und Generationenkonflikt in Europa im 20. Jahrhundert. Deutschland, England, Frankreich und Italien im Vergleich, Bonn 1986, S. 113–138.

Domarus, Max: Hitler. Reden und Proklamationen 1932–45. Kommentiert von einem Zeitzeugen, Wiesbaden 1973.

Dörner, Andreas: Politischer Mythos und symbolische Politik. Sinnstiftungen durch symbolische Formen am Beispiel des Hermannmythos, Opladen 1995.

Düwell, Kurt: Die Neugestaltung der Technischen Hochschulen nach dem Ersten Weltkrieg – Das Reformkonzept „Technik und Wirtschaft", in: Technikgeschichte, Bd. 36 (1969) Nr. 3, S. 220–244.

Ebert, Hans: Wirtschaftsingenieur – Zur Innovationsphase eines Studiengangs, in: Rürup, Reinhard (Hrsg.): Wissenschaft und Gesellschaft – Beiträge zur Geschichte der Technischen Universität Berlin 1879–1979, 1.Bd., Berlin 1979, S. 353–362.

Eckelmann, W. (Hrsg.): Corps Hannovera an der Universität Hannover, Hannover 1991.

Ehlicher, Konrad: Über den Faschismus sprechen – Analyse und Diskurs, in: Ders. (Hrsg.): Sprache im Faschismus, Frankfurt am Main 1989, S. 7–34.

Eley, Geoff: Wie denken wir über Politik? Alltagsgeschichte und die Kategorie des Politischen, in: Berliner Geschichtswerkstatt (Hrsg.): Alltagskultur, Subjektivität und Geschichte. Zur Theorie und Praxis von Alltagsgeschichte, Münster 1994, S. 17–36.

Elias, Norbert: Studien über die Deutschen, Frankfurt am Main 19983.

Ellwein, Thomas: Die deutsche Universität vom Mittelalter bis zur Gegenwart, Frankfurt am Main, 1992.

Elm, Ludwig/Heither, Dietrich/Schäfer, Gerd (Hrsg.): Füxe, Burschen, Alte Herren. Studentische Korporationen vom Wartburgfest bis heute, Köln 1992.

Falter, Jürgen W.: Die „Märzgefallenen" von 1933 – Neue Forschungsergebnisse zum sozialen Wandel innerhalb der NSDAP-Mitgliedschaft während der Machtergreifungsphase, in: Geschichte und Gesellschaft, 24 Jg., Heft 4, Okt. – Dez. 1998, S. 595–616.

Faust, Anselm: Der Nationalsozialistische Deutsche Studentenbund. Studenten und Nationalsozialismus in der Weimarer Republik, Düsseldorf 1973.

Festschrift zur 125-Jahrfeier der Technischen Hochschule Hannover. 1831 bis 1956. Schriftleitung: Wilhelm Busch unter Mitwirkung von Karl Humburg u.a., Braunschweig 1956.

Fieberg, Ralf: Die Durchsetzung des Nationalsozialismus in der Gießener Studentenschaft vor 1933, in: Frontabschnitt Hochschule. Die Gießener Universität im Nationalsozialismus, Gießen 1982, S. 38–67.

Fließ, Gerhard: Die politische Entwicklung der Jenaer Studentenschaft von November 1918 bis zum Januar 1933, Jena, phil. Diss. (MS), 1959.

Föllmer, Moritz: Der „kranke Volkskörper". Industrielle, hohe Beamte und der Diskurs der nationalen Regeneration in der Weimarer Republik, in: Geschichte und Gesellschaft 27 (2001) Heft 1, S. 41–67.

Foucault, Michel: Die Ordnung des Diskurses, Frankfurt am Main 1991.

Fraenkel, Ernst: Der Doppelstaat, Köln 1974.

Franze, Manfred: Die Erlanger Studentenschaft 1918–1945, Würzburg 1972.

Franz-Willing, Georg: „Bin ich schuldig?" Leben und Wirken des Reichsstudentenführers und Gauleiters Dr. Gustav Adolf Scheel, Landsberg 1987.

Frevert, Ute: Ehrenmänner – Das Duell in der bürgerlichen Gesellschaft, München 1991.

Frevert, Ute: Soldaten, Staatsbürger. Überlegungen zur historischen Konstruktion von Männlichkeit, in: Kühne, Thomas (Hrsg.): Männergeschichte, Geschlechtergeschichte. Männlichkeit im Wandel der Moderne, Frankfurt am Main 1996, S. 69–87.

Friedländer, Saul: Das Dritte Reich und die Juden – Die Jahre der Verfolgung 1933–1939, München 1998.

Füllberg-Stollberg, Claus/Obenaus, Herbert: Die Anfänge von Verfolgung und Widerstand, in: Historisches Museum (1981), S. 81–95.

Gay, Peter: Mensur – die geliebte Narbe, in: Ders.: Kult der Gewalt. Aggression im bürgerlichen Zeitalter, München 1996, S. 17–46.

Gehler, Michael: Studenten und Politik. Der Kampf um die Vorherrschaft an der Universität Inssbruck 1919–1938, Innsbruck 1990.

Gerstenberger, Heide: Der revolutionäre Konservatismus. Ein Beitrag zur Analyse des Liberalismus, Berlin 1969.

Giles, Geoffrey G.: Students and National Socialism in Germany, Princeton 1985.

Giles, Geoffrey J.: „Die Fahne hoch, die Reihen dicht geschlossen". Die Studenten als Verfechter einer völkischen Universität?, in: John, Eckhard/Martin, Bernd/Mück, Marc/Ott, Hugo (Hrsg.): Die Freiburger Universität in der Zeit des Nationalsozialismus, Würzburg 1991, S. 43–56.

Giles, Geoffrey: Die Verbändepolitik des Nationalsozialistischen Deutschen Studentenbundes, in: Probst, Christian (Hrsg.), Darstellungen und Quellen zur Geschichte der deutschen Einheitsbewegung im neunzehnten und zwanzigsten Jahrhundert, Bd. 11, Heidelberg 1981, S. 97–157.

Giovannini, Norbert: Zwischen Republik und Faschismus. Heidelberger Studentinnen und Studenten 1918–1945, Weinheim 1990.

Golücke, Friedhelm (Hrsg.): Korporationen und Nationalsozialismus, Schernfeld 1990.

Grosse, Heinrich/Otte, Hans/Perels, Joachim: Bewahren ohne Bekennen? Die hannoverschen Landeskirchen im Nationalsozialismus, Hannover 1996.

Grossheim, Michael: Ökologie oder Technokratie?: Der Konservatismus in der Moderne, Berlin 1995.

Grüttner, Michael: „Ein stetes Sorgenkind für Partei und Staat". Die Studentenschaft 1930 bis 1945, in: (Hrsg.) Krause, Eckart u.a: Hochschulealltag im „Dritten Reich". Die Hamburger Universität 1933–1945, Teil I, Berlin 1991, S. 201–236.

Grüttner, Michael: Studenten im Dritten Reich, Paderborn 1995.

Guckel, Sabine/Seitz, Volker: „Vergnügliche Vaterlandspflicht" – Hindenburgkult am Zoo, in: Geschichtswerkstatt Hannover: Alltag zwischen Hindenburg und Haarmann. Ein anderer Stadtführer durch das Hannover der 20er Jahre, Hamburg 1987, S. 12–17.

Gundler, Bettina: Technische Bildung, Hochschule, Staat und Wirtschaft. Entwicklungslinien des Technischen Hochschulwesens 1914 bis 1930. Das Beispiel der TH Braunschweig, Hildesheim 1991.

Hachtmann, Rüdiger: „Die Begründer der amerikanischen Technik sind fast lauter schwäbisch-allemannische Menschen": Nazi-Deutschland, der Blick auf die USA und die „Amerikanisierung der industriellen Produktionsstrukturen im „Dritten Reich", in: Lüdtke/Marßolek/Saldern (1996), S. 37–66.

Haffner, Sebastian: Anmerkungen zu Hitler, Berlin 1987.

Hammerstein, Notker: Professoren in Kaiserreich und Weimarer Republik und der Antisemitismus, in: Alter, Peter/Bärsch, Claus-Ekkehard/Berghoff, Peter (Hrsg.): Die Konstruktion der Nation gegen die Juden, München 1999, S. 119–191.

Hardtwig, Wolfgang (Hrsg.): Kulturgeschichte Heute, Geschichte und Gesellschaft, Sonderheft 16, Göttingen 1996.

Haupt, Heinz-Gerhard/Tacke, Charlotte: Die Kultur des Nationalen. Sozial- und kulturgeschichtliche Ansätze bei der Erforschung des europäischen Nationalismus im 19. und 20. Jahrhundert, in: Hardtwig, Wolfgang/Wehler, Hans-Ulrich: Kulturgeschichte Heute (Geschichte und Gesellschaft, Sonderheft 16), Göttingen 1996, S. 255–283.

Hehl, Ulrich: Die Kirchen in der NS-Diktatur. Zwischen Anpassung, Selbstbehauptung und Widerstand, in: Bracher, Karl Dietrich/Funke, Manfred/Jacobsen, Hans-Adolf (Hrsg.): Deutschland 1933–1945. Neue Studien zur nationalsozialistischen Herrschaft, Düsseldorf 1993, S. 153–181.

Heiber, Helmut: Universität unterm Hakenkreuz, 3 Bände, München 1991–1994.

Heither, Dietrich/Gehler, Michael/Kurth, Alexandra/Schäfer, Gerhard (Hrsg.): Blut und Paukboden – eine Geschichte der Burschenschaften, Frankfurt am Main, 1997.

Heither, Dietrich: Verbündete Männer. Die Deutsche Burschenschaft – Weltanschauung, Politik und Brauchtum, Marburg 2000.

Herbert, Ulrich: Best. Biographische Studien über Radikalismus, Weltanschauung und Vernunft 1903–1989, Bonn 1996.

Herbert, Ulrich: Generation der Sachlichkeit. Die völkische Studentenbewegung der frühen zwanziger Jahre in Deutschland, in: Bajohr, Frank; Johe, Werner; Lohalm, Uwe (Hrsg.), Zivilisation und Barbarei. Die widersprüchlichen Potentiale der Moderne, Hamburg 1991, S. 115–144.

Herf, Jeffrey: Reactionary Modernism, Cambridge 1984.

Hermann, Armin: Wie die Wissenschaft ihre Unschuld verlor – Macht und Mißbrauch der Forschung, Stuttgart 1982.

Hortleder, Gerd: Das Gesellschaftsbild des Ingenieurs – Zum politischen Verhalten der Technischen Intelligenz in Deutschland, Frankfurt am Main 1970.

Hübl, Lothar: Wirtschaftswissenschaften, in: Seidel, Rita (Hrsg.), Universität Hannover 1831–1981, Festschrift zum 150jährigen Bestehen der Universität Hannover, Band 1, Hannover 1981, S. 439–443.

Hughes, Thomas P.: Ideologie für Ingenieure, in: Technikgeschichte Bd. 48 (1981) Nr. 4, S. 308–323.
Jansen, Christian: Mehr Masse als Klasse – mehr Dokumentation denn Analyse. Neuere Literatur zur Lage der Studierenden in Deutschland und Österreich in der ersten Hälfte des 20. Jahrhunderts, in: NPL Jg. 43 (1998) S. 398–440.
Jarausch, Konrad H.: Deutsche Studenten 1800–1970, Frankfurt am Main 1984.
Jarausch, Konrad H.: The unfree professions. German Lawyers, Teachers and Engineers, 1900–1950, New York/Oxford 1990.
Jarausch, Konrad: Students, Society and Politics in Imperial Germany. The Rise of Academic Illiberalism, Princeton 1982.
Jureit, Ulrike: Ein Traum in Braun. Über die Erfindung des Unpolitischen, in: Geulen, Christian/Tschuggnall, Karoline (Hg.): Aus einem deutschen Leben. Lesarten eines biographischen Interviews, Tübingen 2000, S. 17–36.
Jureit, Ulrike: Erinnerungsmuster. Zur Methodik lebensgeschichtlicher Interviews mit Überlebenden der Konzentrations- und Vernichtungslager, Hamburg 1999, S. 10.
Kampe, Norbert: Studenten und „Judenfrage" im Deutschen Kaiserreich. Die Entstehung einer akademischen Trägerschaft des Antisemitismus, Göttingen 1988.
Katenhusen, Ines: „Die Herzader der Stadt" – Die Geschichte der Georgstraße, in: Von Saldern, Adelheid/Auffahrt, Sid: Wochenend und schöner Schein. Freizeit und modernes Leben in den Zwanziger Jahren. Das Beispiel Hannover, Berlin 1991, S. 131–141.
Kater, Michael H.: Der NS-Studentenbund von 1926 bis 1928: Randgruppe zwischen Hitler und Strasser, in: VfZ 22 (1974) S. 148–190.
Kater, Michael: Studentenschaft und Rechtsradikalismus in Deutschland 1918–1933, Hamburg 1975.
Kertz, Walter (Hrsg.): Technische Universität Braunschweig – Vom Collegium Carolinum zur Technischen Universität 1745–1995, (in Zusammenarbeit mit P.Albrecht, R.Elsner, B. Gundler, H. Mehrtens, K. E. Pollmann, H. Pump-Uhlmann) Hildesheim 1995.
Kertz, Walter: Hochschule und Nationalsozialismus. Referate beim Workshop zur Geschichte der Carolo-Wilhelmina am 5. und 6. Juli 1993, Braunschweig 1994.
Ketelsen, Uwe-K.: „Die Jugend von Langemarck" – Ein poetisch-politisches Motiv der Zwischenkriegszeit, in: Koebner, Thomas/Janz, Rolf-Peter/Trommler, Frank (Hrsg.), „Mit uns zieht die neue Zeit". Der Mythos Jugend, Frankfurt am Main 1985, S. 68–88.
Kirchheimer, Otto: Die Rechtsordnung des Nationalsozialismus, in: Kritische Justiz Heft 4, 1971, S. 356–370, hier S. 364. (zunächst: The legal order of National Socialism, in: Studies in Philosophy and Social Science, Band IX S. 456–475, New York 1941)
Kolb, Eberhard: Die Weimarer Republik, München 1998.
Kracauer, Siegfried: Berliner Nebeneinander – ausgewählte Feuilletons 1930–33, Zürich 1996, S. 76.
Kreutzberger, Wolfgang: Studenten und Politik 1918–1933. Der Fall Freiburg im Breisgau, Göttingen 1972.
Kühne, Thomas: Kameradschaft – „das Beste im Leben eines Mannes" – Die deutschen Soldaten des zweiten Weltkrieges in erfahrungs- und geschlechergeschichtlicher Perspektive, in: Geschichte und Gesellschaft 22 (1996), Heft 4, S. 504–529.
Landeshauptstadt Hannover / Der Stadtdirektor / Stadtarchiv Hannover / Volkshochschule Hannover (Hrsg.): „Wissen ist Macht... Bildung ist Schönheit" – Ada und Theodor Lessing und die Volkshochschule Hannover, Hannover 1995.
Lethen, Helmut: Die elektrische Flosse Leviathans, in: Emmerich, Wolfgang/Wege, Carl (Hrsg.): Der Technikdiskurs in der Hitler-Stalin Ära, Stuttgart 1995, S. 15–27.
Longerich, Peter: Deutschland 1918–1933 – Die Weimarer Republik, Hannover 1995.

Losemann, Volker: Rassenideologien und antisemitische Publizistik in Deutschland im 19. und 20. Jahrhundert, in: Benz, Wolfgang/Bergmann, Werner: Vorurteil und Völkermord. Entwicklungslinien des Antisemitismus, Bonn 1997, S. 304–337.

Lüdtke, Alf/Marßolek, Inge/von Saldern, Adelheid: Amerikanisierung: Traum und Alptraum in Deutschland des 20. Jahrhunderts, Stuttgart 1996.

Lüdtke, Alf: Die Praxis von Herrschaft: Zur Analyse von Hinnehmen und Mitmachen im deutschen Faschismus, in: Berlekamp, Brigitte/Röhr, Werner: Terror, Herrschaft und Alltag im Nationalsozialismus. Probleme einer Sozialgeschichte des deutschen Faschismus, Münster 1995, S. 226–245.

Lüdtke, Alf: Einleitung: Herrschaft als soziale Praxis, in: Ders. (Hrsg.): Herrschaft als soziale Praxis, Göttingen 1991, S. 9–63.

Lüdtke, Alf: Funktionseliten: Täter, Mit-Täter, Opfer, in: Ders. (Hrsg.), Herrschaft als soziale Praxis, Göttingen 1991, S. 559–590.

Lüdtke, Alf: Ikonen des Fortschritts. Eine Skizze zu Bild-Symbolen und politisch Orientierungen in den 1920er und 1930er Jahren in Deutschland, in: Lüdtke, Alf/Marßolek, Inge/von Saldern, Adelheid: Amerikanisierung: Traum und Alptraum in Deutschland des 20. Jahrhunderts, Stuttgart 1996, S. 199–212.

Ludwig, Karl Heinz: Widersprüchlichkeiten der technisch-wissenschaftlichen Gemeinschaftsarbeit im Dritten Reich, in: Technikgeschichte Bd. 46 (1979) Nr. 3, S. 245–254.

Ludwig, Karl-Heinz: Das nationalsozialistische Geschichtsbild und die Technikgeschichte 1933–1945, in Technikgeschichte Bd. 50 (1983) Nr. 4, S. 359–375.

Ludwig, Karl-Heinz: Ingenieure im Dritten Reich, 1933–1945, in: Lungreen, Peter/Grelon, André: Ingenieure in Deutschland 1770–1990, Frankfurt am Main/New York 1994.

Ludwig, Karl-Heinz: Politische Lösungen für technische Innovationen 1933–1945. Eine antitechnische Mobilisierung, Ausformung und Instrumentalisierung der Technik, in: Technikgeschichte Bd. 62 (1995) Nr. 4, S. 333–344.

Ludwig, Karl-Heinz: Technik und Ingenieure im Dritten Reich, Düsseldorf 1974.

Ludwig, Karl-Heinz: Technik, in: Benz, Wolfgang/Graml, Hermann/Weiß, Hermann: Enzyklopädie des Nationalsozialismus, Stuttgart 1997, S. 257–274.

Ludwig, Karl-Heinz: Widersprüchlichkeiten der technisch-wissenschaftlichen Gemeinschaftsarbeit im Dritten Reich, in: Technikgeschichte, Bd. 46 (1979), Nr. 3, S. 245–253.

Mann, Thomas: Der Zauberberg, Berlin 1924.

Mannheim, Karl: Das Problem der Generation (1929), in: Wolff, Kurt H.: Karl Mannheim. Wissenssoziologie, Neuwied/Berlin 1964, S. 509–565.

Marcuse, Herbert: Feindanalysen – Über die Deutschen, Lüneburg 1998, S. 24.

Marßolek, Inge/von Saldern, Adelheid (Hrsg.): Zuhören und Gehörtwerden I – Radio im Nationalsozialismus. Zwischen Ablenkung und Lenkung, Tübingen 1998.

Marwedel, Rainer: Theodor Lessing 1872–1933 – eine Biographie, Hannover 1987.

Mehrtens, Herbert: Die Hochschule im Netz des Ideologischen, in: Technische Universität Braunschweig – Vom Collegium Carolinum zur Technischen Universität 1745–1995, Herausgegeben im Auftrag des Präsidenten von Walter Kertz, in Zusammenarbeit mit P. Albrecht, R. Elsner, B. Gundler, H. Mehrtens, K. E. Pollmann, H. Pump-Uhlmann, Hildesheim 1995, S. 479–508.

Mehrtens, Herbert/Richter, Steffen: Naturwissenschaft, Technik und NS-Ideologie. Beiträge zur Wissenschaftsgeschichte des Dritten Reiches, Frankfurt am Main 1980.

Mehrtens, Herbert: Die Hochschule im Netz des Ideologischen, in: Kertz, Walter (1995), S. 479–508.

Mehrtens, Herbert: Entartete Wissenschaft? Naturwissenschaften und Nationalsozialismus, in: Siegele-Wenschkewitz, Leonore/Stuchlik, Gerda (Hrsg.): Hochschule und National-

sozialismus. Wissenschaftsgeschichte und Wissenschaftsbetrieg als Thema der Zeitgeschichte, Frankfurt am Main 1990, S. 129–138.
Mehrtens, Herbert: Hochschule und Nationalsozialismus. Schlußbetrachtung zum Hochschultag 1993, in: Kertz (1994) S. 173–187.
Mehrtens, Herbert: Kollaborationsverhältnisse: Natur- und Technikwissenschaften im NS-Staat und ihre Historie, in: Meinel, Christoph/Voswinckel, Peter: Medizin, Naturwissenschaft, Technik und Nationalsozialismus, Stuttgart 1994.
Mehrtens, Herbert: Verantwortungslose Reinheit. Thesen zur politischen und moralischen Struktur mathematischer Wissenschaften am Beispiel des NS-Staates, in: Füllgraf, Georges/Falter, Annegret: Wissenschaft in der Verantwortung – Möglichkeiten der institutionellen Steuerung, Frankfurt am Main 1990, S. 37–54.
Meier, Christian/Rüsen, Jörn: Historische Methode (Theorie der Geschichte, Beiträge zur Historik, Band 5). München 1988.
Mergel, Thomas/Welskopp, Thomas: Geschichte zwischen Kultur und Gesellschaft. Beiträge zur Theoriedebatte, München 1997.
Mikoletzky, Juliane: „Mit ihm erkämpft und mit ihm baut deutsche Technik ein neues Abendland." Die Technische Hochschule in Wien in der NS-Zeit, in: Österreichische Zeitschrift für Geschichtswissenschaft 10 (1999), 51–70.
Mlynek, Klaus: Der Aufbau der Geheimen Staatspolizei in Hannover und die Errichtung des Konzentrationslagers Moringen, in: Historisches Museum (1981), S. 65–80.
Mosse, George L.: Juden im Zeitalter des modernen Nationalismus, in: Alter, Peter/Bärsch, Claus-Ekkehard/Berghoff, Peter (Hrsg.): Die Konstruktion der Nation gegen die Juden, München 1999, S. 15–25.
Müller-Warden, Joachim: Philosophisches Seminar, in: Präsident der Universität Hannover (Hrsg): Universität Hannover 1831–1981, Festschrift zum 150jährigen Bestehen der Universität Hannover, Band 1, S. 74–93, Hannover 1981, S. 408–409.
Niemann, Hans Werner: Die TH im Spannungsfeld von Hochschulreform und Politisierung (1918–1945), in: Präsident der Universität Hannover (Hrsg): Universität Hannover 1831–1981, Festschrift Bd. 1, Hannover/Stuttgart (1981), S. 74–93.
Niethammer, Lutz: „Die Jahre weiß man nicht, wo man die heute hinsetzen soll". Faschismuserfahrungen im Ruhrgebiet, Berlin/Bonn 1983.
Obenaus, Herbert: Die Märzwahlen 1933 in Hannover: Terror und Gegenwehr, Jubel und Resignation, in: Historisches Museum: Hannover 1933 – Eine Großstadt wird nationalsozialistisch, Hannover 1981, S. 38–64.
Ohne Herausgeber: Der Vertrag von Versailles. Mit Beiträgen von Sebastian Haffner, Gregory Bateson, J. M. Keynes, Harold Nicolson, Arnold Brecht u. a., München 1978.
Orland, Barbara: Der Zwiespalt zwischen Politik und Technik. Ein kulturelles Phänomen in der Vergangenheitsbewältigung Albert Speers und seiner Rezipienten, in: Dietz/Fessner/Maier (1996) S. 269–295.
Paschke, Robert: Studentenhistorisches Lexikon, aus dem Nachlass herausgegeben und bearbeitet von Friedhelm Golücke, Köln 1999.
Peukert, Detlev: Alltagsleben und Generationserfahrungen von Jugendlichen in der Zwischenkriegszeit, in: Dowe, Dieter (Hrsg.): Jugendprotest und Generationenkonflikt in Europa im 20. Jahrhundert. Deutschland, England, Frankreich und Italien im Vergleich, Bonn 1986, S. 139–150.
Peukert, Detlev: Die Weimarer Republik. Die Krisenjahre der klassischen Moderne, Frankfurt am Main 1987.
Pöppinghege, Rainer: Absage an die Republik. Das politische Verhalten der Studentenschaft der Westfälischen Wilhelms-Universität Münster 1918–1935, Münster 1994.

Präsident der Universität Hannover (Hrsg): Universität Hannover 1831–1981, Festschrift zum 150jährigen Bestehen der Universität Hannover, Band 1, S. 74–93, Hannover 1981.

Präsident der Universität Hannover (Hrsg.): Catalogus Professorum 1831–1981, Festschrift zum 150. Jährigen Bestehen der Universität Hannover, Bd. 2, Hannover 1981.

Radkau Joachim: Technik in Deutschland vom 18. Jahrhundert bis zur Gegenwart, Frankfurt am Main 1989.

Raphael, Lutz: Radikales Ordnungsdenken und die Organisation totalitärer Herrschaft: Weltanschauungseliten und Humanwissenschaftler im NS-Regime, in: Geschichte und Gesellschaft 27 (2001) Heft 1, S. 5–40.

Raulff, Ulrich (Hrsg.): Mentalitäten-Geschichte. Zur historischen Rekonstruktion geistiger Prozesse, Berlin 1989.

Raulff, Ulrich: Ein Historiker im 20. Jahrhundert: Marc Bloch, Frankfurt am Main 1995.

Reichel, Peter: Der schöne Schein des Dritten Reiches – Faszination und Gewalt des Faschismus, Frankfurt am Main 1993.

Reichhardt, Sven: Bourdieu für Historiker? Ein kultursoziologisches Angebot an die Sozialgeschichte, in: Mergel/Welskopp (1997) S. 71–94.

Renneberg, Monika/Walker, Mark: Science, Technology and National Socialism, Cambridge 1994.

Renneberg, Monika/Walker, Mark: Scientists, engineers and National Socialism, in: Dies., Science, Technology and National Socialism, Cambridge 1994, S. 1–29.

Reulecke, Jürgen: Männerbund versus Familie. Bürgerliche Jugendbewegung und Familie in Deutschland im ersten Drittel des 20. Jahrhunderts, in: Koebner, Thomas/Janz, Rolf-Peter/Trommler, Frank (Hrsg.), „Mit uns zieht die neue Zeit". Der Mythos Jugend, Frankfurt am Main 1985, S. 199–223.

Rogge, Friedrich Wilhelm: Antisemitismus 1918–1945, in: Historisches Museum Hannover: „Reichskristallnacht" in Hannover, Hannover 1978, S. 26–55.

Rohe, Karl: Politische Kultur und ihre Analyse. Probleme und Perspektiven der politischen Kulturforschung, in: Historische Zeitschrift Bd. 250 (1990) S. 321–346.

Rohe, Karl: Poltische Kultur: Zum Verständnis eines theoretischen Konzepts, in: Niedermayer, Oskar/von Beyme, Klaus: Politische Kultur in Ost- und Westdeutschland, Berlin 1994, S. 1–22.

Rürup, Reinhard (Hrsg.): Wissenschaft und Gesellschaft. Beiträge zur Geschichte der Technischen Universität Berlin 1879–1979, Bd. 1 (Vierter Teil), Berlin 1979.

Rürup, Reinhard: Der Dualismus von technischer und humanistischer Bildung im Spiegel ihrer Institutionen, in: Schlerath, Bernfried (Hrsg.): Wilhelm von Humboldt, Berlin 1986, S. 259–279.

Sarasin, Philipp: Autobiographische Ver-Sprecher. Diskursanalyse und Psychoanalyse in alltagsgeschichtlicher Perspektive, in: WerkstattGeschichte, Heft 7 (1994), S. 31–41.

Schäfer, Gerhard: Studentische Korporationen im Übergang von der Weimarer Republik zum deutschen Faschismus, in: 1999 Heft 1 (1988), S. 104–129.

Schelle, Carola: Die Bücherverbrennung in Hannover, in: Schiffhauer, Nils/Schelle, Carola (Hrsg.), Stichtag der Barbarei, Anmerkungen zur Bücherverbrennung 1933, Braunschweig 1983, S. 55–63.

Schildt, Axel: Ein konservativer Prophet moderner nationaler Integration. Biographische Skizze des streitbaren Soziologen Johann Plenge (1874–1963), in: Viertel Jahreszeitschrift für Zeitgeschichte (VfZ) 35 (1987), 523–70.

Schildt, Axel: NS-Regime, Modernisierung und Moderne. Anmerkungen zur Hochkonjunktur einer andauernden Diskussion, in: Tel Aviver Jahrbuch für deutsche Geschichte (TAJB) XXIII (1994) S. 3–22.

Schimanski, Michael: Die Tierärztliche Hochschule Hannover im Nationalsozialismus, Hannover 1997.
Schivelbusch, Wolfgang: Die Kultur der Niederlage. Der amerikanische Süden 1865, Frankreich 1871, Deutschland 1918, Berlin 2001.
Schmiechen-Ackermann, Detlef: Kooperation und Abgrenzung. Bürgerliche Gruppen, evangelische Kirchengemeinden und katholisches Sozialmilieu in der Auseinandersetzung mit dem Nationalsozialismus in Hannover, Hannover 1999, S. 107–332.
Schulze, Winfried: Mikrohistorie versus Makrohistorie? Anmerkungen zu einem aktuellen Thema, in: Meier, Christian/Rüsen, Jörn: Historische Methode, Beiträge zur Historik Band 5, München 1988, S. 319–341.
Schwarz, Jürgen: Studenten in der Weimarer Republik. Die deutsche Studentenschaft in der Zeit von 1918–1923 und ihre Stellung zur Politik, Berlin 1970.
Seier, Hellmut: Die nationalsozialistische Hochschulpolitik und die Rolle von Technik und Technischen Hochschulen im Führerstaat, in: König, Helmut/Kuhlmann, Wolfgang/Schwabe, Klaus: Vertuschte Vergangenheit. Der Fall Schwerte und die NS-Vergangenheit der deutschen Hochschulen, München 1997, S. 62–78.
Sontheimer, Kurt: Antidemokratisches Denken in der Weimarer Republik – Die politischen Ideen des deutschen Nationalismus zwischen 1918 und 1933, München 1968.
Sontheimer, Kurt: Professoren in der Weimarer Republik in: Schwabe, Klaus: Deutsche Hochschullehrer als Elite 1815–1945, S. 215–224.
Spitznagel, Peter: Studentenschaft und Nationalsozialismus in Würzburg 1927–1933, Würzburg, phil. Diss., 1974.
Steinberg, Stephen: Sabers and brown shirts. The German Students' Path to National Socialism, 1918–1935, Chicago 1973.
Stitz, Peter: Der CV 1919–1938. Der hochschulpolitische Weg des Cartellverbandes der katholischen deutschen Studentenverbindungen (CV) vom Ende des 1. Weltkrieges bis zur Vernichtung durch den Nationalsozialismus, München 1970.
Ströle-Bühler, Heike: Studentischer Antisemitismus in der Weimarer Republik. Eine Analyse der Burschenschaftlichen Blätter 1918 bis 1933, Frankfurt am Main 1991.
Stuchlik, Gerda: Funktionäre, Mitläufer, Außenseiter und Ausgestoßene. Studentenschaft im Nationalsozialismus, in: dies./Siegele-Wenschkewitz, Lionore (Hrsg.); Hochschule und Nationalsozialismus. Wissenschaftsgeschichte und Wissenschaftsbetrieb als Thema der Zeitgeschichte, Frankfurt am Main 1990.
Studier, Manfred: Der Corpsstudent als Idealbild der Wilhelminischen Ära. Untersuchungen zum Zeitgeist 1888 bis 1914, Schernfeld 1990.
Suhling, Lothar: Deutsche Baukunst. Technologie und Ideologie im Industriebau des „Dritten Reiches", in: Mehrtens, Herbert/Richter, Steffen (Hg): Naturwissenschaft, Technik und NS-Ideologie, Beiträge zur Wissenschaftsgeschichte des Dritten Reiches, Frankfurt am Main 1980. S. 243–281.
Sywottek, Jutta: Die propagandistische Vorbereitung der deutschen Bevölkerung auf den Zweiten Weltkrieg, Düsseldorf 1976.
Titze, Hartmut: Hochschulen, in: Langewiesche, Dieter/Tenorth, Heinz-Elmar: Handbuch der deutschen Bildungsgeschichte, Bd. V: 1918–1945. Die Weimarer Republik und die nationalsozialistische Diktatur, München 1989, S. 209–240.
Tröger, Jörg: Hochschule und Wissenschaft im Dritten Reich, Frankfurt am Main 1984.
Troitzsch, Ulrich: Die historische Funktion der Technik aus der Sicht der Geschichtswissenschaft, in: Technikgeschichte Bd. 43 (1976), Nr. 2, S. 92–101.
Troitzsch, Ulrich: Technikgeschichte in der Forschung und in der Sachbuchliteratur des Nationalsozialismus, in: Mehrtens, Herbert/Richter, Steffen (Hrsg.): Naturwissenschaft,

Technik und NS-Ideologie. Beiträge zur Wissenschaftsgeschichte des Dritten Reiches, Frankfurt am Main 1980, S. 215-242.

Tucholsky, Kurt: Preussische Studenten, in: (Hrsg.) Gerold-Tucholsky, Mary/Raddatz Fritz J.: Kurt Tucholsky – Gesammelte Werke, Bd. 2, 1919-1920, S. 87-91.

Ullmann, Hans-Peter: Das Deutsche Kaiserreich 1871-1918, Frankfurt am Main 1995.

Urban, Andreas: Störfälle. Eine Provinzmetropole als Bühne öffentlichen Protestes, in: Historisches Museum Hannover: Hannover 1900-1999. Provinz und Metropole, Hannover 2000, S. 91-110.

Vereinigung Alter Herren des Corps Hannovera zu Hannover (Hrsg.): Corps Hannovera an der Technischen Hochschule Hannover 1866-1966, Hannover 1966.

Verhey, Jeffrey: Der „Geist von 1914" und die Erfindung der Volksgemeinschaft, Hamburg 2000.

Volkov, Shulamit: Nationalismus, Antisemitismus und die deutsche Geschichtsschreibung, in: Alter, Peter/Bärsch, Claus-Ekkehard/Berghoff, Peter (Hrsg.): Die Konstruktion der Nation gegen die Juden, München 1999, S. 261-272.

Von Saldern, Adelheid/Auffahrt, Sid: Wochend und schöner Schein. Freizeit und modernes Leben in den Zwanziger Jahren. Das Beispiel Hannover, Berlin 1991, S. 131-141.

Von Saldern, Adelheid: „Hannover zwischen Hindenburg und Haarmann", in: Geschichtswerkstatt Hannover: Alltag zwischen Hindenburg und Haarmann. Ein anderer Stadtführer durch das Hannover der 20er Jahre, Hamburg 1987, S. 5-11.

Von Saldern, Adelheid: Sport und Öffentlichkeit. Die Einweihungsfeier des hannoverschen Stadions im Jahre 1922, in: Schmid, Hans-Dieter (Hrsg.): Feste und Feiern in Hannover, Bielefeld 1995, S. 173-211.

Von Saldern, Adelheid: Stadt und Öffentlichkeit in urbanisierten Gesellschaften. Neue Zugänge zu einem alten Thema, in: IMS – Informationen zur modernen Stadtgeschichte 2/2000, S. 3-15.

Von Saldern, Adelheid: Überfremdungsängste. Gegen die Amerikanisierung der deutschen Kultur, in: Lüdtke, Alf/Marßolek, Inge/Saldern, Adelheid von, Amerikanisierung: Traum und Alptraum in Deutschland des 20. Jahrhunderts, Stuttgart 1996, S. 213-244.

Vorländer, Herwart: Oral History. Mündlich erfragte Geschichte, Göttingen 1990.

Walter, Dirk: Antisemitische Kriminalität und Gewalt – Judenfeindschaft in der Weimarer Republik, Bonn 1999.

Weber, Heike: Technikkonzeptionen in der populären Sachbuchliteratur des Nationalsozialismus. Die Werke von Anton Zischka. In: Technikgeschichte Bd. 66 (1999) Nr. 3, S. 205-233.

Weber, R.G.S.: The German Student Corps in the Third Reich, London 1986; Steinberg, Michael Stephen: Sabers and Brown Shirts. The German Students' Path to National Socialism, 1918-1935, Chicago/London 1977.

Weingand, Hans-Peter: Die Technische Hochschule Graz im Dritten Reich. Vorgeschichte, Geschichte und Nachgeschichte des Nationalsozialismus an einer Institution, Hrsg. Hochschulschülerschaft an der Universität Graz, Graz 1952.

Welskopp, Thomas: Der Mensch und die Verhältnisse. „Handeln" und „Struktur" bei Max Weber und Anthony Giddens, in: Mergel, Thomas/Welskopp, Thomas: Geschichte zwischen Kultur und Gesellschaft. Beiträge zur Theoriedebatte, München 1997, S. 39-70.

Welskopp, Thomas: Die Sozialgeschichte der Väter. Grenzen und Perspektiven der Historischen Sozialwissenschaft, in: Geschichte und Gesellschaft 24 (1998), S. 173-198.

Wendt, Bernd Jürgen: Deutschland 1933-1945, Hannover 1995.

Werth, Christoph H.: Sozialismus und Nation. Die deutsche Ideologiediskussion zwischen 1918 bis 1945, Opladen 1996.

Wieben, Matthias: Studenten an der Christian-Albrechts-Universität [Kiel] im Dritten Reich. Zum Verhaltensmuster der Studenten in den ersten Herrschaftsjahren des Nationalsozialismus, Frankfurt u.a. 1994.

Willeke, Stefan: Die Technokratiebewegung in Nordamerika und in Deutschland zwischen den Weltkriegen, Frankfurt am Main, 1995.

Willeke, Stefan: Die Technokratiebewegung zwischen den Weltkriegen und der „Kulturfaktor Technik", in: Dietz/Fessner/Maier (1996), S. 203–220.

Winkler, Heinrich August: Die deutsche Gesellschaft der Weimarer Republik und der Antisemitismus – Juden als „Blitzableiter", in: Benz, Wolfgang/Bergmann, Werner: Vorurteil und Völkermord. Entwicklungslinien des Antisemitismus, Bonn 1997, S. 341–362.

Wollenberg, Jörg (Hrsg.): Theodor Lessing „Wir machen nicht mit!" – Schriften gegen den Nationalismus und zur Judenfrage, Bremen 1997.

Wollenberg, Jörg: „Juden raus! Lessing raus!" – Der Fall Lessing in den Akten des Preußischen Ministeriums für Wissenschaft, Kunst und Volksbildung, in: (Ders./Hrsg.): Theodor Lessing „Wir machen nicht mit!" – Schriften gegen den Nationalismus und zur Judenfrage, Bremen 1997, S. 247–274.

Wollenberg, Jörg: „Juden raus! Lessing raus!", in: Mittelweg 36, 6. Jg. (Februar/März 1997), S. 22–39.

Wortmann, Michael: Der Nationalsozialistische Deutsche Studentenbund an der Universität Köln (1927–1933), in: Geschichte in Köln, H. 8, 1980, S. 101–118.

Fotoverzeichnis

Fotografien im Text

1. Der Vorstand der DSt   (Juli 1931)
2. Vierspindelautomat   (Oktober 1927)
3. Pumpmaschine   (Februar 1928)
4. Maiumzug   (Mai 1933)
5. Student und Arbeiter   (Juni 1935)
6. Fridolin   (Dezember 1930)
7. Pazifisten   (August 1929)

Fotografien im Anhang

8. Technische Hochschule Hannover   (November 1932)
9. Mensa   (November 1931)
10. Studentenheim   (Mai 1932)
11. Sportanlagen   (Juni 1932)
12. Saxo Silesia   (Juni 1931)
13. Burschenschaft Cheruscia   (Juni 1931)
14. Corps Normannia   (Juni 1931)
15. Corps Saxonia   (Juni 1931)
16. Corps Brunsviga   (Juni 1931)
17. Corps Hannovera   (Juni 1931)
18. Corps Macaro Visurgia   (Juni 1931)
19. Weg zur Arbeitsstelle   (Oktober 1932)
20. Postempfang   (Oktober 1932)
21. Kameradschaft   (November 1934)
22. Alle für einen   (März 1935)
23. Ruhepause   (März 1935)

Gebäude der Technischen Hochschule Hannover

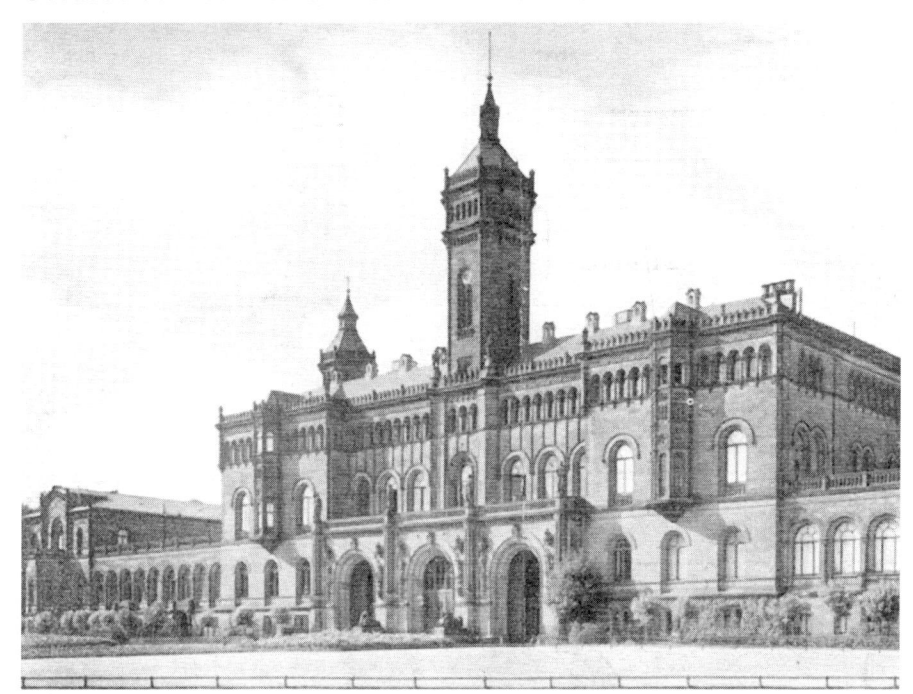

Abb. 8: *Das Hauptgebäude der Technischen Hochschule Hannover*
Quelle: Hannoversche Hochschulblätter 16. Semesterfolge (November 1932) Nr. 2, Titel.

Abb. 9: *Die Mensa der Technischen Hochschule Hannover*
Quelle: Hannoversche Hochschulblätter 14. Semesterfolge (November 1931) Nr. 2, Titel.

Abb. 10: Das Studentenheim im Georgengarten
Quelle: Hannoversche Hochschulblätter 15. Semesterfolge (Mai 1932) Nr. 8, Titel.

Abb. 11: Die Sportanlagen, Neubau 1932
Quelle: Hannoversche Hochschulblätter 15. Semesterfolge (Juni 1932) Nr. 9, S. 103.

Korporationshäuser in Hannover

Abb. 12: KDStV Saxo-Silesia

Abb. 13: Das Haus der Burschenschaft Cheruscia

Abb. 14: Das Haus des Corps Normannia

Abb. 15: Corps Saxonia

Abb. 16: Corps Brunsviga

Abb. 17: Corps Hannovera

Abb. 18: Corps Macaro-Visurgia
Quelle: Hannoversche Hochschulblätter 13. Semesterfolge (Juni 1931).

„Hannoversche Studenten in Arbeitslagern" Oktober 1932

Abb. 19: „Auf dem Weg zur Arbeitsstelle"

Abb. 20: „Antreten zum Postempfang"
Quelle: *Hannoversche Hochschulblätter* 16. Semesterfolge (Oktober 1932) S. 4.

„Die harte Schule" November 1934

Abb. 21: Kameradschaft
Quelle: *Hannoversche Hochschulblätter* 20. Semesterfolge (November 1934) S. 13.

„Arbeitsdienstpflicht in der Studentenschaft" März 1935

Abb. 22: „Alle für einen und einer für alle"

Abb. 23: „Ruhepause"
Quelle: *Hannoversche Hochschulblätter* 20. Semesterfolge (März 1935) Nr. 6, Titelblatt und S. 65.